365
감사 QT

감사의 마음을 담아

____________________ 님께 드립니다.

____________________ 드림

이영훈 목사

여의도순복음교회 제2대 위임목사로서 조용기 원로목사의 목회 철학을 발전적으로 계승하여 하나님의 절대 주권과 예수 그리스도의 십자가를 중심으로 한 절대 긍정, 절대 감사의 믿음을 강조하고 있다. 또한 성령운동과 함께 선교 및 사랑 나눔에 힘써 성도의 성숙과 교회의 사회적 책임을 강조하는 사역을 펼치고 있으며, 특히 저출산 고령화 대응에 기여한 공로를 인정받아 국민훈장 모란장과 대통령 표창을 수상했다.

4대째 기독교(장로교) 집안에서 태어나 어린 시절부터 서대문순복음교회에 출석하여 여의도순복음교회 부흥의 현장에서 청년기를 보낸 그는 오순절 신앙과 신학에 정통한 목회자이자 신학자이다. 늘 성령의 열매와 성화를 강조하는 것처럼 그의 인성과 인품 역시 온화하고 겸손하다는 평을 듣고 있다.

연세대학교 신학과와 한세대학교 신학과, 연세대학교 연합신학대학원을 졸업했다. 미국 웨스트민스터 신학대학원 석사과정(Th.M.)을 수료하고 템플대학교에서 역사신학 전공으로 석사(M.A.)와 박사(Ph.D.)학위를 취득했다. 오랄로버츠대학교에서 영적 리더십과 오순절 신학을 발전시킨 공로로 명예신학박사(D.D.) 학위를 받았다.

현재 기독교대한하나님의성회 대표총회장, 사단법인 굿피플 인터내셔널 이사장, (재)순복음선교회 이사장, (재)국민문화재단 이사장으로 활동 중이며, 한국교회총연합회 대표회장, 한국기독교총연합회 대표회장, 한국기독교교회협의회 회장 등을 역임했다.

대표 저서로는 The Holy Spirit Movement in Korea, The Power of Faith, 『이영훈 목사 목회의 길 40년 기념총서』 『성령 운동의 발자취』 『작은 예수가 되는 길』 『강하고 담대하라』 『2025년 감사QT 365』 『로마서 강해』 『순복음의 12대 핵심진리』 등 다수가 있다.

"아무 것도 염려하지 말고
다만 모든 일에 기도와 간구로,
너희 구할 것을 감사함으로 하나님께 아뢰라"

빌립보서 4장 6절

365 감사 QT

『감사QT 365』를 활용하는 법

『감사QT 365』는 감사와 말씀이 충만한 2026년이 되도록 성도님들을 돕는 안내서입니다.

1. 일독성경표에 따라 성경을 읽으십시오. 2026년 한 해 동안 구약 1번, 신약 2번을 읽게 됩니다.

2. 함께 수록된 찬송가를 부르며 주님의 은혜를 구하십시오.

3. 일독성경 범위 내에서 그날의 묵상 본문 말씀이 주어집니다. 본문 말씀을 읽은 후 말씀 묵상을 돕는 예화와 설명을 읽으십시오.

4. 제시된 질문에 대해서 자유롭게 적고, 묵상한 말씀을 생활 속에서 실천할 수 있도록 결단하십시오.

5. '나의 감사'에 오늘 하루, 주님께 감사할 내용을 적어보십시오.

6. 말씀의 은혜를 생각하며 성령님의 도우심을 구하는 기도를 드리십시오.

7. 유튜브 <이영훈 목사의 절대긍정TV>에 매일 업로드되는 '감사QT 365' 영상도 도움이 될 것입니다.

365 감사 QT

이영훈 지음

서울말씀사

| 머리말 |

『감사QT 365』와 함께 절대 긍정과 감사의 삶으로

하나님의 자녀로 부름받은 우리는 하나님의 뜻을 따르는 삶, 하나님을 기쁘시게 하는 삶을 살아야 합니다. 그러나 많은 이들이 묻습니다. "그러한 삶을 살려면 어떻게 해야 하나요?" 이에 대한 답은 말씀과 감사의 고백에 있습니다. 먼저 하나님의 말씀인 성경은 우리를 향한 하나님의 분명한 뜻을 담고 있습니다. 말씀을 거울삼아 우리의 신앙을 점검하고 마음을 새롭게 할 때 우리는 하나님의 뜻을 따르는 삶을 살 수 있습니다.

감사의 고백 또한 하나님의 뜻을 따르고 하나님을 기쁘시게 하는 가장 좋은 방법입니다. 좋으신 하나님은 언제나 우리를 가장 좋은 길로 인도하십니다. 잠시 괴롭고 고통스러운 일이 찾아온다고 할지라도 하나님은 결국 모든 것이 합력하여 선을 이루도록 하십니다. 그러므로 하나님께 우리가 드릴 수 있는 고백은 오직 감사뿐입니다. 가장 복된 길로 인도하실 하나님을 신뢰하며, 절대 긍정과 절대 감사의 고백을 드리는 삶을 살아가시길 바랍니다.

2026년 『감사QT 365』를 펴내며

성도님들이 올 한 해도 절대 긍정과 절대 감사의 삶을 살아가시는데 도움을 드리기 위해 『**감사QT 365**』가 출간되었습니다. 특히 이 책은 일독 성경표에 따라 1년 동안 구약성경을 1번, 신약성경을 2번 읽도록 안내하고, 묵상을 통해 하나님의 말씀을 더 깊이 이해하며 삶에 실천할 수 있도록 도와드릴 것입니다. 나아가 성도님들이 날마다 베푸시는 하나님의 은혜에 감사를 표현할 수 있는 공간도 마련했습니다. 이 책에 담긴 말씀과 찬송, 묵상, 감사를 통해 개인의 신앙생활뿐 아니라 소그룹 나눔이나 가정예배에서도 유익을 얻으시길 바랍니다.

이 험난한 세상을 살아가는 동안 하나님의 말씀을 통해 희망과 감사를 회복하시길 바랍니다. 절망을 딛고 다시 일어날 힘을 얻으시길 바랍니다. 『**감사QT 365**』가 이를 위한 작은 디딤돌이 되고자 합니다. 올 한 해에도 하나님의 말씀이 생명의 양식이 되고, 감사와 긍정의 고백이 능력이 되어 날마다 승리의 삶을 살아가는 성도님들 되시기를 간절히 소망합니다.

여의도순복음교회 담임목사
이영훈

1 JANUARY 2026

SUN	MON	TUE	WED
28	29	30	31
4 신년감사주일 창 9-10 □ 마 5-6 □	5 창 11-13 □ 마 7 □	6 창 14-15 □ 마 8-9 □	7 창 16-18 □ 마 10 □
11 창 26-28 □ 마 16 □	12 창 29-30 □ 마 17-18 □	13 창 31-33 □ 마 19 □	14 창 34-35 □ 마 20-21 □
18 창 44-45 □ 마 26-27 □	19 창 46-48 □ 마 28 □	20 창 49-50 □ 막 1-2 □	21 출 1-3 □ 막 3 □
25 출 11-13 □ 막 9 □	26 출 14-15 □ 막 10-11 □	27 출 16-18 □ 막 12 □	28 출 19-21 □ 막 13 □
1	2	3	4

감사QT 365

일독성경표 & monthly plan

	THU	FRI	SAT	메모
	1 신정 창 1-3 □ 마 1 □	2 창 4-5 □ 마 2-3 □	3 창 6-8 □ 마 4 □	
	8 창 19-20 □ 마 11-12 □	9 창 21-23 □ 마 13 □	10 창 24-25 □ 마 14-15 □	
	15 창 36-38 □ 마 22 □	16 창 39-40 □ 마 23-24 □	17 창 41-43 □ 마 25 □	
	22 출 4-5 □ 막 4-5 □	23 출 6-8 □ 막 6 □	24 출 9-10 □ 막 7-8 □	
	29 출 22-23 □ 막 14-15 □	30 출 24-26 □ 막 16 □	31 출 27-29 □ 눅 1 □	
	5	6	7	

JAN **01.01** 목요일

빛이 있으라

창세기 1:1-5 태초에 하나님이 천지를 창조하시니라 땅이 혼돈하고 공허하며 흑암이 깊음 위에 있고 하나님의 영은 수면 위에 운행하시니라 하나님이 이르시되 빛이 있으라 하시니 빛이 있었고 빛이 하나님이 보시기에 좋았더라 하나님이 빛과 어둠을 나누사 하나님이 빛을 낮이라 부르시고 어둠을 밤이라 부르시니라 저녁이 되고 아침이 되니 이는 첫째 날이니라

하나님은 말씀으로 세상을 창조하셨습니다. 창조 이전의 세계는 혼돈과 공허 속에 있었으며 칠흑 같은 어둠과 무질서로 뒤덮여 있었습니다. 이때 하나님은 "빛이 있으라" 말씀하셨고, 그 말씀대로 '빛'이 생겨났습니다. 그것이 창조의 시작이었습니다.

빛은 절대 긍정의 에너지입니다. 우리 마음에 절망이 가득하고 흑암의 권세가 우리를 누르고 있을 때 주님이 말씀하십니다. "빛이 있으라!" 주님의 말씀이 선포되는 순간, 어둠은 사라지고 광명한 빛이 우리 삶에 비치게 됩니다. 또한 빛은 모든 에너지의 근원입니다. 빛이 임할 때 어둠이 물러가고 절망이 사라집니다. 죄와 저주의 권세도 굴복하며 질병과 고통도 치료됩니다. 빛이 비칠 때 모든 흑암의 그림자가 걷히고 우리 삶에 꿈과 희망의 아침, 기쁨의 아침, 은혜의 아침, 축복의 아침이 밝아오는 것입니다. 세상에서는 "아침이 지나 저녁이 된다."라고 말하지만, 기독교에서는 "저녁이 되고 아침이 된다."라고 말합니다. 그렇기에 기독교는 어둠을 몰아내는 새벽의 종교이며, 절망을 이기는 희망의 종교입니다. 2026년 새해가 밝았습니다. 하나님이 올해도 우리 삶 가운데 빛을 비춰주셔서 희망과 기쁨이 가득한 절대 긍정의 한 해가 되기를 소망합니다.

| 일독성경 | 창세기 1-3장, 마태복음 1장 읽음 □

오늘의 찬송

시온의 영광이 빛나는 아침

새찬송가 550장(통 248)

1. 시온의 영광이 빛나는 아침 어둡던 이 땅이 밝아오네
슬픔과 애통이 기쁨이 되니 시온의 영광이 비쳐오네
2. 시온의 영광이 빛나는 아침 매였던 종들이 돌아오네
오래전 선지자 꿈꾸던 복을 만민이 다같이 누리겠네
3. 보아라 광야에 화초가 피고 말랐던 시냇물 흘러오네
이 산과 저 산이 마주쳐 울려 주 예수 은총을 찬송하네
4. 땅들아 바다야 많은 섬들아 찬양을 주님께 드리어라
싸움과 죄악이 가득한 땅에 찬송이 하늘에 사무치네 아멘

질문

지난해 나를 절망케 한 일이 있었나요? 그러나 이제 2025년은 지나갔습니다. 2026년 새해에 하나님이 주신 꿈과 소망을 적어 보세요.

나의 감사

오늘 하루, 감사할 것들을 적어보세요.

| 기도 | 하나님 아버지, 새로운 한 해를 주셔서 감사드립니다. 2026년에도 꿈과 소망을 품고 절대 긍정의 삶을 살게 하옵소서. 예수 그리스도의 이름으로 기도합니다. 아멘.

JAN **01.02** 금요일

성령님이 임하심

마태복음 3:15-17 예수께서 대답하여 이르시되 이제 허락하라 우리가 이와 같이 하여 모든 의를 이루는 것이 합당하니라 하시니 이에 요한이 허락하는지라 예수께서 침례를 받으시고 곧 물에서 올라오실새 하늘이 열리고 하나님의 성령이 비둘기 같이 내려 자기 위에 임하심을 보시더니 하늘로부터 소리가 있어 말씀하시되 이는 내 사랑하는 아들이요 내 기뻐하는 자라 하시니라

오늘 본문은 예수님이 침례를 받으시는 장면입니다. 여기서 우리가 주목할 점은 예수님이 물에서 올라오실 때 성령님이 임하셨다는 것입니다. 예수님의 일생은 성령님과 함께하시는 일생이었습니다. 예수님은 성령으로 잉태되셨고, 침례를 받으실 때 성령님이 임하셨고, 광야에서 시험을 받으실 때도 성령님이 함께하셨습니다. 공생애 사역 기간에도 성령의 권능을 힘입어 귀신을 쫓아내고 병을 고치는 놀라운 일을 행하셨습니다. 예수님처럼 우리의 일생도 성령님과 함께하는 일생이 되어야 합니다.

저는 4대째 장로교 집안에서 태어났습니다. 처음 순복음교회에 왔을 때 많은 것이 어리둥절했습니다. 성도님들이 북 치고 박수 치며 찬송을 불렀고, 이상한 말로 통성기도를 했습니다. 제가 순복음교회에 와서 체험한 가장 놀라운 은혜는 성령충만입니다. 당시 조용기 목사님이 예배 때마다 "성령을 받으라!"라고 말씀하셔서, 저도 간절히 기도했습니다. "주여, 그게 뭔지는 모르지만 하여간 주옵소서." 제가 초등학교 6학년 때 성령 체험을 했는데, 그날 이후로 제 삶은 완전히 달라졌습니다. 성령님이 함께하시는 삶을 살게 된 것입니다. 우리 모두 성령충만을 받고 성령님과 늘 동행함으로 승리의 삶을 살아가길 바랍니다.

| 일독성경 | 창세기 4-5장, 마태복음 2-3장 읽음 □

오늘의 찬송

빈 들에 마른 풀같이

새찬송가 183장(통 172)

1. 빈 들에 마른 풀같이 시들은 나의 영혼 주님이 약속한 성령 간절히 기다리네
2. 반가운 빗소리 들려 산천이 춤을 추네 봄비로 내리는 성령 내게도 주옵소서
3. 철 따라 우로를 내려 초목이 무성하니 갈급한 내 심령 위에 성령을 부으소서
4. 참되신 사랑의 언약 어길 수 있사오랴 오늘에 흡족한 은혜 주실 줄 믿습니다

후렴 가물어 메마른 땅에 단비를 내리시듯 성령의 단비를 부어 새 생명 주옵소서 아멘

질문

나는 성령충만을 체험했나요? 내가 성령충만을 받았을 때 느꼈던 것을 적어보세요.

나의 감사

오늘 하루, 감사할 것들을 적어보세요.

| 기도 | 하나님 아버지, 성령님을 보내주셔서 감사합니다. 날마다 성령으로 충만하여 일평생 성령님과 동행하게 하옵소서. 예수 그리스도의 이름으로 기도합니다. 아멘.

하나님이 기억하사

창세기 8:1-5 하나님이 노아와 그와 함께 방주에 있는 모든 들짐승과 가축을 기억하사 하나님이 바람을 땅 위에 불게 하시매 물이 줄어들었고 깊음의 샘과 하늘의 창문이 닫히고 하늘에서 비가 그치매 물이 땅에서 물러가고 점점 물러가서 백오십 일 후에 줄어들고 일곱째 달 곧 그 달 열이렛날에 방주가 아라랏 산에 머물렀으며 물이 점점 줄어들어 열째 달 곧 그 달 초하룻날에 산들의 봉우리가 보였더라

창세기 8장은 홍수로 세상에 가득했던 물이 줄어드는 과정을 설명합니다. 모든 것이 물에 휩쓸려 가버린 폐허와 같은 땅이 다시 생명이 살 공간으로 바뀌는 과정은 실로 장엄합니다. 여기서 우리는 하나님이 바람을 불게 하고 물을 줄어들게 하시는 이유에 주목해야 합니다. "하나님이 노아와 그와 함께 방주에 있는 모든 들짐승과 가축을 기억하사." 노아의 가정과 방주의 동물들이 구원받은 것은 하나님의 기억하심 때문이라는 것입니다. 특히 '기억한다'라는 말은 하나님의 시야에서 그들이 벗어나지 않았음을 의미합니다. 하나님은 세상의 죄악으로 인해 홍수 심판을 내리셨지만, 여전히 그들을 지켜보고 돌보고 계셨습니다.

지금도 하나님은 우리를 기억하시는 분입니다. 마치 어린 자녀에게서 시선을 떼지 못하는 부모처럼 늘 우리를 지켜보고 계십니다. 그렇기에 고달픈 인생길에서 "하나님이 기억하사"라는 말씀은 우리에게 큰 위로와 용기를 줍니다. 하나님은 절대로 우리를 잊지 않으십니다. 하나님은 심판 중에서도 우리를 기억하고 은혜를 베푸십니다. 그 사실을 늘 마음에 새기며, 오늘도 최후 승리를 향해 전진 또 전진하시기를 바랍니다.

| 일독성경 | 창세기 6-8장, 마태복음 4장 읽음 □

오늘의 찬송

주 날개 밑 내가 편안히 쉬네

새찬송가 419장(통 478)

1. 주 날개 밑 내가 편안히 쉬네 밤 깊고 비바람 불어쳐도
   아버지께서 날 지켜주시니 거기서 편안히 쉬리로다
2. 주 날개 밑 나의 피난처 되니 거기서 쉬기를 원하노라
   세상이 나를 위로치 못하나 거기서 평화를 누리리라
3. 주 날개 밑 참된 기쁨이 있네 고달픈 세상길 가는 동안
   나 거기 숨어 돌보심을 받고 영원한 안식을 얻으리라

후렴 주 날개 밑 평안하다 그 사랑 끊을 자 뉘뇨 주 날개 밑 내 쉬는 영혼 영원히 거기서 살리

질문

잘 잊어버리는 건망증으로 난처한 상황을 겪었던 일이 있나요?
하나님이 나를 기억하신다는 사실이 왜 은혜일까요?

나의 감사

오늘 하루, 감사할 것들을 적어보세요.

| 기도 | 하나님 아버지, 날마다 우리를 기억해 주시고 눈동자와 같이 지켜주심을 감사드립니다. 그 은혜를 잊지 않고 살겠습니다. 예수 그리스도의 이름으로 기도합니다. 아멘.

JAN **01.04** 주일

염려하지 말라

마태복음 6:31-34 그러므로 염려하여 이르기를 무엇을 먹을까 무엇을 마실까 무엇을 입을까 하지 말라 … 너희 하늘 아버지께서 이 모든 것이 너희에게 있어야 할 줄을 아시느니라 그런즉 너희는 먼저 그의 나라와 그의 의를 구하라 그리하면 이 모든 것을 너희에게 더하시리라 그러므로 내일 일을 위하여 염려하지 말라 내일 일은 내 일이 염려할 것이요 한 날의 괴로움은 그 날로 족하니라

사람이 살아가면서 가장 많이 염려하고 근심하는 것은 바로 의식주 문제입니다. 그다음은 내일 즉, 미래에 대한 염려일 것입니다. 그러나 예수님은 "아무것도 염려하지 말라!"라고 말씀하십니다. 초대교회의 성도들은 이 말씀을 굳게 믿고 따랐던 것 같습니다. 초대교회 문헌을 보면, 그 당시 성도들이 별명처럼 자기 이름 앞에 붙이고 다니는 말이 있었다고 합니다. '디테디오스'라고 하는 말인데, 해석하면 '염려에서 해방된 사람'이라는 뜻입니다. 쉽게 말해 '디테디오스 베드로' 이렇게 부르면 '염려에서 해방된 사람, 베드로'라는 뜻이 됩니다.

사실 초대교회의 성도들은 기독교에 대한 극심한 박해로 하루도 편할 날이 없었습니다. 매일 먹을 것과 입을 것과 잠자리를 걱정해야 했고, 내일도 과연 자신들이 살아남을 수 있을지 염려하며 두려움 속에 살았습니다. 그럼에도 그들은 오직 믿음으로 스스로를 '염려에서 해방된 사람'이라고 불렀던 것입니다. 오늘도 염려와 근심이 많으신가요? 자신의 이름 앞에 '디테디오스, 염려에서 해방된 사람'을 넣어 담대히 고백해 보세요. 우리가 믿음으로 고백할 때 하나님이 우리의 인생을 책임져 주십니다.

| 일독성경 | 창세기 9-10장, 마태복음 5-6장 읽음 □

오늘의 찬송

너 근심 걱정 말아라

새찬송가 382장(통 432)

1. 너 근심 걱정 말아라 주 너를 지키리 주 날개 밑에 거하라 주 너를 지키리
2. 어려워 낙심될 때에 주 너를 지키리 위험한 일을 당할 때 주 너를 지키리
3. 너 쓸 것 미리 아시고 주 너를 지키리 구하는 것을 주시며 주 너를 지키리
4. 어려운 시험 당해도 주 너를 지키리 구주의 품에 거하라 주 너를 지키리

후렴 주 너를 지키리 아무 때나 어디서나 주 너를 지키리 늘 지켜주시리 아멘

질문

지금 가장 염려되고 걱정되는 일들은 무엇인가요? 하나님께 내 염려와 근심을 맡기고, 자신의 이름 앞에 '염려에서 해방된 사람'을 붙여 적어보세요.

나의 감사

오늘 하루, 감사할 것들을 적어보세요.

| 기도 | 하나님 아버지, 무엇을 먹고 입을지 염려하는 우리의 모습을 용서해 주옵소서. 오직 주님만 의지하오니 주님이 채워주옵소서. 예수 그리스도의 이름으로 기도합니다. 아멘.

너는 복이 될지라

창세기 12:1-3 야훼께서 아브람에게 이르시되 너는 너의 고향과 친척과 아버지의 집을 떠나 내가 네게 보여 줄 땅으로 가라 내가 너로 큰 민족을 이루고 네게 복을 주어 네 이름을 창대하게 하리니 너는 복이 될지라 너를 축복하는 자에게는 내가 복을 내리고 너를 저주하는 자에게는 내가 저주하리니 땅의 모든 족속이 너로 말미암아 복을 얻을 것이라 하신지라

『꽤 괜찮은 해피엔딩』이라는 책을 낸 이지선 교수는 23살 대학교 4학년 때 오빠와 함께 집으로 돌아오던 길에 만취한 운전자가 들이받은 7중 추돌 사고를 당했습니다. 그로 인해 전신 55%가 3도 화상을 입었고, 수십 차례 고통스러운 수술을 받아야 했습니다. 흉측하게 변해버린 얼굴을 보며 절망하는 그녀에게 하나님이 찾아와 말씀하셨습니다. "사랑하는 딸아, 여기가 끝이 아니다. 너를 세상 가운데 반드시 세워 병들고 약하고 희망이 없는 사람들에게 희망의 메시지가 되게 할 것이다." 그녀는 이 약속을 붙들고 다시 일어섰습니다. 이후 그녀는 이화여대를 거쳐 미국 보스턴 대학에서 재활 상담학을 공부하고, 콜롬비아 대학과 UCLA에서 사회복지학으로 박사 학위를 받아 현재 이화여자대학교의 교수로 재직하고 있습니다. 그녀는 하나님이 말씀하신 대로 많은 이들에게 꿈과 희망을 전하는 복된 제2의 삶을 살고 있습니다.

우상숭배가 만연한 갈대아 우르에 살았을 때 아브람은 미래도, 희망도 없는 절망의 삶을 살았습니다. 그런데 하나님의 음성을 듣고 갈대아 우르를 떠나 하나님이 예비하신 곳으로 갔을 때 그는 복의 근원이 되었습니다. 이처럼 하나님의 말씀에 순종하여 가는 길은 복의 길입니다. 오늘도 복의 길로 나아가는 하루가 되길 바랍니다.

| 일독성경 | 창세기 11-13장, 마태복음 7장 읽음 □

오늘의 찬송

내 주를 가까이 하게 함은

새찬송가 338장(통 364)

1. 내 주를 가까이하게 함은 십자가 짐 같은 고생이나
내 일생 소원은 늘 찬송하면서 주께 더 나가기 원합니다
2. 내 고생하는 것 옛 야곱이 돌 베개 베고 잠 같습니다
꿈에도 소원이 늘 찬송하면서 주께 더 나가기 원합니다
3. 천성에 가는 길 험하여도 생명 길 되나니 은혜로다
천사 날 부르니 늘 찬송하면서 주께 더 나가기 원합니다
4. 야곱이 잠 깨어 일어난 후 돌 단을 쌓은 것 본받아서
숨질 때 되도록 늘 찬송하면서 주께 더 나가기 원합니다 아멘

질문

지금 내가 있는 곳은 하나님이 원하시는 곳인가요? 하나님이 예비하신 곳으로 내 발걸음을 인도해 달라고 기도해 보세요.

나의 감사

오늘 하루, 감사할 것들을 적어보세요.

| 기도 | 하나님 아버지, 아브라함처럼 하나님의 말씀에 순종하여 절망의 자리에서 일어나 복의 길을 갈 수 있게 도와주옵소서. 예수 그리스도의 이름으로 기도합니다. 아멘.

JAN **01.06** 화요일

어찌하여 무서워하느냐

마태복음 8:24-27 바다에 큰 놀이 일어나 배가 물결에 덮이게 되었으되 예수께서는 주무시는지라 그 제자들이 나아와 깨우며 이르되 주여 구원하소서 우리가 죽겠나이다 예수께서 이르시되 어찌하여 무서워하느냐 믿음이 작은 자들아 하시고 곧 일어나사 바람과 바다를 꾸짖으시니 아주 잔잔하게 되거늘 그 사람들이 놀랍게 여겨 이르되 이이가 어떠한 사람이기에 바람과 바다도 순종하는가 하더라

장애를 딛고 세계적인 수학자가 된 김인강 고등과학원 교수는 어린 시절 소아마비를 제대로 치료받지 못해 걷지 못하는 장애를 갖게 되었습니다. 피나는 노력 끝에 목발을 의지해 걸을 수 있게 되었고 중학교, 고등학교를 거쳐 서울대 수학과에 입학했습니다. 기독대학인회(ESF) 동아리에서 만난 선배의 권유로 예수님을 믿게 되어 열심히 신앙생활도 했습니다. 그런데 갑자기 폐에 구멍이 생겨서 큰 수술을 받아야 했습니다. 이처럼 계속되는 고난과 삶의 무게로 인해 낙심할 때도 있었지만, 그는 이렇게 고백합니다. "나는 목발을 짚고 양쪽 폐가 터지는 고통과 절망 속에서 하늘로부터 오는 빛을 의지하며 고난의 바다를 건넜다. … 고난 가운데 함께하시는 하나님으로 인해 이겨낼 수 있었다."

예수님과 제자들이 배를 타고 갈릴리 바다를 건너고 있을 때 예상치 못한 폭풍을 만났습니다. 이 세상을 살아가는 동안 우리도 예상치 못한 인생의 폭풍을 만날 때가 있습니다. 우리를 삼키려는 거대한 문제의 파도를 보고 두려움과 절망 속에 빠지곤 합니다. 그러할 때 주님은 말씀하십니다. "내가 너희와 함께 있는데, 왜 무서워하느냐?" 어떤 위기의 순간에도 주님이 늘 우리와 함께 계심을 잊지 마시길 바랍니다.

| 일독성경 | 창세기 14-15장, 마태복음 8-9장 읽음 □

오늘의 찬송

주 안에 있는 나에게

새찬송가 370장(통 455)

1. 주 안에 있는 나에게 딴 근심 있으랴 십자가 밑에 나아가 내 짐을 풀었네
2. 그 두려움이 변하여 내 기도 되었고 전날의 한숨 변하여 내 노래 되었네
3. 내 주는 자비하셔서 늘 함께 계시고 내 궁핍함을 아시고 늘 채워주시네
4. 내 주와 맺은 언약은 영 불변하시니 그 나라 가기까지는 늘 보호하시네

후렴 주님을 찬송하면서 할렐루야 할렐루야 내 앞길 멀고 험해도 나 주님만 따라가리

질문

갑작스럽게 닥친 문제와 어려움 때문에 두려웠던 적이 있나요? 그때 어떻게 두려움을 극복했나요?

나의 감사

오늘 하루, 감사할 것들을 적어보세요.

| 기도 | 하나님 아버지, 인생의 폭풍 속에서도 우리와 늘 함께하시는 주님을 의지하며 두려움을 물리칠 수 있게 도와주옵소서. 예수 그리스도의 이름으로 기도합니다. 아멘.

JAN **01.07** 수요일

나를 살피시는 하나님

창세기 16:6-13 아브람이 사래에게 이르되 당신의 여종은 당신의 수중에 있으니 당신의 눈에 좋을 대로 그에게 행하라 하매 사래가 하갈을 학대하였더니 하갈이 사래 앞에서 도망하였더라 야훼의 사자가 광야의 샘물 곁 곧 술 길 샘 곁에서 그를 만나 이르되 사래의 여종 하갈아 네가 어디서 왔으며 어디로 가느냐 … 하갈이 자기에게 이르신 야훼의 이름을 나를 살피시는 하나님이라 하였으니

윌리엄 캐리가 인도에서 선교 사역을 시작했을 때 재정적 어려움과 각종 풍토병으로 큰 시련을 겪었습니다. 어린 아들과 아내마저 말라리아로 생명을 잃었고, 8년 동안 번역하던 성경 원고마저 화재로 타버렸습니다. 첫 사역지인 벵갈 지역에서는 7년 동안 단 한 명의 인도인도 개종시키지 못했습니다. 그러나 윌리엄 캐리는 포기하지 않았습니다. 숱한 위험과 고난 속에서 그가 붙들었던 것은 하나님에 대한 믿음이었습니다. 그는 하나님이 인도에 자신을 보내시고 살피신다는 사실을 굳게 믿었습니다. 그 믿음으로 1793년 인도 콜카타에 도착해 1834년 하나님의 품에 안길 때까지 약 40년을 인도 선교에 헌신했으며, 지금까지도 현대 선교의 아버지로 불리고 있습니다.

하갈이 임신한 후에 교만해져서 주인인 사래를 멸시하자 사래가 하갈을 학대했습니다. 사래의 학대를 견디지 못한 하갈은 집을 뛰쳐나와 광야로 도망쳤습니다. 그때 하나님의 사자가 나타나 약속의 말씀을 주셨고, 하갈은 하나님에 대해 “나를 살피시는 하나님”이라고 고백했습니다. 우리도 고난과 역경이 도사리는 광야 같은 인생길에서 “나를 살피시는 하나님”을 만나고 이렇게 고백하길 바랍니다. “하나님, 나를 늘 살펴주시니 감사합니다!”

| 일독성경 | 창세기 16-18장, 마태복음 10장 읽음 □

오늘의 찬송

예수가 거느리시니

새찬송가 390장(통 444)

1. 예수가 거느리시니 즐겁고 평안하구나 주야에 자고 깨는 것 예수가 거느리시네
2. 때때로 괴롬 당하면 때때로 기쁨 누리네 풍파 중에 지키시고 평안히 인도하시네
3. 내 주의 손을 붙잡고 천국에 올라가겠네 괴로우나 즐거우나 예수가 거느리시네
4. 이 세상 이별할 때에 마귀의 권세 이기네 천국에 가는 그 길도 예수가 거느리시네

후렴 주 날 항상 돌보시고 날 친히 거느리시네 주 날 항상 돌보시고 날 친히 거느리시네 아멘

질문

나에게 하나님은 어떤 하나님이신가요? 나를 살피시는 하나님을 경험한 적이 있나요?

나의 감사

오늘 하루, 감사할 것들을 적어보세요.

| 기도 | 하나님 아버지, 지금까지 우리를 지키고 살펴주심에 감사드립니다. 항상 하나님을 의지하고 감사하며 살게 하옵소서. 예수 그리스도의 이름으로 기도합니다. 아멘.

수고하고 무거운 짐 진 자들아

마태복음 11:27-30 내 아버지께서 모든 것을 내게 주셨으니 아버지 외에는 아들을 아는 자가 없고 아들과 또 아들의 소원대로 계시를 받는 자 외에는 아버지를 아는 자가 없느니라 수고하고 무거운 짐 진 자들아 다 내게로 오라 내가 너희를 쉬게 하리라 나는 마음이 온유하고 겸손하니 나의 멍에를 메고 내게 배우라 그리하면 너희 마음이 쉼을 얻으리니 이는 내 멍에는 쉽고 내 짐은 가벼움이라 하시니라

한남대학교 생명나노과학대학 학장을 지낸 이수민 교수는 34살에 박사 학위를 취득하고 35살에 한남대 교수로 임명될 정도로 승승장구하는 화학자였습니다. 그런데 37살에 미국 유학을 앞둔 어느 날, 그는 녹내장 말기 진단을 받았습니다. 수술 후에는 희미하게 보이던 시력마저 완전히 잃게 되었습니다. 절망에 빠진 그에게 하나님이 찾아오셨습니다. 칠흑 같은 어둠 속에서 번갯불이 번쩍하며 생생한 음성이 들려왔습니다. "내가 너를 도와준다고 하지 않느냐? 나를 의지하고 일어나 보려무나." 이 음성에 힘입어 그는 다시 일어섰습니다. 이후 그는 연구에 더욱 매진했고, 마침내 세계 3대 인명사전 모두에 이름을 올리는 영예를 안게 되었습니다.

오늘 본문에서 예수님은 각종 규례와 전통을 덧붙여서 사람들에게 무거운 율법의 짐을 지게 한 바리새인들을 책망하셨습니다. 그리고 "수고하고 무거운 짐 진 자들아 다 내게로 오라 내가 너희를 쉬게 하리라"라고 말씀하셨습니다. 주님께 나아오면 주님이 우리의 무겁고 고된 짐을 대신 짊어지고 우리의 인생을 책임져 주십니다. 이제 인생의 무거운 짐을 홀로 지려 하지 말고, 주님께 맡기시길 바랍니다. 주님 안에서 진정한 쉼을 누리고 다시 일어날 힘을 얻게 될 것입니다.

| 일독성경 | 창세기 19-20장, 마태복음 11-12장 읽음 □

오늘의 찬송

내 모든 시험 무거운 짐을

새찬송가 337장(통 363)

1. 내 모든 시험 무거운 짐을 주 예수 앞에 아뢰이면
   근심에 싸인 날 돌아보사 내 근심 모두 맡으시네
2. 내 모든 괴롬 닥치는 환난 주 예수 앞에 아뢰이면
   주께서 친히 날 구해주사 넓으신 사랑 베푸시네
3. 내 짐이 점점 무거워질 때 주 예수 앞에 아뢰이면
   주께서 친히 날 구해주사 내 대신 짐을 져주시네
4. 마음의 시험 무서운 죄를 주 예수 앞에 아뢰이면
   예수는 나의 능력이 되사 세상을 이길 힘 주시네

후렴 무거운 짐을 나 홀로 지고 견디다 못해 쓰러질 때
불쌍히 여겨 구원해줄 이 은혜의 주님 오직 예수

질문

지금 나는 어떤 짐을 지고 있나요? 내 짐을 주님께 맡기기 위해 어떻게 해야 할까요?

나의 감사

오늘 하루, 감사할 것들을 적어보세요.

| 기도 | 하나님 아버지, 저를 하나님의 자녀 삼아주시니 감사합니다. 인생의 모든 짐을 주님께 맡기고 주님 안에서 쉼을 얻게 하옵소서. 예수 그리스도의 이름으로 기도합니다. 아멘.

JAN **01.09** 금요일

이삭의 순종

창세기 22:6-8 아브라함이 이에 번제 나무를 가져다가 그의 아들 이삭에게 지우고 자기는 불과 칼을 손에 들고 두 사람이 동행하더니 이삭이 그 아버지 아브라함에게 말하여 이르되 내 아버지여 하니 그가 이르되 내 아들아 내가 여기 있노라 이삭이 이르되 불과 나무는 있거니와 번제할 어린 양은 어디 있나이까 아브라함이 이르되 내 아들아 번제할 어린 양은 하나님이 자기를 위하여 친히 준비하시리라 하고

2022년 1월에 발표한 세계 기독교 박해 보고서에 따르면 2021년 한 해 동안 5,989명의 크리스천이 순교했고, 이 중 78%인 4,650명이 나이지리아에서 발생했다고 합니다. 이러한 위험한 상황에도 불구하고 다니엘 자기 선교사는 나이지리아에서 기독교로 개종한 사람들을 제자로 양육하는 사역을 이어가고 있습니다. 처음에 그는 "하나님, 무슬림 사역만 아니면 어떤 사역이라도 하겠습니다."라고 기도했습니다. 그러나 성령 체험을 한 후에 마음을 바꿔서 하나님의 부르심에 온전히 순종하기로 결단했습니다. 나이지리아에서의 선교 사역은 고난의 연속이었지만, 하나님은 그의 순종을 통해 수많은 무슬림이 예수님을 믿게 되는 놀라운 역사를 이루셨습니다.

오늘 본문에서 하나님은 아브라함에게 100세에 얻은 귀한 아들 이삭을 모리아 땅에 있는 산으로 가서 번제로 드리라고 명하셨습니다. 아브라함은 하나님의 명령에 즉시 순종했습니다. 이삭도 반항하지 않고 아버지의 뜻, 궁극적으로는 하나님의 뜻에 순종했습니다. 아브라함은 이러한 순종을 통해 복의 근원이 되었고, 훗날 이삭이 받은 큰 축복도 바로 이러한 순종이 있었기 때문입니다. 이처럼 순종은 하나님을 기쁘시게 합니다. 우리도 순종의 삶을 살면 하나님이 우리에게 넘치는 복을 부어주실 것입니다.

| 일독성경 | 창세기 21-23장, 마태복음 13장 읽음 □

오늘의 찬송

내 주여 뜻대로

새찬송가 549장(통 431)

1. 내 주여 뜻대로 행하시옵소서 온몸과 영혼을 다 주께 드리니
이 세상 고락간 주 인도하시고 날 주관하셔서 뜻대로 하소서
2. 내 주여 뜻대로 행하시옵소서 큰 근심 중에도 낙심케 마소서
주님도 때로는 울기도 하셨네 날 주관하셔서 뜻대로 하소서
3. 내 주여 뜻대로 행하시옵소서 내 모든 일들을 다 주께 맡기고
저 천성 향하여 고요히 가리니 살든지 죽든지 뜻대로 하소서 아멘

질문

내 이성으로는 잘 이해되지 않는 상황에서도 하나님께 순종할 수 있나요? 순종의 삶을 살기 위해 어떻게 해야 할까요?

나의 감사

오늘 하루, 감사할 것들을 적어보세요.

| 기도 | 하나님 아버지, 우리의 이성으로 잘 이해되지 않더라도 하나님을 신뢰하며 그 뜻에 온전히 순종할 수 있게 도와주옵소서. 예수 그리스도의 이름으로 기도합니다. 아멘.

JAN **01.10** 토요일

나니 두려워하지 말라

마태복음 14:22-27 예수께서 즉시 제자들을 재촉하사 자기가 무리를 보내는 동안에 배를 타고 앞서 건너편으로 가게 하시고 … 밤 사경에 예수께서 바다 위로 걸어서 제자들에게 오시니 제자들이 그가 바다 위로 걸어오심을 보고 놀라 유령이라 하며 무서워하여 소리 지르거늘 예수께서 즉시 이르시되 안심하라 나니 두려워하지 말라

터키에서 사역하는 김요한 선교사의 이야기입니다. 그는 평소 이슬람 개종자들이 찾아오면 복음의 내용만 전하고 다른 이야기는 하지 않았는데, 하루는 주님의 음성이 들려왔습니다. "있는 그대로 말하라." 그는 순종하는 마음으로 찾아온 개종자들에게 이슬람교의 거짓과 모순을 낱낱이 전했습니다. 사실 그날 찾아온 사람들은 개종자로 위장한 방송국 기자들이었고, 몰래 녹화한 내용을 공중파 방송에서 방영했습니다. 그로 인해 김 선교사는 살해 위협을 받고 재판도 받았습니다. 하지만 재판 결과는 의외였습니다. "방송국이 허락 없이 촬영하고 무작위로 편집해 방영한 일은 불법이며, 마호메트는 신구약에 예언되지 않았으므로 피고에게 내려진 이슬람, 코란, 마호메트 모독죄는 무죄로 판결한다!" 그는 이렇게 고백합니다. "당시는 막막한 상황이었지만 하나님이 함께하셔서 지켜주셨고 선교 사역이 막히지 않도록 도우셨습니다!"

우리도 풍랑과 같은 인생의 역경을 만났을 때 자신의 힘으로 해결하려고 애쓰다가 결국 자포자기하는 경우가 있습니다. 바로 그때 예수님이 우리를 찾아오셔서 "두려워하지 말라"라고 말씀하십니다. 우리가 절대 희망 되신 예수님만 믿고 의지하면 모든 문제의 풍랑은 잠잠해지고 주님의 참된 평안과 은혜가 임할 것입니다.

| 일독성경 | 창세기 24-25장, 마태복음 14-15장 읽음 □

오늘의 찬송

나 어느 곳에 있든지

새찬송가 408장(통 466)

1. 나 어느 곳에 있든지 늘 맘이 편하다 주 예수 주신 평안함 늘 충만하도다
2. 내 맘에 솟는 영생수 한없이 흐르니 목마름 다시 없으며 늘 평안하도다
3. 참되신 주의 사랑을 형언치 못하네 그 사랑 내 맘 여시고 소망을 주셨네
4. 주 예수 온갖 고난을 왜 몸소 당했나 주 함께 고난받으면 면류관 얻겠네

후렴 나의 맘속이 늘 평안해 나의 맘속이 늘 평안해 악한 죄 파도가 많으나 맘이 늘 평안해

질문

큰 역경으로 인해 자포자기할 때가 있었나요? 아무리 애써도 내 힘으로 해결할 수 없는 문제를 만날 때 어떻게 해야 할까요?

나의 감사

오늘 하루, 감사할 것들을 적어보세요.

| 기도 | 하나님 아버지, 인생의 풍랑이 다가와도 두려워하지 않고 절대 희망 되신 예수님만 바라볼 수 있게 도와주옵소서. 예수 그리스도의 이름으로 기도합니다. 아멘.

JAN **01.11** 주일

반드시 하나님께 드리겠나이다

창세기 28:20-22 야곱이 서원하여 이르되 하나님이 나와 함께 계셔서 내가 가는 이 길에서 나를 지키시고 먹을 떡과 입을 옷을 주시어 내가 평안히 아버지 집으로 돌아가게 하시오면 야훼께서 나의 하나님이 되실 것이요 내가 기둥으로 세운 이 돌이 하나님의 집이 될 것이요 하나님께서 내게 주신 모든 것에서 십분의 일을 내가 반드시 하나님께 드리겠나이다 하였더라

야곱은 꿈에서 하나님의 음성을 들은 다음 깨어나 하나님께 서원 기도를 드렸습니다. "제가 다시 아버지 집으로 돌아올 때까지 하나님이 은혜 가운데 보호해 주시리라 믿습니다. 하나님이 주신 모든 것에서 십일조를 드리고 기쁨으로 하나님을 섬기며 살겠습니다!" 이 기도는 약속을 이루시는 하나님께 드리는 감사의 고백이며, 한평생 하나님만을 위해 살겠다고 다짐하는 신앙의 결단입니다. 하나님은 야곱의 서원 기도를 들으시고 그를 축복해 주셨습니다.

최근 100년의 세계 역사 가운데 당시 화폐 가치를 계산했을 때 가장 부자였던 사람이 록펠러라고 합니다. 그는 가난한 집안에서 태어났지만, 어릴 때부터 어머니에게 엄격한 신앙 교육을 받아 주일예배와 십일조를 철저히 지켰습니다. 그러자 하나님이 그에게 복을 부어주셔서 세계 최고의 재벌이 되게 하셨습니다. 그는 미국 전역에 2천여 개의 도서관을 짓고, 뉴욕 리버사이드 교회를 세웠으며, 명문대학인 시카고 대학의 설립 기금도 기부했습니다. 이처럼 우리가 올바른 물질관을 갖고 기쁨으로 하나님을 섬기면, 하나님이 하늘 문을 열고 쌓을 곳이 없도록 복을 부어주십니다. 우리 모두 이러한 복 받은 인생을 살게 되길 소망합니다.

| 일독성경 | 창세기 26-28장, 마태복음 16장 읽음 □

오늘의 찬송

복의 근원 강림하사

새찬송가 28장(통 28)

1. 복의 근원 강림하사 찬송하게 하소서 한량없이 자비하심 측량할 길 없도다
   천사들의 찬송가를 내게 가르치소서 구속하신 그 사랑을 항상 찬송합니다
2. 주의 크신 도움 받아 이때까지 왔으니 이와 같이 천국에도 이르기를 바라네
   하나님의 품을 떠나 죄에 빠진 우리를 예수 구원하시려고 보혈 흘려주셨네
3. 주의 귀한 은혜 받고 일생 빚진 자 되네 주의 은혜 사슬 되사 나를 주께 매소서
   우리 맘은 연약하여 범죄하기 쉬우니 하나님이 받으시고 천국인을 치소서 아멘

질문

나는 주일예배와 십일조를 철저히 지키고 있나요? 야곱처럼 하나님께 드리는 내 신앙의 결단을 적어보세요.

나의 감사

오늘 하루, 감사할 것들을 적어보세요.

| 기도 | 하나님 아버지, 우리도 신앙의 결단을 내려서 하나님을 기쁨으로 섬기며 하나님의 영광을 드러내는 삶을 살게 하옵소서. 예수 그리스도의 이름으로 기도합니다. 아멘.

JAN **01.12** 월요일

실족하지 않게 하라

마태복음 17:24-27 가버나움에 이르니 반 세겔 받는 자들이 베드로에게 나아와 이르되 너의 선생은 반 세겔을 내지 아니하느냐 … 베드로가 이르되 타인에게니이다 예수께서 이르시되 그렇다면 아들들은 세를 면하리라 그러나 우리가 그들이 실족하지 않게 하기 위하여 네가 바다에 가서 낚시를 던져 먼저 오르는 고기를 가져 입을 열면 돈 한 세겔을 얻을 것이니 가져다가 나와 너를 위하여 주라 하시니라

예수님이 가버나움에 계실 때 성전세를 걷는 사람들이 베드로에게 와서 "너의 선생은 성전세 반 세겔을 내지 않느냐?"라고 물었습니다. 이 일을 아신 예수님은 베드로에게 세상 임금의 아들들이 세금을 내지 않는 것처럼, 하나님의 아들이신 자신도 하나님의 집에 드리는 성전세를 내지 않아도 된다고 말씀하셨습니다. 그러나 그들이 실족하지 않도록 베드로에게 낚시를 던져 물고기 입에서 나온 한 세겔로 성전세를 내게 하셨습니다.

이처럼 아무리 옳은 행동이라고 해도 믿음이 연약한 이들을 실족하게 하거나 불필요한 논란을 일으킬 수 있다면 때로는 절제하는 것도 필요합니다. 정의를 외치고 옳은 말만 한다고 모두 선하고 좋은 것은 아닙니다. 때로는 정의보다, 옳은 말보다, 법보다 앞서는 것이 있습니다. 바로 다른 사람을 배려하는 사랑의 마음입니다. 사도 바울은 만일 음식 때문에 다른 사람들에게 시험이 된다면 영원히 고기를 먹지 않겠다고까지 말했습니다(고전 8:13). 우리도 스스로 옳다고 생각되는 일일지라도 사람들의 오해를 사거나 분쟁을 일으키지 않도록 사랑과 지혜로 행동해야 합니다. 오늘도 주변 사람들을 사랑으로 섬기고 세워주는 성숙한 크리스천이 되시기를 소망합니다.

| 일독성경 | 창세기 29-30장, 마태복음 17-18장 읽음 □

오늘의 찬송

하나님 사랑은

새찬송가 299장(통 418)

1. 하나님 사랑은 온전한 참사랑 내 맘에 부어주시사 충만케 하소서
2. 내 주님 참사랑 햇빛과 같으니 그 사랑 내게 비추사 뜨겁게 하소서
3. 그 사랑 앞에는 풍파도 그치며 어두운 밤도 환하니 그 힘이 크도다
4. 하나님 사랑은 온전한 참사랑 내 맘과 영에 채우사 새 힘을 주소서 아멘

질문

다른 사람을 위해 양보한 경험이 있나요? 주변에 있는 사람들을 배려하기 위해 내가 할 수 있는 일을 적어보세요.

나의 감사

오늘 하루, 감사할 것들을 적어보세요.

| 기도 | 하나님 아버지, 우리도 예수님을 본받아 다른 사람을 배려하고 세워주는 성숙한 크리스천이 되게 하옵소서. 예수님 이름으로 기도합니다. 아멘.

JAN **01.13** 화요일

응답을 받을 때까지

창세기 32:24-28 야곱은 홀로 남았더니 어떤 사람이 날이 새도록 야곱과 씨름하다가 … 내게 축복하지 아니하면 가게 하지 아니하겠나이다 그 사람이 그에게 이르되 네 이름이 무엇이냐 그가 이르되 야곱이니이다 그가 이르되 네 이름을 다시는 야곱이라 부를 것이 아니요 이스라엘이라 부를 것이니 이는 네가 하나님과 및 사람들과 겨루어 이겼음이니라

문화 콘텐츠 제작업체 키네마인의 손영선 대표는 2013년에 유방암 말기 판정을 받았습니다. 병원에서는 수술이 급하다고 했지만, 그녀는 먼저 하나님께 도움을 구하기로 마음먹었습니다. 그래서 남편과 함께 기도원에 올라가서 금식하며 기도했습니다. 그녀는 기도 중에 두려움이 사라지고 주님이 주시는 위로와 평안을 체험했습니다. 그때 병원으로부터 연락이 왔습니다. 미국에서 최근 개발한 신약의 임상시험 대상자를 찾고 있다는 것이었습니다. 이와 같은 임상시험의 경우 개발연구소에서 요구하는 까다로운 조건에 맞는 사람만 참여할 수 있는데 그녀가 그 조건을 갖추었다는 것입니다. 그녀는 수술 후 임상시험에 참여했고 1년이 채 지나기도 전에 암세포가 모두 사라져서 건강을 회복할 수 있었습니다.

살다 보면 해결할 수 없는 문제를 만날 때가 있습니다. 그러할 때 우리는 하나님을 의지하며 끝까지 기도해야 합니다. 오늘 본문에서 야곱이 하나님과 씨름하여 이길 수 있었던 이유는 허벅지 관절이 어긋나는 고통 속에서도 하나님을 끝까지 붙들었기 때문입니다. 모든 문제의 해답은 오직 하나님께 있음을 기억하며, 하나님의 응답을 받을 때까지 포기하지 않고 기도하시길 바랍니다.

| 일독성경 | 창세기 31–33장, 마태복음 19장 읽음 □

오늘의 찬송

겸손히 주를 섬길 때

새찬송가 212장(통 347)

1. 겸손히 주를 섬길 때 괴로운 일이 많으나 구주여 내게 힘 주사 잘 감당하게 하소서
2. 인자한 말을 가지고 사람을 감화시키며 갈 길을 잃은 무리를 잘 인도하게 하소서
3. 구주의 귀한 인내를 깨달아 알게 하시고 굳건한 믿음 주셔서 늘 승리하게 하소서
4. 장래의 영광 비추사 소망이 되게 하시며 구주와 함께 살면서 참평강 얻게 하소서 아멘

질문

요즘 내가 고심하고 있는 문제는 무엇인가요? 이 문제를 두고 끝까지 기도하겠다는 내 결심을 적어보세요.

나의 감사

오늘 하루, 감사할 것들을 적어보세요.

| 기도 | 하나님 아버지, 문제로 인해 낙심하지 말고 하나님의 응답을 받을 때까지 기도하는 우리가 되게 하옵소서. 예수 그리스도의 이름으로 기도합니다. 아멘.

벧엘로 올라가자

창세기 35:1-3 하나님이 야곱에게 이르시되 일어나 벧엘로 올라가서 거기 거주하며 네가 네 형 에서의 낯을 피하여 도망하던 때에 네게 나타났던 하나님께 거기서 제단을 쌓으라 하신지라 … 우리가 일어나 벧엘로 올라가자 내 환난 날에 내게 응답하시며 내가 가는 길에서 나와 함께 하신 하나님께 내가 거기서 제단을 쌓으려 하노라 하매

하몰의 아들 세겜이 야곱의 딸 디나를 범하자 분노한 시므온과 레위가 세겜이 속한 성읍의 모든 남자를 살육했습니다. 이 일로 보복당할 위기에 처한 야곱에게 하나님은 벧엘로 올라가서 제단을 쌓으라고 말씀하셨습니다. 야곱은 하나님이 그와 그의 가족들을 지켜주시리라 굳게 믿고, 하나님의 말씀에 순종하여 벧엘(하나님의 집)로 올라갔습니다.

종교개혁이 일어날 당시 로마 가톨릭교회는 매우 부패했습니다. 심지어 성 베드로 대성당을 짓기 위해 면죄부를 판매했는데, 그것으로 자신의 모든 죄뿐 아니라 이미 죽은 사람들까지도 연옥에서 구원할 수 있다고 거짓 선전을 했습니다. 이에 1517년 10월 31일, 마틴 루터는 비텐베르크성당 정문에 가톨릭교회의 오류와 부패를 비판하는 '95개조 반박문'을 붙였습니다. 그로 인해 온갖 박해와 위협을 당했지만, 루터는 물러서지 않았습니다. 1529년, 그는 자신을 파문하기 위해 열린 보름스 의회에서도 당당히 성경의 진리를 선포하며 믿음을 지켰습니다. 당시 그가 지은 찬송시가 바로 「내 주는 강한 성이요」입니다. "내 주는 강한 성이요 방패와 병기 되시니 큰 환난에서 우리를 구하여 내시리로다." 하나님이 도우시면 그 누구도 우리를 해칠 수 없습니다. 모든 두려움을 떨쳐내고 믿음으로 전진 또 전진하시기를 바랍니다.

| 일독성경 | 창세기 34-35장, 마태복음 20-21장 읽음 □

오늘의 찬송

내 주는 강한 성이요

새찬송가 585장(통 384)

1. 내 주는 강한 성이요 방패와 병기 되시니 큰 환난에서 우리를 구하여 내시리로다
옛 원수 마귀는 이때도 힘을 써 모략과 권세로 무기를 삼으니 천하에 누가 당하랴
2. 내 힘만 의지할 때는 패할 수밖에 없도다 힘 있는 장수 나와서 날 대신하여 싸우네
이 장수 누군가 주 예수 그리스도 만군의 주로다 당할 자 누구랴 반드시 이기리로다
3. 이 땅에 마귀 들끓어 우리를 삼키려 하나 겁내지 말고 섰거라 진리로 이기리로다
친척과 재물과 명예와 생명을 다 빼앗긴대도 진리는 살아서 그 나라 영원하리라 아멘

질문

나에게 두려움을 주는 문제나 사람이 있나요? 문제가 다가올 때 하나님께 나아가기 위해 어떤 결단과 행동이 필요한지 구체적으로 적어보세요.

나의 감사

오늘 하루, 감사할 것들을 적어보세요.

| 기도 | 하나님 아버지, 우리를 보호하시고 인도해 주시니 감사합니다. 문제를 만나도 낙심하지 않고 주님만을 의지하며 살게 하옵소서. 예수 그리스도의 이름으로 기도합니다. 아멘.

사랑, 가장 큰 계명

마태복음 22:34-40 바리새인들이 듣고 모였는데 그 중의 한 율법사가 예수를 시험하여 묻되 선생님 율법 중에서 어느 계명이 크니이까 예수께서 이르시되 네 마음을 다하고 목숨을 다하고 뜻을 다하여 주 너의 하나님을 사랑하라 하셨으니 이것이 크고 첫째 되는 계명이요 둘째도 그와 같으니 네 이웃을 네 자신 같이 사랑하라 하셨으니 이 두 계명이 온 율법과 선지자의 강령이니라

미국 오리건주에서 농사를 지으며 살던 홀트 부부는 1954년 가을, 마을회관에서 한 편의 다큐멘터리 영화를 보게 되었습니다. 그 영화는 한국전쟁이 낳은 고아들의 참상이 담긴 내용이었습니다. 영화가 끝난 후에도 죽어가는 아이들의 모습이 그들의 마음에서 떠나지 않았습니다. 결국 그들은 하나님의 사랑으로 고아들을 돌보기로 결심하고 한국에 들어왔습니다. 그들은 굶주림과 병으로 죽어가는 아이들 가운데서도 상태가 심각한 아이를 데려와 아침저녁으로 안아주고 기도해 주었습니다. 놀랍게도 병원에서 죽어가던 아이들이 그들의 집으로 오면 살아났습니다. 그들이 사랑으로 안아주고 기도해 주니 아이들이 영어를 알아듣지는 못해도 생명을 얻고 힘을 얻었던 것입니다. 홀트 부부는 8명의 아이들을 미국에 데려와 입양했는데, 이를 계기로 1955년에 홀트씨 양자회(현 홀트아동복지회)가 설립되어 수많은 생명을 살릴 수 있었습니다.

율법 가운데 가장 큰 계명이 무엇인지 묻는 율법사에게 예수님은 '사랑'이라고 말씀하셨습니다. 그리고 예수님은 친히 십자가를 통해 하나님 사랑과 이웃 사랑을 완성하셨습니다. 주님이 이루신 십자가 사랑은 율법의 완성입니다. 우리도 주님을 본받아 이 땅에 아름다운 사랑의 흔적을 남기는 삶을 살기를 바랍니다.

| 일독성경 | 창세기 36-38장, 마태복음 22장 읽음 □

오늘의 찬송

저 장미꽃 위에 이슬

새찬송가 442장(통 499)

1. 저 장미꽃 위에 이슬 아직 맺혀 있는 그때에 귀에 은은히 소리 들리니 주 음성 분명하다
2. 그 청아한 주의 음성 우는 새도 잠잠케 한다 내게 들리던 주의 음성이 늘 귀에 쟁쟁하다
3. 밤 깊도록 동산 안에 주와 함께 있으려 하나 괴론 세상에 할 일 많아서 날 가라 명하신다

후렴 주님 나와 동행을 하면서 나를 친구 삼으셨네
우리 서로 받은 그 기쁨은 알 사람이 없도다

질문

하나님과 이웃 사랑을 실천하기 위해 우리가 할 수 있는 구체적인 행동은 무엇일까요?

나의 감사

오늘 하루, 감사할 것들을 적어보세요.

| 기도 | 하나님 아버지, 십자가 사랑으로 율법을 완성하신 주님을 따라 마음과 뜻을 다해 하나님과 이웃을 사랑하게 하옵소서. 예수 그리스도의 이름으로 기도합니다. 아멘.

JAN **01.16** 금요일

하나님은 잊지 않으신다

창세기 40:18-23 요셉이 대답하여 이르되 그 해석은 이러하니 세 광주리는 사흘이라 지금부터 사흘 안에 바로가 당신의 머리를 들고 당신을 나무에 달리니 새들이 당신의 고기를 뜯어 먹으리이다 … 바로의 술 맡은 관원장은 전직을 회복하매 그가 잔을 바로의 손에 받들어 드렸고 떡 굽는 관원장은 매달리니 요셉이 그들에게 해석함과 같이 되었으나 술 맡은 관원장이 요셉을 기억하지 못하고 그를 잊었더라

강변북로를 타고 양화대교 부근을 지나다 보면 조선에 들어와 복음을 전하다 세상을 떠난 선교사들의 유해가 묻혀있는 절두산 순교 성지가 있습니다. 거기에는 "나는 조선인을 사랑했노라. 그래서 내 몸을 조선 땅에 눕히노라.", "나는 이 나라를 복음화하기 위해 내 청춘을 주 앞에 드렸노라." 등의 비문이 새겨져 있는 비석들이 있습니다. 『대한제국멸망사』라는 책을 통해 구한말 조선의 어려움을 세계에 알린 헐버트 선교사는 "나는 웨스트민스터 대성당에 잠들기보다 조선 땅에서 내 일생을 끝내기를 원한다."라는 말을 남겼습니다. 그들은 모두 거룩한 선교의 비전을 품고 머나먼 조선 땅에 왔습니다. 그 이유는 단 한 가지, 하나님이 그들의 헌신과 희생을 기억해 주시리라는 확신 때문이었습니다.

오늘 본문에서 술 맡은 관원장은 요셉의 꿈 해석대로 전직을 회복했지만, 그 후로 요셉을 완전히 잊었습니다. 하지만 하나님은 요셉을 잊지 않으셨습니다. 하나님의 때가 이르자 하나님은 요셉을 감옥에서 나오게 하시고, 마침내 애굽의 총리로 세우셨습니다. 지금도 하나님은 우리를 잊지 않으십니다. 우리가 하나님께 드린 헌신과 기도와 순종의 발걸음을 다 기억하십니다. 그리고 마지막 날에, 하나님이 그 모든 것을 갚아주실 것입니다.

| 일독성경 | 창세기 39-40장, 마태복음 23-24장 읽음 □

오늘의 찬송

나 주를 멀리 떠났다

새찬송가 273장(통 331)

1. 나 주를 멀리 떠났다 이제 옵니다 나 죄의 길에 시달려 주여 옵니다
2. 그 귀한 세월 보내고 이제 옵니다 나 뉘우치는 눈물로 주여 옵니다
3. 나 죄에 매여 고달파 이제 옵니다 주 크신 사랑 받고자 주여 옵니다
4. 이 병든 맘을 고치려 이제 옵니다 큰 힘과 소망 바라고 주여 옵니다
5. 나 바랄 것이 무언가 우리 주 예수 날 위해 죽임 당하심 믿고 옵니다

후렴 나 이제 왔으니 내 집을 찾아 주여 나를 받으사 맞아 주소서

질문

사람들에게 잊힌 듯한 외로움을 경험한 적이 있었나요? 하나님이 나를 잊지 않으신다는 사실이 내게 어떤 위로가 되는지 적어보세요.

나의 감사

오늘 하루, 감사할 것들을 적어보세요.

| 기도 | 하나님 아버지, 남들이 나를 잊었다고 느껴질 때 주님을 찾게 하시고, 주님이 늘 저와 함께하심을 잊지 않게 하옵소서. 예수 그리스도의 이름으로 기도합니다. 아멘.

JAN **01.17** 토요일

하나님의 큰 그림

창세기 42:34-36 너희 막내 아우를 내게로 데려 오라 그러면 너희가 정탐꾼이 아니요 확실한 자들임을 내가 알고 너희 형제를 너희에게 돌리리니 너희가 이 나라에서 무역하리라 하더이다 하고 … 그들의 아버지 야곱이 그들에게 이르되 너희가 나에게 내 자식들을 잃게 하도다 요셉도 없어졌고 시므온도 없어졌거늘 베냐민을 또 빼앗아 가고자 하니 이는 다 나를 해롭게 함이로다

독실한 기독교 가정에서 태어난 코리 텐 붐 여사는 제2차 세계대전이 발발하자 당시 탄압받던 유대인들을 외면할 수 없어서 그들을 구하는 운동에 뛰어들었습니다. 결국 나치에 발각되어 가족 전체가 잔혹한 죽음의 수용소로 끌려갔고 아버지와 언니는 그곳에서 생을 마감하고 말았습니다. 전쟁이 끝난 후, 그녀는 죽은 언니의 소원대로 네덜란드와 독일에 치유 센터를 건립하고, 전 세계를 돌며 하나님의 사랑과 용서의 메시지를 나누었습니다. 그녀는 지난 삶을 돌아보며 이렇게 고백합니다. "인생은 커다란 태피스트리(직물로 짠 그림)와 같아요. 하나님은 위에서 아름다운 그림을 짜고 계시지만, 우리는 아래에서 엉킨 실타래만 보고 낙심하곤 하지요."

요셉을 잃은 야곱은 시므온과 베냐민마저 잃을까 두려워하며 절망에 빠졌습니다. 그러나 사실 요셉은 살아있었고 애굽의 총리가 되어 있었습니다. 이처럼 우리는 때때로 고난 속에서 하나님의 손길을 보지 못하지만, 하나님은 모든 상황 가운데 선한 계획을 이뤄 가십니다. 하나님의 섭리를 신뢰하시길 바랍니다. 하나님은 지금도 우리를 위해 큰 그림을 그리시며 우리의 삶 가운데 역사하십니다.

| 일독성경 | 창세기 41-43장, 마태복음 25장 읽음 □

오늘의 찬송

오 놀라운 구세주

새찬송가 391장(통 446)

1. 오 놀라운 구세주 예수 내 주 참능력의 주시로다
   큰 바위 밑 안전한 그곳으로 내 영혼을 숨기시네
2. 오 놀라운 구세주 예수 내 주 내 모든 짐 벗기시네
   죄악에서 날 끌어올리시며 또 나에게 힘 주시네
3. 측량 못 할 은혜로 채우시며 늘 성령의 감화 주사
   큰 기쁨 중 주님을 찬양토록 내 믿음을 도우시네
4. 주 예수님 공중에 임하실 때 나 일어나 맞이하리
   그 구원의 은총을 노래하리 저 천군과 천사 함께

후렴 메마른 땅을 종일 걸어가도 나 피곤치 아니하며 저 위험한 곳 내가 이를 때면
큰 바위에 숨기시고 주 손으로 덮으시네

질문

어려운 상황 속에서도 하나님이 선한 결과로 인도하신 경험이 있나요? 삶 속에서 하나님을 더욱 신뢰하게 된 이야기를 적어보세요.

나의 감사

오늘 하루, 감사할 것들을 적어보세요.

| 기도 | 하나님 아버지, 문제에 집중하지 않고, 오직 주님만을 바라보게 하옵소서. 신실하신 주님께 제 모든 삶을 맡깁니다. 예수 그리스도의 이름으로 기도합니다. 아멘.

십자가의 사랑과 용서

마태복음 27:50-54 예수께서 다시 크게 소리 지르시고 영혼이 떠나시니라 이에 성소 휘장이 위로부터 아래까지 찢어져 둘이 되고 땅이 진동하며 바위가 터지고 무덤들이 열리며 자던 성도의 몸이 많이 일어나되 … 백부장과 및 함께 예수를 지키던 자들이 지진과 그 일어난 일들을 보고 심히 두려워하여 이르되 이는 진실로 하나님의 아들이었도다 하더라

1994년, 르완다에서 끔찍한 집단학살이 일어났을 때의 일입니다. 당시 22살의 투치족 청년 임마꿀레 일리바기자는 부활절을 가족과 보내기 위해 고향으로 돌아왔습니다. 공교롭게도 그날 저녁 르완다의 대통령이 암살당하는 사건이 벌어졌고, 이후 석 달 동안 백만 명 가까운 투치족이 희생당하는 악몽의 대학살이 시작됐습니다. 그녀는 작은 욕실에서 8명의 동료와 91일 동안을 숨어 지내며 끝내 살아남았지만, 온 가족을 잃는 비극을 겪었습니다. 그럼에도 하나님과의 교제를 통해 십자가의 사랑을 깊이 체험한 그녀는 가해자들을 용서하기로 결심했습니다. 내전이 종식된 후, 그녀는 르완다 대학살로 인해 생겨난 고아들을 돌보며 민족의 화해를 이루는 일에 헌신했습니다.

하나님의 아들이신 예수님이 우리를 위해 십자가에서 고난받고 죽임을 당하셨습니다. 예수님의 십자가 은혜로 우리가 죄 사함을 받고 구원을 얻은 것입니다. 갈보리 십자가 사건은 하나님의 무조건적인 사랑과 용서를 보여준 가장 위대한 사건입니다. 십자가의 은혜를 늘 기억하며 이제 우리도 사랑하고 용서해야 합니다. 주님이 십자가에서 몸소 보여주신 사랑과 용서를 실천하는 것이 진정한 크리스천의 삶입니다.

| 일독성경 | 창세기 44-45장, 마태복음 26-27장 읽음 □

오늘의 찬송

그 참혹한 십자가에

새찬송가 269장(통 211)

1. 그 참혹한 십자가에 주 달려 흘린 피 샘물같이 늘 흘러서 죄 씻어주시네
   값없어도 다 나와서 내 죄를 고하면 흰 눈보다 더 희도록 참 성결 얻으리
2. 저 흉악한 한 강도는 제 죄를 깨달아 죄 없으신 주 예수를 구주로 믿었네
   내 지은 죄 흉악하나 주 예수 믿으면 용서받은 강도같이 곧 구원받으리
3. 온 백성의 죄 사하신 하나님 어린양 그 십자가 지심으로 온 인류 구했네
   저 영원한 새 나라에 다같이 모여서 금 거문고 한 곡조로 새 노래 부르리

후렴 나 믿노라 나 믿노라 그 보혈 공로를 흠 없어도 피 흘리사 날 구원하셨네

질문

지금 용서하고 관계를 회복하고 싶은 사람이 있나요? 만약 그를 용서하기 어렵다면, 그 이유는 무엇인가요?

나의 감사

오늘 하루, 감사할 것들을 적어보세요.

| 기도 | 하나님 아버지, 주님의 십자가 은혜에 깊이 감사드립니다. 우리도 다른 이들을 사랑하고 용서하며 살아가도록 인도해 주옵소서. 예수 그리스도의 이름으로 기도합니다. 아멘.

JAN **01.19** 월요일

나를 기르신 하나님

창세기 48:15-16 그가 요셉을 위하여 축복하여 이르되 내 조부 아브라함과 아버지 이삭이 섬기던 하나님, 나의 출생으로부터 지금까지 나를 기르신 하나님, 나를 모든 환난에서 건지신 여호와의 사자께서 이 아이들에게 복을 주시오며 이들로 내 이름과 내 조상 아브라함과 이삭의 이름으로 칭하게 하시오며 이들이 세상에서 번식되게 하시기를 원하나이다

'샤르니'라는 이름의 한 프랑스인이 나폴레옹 황제의 노여움을 사서 토굴감옥에 갇혔습니다. 그는 감옥에서 생을 마칠지도 모른다는 생각에 절망하며 벽에 이렇게 적었습니다. '아무도 날 돌보지 않는다.' 그런데 어느 날, 감옥 바닥을 뚫고 나온 작은 새싹 하나가 그의 눈에 들어왔습니다. 단단한 바닥을 뚫고 자란 새싹이 대견하여 그는 자신이 마실 물을 주고 정성껏 키웠습니다. 작은 새싹이 척박한 감옥에서도 점점 자라나 아름다운 꽃을 피운 모습을 보면서 그는 이전의 문장을 지우고 이렇게 적었습니다. '하나님이 돌보신다.' 샤르니의 꽃은 간수들 사이에서 입소문을 타고 세상에 알려졌고 나폴레옹의 아내 조세핀까지 감옥에 찾아와 꽃을 구경했습니다. 그녀는 "이렇게 아름다운 꽃을 키운 사람은 나쁜 사람일 수 없다."라며 남편을 설득했고, 마침내 샤르니는 석방되었습니다. 그는 그 꽃을 집으로 가져와서 곁에 두고 하나님의 은혜를 기억했다고 합니다.

오늘 본문에서 야곱은 아브라함과 이삭의 하나님이 출생부터 지금까지 자신을 기르셨다고 고백합니다. 그 하나님이 오늘도 우리와 함께하십니다. 시작부터 끝까지 우리를 인도하시고 모든 환난에서 건져주시며, 사랑으로 우리를 기르고 계십니다. 우리를 기르시는 하나님을 신뢰하며 그분의 인도하심을 따라 살아가기를 소망합니다.

| 일독성경 | 창세기 46-48장, 마태복음 28장 읽음 □

오늘의 찬송

선한 목자 되신 우리 주

새찬송가 569장(통 442)

1. 선한 목자 되신 우리 주 항상 인도하시고 푸른 풀밭 좋은 곳에서 우리 먹여주소서
   선한 목자 구세주여 항상 인도하소서 선한 목자 구세주여 항상 인도하소서
2. 양의 문이 되신 예수여 우리 영접하시고 길을 잃은 양의 무리를 항상 인도하소서
   선한 목자 구세주여 기도 들어주소서 선한 목자 구세주여 기도 들어주소서
3. 흠이 많고 약한 우리를 용납하여주시고 주의 넓고 크신 은혜로 자유 얻게 하셨네
   선한 목자 구세주여 지금 나아갑니다 선한 목자 구세주여 지금 나아갑니다
4. 일찍 주의 뜻을 따라서 살아가게 하시고 주의 크신 사랑 베푸사 따라가게 하소서
   선한 목자 구세주여 항상 인도하소서 선한 목자 구세주여 항상 인도하소서 아멘

질문

하나님은 절대로 나를 버리지 않으신다는 확신이 있나요? 이러한 확신은 언제 어떻게 가지게 되었나요?

나의 감사

오늘 하루, 감사할 것들을 적어보세요.

| 기도 | 하나님 아버지, 우리를 지켜주시고 환난에서 건져주시니 감사합니다. 우리를 기르시는 하나님을 신뢰하며 찬양합니다. 예수 그리스도의 이름으로 기도합니다. 아멘.

그들의 믿음을 보시고

마가복음 2:1-5 수 일 후에 예수께서 다시 가버나움에 들어가시니 집에 계시다는 소문이 들린지라 많은 사람이 모여서 … 사람들이 한 중풍병자를 네 사람에게 메워 가지고 예수께로 올새 무리들 때문에 예수께 데려갈 수 없으므로 그 계신 곳의 지붕을 뜯어 구멍을 내고 중풍병자가 누운 상을 달아 내리니 예수께서 그들의 믿음을 보시고 중풍병자에게 이르시되 작은 자야 네 죄 사함을 받았느니라 하시니

예수님이 가버나움에서 말씀을 전하실 때 일어났던 사건입니다. 예수님이 집에 계시다는 소문이 퍼져 많은 사람이 몰려와 인산인해를 이루었고, 문 앞까지 들어설 자리가 없게 되었습니다. 그러나 중풍병자를 데리고 온 네 명의 친구는 사람들이 많다는 이유로 "도저히 안 되겠다. 오늘은 안 되겠으니 다시 오자."라고 핑계하며 뒤로 물러서지 않았습니다. 그들은 지붕을 뜯어 구멍을 내기 시작했습니다. 예수님이 말씀을 전하시는데 위에서 쿵쾅거리며 흙먼지가 쏟아지니 난리가 났을 것입니다. 주인이 뛰쳐나와 "왜 남의 집을 부수냐!"라고 고함을 쳤을지도 모릅니다. 그러나 그들은 멈추지 않았습니다. 마침내 구멍을 뚫고 결국에는 중풍병자가 누워있는 침상을 예수님 앞으로 내렸습니다. 이에 예수님은 "그들의 믿음을 보시고" 감동하여 구원을 베풀어 주셨습니다.

우리도 신앙생활을 하다 보면 어려움과 문제와 환난이 다가옵니다. 주님을 가까이하지 못하게 하려고 마귀가 시험을 가져다주는 것입니다. 그때 우리는 불퇴전의 믿음으로 나아가야 합니다. 오직 주님만 바라보고 나아갈 때 치료의 은혜와 응답의 축복이 임합니다.

| 일독성경 | 창세기 49-50장, 마가복음 1-2장 읽음 □

오늘의 찬송

주 믿는 사람 일어나

새찬송가 357장(통 397)

1. 주 믿는 사람 일어나 다 힘을 합하여 이 세상 모든 마귀를 다 쳐서 멸하세
저 앞에 오는 적군을 다 싸워 이겨라 주 예수 믿는 힘으로 온 세상 이기네
2. 온 인류 마귀 궤휼로 큰 죄에 빠지니 진리로 띠를 띠고서 늘 기도드리세
참 믿고 의지하면서 겁 없이 나갈 때 주 예수 믿는 힘으로 온 세상 이기네
3. 끝까지 이긴 자에게 흰옷을 입히고 또 영생 복을 주시니 참 기쁜 일일세
이 어둔 세상 지나서 저 천성 가도록 주 예수 믿는 힘으로 온 세상 이기네

후렴 믿음이 이기네 믿음이 이기네 주 예수를 믿음이 온 세상 이기네

질문

문제와 시련을 만났을 때 누가 가장 먼저 떠오르나요? 주님께 문제를 맡기려고 할 때 이를 방해하는 것은 무엇인가요?

나의 감사

오늘 하루, 감사할 것들을 적어보세요.

| 기도 | 하나님 아버지, 모든 문제의 해결자 되시는 예수님을 의지하고 바라봅니다. 우리의 믿음이 흔들림 없이 굳세지도록 도와주옵소서. 예수 그리스도의 이름으로 기도합니다. 아멘.

JAN **01.21** 수요일

부르짖음을 들으시는 하나님

출애굽기 2:21-23 모세가 그와 동거하기를 기뻐하매 그가 그의 딸 십보라를 모세에게 주었더니 그가 아들을 낳으매 모세가 그의 이름을 게르솜이라 하여 이르되 내가 타국에서 나그네가 되었음이라 하였더라 여러 해 후에 애굽 왕은 죽었고 이스라엘 자손은 고된 노동으로 말미암아 탄식하며 부르짖으니 그 고된 노동으로 말미암아 부르짖는 소리가 하나님께 상달된지라

일제강점기에 한국교회는 극심한 탄압을 받았습니다. 1943년 5월, 강원도 철원교회에서 사역하던 박봉진 목사도 신사참배를 거부한다는 이유로 유치장에 끌려갔습니다. 유치장의 차디찬 바닥에 엎드려 부르짖어 기도하는 것이 그의 일과였습니다. 계속되는 모진 고문에도 그는 하나님 외에는 참신이 없기에 신사참배를 할 수 없다고 말했습니다. "하나님이 천황보다 더 높다고 여기냐?"라는 질문에도 "그렇다!"라고 강직하게 대답했습니다. 그를 때리는 소리가 커질수록 그의 부르짖는 기도 소리도 점점 더 크게 취조실에 울려 퍼졌다고 합니다. 박 목사를 포함한 수많은 한국 성도들의 간절한 부르짖음을 들으신 하나님이 우리나라의 독립을 이뤄주시고 신앙의 자유와 축복의 길을 열어주셨습니다.

오늘 본문은 이스라엘 백성들의 부르짖는 소리가 하나님께 상달되었다고 말씀합니다. 하나님은 자기 백성들의 부르짖는 소리에 귀 기울이시는 분이십니다. 우리가 간절한 마음으로 하나님을 향해 부르짖을 때 놀라운 하나님의 능력을 체험하게 될 것입니다. 하나님 앞에 마음을 쏟아놓고 간절히 부르짖어 기도하는 우리 모두가 되기를 소망합니다.

| 일독성경 | 출애굽기 1-3장, 마가복음 3장 읽음 □

오늘의 찬송

내 주 하나님 넓고 큰 은혜는

새찬송가 302장(통 408)

1. 내 주 하나님 넓고 큰 은혜는 저 큰 바다보다 깊다
너 곧 닻줄을 끌러 깊은 데로 저 한가운데 가보라
2. 왜 너 인생은 언제나 거기서 저 큰 바다 물결 보고
그 밑 모르는 깊은 바다 속을 한번 헤아려 안 보나
3. 많은 사람이 얕은 물가에서 저 큰 바다 가려다가
찰싹거리는 작은 파도 보고 마음 약하여 못 가네
4. 자 곧 가거라 이제 곧 가거라 저 큰 은혜 바다 향해
자 곧 네 노를 저어 깊은 데로 가라 망망한 바다로

후렴 언덕을 떠나서 창파에 배 띄워 내 주 예수 은혜의 바다로 네 맘껏 저어가라

질문

나는 요즘 하나님께 간절히 부르짖고 있나요? 간절한 부르짖음을 잊어버린 것은 아닌지 자신을 돌아보고 고쳐야 할 점을 적어보세요.

나의 감사

오늘 하루, 감사할 것들을 적어보세요.

| 기도 | 하나님 아버지, 우리의 기도를 들어주셔서 감사합니다. 날마다 부르짖어 기도하여 하나님의 능력을 경험하며 살아가게 하옵소서. 예수 그리스도의 이름으로 기도합니다. 아멘.

네 믿음이 너를 구원하였으니

마가복음 5:27-34 예수의 소문을 듣고 무리 가운데 끼어 뒤로 와서 그의 옷에 손을 대니 이는 내가 그의 옷에만 손을 대어도 구원을 받으리라 생각함일러라 이에 그의 혈루 근원이 곧 마르매 … 여자가 자기에게 이루어진 일을 알고 두려워하여 떨며 와서 그 앞에 엎드려 모든 사실을 여쭈니 예수께서 이르시되 딸아 네 믿음이 너를 구원하였으니 평안히 가라 네 병에서 놓여 건강할지어다

한때 한국을 대표하는 아나운서였던 차인태 장로는 2009년, 갑작스러운 악성 림프종 진단을 받고 생사의 갈림길에 섰습니다. 하지만 그는 혹독한 항암 치료를 받으면서도 나을 수 있다는 믿음을 포기하지 않았습니다. 결국 하나님의 은혜로 완치되어 지금은 그 기적을 간증하며 살아가고 있습니다. 어떤 기자가 "이렇게 힘들게 하시는 하나님을 원망하시진 않나요?"라고 질문했을 때 그는 이렇게 대답했습니다. "사람의 힘으로 할 수 있는 것이 아무것도 없다는 것을 절실히 느낍니다. 저는 혈루병 여인이 주님의 옷자락을 붙잡고 병 고침을 받은 것처럼 치료하시는 예수님, 능력의 예수님을 믿습니다. 저보다 위중한 분들에게 제가 조그마한 희망이 되었으면 합니다. 제가 원하는 것은 오직 주님과 최후에 기쁘게 마주하는 것입니다."

예수님이 갈릴리 지방을 다니실 때 수많은 무리가 예수님을 에워쌌습니다. 그중 혈루병에 걸린 여인은 믿음으로 예수님의 옷자락을 만져서 병 고침을 받았습니다. 오늘날에도 많은 사람이 예수님을 믿고 신앙생활을 합니다. 그러나 모두가 기적을 체험하는 것은 아닙니다. 예수님의 권능을 굳게 믿고 나아갈 때 우리의 삶에도 기적이 일어날 것입니다.

| 일독성경 | 출애굽기 4-5장, 마가복음 4-5장 읽음 □

오늘의 찬송

거친 세상에서 실패하거든

새찬송가 456장(통 509)

1. 거친 세상에서 실패하거든 그 손 못 자국 만져라
   고된 일 하다가 힘을 얻으리 그 손 못 자국 만져라
2. 네가 어둠 속을 걸어갈 때에 그 손 못 자국 만져라
   주가 참평안을 네게 주시리 그 손 못 자국 만져라
3. 네가 부활의 주 따라가려면 그 손 못 자국 만져라
   네가 주 안에서 길이 살리라 그 손 못 자국 만져라
4. 너의 죄악의 짐 무거울 때에 그 손 못 자국 만져라
   마음 문 열고서 주를 모셔라 그 손 못 자국 만져라

후렴 그 손 못 자국 만져라 그 손 못 자국 만져라
주가 널 지키며 인도하시리 그 손 못 자국 만져라

질문

나는 성경에 기록된 예수님의 기적이 내 삶에도 그대로 나타날 수 있다고 믿나요? 아직 믿기지 않는다면, 그 이유는 무엇일까요?

나의 감사

오늘 하루, 감사할 것들을 적어보세요.

| 기도 | 하나님 아버지, 기대와 소망이 없는 굳은 마음을 내려놓고, 주님의 권능과 기적을 믿으며 담대히 나아가게 하옵소서. 예수 그리스도의 이름으로 기도합니다. 아멘.

고통의 자리가 은혜의 자리로

출애굽기 8:21-23 네가 만일 내 백성을 보내지 아니하면 내가 너와 네 신하와 네 백성과 네 집들에 파리 떼를 보내리니 애굽 사람의 집집에 파리 떼가 가득할 것이며 그들이 사는 땅에도 그러하리라 그 날에 나는 내 백성이 거주하는 고센 땅을 구별하여 그 곳에는 파리가 없게 하리니 이로 말미암아 이 땅에서 내가 야훼인 줄을 네가 알게 될 것이라 내가 내 백성과 네 백성 사이를 구별하리니

『기도에의 모험』이라는 책을 쓴 캐서린 마셜 여사는 남편 피터 마셜 목사를 갑작스럽게 천국으로 떠나보내고, 자신은 심각한 폐결핵에 걸려 생계까지 위태로운 지경에 빠졌습니다. 이처럼 고통스러운 상황에서 그녀는 하나님의 은혜를 체험하고 책을 쓰기 시작했습니다. 그녀의 책은 베스트셀러가 되어 많은 사람에게 감동을 주었습니다. 그녀는 이렇게 고백합니다. "저는 주님께서 저에게 특별한 꿈, 저의 삶을 위한 특별한 비전을 심어주실 것을 간구합니다. 그러면 주님이 꿈과 함께, 그 꿈이 성취되는 데 필요한 은혜와 인내 그리고 끈기도 주시지 않을까요? 그 길에 예상치 못한 모험이 있을 수도 있다는 것을 압니다. 그러나 저는 주님을 신뢰하기에 어떤 길로 인도하실지라도 따르기를 원합니다."

애굽에서 풍족하고 평안한 삶을 살 것이라 기대했던 이스라엘 백성은 요셉을 알지 못하고 새롭게 즉위한 바로왕으로 인해 고난을 겪었습니다. 우리가 있는 삶의 자리도 평안과 행복만 있진 않습니다. 때로 일터나 학교가 고통을 안겨주기도 하고, 가정이 짐처럼 느껴질 때도 있습니다. 그러나 힘겹게 버티는 그곳에도 하나님의 은혜는 임합니다. 우리가 믿음으로 인내한다면 고통의 자리가 '구별된' 은혜의 자리로 변화될 것입니다.

| 일독성경 | 출애굽기 6-8장, 마가복음 6장 읽음 □

오늘의 찬송

고통의 멍에 벗으려고

새찬송가 272장(통 330)

1. 고통의 멍에 벗으려고 예수께로 나갑니다 자유와 기쁨 베푸시는 주께로 갑니다
병든 내 몸이 튼튼하고 빈궁한 삶이 부해지며 죄악을 벗어버리려고 주께로 갑니다
2. 낭패와 실망 당한 뒤에 예수께로 나갑니다 십자가 은혜 받으려고 주께로 갑니다
슬프던 마음 위로받고 이생의 풍파 잔잔하며 영광의 찬송 부르려고 주께로 갑니다
3. 교만한 맘을 내버리고 예수께로 나갑니다 복되신 말씀 따르려고 주께로 갑니다
실망한 이 몸 힘을 얻고 예수의 크신 사랑 받아 하늘의 기쁨 맛보려고 주께로 갑니다
4. 죽음의 길을 벗어나서 예수께로 나갑니다 영원한 집을 바라보고 주께로 갑니다
멸망의 포구 헤어나와 평화의 나라 다다라서 영광의 주를 뵈오려고 주께로 갑니다

질문

나에게 고통을 주는 삶의 자리(가정, 학교, 일터, 소모임, 교회 등)는 어디인가요? 힘겨운 삶의 자리 가운데서도 은혜를 발견한 경험이 있다면 적어보세요.

나의 감사

오늘 하루, 감사할 것들을 적어보세요.

| 기도 | 하나님 아버지, 삶의 자리가 힘겨울지라도 하나님의 은혜를 사모하며 믿음으로 인내할 수 있게 도와주옵소서. 예수 그리스도의 이름으로 기도합니다. 아멘.

JAN **01.24** 토요일

차별 없는 은혜

마가복음 7:26-29 그 여자는 헬라인이요 수로보니게 족속이라 자기 딸에게서 귀신 쫓아내 주시기를 간구하거늘 예수께서 이르시되 자녀로 먼저 배불리 먹게 할지니 자녀의 떡을 취하여 개들에게 던짐이 마땅치 아니하니라 여자가 대답하여 이르되 주여 옳소이다마는 상 아래 개들도 아이들이 먹던 부스러기를 먹나이다 예수께서 이르시되 이 말을 하였으니 돌아가라 귀신이 네 딸에게서 나갔느니라 하시매

로버트 하디 선교사는 1890년 의료선교사로 우리나라에 왔지만, 기대했던 것만큼 선교의 열매가 맺히지 않아 크게 낙심했습니다. 그러다 1903년 8월, 원산에서 성경 공부를 인도하다가 성령체험을 하게 되었습니다. 성령의 감동을 받은 하디 선교사는 지난날 성령님을 전적으로 의지하지 않고 백인 의사라는 우월감에 젖어 조선인들을 무시하고 차별했던 죄를 눈물로 회개했습니다. 주일예배 때도 그는 원산교회 성도들 앞에서 공개적으로 회개했습니다. 그러자 성도들이 연이어 죄를 회개하면서 원산대부흥이 일어났습니다. 교만과 차별의 길에서 돌아선 하디 선교사의 회개가 부흥의 도화선이 됐던 것입니다.

오늘 본문에 나오는 여자는 헬라인입니다. 당시 유대인들은 하나님의 선민이라는 우월 의식에 빠져 이방 민족을 무시하고 배척했습니다. 하지만 예수님은 헬라인 여자의 간청을 들으시고 그녀의 딸을 치료해 주셨습니다. 하나님의 은혜에는 조건도 차별도 없습니다. 그 은혜로 우리가 구원받은 것입니다. 그러므로 우리와 다르다는 이유로 타인을 배척하는 태도는 크리스천으로서 바람직하지 않습니다. 교만과 편견의 경계를 허물고 마음의 담장을 낮추어 열린 태도로 살아가는 우리가 되기를 소망합니다.

| 일독성경 | 출애굽기 9–10장, 마가복음 7–8장 읽음 □

오늘의 찬송

사랑하는 주님 앞에

새찬송가 220장(통 278)

1. 사랑하는 주님 앞에 형제자매 한자리에 크신 은혜 생각하며 즐거운 찬송 부르네
내 주 예수 본을 받아 모든 사람 내 몸같이 환난 근심 위로하고 진심으로 사랑하세
2. 사랑하는 주님 앞에 온갖 충성 다 바쳐서 괴로우나 즐거우나 주님만 힘써 섬기네
우리 주님 거룩한 손 제자들의 발을 씻어 남 섬기는 종의 도를 몸소 행해 보이셨네
3. 사랑하는 주님 예수 같은 주로 섬기나니 한 피 받아 한 몸 이룬 형제여 친구들이여
한 몸같이 친밀하고 마음으로 하나 되어 우리 주님 크신 뜻을 지성으로 준행하세

질문

나는 다른 사람을 배척하는 편견을 갖고 있나요? 교만과 편견의 마음을 없애달라는 기도를 적어보세요.

나의 감사

오늘 하루, 감사할 것들을 적어보세요.

| 기도 | 하나님 아버지, 우리 안에 있던 교만과 편견을 내버리고, 열린 마음으로 살아가는 참된 신앙인이 되게 하옵소서. 예수 그리스도의 이름으로 기도합니다. 아멘.

기적의 하나님

출애굽기 11:5-10 애굽 땅에 있는 모든 처음 난 것은 왕위에 앉아 있는 바로의 장자로부터 맷돌 뒤에 있는 몸종의 장자와 모든 가축의 처음 난 것까지 죽으리니 … 야훼께서 모세에게 이르시기를 바로가 너희의 말을 듣지 아니하리라 그러므로 내가 애굽 땅에서 나의 기적을 더하리라 하셨고 모세와 아론이 이 모든 기적을 바로 앞에서 행하였으나 야훼께서 바로의 마음을 완악하게 하셨으므로

글래디스 에일워드는 영국에서 가난한 가정부로 일하던 평범한 여성이었습니다. 하지만 하나님으로부터 중국 선교의 사명을 받고 신학을 공부했습니다. 중국으로 갈 여비를 마련하려고 다시 가정부 일을 했지만, 돈을 모으기가 쉽지 않았습니다. 그러던 어느 날 성경을 읽다가 "너도 느헤미야처럼 가라!"라는 하나님의 음성을 듣게 되자, 그 자리에서 자신의 전 재산 2펜스 반을 주님 앞에 내려놓고 "지금 바로 중국으로 가겠습니다."라고 고백했습니다. 바로 그때 초인종이 울리더니 주인이 들어와 2펜스 반의 12배가 넘는 3실링을 주었습니다. 그 후로도 예상치 못한 곳에서 계속 후원금이 들어왔고, 마침내 1년이 채 되기도 전에 당시 47파운드 10실링이나 되는 중국 톈진행 열차표를 살 수 있었습니다.

오늘 본문은 애굽에 내린 열 번째 재앙에 관한 이야기입니다. 하나님은 이스라엘 백성을 구원하시기 위해 놀라운 기적을 행하셨습니다. 오늘날 우리가 기도하면서 흔히 하는 착각은 자신이 예측하는 범위 안에서 하나님이 응답하시리라 짐작하는 것입니다. 하지만 하나님은 인간의 기대와 상식을 뛰어넘어 역사하십니다. 하나님은 오늘도 놀라운 기적을 통해 우리 앞에 놓인 문제의 벽을 허물어뜨리십니다.

| 일독성경 | 출애굽기 11-13장, 마가복음 9장 읽음 □

오늘의 찬송

마음속에 근심 있는 사람

새찬송가 365장(통 484)

1. 마음속에 근심 있는 사람 주 예수 앞에 다 아뢰어라
   슬픈 마음 있을 때에라도 주 예수께 아뢰라
2. 눈물 나며 깊은 한숨 쉴 때 주 예수 앞에 다 아뢰어라
   은밀한 죄 네게 있더라도 주 예수께 아뢰라
3. 괴로움과 두려움 있을 때 주 예수 앞에 다 아뢰어라
   내일 일을 염려하지 말고 주 예수께 아뢰라
4. 죽음 앞에 겁을 내는 자여 주 예수 앞에 다 아뢰어라
   하늘나라 바라보는 자여 주 예수께 아뢰라

후렴 주 예수 앞에 다 아뢰어라 주 우리의 친구니 무엇이나 근심하지 말고 주 예수께 아뢰라

질문

내 이성과 상식으로 이해할 수 없는 하나님의 기적을 보거나 들은 적이 있나요? 하나님의 기적을 내 삶 가운데 체험하기 위해서는 무엇이 필요할까요?

나의 감사

오늘 하루, 감사할 것들을 적어보세요.

| 기도 | 하나님 아버지, 나의 예측과 생각을 뛰어넘어 역사하시는 기적의 하나님을 믿으며 모든 문제를 하나님 앞에 내려놓겠습니다. 예수 그리스도의 이름으로 기도합니다. 아멘.

나의 힘과 노래

출애굽기 15:1-3 이 때에 모세와 이스라엘 자손이 이 노래로 야훼께 노래하니 일렀으되 내가 야훼를 찬송하리니 그는 높고 영화로우심이요 말과 그 탄 자를 바다에 던지셨음이로다 야훼는 나의 힘이요 노래시며 나의 구원이시로다 그는 나의 하나님이시니 내가 그를 찬송할 것이요 내 아버지의 하나님이시니 내가 그를 높이리로다 야훼는 용사시니 야훼는 그의 이름이시로다

박순열 전도사는 원인을 모르는 병으로 고통받던 중에, 찬양 사역자가 되기로 결심하고 신학교에 들어갔습니다. 당시 수업 시간에 앉아있기도 힘든 몸 상태였는데, 학교를 마치고 찬양하면서 집으로 오는 도중에 기적적으로 치료의 은혜를 체험했습니다. 그녀는 이때의 감격을 담아 「일어나 빛을 발하라」라는 찬양을 작사했습니다. 이후 그녀는 전국을 순회하며 찬양 사역을 통해 하나님의 은혜와 회복의 메시지를 전하고 있습니다. 그녀는 자신의 찬양 사역에 대해 이렇게 고백합니다. "제가 찬양 부를 때 눈물로 감동하고 치유받는 분들을 보는 것이 정말 행복하고 감사해요. 저도 경험해 봤으니, 찬양의 영적인 힘이 얼마나 큰지 잘 알죠. 그 통로의 역할을 할 수 있는 것이 참기쁨입니다."

출애굽한 이스라엘 백성들은 하나님의 은혜로 홍해를 마른 땅처럼 건넜지만, 뒤쫓아 오던 애굽 군대는 홍해에 빠져 죽고 말았습니다. 이때 이스라엘 백성들은 "야훼는 나의 힘이요 나의 노래"라고 고백하며 구원의 하나님을 찬양했습니다. 우리도 고난의 홍해를 가르고 우리의 삶을 생명으로 인도하시는 주님을 찬양하며 믿음으로 살아가기를 소망합니다.

| 일독성경 | 출애굽기 14-15장, 마가복음 10-11장 읽음 □

오늘의 찬송

찬양하라 복되신 구세주 예수

새찬송가 31장(통 46)

1. 찬양하라 복되신 구세주 예수 백성들아 사랑을 전하세
경배하라 하늘의 천군과 천사 주님 앞에 영광을 돌리세
목자 같이 우리를 지키시고 종일 품에 늘 안아주시니
2. 찬양하라 복되신 구세주 예수 우리 대신 죽임을 당했네
구주 예수 영원한 구원의 소망 경배하며 겸손히 절하세
찬양하라 우리 죄 지신 예수 그의 사랑 한없이 크셔라
3. 찬양하라 복되신 구세주 예수 천사들아 즐겁게 찬양해
구주 예수 영원히 다스리시니 면류관을 주 앞에 드리세
구주 예수 세상을 이기시고 영광 중에 또 다시 오시리

후렴 찬양하라 높으신 권세를 찬양 찬양 찬양 영원히 드리세

질문

내가 가장 좋아하는 찬양곡은 무엇인가요? 그 찬양은 하나님을 어떤 하나님으로 고백하고 있나요?

나의 감사

오늘 하루, 감사할 것들을 적어보세요.

| 기도 | 하나님 아버지, 우리의 힘과 노래가 되어주시니 감사합니다. 일평생 주님을 찬양하며 구원의 감격을 누리게 하옵소서. 예수 그리스도의 이름으로 기도합니다. 아멘.

JAN **01.27** 화요일

마음과 뜻과 힘을 다하여

마가복음 12:28-31 모든 계명 중에 첫째가 무엇이니이까 예수께서 대답하시되 첫째는 이것이니 이스라엘아 들으라 주 곧 우리 하나님은 유일한 주시라 네 마음을 다하고 목숨을 다하고 뜻을 다하고 힘을 다하여 주 너의 하나님을 사랑하라 하신 것이요 둘째는 이것이니 네 이웃을 네 자신과 같이 사랑하라 하신 것이라 이보다 더 큰 계명이 없느니라

주식회사 우성염직을 경영하는 구홍림 장로는 제자훈련을 통해 하나님의 사랑을 깊이 깨달았습니다. 그래서 2012년부터 매주 월요일 아침 전 직원 예배를 드리기 시작했습니다. 처음에는 직원들의 반발이 심했습니다. 신앙이 없는 직원들은 예배드리는 것을 강요라고 여겼고, 무속 신앙의 배경을 가진 직원들은 두통과 메스꺼움을 호소하며 예배 참여를 거부했습니다. 그러나 그는 하나님의 역사를 신뢰하며 예배를 지속했습니다. 그러자 예배를 통해 회사 내부의 문제들이 드러나고, 무속 신앙에서 벗어나 복음을 받아들인 직원들이 늘어났으며, 가정이 회복되는 일도 일어났습니다. 결국 회사는 하나님의 말씀 위에 세워진 믿음의 공동체로 변화되었습니다. 그는 이렇게 고백합니다. “당신의 삶과 일터에서 하나님을 주인으로 모시고, 그분을 신뢰하며 말씀에 순종하십시오. 그 과정에서 하나님이 놀라운 기적과 변화를 이루실 것입니다.”

하나님은 모든 계명보다 우선하는 계명이 하나님을 사랑하는 것이라고 말씀합니다. 우리는 하나님을 사랑한다고 말하면서도 바쁜 일상과 업무에 쫓겨 하나님보다 다른 일을 앞세우곤 합니다. 그러나 하나님은 우리가 어떤 상황에서도 하나님을 최우선으로 생각하기를 원하십니다. 삶의 모든 순간마다 하나님을 먼저 생각하고, 마음과 뜻과 힘을 다해 하나님을 사랑하기를 간절히 소망합니다.

| 일독성경 | 출애굽기 16-18장, 마가복음 12장 읽음 □

오늘의 찬송

내 구주 예수를 더욱 사랑

새찬송가 314장(통 511)

1. 내 구주 예수를 더욱 사랑 엎드려 비는 말 들으소서
   내 진정 소원이 내 구주 예수를 더욱 사랑 더욱 사랑
2. 이전엔 세상 낙 기뻤어도 지금 내 기쁨은 오직 예수
   다만 내 비는 말 내 구주 예수를 더욱 사랑 더욱 사랑
3. 이 세상 떠날 때 찬양하고 숨질 때 하는 말 이것일세
   다만 내 비는 말 내 구주 예수를 더욱 사랑 더욱 사랑 아멘

질문

하나님보다 다른 것을 더 중요하게 여긴 적은 없었나요? 오늘 하루, 하나님을 더욱 사랑하기 위해 내가 실천할 수 있는 일 한 가지를 적어보세요.

나의 감사

오늘 하루, 감사할 것들을 적어보세요.

| 기도 | 하나님 아버지, 삶의 모든 순간에 하나님을 가장 우선에 두고 하나님만을 사랑하고 섬기며 살아가게 하옵소서. 예수 그리스도의 이름으로 기도합니다. 아멘.

내가 너희를 독수리 날개로 업어

출애굽기 19:4-6 내가 애굽 사람에게 어떻게 행하였음과 내가 어떻게 독수리 날개로 너희를 업어 내게로 인도하였음을 너희가 보았느니라 세계가 다 내게 속하였나니 너희가 내 말을 잘 듣고 내 언약을 지키면 너희는 모든 민족 중에서 내 소유가 되겠고 너희가 내게 대하여 제사장 나라가 되며 거룩한 백성이 되리라 너는 이 말을 이스라엘 자손에게 전할지니라

북아메리카의 인디언 중 체로키 부족은 소년들을 강인한 어른으로 성장시키기 위해 독특한 훈련을 시켰습니다. 아버지가 아들을 멀리 떨어진 깊은 숲속에 데려가서 아들의 눈을 가린 채 홀로 남겨둡니다. 그리고 아침 햇살이 비출 때까지 눈가리개를 절대 벗어서는 안 된다고 말하며 그곳을 떠납니다. 아들은 홀로 있다는 생각에 더욱 겁이 나고 어둠 속에서 공포에 휩싸입니다. 두려움으로 떨던 밤은 지나가고, 아침이 되어 눈가리개를 벗자 비로소 아들의 눈앞에 주변의 꽃들과 나무, 작은 숲길이 보입니다. 그 순간 흐릿하게 누군가의 모습이 보입니다. 눈을 비비고 보니, 그 사람은 바로 아버지입니다. 아버지는 지난밤 내내 아들 옆의 나무 그루터기에 앉아, 두려움에 떨고 있는 아들을 지키며 뜬눈으로 밤을 지새웠던 것입니다.

하나님은 이스라엘 백성을 애굽의 압제에서 건져내신 일을 "독수리 날개로 너희를 업어 내게로 인도했다."라고 말씀하십니다. 독수리는 스스로 날 수 없는 약한 새끼들을 자신의 날개 위에 태워서 안전한 곳으로 옮기고, 위험할 땐 날개로 감싸 보호합니다. 이처럼 하나님은 고난과 위기의 순간에 우리를 홀로 두지 않으십니다. 하나님은 우리를 보호하시고 우리의 발걸음을 가장 안전하고 좋은 길로 인도하십니다.

| 일독성경 | 출애굽기 19-21장, 마가복음 13장 읽음 □

오늘의 찬송

너 근심 걱정 말아라

새찬송가 382장(통 432)

1. 너 근심 걱정 말아라 주 너를 지키리 주 날개 밑에 거하라 주 너를 지키리
2. 어려워 낙심될 때에 주 너를 지키리 위험한 일을 당할 때 주 너를 지키리
3. 너 쓸 것 미리 아시고 주 너를 지키리 구하는 것을 주시며 주 너를 지키리
4. 어려운 시험 당해도 주 너를 지키리 구주의 품에 거하라 주 너를 지키리

후렴 주 너를 지키리 아무 때나 어디서나 주 너를 지키리 늘 지켜주시리 아멘

질문

하나님의 인도하심을 경험했던 순간이 있었나요? 그때 하나님이 어떻게 나를 보호하시고 길을 열어주셨는지 적어보세요.

나의 감사

오늘 하루, 감사할 것들을 적어보세요.

| 기도 | 하나님 아버지, 독수리 날개로 우리를 업으시는 하나님을 신뢰하며 어떤 상황에서도 하나님만 의지하게 하옵소서. 예수 그리스도의 이름으로 기도합니다. 아멘.

JAN **01.29** 목요일

아버지의 원대로 하옵소서

마가복음 14:33-36 베드로와 야고보와 요한을 데리고 가실새 … 내 마음이 심히 고민하여 죽게 되었으니 너희는 여기 머물러 깨어 있으라 하시고 조금 나아가사 땅에 엎드리어 될 수 있는 대로 이 때가 자기에게서 지나가기를 구하여 이르시되 아빠 아버지여 아버지께는 모든 것이 가능하오니 이 잔을 내게서 옮기시옵소서 그러나 나의 원대로 마시옵고 아버지의 원대로 하옵소서 하시고

성 프랜시스의 수도원에 두 젊은이가 수도사가 되겠다며 찾아왔습니다. 프랜시스 수도사는 그들에게 밭에 나가 채소를 심어보라고 하면서, "채소를 심되 뿌리를 전부 하늘로 향하게 하고 잎사귀가 땅으로 들어가게 심도록 하세요."라고 지시했습니다. 한 젊은이는 '채소 뿌리를 하늘로 향하게 하면 말라 죽을 텐데, 뿌리를 땅에 심는 것이 상식 아닌가?'라고 생각하여 뿌리를 땅에 묻었습니다. 그러나 다른 젊은이는 '내 상식으론 도무지 이해되지 않지만, 수도사님 말씀에 순종하자.'라고 생각하며 뿌리를 전부 하늘을 향하게 심었습니다. 저녁이 되자 프랜시스가 돌아왔습니다. 그리고 뿌리를 땅으로 향해 심은 젊은이를 불러 "너는 참 지혜롭고 상식적이다. 이처럼 총명하고 명석하니 내 밑에 있지 말고 나가서 살아라."라고 말했습니다. 반면, 뿌리를 하늘로 향하게 거꾸로 심은 젊은이에게는 "너는 우직스럽고 바보 같아 보이지만 순종하는 사람이니 내 제자가 되어라."라고 말했다고 합니다.

오늘 본문은 하나님의 뜻에 온전히 순종하시는 예수님의 모습을 보여줍니다. 도무지 이해할 수 없고 감당하기 어려운 고난을 대할 때 가장 중요한 것은 하나님의 뜻을 구하고 그 뜻에 순종하는 것입니다. 우리도 예수님처럼 "나의 원대로 마시옵고 아버지의 원대로 하옵소서"라고 기도하며 순종할 수 있기를 바랍니다.

| 일독성경 | 출애굽기 22-23장, 마가복음 14-15장 읽음 □

오늘의 찬송

갈보리 산 위에

새찬송가 150장(통 135)

1. 갈보리 산 위에 십자가 섰으니 주가 고난을 당한 표라
험한 십자가를 내가 사랑함은 주가 보혈을 흘림이라
2. 멸시 천대 받은 주의 십자가에 나의 마음이 끌리도다
귀한 어린양이 세상 죄를 지고 험한 십자가 지셨도다
3. 험한 십자가에 주가 흘린 피를 믿는 맘으로 바라보니
나를 용서하고 내 죄 사하시려 주가 흘리신 보혈이라
4. 주님 예비하신 나의 본향 집에 나를 부르실 그날에는
영광 중에 계신 우리 주와 함께 내가 죽도록 충성하리

후렴 최후 승리를 얻기까지 주의 십자가 사랑하리
빛난 면류관 받기까지 험한 십자가 붙들겠네

질문

하나님의 뜻과 나의 뜻이 다를 때 나는 무엇을 따르나요? 하나님의 뜻에 순종하기 어려웠던 이유는 무엇인지 적어보세요.

나의 감사

오늘 하루, 감사할 것들을 적어보세요.

| 기도 | 하나님 아버지, 예수님처럼 기도하고 제 뜻이 아니라 하나님의 뜻을 신뢰하고 순종하는 믿음을 갖게 하옵소서. 예수 그리스도의 이름으로 기도합니다. 아멘.

하나님의 성소

출애굽기 25:8-11 내가 그들 중에 거할 성소를 그들이 나를 위하여 짓되 무릇 내가 네게 보이는 모양대로 장막을 짓고 기구들도 그 모양을 따라 지을지니라 그들은 조각목으로 궤를 짜되 길이는 두 규빗 반, 너비는 한 규빗 반, 높이는 한 규빗 반이 되게 하고 너는 순금으로 그것을 싸되 그 안팎을 싸고 위쪽 가장자리로 돌아가며 금테를 두르고

하나님이 모세에게 성막을 지으라고 명하셨을 때, 그중 특히 성소는 다른 장소들과 구별되고 순금과 같은 귀한 재료들을 사용하여 지어졌습니다. 성소는 하나님이 이스라엘 백성 중에 거하실 특별한 장소였기 때문입니다. 성경은 오늘날 우리의 몸이 성령님이 거하실 거룩한 전이라고 말씀합니다(고전 6:19). 그렇기에 구약성경에서 성소가 거룩히 구별되었듯이, 우리 몸도 죄를 멀리하고 거룩하게 구별되어야 합니다. 하지만 우리의 힘으로는 거룩함을 유지할 수 없습니다. 오직 성령충만을 받을 때 우리는 비로소 거룩한 삶을 살 수 있습니다.

복음 전도자 무디 목사가 한번은 성도들에게 빈 유리컵을 보여주면서 물었습니다. "어떻게 하면 이 컵에서 공기를 빼낼 수 있을까요?" 한 성도가 "공기 압축기로 빼내면 됩니다."라고 말하자, 무디 목사는 빙긋 웃으며 "그러면 유리컵은 깨질 것입니다."라고 대답했습니다. 그런 다음 주전자를 들고 유리컵에 물을 가득 채우며 말했습니다. "보세요. 물을 채우면 이처럼 공기는 빠져나갑니다. 죄를 제거하는 방법도 마찬가지입니다. 우리가 성령으로 충만해지면, 우리 삶에서 자연스럽게 죄가 물러가게 됩니다." 죄를 물리치고 거룩한 하나님의 성소가 되는 길은 오직 성령충만입니다. 날마다 성령충만하여 하나님이 거하시는 거룩한 성소의 삶을 사시길 바랍니다.

| 일독성경 | 출애굽기 24-26장, 마가복음 16장 읽음 □

오늘의 찬송

강물같이 흐르는 기쁨

새찬송가 182장(통 169)

1. 강물같이 흐르는 기쁨 성령 강림함이라 정결한 맘 영원하도록 주의 거처 되겠네
2. 나의 생명 소생케 됨은 성령 임하심이라 모든 의심 슬픔 사라져 주의 평강 넘치네
3. 하늘에서 단비 내리고 햇빛 찬란함같이 우리 맘에 성령 임하니 주님 보내심이라
4. 생명 시내 넘쳐흘러서 마른 광야 적시니 의의 열매 무르익어서 추수를 기다리네
5. 놀라우신 주의 은혜로 그의 얼굴 뵙겠네 평화로운 안식처에서 영원토록 쉬겠네

후렴 주님 주시는 참된 평화가 내 맘속에 넘치네 주의 말씀에 거센 풍랑도 잠잠하게 되도다

질문

내 마음이 하나님이 거하시기에 합당한 성전인지 돌아보세요.
거룩한 성소의 삶을 살기 위해 무엇을 바꿔야 할까요?

나의 감사

오늘 하루, 감사할 것들을 적어보세요.

| 기도 | 하나님 아버지, 오늘도 성령충만을 사모합니다. 성령으로 충만하여 죄를 몰아내고, 하나님의 거룩한 성소의 삶을 살게 하옵소서. 예수 그리스도의 이름으로 기도합니다. 아멘.

말씀대로 이루어지이다

누가복음 1:34-38 마리아가 천사에게 말하되 나는 남자를 알지 못하니 어찌 이 일이 있으리이까 천사가 대답하여 이르되 성령이 네게 임하시고 지극히 높으신 이의 능력이 너를 덮으시리니 이러므로 나실 바 거룩한 이는 하나님의 아들이라 일컬어지리라 … 대저 하나님의 모든 말씀은 능하지 못하심이 없느니라 마리아가 이르되 주의 여종이오니 말씀대로 내게 이루어지이다 하매 천사가 떠나가니라

테레사 수녀가 인도 콜카타에 대규모 고아원을 건축할 계획을 발표했습니다. 그때 한 기자가 "준비된 건축 기금이 얼마나 됩니까?"라고 물었습니다. 그녀가 "제 주머니에는 동전 3개, 총 3실링이 있네요."라고 대답하자, 그 자리에 있던 모든 사람이 웃음을 터뜨렸습니다. 그 순간, 테레사 수녀는 진지한 얼굴로 다시 말했습니다. "이 작은 동전 3실링과 저의 힘으로는 진정 아무것도 할 수 없습니다. 그러나 하나님과 이 3실링이 합쳐지면 못할 일이 없습니다. 저는 하나님이 자신을 믿고 소망하는 자녀를 결코 외면하지 않는다는 말씀을 믿고 이 일을 시작합니다." 단호한 그녀의 말에 장내가 숙연해졌습니다. 그리고 그녀가 선포한 믿음대로 하나님의 기적 같은 역사가 일어나서 건축 기금이 넘치도록 모아졌고 마침내 훌륭한 고아원을 세울 수 있었습니다.

천사가 마리아에게 나타나 성령으로 아들을 낳을 것이라고 말했을 때 그녀는 "말씀대로 내게 이루어지이다"라고 대답했습니다. 마리아는 하나님이 불가능을 가능케 하시는 분임을 믿었던 것입니다. 우리도 때로는 상식으로 이해할 수 없고 감당하기 어려운 하나님의 말씀을 받을 때가 있습니다. 그러할 때 의심하거나 망설이지 말고 "아멘!"으로 응답하면 우리의 삶에 말씀대로 이뤄지는 하나님의 역사가 일어납니다.

| 일독성경 | 출애굽기 27-29장, 누가복음 1장 읽음 □

오늘의 찬송

예수 따라가며

새찬송가 449장(통 377)

1. 예수 따라가며 복음 순종하면 우리 행할 길 환하겠네
   주를 의지하며 순종하는 자를 주가 늘 함께하시리라
2. 해를 당하거나 우리 고생할 때 주가 위로해 주시겠네
   주를 의지하며 순종하는 자를 주가 안위해 주시리라
3. 남의 짐을 지고 슬픔 위로하면 주가 상급을 주시겠네
   주를 의지하며 순종하는 자를 항상 복 내려주시리라
4. 우리 받은 것을 주께 다 드리면 우리 기쁨이 넘치겠네
   주를 의지하며 순종하는 자를 은혜 풍성케 하시리라
5. 주를 힘입어서 말씀 잘 배우고 주를 모시고 살아가세 주를 의지하며
   항상 순종하면 주가 사랑해 주시리라

후렴 의지하고 순종하는 길은 예수 안에 즐겁고 복된 길이로다

질문

하나님의 말씀이 내 생각과 다를 때, 나는 어떻게 반응했나요?
하나님의 말씀을 "아멘!"으로 순종할 때 어떤 일이 일어날까요?

나의 감사

오늘 하루, 감사할 것들을 적어보세요.

| 기도 | 하나님 아버지, 주님의 말씀 앞에 마리아처럼 온전히 순종하게 하시고, 오늘도 믿음으로 전진하는 삶을 살게 하옵소서. 예수 그리스도의 이름으로 기도합니다. 아멘.

2 FEBRUARY 2026

SUN	MON	TUE	WED
1 출 30-31 □ 눅 2-3 □	2 출 32-34 □ 눅 4 □	3 출 35-37 □ 눅 5 □	4 출 38-40 □ 눅 6 □
8 레 9-10 □ 눅 11-12 □	9 레 11-13 □ 눅 13 □	10 레 14-15 □ 눅 14-15 □	11 레 16-18 □ 눅 16 □
15 레 26-27 □ 눅 22-23 □	16 민 1-3 □ 눅 24 □	17 설날 민 4-6 □ 요 1 □	18 재의 수요일(사순절 시작) 민 7-8 □ 요 2-3 □
22 민 17-19 □ 요 8 □	23 민 20-21 □ 요 9-10 □	24 민 22-24 □ 요 11 □	25 민 25-26 □ 요 12-13 □
1	2	3	4
8	9	10	11

감사QT 365

일독성경표 & monthly plan

	THU	FRI	SAT	메모
	5 레 1-3 □ 눅 7 □	6 레 4-5 □ 눅 8-9 □	7 레 6-8 □ 눅 10 □	
	12 레 19-20 □ 눅 17-18 □	13 레 21-23 □ 눅 19 □	14 레 24-25 □ 눅 20-21 □	
	19 민 9-11 □ 요 4 □	20 민 12-13 □ 요 5-6 □	21 민 14-16 □ 요 7 □	
	26 민 27-28 □ 요 14-15 □	27 민 29-31 □ 요 16 □	28 민 32-33 □ 요 17-18 □	
	5	6	7	
	12	13	14	

매일 드리는 향기로운 예배

출애굽기 30:7-10 아론이 아침마다 그 위에 향기로운 향을 사르되 등불을 손질할 때에 사를지며 또 저녁 때 등불을 켤 때에 사를지니 이 향은 너희가 대대로 여호와 앞에 끊지 못할지며 … 번제나 소제를 드리지 말며 전제의 술을 붓지 말며 아론이 일 년에 한 번씩 이 향단 뿔을 위하여 속죄하되 속죄제의 피로 일 년에 한 번씩 대대로 속죄할지니라 이 제단은 여호와께 지극히 거룩하니라

로렌스 형제는 38세 되던 해에 프랑스 파리의 까르멜 수도회에 들어가 80세까지 수도사로 살았습니다. 그는 평수도사로 있으면서 부엌일과 신발 수선하는 일을 했는데, 아무리 힘들고 미천한 일을 맡아도 불평하지 않았다고 합니다. 그의 삶을 기록한 책『하나님의 임재 연습』에 다음과 같이 적혀있습니다. "그에게는 모든 장소, 모든 임무, 모든 것이 동일했다. 부엌에서 허드렛일을 하든지, 낡은 샌들을 수리하든지, 골방에서 기도하든지 언제 어디서나 그는 하나님을 만났기 때문이다. 그는 깊은 고독 속에서 만날 수 있는 하나님을 일상의 임무 수행 한가운데서 만나 하나님을 사랑하고 예배했으므로 특별히 별도의 경건한 시간이 필요치 않았다." 로렌스 형제는 청소와 설거지 같은 평범한 일도 하나님께 드리는 예배로 삼았던 것입니다.

오늘 본문에서 하나님은 제사장 아론에게 매일 아침과 저녁으로 분향단 위에 향을 피우라고 명하셨습니다. 이 향은 하나님 앞에 드려지는 예배와 기도를 상징하는데, 절대 끊어지지 않아야 했습니다. 우리의 삶도 매일 하나님께 드리는 향기로운 예배가 되어야 합니다. 분주한 일상 가운데서도 하나님과의 교제가 끊어지지 않게 하여 교회뿐 아니라 삶의 자리에서도 하나님을 예배하는 우리가 되길 바랍니다.

| 일독성경 | 출애굽기 30-31장, 누가복음 2-3장 읽음 □

오늘의 찬송

내 기도하는 그 시간

새찬송가 364장(통 482)

1. 내 기도하는 그 시간 그때가 가장 즐겁다 이 세상 근심 걱정에 얽매인 나를 부르사 내 진정 소원 주 앞에 낱낱이 바로 아뢰어 큰 불행 당해 슬플 때 나 위로받게 하시네
2. 내 기도하는 그 시간 내게는 가장 귀하다 저 광야 같은 세상을 끝없이 방황하면서 위태한 길로 나갈 때 주께서 나를 이끌어 그 보좌 앞에 나아가 큰 은혜 받게 하시네
3. 내 기도하는 그 시간 그때가 가장 즐겁다 이때껏 지은 큰 죄로 내 마음 심히 아파도 참마음으로 뉘우쳐 다 숨김없이 아뢰면 주 나를 위해 복 주사 새 은혜 부어주시네
4. 내 기도하는 그 시간 그때가 가장 즐겁다 주 세상에서 일찍이 저 요란한 곳 피하여 빈 들에서나 산에서 온밤을 새워 지내사 주 예수 친히 기도로 큰 본을 보여주셨네 아멘

질문

나는 예배와 기도를 통해 하나님과 매일 교제하고 있나요? 하루의 시작과 끝을 하나님께 드리기 위해 무엇을 해야 할까요?

나의 감사

오늘 하루, 감사할 것들을 적어보세요.

| 기도 | 하나님 아버지, 분주한 일상 가운데서도 주님과 교제하고 우리의 삶이 주님께 드려지는 향기로운 예배가 되게 하옵소서. 예수 그리스도의 이름으로 기도합니다. 아멘.

나의 자리를 지키는 것

출애굽기 33:9-11 모세가 회막에 들어갈 때에 구름 기둥이 내려 회막 문에 서며 야훼께서 모세와 말씀하시니 모든 백성이 회막 문에 구름 기둥이 서 있는 것을 보고 다 일어나 각기 장막 문에 서서 예배하며 사람이 자기의 친구와 이야기함 같이 야훼께서는 모세와 대면하여 말씀하시며 모세는 진으로 돌아오나 눈의 아들 젊은 수종자 여호수아는 회막을 떠나지 아니하니라

한 기자가 미국의 저명한 지휘자 레너드 번스타인에게 "오케스트라에서 가장 연주하기 어려운 악기는 무엇입니까?"라고 물었습니다. 번스타인은 잠시 생각한 뒤에 이렇게 대답했습니다. "두 번째 바이올린입니다. 아무도 주목하지 않지만, 그 자리를 묵묵히 지킬 때 오케스트라의 진짜 조화가 완성됩니다." 이렇듯 하나님이 우리를 사용하실 때도 각자에게 주시는 자리가 있습니다. 비록 그 자리가 남에게 주목받지 못하고 보잘것없이 느껴지더라도 우리는 하나님이 맡기신 자리를 묵묵히 지켜야 합니다.

오늘 본문은 이스라엘 백성을 대표하여 모세가 하나님께 나아가는 장면입니다. 회막 문에 구름 기둥이 내려오고 하나님은 모세와 친구처럼 대면해 말씀하셨습니다. 이 장면에서 모세와 함께 등장하는 인물이 있는데, 바로 여호수아입니다. 모세의 수종자였던 여호수아는 모세가 회막에 나아갈 때 그곳에 함께 있었고, 모세가 진으로 돌아왔을 때도 여전히 회막을 떠나지 않았습니다. 그는 하나님이 임재하시는 회막을 사모하며 묵묵히 그 자리를 지켰고, 이러한 모습이 훗날 그가 이스라엘의 지도자가 되는 데 밑거름이 된 것입니다. 여호수아처럼 하나님이 맡기신 자리를 소중히 여기며 그 자리를 지키는 것에서 믿음의 여정은 시작됩니다.

| 일독성경 | 출애굽기 32-34장, 누가복음 4장 읽음 □

오늘의 찬송

주 예수보다 더 귀한 것은 없네

새찬송가 94장(통 102)

1. 주 예수보다 더 귀한 것은 없네 이 세상 부귀와 바꿀 수 없네
   영 죽은 내 대신 돌아가신 그 놀라운 사랑 잊지 못해
2. 주 예수보다 더 귀한 것은 없네 이 세상 명예와 바꿀 수 없네
   이전에 즐기던 세상 일도 주 사랑하는 맘 뺏지 못해
3. 주 예수보다 더 귀한 것은 없네 이 세상 행복과 바꿀 수 없네
   유혹과 핍박이 몰려와도 주 섬기는 내 맘 변치 않아

후렴 세상 즐거움 다 버리고 세상 자랑 다 버렸네 주 예수보다 더 귀한 것은 없네 예수밖에는 없네

질문

나의 자리가 남들에게 주목받지 못하는 자리라고 불평하진 않았나요? 하나님이 내게 맡기신 자리를 묵묵히 지키기 위해 어떤 마음가짐을 가져야 할까요?

나의 감사

오늘 하루, 감사할 것들을 적어보세요.

| 기도 | 하나님 아버지, 여호수아처럼 자신에게 맡겨진 자리를 소중히 여기며 묵묵히 지키는 사람이 되게 하옵소서. 예수 그리스도의 이름으로 기도합니다. 아멘.

손을 내미시는 주님

누가복음 5:12-13 예수께서 한 동네에 계실 때에 온 몸에 나병 들린 사람이 있어 예수를 보고 엎드려 구하여 이르되 주여 원하시면 나를 깨끗하게 하실 수 있나이다 하니 예수께서 손을 내밀어 그에게 대시며 이르시되 내가 원하노니 깨끗함을 받으라 하신대 나병이 곧 떠나니라

성경을 보면 한센병 환자에 관한 이야기가 종종 나옵니다. 당시 한센병은 피부가 썩어가는 심각한 육체적 질병일 뿐 아니라, 사회적으로 소외되고 마음에 깊은 상처를 주는 병이었습니다. 오늘 본문에서 온몸에 한센병이 든 한 사람이 나옵니다. 그는 예수님 앞에 엎드려 자신의 병을 치료해 달라고 간구했습니다. 모든 사람이 꺼리고 외면했던 그에게 예수님은 손을 내밀어 그의 몸에 대시고는 "내가 원하노니 깨끗함을 받으라"라고 말씀하셨습니다. 예수님의 따스한 손길은 그의 병든 몸뿐 아니라 상처받은 마음까지도 회복시켜 주셨습니다. 찰스 스펄전 목사는 한 설교에서 이렇게 말했습니다. "그분의 손길이 닿는 곳마다 치유와 회복이 시작된다. 그분은 긍휼로 움직이셨다. 믿음이 약한 자, 심지어 믿음이 없는 자에게도 주님은 긍휼을 베푸신다."

우리도 때로는 한센병처럼 남에게 감추고 싶은 죄와 상처, 외로움과 수치를 안고 살아갑니다. 겉으론 멀쩡해 보여도, 누구에게도 털어놓지 못한 아픔과 고통이 마음 깊은 곳에 남아 있을 수 있습니다. 그런 우리에게 주님은 먼저 손을 내밀어 주십니다. 지금도 주님은 우리의 상처 입은 모습, 감추고 싶은 부끄러운 모습 그리고 고통받고 좌절하는 모습까지도 있는 그대로 받아주시고 회복의 역사를 베풀어 주십니다.

| 일독성경 | 출애굽기 35-37장, 누가복음 5장 읽음 □

오늘의 찬송

날 위하여 십자가의

새찬송가 303장(통 403)

1. 날 위하여 십자가의 중한 고통 받으사 대신 죽은 주 예수의 사랑하신 은혜여
보배로운 피를 흘려 영영 죽을 죄에서 구속함을 받은 어찌 찬양 안 할까
2. 예수 안에 있는 우리 한량없이 즐겁고 주 성령의 위로함이 마음속에 차도다
천국 음악 소리 같은 은혜로운 그 말씀 끊임없이 듣는 우리 어찌 찬양 안 할까
3. 이 세상의 모진 풍파 쉬지 않고 불어도 주님 안에 보호받는 우리 마음 편하다
늘 깨어서 기도하고 저 천국을 바라며 주님만을 기다리니 어찌 찬양 안 할까

질문

남에게 보이고 싶지 않은 상처나 고통이 있나요? 혹은 과거의 아픔이 주님 안에서 회복된 경험이 있다면 적어보세요.

나의 감사

오늘 하루, 감사할 것들을 적어보세요.

| 기도 | 하나님 아버지, 우리의 모습 그대로 주님 앞에 나아가오니 주님의 손을 내밀어 만져주시고 회복시켜 주옵소서. 예수 그리스도의 이름으로 기도합니다. 아멘.

말씀을 듣고 행하는 자

누가복음 6:47-49 내게 나아와 내 말을 듣고 행하는 자마다 누구와 같은 것을 너희에게 보이리라 집을 짓되 깊이 파고 주추를 반석 위에 놓은 사람과 같으니 큰 물이 나서 탁류가 그 집에 부딪치되 잘 지었기 때문에 능히 요동하지 못하게 하였거니와 듣고 행하지 아니하는 자는 주추 없이 흙 위에 집 지은 사람과 같으니 탁류가 부딪치매 집이 곧 무너져 파괴됨이 심하니라 하시니라

한국 개신교 최초의 수도 공동체인 동광원의 설립자 이현필 선생은 '한국의 프란치스코' 혹은 '맨발의 성자'로 불립니다. 그는 29살 때부터 전북 남원 지리산 자락에서 성경을 가르치고 농사를 지으며 살았는데, 일평생 세상 풍파에 흔들리지 않고 오직 말씀을 행하기 위해 노력했습니다. 1948년 여수·순천 사건으로 많은 고아가 생겼을 때, 그는 성경의 가르침에 따라 고아원을 짓고 고아들을 돌보기 시작했습니다. 거지에게 자신의 옷을 벗어주고 하나뿐인 이불을 갖다주는 일조차도 주저하지 않았습니다. 그렇게 촛불처럼 희생과 헌신의 삶을 살던 그는 1964년 3월 18일 새벽 3시경에 무릎을 꿇은 채 하늘을 바라보며 51세의 나이로 마지막 숨을 거뒀습니다.

진정한 믿음은 주님의 말씀을 듣고 행하는 삶에서 드러납니다. 오늘 본문은 이러한 삶을 '반석 위에 세운 집'으로 비유합니다. 반석 위에 세운 집은 시험과 역경이라는 인생의 파도가 밀려와도 절대 무너지지 않습니다. 반면, 말씀을 듣고 실천하지 않는 삶은 기초 없이 세운 집과 같아서 위기의 순간에 속수무책으로 무너지고 맙니다. 우리의 인생은 어떤 집을 짓고 있나요? 우리 모두 하나님의 말씀을 듣고 행하는 자가 되어 든든한 반석 위에 세운 집과 같은 인생을 살기를 소망합니다.

| 일독성경 | 출애굽기 38-40장, 누가복음 6장 읽음 □

오늘의 찬송

이 몸의 소망 무언가

새찬송가 488장(통 539)

1. 이 몸의 소망 무언가 우리 주 예수뿐일세 우리 주 예수밖에는 믿을 이 아주 없도다
2. 무섭게 바람 부는 밤 물결이 높이 설렐 때 우리 주 크신 은혜에 소망의 닻을 주리라
3. 세상에 믿던 모든 것 끊어질 그날 되어도 구주의 언약 믿사와 내 소망 더욱 크리라
4. 바라던 천국 올라가 하나님 앞에 뵈올 때 구주의 의를 힘입어 어엿이 바로 서리라

후렴 주 나의 반석이시니 그 위에 내가 서리라 그 위에 내가 서리라

질문

나는 하나님의 말씀을 듣는 데 그치지 않고 말씀대로 행하는 사람인가요? 오늘부터 내가 실천할 수 있는 말씀은 무엇일까요?

나의 감사

오늘 하루, 감사할 것들을 적어보세요.

| 기도 | 하나님 아버지, 하나님의 말씀을 듣는 데 그치지 않고 행함으로써 절대 흔들리지 않는 믿음을 갖게 하옵소서. 예수 그리스도의 이름으로 기도합니다. 아멘.

FEB **02.05** 목요일

하나님이 기쁘게 받으시는 예배

레위기 1:1-4 야훼께서 회막에서 모세를 부르시고 그에게 말씀하여 이르시되 이스라엘 자손에게 말하여 이르라 너희 중에 누구든지 야훼께 예물을 드리려거든 가축 중에서 소나 양으로 예물을 드릴지니라 그 예물이 소의 번제이면 흠 없는 수컷으로 회막 문에서 야훼 앞에 기쁘게 받으시도록 드릴지니라 그는 번제물의 머리에 안수할지니 그를 위하여 기쁘게 받으심이 되어 그를 위하여 속죄가 될 것이라

레위기는 이스라엘의 5대 제사인 번제, 소제, 화목제, 속죄제, 속건제에 대해 기록하고 있습니다. 오늘 본문은 그중 첫 번째로 등장하는 번제에 대한 설명입니다. 번제는 예물을 완전히 불에 태워 하나님께 드리는 제사로 전적인 헌신을 의미합니다. 이때 드리는 번제물이 소라면 반드시 흠 없는 수컷이어야 했는데, 본문을 보면 "회막 문에서 야훼 앞에 기쁘게 받으시도록" 드리라고 말씀합니다. 하나님이 기쁘게 받으시는 것, 바로 여기에 번제의 궁극적인 목적이 있습니다.

오늘날 우리는 제사 대신 예배를 드리지만, 궁극적인 목적은 같습니다. 우리는 하나님이 기쁘게 받으시는 예배를 드려야 합니다. 예배의 형식은 갖추었으나 예배자의 마음이 아직 준비되지 않는 경우가 있는데, 그러한 예배는 하나님을 기쁘시게 할 수 없습니다. 하나님은 흠 없는 제물처럼 예배자의 온전한 마음을 원하십니다. 우리가 자원하여 정성껏 드리는 예물을 원하십니다. 무엇보다 신령과 진정으로 드리는 예배를 원하십니다. 우리는 어떤 예배를 드리고 있나요? 우리가 드리는 모든 예배가 하나님이 기쁘게 받으시는 흠 없고 순전한 예배가 되기를 간절히 소망합니다.

| 일독성경 | 레위기 1-3장, 누가복음 7장 읽음 □

오늘의 찬송

내게 있는 모든 것을

새찬송가 50장(통 71)

1. 내게 있는 모든 것을 아낌없이 드리네 사랑하고 의지하며 주만 따라 살리라
2. 내게 있는 모든 것을 겸손하게 드리네 세상 욕심 멀리하니 나를 받아주소서
3. 내게 있는 모든 것을 주를 위해 드리네 주의 성령 충만하게 내게 내려주소서

후렴 주께 드리네 주께 드리네 사랑하는 구주 앞에 모두 드리네 아멘

질문

나는 하나님께 예배드릴 때 무엇을 가장 중요하게 생각하나요? 하나님이 기쁘게 받으시는 예배를 드리기 위해 내가 할 수 있는 일은 무엇일까요?

나의 감사

오늘 하루, 감사할 것들을 적어보세요.

| 기도 | 하나님 아버지, 하나님이 기쁘게 받으시는 예배를 드리길 원합니다. 온 마음과 뜻과 힘을 다해 예배드리게 하옵소서. 예수 그리스도의 이름으로 기도합니다. 아멘.

철저한 회개

레위기 4:1-3 야훼께서 모세에게 말씀하여 이르시되 이스라엘 자손에게 말하여 이르라 누구든지 야훼의 계명 중 하나라도 그릇 범하였으되 만일 기름 부음을 받은 제사장이 범죄하여 백성의 허물이 되었으면 그가 범한 죄로 말미암아 흠 없는 수송아지로 속죄제물을 삼아 야훼께 드릴지니

1930년대 한국교회의 부흥을 이끌었던 대표적인 부흥사 중 한 명인 이성봉 목사는 설교와 자신의 삶을 통해 철저한 회개를 강조했습니다. 한번은 그가 하나님 앞에 나와 기도하는데, 과거 14살이었을 때 기차표를 반값에 사기 위해 12살이라고 속였던 일이 생각났습니다. 그는 하나님께 회개 기도를 드리고, 그 즉시 역장에게 사과의 편지와 함께 당시 푯값의 네 배에 해당하는 금액을 넣어 보냈습니다. 또한 그는 '회개금'이라는 것을 만들어서 만약 남의 물질을 도적질했는데, 주인을 찾아 돌려줄 수 없는 경우에는 하나님께 그 해당 금액을 드리게 했습니다. 이처럼 그가 전한 회개는 단지 말이 아닌 구체적인 행동이었고, 그의 부흥회에서는 회개를 통해 삶이 변화된 사람들의 간증이 쏟아졌습니다.

오늘 본문은 하나님의 계명을 어기는 죄를 지었을 때 드리는 속죄제에 대한 말씀입니다. 죄는 하나님과 우리 사이를 가로막는 장애물입니다. 그래서 누구든지, 제사장조차도 예외 없이 하나님과의 관계를 회복하기 위해서는 반드시 속죄제를 드려야 했습니다. 오늘날 우리가 드려야 할 속죄제는 회개입니다. 늘 자기 삶을 돌아보고, 지은 죄에 대한 철저한 회개를 통해 하나님께 나아가는 우리가 되길 바랍니다.

| 일독성경 | 레위기 4-5장, 누가복음 8-9장 읽음 □

오늘의 찬송

죄짐 맡은 우리 구주

새찬송가 369장(통 487)

1. 죄짐 맡은 우리 구주 어찌 좋은 친군지 걱정 근심 무거운 짐 우리 주께 맡기세
주께 고함 없는 고로 복을 받지 못하네 사람들이 어찌하여 아뢸 줄을 모를까
2. 시험 걱정 모든 괴롬 없는 사람 누군가 부질없이 낙심 말고 기도드려 아뢰세
이런 진실하신 친구 찾아볼 수 있을까 우리 약함 아시오니 어찌 아니 아뢸까
3. 근심 걱정 무거운 짐 아니 진 자 누군가 피난처는 우리 예수 주께 기도드리세
세상 친구 멸시하고 너를 조롱하여도 예수 품에 안기어서 참된 위로 받겠네 아멘

질문

나는 날마다 회개 기도를 드리나요? 하나님께 회개하지 못한 죄는 없는지 자신을 살펴보고, 죄에 대한 회개 기도를 적어보세요.

나의 감사

오늘 하루, 감사할 것들을 적어보세요.

| 기도 | 하나님 아버지, 하나님의 말씀을 어기고 하나님의 뜻대로 살지 못한 죄를 회개하오니 용서해 주옵소서. 예수 그리스도의 이름으로 기도합니다. 아멘.

예수님 이름의 권세

누가복음 10:17-20 칠십 인이 기뻐하며 돌아와 이르되 주여 주의 이름이면 귀신들도 우리에게 항복하더이다 예수께서 이르시되 사탄이 하늘로부터 번개 같이 떨어지는 것을 내가 보았노라 내가 너희에게 뱀과 전갈을 밟으며 원수의 모든 능력을 제어할 권능을 주었으니 너희를 해칠 자가 결코 없으리라 그러나 귀신들이 너희에게 항복하는 것으로 기뻐하지 말고 너희 이름이 하늘에 기록된 것으로 기뻐하라 하시니라

예일대학의 역사학 교수였던 램지 맥멀렌 박사는 미국 역사학회에서 '현재 살아있는 가장 위대한 로마제국 역사가'라고 평가받는 역사학자입니다. 그의 주요 연구 주제 중 하나는 로마제국이 어떻게 기독교를 받아들였는지에 관한 것이었습니다. 오랜 연구 끝에 그는 예수 그리스도의 이름으로 나타난 능력과 표적, 귀신을 쫓고 병을 치유하는 기적들이 로마 시대에 기독교를 확산하는 데 중요한 역할을 했다고 말했습니다.

오늘 본문은 예수님 이름의 권세에 대해 잘 보여주고 있습니다. 예수님은 제자 중 70인을 따로 세우시고, 그들을 둘씩 짝지어 각 지역에 복음을 전하도록 보내셨습니다. 얼마 후 전도 여행을 마친 제자들은 돌아와 자신들이 경험한 놀라운 일들을 예수님께 보고드렸습니다. 그들의 증언은 한결같았습니다. 예수님의 이름으로 귀신을 쫓아내자, 악한 영들이 그들 앞에 굴복했다는 것입니다. 하나님의 자녀인 우리도 예수님 이름의 권세를 받은 자들입니다. 그러므로 이 권세를 적극적으로 사용해야 합니다. 우리 모두 매일의 삶 속에서 예수님 이름의 권세를 담대히 사용하여 악한 원수의 모든 능력을 제어하고, 앞길을 가로막는 문제를 물리쳐 승리하는 삶을 살기를 소망합니다.

| 일독성경 | 레위기 6-8장, 누가복음 10장 읽음 □

오늘의 찬송

예수는 나의 힘이요

새찬송가 93장(통 93)

1. 예수는 나의 힘이요 내 생명 되시니 구주 예수 떠나 살면 죄 중에 빠지리
   눈물이 앞을 가리고 내 맘에 근심 쌓일 때 위로하고 힘 주실 이 주 예수
2. 예수는 나의 힘이요 내 친구 되시니 그 은혜를 간구하면 풍성히 받으리
   햇빛과 비를 주시니 추수할 곡식 많도다 귀한 열매 주시는 이 주 예수
3. 예수는 나의 힘이요 내 기쁨 되시니 그 명령을 준행하여 늘 충성하겠네
   주야로 보호하시며 바른 길 가게 하시니 의지하고 따라갈 이 주 예수
4. 예수는 나의 힘이요 내 소망 되시니 이 세상을 떠나갈 때 곧 영생 얻으리
   한없는 복을 주시고 영원한 기쁨 주시니 나의 생명 나의 기쁨 주 예수

질문

나는 예수님 이름의 권세를 사용하고 있나요? 예수님 이름의 권세를 어떻게 사용하면 좋을지 구체적으로 적어보세요.

나의 감사

오늘 하루, 감사할 것들을 적어보세요.

| 기도 | 하나님 아버지, 예수님 이름의 권세를 의지하여 인생의 모든 문제를 이기고 승리하는 삶을 살게 하옵소서. 예수 그리스도의 이름으로 기도합니다. 아멘.

FEB **02.08** 주일

기도는 응답이 올 때까지

누가복음 11:5-8 또 이르시되 너희 중에 누가 벗이 있는데 밤중에 그에게 가서 말하기를 벗이여 떡 세 덩이를 내게 꾸어 달라 내 벗이 여행중에 내게 왔으나 내가 먹일 것이 없노라 하면 그가 안에서 대답하여 이르되 나를 괴롭게 하지 말라 … 내가 너희에게 말하노니 비록 벗 됨으로 인하여서는 일어나서 주지 아니할지라도 그 간청함을 인하여 일어나 그 요구대로 주리라

'낙숫물이 댓돌을 뚫는다'라는 우리말 속담이 있습니다. 낙숫물은 처마 끝에서 떨어지는 물방울을 가리키고, 댓돌은 집의 기둥을 받치고 있는 매우 단단한 돌을 말합니다. 작은 물방울과 단단한 돌, 얼핏 보면 상대가 되지 않습니다. 그러나 오랜 세월 낙숫물이 떨어지고 또 떨어지다 보면 결국 단단한 댓돌도 뚫리게 됩니다. 즉, 작은 힘이라도 끈기 있게 계속하면 무슨 일이든 이룰 수 있다는 것입니다.

기도도 마찬가지입니다. 예수님은 오늘 본문의 비유를 통해 우리가 어떤 자세로 기도해야 하는지를 분명히 가르쳐 주십니다. 어떤 사람이 한밤중에 방문한 친구에게 대접할 음식이 없자, 이웃에 사는 다른 친구의 집을 찾아가 문을 두드렸습니다. 그 친구는 가족들이 이미 잠자리에 들었다는 이유로 거절했지만, 그의 끈질긴 요청과 간청함으로 인해 결국 떡을 내주었습니다. 이처럼 기도는 '응답되지 않으면 어쩔 수 없다.'라는 식의 소극적인 자세로 하는 것이 아닙니다. 하나님의 응답이 올 때까지 포기하지 말고 간절하고 끈질기게, 간청하고 또 간청함으로 기도해야 합니다. 우리가 끈질긴 기도로 계속 문을 두드리면 하나님이 반드시 응답의 문을 열어주십니다.

| 일독성경 | 레위기 9-10장, 누가복음 11-12장 읽음 □

오늘의 찬송

내 모든 시험 무거운 짐을

새찬송가 337장(통 363)

1. 내 모든 시험 무거운 짐을 주 예수 앞에 아뢰이면
   근심에 싸인 날 돌아보사 내 근심 모두 맡으시네
2. 내 모든 괴롬 닥치는 환난 주 예수 앞에 아뢰이면
   주께서 친히 날 구해주사 넓으신 사랑 베푸시네
3. 내 짐이 점점 무거워질 때 주 예수 앞에 아뢰이면
   주께서 친히 날 구해주사 내 대신 짐을 져주시네
4. 마음의 시험 무서운 죄를 주 예수 앞에 아뢰이면
   예수는 나의 능력이 되사 세상을 이길 힘 주시네

후렴 무거운 짐을 나 홀로 지고 견디다 못해 쓰러질 때
불쌍히 여겨 구원해 줄 이 은혜의 주님 오직 예수

질문

오랜 시간 끈기 있게 기도해서 응답받은 경험이 있나요? 지금 내가 포기하지 않고 간절히 기도해야 할 기도 제목은 무엇인가요?

나의 감사

오늘 하루, 감사할 것들을 적어보세요.

| 기도 | 하나님 아버지, 우리에게 흔들리지 않는 믿음을 주셔서 끝까지 포기하지 않고 기도하게 하옵소서. 예수 그리스도의 이름으로 기도합니다. 아멘.

너희도 거룩할지어다

레위기 11:43-45 너희는 기는 바 기어다니는 것 때문에 자기를 가증하게 되게 하지 말며 또한 그것 때문에 스스로 더럽혀 부정하게 되게 하지 말라 나는 야훼 너희의 하나님이라 내가 거룩하니 너희도 몸을 구별하여 거룩하게 하고 땅에 기는 길짐승으로 말미암아 스스로 더럽히지 말라 나는 너희의 하나님이 되려고 너희를 애굽 땅에서 인도하여 낸 야훼라 내가 거룩하니 너희도 거룩할지어다

영국의 부유한 상인의 아들로 태어난 윌리엄 윌버포스는 21살의 젊은 나이에 하원의원으로 선출되어 정치를 시작했습니다. 그러다 24살에 하나님의 은혜를 체험한 후, 그는 하나님의 뜻에 합당한 삶을 살기로 결단했습니다. 특히 신앙의 멘토였던 존 뉴턴 목사에게 "정치는 당신이 거룩하게 사용해야 할 사명입니다."라는 조언을 듣고 노예 제도 폐지 운동을 시작했습니다. 그로 인해 갖은 중상모략과 비방에 시달리고 두 번에 걸친 암살 위협을 받았지만, 그는 포기하지 않았습니다. 윌버포스의 거룩한 싸움은 무려 46년 동안이나 계속되었고, 마침내 1833년에 영국의 노예 제도는 폐지되었습니다.

오늘 본문에서 하나님은 몸을 구별하여 거룩하게 하라고 말씀하십니다. 이는 단순히 먹을 음식에 관한 명령이 아닙니다. 먹을 것까지도 올바르게 분별함으로써 우리의 삶 자체가 하나님께 거룩하게 드려져야 함을 의미합니다. 일상의 삶조차 거룩해야 한다는 요구인 것입니다. 우리의 말과 행동이 하나님 앞에 거룩하게 드려지고 있나요? 하나님의 말씀을 기준으로 자신의 삶을 돌아보시길 바랍니다. 하나님의 자녀는 세상 사람들이 가는 길이 아닌, 하나님의 말씀이 가리키는 거룩한 길을 가야 합니다.

| 일독성경 | 레위기 11-13장, 누가복음 13장 읽음 □

오늘의 찬송

나 어느 곳에 있든지

새찬송가 408장(통 466)

1. 나 어느 곳에 있든지 늘 맘이 편하다 주 예수 주신 평안함 늘 충만하도다
2. 내 맘에 솟는 영생수 한없이 흐르니 목마름 다시 없으며 늘 평안하도다
3. 참되신 주의 사랑을 형언치 못하네 그 사랑 내 맘 여시고 소망을 주셨네
4. 주 예수 온갖 고난을 왜 몸소 당했나 주 함께 고난받으면 면류관 얻겠네

후렴 나의 맘속이 늘 평안해 나의 맘속이 늘 평안해 악한 죄 파도가 많으나 맘이 늘 평안해

질문

나는 하나님의 자녀로서 세상 사람들과 구별된 삶을 살고 있나요? 나의 말과 행동, 혹은 내가 하는 일 중에서 거룩한 삶을 살기 위해 바꿔야 할 것은 없나요?

나의 감사

오늘 하루, 감사할 것들을 적어보세요.

| 기도 | 하나님 아버지, 매일 말씀에 순종함으로 하나님의 거룩하심에 가까워지는 삶을 살아가게 하옵소서. 예수 그리스도의 이름으로 기도합니다. 아멘.

FEB **02.10** 화요일

몸과 영혼을 정결하게

레위기 15:1-4 야훼께서 모세와 아론에게 말씀하여 이르시되 이스라엘 자손에게 말하여 이르라 누구든지 그의 몸에 유출병이 있으면 그 유출병으로 말미암아 부정한 자라 그의 유출병으로 말미암아 부정함이 이러하니 곧 그의 몸에서 흘러 나오든지 그의 몸에서 흘러 나오는 것이 막혔든지 부정한즉 유출병 있는 자가 눕는 침상은 다 부정하고 그가 앉았던 자리도 다 부정하니

레위기는 이스라엘 백성에게 하나님의 백성다운 거룩한 삶을 살라고 가르칩니다. 이와 관련하여 오늘 본문은 정결법, 그중에서도 유출병에 관한 말씀입니다. 하나님은 이스라엘 백성에게 유출병을 앓는 자와 그와 접촉하는 모든 물건을 부정하게 여기라고 명하셨습니다. 여기서 유출은 몸에서 나오는 비정상적인 분비물을 가리키는데, 성생활과 연관된 경우가 많습니다. 하나님은 이 명령을 통해 전염성이 강한 질병으로부터 이스라엘 백성을 보호하실 뿐 아니라, 그들이 성적인 죄를 경계하여 몸과 영혼을 거룩하고 정결하게 지키길 원하셨던 것입니다.

성적인 죄는 현대 사회의 큰 문제점 중 하나입니다. 음란한 성생활과 불륜으로 인해 가정이 무너지고, 동성애와 같은 문제가 사회를 병들게 하고 있습니다. 이러한 때에 그리스도인들이 먼저 정결한 삶의 본을 보여야 합니다. 온갖 형태로 다가오는 성적인 유혹에 넘어지지 않게 항상 주의하고, 하나님과의 관계를 멀어지게 하는 모든 부정한 것들을 멀리해야 합니다. 몸의 부정이 우리의 영혼까지 죄로 물들인다는 사실을 기억하며 하나님 앞에 부끄럽지 않은 거룩하고 정결한 삶을 살기를 소망합니다.

| 일독성경 | 레위기 14-15장, 누가복음 14-15장 읽음 □

오늘의 찬송

여러 해 동안 주 떠나

새찬송가 278장(통 336)

1. 여러 해 동안 주 떠나 세상 연락을 즐기고 저 흉악한 죄에 빠져서 주 은혜를 잊었네
2. 죄악에 죽을 인생을 심히 불쌍히 여기사 저 하늘의 영광 버리고 이 세상에 오셨네
3. 홍포를 입은 구주는 가시 면류관 쓰시고 저 십자가 높이 달리사 그 아픔을 참았네
4. 미련한 우리 인생은 주의 공로를 모르고 그 쓸쓸한 사막 가운데 늘 헤매고 다녔네

후렴 오 사랑의 예수님 내 맘을 곧 엽니다 곧 들어와 나와 함께하며 내 생명이 되소서 아멘

질문

부정한 성생활로 인해 신앙에서 떠난 사람들에 대해 들은 적이 있나요? 몸과 영혼을 정결하게 지키기 위해 우리가 주의해야 할 것은 무엇일까요?

나의 감사

오늘 하루, 감사할 것들을 적어보세요.

| 기도 | 하나님 아버지, 우리를 넘어뜨리려고 하는 죄의 유혹에서 우리를 지켜주시고, 하나님 앞에 정결한 삶을 살게 도와주옵소서. 예수 그리스도의 이름으로 기도합니다. 아멘.

FEB **02.11** 수요일

나누고 섬기는 삶

누가복음 16:19-23 한 부자가 있어 자색 옷과 고운 베옷을 입고 날마다 호화롭게 즐기더라 그런데 나사로라 이름하는 한 거지가 헌데 투성이로 그의 대문 앞에 버려진 채 그 부자의 상에서 떨어지는 것으로 배불리려 하매 심지어 개들이 와서 그 헌데를 핥더라 … 부자도 죽어 장사되매 그가 음부에서 고통중에 눈을 들어 멀리 아브라함과 그의 품에 있는 나사로를 보고

한 신문에 "행복한 구두 수선공"이라는 제목으로 김병록 집사에 관한 이야기가 실렸습니다. 11살 때부터 구두닦이 일을 시작한 그는 1996년부터 5년 동안 총 5천 켤레의 헌 구두를 수선하여 어려운 이웃에게 나눠주었습니다. 또한 그는 양로원과 장애인 시설을 방문해 이발 봉사를 하고, 2020년에는 코로나로 인해 경제적으로 어려워진 사람들을 돕기 위해 노후 자금으로 사두었던 7억 원 상당의 땅을 기부했습니다. 현재 그는 아내와 두 명의 자녀와 함께 20평짜리 작은 아파트에 살고 있습니다. 넓은 평수의 집에서 살고 싶지 않느냐는 한 기자의 질문에 그는 "아니요. 사람의 욕망과 욕심은 끝이 없습니다. 수백 평, 수천 평을 가진 사람도 더 가지고 싶은 마음일 것입니다. 나는 지금 행복하고, 현재 상황에 만족합니다."라고 답해 잔잔한 감동을 주었습니다.

오늘 본문에서 부자는 풍족한 삶을 살았지만, 정작 대문 앞에 있는 거지 나사로는 돌보지 않았습니다. 우리도 부자처럼 이 땅을 살아가는 동안 자신의 풍요로운 삶에만 집중한다면 도움이 필요한 이웃들을 외면하기 쉽습니다. 반면, 우리가 하나님께 받은 축복을 나누고 섬기는 일에 사용한다면 하나님은 더 큰 복으로 채워주십니다. 어떤 인생을 사느냐에 따라 죽음 이후의 삶이 결정된다는 사실을 잊지 마시길 바랍니다.

| 일독성경 | 레위기 16-18장, 누가복음 16장 읽음 □

오늘의 찬송

네 맘과 정성을 다하여서

새찬송가 218장(통 369)

1. 네 맘과 정성을 다하여서 주 너의 하나님을 사랑하라 네 몸을 아끼고 사랑하듯
   형제와 이웃을 사랑하라 주께서 우리게 명하시니 그 명령 따라서 살아가리
2. 널 미워 해치는 원수라도 언제나 너그럽게 사랑하라 널 핍박하는 자 위해서도
   신실한 맘으로 복을 빌라 주께서 우리게 명하시니 그 명령 따라서 살아가리
3. 나 항상 주님을 멀리하고 형제를 사랑하지 못하였다 이러한 죄인을 사랑하사
   주께서 몸 버려 죽으셨다 속죄의 큰 사랑 받은 이 몸 내 생명 다 바쳐 충성하리 아멘

질문

소외된 이웃을 도왔던 경험이 있나요? 또한 지금 내가 할 수 있는 나눔과 섬김의 일은 무엇인지 적어보세요.

나의 감사

오늘 하루, 감사할 것들을 적어보세요.

| 기도 | 하나님 아버지, 하나님께 받은 복을 나누며 약자와 소외된 이웃을 돌보고 예수님의 사랑을 전하는 삶을 살게 하옵소서. 예수 그리스도의 이름으로 기도합니다. 아멘.

FEB **02.12** 목요일

낙심하지 말고 기도하라

누가복음 18:1-5 예수께서 그들에게 항상 기도하고 낙심하지 말아야 할 것을 비유로 말씀하여 이르시되 … 그 도시에 한 과부가 있어 자주 그에게 가서 내 원수에 대한 나의 원한을 풀어 주소서 하되 그가 얼마 동안 듣지 아니하다가 후에 속으로 생각하되 내가 하나님을 두려워하지 않고 사람을 무시하나 이 과부가 나를 번거롭게 하니 내가 그 원한을 풀어 주리라 그렇지 않으면 늘 와서 나를 괴롭게 하리라 하였느니라

조엘 오스틴 목사의 어머니 도디 오스틴 여사는 1981년에 간암 말기 판정을 받았습니다. 의사는 몇 주밖에 살지 못한다고 말했지만, 그녀는 포기하지 않았습니다. 그녀는 집에 돌아온 다음 날부터 남편과 함께 병이 나았음을 선포하는 기도를 드렸습니다. 또한 치유에 관한 성경 구절 40개를 벽에 붙여놓고, 매일 이 말씀을 바라보며 고백했습니다. "그가 채찍에 맞음으로 나음을 받았도다! 나는 너를 치료하는 야훼이니라!" 믿음으로 외치고 또 외쳤습니다. 그녀는 의사의 시한부 판정에도 낙심하지 않고 계속 기도했습니다. 그러자 놀라운 일이 벌어졌습니다. 시간이 지날수록 병색이 옅어지고 건강이 회복되기 시작했습니다. 이후 도디 오스틴 여사는 완전히 건강해져서 지금까지도 전 세계를 다니며 하나님이 주신 놀라운 치유의 기적을 간증하고 있습니다.

오늘 본문에 나오는 불의한 재판관은 신앙도 없고 사람에 대한 존중도 없으며, 억울한 사람도 돌아보지 않는 냉혹한 사람입니다. 그러나 이런 사람조차 과부가 끈질기게 간청하자 번거롭다는 이유로 결국 그녀의 원한을 풀어 주었습니다. 하물며 우리의 하나님은 사랑과 공의의 하나님, 우리를 사랑하시는 좋으신 하나님이십니다. 그렇기에 우리가 낙심하지 않고 기도하면 하나님이 반드시 그 기도에 응답해 주십니다.

| 일독성경 | 레위기 19-20장, 누가복음 17-18장 읽음 □

오늘의 찬송

마음속에 근심 있는 사람

새찬송가 365장(통 484)

1. 마음속에 근심 있는 사람 주 예수 앞에 다 아뢰어라
   슬픈 마음 있을 때에라도 주 예수께 아뢰라
2. 눈물 나며 깊은 한숨 쉴 때 주 예수 앞에 다 아뢰어라
   은밀한 죄 네게 있더라도 주 예수께 아뢰라
3. 괴로움과 두려움 있을 때 주 예수 앞에 다 아뢰어라
   내일 일을 염려하지 말고 주 예수께 아뢰라
4. 죽음 앞에 겁을 내는 자여 주 예수 앞에 다 아뢰어라
   하늘나라 바라보는 자여 주 예수께 아뢰라

후렴 주 예수 앞에 다 아뢰어라 주 우리의 친구니 무엇이나 근심하지 말고 주 예수께 아뢰라

질문

낙심되는 상황 속에서 하나님께 간절히 기도했던 적이 있나요? 포기하지 않고 끝까지 기도함으로 응답받은 일을 적어보세요.

나의 감사

오늘 하루, 감사할 것들을 적어보세요.

| 기도 | 하나님 아버지, 어떤 문제 앞에서도 좋으신 하나님을 바라보며 낙심하지 말고 끝까지 기도하게 하옵소서. 예수 그리스도의 이름으로 기도합니다. 아멘.

하나님의 거룩한 이름

레위기 22:31-33 너희는 내 계명을 지키며 행하라 나는 야훼이니라 너희는 내 성호를 속되게 하지 말라 나는 이스라엘 자손 중에서 거룩하게 함을 받을 것이니라 나는 너희를 거룩하게 하는 야훼요 너희의 하나님이 되려고 너희를 애굽 땅에서 인도하여 낸 자니 나는 야훼이니라

우리말에 '이름에 먹칠을 한다'라는 표현이 있습니다. 자신 혹은 가문의 명예를 훼손하는 행위를 할 때 비유적으로 사용하는 표현입니다. 잘못된 행동으로 인해 부모가 지어준 소중한 이름이 먹칠을 한 듯 더럽혀진다는 것입니다. 이처럼 이름은 단순한 호칭이라 아니라, 그 사람 자체를 가리킵니다. 누군가 내 이름을 떠올리면, 내가 했던 말과 행동, 내가 했던 일을 함께 떠올릴 것입니다. 그래서 내 이름이 어떻게 불리는가의 문제가 굉장히 중요합니다. 내 이름과 함께 칭찬과 존경의 말이 나오는지, 아니면 비난과 조롱의 말이 나오는지에 따라 내가 살아온 인생이 평가되기도 합니다.

한낱 사람의 이름도 이토록 중요할진대, 하물며 천지를 창조하신 하나님의 이름은 어떨까요? 오늘 본문에서 하나님은 "내 성호를 속되게 하지 말라"라고 말씀하십니다. 하나님의 거룩한 이름을 세속적이고 무가치한 일을 위해 함부로 이용해서는 안 된다는 의미입니다. 하나님의 이름은 어떤 상황과 장소에서도 찬양과 영광을 받아 마땅한 존귀하고 거룩한 이름입니다. 이를 위해서 하나님의 자녀인 우리가 올바로 살아야 합니다. 우리로 인해 하나님의 거룩한 이름이 손상되면 안 됩니다. 하나님의 자녀로서 하나님의 거룩한 이름에 부끄럽지 않은 삶을 살고 있는지 스스로 돌아보시길 바랍니다.

| 일독성경 | 레위기 21-23장, 누가복음 19장 읽음 □

오늘의 찬송

주님의 뜻을 이루소서

새찬송가 425장(통 217)

1. 주님의 뜻을 이루소서 고요한 중에 기다리니 진흙과 같은 날 빚으사 주님의 형상 만드소서
2. 주님의 뜻을 이루소서 주님 발 앞에 엎드리니 나의 맘속을 살피시사 눈보다 희게 하옵소서
3. 주님의 뜻을 이루소서 병들어 몸이 피곤할 때 권능의 손을 내게 펴사 강건케 하여주옵소서
4. 주님의 뜻을 이루소서 온전히 나를 주장하사 주님과 함께 동행함을 만민이 알게 하옵소서
   아멘

질문

나는 하나님의 이름에 부끄럽지 않은 삶을 살고 있나요? 하나님의 이름이 찬양받고 높임을 받기 위해 내가 할 수 있는 일은 무엇일까요?

나의 감사

오늘 하루, 감사할 것들을 적어보세요.

| 기도 | 하나님 아버지, 하나님의 거룩한 이름 앞에 부끄럽지 않은 삶을 살게 하시고, 우리를 통해 하나님이 영광을 받게 하옵소서. 예수 그리스도의 이름으로 기도합니다. 아멘.

항상 기도하며 깨어 있으라

누가복음 21:34-36 너희는 스스로 조심하라 그렇지 않으면 방탕함과 술취함과 생활의 염려로 마음이 둔하여지고 뜻밖에 그 날이 덫과 같이 너희에게 임하리라 이 날은 온 지구상에 거하는 모든 사람에게 임하리라 이러므로 너희는 장차 올 이 모든 일을 능히 피하고 인자 앞에 서도록 항상 기도하며 깨어 있으라 하시니라

한센병 환자들을 사랑으로 돌보고, 아들을 죽인 원수를 용서해 양아들로 삼은 손양원 목사는 재림 신앙이 투철했던 목회자로 알려져 있습니다. 그는 "주 예수님의 강림이 불원하니, 저 천국을 얻을 자 회개하라."라고 외쳤고, 해방 후 혼탁한 한국 사회와 교계를 보면서 깨어 회개하고 재림을 준비하라고 경고했습니다. 그는 신사참배를 거부하다가 감옥에 갇혔는데, 그곳에서 불렀다는 「주님 고대가」에는 주님이 오시기를 소망하는 그의 간절한 마음이 드러납니다. "낮에나 밤에나 눈물 머금고 내 주님 오시기만 고대합니다. 가실 때 다시 오마 하신 예수님 오 주여 언제나 오시렵니까."

누가복음 21장에서 예수님은 세상의 종말에 일어날 일들과 예수님의 재림에 대해 말씀하시면서, 그날은 갑자기 임할 것이니 항상 깨어 준비하라고 권면하셨습니다. 이 세상은 영원하지 않습니다. 그런데 크리스천 중에서도 마치 눈에 보이는 세상이 전부인 것처럼, 혹은 바쁜 일상에 마음을 빼앗겨 예수님의 재림을 잊고 사는 이들이 많습니다. 나는 지금 무엇에 가장 마음을 쏟으며 살아가고 있나요? 혹시 하나님보다 세상의 걱정과 욕심이 내 안에 더 깊게 자리 잡고 있지는 않나요? 이제라도 깨어 기도해야 합니다. 주님의 재림을 기다리며 깨어 준비하는 우리가 되길 바랍니다.

| 일독성경 | 레위기 24-25장, 누가복음 20-21장 읽음 □

오늘의 찬송

주 어느 때 다시 오실는지

새찬송가 176장(통 163)

1. 주 어느 때 다시 오실는지 아는 이가 없으니 등 밝히고 너는 깨어있어 주를 반겨 맞으라
2. 주 오늘에 다시 오신다면 부끄러움 없을까 잘하였다 주님 칭찬하며 우리 맞아주실까
3. 주 예수님 맡겨주신 일에 모두 충성 다했나 내 맘속에 확신 넘칠 때에 영원 안식 얻겠네
4. 주 예수님 언제 오실는지 한밤에나 낮에나 늘 깨어서 주님 맞는 성도 주의 영광 보겠네

후렴 주 안에서 우리 몸과 맘이 깨끗하게 되어서 주 예수님 다시 오실 때에
모두 기쁨으로 맞으라

질문

지금 내가 가장 마음을 쏟는 일은 무엇인가요? 주님의 재림을 기다리며 준비하는 사람은 무엇을 해야 할까요?

나의 감사

오늘 하루, 감사할 것들을 적어보세요.

| 기도 | 하나님 아버지, 주님의 재림에 대한 소망을 마음에 품고 항상 깨어 기도함으로 하나님 앞에 바로 설 수 있게 도와주옵소서. 예수 그리스도의 이름으로 기도합니다. 아멘.

FEB **02.15** 주일

예수님의 사랑과 희생

누가복음 22:19-20 또 떡을 가져 감사 기도 하시고 떼어 그들에게 주시며 이르시되 이것은 너희를 위하여 주는 내 몸이라 너희가 이를 행하여 나를 기념하라 하시고 저녁 먹은 후에 잔도 그와 같이 하여 이르시되 이 잔은 내 피로 세우는 새 언약이니 곧 너희를 위하여 붓는 것이라

부유한 최상류층 집안에서 태어나 영국의 명문 사립학교인 이튼 스쿨과 케임브리지대학교를 졸업하고, 뛰어난 크리켓 실력으로 영국 최고의 스포츠 스타로 인기를 누리던 한 청년이 있었습니다. 이 청년은 어느 날 질병으로 생사를 넘나드는 형을 보며 이 세상에서의 부와 명예 그리고 인기가 헛되고 덧없음을 깨닫고 복음을 위해 헌신하기로 결단했습니다. 그가 바로 부모로부터 물려받은 막대한 유산을 모두 기부하고 중국과 인도와 아프리카 등에서 열정적으로 복음을 전했던 찰스 토마스 스터드 선교사입니다. 그는 생전에 이런 말을 남겼습니다. "예수 그리스도가 하나님이시며 나를 위해 죽으셨다면 그분을 위한 나의 어떤 희생도 결코 크다고 할 수 없다. 인생은 한 번뿐이고 곧 지나가고 말 것이나 그리스도를 위해 한 일은 영원할 것이다."

오늘 본문에서 예수님은 제자들에게 떡과 포도주를 나눠주며 십자가에서 내어주실 자신의 몸과 피를 기억하라고 말씀하십니다. 죄인인 우리를 대신하여 예수님이 십자가에서 희생하신 것입니다. 우리는 이 사실을 결코 잊어서는 안 됩니다. 오늘도 예수님의 한없는 사랑과 희생을 마음에 새기며, 우리가 받은 크신 사랑을 누군가에게 전하는 하루가 되기를 소망합니다.

| 일독성경 | 레위기 26-27장, 누가복음 22-23장 읽음 □

오늘의 찬송

성자의 귀한 몸

새찬송가 216장(통 356)

1. 성자의 귀한 몸 날 위하여 버리신 그 사랑 고마워라
   내 머리 숙여서 주님께 비는 말 나 무엇 주님께 바치리까
2. 지금도 날 위해 간구하심 이 옅은 믿음이 아옵나니
   주님의 참사랑 고맙고 놀라워 찬송과 기도를 쉬지 않네
3. 주님의 십자가 나도 지고 신실한 믿음과 마음으로
   형제의 사랑과 친절한 위로를 뉘게나 베풀게 하옵소서
4. 만가지 은혜를 받았으니 내 평생 슬프나 즐거우나
   이 몸을 온전히 주님께 바쳐서 주님만 위하여 늘 살겠네 아멘

질문

예수님의 사랑과 희생을 기억하며 매일 감사하는 마음으로 살고 있나요? 내가 받은 예수님의 크신 사랑을 어떻게 전할 수 있을까요?

나의 감사

오늘 하루, 감사할 것들을 적어보세요.

| 기도 | 하나님 아버지, 예수님의 십자가 사랑과 희생에 늘 감사하며, 우리가 받은 그 사랑을 전할 수 있게 도와주옵소서. 예수 그리스도의 이름으로 기도합니다. 아멘.

내 것이라

민수기 3:5-12 야훼께서 모세에게 말씀하여 이르시되 레위 지파는 나아가 제사장 아론 앞에 서서 그에게 시종하게 하라 그들이 회막 앞에서 아론의 직무와 온 회중의 직무를 위하여 회막에서 시무하되 곧 회막의 모든 기구를 맡아 지키며 … 보라 내가 이스라엘 자손 중에서 레위인을 택하여 이스라엘 자손 중에 태를 열어 태어난 모든 자를 대신하게 하였은즉 레위인은 내 것이라

오늘 본문에서 하나님은 모세에게 레위 지파를 택하여 제사장 아론을 시종하게 하라고 명하셨습니다. 여기서 '시종한다'라는 말은 제사장을 섬기는 종이 되라는 말이 아닙니다. 단순히 제사장의 일을 도우라는 말도 아닙니다. 하나님은 그들에게 회막의 모든 기구를 맡아 관리하고, 이스라엘 공동체 전체를 위해 회막에서 봉사하는 거룩한 사명을 주셨습니다. 즉, 레위인은 제사장의 곁에서 그 누구보다 하나님을 가까이 섬긴 사람들입니다. 더욱이 하나님은 그들을 향해 "내 것"이라고 말씀하셨습니다. 이렇듯 레위인은 하나님의 소유가 되어 하나님이 원하시는 방식으로 쓰임 받았던 것입니다.

하나님이 "내 것"이라 말씀하신 레위인의 정체성은 오늘날 하나님의 자녀인 우리에게도 그대로 적용됩니다. 우리는 세상에 속한 사람이 아니라, 하나님께 속한 하나님의 사람입니다. 그렇기에 우리는 하나님의 사람답게 하나님의 방식대로 살면서 교회 공동체를 섬기는 일을 해야 합니다. 우리에게 주어진 일이 비록 작고 하찮아 보이는 일이라 할지라도 하나님께 드리는 마음으로 이 일을 감당한다면 하나님이 기쁘게 받으실 것입니다. '하나님의 소유'라는 정체성을 갖고 우리에게 맡겨진 거룩한 사명을 위해 헌신하며 살아가기를 소망합니다.

| 일독성경 | 민수기 1-3장, 누가복음 24장 읽음 □

오늘의 찬송

겸손히 주를 섬길 때

새찬송가 212장(통 347)

1. 겸손히 주를 섬길 때 괴로운 일이 많으나 구주여 내게 힘 주사 잘 감당하게 하소서
2. 인자한 말을 가지고 사람을 감화시키며 갈 길을 잃은 무리를 잘 인도하게 하소서
3. 구주의 귀한 인내를 깨달아 알게 하시고 굳건한 믿음 주셔서 늘 승리하게 하소서
4. 장래의 영광 비추사 소망이 되게 하시며 구주와 함께 살면서 참평강 얻게 하소서 아멘

질문

나는 하나님을 섬기는 삶을 살고 있나요? 교회 공동체를 위해 내가 헌신할 수 있는 일은 무엇일까요?

나의 감사

오늘 하루, 감사할 것들을 적어보세요.

| 기도 | 하나님 아버지, 이 땅을 살아가는 동안 오직 하나님만 섬기며 하나님의 뜻에 따라 세상과 구별되는 삶을 살아가게 하옵소서. 예수 그리스도의 이름으로 기도합니다. 아멘.

FEB **02.17** 화요일

복 주기 원하시는 하나님

민수기 6:22-27 야훼께서 모세에게 말씀하여 이르시되 아론과 그의 아들들에게 말하여 이르기를 너희는 이스라엘 자손을 위하여 이렇게 축복하여 이르되 야훼는 네게 복을 주시고 너를 지키시기를 원하며 야훼는 그의 얼굴을 네게 비추사 은혜 베푸시기를 원하며 야훼는 그 얼굴을 네게로 향하여 드사 평강 주시기를 원하노라 할지니라 하라 그들은 이같이 내 이름으로 이스라엘 자손에게 축복할지니 내가 그들에게 복을 주리라

1758년 어느 날, 로버트 로빈슨 목사는 주일 설교를 준비하다가 하나님의 은혜에 감격하여 새찬송가 28장 「복의 근원 강림하사」를 작사했습니다. 그러나 시간이 지나면서 점점 하나님의 은혜를 잊고 영적 침체에 빠지고 말았습니다. 하루는 마차를 타고 여행하던 중에 옆자리에 앉은 한 부인이 기쁨에 찬 얼굴로 시를 읽으면서 그에게 읽어보라고 권했습니다. "복의 근원 강림하사 찬송하게 하소서. 한량없이 자비하심 측량할 길 없도다." 그가 몇 년 전에 쓴 찬송시였습니다. 그 순간, 그의 눈에서 감격의 눈물이 흘러나왔습니다. 잊었던 하나님의 은혜가 그의 영혼을 흔들어 깨웠습니다. 이후 그는 다시 주님께 돌아와 일평생 하나님의 은혜에 감사하는 삶을 살았습니다.

오늘 본문에서 하나님은 모세를 부르셔서 이스라엘 자손을 위한 축복기도를 가르쳐 주셨습니다. 이 기도를 통해 하나님은 그들을 지키시고, 그들에게 은혜와 평강을 베풀어 주겠다고 약속하셨습니다. 이 약속은 오늘날 우리에게도 똑같이 주어졌습니다. 하나님은 우리에게 복 주기를 원하십니다. 하나님의 사랑과 관심이 늘 우리를 향해 있습니다. 그러므로 우리는 평생 하나님의 은혜에 감사해야 합니다. 오늘은 민족의 명절인 설날입니다. 올 한 해도 우리에게 복 주기 원하시는 하나님께 감사하시길 바랍니다.

| 일독성경 | 민수기 4-6장, 요한복음 1장 읽음 □

오늘의 찬송

복의 근원 강림하사

새찬송가 28장(통 28)

1. 복의 근원 강림하사 찬송하게 하소서 한량없이 자비하심 측량할 길 없도다
   천사들의 찬송가를 내게 가르치소서 구속하신 그 사랑을 항상 찬송합니다
2. 주의 크신 도움 받아 이때까지 왔으니 이와 같이 천국에도 이르기를 바라네
   하나님의 품을 떠나 죄에 빠진 우리를 예수 구원하시려고 보혈 흘려주셨네
3. 주의 귀한 은혜 받고 일생 빚진 자 되네 주의 은혜 사슬 되사 나를 주께 매소서
   우리 맘은 연약하여 범죄하기 쉬우니 하나님이 받으시고 천국인을 치소서 아멘

질문

내가 하나님께 받은 은혜와 복은 무엇인가요? 하나님이 베풀어 주신 은혜와 복에 감사하는 기도를 적어보세요.

나의 감사

오늘 하루, 감사할 것들을 적어보세요.

| 기도 | 하나님 아버지, 하나님이 베푸신 큰 사랑과 은혜에 감사드립니다. 한평생 그 은혜를 잊지 않고 감사하며 살게 하옵소서. 예수 그리스도의 이름으로 기도합니다. 아멘.

가장 좋은 것을 주시는 주님

요한복음 2:6-10 거기에 유대인의 정결 예식을 따라 두세 통 드는 돌항아리 여섯이 놓였는지라 예수께서 그들에게 이르시되 항아리에 물을 채우라 하신즉 아귀까지 채우니 이제는 떠서 연회장에게 갖다 주라 하시매 갖다 주었더니 연회장은 물로 된 포도주를 맛보고도 어디서 났는지 알지 못하되 물 떠온 하인들은 알더라 연회장이 신랑을 불러 말하되 … 그대는 지금까지 좋은 포도주를 두었도다 하니라

홀리데이 인 호텔의 설립자인 케몬스 윌슨은 본래 목재 공장의 직원이었습니다. 어느 날, 평소처럼 출근했는데 책상 위에 해고통지서가 놓여 있었습니다. 40세의 나이에 아무런 설명도 없이 해고된 그는 크게 낙심하며 분노했고 아내에게 불평을 늘어놓았습니다. 그러자 아내는 "당신이 한 가지 시도하지 않은 일이 있어요. 당신이 처한 문제에 대해 진지하게 하나님께 기도해 보신 적이 없잖아요."라고 조언합니다. 그 말에 감동된 윌슨은 아내와 함께 기도를 시작했습니다. 그러자 모든 분노와 미움은 사라지고, 새로운 아이디어가 떠올랐습니다. 그는 하나님이 주신 아이디어로 건축업을 시작했고, 결국 세계적인 체인망을 지닌 홀리데이 인 호텔을 세우며 큰 성공을 거뒀습니다. 이후에 그는 "그날의 고통은 축복의 관문이었다."라고 고백했습니다.

오늘 본문은 가나의 혼인 잔치에서 일어난 기적 이야기입니다. 하인들이 예수님의 말씀에 순종해 돌항아리에 물을 채워 연회장에게 갖다주었는데, 물이 가장 좋은 품질의 포도주로 변해 있었습니다. 이처럼 예수님은 문제를 해결하시고 가장 좋은 것을 주십니다. 우리가 할 일은 예수님을 믿고 그분의 말씀에 순종하며 모든 문제를 맡기고 기도하는 것입니다. 예수님이 분명히 가장 좋은 것으로 응답해 주실 것입니다.

| 일독성경 | 민수기 7-8장, 요한복음 2-3장 읽음 □

오늘의 찬송

예수는 나의 힘이요

새찬송가 93장(통 93)

1. 예수는 나의 힘이요 내 생명 되시니 구주 예수 떠나 살면 죄 중에 빠지리
   눈물이 앞을 가리고 내 맘에 근심 쌓일 때 위로하고 힘 주실 이 주 예수
2. 예수는 나의 힘이요 내 친구 되시니 그 은혜를 간구하면 풍성히 받으리
   햇빛과 비를 주시니 추수할 곡식 많도다 귀한 열매 주시는 이 주 예수
3. 예수는 나의 힘이요 내 기쁨 되시니 그 명령을 준행하여 늘 충성하겠네
   주야로 보호하시며 바른 길 가게 하시니 의지하고 따라갈 이 주 예수
4. 예수는 나의 힘이요 내 소망 되시니 이 세상을 떠나갈 때 곧 영생 얻으리
   한없는 복을 주시고 영원한 기쁨 주시니 나의 생명 나의 기쁨 주 예수

질문

하나님이 내 삶의 어려움을 축복의 기회로 바꿔주셨던 경험이 있나요? 그때 하나님께 어떻게 기도하고 순종하여 응답받았는지 적어보세요.

나의 감사

오늘 하루, 감사할 것들을 적어보세요.

| 기도 | 하나님 아버지, 어떤 고난과 문제가 다가와도 가장 좋은 것을 주시는 주님을 믿고 주님의 말씀에 순종할 수 있게 하옵소서. 예수 그리스도의 이름으로 기도합니다. 아멘.

FEB **02.19** 목요일

기다리라

민수기 9:6-8 그 때에 사람의 시체로 말미암아 부정하게 되어서 유월절을 지킬 수 없는 사람들이 있었는데 그들이 그 날에 모세와 아론 앞에 이르러 그에게 이르되 우리가 사람의 시체로 말미암아 부정하게 되었거니와 우리를 금지하여 이스라엘 자손과 함께 정한 기일에 야훼께 헌물을 드리지 못하게 하심은 어찌함이니이까 모세가 그들에게 이르되 기다리라 야훼께서 너희에게 대하여 어떻게 명령하시는지 내가 들으리라

기다림은 힘든 일입니다. 기다리는 시간에 새로운 일을 할 수도 없고, 다른 데 정신을 팔 수도 없습니다. 그러다 보니 시간은 더디게 흘러가고 몸과 마음이 지치기도 합니다. 그러나 기다림의 시간은 필요합니다. '급할수록 돌아가라'라는 속담처럼 급한 마음에 기다리지 않고 서두르면 오히려 실수하거나 일을 그르칠 수 있기 때문입니다.

신앙생활에서도 기다림의 시간이 필요할 때가 있습니다. 오늘 본문에서 이스라엘 백성은 하나님의 명령에 따라 광야에서 유월절을 지켰습니다. 유월절은 이스라엘을 구원하신 하나님의 은혜를 기념하는 중요한 절기였지만, 시체를 만져 부정해진 사람들은 이 절기에 참여하지 못했습니다. 이들은 모세에게 찾아가 자신들도 유월절에 하나님께 예물을 드리게 해달라고 간청했습니다. 이에 모세는 그들에게 즉시 대답하지 않고 "기다리라"라고 말했습니다. 자기 생각대로 판단하지 않고 먼저 하나님의 뜻을 구하고자 했던 것입니다. 우리도 살면서 크고 작은 결정을 내려야 합니다. 그러할 때 내 맘대로 섣불리 결정하지 말고, 모세처럼 하나님의 뜻을 먼저 구하는 자세를 가져야 합니다. 가장 완전한 답은 하나님께 있습니다. 모든 상황 속에서 먼저 하나님의 뜻을 구하며 그분의 인도하심을 기다리는 우리가 되길 소망합니다.

| 일독성경 | 민수기 9-11장, 요한복음 4장 읽음 □

오늘의 찬송

내 주여 뜻대로

새찬송가 549장(통 431)

1. 내 주여 뜻대로 행하시옵소서 온몸과 영혼을 다 주께 드리니
이 세상 고락간 주 인도하시고 날 주관하셔서 뜻대로 하소서
2. 내 주여 뜻대로 행하시옵소서 큰 근심 중에도 낙심케 마소서
주님도 때로는 울기도 하셨네 날 주관하셔서 뜻대로 하소서
3. 내 주여 뜻대로 행하시옵소서 내 모든 일들을 다 주께 맡기고
저 천성 향하여 고요히 가리니 살든지 죽든지 뜻대로 하소서 아멘

질문

문제가 생겼을 때 내가 가장 먼저 하는 일은 무엇인가요? 지금 문제를 가지고 있다면 하나님의 뜻을 구하는 기도문을 적어보세요.

나의 감사

오늘 하루, 감사할 것들을 적어보세요.

| 기도 | 하나님 아버지, 모든 문제의 해답이 하나님께 있음을 잊지 않고, 날마다 하나님의 뜻을 구하며 기다릴 수 있게 하옵소서. 예수 그리스도의 이름으로 기도합니다. 아멘.

FEB **02.20** 금요일

일어나 걸어가라

요한복음 5:5-9 거기 서른여덟 해 된 병자가 있더라 예수께서 그 누운 것을 보시고 병이 벌써 오래된 줄 아시고 이르시되 네가 낫고자 하느냐 병자가 대답하되 주여 물이 움직일 때에 나를 못에 넣어 주는 사람이 없어 내가 가는 동안에 다른 사람이 먼저 내려가나이다 예수께서 이르시되 일어나 네 자리를 들고 걸어가라 하시니 그 사람이 곧 나아서 자리를 들고 걸어가니라 이 날은 안식일이니

『절망? 기적의 순간!』의 저자 황재환 목사는 4살에 부모를 잃고, 7살에 불발 수류탄 사고로 오른팔과 두 눈, 그리고 한쪽 귀의 청력을 잃었습니다. 보육원에서 신앙을 갖게 된 그는 중학생 때 기도하던 중에 피아니스트의 꿈을 품게 되었습니다. 삼중 장애를 가진 그가 피아니스트가 되겠다고 말하니 주위 사람들이 불가능하다고 비웃었습니다. 그러나 그는 밤마다 몰래 피아노 연습을 시작했고 마침내 아름다운 연주를 할 수 있게 되었습니다. 이후 그는 장애인 예술단을 창단해 전 세계를 다니며 5,000회 이상 공연했고, 유엔 본부와 카네기 홀에서 연주하며 '기적의 피아니스트'라는 찬사까지 받았습니다. 그는 이렇게 고백합니다. "절망적인 상황에서도 주저앉지 않고 하나님만 믿고 의지하며 기도하는 사람에게 하나님은 '기적'이라는 선물을 준비하고 계십니다."

오늘 본문에서 예수님은 38년 된 병자에게 "일어나 네 자리를 들고 걸어가라" 명하십니다. 병자는 38년 동안이나 누워있었기 때문에 사실 이 명령을 수행하는 것은 불가능합니다. 그러나 우리 예수님은 불가능을 가능케 하시는 분입니다. '할 수 없다.'라는 생각을 '할 수 있다!'로 만드십니다. 예수님을 전적으로 의지하면 놀라운 기적이 일어납니다. 절망의 자리에 주저앉아 있지 말고, 믿음으로 일어나 걸어가시길 바랍니다.

| 일독성경 | 민수기 12-13장, 요한복음 5-6장 읽음 □

오늘의 찬송

어려운 일 당할 때

새찬송가 543장(통 342)

1. 어려운 일 당할 때 나의 믿음 적으나 의지하는 내 주를 더욱 의지합니다
2. 성령께서 내 마음 밝히 비춰주시니 인도하심 따라서 주만 의지합니다
3. 밝을 때에 노래와 어둘 때에 기도로 위태할 때 도움을 주께 간구합니다
4. 생명 있을 동안에 예수 의지합니다 천국 올라가도록 의지할 것뿐일세

후렴 세월 지나갈수록 의지할 것뿐일세 무슨 일을 당해도 예수 의지합니다

질문

내가 불가능하다고 생각하여 포기한 일이 있나요? 반대로 불가능을 가능케 하시는 주님의 놀라운 기적을 체험한 일이 있나요?

나의 감사

오늘 하루, 감사할 것들을 적어보세요.

| 기도 | 하나님 아버지, 절망적인 상황에서도 낙심하지 말고, 불가능을 가능케 하시는 주님을 의지하며 믿음으로 나아가게 하옵소서. 예수 그리스도의 이름으로 기도합니다. 아멘.

FEB **02.21** 토요일

하나님의 눈, 인간의 눈

민수기 14:6-8 그 땅을 정탐한 자 중 눈의 아들 여호수아와 여분네의 아들 갈렙이 자기들의 옷을 찢고 이스라엘 자손의 온 회중에게 말하여 이르되 우리가 두루 다니며 정탐한 땅은 심히 아름다운 땅이라 야훼께서 우리를 기뻐하시면 우리를 그 땅으로 인도하여 들이시고 그 땅을 우리에게 주시리라 이는 과연 젖과 꿀이 흐르는 땅이니라

제가 미국에서 사역할 때 잊지 못하는 사건이 하나 있습니다. 한 집사님의 남편분이 간경화로 위중한 상태에 빠졌습니다. 의사는 오늘 밤을 넘기기 어려우니 장례식을 준비하라고 말했습니다. 제가 연락을 받고 병원으로 갔는데, 병실에 들어가기 직전에 집사님이 "목사님, 제가 목사님 오시는 동안 기도했는데, 목사님이 손을 얹으면 제 남편이 나을 것 같아요."라고 말했습니다. 인간의 눈으로 보면 남편분은 의식도 없고 간신히 숨만 쉬는 상태였지만, 저는 집사님의 요청대로 회복을 위해 기도했습니다. 그 기도에 집사님은 계속 "아멘! 아멘!"으로 화답했습니다. 다음 날 새벽, 빨리 병원으로 와달라는 연락을 받았습니다. 제가 병원으로 달려가보니 어젯밤을 넘기기 어렵다던 남편분은 회복되어 일반 병실로 옮겨졌고, 이후에 20년 넘도록 건강하게 잘 살았습니다.

가나안 땅을 정탐하러 갔던 열두 명의 정탐꾼 중 열 명은 인간의 눈으로 그 땅을 바라보고 부정적인 보고를 했지만, 여호수아와 갈렙은 하나님의 눈으로 그 땅을 바라보고 긍정적인 보고를 했습니다. 인간의 눈으로 보면 절망이지만, 하나님의 눈으로 보면 희망이 있습니다. 하나님의 눈을 가진 사람은 모든 것을 믿음으로 바라보기 때문에 어떤 상황 속에서도 낙심하지 않고 절대 긍정, 절대 감사로 나아갈 수 있습니다.

| 일독성경 | 민수기 14-16장, 요한복음 7장 읽음 □

오늘의 찬송

주 믿는 사람 일어나

새찬송가 357장(통 397)

1. 주 믿는 사람 일어나 다 힘을 합하여 이 세상 모든 마귀를 다 쳐서 멸하세
   저 앞에 오는 적군을 다 싸워 이겨라 주 예수 믿는 힘으로 온 세상 이기네
2. 온 인류 마귀 궤휼로 큰 죄에 빠지니 진리로 띠를 띠고서 늘 기도드리세
   참 믿고 의지하면서 겁 없이 나갈 때 주 예수 믿는 힘으로 온 세상 이기네
3. 끝까지 이긴 자에게 흰옷을 입히고 또 영생 복을 주시니 참 기쁜 일일세
   이 어둔 세상 지나서 저 천성 가도록 주 예수 믿는 힘으로 온 세상 이기네

후렴 믿음이 이기네 믿음이 이기네 주 예수를 믿음이 온 세상 이기네

질문

지금 내가 가진 문제를 인간의 눈으로 바라보면 어떤 상황인가요? 반대로 하나님의 눈으로 그 문제를 바라보면 어떤 희망이 보이나요?

나의 감사

오늘 하루, 감사할 것들을 적어보세요.

| 기도 | 하나님 아버지, 하나님의 눈을 가진 믿음의 사람이 되어 절대 긍정, 절대 감사의 고백을 할 수 있게 도와주옵소서. 예수 그리스도의 이름으로 기도합니다. 아멘.

진리가 너희를 자유롭게 하리라

요한복음 8:31-36 그러므로 예수께서 자기를 믿은 유대인들에게 이르시되 너희가 내 말에 거하면 참으로 내 제자가 되고 진리를 알지니 진리가 너희를 자유롭게 하리라 그들이 대답하되 우리가 아브라함의 자손이라 남의 종이 된 적이 없거늘 어찌하여 우리가 자유롭게 되리라 하느냐 예수께서 대답하시되 … 아들은 영원히 거하나니 그러므로 아들이 너희를 자유롭게 하면 너희가 참으로 자유로우리라

히틀러 정권과 맞서 싸우다가 죽임을 당한 독일의 신학자 디트리히 본회퍼는 자유를 주제로 많은 글을 남겼습니다. 그가 쓴 시 「자유에 이르는 길 위의 정거장들」에 이런 내용이 있습니다. "불안하게 주저하는 태도를 버리고 오직 하나님의 말씀과 신앙의 힘에 의지하라. 그러면 자유가 그대의 영혼을 환호하며 감싸안으리."

오늘 본문에서 예수님은 "진리가 너희를 자유롭게 하리라"라고 말씀하셨습니다. 이 말씀을 들은 유대인들은 남의 종이 된 적이 없는 자신들에게 왜 자유가 필요한지를 반문했습니다. 그들은 모세의 율법에 익숙했고, 나름대로 진리를 알고 있다고 생각했으며, 예수님 말씀의 진정한 뜻을 깨닫지 못했기 때문입니다. 이 세상의 그 누구도 죄로부터 자유로운 사람은 아무도 없습니다. 모든 사람은 죄 가운데 태어나 죄 가운데 살다가 죄로 인해 죽습니다. 예수님이 이 땅에 오신 이유가 바로 여기 있습니다. 예수님은 인류의 모든 죄를 대신 짊어지고 십자가 죽음과 부활을 통해 우리에게 구원의 길을 열어주셨습니다. 이것이 우리가 붙들어야 할 유일한 진리입니다. 이 진리 안에 거할 때만 죄의 사슬에서 벗어나 진정한 자유를 얻을 수 있습니다. 우리 모두 예수님의 십자가를 바라보며 참 자유를 누리는 삶을 살게 되길 간절히 소망합니다.

| 일독성경 | 민수기 17-19장, 요한복음 8장 읽음 □

오늘의 찬송

그 참혹한 십자가에

새찬송가 269장(통 211)

1. 그 참혹한 십자가에 주 달려 흘린 피 샘물같이 늘 흘러서 죄 씻어주시네
   값없어도 다 나와서 내 죄를 고하면 흰 눈보다 더 희도록 참 성결 얻으리
2. 저 흉악한 한 강도는 제 죄를 깨달아 죄 없으신 주 예수를 구주로 믿었네
   내 지은 죄 흉악하나 주 예수 믿으면 용서받은 강도같이 곧 구원받으리
3. 온 백성의 죄 사하신 하나님 어린양 그 십자가 지심으로 온 인류 구했네
   저 영원한 새 나라에 다같이 모여서 금 거문고 한 곡조로 새 노래 부르리

후렴 나 믿노라 나 믿노라 그 보혈 공로를 흠 없어도 피 흘리사 날 구원하셨네

질문

나를 옭아매고 있는 죄는 무엇인가요? 예수님 안에서 그 죄로부터 자유롭게 되기 위해 나는 무엇을 해야 할까요?

나의 감사

오늘 하루, 감사할 것들을 적어보세요.

| 기도 | 하나님 아버지, 모든 죄의 사슬에서 벗어나 예수님이 주시는 참된 자유를 누리며 살아가게 하옵소서. 예수 그리스도의 이름으로 기도합니다. 아멘.

고난 중에 역사하시는 하나님

요한복음 9:1-3 예수께서 길을 가실 때에 날 때부터 맹인 된 사람을 보신지라 제자들이 물어 이르되 랍비여 이 사람이 맹인으로 난 것이 누구의 죄로 인함이니이까 자기니이까 그의 부모니이까 예수께서 대답하시되 이 사람이나 그 부모의 죄로 인한 것이 아니라 그에게서 하나님이 하시는 일을 나타내고자 하심이라

한국 최초의 시각장애인 박사로 잘 알려진 강영우 박사는 불우한 어린 시절을 보냈습니다. 13살에 아버지를 여의었고, 이듬해 축구공에 맞아 시력을 잃었으며, 그 일로 충격받은 어머니는 쓰러져서 세상을 떠났습니다. 공장에서 일하던 누나도 얼마 지나지 않아 과로로 사망했습니다. 그에게 남은 것은 암흑, 그리고 어린 두 동생과 가난뿐이었습니다. 온통 절망밖에 없던 그때, 그는 기독교방송에서 상담하는 한 목사님을 통해 요한복음 9장 1-3절 말씀을 듣게 되었습니다. 그는 이 말씀을 붙들고 열심히 공부했고, 그 결과 연세대학교를 졸업하고 미국 피츠버그대학에서 철학 박사학위를 취득했습니다. 이후에도 그는 대학교수, 백악관 국가장애위원회 정책차관보, 유엔 세계장애위원회 부의장 등을 역임하며 활발히 활동했습니다. 그는 지나온 삶을 돌아보며 이렇게 고백했습니다. "저의 실명을 통해 하나님은 제가 상상할 수 없는 역사를 이뤄내셨습니다."

오늘 본문에서 예수님은 날 때부터 앞을 보지 못하는 사람을 통해 하나님의 일이 나타난다고 말씀하십니다. 우리의 삶에도 때때로 이해할 수 없는 고난이 찾아옵니다. 그러할 때 우리는 고난으로 인해 절망하지 말고, 고난을 통해 하나님이 이루실 일을 바라봐야 합니다. 오늘도 고난 중에 역사하시는 하나님을 기대하시길 바랍니다.

| 일독성경 | 민수기 20-21장, 요한복음 9-10장 읽음 □

오늘의 찬송

주 안에 있는 나에게

새찬송가 370장(통 455)

1. 주 안에 있는 나에게 딴 근심 있으랴 십자가 밑에 나아가 내 짐을 풀었네
2. 그 두려움이 변하여 내 기도 되었고 전날의 한숨 변하여 내 노래 되었네
3. 내 주는 자비하셔서 늘 함께 계시고 내 궁핍함을 아시고 늘 채워주시네
4. 내 주와 맺은 언약은 영 불변하시니 그 나라 가기까지는 늘 보호하시네

후렴 주님을 찬송하면서 할렐루야 할렐루야 내 앞길 멀고 험해도 나 주님만 따라가리

질문

내 인생을 돌아볼 때 도저히 이해할 수 없는 고난은 무엇인가요? 고난 중에 역사하시는 하나님을 기대하며 나의 신앙고백을 적어보세요.

나의 감사

오늘 하루, 감사할 것들을 적어보세요.

| 기도 | 하나님 아버지, 어떤 문제가 다가와도 절망하지 않고, 고난 중에 역사하시는 하나님을 바라보며 믿음으로 나아가게 하옵소서. 예수 그리스도의 이름으로 기도합니다. 아멘.

FEB **02.24** 화요일

영적인 눈을 떠라

민수기 22:31-33 그 때에 야훼께서 발람의 눈을 밝히시매 야훼의 사자가 손에 칼을 빼들고 길에 선 것을 그가 보고 머리를 숙이고 엎드리니 야훼의 사자가 그에게 이르되 너는 어찌하여 네 나귀를 이같이 세 번 때렸느냐 보라 내 앞에서 네 길이 사악하므로 내가 너를 막으려고 나왔더니 … 나귀가 만일 돌이켜 나를 피하지 아니하였더면 내가 벌써 너를 죽이고 나귀는 살렸으리라

1941년, 아돌프 히틀러는 소련의 수도 모스크바를 침략하라는 명령을 내렸습니다. 그는 불가능하다는 참모진들의 경고를 무시하고 침략을 강행했습니다. 독일군은 모스크바 외곽까지 수백 마일을 진격하며 일순간 성공을 거둔 것처럼 보였지만, 이내 소련군의 강력한 저항에 부딪혔습니다. 무엇보다 겨울철 매서운 추위에 독일군들은 속수무책으로 무너졌고, 결국 참패를 당하고 말았습니다. 모스크바 공방전으로 불리는 이 전투는 양측 모두에게 엄청난 피해와 사상자를 만들어냈습니다. 욕심과 탐욕으로 판단력이 흐려진 한 사람 때문에 이처럼 참혹한 비극이 벌어진 것입니다.

오늘 본문에 나오는 발람은 탐욕으로 인해 영적인 눈이 어두워진 사람입니다. 그도 처음에는 하나님의 뜻을 따라 자신을 청하러 온 모압 장로들을 돌려보냈지만, 모압 왕 발락이 큰 부와 명예를 약속하자 마음이 흔들렸던 것입니다. 이처럼 욕심은 우리의 영적인 눈을 가려 하나님의 뜻을 분별하지 못하게 만듭니다. 나귀 위에 올라타고 세상을 향해 가는 발람의 모습이 우리 모습은 아닌가요? 내 맘대로 되지 않는 인생을 향해 채찍질하고 있진 않은가요? 우리도 욕심과 탐욕에 마음을 빼앗기면 영적인 눈이 어두워져서 하나님의 진노를 보지 못할 수 있음을 늘 명심하길 바랍니다.

| 일독성경 | 민수기 22-24장, 요한복음 11장 읽음 □

오늘의 찬송

내가 매일 기쁘게

새찬송가 191장(통 427)

1. 내가 매일 기쁘게 순례의 길 행함은 주의 팔이 나를 안보함이요
   내가 주의 큰 복을 받는 참된 비결은 주의 영이 함께함이라
2. 전에 죄에 빠져서 평안함이 없을 때 예수 십자가의 공로 힘입어
   그 발 아래 엎드려 참된 평화 얻음은 주의 영이 함께함이라
3. 나와 동행하시고 모든 염려 아시니 나는 숲의 새와 같이 기쁘다
   내가 기쁜 맘으로 주의 뜻을 행함은 주의 영이 함께함이라
4. 세상 모든 욕망과 나의 모든 정욕은 십자가에 이미 못을 박았네
   어둔 밤이 지나고 무거운 짐 벗으니 주의 영이 함께함이라

후렴 성령이 계시네 할렐루야 함께하시네 좁은 길을 걸으며 밤낮 기뻐하는 것
주의 영이 함께함이라

질문

지금 내 마음 가운데 있는 세상 욕심은 무엇인가요? 나의 욕심으로 인해 하나님의 뜻에 순종하지 못한 일은 없나요?

나의 감사

오늘 하루, 감사할 것들을 적어보세요.

| 기도 | 하나님 아버지, 탐욕으로 인해 영적인 눈이 어두워지지 않게 하시고, 늘 성령충만하여 하나님의 뜻에 순종하게 하옵소서. 예수 그리스도의 이름으로 기도합니다. 아멘.

신실하신 하나님

민수기 26:51-55 이스라엘 자손의 계수된 자가 육십만 천칠백삼십 명이었더라 야훼께서 모세에게 말씀하여 이르시되 이 명수대로 땅을 나눠 주어 기업을 삼게 하라 수가 많은 자에게는 기업을 많이 줄 것이요 수가 적은 자에게는 기업을 적게 줄 것이니 그들이 계수된 수대로 각기 기업을 주되 오직 그 땅을 제비 뽑아 나누어 그들의 조상 지파의 이름을 따라 얻게 할지니라

'민수기'라는 이름은 민수기 1장과 26장에서 이스라엘 민족의 인구조사가 두 번 있었기 때문에 붙여졌습니다. 첫 번째 인구조사는 군사적 목적이었고, 두 번째 인구조사는 가나안 입성을 위한 전쟁 대비와 함께 땅 분배를 위한 목적이었습니다. 그런데 놀라운 것은 출애굽 1세대가 모두 죽고, 두 번째 인구조사 직전에 우상숭배로 인한 심판으로 염병이 있었음에도 첫 번째와 두 번째 인구조사에 큰 차이가 없다는 것입니다. 두 인구조사를 비교하면 1,820명 정도 소폭 줄어들었을 뿐입니다. 이것은 전적으로 하나님의 은혜입니다. 하나님이 출애굽 이후 40년간의 광야 생활 동안에 이스라엘 백성을 눈동자같이 지키고 보호하셨기에 가능한 기적 같은 일입니다. 하나님은 아브라함에게 주신 약속, 하늘의 별과 바다의 모래처럼 많은 자손을 주시겠다는 그 약속을 잊지 않으시고, 이처럼 신실하게 이루신 것입니다.

하나님은 언제나 약속을 지키시는 신실한 분이십니다. 비록 눈앞의 어려움으로 하나님의 약속이 선명하게 보이지 않을지라도, 신실하신 하나님을 믿고 절대 긍정, 절대 감사로 나아가면 하나님은 반드시 약속의 말씀을 이루시고 우리의 인생을 지켜주실 것입니다. 오늘도 신실하신 하나님을 바라보며 믿음으로 전진하시길 바랍니다.

| 일독성경 | 민수기 25-26장, 요한복음 12-13장 읽음 □

오늘의 찬송

오 신실하신 주

새찬송가 393장(통 447)

1. 오 신실하신 주 내 아버지여 늘 함께 계시니 두렴 없네
   그 사랑 변찮고 날 지키시며 어제나 오늘이 한결같네
2. 봄철과 또 여름 가을과 겨울 해와 달 별들도 다 주의 것
   만물이 주 영광 드러내도다 신실한 주 사랑 나타내네
3. 내 죄를 사하여 안위하시고 주 친히 오셔서 인도하네
   오늘의 힘 되고 내일의 소망 주만이 만복을 내리시네

후렴 오 신실하신 주 오 신실하신 주 날마다 자비를 베푸시며
일용할 모든 것 내려주시니 오 신실하신 주 나의 구주

질문

하나님이 나에게 주신 약속의 말씀은 무엇인가요? 인생에서 힘들고 어려웠던 때 하나님의 약속을 붙잡고 인내한 경험을 적어보세요.

나의 감사

오늘 하루, 감사할 것들을 적어보세요.

| 기도 | 하나님 아버지, 신실하신 하나님을 바라보며 약속의 말씀을 붙들고 절대 긍정, 절대 감사로 나아가게 하옵소서. 예수 그리스도의 이름으로 기도합니다. 아멘.

FEB **02.26** 목요일

마음에 근심하지 말라

요한복음 14:1-3 너희는 마음에 근심하지 말라 하나님을 믿으니 또 나를 믿으라 내 아버지 집에 거할 곳이 많도다 그렇지 않으면 너희에게 일렀으리라 내가 너희를 위하여 거처를 예비하러 가노니 가서 너희를 위하여 거처를 예비하면 내가 다시 와서 너희를 내게로 영접하여 나 있는 곳에 너희도 있게 하리라

우리는 오늘 외출하면서 창문은 잘 닫았는지, 가스는 제대로 껐는지와 같은 사소한 일부터 직장, 결혼, 노후 준비 등 다양한 문제들을 걱정하고 불안해하며 살아갑니다. 걱정 없이 사는 건 불가능하겠지만, 너무 많은 걱정과 근심 속에 살고 있진 않나요? 심리학에 '램프 증후군'이라는 말이 있습니다. 이 말은 『알라딘과 요술램프』라는 동화에서 유래했는데, 주인공이 요술램프를 문질러서 램프 요정을 불러오는 것처럼 아직 일어나지도 않은 일에 대해 자기 스스로 걱정과 근심을 불러오는 모습을 가리킵니다. 최근 들어 이러한 램프 증후군을 앓는 사람들이 점점 늘고 있다고 합니다.

오늘 본문에서도 근심에 싸여 있는 사람들이 나옵니다. 바로 예수님의 승천을 앞둔 제자들입니다. 그들은 3년 반 동안 예수님만 따라다녔기 때문에, 예수님 없이 살아갈 앞으로의 인생이 막막했을 것입니다. 이때 예수님은 제자들에게 "마음에 근심하지 말라" 하시며, 천국에 거처를 예비하신 후에 다시 오셔서 그들과 함께하겠다고 약속하십니다. 이 약속은 오늘날 우리에게도 유효합니다. 예수님은 이 땅에 다시 오셔서 우리를 천국의 집으로 인도하실 것입니다. 지금, 어떤 걱정과 근심을 안고 있나요? 마음의 근심을 떨쳐내고 다시 오실 주님을 바라보며 매일 소망을 품고 사시길 바랍니다.

| 일독성경 | 민수기 27-28장, 요한복음 14-15장 읽음 □

오늘의 찬송

내 맘이 낙심되며

새찬송가 300장(통 406)

1. 내 맘이 낙심되며 근심에 눌릴 때 주께서 내게 오사 위로해주시네
가는 길 캄캄하고 괴로움 많으나 주께서 함께하며 내 짐을 지시네
2. 희망이 사라지고 친구 날 버릴 때 주 내게 속삭이며 새 희망 주시네
싸움이 맹렬하여 두려워 떨 때에 승리의 왕이 되신 주 음성 들리네
3. 번민이 가득 차고 눈물이 흐를 때 주 나의 곁에 오사 위로해주시네
환난이 닥쳐와서 어려움 당할 때 주님의 능력 입어 원수를 이기네

후렴 그 은혜가 내게 족하네 그 은혜가 족하네 이 괴로운 세상 지날 때 그 은혜가 족하네

질문

나의 가장 큰 걱정과 근심은 무엇인가요? 걱정과 근심 대신 우리 마음에 있어야 할 것은 무엇인가요?

나의 감사

오늘 하루, 감사할 것들을 적어보세요.

| 기도 | 하나님 아버지, 걱정과 근심을 버리고 다시 오실 주님을 바라보며 기쁨과 평안 가운데 살아가게 하옵소서. 예수 그리스도의 이름으로 기도합니다. 아멘.

진리로 인도하시는 성령님

요한복음 16:12-14 내가 아직도 너희에게 이를 것이 많으나 지금은 너희가 감당하지 못하리라 그러나 진리의 성령이 오시면 그가 너희를 모든 진리 가운데로 인도하시리니 그가 스스로 말하지 않고 오직 들은 것을 말하며 장래 일을 너희에게 알리시리라 그가 내 영광을 나타내리니 내 것을 가지고 너희에게 알리시겠음이라

오늘 본문은 예수님이 승천하시기 전에 제자들에게 하신 고별 설교입니다. 사실 예수님은 제자들에게 더 많은 것을 가르쳐 주고자 하셨지만, 제자들은 아직 그 가르침을 온전히 이해할 수 없었습니다. 그래서 예수님은 성령님을 보내주겠다고 말씀하십니다. 진리의 영이신 성령님이 오시면 제자들을 진리 가운데로 인도하셔서 과거에 미처 깨닫지 못한 말씀도 알게 하실 것이기 때문입니다.

미국의 대표적인 복음주의 목회자 A. W. 토저 목사는 성령님의 이 같은 역할에 대해 다음과 같이 설명합니다. “성령님이 우리 마음에 빛을 비추어 주시면, 우리는 전에 보지 못했던 것을 보고, 전에 알지 못했던 것을 알게 됩니다. 이런 깨달음은 아무리 머리가 좋은 사람이라도 자기 힘으로는 결코 깨달을 수 없습니다. 성령님의 조명을 받은 사람은 성령님의 권위에 근거하여 깊은 진리를 통찰하게 됩니다.” 성령님은 지금도 우리 곁에 계셔서 똑같은 일을 하십니다. 우리에게 주님의 말씀을 생각나게 하시며, 그 안에 담긴 깊은 뜻과 진리를 깨닫게 하십니다. 우리 모두 늘 성령님과 동행하며 성령님의 인도하심을 받아 진리 가운데 거하는 삶을 살게 되길 바랍니다.

| 일독성경 | 민수기 29-31장, 요한복음 16장 읽음 □

오늘의 찬송

성령이여 강림하사

새찬송가 190장(통 177)

1. 성령이여 강림하사 나를 감화하시고 애통하며 회개한 맘 충만하게 하소서
2. 성령이여 강림하사 크신 권능 주소서 원하옵고 원하오니 충만하게 하소서
3. 힘이 없고 연약하나 엎드려서 비오니 성령 강림하옵소서 충만하게 하소서
4. 정케 하고 위로하사 복을 받게 하소서 충만하게 하시오니 무한 감사합니다

후렴 예수여 비오니 나의 기도 들으사 애통하며 회개한 맘 충만하게 하소서 아멘

질문

말씀을 읽다가 잘 모르는 부분이 있으면 어떻게 하나요? 성령님께 기도하여 말씀의 의미를 깨닫게 된 경험이 있나요?

나의 감사

오늘 하루, 감사할 것들을 적어보세요.

| 기도 | 하나님 아버지, 거짓과 속임수가 난무한 이 세상 속에서 오직 진리의 영이신 성령님의 인도하심을 따라 살게 하옵소서. 예수 그리스도의 이름으로 기도합니다. 아멘.

믿음은 순종입니다

민수기 32:6-15 모세가 갓 자손과 르우벤 자손에게 이르되 너희 형제들은 싸우러 가거늘 너희는 여기 앉아 있고자 하느냐 너희가 어찌하여 이스라엘 자손에게 낙심하게 하여서 야훼께서 그들에게 주신 땅으로 건너갈 수 없게 하려 하느냐 … 너희가 만일 돌이켜 야훼를 떠나면 야훼께서 다시 이 백성을 광야에 버리시리니 그리하면 너희가 이 모든 백성을 멸망시키리라

이호영 선교사는 오랜 세월 우간다에서 선교 사역을 감당해 왔습니다. 어느 날, 우간다에서도 가장 열악한 곳으로 꼽히는 골리 지역으로 와달라는 요청을 받았습니다. 그곳은 전기도 우물도 없는 곳이었습니다. 그 순간 그는 아이들 교육이 걱정되어 망설였습니다. 그러다 기도하던 중에 하나님이 "아이들 교육을 위해 선교사로 왔느냐?"라고 물으셨습니다. 이 물음에 그는 안주하려던 마음을 내려놓고 순종하기로 결단했습니다. 그는 이렇게 고백합니다. "두렵고 자신이 없지만, 믿음으로 순종합니다."

이스라엘 백성이 요단 동편 땅을 정복하고 가나안 땅을 목전에 두고 있었을 때 르우벤 지파와 갓 지파는 요단 동편 땅에 머물기를 원했습니다. 이들의 요청을 들은 모세는 그들을 크게 책망했습니다. 가나안 정복 전쟁에 참여하지 않는 것은 하나님의 뜻을 거스르는 것이며, 다른 지파들을 낙심시킬 수 있었기 때문입니다. 우리에게도 요단 동편 땅에 머무르려는 안일하고 나태한 마음이 있는지 점검해 보아야 합니다. 하나님이 맡기신 사명이 있음에도 불구하고, 편안하고 익숙한 곳에 안주하고 싶어질 때가 있습니다. 그러나 믿음은 순종의 길을 선택하는 것입니다. 그 길이 때로는 좁고 험할 수 있지만, 그 길의 끝에는 하나님이 예비하신 복이 기다리고 있습니다.

| 일독성경 | 민수기 32-33장, 요한복음 17-18장 읽음 □

오늘의 찬송

예수 따라가며

새찬송가 449장(통 377)

1. 예수 따라가며 복음 순종하면 우리 행할 길 환하겠네
   주를 의지하며 순종하는 자를 주가 늘 함께하시리라
2. 해를 당하거나 우리 고생할 때 주가 위로해 주시겠네
   주를 의지하며 순종하는 자를 주가 안위해주시리라
3. 남의 짐을 지고 슬픔 위로하면 주가 상급을 주시겠네
   주를 의지하며 순종하는 자를 항상 복 내려주시리라
4. 우리 받은 것을 주께 다 드리면 우리 기쁨이 넘치겠네
   주를 의지하며 순종하는 자를 은혜 풍성케 하시리라
5. 주를 힘입어서 말씀 잘 배우고 주를 모시고 살아가세
   주를 의지하며 항상 순종하면 주가 사랑해주시리라

후렴 의지하고 순종하는 길은 예수 안에 즐겁고 복된 길이로다

질문

하나님이 나에게 주신 사명은 무엇인가요? 이 사명을 위해 내가 믿음으로 순종해야 할 일은 무엇인가요?

나의 감사

오늘 하루, 감사할 것들을 적어보세요.

| 기도 | 하나님 아버지, 지금 있는 자리에 안주하지 않게 하시고, 하나님의 뜻에 순종하여 사명자의 길을 가게 하옵소서. 예수 그리스도의 이름으로 기도합니다. 아멘.

3 MARCH 2026

SUN	MON	TUE	WED
1 삼일절 민 34-36 □ 요 19 □	2 대체 휴일 신 1-2 □ 요 20-21 □	3 신 3-5 □ 행 1 □	4 신 6-7 □ 행 2-3 □
8 신 16-17 □ 행 8-9 □	9 신 18-20 □ 행 10 □	10 신 21-22 □ 행 11-12 □	11 신 23-25 □ 행 13 □
15 신 33-34 □ 행 19-20 □	16 수 1-3 □ 행 21 □	17 수 4-6 □ 행 22 □	18 수 7-8 □ 행 23-24 □
22 수 17-19 □ 롬 1 □	23 수 20-22 □ 롬 2 □	24 수 23-24 □ 롬 3-4 □	25 삿 1-3 □ 롬 5 □
29 종려주일 삿 12-14 □ 롬 10 □	30 고난주간 삿 15-16 □ 롬 11-12 □	31 고난주간 삿 17-18 □ 롬 13 □	1
5	6	7	8

강사QT 365

일독성경표 & monthly plan

	THU	FRI	SAT	메모
	5 신 8-10 □ 행 4 □	6 신 11-12 □ 행 5-6 □	7 신 13-15 □ 행 7 □	
	12 신 26-27 □ 행 14-15 □	13 신 28-30 □ 행 16 □	14 신 31-32 □ 행 17-18 □	
	19 수 9-11 □ 행 25 □	20 수 12-14 □ 행 26 □	21 수 15-16 □ 행 27-28 □	
	26 삿 4-6 □ 롬 6 □	27 삿 7-9 □ 롬 7 □	28 삿 10-11 □ 롬 8-9 □	
	2	3	4	
	9	10	11	

MAR **03.01** 주일

신앙의 계보

역대상 1:1-28 아담, 셋, 에노스, 게난, 마할랄렐, 야렛, 에녹, 므두셀라, 라멕, 노아, 셈, 함과 야벳은 조상들이라 야벳의 자손은 고멜과 마곡과 마대와 야완과 두발과 메섹과 디라스요 고멜의 자손은 아스그나스와 디밧과 도갈마요 … 셈, 아르박삿, 셀라, 에벨, 벨렉, 르우, 스룩, 나홀, 데라, 아브람 곧 아브라함은 조상들이요 아브라함의 자손은 이삭과 이스마엘이라

3·1운동은 1919년 3월 1일, 일본 제국의 식민 통치에 항거하여 독립을 외친 비폭력 만세 운동입니다. 당시 독립선언서에 서명한 민족대표 33인 중 16명이 기독교인이었고, 이 운동으로 유죄 선고를 받은 9,300여 명 가운데도 2천여 명이 기독교인들이었습니다. 전체 인구 중 기독교인의 비율이 약 1%에 불과했다는 당시의 상황을 고려하면, 한국교회와 성도들이 나라와 민족을 위해 얼마나 적극적으로 3·1운동에 참여했는지를 짐작할 수 있습니다. 그들은 일제의 억압 속에서도 복음을 굳게 지키며 해방의 날이 올 것을 믿고 간절히 부르짖어 기도했습니다. 그들의 외침과 희생은 정치 참여를 넘어 역사의 중심에서 신앙의 자유를 지켜낸 믿음의 실천이었습니다.

오늘 본문은 아담에서 아브라함에 이르는 계보입니다. 얼핏 보면 단순한 이름들의 나열처럼 보일 수 있지만, 그 속에는 하나님의 구원 역사가 세대와 세대를 거쳐 오랜 세월 동안 어떻게 이어져 왔는지 고스란히 담겨있습니다. 지금 우리가 이렇게 자유롭게 하나님을 예배하며 살아갈 수 있는 것도 보이지 않는 믿음의 선진들의 수많은 헌신과 눈물 그리고 기도 덕분임을 잊지 말아야 합니다. 오늘 하루, 나라와 민족을 위해 기도하며 우리도 다음 세대에 신앙을 물려주는 삶을 살아가게 되길 소망합니다.

| 일독성경 | 민수기 34-36장, 요한복음 19장 읽음 □

오늘의 찬송

옳은 길 따르라 의의 길을

새찬송가 516장(통 265)

1. 옳은 길 따르라 의의 길을 세계 만민의 참된 길
이 길 따라서 살기를 온 세계에 전하세 만백성이 나갈 길
2. 주 예수 따르라 승리의 주 세계 만민이 나아갈
길과 진리요 참생명 네 창검을 부수고 다 따르라 화평 왕
3. 놀라운 이 소식 알리어라 세계 만민을 구하려
내 주 예수를 보내신 참사랑의 하나님 만백성이 따를 길
4. 고난 길 헤치고 찾아온 길 많은 백성을 구한 길
모두 나와서 믿으면 온 세상이 마침내 이 진리에 살겠네

후렴 어둔 밤 지나고 동튼다 환한 빛 보아라 저 빛 주 예수의 나라 이 땅에 곧 오겠네 오겠네

질문

믿음의 선진들을 본받아서 지금 내가 실천해야 할 믿음의 행동은 무엇인지 생각해보고 적어보세요.

나의 감사

오늘 하루, 감사할 것들을 적어보세요.

| 기도 | 하나님 아버지, 믿음의 선진들의 헌신과 희생을 기억하며 다음 세대에 믿음의 본이 되는 삶을 살아가게 하옵소서. 예수 그리스도의 이름으로 기도합니다. 아멘.

예수님의 손길

신명기 1:29-31 내가 너희에게 말하기를 그들을 무서워하지 말라 두려워하지 말라 너희보다 먼저 가시는 너희의 하나님 야훼께서 애굽에서 너희를 위하여 너희 목전에서 모든 일을 행하신 것 같이 이제도 너희를 위하여 싸우실 것이며 광야에서도 너희가 당하였거니와 사람이 자기의 아들을 안는 것 같이 너희의 하나님 야훼께서 너희가 걸어온 길에서 너희를 안으사 이 곳까지 이르게 하셨느니라 하나

영화 「벤허」는 예수님 시대를 배경으로 예루살렘에서 제일 가는 유대인 귀족인 '유다 벤허'라는 사람의 파란만장한 삶을 그린 작품입니다. 주인공 벤허는 억울하게 반역자로 몰려 노예로 팔려 갔지만, 극적으로 로마 장군의 양자가 되어 신분을 회복하고 복수를 다짐합니다. 그의 인생은 절망과 희망, 복수와 용서가 끊임없이 교차하며, 그 모든 순간마다 예수님의 보이지 않는 손길이 함께합니다. 영화에는 직접적으로 예수님의 얼굴은 드러나지는 않지만, 벤허는 인생의 고비마다 예수님의 도우심을 경험합니다. 결국 그는 십자가에 못 박히신 예수님을 목격하고 예수님의 사랑과 용서를 깨달아 모든 분노와 복수심을 내려놓고 새로운 삶을 시작합니다.

신명기는 가나안 땅에 들어갈 수 없는 모세의 마지막 설교입니다. 모세는 가나안 입성을 앞두고 이스라엘 백성에게 지나온 광야 시절을 돌아보며 하나님의 신실하신 인도하심을 기억하라고 권면합니다. 40년의 광야 유랑은 방황이 아닌, 하나님이 친히 동행하시며 먹이시고 보호하셨던 은혜와 사랑의 시간이었습니다. 이렇듯 비록 지금은 하나님의 손길이 보이지 않아도, 신실하신 하나님은 앞으로도 우리를 지키시고 보호하실 것입니다. 주님의 손을 붙잡고 감사함으로 믿음의 삶을 살아가시길 소망합니다.

| 일독성경 | 신명기 1-2장, 요한복음 20-21장 읽음 □

오늘의 찬송

나의 갈 길 다 가도록

새찬송가 384장(통 434)

1. 나의 갈 길 다 가도록 예수 인도하시니 내 주 안에 있는 긍휼 어찌 의심하리요
 믿음으로 사는 자는 하늘 위로 받겠네 무슨 일을 만나든지 만사형통하리라
 무슨 일을 만나든지 만사형통하리라
2. 나의 갈 길 다 가도록 예수 인도하시니 어려운 일 당한 때도 족한 은혜 주시네
 나는 심히 고단하고 영혼 매우 갈하나 나의 앞에 반석에서 샘물 나게 하시네
 나의 앞에 반석에서 샘물 나게 하시네
3. 나의 갈 길 다 가도록 예수 인도하시니 그의 사랑 어찌 큰지 말로 할 수 없도다
 성령 감화 받은 영혼 하늘나라 갈 때에 영영 부를 나의 찬송 예수 인도하셨네
 영영 부를 나의 찬송 예수 인도하셨네 아멘

질문

이 순간에도 하나님이 나와 함께하신다는 것을 알고 있나요? 광야와 같은 세상에서 우리를 보호하시고 인도하시는 하나님께 감사의 고백을 적어보세요.

나의 감사

오늘 하루, 감사할 것들을 적어보세요.

| 기도 | 하나님 아버지, 우리를 보호하고 인도하시는 하나님만 의지하며 오직 믿음으로 살아가게 하옵소서. 예수 그리스도의 이름으로 기도합니다. 아멘.

성령이 너희에게 임하시면

사도행전 1:6-9 그들이 모였을 때에 예수께 여쭈어 이르되 주께서 이스라엘 나라를 회복하심이 이 때니이까 하니 이르시되 때와 시기는 아버지께서 자기의 권한에 두셨으니 너희가 알 바 아니요 오직 성령이 너희에게 임하시면 너희가 권능을 받고 예루살렘과 온 유대와 사마리아와 땅 끝까지 이르러 내 증인이 되리라 하시니라 이 말씀을 마치시고 그들이 보는데 올려져 가시니 구름이 그를 가리어 보이지 않게 하더라

손정도 목사는 민족의 영웅으로 존경받는 독립운동가이자 목회자입니다. 그는 1907년 평양대부흥운동에서 성령을 체험하고 자신의 사명을 분명히 깨달았습니다. 성령충만을 경험한 후 그가 한 고백입니다. "내 앞에 2천만 남녀 동포가 줄지어 서 있는 모습이 보였다. 사망에 빠지고 죄의 멍에에 묶인 그들을 구원하고 해방하는 것이 나의 책임이라는 것이 분명해졌다." 이후 그는 부흥사로서 전국을 다니며 열정적으로 복음을 전파했습니다. 그가 가는 곳마다 성령의 불이 임했다는 기록이 전해질 정도로, 수많은 사람이 그의 설교를 통해 회개하고 예수님을 영접하는 역사가 일어났습니다. 독립운동에도 적극적으로 참여하여 교회와 학교를 세워 동포들의 신앙과 삶을 세우는 데 힘썼습니다. 이처럼 손정도 목사는 성령의 권능으로 뜨겁게 복음을 전하며 교회와 민족을 위해 삶 전체를 바친 인물이었습니다.

오늘 본문에서 예수님은 성령이 임하시면 권능을 받고 땅 끝까지 이르러 증인이 될 것이라고 말씀하셨습니다. 제자들은 그 말씀을 붙잡고 기도에 전념하여 성령충만을 받아 담대하게 복음을 전했습니다. 성령의 역사는 지금도 계속되고 있습니다. 오늘도 성령으로 충만하여 가정과 직장에서 복음을 전하는 복된 하루가 되기를 소망합니다.

| 일독성경 | 신명기 3-5장, 사도행전 1장 읽음 □

오늘의 찬송

불길 같은 주 성령

새찬송가 184장(통 173)

1. 불길 같은 주 성령 간구하는 우리게 지금 강림하셔서 영광 보여주소서
2. 주의 제단 불 위에 우리 몸과 영혼과 우리 가진 모든 것 지금 바치옵니다
3. 모든 것 다 바치고 비고 빈 내 마음에 성령충만하도록 주여 채워주소서
4. 구속하신 주께서 약속하신 성령을 믿고 간구하오니 지금 내려주소서

후렴 성령이여 임하사 우리 영의 소원을 만족하게 하소서
기다리는 우리게 불로 불로 충만하게 하소서 아멘

질문

나는 언제 처음으로 성령 체험을 했나요? 성령충만한 삶을 살기 위해서 '하지 말아야 할 일'과 '해야 할 일'을 한 가지씩 적어보고 실천해보세요.

나의 감사

오늘 하루, 감사할 것들을 적어보세요.

| 기도 | 하나님 아버지, 오직 성령의 충만함을 받아 복음 전파의 사명을 능력있게 감당하게 하옵소서. 예수 그리스도의 이름으로 기도합니다. 아멘.

MAR **03.04** 수요일

함께 있는 공동체

사도행전 2:43-47 사람마다 두려워하는데 사도들로 말미암아 기사와 표적이 많이 나타나니 믿는 사람이 다 함께 있어 모든 물건을 서로 통용하고 또 재산과 소유를 팔아 각 사람의 필요를 따라 나눠 주며 날마다 마음을 같이하여 성전에 모이기를 힘쓰고 집에서 떡을 떼며 기쁨과 순전한 마음으로 음식을 먹고 하나님을 찬미하며 또 온 백성에게 칭송을 받으니 주께서 구원 받는 사람을 날마다 더하게 하시니라

이재영 장로는 가장 낮은 자리에서 이웃을 섬기는 삶을 살고 있습니다. 그가 세운 '오두막공동체'는 출소자, 알코올 중독자, 지적장애인 등 사회적으로 소외된 이들이 새로운 삶을 시작할 수 있도록 돕는 사역을 합니다. 처음에는 많은 이들이 그의 돌봄을 당연하게 여겼지만, 시간이 지나면서 그들은 공동체 안에서 하나님의 사랑을 경험하고, 자신도 다른 사람을 섬기는 존재로 성장해 갔습니다. 이재영 장로는 이렇게 말합니다. "함께 어우러지면 쓸모없는 파편은 없다. 세상 사람들은 무능하고 병들고 장애가 있으면 유능한 사람들이 던져주는 거나 얻어먹는 부스러기 같은 존재로 보아 비참하게 만들지만 어떤 조각도 빼내지 않고 조화롭게 하나가 된 게 그리스도의 몸이다."

초대교회 성도들은 자신의 소유를 나누고 마음을 같이하여 기쁨과 순전함으로 하나님을 예배했습니다. 하나님은 이러한 사랑의 공동체에 구원받는 사람을 날마다 더해 주셨습니다. 우리 또한 마음으로 하나 되어 사랑으로 서로를 품고 하나님이 기뻐하시는 공동체를 세워가야 합니다. 오늘 하루, 우리가 속한 공동체가 누군가에게 쉼과 위로가 되고, 하나님의 사랑을 전하는 따뜻한 자리가 되기를 소망합니다.

| 일독성경 | 신명기 6-7장, 사도행전 2-3장 읽음 □

오늘의 찬송

하나님 사랑은

새찬송가 299장(통 418)

1. 하나님 사랑은 온전한 참사랑 내 맘에 부어주시사 충만케 하소서
2. 내 주님 참사랑 햇빛과 같으니 그 사랑 내게 비추사 뜨겁게 하소서
3. 그 사랑 앞에는 풍파도 그치며 어두운 밤도 환하니 그 힘이 크도다
4. 하나님 사랑은 온전한 참사랑 내 맘과 영에 채우사 새 힘을 주소서 아멘

질문

나는 어떤 공동체에 속해 있나요? 그 공동체에 하나님의 나라가 이루어지기 위해 할 수 있는 구체적인 일 한 가지를 적어보세요.

나의 감사

오늘 하루, 감사할 것들을 적어보세요.

| 기도 | 하나님 아버지, 우리가 속한 공동체가 예수님의 마음으로 하나 되게 하옵소서. 예수 그리스도의 이름으로 기도합니다. 아멘.

광야를 걷게 하신 이유

신명기 8:2-3 네 하나님 야훼께서 이 사십 년 동안에 네게 광야 길을 걷게 하신 것을 기억하라 이는 너를 낮추시며 너를 시험하사 네 마음이 어떠한지 그 명령을 지키는지 지키지 않는지 알려 하심이라 너를 낮추시며 너를 주리게 하시며 또 너도 알지 못하며 네 조상들도 알지 못하던 만나를 네게 먹이신 것은 사람이 떡으로만 사는 것이 아니요 야훼의 입에서 나오는 모든 말씀으로 사는 줄을 네가 알게 하려 하심이니라

한홍 목사의 책 『뷰티풀 광야』에 이런 글이 적혀있습니다. "광야의 궁핍함 속에서 하나님을 굳게 붙잡을 수 있어야, 훗날 젖과 꿀이 흐르는 약속의 땅에 들어가서도 믿음이 흔들리지 않을 수 있다." 430년 동안 애굽에서 종살이하던 이스라엘 백성은 하나님의 은혜로 출애굽을 했습니다. 그들은 곧바로 약속의 땅 가나안에 들어가게 될 줄 알았지만, 그들이 마주한 현실은 하나님의 도우심이 없이는 살아갈 수 없는 척박한 광야였습니다. 오늘 본문은 그 이유를 설명합니다. 하나님은 광야를 통해 그들의 마음을 낮추시고 시험하셔서 사람이 떡으로만 사는 것이 아니라 하나님의 모든 말씀으로 살아야 한다는 진리를 가르치고자 하셨습니다.

우리도 광야 한가운데 혼자 서 있는 듯한 시간을 보낼 때가 있습니다. 아무리 기도해도 응답이 없는 것 같고 고난이 끝없이 계속되는 것처럼 느껴집니다. 그러나 낙심하지 않아도 됩니다. 광야는 하나님이 우리를 내버려두시는 자리가 아니라, 우리를 낮추시고 하나님만 의지하도록 훈련하시는 은혜의 자리입니다. 지금 광야와 같은 시간을 지나고 있다면 오히려 기뻐하세요. 광야가 없으면 가나안도 없습니다. 믿음의 시련과 연단이 끝나는 날, 하나님은 반드시 우리를 젖과 꿀이 흐르는 약속의 땅으로 인도하실 것입니다.

| 일독성경 | 신명기 8-10장, 사도행전 4장 읽음 □

오늘의 찬송

오 신실하신 주

새찬송가 393장(통 447)

1. 오 신실하신 주 내 아버지여 늘 함께 계시니 두렴 없네
그 사랑 변찮고 날 지키시며 어제나 오늘이 한결같네
2. 봄철과 또 여름 가을과 겨울 해와 달 별들도 다 주의 것
만물이 주 영광 드러내도다 신실한 주 사랑 나타내네
3. 내 죄를 사하여 안위하시고 주 친히 오셔서 인도하네
오늘의 힘 되고 내일의 소망 주만이 만복을 내리시네

후렴 오 신실하신 주 오 신실하신 주 날마다 자비를 베푸시며
일용할 모든 것 내려주시니 오 신실하신 주 나의 구주

질문

내 삶에 광야 같던 시간은 언제였나요? 그 시기를 통해 하나님이 내게 가르치신 것은 무엇인지 적어보세요.

나의 감사

오늘 하루, 감사할 것들을 적어보세요.

| 기도 | 하나님 아버지, 광야를 통해 우리의 믿음을 훈련해주시니 감사합니다. 오직 하나님만 의지하며 믿음으로 살아가게 하옵소서. 예수 그리스도의 이름으로 기도합니다. 아멘.

생명의 말씀을 다 전하라

사도행전 5:17-21 대제사장과 그와 함께 있는 사람 즉 사두개인의 당파가 다 마음에 시기가 가득하여 일어나서 사도들을 잡아다가 옥에 가두었더니 주의 사자가 밤에 옥문을 열고 끌어내어 이르되 가서 성전에 서서 이 생명의 말씀을 다 백성에게 말하라 하매 그들이 듣고 새벽에 성전에 들어가서 가르치더니 대제사장과 그와 함께 있는 사람들이 와서 공회와 이스라엘 족속의 원로들을 다 모으고 사람을 옥에 보내어 사도들을 잡아오라 하니

캐나다 토론토 큰빛교회 임현수 원로목사의 이야기입니다. 그는 1995년 북한을 강타한 대홍수를 계기로 인도적 대북 지원을 시작했습니다. 150여 차례 북한을 방문하며 20년간 총 550억 규모의 지원을 펼쳐서 북한 당국으로부터 한때 최고 귀빈 대우를 받기도 했습니다. 그러나 2015년 1월 27일, 북한 당국에 의해 국가 전복 음모 혐의로 체포되어 무기 노동 교화형을 선고받고 억류되었습니다. 감옥에 갇힌 첫날 그는 하나님이 자신을 북한 정권의 손에서 구해주시는 꿈을 꾸었습니다. 그 약속을 붙잡고 하루하루를 견뎌냈고 마침내 949일 만에 하나님의 은혜로 석방되었습니다. 이후 그는 강연을 다니며 북한의 현실을 알리고 통일을 위한 사역에 힘쓰고 있습니다.

오늘 본문에서도 사도들이 복음을 전하다가 체포되어 감옥에 갇혔습니다. 하지만 하나님은 천사를 보내어 그들을 다시 꺼내시고, 복음 전파의 사명을 계속하게 하셨습니다. 우리도 때로는 감옥과 같은 고난의 자리에 갇힐 때가 있습니다. 그러나 하나님의 부르심으로 사명을 감당하는 자에게 감옥은 끝이 아니라, 오히려 새로운 시작의 자리입니다. 하나님은 그곳에서도 우리에게 말씀하시고 사명을 주십니다. 어떤 상황에서도 낙심하지 말고 성령님과 동행하며 믿음으로 나아갑시다.

| 일독성경 | 신명기 11-12장, 사도행전 5-6장 읽음 □

오늘의 찬송

태산을 넘어 험곡에 가도

새찬송가 445장(통 502)

1. 태산을 넘어 험곡에 가도 빛 가운데로 걸어가면
   주께서 항상 지키시기로 약속한 말씀 변치 않네
2. 캄캄한 밤에 다닐지라도 주께서 나의 길 되시고
   나에게 밝은 빛이 되시니 길 잃어버릴 염려 없네
3. 광명한 그 빛 마음에 받아 찬란한 천국 바라보고
   할렐루야를 힘차게 불러 날마다 빛에 걸어가리

후렴 하늘의 영광 하늘의 영광 나의 맘속에 차고도 넘쳐
할렐루야를 힘차게 불러 영원히 주를 찬양하리

질문

인생의 어려운 문제를 만났을 때 나는 가장 먼저 어떻게 반응하나요? 하나님이 전적으로 역사하셔서 문제의 문이 열린 경험이 있다면 적어보세요.

나의 감사

오늘 하루, 감사할 것들을 적어보세요.

| 기도 | 하나님 아버지, 우리가 인생의 문제 앞에서 낙심하지 말고 하나님만 의지하며 믿음으로 나아가게 하옵소서. 예수 그리스도의 이름으로 기도합니다. 아멘.

MAR **03.07** 토요일

하나님의 목소리를 청종하며

신명기 13:3-4 너는 그 선지자나 꿈 꾸는 자의 말을 청종하지 말라 이는 너희의 하나님 야훼께서 너희가 마음을 다하고 뜻을 다하여 너희의 하나님 야훼를 사랑하는 여부를 알려 하사 너희를 시험하심이니라 너희는 너희의 하나님 야훼를 따르며 그를 경외하며 그의 명령을 지키며 그의 목소리를 청종하며 그를 섬기며 그를 의지하며

믿음의 길을 걷다 보면 누구나 한 번쯤은 흔들리는 순간을 경험하게 됩니다. 20세기를 대표하는 복음 전도자 중 한 명인 빌리 그레이엄 목사도 예외는 아니었습니다. 젊은 시절, 그는 자유주의 신학이 널리 확산되던 시기에 성경의 무오성과 권위에 대해 혼란을 겪었습니다. 하지만 어느 집회 중, 그는 하나님께 간절히 기도드린 끝에 한 가지 결단을 내립니다. "나는 하나님의 말씀을 절대적으로 신뢰하겠다." 그 순간부터 그는 성경을 단순한 종교 경전이 아닌, 살아 역사하시는 하나님의 말씀으로 받아들였고, 그 결단은 그의 삶을 바꾸는 전환점이 되었습니다. 이후 그는 전 세계 180여 개국에서 약 2억 명에게 복음을 전하는 하나님의 도구로 쓰임 받게 되었습니다.

오늘 본문에서 모세는 약속의 땅에 들어가기 전에 이스라엘 백성에게 분명한 삶의 기준을 제시합니다. 그들이 따라야 할 것은 선지자나 꿈꾸는 자의 말이 아니라 야훼의 명령, 곧 하나님의 말씀입니다. 오늘날 우리도 수많은 정보와 말들 속에 살아갑니다. 아무리 사람의 말이 지혜롭고 감동적으로 들릴지라도, 그 말이 하나님의 말씀과 다르다면 우리는 망설임 없이 말씀을 선택해야 합니다. 오늘도 하나님의 말씀을 신뢰하며 순종의 길을 걷는 하루가 되길 소망합니다.

| 일독성경 | 신명기 13-15장, 사도행전 7장 읽음 □

오늘의 찬송

예수 따라가며

새찬송가 449장(통 377)

1. 예수 따라가며 복음 순종하면 우리 행할 길 환하겠네
   주를 의지하며 순종하는 자를 주가 늘 함께하시리라
2. 해를 당하거나 우리 고생할 때 주가 위로해 주시겠네
   주를 의지하며 순종하는 자를 주가 안위해주시리라
3. 남의 짐을 지고 슬픔 위로하면 주가 상급을 주시겠네
   주를 의지하며 순종하는 자를 항상 복 내려주시리라
4. 우리 받은 것을 주께 다 드리면 우리 기쁨이 넘치겠네
   주를 의지하며 순종하는 자를 은혜 풍성케 하시리라
5. 주를 힘입어서 말씀 잘 배우고 주를 모시고 살아가세
   주를 의지하며 항상 순종하면 주가 사랑해주시리라

후렴 의지하고 순종하는 길은 예수 안에 즐겁고 복된 길이로다

질문

내 생각과 감정이 하나님의 말씀과 반대될 때 나는 어떻게 행동하고 있나요? 하나님의 말씀을 따르기 위한 나의 결단을 적어보고 실천해 보세요.

나의 감사

오늘 하루, 감사할 것들을 적어보세요.

| 기도 | 하나님 아버지, 사람의 말이 아닌 오직 하나님의 말씀을 듣고 순종하며 살아가게 하옵소서. 예수 그리스도의 이름으로 기도합니다. 아멘.

축복의 통로

사도행전 8:1-5 사울은 그가 죽임 당함을 마땅히 여기더라 그 날에 예루살렘에 있는 교회에 큰 박해가 있어 사도 외에는 다 유대와 사마리아 모든 땅으로 흩어지니라 경건한 사람들이 스데반을 장사하고 위하여 크게 울더라 사울이 교회를 잔멸할새 각 집에 들어가 남녀를 끌어다가 옥에 넘기니라 그 흩어진 사람들이 두루 다니며 복음의 말씀을 전할새 빌립이 사마리아 성에 내려가 그리스도를 백성에게 전파하니

렉스는 캘리포니아에서 시각장애와 자폐증을 동시에 안고 태어났습니다. 당연히 의사소통은 거의 불가능했고, 비정상적인 행동을 보이며 복합 장애 진단을 받았습니다. 그러나 그의 어머니 루이스는 포기하지 않고 날마다 눈물로 기도했습니다. 그러던 중 그녀의 마음에 하나님의 말씀이 들려왔습니다. "보는 것으로 행하지 말고 믿음으로 행하라." 그때부터 그녀는 믿음의 눈으로 렉스를 바라보기 시작했고, 마침내 놀라운 기적이 일어났습니다. 어느 날 렉스가 라디오에서 나오던 「환희의 송가」를 듣고 피아노로 똑같이 연주한 것입니다. 그는 음악적 천재성을 인정받아 정식으로 피아노를 배우게 되었고, 다리에 힘이 생겨 걷게 되었으며, 음악을 통해 언어장애도 극복해 나갔습니다. 이후 렉스는 CBS 다큐멘터리에 출연해 수많은 이들에게 감동과 희망을 전했습니다.

오늘 본문은 스데반의 순교 이후 예루살렘교회에 큰 박해가 일어난 장면입니다. 성도들은 박해로 인해 뿔뿔이 흩어졌지만, 그 흩어짐이 오히려 복음이 확장되는 계기가 되었습니다. 우리의 삶에도 원치 않는 고난이 찾아옵니다. 그러나 하나님은 그런 상황조차도 사용하셔서 선하신 뜻을 이루십니다. 오늘도 하나님이 행하실 일을 기대하며 믿음으로 전진하는 우리가 되기를 소망합니다.

| 일독성경 | 신명기 16-17장, 사도행전 8-9장 읽음 □

오늘의 찬송

이 눈에 아무 증거 아니 뵈어도

새찬송가 545장(통 344)

1. 이 눈에 아무 증거 아니 뵈어도 믿음만을 가지고서 늘 걸으며
   이 귀에 아무 소리 아니 들려도 하나님의 약속 위에 서리라
2. 이 눈이 보기에는 어떠하든지 이미 얻은 증거대로 늘 믿으며
   이 맘에 의심 없이 살아갈 때에 우리 소원 주 안에서 이루리
3. 주님의 거룩함을 두고 맹세한 주 하나님 아버지는 참 미쁘다
   그 귀한 모든 약속 믿는 자에게 능치 못할 무슨 일이 있을까

후렴 걸어가세 믿음 위에 서서 나가세 나가세 의심 버리고
걸어가세 믿음 위에 서서 눈과 귀에 아무 증거 없어도

질문

현재 나는 어떤 어려움을 겪고 있나요? 나의 삶에 다가온 어려움이 결국 선으로 바뀔 것을 믿고 하나님께 감사의 고백을 적어보세요.

나의 감사

오늘 하루, 감사할 것들을 적어보세요.

| 기도 | 하나님 아버지, 고난 속에서 절망하는 것이 아니라 오히려 고난을 통해 하나님이 행하실 놀라운 계획을 소망하게 하옵소서. 예수 그리스도의 이름으로 기도합니다. 아멘.

하나님의 기업

신명기 18:1-5 레위 사람 제사장과 레위의 온 지파는 이스라엘 중에 분깃도 없고 기업도 없을지니 그들은 야훼의 화제물과 그 기업을 먹을 것이라 그들이 그들의 형제 중에서 기업을 가지지 않을 것은 야훼께서 그들의 기업이 되심이니 그들에게 말씀하심 같으니라 … 이는 네 하나님 야훼께서 네 모든 지파 중에서 그를 택하여 내시고 그와 그의 자손에게 항상 야훼의 이름으로 서서 섬기게 하셨음이니라

미국 공예품 소매 기업 '하비 로비'의 창립자 데이비드 그린의 이야기입니다. 1970년, 그는 차고에서 작은 액자 틀을 만들며 사업을 시작했습니다. 2년 후 첫 매장을 열었고 누구보다 열심히 일했습니다. 그러나 사업이 성장하면서 '내가 성공한 건 내 능력 덕분'이라는 교만에 빠졌습니다. 그러던 1985년, 석유 산업 침체로 경제 위기가 닥쳤고 은행으로부터 폐업 통보를 받게 되자 그는 절망 속에서 기도했습니다. 그때 성령님이 말씀하셨습니다. "네가 그렇게 똑똑하면 나 없이 해보아라." 비로소 그는 '모든 것은 하나님의 것이고 자신은 단지 청지기일 뿐'임을 깨달았습니다. 이후 그는 하나님을 기업의 주인으로 모시고 청지기의 자세로 경영에 임했습니다. 현재 하비 로비는 1,100개 이상의 매장과 연 매출 80억 달러를 기록하는 대기업이 되었지만, 그는 여전히 모든 것이 하나님께 속한 것이라고 겸손히 고백합니다.

오늘 본문에서 레위 지파는 땅과 재산 대신 하나님 자신을 기업으로 받았습니다. 하나님이 기업이 된다는 것은 소유보다 사명을, 내 것보다 주님의 뜻을 우선하는 삶입니다. 우리의 시간과 재물, 재능은 모두 하나님이 맡기신 것입니다. 주인이 아니라 청지기로서, 모든 것을 주님의 영광을 위해 충성스럽게 사용하길 소망합니다.

| 일독성경 | 신명기 18-20장, 사도행전 10장 읽음 □

오늘의 찬송

나의 영원하신 기업

새찬송가 435장(통 492)

1. 나의 영원하신 기업 생명보다 귀하다 나의 갈 길 다가도록 나와 동행하소서
2. 세상 부귀 안일함과 모든 명예버리고 험한 길을 가는 동안 나와 동행하소서
3. 어둔 골짝 지나가며 험한 바다 건너서 천국 문에 이르도록 나와 동행하소서

후렴 주께로 가까이 주께로 가오니 나의 갈 길 다가도록 나와 동행하소서

질문

하나님이 나의 기업이 되신다면, 오늘 내가 내려놓아야 할 '내 것'은 무엇인지 적어보세요.

나의 감사

오늘 하루, 감사할 것들을 적어보세요.

| 기도 | 하나님 아버지, 주님의 뜻을 따라 맡겨진 것을 잘 관리하는 충성된 청지기로 살아가게 하옵소서. 예수 그리스도의 이름으로 기도합니다. 아멘.

주의 손이 그들과 함께하시매

사도행전 11:19-21 그 때에 스데반의 일로 일어난 환난으로 말미암아 흩어진 자들이 베니게와 구브로와 안디옥까지 이르러 유대인에게만 말씀을 전하는데 그 중에 구브로와 구레네 몇 사람이 안디옥에 이르러 헬라인에게도 말하여 주 예수를 전파하니 주의 손이 그들과 함께 하시매 수많은 사람들이 믿고 주께 돌아오더라

1738년 5월 24일, 존 웨슬리는 런던 올더스게이트 거리에서 열린 한 모임에서 루터의 로마서 주석 서문을 듣다가 마음이 뜨거워지는 성령 체험을 했습니다. 그날 그는 구원의 확신을 얻었고 그의 삶은 완전히 변화되었습니다. 그러나 당시의 교회는 열정적인 그의 설교를 받아들이지 않았고, 결국 그는 강단에서 설교할 수 없게 되었습니다. 교회의 문이 닫히자 웨슬리는 거리로 나가 광부와 농부, 심지어 죄수들에게까지 찾아가 복음을 전하기 시작했습니다. 야외에서 설교할 때 일부 사람들이 그를 조롱하며 반대했지만, 웨슬리는 끝까지 포기하지 않았습니다. 이후 그의 설교 가운데 성령님이 강하게 역사하셔서 수많은 이들이 눈물로 회개하며 삶이 변화되는 놀라운 부흥이 일어났고, 웨슬리의 영향을 받아 감리교단이 설립되었습니다.

오늘 본문에서 스데반의 순교 이후 흩어진 자들 중 구브로와 구레네 출신 몇 사람이 헬라인에게도 복음을 전했습니다. 그때 주님의 손이 그들과 함께하심으로 많은 사람이 믿고 주께로 돌아왔습니다. 이처럼 복음 전파는 어떤 환경이나 박해로 인해 멈춰지지 않습니다. 오늘날 어떤 어려움 속에서도 우리가 성령의 능력을 의지해 담대히 복음을 전할 때 하나님이 동행하시며 놀라운 회복과 부흥을 이루실 것입니다.

| 일독성경 | 신명기 21-22장, 사도행전 11-12장 읽음 □

오늘의 찬송

흑암에 사는 백성들을 보라

새찬송가 499장(통 277)

1. 흑암에 사는 백성들을 보라 수많은 심령 멸망하겠네
그 누가 갈까 주의 복음 들고 생명을 구원하는 곳으로
2. 구원의 문은 넓게 열렸으니 십자가 군병 일어나거라
너희의 힘을 하나로 뭉쳐서 죄악의 쇠사슬을 끊어라
3. 왜 너는 멸망 길을 가려느냐 주 음성 듣고 응답하여라
널 구원하려 예수 죽었으니 생명의 참된 복음 전하라
4. 온 천하 만민 승리의 그날에 영광과 찬송 주께 드리네
속죄함 입어 구원받았으니 기쁘게 할렐루야 부르세

후렴 큰 권세 주께 있으니 큰 권세 주께 있으니
너는 가서 주의 복음 전하라 주가 너 항상 지키리라

질문

우리 주변에 아직도 복음을 듣지 못했거나 복음을 듣고도 반응하지 않는 사람은 누구인가요? 그 사람을 떠올리며 마음을 담아 기도문을 적어보세요.

나의 감사

오늘 하루, 감사할 것들을 적어보세요.

| 기도 | 하나님 아버지, 성령님이 우리와 함께하심을 믿고 담대하게 복음을 전하게 하옵소서. 예수 그리스도의 이름으로 기도합니다. 아멘.

죽음을 이기신 영원한 구원자

사도행전 13:36-39 다윗은 당시에 하나님의 뜻을 따라 섬기다가 잠들어 그 조상들과 함께 묻혀 썩음을 당하였으되 하나님께서 살리신 이는 썩음을 당하지 아니하였나니 그러므로 형제들아 너희가 알 것은 이 사람을 힘입어 죄 사함을 너희에게 전하는 이것이며 또 모세의 율법으로 너희가 의롭다 하심을 얻지 못하던 모든 일에도 이 사람을 힘입어 믿는 자마다 의롭다 하심을 얻는 이것이라

종교개혁가들에게 큰 영향을 미쳤던 성 어거스틴은 젊은 시절 육신의 정욕에 이끌려 방탕한 삶을 살았습니다. 그러던 중 밀라노에서 암브로스 주교의 설교를 듣고 마음의 문이 열렸고, 로마서 13장 13-14절 말씀을 통해 회개의 눈물을 흘리며 예수 그리스도를 영접했습니다. 그 순간부터 그의 삶은 완전히 변화되어 새사람으로 살아갔습니다. 그러던 어느 날, 이전에 어거스틴이 자주 찾던 술집 여인이 길에서 그를 알아보고 다가와 유혹하며 말했습니다. "왜 요즘은 우리 집에 오시지 않나요?" 그러자 어거스틴은 단호하게 대답했습니다. "이제 나는 예전의 어거스틴이 아닙니다. 예전의 어거스틴은 죽었고 나는 새사람이 되었습니다." 이렇듯 복음은 그를 과거의 방탕한 삶에서 벗어나 새로운 삶을 살도록 이끌었습니다.

오늘 본문에서 바울은 하나님의 뜻에 합한 다윗조차 죽어 썩음을 당했지만, 예수님은 죽음을 이기시고 부활하셨다고 선포합니다. 우리는 예수님을 믿음으로 죄사함을 받고 의롭다 하심을 얻었습니다. 그렇습니다. 이것이 복음의 능력입니다. 복음은 단지 죄를 씻는 데서 멈추지 않고 우리를 새롭게 하여 의로운 삶을 살아가게 하는 능력이 있습니다. 오늘도 예수님 안에서 의롭고 거룩하게 살아가는 하루가 되길 소망합니다.

| 일독성경 | 신명기 23-25장, 사도행전 13장 읽음 □

오늘의 찬송

내가 예수 믿고서

새찬송가 421장(통 210)

1. 내가 예수 믿고서 죄 사함 받아 나의 모든 것 다 변했네
   지금 내가 가는 길 천국 길이요 주의 피로 내 죄가 씻겼네
2. 주님 밝은 빛 되사 어둠 헤치니 나의 모든 것 다 변했네
   지금 내가 주 앞에 온전케 됨은 주의 공로를 의지함일세
3. 내게 성령 임하고 그 크신 사랑 나의 맘에 가득 채우며
   모든 공포 내게서 물리치시니 내 맘 항상 주 안에 있겠네

후렴 나의 모든 것 변하고 그 피로 구속받았네
하나님은 나의 구원 되시오니 내게 정죄함 없겠네

질문

복음의 능력으로 변화된 삶을 살아가기 위해 해야 할 일 한 가지를 적어보고 실천해 보세요.

나의 감사

오늘 하루, 감사할 것들을 적어보세요.

| 기도 | 하나님 아버지, 나를 위해 죽으시고 부활하신 예수님을 찬양합니다. 복음의 능력으로 의롭고 거룩하게 살아가게 하옵소서. 예수 그리스도의 이름으로 기도합니다. 아멘.

MAR **03.12** 목요일

하나님의 보배로운 백성

신명기 26:16-19 오늘 네 하나님 야훼께서 이 규례와 법도를 행하라고 네게 명령하시나니 그런즉 너는 마음을 다하고 뜻을 다하여 지켜 행하라 … 오늘 너를 그의 보배로운 백성이 되게 하시고 그의 모든 명령을 지키라 확언하셨느니라 그런즉 야훼께서 너를 그 지으신 모든 민족 위에 뛰어나게 하사 찬송과 명예와 영광을 삼으시고 그가 말씀하신 대로 너를 네 하나님 야훼의 성민이 되게 하시리라

어느 날 한 교수가 강의 중에 지갑에서 20달러 지폐를 꺼내 들고 학생들에게 물었습니다. "이 돈을 갖고 싶은 사람이 있나요?" 그러자 대부분의 학생들이 손을 들었습니다. 교수는 그 지폐를 구기고, 땅에 떨어뜨려 밟고, 들어 올리며 다시 물었습니다. "그래도 갖고 싶은가요?" 학생들은 여전히 손을 들었습니다. 그때 교수가 말했습니다. "이 돈은 구겨지고 더럽혀져도 그 가치는 변하지 않습니다. 인생도 마찬가지입니다. 무슨 일이 일어나든 여러분은 결코 여러분의 가치를 잃지 않습니다." 이 이야기는 우리가 실패하거나 낙심하여 상처를 받고, 때론 죄에 넘어졌을지라도, 하나님의 눈에는 여전히 하나님의 형상으로 지음 받은 존귀하고 보배로운 존재라는 사실을 상기시켜 줍니다.

오늘 본문에서 이스라엘은 율법을 잘 지켜서 하나님의 백성이 된 것이 아닙니다. 하나님이 먼저 그들을 택하시고 '보배로운 백성'으로 삼아주셨습니다. 율법은 은혜의 조건이 아니라 은혜에 대한 응답입니다. 마찬가지로, 우리는 전적인 은혜로 하나님의 자녀가 되었습니다. 때로는 구겨진 삶처럼 느껴질지라도, 나를 귀하게 여기시고 불러주신 하나님의 은혜와 사랑을 기억하며 감사와 순종으로 살아가시길 소망합니다.

| 일독성경 | 신명기 26-27장, 사도행전 14-15장 읽음 □

오늘의 찬송

주 예수 내가 알기 전

새찬송가 90장(통 98)

1. 주 예수 내가 알기 전 날 먼저 사랑했네 그 크신 사랑 나타나 내 영혼 거듭났네
주 내 맘에 늘 계시고 나 주의 안에 있어 저 포도 비유 같으니 참 좋은 나의 친구
2. 내 친구 되신 예수님 날 구원하시려고 그 귀한 몸을 버리사 내 죄를 대속했네
나 주님을 늘 믿으며 그 손을 의지하고 내 몸과 맘을 바쳐서 끝까지 충성하리
3. 내 진실하신 친구여 큰 은혜 내려주사 날 항상 보호하시고 내 방패 되옵소서
그 풍성한 참사랑을 뉘 능히 끊을 쏘냐 날 구원하신 예수는 참 좋은 나의 친구

질문

나는 하나님 앞에서 어떤 사람이라고 생각하나요? 나를 구원해 주신 하나님의 은혜에 대한 감사의 고백을 적어보세요.

나의 감사

오늘 하루, 감사할 것들을 적어보세요.

| 기도 | 하나님 아버지, 하나님의 은혜로 택함 받은 것에 감사하며 하나님께 찬송과 영광을 올려드리는 삶을 살아가게 하옵소서. 예수 그리스도의 이름으로 기도합니다. 아멘.

MAR **03.13** 금요일

순종의 축복

신명기 28:1-6 내가 오늘 네게 명령하는 그의 모든 명령을 지켜 행하면 네 하나님 야훼께서 너를 세계 모든 민족 위에 뛰어나게 하실 것이라 … 성읍에서도 복을 받고 들에서도 복을 받을 것이며 네 몸의 자녀와 네 토지의 소산과 네 짐승의 새끼와 소와 양의 새끼가 복을 받을 것이며 네 광주리와 떡 반죽 그릇이 복을 받을 것이며 네가 들어와도 복을 받고 나가도 복을 받을 것이니라

하나님께 순종하는 일은 때로 손해처럼 느껴집니다. 그러나 우리가 믿음으로 순종하면 하나님은 언제나 넘치는 축복으로 응답해 주십니다. 영국의 설교자 찰스 스펄전 목사의 이야기가 바로 그 예입니다. 그는 고아원을 운영하며 300파운드를 모금했습니다. 그런데 기도하던 중 그 돈을 조지 뮬러 목사에게 전하라는 하나님의 감동을 받았습니다. 자신이 돌보는 고아들을 생각하면 쉽지 않은 결정이었지만, 그는 믿음으로 순종하여 뮬러 목사를 찾아가 돈을 건넸습니다. 놀랍게도 뮬러 목사는 바로 그 금액을 두고 간절히 기도하던 중이었습니다. 며칠 뒤 스펄전 목사가 런던으로 돌아왔을 때 책상 위에는 한 통의 편지가 놓여 있었고, 그 안에는 315파운드가 들어 있었습니다. 하나님이 그의 순종을 보시고 넘치게 응답해 주신 것입니다.

오늘 본문은 이스라엘 백성이 하나님의 말씀에 순종할 때 삶의 모든 영역에 복이 임할 것이라는 약속의 말씀입니다. 때때로 순종이 어리석어 보일지라도, 하나님의 말씀을 따르는 순종은 절대 손해가 아닙니다. 오히려 그것은 하나님의 축복을 받는 열쇠입니다. 날마다 하나님의 음성에 귀 기울이며 말씀에 기쁨으로 순종하시기를 바랍니다. 그 순종 위에 하나님이 넘치는 복을 주실 것입니다.

| 일독성경 | 신명기 28-30장, 사도행전 16장 읽음 □

오늘의 찬송

갈 길을 밝히 보이시니

새찬송가 524장(통 313)

1. 갈 길을 밝히 보이시니 주 앞에 빨리 나갑시다 우리를 찾는 구주 예수 곧 오라 하시네
2. 우리를 오라 하시는 말 기쁘게 듣고 순종하세 구주를 믿기 지체 말고 속속히 나가세
3. 주 오늘 여기 계시오니 다 와서 주의 말씀 듣세 듣기도 하며 생각하니 참진리시로다

후렴 죄악 벗은 우리 영혼은 기뻐 뛰며 주를 보겠네 하늘에 계신 주 예수를 영원히 섬기리

질문

하나님이 말씀하셨는데, 순종하지 못한 일이 있나요? 오늘 내가 순종할 수 있는 하나님의 말씀은 무엇일까요?

나의 감사

오늘 하루, 감사할 것들을 적어보세요.

| 기도 | 하나님 아버지, 오늘도 기쁨으로 하나님의 말씀에 순종하며 하나님이 주시는 축복을 누리게 하옵소서. 예수 그리스도의 이름으로 기도합니다. 아멘.

모든 제자를 굳건하게 하니라

사도행전 18:20-23 여러 사람이 더 오래 있기를 청하되 허락하지 아니하고 작별하여 이르되 만일 하나님의 뜻이면 너희에게 돌아오리라 하고 배를 타고 에베소를 떠나 가이사랴에 상륙하여 올라가 교회의 안부를 물은 후에 안디옥으로 내려가서 얼마 있다가 떠나 갈라디아와 브루기아 땅을 차례로 다니며 모든 제자를 굳건하게 하니라

중국의 비밀 신학교에서 교사로 섬기던 봅 푸는 공산 정권에 의해 체포되었습니다. 그는 신앙의 자유를 허락하지 않는 체제 속에서 수 개월간 감옥에 갇혀 상상할 수 없는 고문을 견뎌야 했습니다. 그런데도 그는 결코 하나님을 부인하지 않았습니다. 오히려 매일같이 작은 목소리로 찬송을 부르며 감방 안에서 하나님을 예배했습니다. 그 믿음의 찬양이 주변 수감자들과 간수들의 마음을 움직였고, 감옥 안은 어느새 작은 예배 공간이 되었습니다. 이후 그는 기적적으로 석방되어 미국으로 망명했고, '차이나 에이드'라는 비영리기구를 설립해 중국의 인권 피해자와 지하 가정교회를 돕는 일에 헌신하고 있습니다. 봅 푸의 삶은 고난 속에서도 흔들리지 않은 믿음이 다른 사람의 신앙을 세우고 공동체를 굳건하게 하는 귀한 사역으로 이어짐을 보여줍니다.

오늘 본문에서 바울은 복음을 전했던 여러 지역을 다시 찾아가 제자들을 격려하고 그들의 믿음을 굳건하게 했습니다. 고난과 위협이 있었던 곳에서도 그는 사명을 끝까지 감당하며 믿음의 사람들을 세워나갔습니다. 우리도 누군가를 세우는 사람으로 부름을 받았습니다. 흔들리지 않는 믿음으로 복음을 전하며 다른 이의 신앙이 굳건해지도록 도울 때, 하나님은 우리를 통해 하나님 나라를 더욱 든든히 세워가실 것입니다.

| 일독성경 | 신명기 31–32장, 사도행전 17–18장 읽음 □

오늘의 찬송

내가 매일 기쁘게

새찬송가 191장(통 427)

1. 내가 매일 기쁘게 순례의 길 행함은 주의 팔이 나를 안보함이요
   내가 주의 큰 복을 받는 참된 비결은 주의 영이 함께함이라
2. 전에 죄에 빠져서 평안함이 없을 때 예수 십자가의 공로 힘입어
   그 발 아래 엎드려 참된 평화 얻음은 주의 영이 함께함이라
3. 나와 동행하시고 모든 염려 아시니 나는 숲의 새와 같이 기쁘다
   내가 기쁜 맘으로 주의 뜻을 행함은 주의 영이 함께함이라
4. 세상 모든 욕망과 나의 모든 정욕은 십자가에 이미 못을 박았네
   어둔 밤이 지나고 무거운 짐 벗으니 주의 영이 함께함이라

후렴 성령이 계시네 할렐루야 함께하시네 좁은 길을 걸으며 밤낮 기뻐하는 것
주의 영이 함께함이라

질문

누군가를 세우는 사명을 감당하기 위해 어떤 마음가짐과 노력이 필요한가요?

나의 감사

오늘 하루, 감사할 것들을 적어보세요.

| 기도 | 하나님 아버지, 바울처럼 어떠한 상황 속에서도 흔들리지 않는 믿음으로 사람을 세우는 사명을 감당하게 하옵소서. 예수 그리스도의 이름으로 기도합니다. 아멘.

예수도 알고 바울도 알거니와

사도행전 19:13-16 어떤 유대인들이 시험 삼아 악귀 들린 자들에게 주 예수의 이름을 불러 말하되 내가 바울이 전파하는 예수를 의지하여 너희에게 명하노라 하더라 유대의 한 제사장 스게와의 일곱 아들도 이 일을 행하더니 악귀가 대답하여 이르되 내가 예수도 알고 바울도 알거니와 너희는 누구냐 하며 악귀 들린 사람이 그들에게 뛰어올라 눌러 이기니 그들이 상하여 벗은 몸으로 그 집에서 도망하는지라

하나님은 바울을 통해 놀라운 일들을 행하셨습니다. 그의 몸에서 나온 손수건과 앞치마를 병든 사람에게 얹기만 해도 병이 떠나고 악귀가 나가는 역사가 일어났습니다. 이는 바울에게 특별한 능력이 있었기 때문이 아니라 그의 믿음과 순종 가운데 역사하신 하나님의 권능 때문이었습니다. 반면, 어떤 유대인들과 스게와의 일곱 아들은 "시험 삼아" 예수님의 이름을 사용했습니다. 그들은 믿음이 없이 자신의 목적을 위해 예수님의 이름을 도구처럼 이용했던 것입니다. 그러자 귀신은 "예수도 알고 바울도 알거니와 너희는 누구냐"라고 조롱하며 그들을 공격하여 상하게 하고 쫓아냈습니다.

예수님의 이름은 마법사의 술법처럼 기계적으로 사용하는 주문이 아닙니다. 오직 믿음을 통해 나타나는 하나님의 권세와 능력입니다. 하나님의 역사는 언제나 믿음을 통해 이루어져 왔으며, 하나님은 지금도 믿음의 사람을 찾고 계십니다. 우리가 진정으로 하나님께 쓰임 받기를 원한다면 형식적인 신앙을 벗어나 환경을 초월하는 절대 긍정의 믿음을 소유해야 합니다. 날마다 말씀과 기도에 힘써 하나님이 기뻐하시는 믿음의 사람이 됩시다. 그럴 때 우리를 통해 예수 그리스도, 그 이름의 능력이 세상 가운데 나타나 하나님의 영광이 드러나게 될 것입니다.

| 일독성경 | 신명기 33-34장, 사도행전 19-20장 읽음 □

오늘의 찬송

주 믿는 사람 일어나

새찬송가 357장(통 397)

1. 주 믿는 사람 일어나 다 힘을 합하여 이 세상 모든 마귀를 다 쳐서 멸하세
저 앞에 오는 적군을 다 싸워 이겨라 주 예수 믿는 힘으로 온 세상 이기네
2. 온 인류 마귀 궤휼로 큰 죄에 빠지니 진리로 띠를 띠고서 늘 기도드리세
참 믿고 의지하면서 겁 없이 나갈 때 주 예수 믿는 힘으로 온 세상 이기네
3. 끝까지 이긴 자에게 흰옷을 입히고 또 영생 복을 주시니 참 기쁜 일일세
이 어둔 세상 지나서 저 천성 가도록 주 예수 믿는 힘으로 온 세상 이기네

후렴 믿음이 이기네 믿음이 이기네 주 예수를 믿음이 온 세상 이기네

질문

예수님의 이름에 능력과 권세가 있다는 걸 믿나요? 믿음의 사람이 되기 위해 오늘 내가 실천할 수 있는 일을 적어보세요.

나의 감사

오늘 하루, 감사할 것들을 적어보세요.

| 기도 | 하나님 아버지, 우리에게 예수님의 이름을 주시니 감사합니다. 예수님 이름의 능력과 권세를 힘입어 날마다 승리하게 하옵소서. 예수 그리스도의 이름으로 기도합니다. 아멘.

믿음의 연합

여호수아 1:12-15 여호수아가 또 르우벤 지파와 갓 지파와 므낫세 반 지파에게 말하여 이르되 … 너희의 형제보다 앞서 건너가서 그들을 돕되 야훼께서 너희를 안식하게 하신 것 같이 너희의 형제도 안식하며 그들도 너희의 하나님 야훼께서 주시는 그 땅을 차지하기까지 하라 그리고 너희는 너희 소유지 곧 야훼의 종 모세가 너희에게 준 요단 이쪽 해 돋는 곳으로 돌아와서 그것을 차지할지니라

기러기 떼는 긴 여정을 떠날 때 하늘을 가로지르며 V자 대형을 이룹니다. 이 대형에는 과학적인 원리가 담겨있습니다. 선두에 선 기러기가 날개를 퍼덕일 때 생기는 상승기류 덕분에 뒤따르는 기러기들은 상대적으로 훨씬 적은 힘으로 날 수 있습니다. 이러한 방식으로 기러기 떼는 전체 에너지 소모량을 최대 70%까지 줄일 수 있다고 합니다. 하지만 맨 앞에서 나는 기러기가 가장 많은 체력을 소모하기 때문에, 기러기들은 일정 시간이 지나면 뒤따르던 기러기와 자리를 바꾸며 교대로 선두에 섭니다. 함께 협력하여 서로 돕는 이러한 기러기의 비행은 우리에게 이기심을 내려놓고 협력하고 배려하며 인내하고 격려할 때 끝까지 함께 날아갈 수 있다는 교훈을 줍니다.

오늘 본문에서 요단 동편에 기업을 받은 르우벤, 갓, 므낫세 반 지파는 안주하지 않고 여호수아의 요청에 기꺼이 응답하여 다른 지파를 돕기 위해 전쟁에 함께 나섰습니다. 그들의 연합은 전쟁을 승리로 이끄는 데 중요한 역할을 했습니다. 이처럼 믿음의 길은 혼자 걷는 길이 아닙니다. 하나님의 약속은 믿음 안에서 함께 연합하고 협력하는 공동체를 통해 이루어집니다. 오늘도 내 곁에서 함께 비행하고 있는 이들을 돌아보며, 서로를 격려하고 힘써 돕는 '믿음의 대열'을 이루어가길 소망합니다.

| 일독성경 | 여호수아 1-3장, 사도행전 21장 읽음 □

오늘의 찬송

허락하신 새 땅에

새찬송가 347장(통 382)

1. 허락하신 새 땅에 들어가려면 맘에 준비 다하여 힘써 일하세
2. 시험 환난 당해도 낙심 말고서 맘에 걱정 버리고 힘써 일하세
3. 앞서가신 예수님 바라보면서 모두 맘을 합하여 힘써 일하세
4. 일할 곳이 아직도 많이 있으니 담대하게 나가서 힘써 일하세

후렴 여호수아 본받아 앞으로 가세 우리 거할 처소는 주님 품일세

질문

나의 믿음의 동역자는 누구인가요? 이스라엘 백성처럼 '믿음의 대열'을 이루기 위해 내가 먼저 배려하고 협력해야 할 일은 무엇인지 적어보세요.

나의 감사

오늘 하루, 감사할 것들을 적어보세요.

| 기도 | 하나님 아버지, 믿음의 사람들과 연합하고 한마음으로 순종하여 하나님의 뜻을 이루게 하옵소서. 예수 그리스도의 이름으로 기도합니다. 아멘.

MAR **03.17** 화요일

기억하고 전수하라

여호수아 4:5-7 그들에게 이르되 요단 가운데로 들어가 너희 하나님 야훼의 궤 앞으로 가서 이스라엘 자손들의 지파 수대로 각기 돌 한 개씩 가져다가 … 너희의 자손들이 물어 이르되 이 돌들은 무슨 뜻이냐 하거든 그들에게 이르기를 요단 물이 야훼의 언약궤 앞에서 끊어졌나니 곧 언약궤가 요단을 건널 때에 요단 물이 끊어졌으므로 이 돌들이 이스라엘 자손에게 영원히 기념이 되리라 하라 하니라

'원수는 물에 새기고 은혜는 돌에 새기라'라는 속담이 있습니다. 하지만 우리는 종종 정작 잊지 말아야 할 은혜는 쉽게 잊어버리고, 오히려 마음에 담아두지 않아도 될 상처는 오랫동안 간직하곤 합니다. 그러나 우리가 반드시 마음에 새기고 잊지 말아야 할 것은 하나님이 우리를 위해 행하신 은혜의 순간들입니다. 오늘 본문에서 하나님은 이스라엘 백성에게 각 지파에서 한 사람씩 택하게 하시고 요단강 가운데 있는 언약궤 앞으로 가서 돌을 가져오게 하셨습니다. 훗날 자손들이 그 돌들의 의미를 물어볼 때, 하나님이 요단강을 멈추게 하시고 이스라엘이 마른 땅으로 건너게 하신 기적을 기억하게 하시기 위함이었습니다. 하나님은 이 놀라운 은혜의 사건을 잊지 말고 다음 세대에 전하라고 명령하셨습니다.

하나님이 우리 삶 가운데 베풀어 주신 은혜는 단지 지나간 과거의 사건이 아니라 영원히 간직해야 할 믿음의 이정표이며, 믿음의 후손들에게 전해야 할 거룩한 유산입니다. 오늘, 우리가 믿음으로 걸어온 모든 여정 속에서 함께하신 하나님께 감사드립시다. 그리고 그 은혜를 우리 자녀와 후손들에게 전함으로써 우리도 은혜의 돌을 전해주는 축복의 통로가 됩시다.

| 일독성경 | 여호수아 4-6장, 사도행전 22장 읽음 □

오늘의 찬송

세상 모든 풍파 너를 흔들어

새찬송가 429장(통 489)

1. 세상 모든 풍파 너를 흔들어 약한 마음 낙심하게 될 때에
   내려주신 주의 복을 세어라 주의 크신 복을 네가 알리라
2. 세상 근심 걱정 너를 누르고 십자가를 등에 지고 나갈 때
   주가 네게 주신 복을 세어라 두렴 없이 항상 찬송하리라
3. 세상 권세 너의 앞길 막을 때 주만 믿고 낙심하지 말아라
   천사들이 너를 보호하리니 염려 없이 앞만 보고 나가라

후렴 받은 복을 세어보아라 크신 복을 네가 알리라
받은 복을 세어보아라 주의 크신 복을 네가 알리라

질문

하나님이 내 삶에 베풀어 주신 은혜를 적어보고, 그 은혜를 자녀와 주변 사람들에게 전해보세요.

나의 감사

오늘 하루, 감사할 것들을 적어보세요.

| 기도 | 하나님 아버지, 모든 것이 주님의 은혜입니다. 나에게 베푸신 은혜를 기억하고 그 은혜를 주변에 전하며 살아가게 하옵소서. 예수 그리스도의 이름으로 기도합니다. 아멘.

MAR **03.18** 수요일

거리낌 없는 삶

사도행전 24:10-16 당신이 여러 해 전부터 이 민족의 재판장 된 것을 내가 알고 내 사건에 대하여 기꺼이 변명하나이다 당신이 아실 수 있는 바와 같이 내가 예루살렘에 예배하러 올라간 지 열이틀밖에 안 되었고 … 하나님께 향한 소망을 나도 가졌으니 곧 의인과 악인의 부활이 있으리라 함이니이다 이것으로 말미암아 나도 하나님과 사람에 대하여 항상 양심에 거리낌이 없기를 힘쓰나이다

일본 가네보 제약회사를 성공으로 이끈 최고 경영 책임자 미타니 야스토 씨의 일화입니다. 1962년, 그는 인사과장으로 근무하던 중 상부로부터 '회사 시설을 종교 행사에 사용하지 말라'는 지시를 받았습니다. 당시 그는 회사가 제공한 사택에서 가정예배를 드리고 있었기에 회사에서 쫓겨날지도 모른다는 두려운 마음에 가정예배를 중단하겠다고 말했습니다. 그 순간 마음속에서 한 음성이 들려왔습니다. "네가 나를 배반하는구나." 그는 이 음성을 듣고 눈물로 회개하며 신앙과 직장을 분리하지 않고 철저히 하나님 중심으로 살아가기로 결심했습니다. 그리고 그 믿음은 결국 그를 회장의 자리까지 오르게 했습니다. 이후 그는 일본 전역을 다니며 복음을 전했고 세계 50개국 3천여 명의 기업인들에게 복음을 전하는 인터내셔널 VIP클럽 회장으로 활동했습니다.

오늘 본문에서 바울은 벨릭스 총독 앞에서 거짓 고발에 직면했지만, 감정에 치우치지 않고 진실을 따라 담대히 자신의 믿음을 밝혔습니다. 바울은 언제나 하나님 앞에서 자신의 양심에 거리낌 없이 살기 위해서 힘써 노력했습니다. 우리도 사람들의 평가보다 하나님의 시선을 의식하며 살아야 합니다. 하나님 앞에서 거룩한 양심을 따라 바르게 살아갈 때 하나님이 우리를 최고의 길로 인도하실 것을 믿습니다.

| 일독성경 | 여호수아 7-8장, 사도행전 23-24장 읽음 □

오늘의 찬송

예수를 나의 구주 삼고

새찬송가 288장(통 204)

1. 예수를 나의 구주 삼고 성령과 피로써 거듭나니
   이 세상에서 내 영혼이 하늘의 영광 누리도다
2. 온전히 주께 맡긴 내 영 사랑의 음성을 듣는 중에
   천사들 왕래하는 것과 하늘의 영광 보리로다
3. 주 안에 기쁨 누림으로 마음의 풍랑이 잔잔하니
   세상과 나는 간곳없고 구속한 주만 보이도다

후렴 이것이 나의 간증이요 이것이 나의 찬송일세
나 사는 동안 끊임없이 구주를 찬송하리로다 아멘

질문

하나님 앞에서 거리낌이 없이 살고 있나요? 하나님 중심으로 살아가기 위해 결단해야 할 일이 무엇인지 적어보세요.

나의 감사

오늘 하루, 감사할 것들을 적어보세요.

| 기도 | 하나님 아버지, 무슨 일을 하든지 하나님 앞에서 거리낌이 없는 삶을 살게 하옵소서. 예수 그리스도의 이름으로 기도합니다. 아멘.

전화위복의 은혜

사도행전 25:10-12 바울이 이르되 내가 가이사의 재판 자리 앞에 섰으니 마땅히 거기서 심문을 받을 것이라 당신도 잘 아시는 바와 같이 내가 유대인들에게 불의를 행한 일이 없나이다 … 나를 고발하는 것이 다 사실이 아니면 아무도 나를 그들에게 내줄 수 없나이다 내가 가이사께 상소하노라 한대 베스도가 배석자들과 상의하고 이르되 네가 가이사에게 상소하였으니 가이사에게 갈 것이라 하니라

1904년, 노르웨이 북서부 해안 도시 올레순에서 대형 화재가 발생했습니다. 도시 전체가 불길에 휩싸이며 집과 건물이 잿더미로 변했고 많은 사람이 한순간에 삶의 터전을 잃었습니다. 그러나 그들은 절망에 머무르지 않고 폐허 위에 다시 일어설 준비를 시작했습니다. 재건 과정에서 단순히 과거의 모습을 복원하는 것을 넘어 새로운 미래를 꿈꾸며 당시 유럽에서 유행했던, 꽃이나 식물 덩굴에서 영감을 받아 장식적인 곡선을 사용하는 '아르누보' 양식을 도입했습니다. 그 결과, 도시는 창의적이고 예술적인 건축으로 다시 태어나 '노르웨이에서 가장 아름다운 도시'라는 찬사를 받게 되었고 수많은 관광객이 찾는 명소로 거듭났습니다. 재앙이 도리어 축복으로 바뀐 것입니다.

오늘 본문에서 바울은 억울한 고발과 불공정한 재판을 받던 중에 로마 황제에게 상소하여 로마로 가게 됩니다. 바울에게는 억울하고 불의한 상황이었지만, 그 길은 하나님의 섭리 속에 있었고 결국 복음이 로마에까지 전파되는 계기가 되었습니다. 우리 또한 하나님을 의지하며 살아갈 때, 때로는 이해되지 않는 상황 속에서도 하나님의 뜻이 이루어지는 것을 경험하게 될 것입니다. 모든 문제를 하나님께 맡기고 믿음으로 행하여 하나님이 이끄시는 더 크고 위대한 인생을 살게 되시기를 소망합니다.

| 일독성경 | 여호수아 9-11장, 사도행전 25장 읽음 □

오늘의 찬송

이 눈에 아무 증거 아니 뵈어도

새찬송가 545장(통 344)

1. 이 눈에 아무 증거 아니 뵈어도 믿음만을 가지고서 늘 걸으며
   이 귀에 아무 소리 아니 들려도 하나님의 약속 위에 서리라
2. 이 눈이 보기에는 어떠하든지 이미 얻은 증거대로 늘 믿으며
   이 맘에 의심 없이 살아갈 때에 우리 소원 주 안에서 이루리
3. 주님의 거룩함을 두고 맹세한 주 하나님 아버지는 참 미쁘다
   그 귀한 모든 약속 믿는 자에게 능치 못할 무슨 일이 있을까

후렴 걸어가세 믿음 위에 서서 나가세 나가세 의심 버리고
걸어가세 믿음 위에 서서 눈과 귀에 아무 증거 없어도

질문

고난 중에도 하나님이 일하고 계심을 믿나요? 그 믿음으로 살아가기 위해 내가 해야 할 일 한 가지를 적어보세요.

나의 감사

오늘 하루, 감사할 것들을 적어보세요.

| 기도 | 하나님 아버지, 나의 인생에 하나님의 뜻이 이루어지고 있음을 믿습니다. 고난 중에도 오직 믿음으로 전진하게 하옵소서. 예수 그리스도의 이름으로 기도합니다. 아멘.

MAR **03.20** 금요일

이 산지를 내게 주소서

여호수아 14:9-12 그 날에 모세가 맹세하여 이르되 네가 내 하나님 야훼께 충성하였은즉 네 발로 밟는 땅은 영원히 너와 네 자손의 기업이 되리라 하였나이다 … 그 날에 야훼께서 말씀하신 이 산지를 지금 내게 주소서 당신도 그 날에 들으셨거니와 그 곳에는 아낙 사람이 있고 그 성읍들은 크고 견고할지라도 야훼께서 나와 함께 하시면 내가 야훼께서 말씀하신 대로 그들을 쫓아내리이다 하니

미국의 저명한 정신의학자 칼 메닝거 박사는 『인간의 마음 무엇이 문제인가?』라는 책에서 이렇게 말합니다. "사람에게 상황보다 더 중요한 것은 그 상황을 바라보는 관점이다." 그는 사람의 마음이 가진 힘이 환경을 뛰어넘을 수 있다고 강조합니다. 같은 현실 속에서도 어떤 이는 절망을 보고 주저앉고, 어떤 이는 가능성을 보고 일어섭니다. 결국 우리의 삶을 결정짓는 것은 '환경'이 아니라 그것을 바라보는 '믿음의 눈'입니다. 오늘 본문에 등장하는 갈렙은 바로 그런 믿음의 눈을 가진 사람이었습니다. 그는 85세였음에도 여호수아에게 하나님이 약속하신 헤브론 땅을 달라고 요청합니다. 그 땅에는 장대한 아낙 자손이 살고 있었고 성읍들은 크고 견고하여 사람들이 두려워하는 지역이었습니다. 그러나 갈렙은 하나님이 주신 말씀을 기준으로 당면한 현실을 바라보았고, 결국 절대 긍정의 고백대로 그 땅을 차지했습니다.

하나님의 말씀을 믿는 사람은 나이가 많아도, 환경이 불리해도 두려워하지 않습니다. 믿음은 눈앞의 문제보다 하나님의 약속이 훨씬 더 크게 보이도록 만듭니다. 어떤 상황에서도 낙심하거나 두려워하지 마세요. 오늘도 하나님은 "이 산지를 내게 주소서."라고 담대히 믿음으로 구하는 자에게 약속의 땅을 허락하십니다.

| 일독성경 | 여호수아 12-14장, 사도행전 26장 읽음 □

오늘의 찬송

주님 약속하신 말씀 위에 서

새찬송가 546장(통 399)

1. 주님 약속하신 말씀 위에 서 영원토록 주를 찬송하리라
   소리 높여 주께 영광 돌리며 약속 믿고 굳게 서리라
2. 주님 약속하신 말씀 위에 서 세상 염려 내게 엄습할 때에
   용감하게 힘써 싸워 이기며 약속 믿고 굳게 서리라
3. 주님 약속하신 말씀 위에 서 영원하신 주의 사랑 힘입고
   성령으로 힘써 싸워 이기며 약속 믿고 굳게 서리라
4. 주님 약속하신 말씀 위에 서 성령 인도하는 대로 행하며
   주님 품에 항상 안식 얻으며 약속 믿고 굳게 서리라

후렴 굳게 서리 영원하신 말씀 위에 굳게 서리 굳게 서리 그 말씀 위에 굳게 서리라

질문

지금 내 앞에 놓인 산지는 무엇인가요? 그 산지를 믿음으로 차지하기 위해 오늘 내가 실천해야 할 믿음의 행동은 무엇인지 적어보세요.

나의 감사

오늘 하루, 감사할 것들을 적어보세요.

| 기도 | 하나님 아버지, 오늘도 우리에게 약속의 말씀을 주셔서 감사합니다. 말씀 위에 굳게 서서 믿음으로 전진하게 하옵소서. 예수 그리스도의 이름으로 기도합니다. 아멘.

샘물도 내게 주소서

여호수아 15:16-19 갈렙이 말하기를 기럇 세벨을 쳐서 그것을 점령하는 자에게는 내가 내 딸 악사를 아내로 주리라 하였더니 갈렙의 아우 그나스의 아들인 옷니엘이 그것을 점령함으로 갈렙이 자기 딸 악사를 그에게 아내로 주었더라 악사가 출가할 때에 그에게 청하여 자기 아버지에게 밭을 구하자 하고 … 나를 네겝 땅으로 보내시오니 샘물도 내게 주소서 하매 갈렙이 윗샘과 아랫샘을 그에게 주었더라

갈렙은 기럇 세벨을 점령하는 자에게 자신의 딸 악사를 아내로 주겠다고 약속했습니다. 이에 갈렙의 아우 그나스의 아들 옷니엘이 그 성을 점령했고, 갈렙은 약속대로 그에게 딸 악사를 주었습니다. 이후 악사는 출가하여 남편과 함께 네겝 땅으로 떠나기 전에 아버지에게 밭과 함께 샘물을 달라고 요청했습니다. 네겝은 유다 땅 남쪽에 있는 건조하고 물이 부족한 지역이었습니다. 악사는 단순히 그 땅만으로는 생활이 어렵다는 것을 알고 있었기에 아버지에게 샘물을 요청한 것입니다. 갈렙은 딸의 요청을 기꺼이 받아들여 아랫샘과 함께 윗샘도 주었습니다.

동서고금을 막론하고 부모는 자녀에게 좋은 것을 주고 싶어 합니다. 하나님도 마찬가지입니다. 하나님은 우리가 무슨 공로가 있어서가 아니라, 자녀이기 때문에 우리의 기도를 들으시고 응답하십니다. 하나님은 누구보다 우리의 형편을 잘 아시며 우리의 필요를 채워주시기 원하십니다. 그러므로 우리는 하나님 앞에 우리의 필요를 솔직하게 아뢰고 담대히 구해야 합니다. 욕심이 아니라 삶을 위해 필요한 것이라면 하나님은 결코 그 기도를 외면하지 않으십니다. 오히려 우리가 구하는 것 이상으로 더 풍성하게 응답하시는 좋으신 아버지, 그분이 곧 우리의 하나님이십니다.

| 일독성경 | 여호수아 15-16장, 사도행전 27-28장 읽음 □

오늘의 찬송

은혜 구한 내게 은혜의 주님

새찬송가 441장(통 498)

1. 은혜 구한 내게 은혜의 주님 은사 원한 내게 은사의 주님
   신유 구한 내게 신유의 주님 나의 마음 속에 지금 오셨네
2. 말씀 위에 서서 내 뜻 버리고 감정을 버리고 말씀에 서니
   불완전한 믿음 완전해지고 내가 이제부터 주만 붙드네
3. 나의 모든 욕심 던져버리고 내가 염려하며 계획하던 것
   믿고 기도하며 주께 맡기고 주의 뜻을 따라 살기 원하네
4. 믿음으로 닻을 주께 던지고 끊임없이 주를 찬송하면서
   전엔 나를 위해 일해 왔으나 이젠 주만 위해 힘써 일하리
5. 나의 소망 되는 구주 예수님 이 세상에 다시 강림하겠네
   나의 등불 밝혀 손에 들고서 기쁨으로 주를 맞이하겠네

후렴 나의 생명 되는 내 주 예수님 영원토록 모셔 내 기쁨 넘치네

질문

하나님의 자녀로서 하나님 앞에 담대히 나아가 복을 구하고 있나요? 만약 하나님 앞에 당당히 나아가는 것을 어렵게 만드는 장애물이 있으면 적어보세요.

나의 감사

오늘 하루, 감사할 것들을 적어보세요.

| 기도 | 하나님 아버지, 우리를 자녀 삼아주시니 감사합니다. 하나님의 자녀로서 필요한 것을 담대히 구하며 살아가게 하옵소서. 예수 그리스도의 이름으로 기도합니다. 아멘.

복음의 통로

로마서 1:1-6 예수 그리스도의 종 바울은 사도로 부르심을 받아 하나님의 복음을 위하여 택정함을 입었으니 이 복음은 하나님이 선지자들을 통하여 그의 아들에 관하여 성경에 미리 약속하신 것이라 … 그로 말미암아 우리가 은혜와 사도의 직분을 받아 그의 이름을 위하여 모든 이방인 중에서 믿어 순종하게 하나니 너희도 그들 중에서 예수 그리스도의 것으로 부르심을 받은 자니라

복음은 한 사람의 삶을 송두리째 바꾸는 능력이 있습니다. 일본 선교사 후쿠다 다카시 역시 복음의 능력으로 변화된 사람입니다. 그는 하나님의 부르심에 순종하여 자신의 삶을 하나님께 온전히 드리기로 결단하고, 15년간 필리핀의 깊은 밀림 지역에서 현지인들과 함께 살았습니다. 언어도 문화도 전혀 낯선 환경 속에서도 포기하지 않고 그들의 말로 성경을 번역하며 복음을 전했습니다. 그 결과 수많은 사람이 예수 그리스도를 믿게 되었고 놀라운 변화가 일어났습니다. 그의 삶은 하나님의 부르심을 받은 사람이 얼마나 강력한 복음의 통로가 될 수 있는지를 보여줍니다.

오늘 본문에서 바울은 자신을 '하나님의 복음을 위하여 택정함을 입은 자'라고 소개합니다. 바울이 복음을 위해 부르심을 받은 것처럼, 우리도 복음을 전할 사명이 있습니다. 복음을 전파하는 것은 목회자나 선교사에게만 주어진 것이 아닙니다. 크리스천은 모두 자신이 속한 모든 삶의 자리에서 복음의 통로로 부름을 받았습니다. 오늘도 우리의 말과 행동을 통해 예수 그리스도의 거룩한 이름이 드러나며 복음이 필요한 이들에게 하나님의 구원과 사랑의 은혜가 전해지길 소망합니다.

| 일독성경 | 여호수아 17-19장, 로마서 1장 읽음 □

오늘의 찬송

온 세상 위하여

새찬송가 505장(통 268)

1. 온 세상 위하여 나 복음 전하리 만백성 모두 나와서 주 말씀 들으라
죄 중에 빠져서 헤매는 자들아 주님의 음성 듣고서 너 구원받으라
2. 온 세상 위하여 이 복음 전하리 저 죄인 회개하고서 주 예수 믿으라
이 세상 구하려 주 돌아가신 것 나 증거하지 않으면 그 사랑 모르리
3. 온 세상 위하여 주 은혜 임하니 주 예수 이름 힘입어 이 복음 전하자
먼 곳에 나가서 전하지 못해도 나 어느 곳에 있든지 늘 기도 힘쓰리

후렴 전하고 기도해 매일 증인 되리라 세상 모든 사람 다 듣고 그 사랑 알도록

질문

후쿠다 다카시 선교사의 삶처럼, 오늘 내가 복음을 위해 할 수 있는 일이 무엇인지 적고 실천해 보세요.

나의 감사

오늘 하루, 감사할 것들을 적어보세요.

| 기도 | 하나님 아버지, 주님의 복음을 전하는 통로로 삼아주셔서 감사합니다. 주님을 전할 수 있는 용기를 허락하여 주옵소서. 예수 그리스도의 이름으로 기도합니다. 아멘.

외모를 보지 않으시는 하나님

로마서 2:6-11 하나님께서 각 사람에게 그 행한 대로 보응하시되 참고 선을 행하여 영광과 존귀와 썩지 아니함을 구하는 자에게는 영생으로 하시고 오직 당을 지어 진리를 따르지 아니하고 불의를 따르는 자에게는 진노와 분노로 하시리라 … 선을 행하는 각 사람에게는 영광과 존귀와 평강이 있으리니 먼저는 유대인에게요 그리고 헬라인에게라 이는 하나님께서 외모로 사람을 취하지 아니하심이라

『내가 왕바리새인입니다』의 저자 허운석 선교사는 척박한 아마존 땅에서 수십 년간 헌신하며 학교를 세우고 많은 사람을 섬겼습니다. 선교의 열매는 컸고, 사람들의 존경과 인정도 받았습니다. 그러나 암 진단을 받은 후 지난 삶을 돌아보며 충격적인 사실을 깨달았습니다. 지금까지 자신의 삶을 되돌아보니, 분명 최선을 다해 열심히 살아왔지만, 하나님께 인정받기보다는 사람들에게 인정받는 것이 더 중요했던 순간들이 많았다는 사실이었습니다. 그 열심 속에는 자기 자랑과 능력 과시가 숨어 있었고, 주님의 영광보다는 자신의 영광이 앞서 있었습니다. 병과 고난은 그녀를 순식간에 가장 낮은 자리로 이끌었고, 멸시와 모욕 속에서 그녀는 비로소 '모든 것은 주님의 열심으로 이루어지는 것'임을 배웠습니다. 마지막 3년여의 삶은 애씀의 길에서 맡김의 길로, 자신의 열심에서 주님의 열심으로 옮겨진 참된 회개와 변화의 시간이었습니다.

오늘 본문에서 말하는 "외모"는 단지 겉모습만이 아니라, 종교적 열심과 사람들의 인정을 포함합니다. 하나님은 우리의 외적인 성공이나 헌신의 겉모습이 아닌 우리의 내면을 보고 계십니다. 하나님 앞에서 진리를 행하며 진실하게 살아가는 것, 그것이 참된 영광과 존귀와 평강의 축복으로 이끄는 길입니다.

| 일독성경 | 여호수아 20-22장, 로마서 2장 읽음 □

오늘의 찬송

내가 늘 의지하는 예수

새찬송가 86장(통 86)

1. 내가 늘 의지하는 예수 나의 상처 입은 심령을
불쌍하게 여기사 위로하여주시니 미쁘신 나의 좋은 친구
2. 주의 손 의지하고 살 때 나를 해할 자가 없도다
주님 나의 마음을 크게 위로하시니 미쁘신 나의 좋은 친구
3. 내가 요단강 건너가며 맘이 두려워서 떨 때도
주가 인도하시니 어찌 두려워하랴 미쁘신 나의 좋은 친구
4. 이후 천국에 올라가서 모든 성도들과 다 함께
우리들을 구하신 주를 찬양하리라 미쁘신 나의 좋은 친구

후렴 내가 의지하는 예수 나의 사모하는 친구 나의 기도 들으사
응답하여주시니 미쁘신 나의 좋은 친구

질문

하나님 앞에서 바르게 살기보다 사람에게 잘 보이려고 행동한 적은 없나요? 하나님의 인정을 받으려면 어떤 마음가짐과 행동이 필요할까요?

나의 감사

오늘 하루, 감사할 것들을 적어보세요.

| 기도 | 하나님 아버지, 다른 사람의 평가에 민감하게 반응하기보다 하나님을 의식하며 진실한 삶을 살게 하옵소서. 예수 그리스도의 이름으로 기도합니다. 아멘.

나와 내 집은 야훼를 섬기겠노라

여호수아 24:14-15 그러므로 이제는 야훼를 경외하며 온전함과 진실함으로 그를 섬기라 너희의 조상들이 강 저쪽과 애굽에서 섬기던 신들을 치워 버리고 야훼만 섬기라 만일 야훼를 섬기는 것이 너희에게 좋지 않게 보이거든 너희 조상들이 강 저쪽에서 섬기던 신들이든지 또는 너희가 거주하는 땅에 있는 아모리 족속의 신들이든지 너희가 섬길 자를 오늘 택하라 오직 나와 내 집은 야훼를 섬기겠노라

여호수아는 생의 마지막 순간, 이스라엘 백성을 불러 모아 하나님의 신실하신 인도하심을 상기시키며 그들에게 믿음의 선택을 촉구합니다. 이스라엘 백성이 하나님을 믿는다고 고백하면서도 실제 삶 속에서는 우상숭배에 쉽게 흔들렸기 때문입니다. 그들은 겉으로는 하나님을 섬긴다고 했지만, 마음 깊은 곳에는 여전히 세상의 가치를 더 중요하게 여겼습니다. 이에 여호수아는 단호하게 선언합니다. "너희가 섬길 자를 오늘 택하라 오직 나와 내 집은 야훼를 섬기겠노라!" 이 고백은 어떤 상황에서도 오직 야훼 하나님만을 따르겠다는 여호수아의 확고한 믿음의 결단이었습니다.

오늘 우리도 이 질문에 대답해야 합니다. 우리는 지금 누구를 섬기며 살아가고 있나요? 겉으로는 크리스천이지만, 마음속에는 여전히 돈, 성공, 자존심, 세상의 명예와 권력을 붙들고 있지는 않나요? 하나님보다 더 소중하게 여기는 모든 것이 바로 우상입니다. 신앙은 결국 선택의 문제입니다. 하나님을 따를 것인가, 세상을 따를 것인가. 오늘, 우리도 여호수아처럼 결단을 내려야 합니다. "나는 오직 하나님만을 섬기겠습니다!" 이 고백 위에 하나님은 놀라운 은혜와 평안, 그리고 축복을 부어주실 것입니다. 오늘도 우상을 깨뜨리고 오직 하나님 한 분만을 따르는 하루가 되기를 소망합니다.

| 일독성경 | 여호수아 23-24장, 로마서 3-4장 읽음 □

오늘의 찬송

주 어느 때 다시 오실는지

새찬송가 176장(통 163)

1. 주 어느 때 다시 오실는지 아는 이가 없으니 등 밝히고 너는 깨어있어 주를 반겨 맞으라
2. 주 오늘에 다시 오신다면 부끄러움 없을까 잘하였다 주님 칭찬하며 우리 맞아주실까
3. 주 예수님 맡겨주신 일에 모두 충성 다했나 내 맘속에 확신 넘칠 때에 영원 안식 얻겠네
4. 주 예수님 언제 오실는지 한밤에나 낮에나 늘 깨어서 주님 맞는 성도 주의 영광 보겠네

후렴 주 안에서 우리 몸과 맘이 깨끗하게 되어서
주 예수님 다시 오실 때에 모두 기쁨으로 맞으라

질문

하나님만을 섬기기 위해 내가 오늘 실천해야 할 일 한 가지를 적어보세요.

나의 감사

오늘 하루, 감사할 것들을 적어보세요.

| 기도 | 하나님 아버지, 모든 우상을 버리고 오직 하나님만 섬기며 살아가게 하옵소서. 예수 그리스도의 이름으로 기도합니다. 아멘.

환난 중에도 즐거워하나니

로마서 5:2-5 또한 그로 말미암아 우리가 믿음으로 서 있는 이 은혜에 들어감을 얻었으며 하나님의 영광을 바라고 즐거워하느니라 다만 이뿐 아니라 우리가 환난 중에도 즐거워하나니 이는 환난은 인내를, 인내는 연단을, 연단은 소망을 이루는 줄 앎이로다 소망이 우리를 부끄럽게 하지 아니함은 우리에게 주신 성령으로 말미암아 하나님의 사랑이 우리 마음에 부은 바 됨이니

1861년 3월 4일, 미국의 제16대 대통령인 에이브러햄 링컨의 취임 연설 중 한 대목입니다. "지성, 애국심, 기독교 신앙, 그리고 이 복된 땅을 결코 저버리신 적 없는 하나님에 대한 굳건한 신뢰는, 우리가 당면한 모든 어려움을 가장 좋은 방법으로 해결할 수 있는 충분한 능력이 됩니다." 그의 말처럼 하나님이 우리와 함께하신다는 확신과 믿음은 어떤 어려움도 견뎌내고, 어떤 고난도 이겨낼 수 있는 힘이 됩니다.

오늘 본문을 통해 바울은 "믿음으로 구원을 받은 우리는 환난 중에도 즐거워할 수 있다."라고 고백합니다. 우리가 당하는 환난은 우리를 인내하게 하고, 그 인내는 우리를 연단하여 성숙한 믿음의 사람이 되게 하며, 결국 그 연단은 마침내 소망을 이루게 만듭니다. 우리가 보이지 않는 소망이 반드시 이루어질 것을 확신하는 이유는 하나님이 성령님을 통해 우리 마음에 부어주신 하나님의 사랑 때문입니다. 크리스천은 우리를 위해 독생자 예수 그리스도를 내어주신 하나님의 사랑을 이미 알고 있습니다. 그 사랑을 믿기에 우리는 어떤 고난이 찾아와도 인내할 수 있고 기뻐할 수 있습니다. 마침내 하나님의 사랑으로 우리의 소망은 이루어질 것입니다. 오늘 하루도 하나님의 사랑을 깊이 묵상하며 주님의 은혜 안에서 믿음으로 살아가시기를 소망합니다.

| 일독성경 | 사사기 1-3장, 로마서 5장 읽음 □

오늘의 찬송

주 믿는 사람 일어나

새찬송가 357장(통 397)

1. 주 믿는 사람 일어나 다 힘을 합하여 이 세상 모든 마귀를 다 쳐서 멸하세
   저 앞에 오는 적군을 다 싸워 이겨라 주 예수 믿는 힘으로 온 세상 이기네
2. 온 인류 마귀 궤휼로 큰 죄에 빠지니 진리로 띠를 띠고서 늘 기도드리세
   참 믿고 의지하면서 겁 없이 나갈 때 주 예수 믿는 힘으로 온 세상 이기네
3. 끝까지 이긴 자에게 흰옷을 입히고 또 영생 복을 주시니 참 기쁜 일일세
   이 어둔 세상 지나서 저 천성 가도록 주 예수 믿는 힘으로 온 세상 이기네

후렴 믿음이 이기네 믿음이 이기네 주 예수를 믿음이 온 세상 이기네

질문

나는 지금 어떤 어려움 가운데 있나요? 그 상황에서도 기뻐할 수 있는 이유가 무엇인지 적어보세요.

나의 감사

오늘 하루, 감사할 것들을 적어보세요.

| 기도 | 하나님 아버지, 환난 가운데서도 하나님의 사랑에 감격하며 믿음으로 살아 갈 수 있도록 도와주옵소서. 예수 그리스도의 이름으로 기도합니다. 아멘.

예수님과 연합한 사람

로마서 6:4-6 그러므로 우리가 그의 죽으심과 합하여 침례를 받음으로 그와 함께 장사되었나니 … 새 생명 가운데서 행하게 하려 함이라 만일 우리가 그의 죽으심과 같은 모양으로 연합한 자가 되었으면 또한 그의 부활과 같은 모양으로 연합한 자도 되리라 우리가 알거니와 우리의 옛 사람이 예수와 함께 십자가에 못 박힌 것은 죄의 몸이 죽어 다시는 우리가 죄에게 종 노릇 하지 아니하려 함이니

톰 스키너는 한때 미국 뉴욕에서 악명 높은 갱단의 두목이었습니다. 사실 그는 목회자의 가정에서 성장했지만, 안타깝게도 폭력과 범죄를 일삼으며 하나님과는 무관한 삶을 살았습니다. 그러던 어느 날, 우연히 라디오 방송에서 흘러나오는 무디 목사의 설교를 듣고 그의 인생은 완전히 달라졌습니다. 예수님이 자신과 같은 죄인을 위해 오셨다는 사실을 깨닫게 된 것입니다. 이후 그는 예수님을 영접하고 변화된 삶을 살았습니다. 그러던 중, 과거 갱단 시절에 함께 활동했던 동료가 찾아와 그를 아무 이유 없이 폭행했습니다. 예전 같으면 분명히 보복했을 텐데, 그는 예수님 안에서 자신이 죄에 대하여 이미 죽었다는 말씀을 기억하며 그를 용서했습니다. 그의 행동은 폭행을 가한 사람은 물론, 그 장면을 지켜본 모든 이들에게 큰 감동을 주었습니다.

바울은 우리가 예수님의 죽으심과 연합했기에 더 이상 죄의 지배 아래 있지 않다고 선언합니다. 옛 사람은 이미 십자가에 못 박혔고, 우리는 이제 새로운 생명 가운데 의롭게 살아가는 존재입니다. 십자가의 복음은 단지 죄 사함에 그치는 것이 아니라 우리의 삶을 변화시키는 하나님의 능력입니다. 오늘도 예수님 안에서 새롭게 변화된 존재임을 기억하고, 죄의 길이 아닌 의의 길을 선택하며 살아가시기를 소망합니다.

| 일독성경 | 사사기 4-6장, 로마서 6장 읽음 □

오늘의 찬송

구주와 함께 나 죽었으니

새찬송가 407장(통 465)

1. 구주와 함께 나 죽었으니 구주와 함께 나 살았도다
영광의 그날에 이르도록 언제나 주만 바라봅니다
2. 맘속에 시험을 받을 때와 무거운 근심이 있을 때에
주께서 그때도 같이하사 언제나 나를 도와주시네
3. 뼈아픈 눈물을 흘릴 때와 쓰라린 맘으로 탄식할 때
주께서 그때도 같이하사 언제나 나를 생각하시네
4. 내 몸의 약함을 아시는 주 못 고칠 질병이 아주 없네
괴로운 날이나 기쁜 때나 언제나 나와 함께 계시네

후렴 언제나 주는 날 사랑하사 언제나 새생명 주시나니
영광의 그날에 이르도록 언제나 주만 바라봅니다 아멘

질문

나는 예수님과 연합하여 살고 있나요? 자기 중심적인 옛 사람에서 벗어나 새생명 가운데 살아가기 위해 무엇을 해야 할지 적어보세요.

나의 감사

오늘 하루, 감사할 것들을 적어보세요.

| 기도 | 하나님 아버지, 나를 위해 십자가를 지신 예수님께 감사드립니다. 죄의 길이 아닌 의의 길을 선택하며 살아가게 하옵소서. 예수 그리스도의 이름으로 기도합니다. 아멘.

믿음의 역사

사사기 7:13-14 어떤 사람이 그의 친구에게 꿈을 말하여 이르기를 보라 내가 한 꿈을 꾸었는데 꿈에 보리떡 한 덩어리가 미디안 진영으로 굴러 들어와 한 장막에 이르러 그것을 쳐서 무너뜨려 위쪽으로 엎으니 그 장막이 쓰러지더라 그의 친구가 대답하여 이르되 이는 다른 것이 아니라 이스라엘 사람 요아스의 아들 기드온의 칼이라 하나님이 미디안과 그 모든 진영을 그의 손에 넘겨 주셨느니라 하더라

바위틈을 비집고 자란 나무를 본 적이 있나요? 한 알의 씨앗은 흙도 공간도 부족한 척박한 환경 속에서도 조용히 뿌리를 내립니다. 좁고 거친 바위틈에서도 생명력 있는 씨앗은 자리를 잡고 자라납니다. 마침내 그 씨앗은 바위를 갈라내고 큰 나무로 성장합니다. 믿음도 이와 같습니다. 때때로 상황은 불가능하고 비현실적으로 보일 때가 있지만, 주님이 주신 살아있는 믿음은 우리의 말과 생각과 행동을 변화시켜 결국 모든 상황을 역전시킵니다. 우리의 믿음은 절대 보잘것없지 않으며, 하나님은 한 알의 씨앗과 같은 작은 믿음을 통해 크고 놀라운 역사를 이루십니다. 예수님도 말씀하셨습니다. "만일 너희에게 믿음이 겨자씨 한 알 만큼만 있어도 이 산을 명하여 여기서 저기로 옮겨지라 하면 옮겨질 것이요 또 너희가 못할 것이 없으리라"(마 17:20).

오늘 본문에서 하나님은 보잘것없는 "보리떡 한 덩어리" 같은 기드온을 통해 미디안 대군을 무너뜨리셨습니다. 중요한 것은 우리의 크기가 아니라, 우리와 함께하시는 하나님의 크기입니다. 하나님이 함께하신다면 우리의 부족함은 오히려 그분의 능력을 드러내는 통로가 됩니다. 오늘도 하나님의 손에 붙들린 기드온처럼 담대히 나아가세요. 하나님은 믿음의 사람을 통해 위대한 승리를 이루실 것입니다.

| 일독성경 | 사사기 7-9장, 로마서 7장 읽음 □

오늘의 찬송

내 주 하나님 넓고 큰 은혜는

새찬송가 302장(통 408)

1. 내 주 하나님 넓고 큰 은혜는 저 큰 바다보다 깊다
너 곧 닻줄을 끌러 깊은 데로 저 한가운데 가보라
2. 왜 너 인생은 언제나 거기서 저 큰 바다 물결 보고
그 밑 모르는 깊은 바다 속을 한번 헤아려 안 보나
3. 많은 사람이 얕은 물가에서 저 큰 바다 가려다가
찰싹거리는 작은 파도 보고 마음 약하여 못 가네
4. 자 곧 가거라 이제 곧 가거라 저 큰 은혜 바다 향해
자 곧 네 노를 저어 깊은 데로 가라 망망한 바다로

후렴 언덕을 떠나서 창파에 배 띄워 내 주 예수 은혜의 바다로 네 맘껏 저어가라

질문

삶 속에서 믿음의 뿌리를 굳건하게 내리고 있나요? 절대 긍정의 믿음으로 살아가기 위해 무엇을 결단하고 실천해야 할지 적어보세요.

나의 감사

오늘 하루, 감사할 것들을 적어보세요.

| 기도 | 하나님 아버지, 우리의 약함이 아니라 하나님의 강하심을 의지하여 믿음으로 승리하게 하옵소서. 예수 그리스도의 이름으로 기도합니다. 아멘.

도우시는 성령님

로마서 8:26-27 이와 같이 성령도 우리의 연약함을 도우시나니 우리는 마땅히 기도할 바를 알지 못하나 오직 성령이 말할 수 없는 탄식으로 우리를 위하여 친히 간구하시느니라 마음을 살피시는 이가 성령의 생각을 아시나니 이는 성령이 하나님의 뜻대로 성도를 위하여 간구하심이니라

하나님께 위대하게 쓰임 받았던 바울조차 자신의 힘만으로는 하나님의 뜻대로 살아갈 수 없었습니다. 복음의 진리를 누구보다 잘 알았던 그였지만 자신의 연약함 앞에서 "오호라, 나는 곤고한 자로다!"라며 탄식했습니다. 우리도 마찬가지입니다. 하나님의 뜻에 순종하며 살기 위해 애쓰고 노력하지만 여전히 부족한 자신의 모습을 마주할 때 낙심하게 됩니다. 때로는 감당하기 어려운 고난 앞에서 어떤 기도를 해야 할지 몰라 막막할 때도 있습니다. 그러나 감사한 것은 그런 순간에도 성령님이 함께하신다는 사실입니다. 우리의 연약함을 너무나 잘 아시는 성령님이 말할 수 없는 탄식으로 우리를 위해 대신 간구해 주시기에 우리는 다시 힘을 얻고 일어설 수 있습니다.

우리가 주님을 위해 사는 것은 인간의 힘과 노력으로 되는 것이 아니라 우리 안에 계신 성령님을 얼마나 의지하느냐에 달려 있습니다. 신앙생활은 혼자 외롭게 버티는 싸움이 아니라, 성령님과 동행하는 믿음의 여정입니다. 너무 지쳐서 기도조차 나오지 않을 때도 낙심하지 마시기를 바랍니다. 그러한 순간에도 성령님은 우리를 긍휼히 여기시며 하나님의 뜻대로 우리를 대신하여 간구해 주십니다. 오늘 하루도 도우시는 성령님을 의지하고 그분과 동행하며 하나님의 뜻 안에서 살아가시기를 소망합니다.

| 일독성경 | 사사기 10-11장, 로마서 8-9장 읽음 □

오늘의 찬송

어려운 일 당할 때

새찬송가 543장(통 342)

1. 어려운 일 당할 때 나의 믿음 적으나 의지하는 내 주를 더욱 의지합니다
2. 성령께서 내 마음 밝히 비춰주시니 인도하심 따라서 주만 의지합니다
3. 밝을 때에 노래와 어둘 때에 기도로 위태할 때 도움을 주께 간구합니다
4. 생명 있을 동안에 예수 의지합니다 천국 올라가도록 의지할 것뿐일세

후렴 세월 지나갈수록 의지할 것뿐일세 무슨 일을 당해도 예수 의지합니다

질문

지금 내가 마주하고 있는 문제는 무엇인가요? 그 문제를 성령님께 맡기고 의지하기 위해 실천해야 할 구체적인 한 가지를 적어보세요.

나의 감사

오늘 하루, 감사할 것들을 적어보세요.

| 기도 | 하나님 아버지, 우리의 힘만으로는 부족하다는 것을 깨닫고 날마다 성령님과 동행하여 하나님의 뜻을 이루게 하옵소서. 예수 그리스도의 이름으로 기도합니다. 아멘.

팬인가 제자인가 | 종려주일

마태복음 21:6-9 제자들이 가서 예수께서 명하신 대로 하여 나귀와 나귀 새끼를 끌고 와서 자기들의 겉옷을 그 위에 얹으매 예수께서 그 위에 타시니 무리의 대다수는 그들의 겉옷을 길에 펴고 다른 이들은 나뭇가지를 베어 길에 펴고 앞에서 가고 뒤에서 따르는 무리가 소리 높여 이르되 호산나 다윗의 자손이여 찬송하리로다 주의 이름으로 오시는 이여 가장 높은 곳에서 호산나 하더라

카일 아이들먼 목사는 그의 책『팬인가, 제자인가』에서 이렇게 말합니다. "팬은 '와서 환호하다가 사라져버리는 사람'이며 제자는 '와서 죽고 섬기는 사람'이다." 예수님은 세상과 그분 사이에서 끊임없이 저울질하는 반쪽짜리 신앙에는 관심이 없으십니다. 주님이 살펴보시는 것은 신앙의 연수보다는 헌신의 깊이일 것입니다. 참된 제자는 말씀에 즉시 순종하며 모든 것을 내려놓고 기꺼이 십자가의 길을 따르는 사람입니다.

오늘 본문에서 무리는 예루살렘에 입성하시는 예수님을 보고 "호산나, 다윗의 자손이여!"라며 열렬히 환호했습니다. 하지만 불과 며칠 뒤에는 돌변하여 "예수님을 십자가에 못 박으라!"라고 소리 질렀습니다. 그들의 환호는 감정에 이끌린 일시적인 열광이었습니다. 예수님은 팬을 원하지 않으십니다. 예수님의 관심은 자기를 부인하고 자기 십자가를 지며 끝까지 예수님을 따르는 제자에게 있습니다. 우리는 예수님의 발자취를 따르는 제자인가요? 아니면 기분 좋을 때만 찬양하고 순종하는 척하고, 고난 앞에서는 도망쳐 버리는 팬인가요? 믿음은 감정이 아니라 선택입니다. 오늘은 고난주간이 시작되는 종려주일입니다. 예수님의 고난을 깊이 묵상하며 어떤 상황에서도 변함없이 주님을 따르는 제자의 삶을 결단하는 하루가 되기를 소망합니다.

| 일독성경 | 사사기 12-14장, 로마서 10장 읽음 □

오늘의 찬송

주와 같이 길 가는 것

새찬송가 430장(통 456)

1. 주와 같이 길 가는 것 즐거운 일 아닌가 우리 주님 걸어가신 발자취를 밟겠네
2. 어린아이 같은 우리 미련하고 약하나 주의 손에 이끌리어 생명 길로 가겠네
3. 꽃이 피는 들판이나 험한 골짜기라도 주가 인도하는 대로 주와 같이 가겠네
4. 옛 선지자 에녹같이 우리들도 천국에 들려 올라갈 때까지 주와 같이 걷겠네

후렴 한 걸음 한 걸음 주 예수와 함께 날마다 날마다 우리 걸어가리

질문

나는 팬인가요, 제자인가요? 예수님의 길을 따르는 제자로 살기 위해 결단해야 할 일을 한 가지 적어보세요.

나의 감사

오늘 하루, 감사할 것들을 적어보세요.

| 기도 | 하나님 아버지, 우리를 위해 십자가를 지신 예수님을 찬양합니다. 한평생 주님의 길을 따르는 제자의 삶을 살게 하옵소서. 예수 그리스도의 이름으로 기도합니다. 아멘.

섬김의 본 | 고난주간

요한복음 13:12-15 그들의 발을 씻으신 후에 옷을 입으시고 다시 앉아 그들에게 이르시되 내가 너희에게 행한 것을 너희가 아느냐 너희가 나를 선생이라 또는 주라 하니 너희 말이 옳도다 내가 그러하다 내가 주와 또는 선생이 되어 너희 발을 씻었으니 너희도 서로 발을 씻어 주는 것이 옳으니라 내가 너희에게 행한 것 같이 너희도 행하게 하려 하여 본을 보였노라

사무엘 로건 브렝글은 미국 감리교의 유망한 젊은 목사였습니다. 여러 대형 교회로부터 목회 제의를 받았지만, 그는 구세군 창시자 윌리엄 부스의 사역에 큰 감명을 받아 모든 것을 내려놓고 영국으로 건너갔습니다. 구세군사관학교에 입학한 그에게 부스가 맡긴 첫 임무는 구두 닦기였습니다. 생도들의 흙투성이 구두를 마지못해 닦던 브렝글은 마음속으로 이렇게 생각했습니다. '내가 고작 구두나 닦으려고 3천 마일이나 떨어진 이 먼 곳까지 온 건가?' 그는 낙심하던 중에 한 환상을 보게 되었습니다. 예수님이 제자들의 거칠고 더러운 발을 씻기기 위해 허리를 굽히시는 장면이었습니다. 그는 불평하던 자신이 부끄러워졌습니다. 이후 브렝글은 기꺼이 동료들의 구두를 닦으며 모든 일에 겸손히 임했고, 훗날 구세군 최초의 미국인 사령관이 되었습니다.

예수님은 마지막 만찬 자리에서 제자들의 발을 하나하나 씻기셨습니다. 그중에는 예수님을 배신할 유다도 있었습니다. 그러나 예수님의 섬김에는 어떠한 조건도 차별도 없으며 오직 사랑과 은혜로 가득했습니다. 예수님을 닮고 싶다고 고백하는 우리가 가장 먼저 닮아야 할 모습은 바로 이 섬김의 자세가 아닐까요? 고난주간을 보내며, 주님이 보여주신 섬김의 본을 따라 낮은 자리에서 사랑을 실천하시길 바랍니다.

| 일독성경 | 사사기 15-16장, 로마서 11-12장 읽음 □

오늘의 찬송

주님의 마음을 본받는 자

새찬송가 455장(통 507)

1. 주님의 마음을 본받는 자 그 맘에 평강이 찾아옴은
험악한 세상을 이길 힘이 하늘로부터 임함이로다
2. 주 모습 내 눈에 안 보이며 그 음성 내 귀에 안 들려도
내 영혼 날마다 주를 만나 신령한 말씀 늘 배우도다
3. 가는 길 거칠고 험하여도 내 맘에 불평이 없어짐은
십자가 고난을 이겨내신 주님의 마음 본받음이라
4. 주 예수 세상에 다시 오실 그날엔 뭇 성도 변화하여
주님의 빛나는 그 형상을 다 함께 보며 주 찬양하리

후렴 주님의 마음 본받아 살면서 그 거룩하심 나도 이루리

질문

예수님처럼 발을 씻기는 마음으로 섬겨야 할 사람이 주변에 있나요? 어떻게 그 섬김을 실천할 수 있을지 적어보세요.

나의 감사

오늘 하루, 감사할 것들을 적어보세요.

| 기도 | 하나님 아버지, 섬김의 본을 보여주신 예수님을 기억하며 낮은 자리에서 기꺼이 섬기며 살아가게 하옵소서. 예수 그리스도의 이름으로 기도합니다. 아멘.

내가 너희를 사랑한 것 같이 | 고난주간

요한복음 15:9-14 아버지께서 나를 사랑하신 것 같이 나도 너희를 사랑하였으니 나의 사랑 안에 거하라 내가 아버지의 계명을 지켜 그의 사랑 안에 거하는 것 같이 너희도 내 계명을 지키면 내 사랑 안에 거하리라 … 내 계명은 곧 내가 너희를 사랑한 것 같이 너희도 서로 사랑하라 하는 이것이니라 사람이 친구를 위하여 자기 목숨을 버리면 이보다 더 큰 사랑이 없나니 너희는 내가 명하는 대로 행하면 곧 나의 친구라

인도 동부 오디샤주에서 3대째 목회하는 사티야 랜잔 마지 목사의 이야기입니다. 그는 어린 시절 목사였던 할아버지와 아버지가 과격파 힌두교도들에게 공격을 받고 순교하는 아픔을 겪었습니다. 이후 절대 목사가 되지 않겠다고 다짐했지만, 하나님의 부르심에 순종해 목회의 길을 걸었습니다. 그러던 중 또다시 그의 교회가 힌두교 근본주의자들의 박해를 받아, 사역자 7명과 성도 수십 명이 다치거나 순교하는 비극이 일어났습니다. 그런데도 마지 목사는 미움과 복수를 선택하지 않았습니다. 오히려 박해자들을 초청해 함께 음식을 먹고 교제하며 용서와 화해를 선포했습니다.

오늘 본문에서 십자가를 지시기 전날 밤, 예수님은 제자들에게 서로 사랑하라는 계명을 주셨습니다. 이 사랑의 계명은 "내가 너희를 사랑한 것 같이"라는 말씀에서 시작됩니다. 예수님의 사랑은 사랑받을 만한 자격이 전혀 없는 죄인을 위해 십자가에서 생명을 내어 주신 사랑입니다. 부끄럽게도 우리는 사소한 일에도 쉽게 상처를 받고 다른 사람을 용서하지 못한 채 살아갈 때가 많습니다. 고난주간을 보내며, 십자가에서 피 흘리신 예수님의 사랑을 깊이 묵상해 보세요. 그 크신 사랑을 기억하며 우리도 다른 사람을 용서하고 사랑하는 삶을 살아가길 소망합니다.

| 일독성경 | 사사기 17–18장, 로마서 13장 읽음 □

오늘의 찬송

주의 음성을 내가 들으니

새찬송가 540장(통 219)

1. 주의 음성을 내가 들으니 사랑한단 말일세 믿는 맘으로 주께 가오니 나를 영접하소서
2. 주여 넓으신 은혜 베푸사 나를 받아주시고 나의 품은 뜻 주의 뜻같이 되게 하여주소서
3. 주의 보좌로 나아갈 때에 어찌 아니 기쁠까 주의 얼굴을 항상 뵈오니 더욱 친근합니다
4. 우리 구주의 넓은 사랑을 측량할 자 없으며 주가 주시는 참된 기쁨도 헤아릴 수 없도다

후렴 내가 매일 십자가 앞에 더 가까이 가오니
구세주의 흘린 보배피로써 나를 정케 하소서 아멘

질문

용서하지 못하는 사람이 있나요? 그 사람을 용서할 수 있는 마음을 구하는 기도를 적어보세요.

나의 감사

오늘 하루, 감사할 것들을 적어보세요.

| 기도 | 하나님 아버지, 우리를 위해 독생자 예수님을 보내주셔서 감사합니다. 한평생 주님의 사랑을 실천하며 살아가게 하옵소서. 예수 그리스도의 이름으로 기도합니다. 아멘.

4 APRIL 2026

SUN	MON	TUE	WED
29	30	31	1 고난주간 삿 19-21 □ 롬 14 □
5 부활주일 삼상 4-5 □ 고전 4-5 □	6 삼상 6-8 □ 고전 6 □	7 삼상 9-11 □ 고전 7 □	8 삼상 12-13 □ 고전 8-9 □
12 삼상 21-22 □ 고전 14-15 □	13 삼상 23-25 □ 고전 16 □	14 삼상 26-27 □ 고후 1-2 □	15 삼상 28-29 □ 고후 3-4 □
19 삼하 6-8 □ 고후 10 □	20 삼하 9-10 □ 고후 11-12 □	21 삼하 11-13 □ 고후 13 □	22 삼하 14-15 □ 갈 1-2 □
26 왕상 1-3 □ 갈 6 □	27 왕상 4-5 □ 엡 1-2 □	28 왕상 6-8 □ 엡 3 □	29 왕상 9-11 □ 엡 4 □
3	4	5	6

감사QT 365

일독성경표 & monthly plan

	THU	FRI	SAT	메모
	2 고난주간 룻 1-2 □ 롬 15-16 □	3 고난주간 룻 3-4 □ 고전 1-2 □	4 고난주간 삼상 1-3 □ 고전 3 □	
	9 삼상 14-16 □ 고전 10 □	10 삼상 17-18 □ 고전 11-12 □	11 삼상 19-20 □ 고전 13 □	
	16 삼상 30-31 □ 고후 5-6 □	17 삼하 1-3 □ 고후 7 □	18 삼하 4-5 □ 고후 8-9 □	
	23 삼하 16-18 □ 갈 3 □	24 삼하 19-21 □ 갈 4 □	25 삼하 22-24 □ 갈 5 □	
	30 왕상 12-14 □ 엡 5 □	1	2	
	7	8	9	

APR **04.01** 수요일

고난을 지나 영광으로 | 고난주간

베드로전서 4:13-16 오히려 너희가 그리스도의 고난에 참여하는 것으로 즐거워하라 이는 그의 영광을 나타내실 때에 너희로 즐거워하고 기뻐하게 하려 함이라 너희가 그리스도의 이름으로 치욕을 당하면 복 있는 자로다 영광의 영 곧 하나님의 영이 너희 위에 계심이라 … 만일 그리스도인으로 고난을 받으면 부끄러워하지 말고 도리어 그 이름으로 하나님께 영광을 돌리라

해발고도 약 3,500m 지점을 수목한계선이라고 부릅니다. 수목한계선은 환경이 급격하게 변해서 나무가 제대로 살 수 없다고 합니다. 그런데 이 수목한계선 주변에서 매서운 추위와 바람을 견디며 자라는 나무가 있는데, 바로 가문비나무입니다. 척박한 환경에서 자라난 가문비나무는 조직이 더욱 단단해져서 악기를 만들기 위한 재료로서 최적의 조건을 갖추게 됩니다. 특히 가문비나무는 바이올린의 공명판으로 쓰일 때 깊고 아름다운 울림을 내는 것으로 유명합니다. 독일의 바이올린 제작 장인 마틴 슐레스케는 그의 책 『가문비나무의 노래』에서 이렇게 말했습니다. "수목한계선의 척박한 환경은 나무에게는 고난이지만, 울림에는 축복입니다. 메마른 땅의 고난이 나무를 단단하게 하여 울림의 소명을 감당하게 합니다."

오늘 본문은 고난 가운데 있는 성도들에게 기뻐하라고 권면합니다. 그들이 받는 고난은 신앙을 지키고 불의에 맞서기 위해 받는 고난, 곧 그리스도의 고난에 참여하는 고난이기 때문입니다. 우리도 마찬가지입니다. 때로는 고난이 너무 힘겨워서 마치 고난의 한계선에 서 있는 것처럼 느껴질 때가 있습니다. 그러할 때 다시 오실 주님을 바라보시길 바랍니다. 그날에 우리의 고난은 아름다운 찬양과 영광의 노래로 바뀌게 될 것입니다.

| 일독성경 | 사사기 19-21장, 로마서 14장 읽음 □

오늘의 찬송

거기 너 있었는가

새찬송가 147장(통 136)

1. 거기 너 있었는가 그때에 주님 그 십자가에 달릴 때
오 때로 그 일로 나는 떨려 떨려 떨려 거기 너 있었는가 그때에
2. 거기 너 있었는가 그때에 주님 그 나무 위에 달릴 때
오 때로 그 일로 나는 떨려 떨려 떨려 거기 너 있었는가 그때에
3. 거기 너 있었는가 그때에 해가 그 밝은 빛을 잃을 때
오 때로 그 일로 나는 떨려 떨려 떨려 거기 너 있었는가 그때에
4. 거기 너 있었는가 그때에 주님 그 무덤 속에 뉘일 때
오 때로 그 일로 나는 떨려 떨려 떨려 거기 너 있었는가 그때에
5. 거기 너 있었는가 그때에 주님 그 무덤에서 나올 때
오 때로 그 일로 주께 영광 영광 영광 거기 너 있었는가 그때에

질문

어떤 고난이 그리스도의 고난에 동참하는 고난인가요? 그러한 고난을 겪을 때 우리는 어떻게 이겨낼 수 있을까요?

나의 감사

오늘 하루, 감사할 것들을 적어보세요.

| 기도 | 하나님 아버지, 그리스도의 고난에 동참하는 것을 기쁘게 여기고 주님의 재림을 바라보며 인내할 수 있게 도와주옵소서. 예수 그리스도의 이름으로 기도합니다. 아멘.

APR **04.02** 목요일

하나님 사랑의 확증 | 고난주간

로마서 5:6-9 우리가 아직 연약할 때에 기약대로 그리스도께서 경건하지 않은 자를 위하여 죽으셨도다 … 우리가 아직 죄인 되었을 때에 그리스도께서 우리를 위하여 죽으심으로 하나님께서 우리에 대한 자기의 사랑을 확증하셨느니라 그러면 이제 우리가 그의 피로 말미암아 의롭다 하심을 받았으니 더욱 그로 말미암아 진노하심에서 구원을 받을 것이니

서울 마포구 합정동에 있는 절두산에는 한국을 위해 헌신한 선교사들을 기리는 양화진외국인선교사묘원이 있습니다. 이곳에 가장 먼저 묻힌 이는 존 헤론 선교사입니다. 그는 미국 테네시 의과대학을 최우수 성적으로 졸업한 뒤 모교의 교수로 초빙될 만큼 장래가 촉망되는 인재였습니다. 그러나 그는 안정된 자리와 약속된 성공을 내려놓고, 복음을 들고 조선 땅으로 향했습니다. 제중원의 두 번째 원장이자 고종 황제의 주치의로 섬기는 한편, 진료 가방을 들고 100리 밖 시골까지 걸어가 환자들을 돌보았습니다. 성경 번역과 기독교 출판사 설립에도 힘을 쏟았던 그는 결국 과로와 전염병으로 1890년 7월 26일, 서른넷의 짧은 생을 마감합니다. 그의 묘비에는 "하나님의 아들이 나를 사랑하시고 나를 위하여 자신을 주셨다."라는 거룩한 비문이 새겨있습니다.

오늘 본문은 "그리스도께서 우리를 위하여 죽으심으로" 하나님의 사랑을 "확증"하셨다고 말씀합니다. 십자가는 하나님의 사랑을 보여주는 가장 확실한 증거이며, 그보다 큰 사랑은 없습니다. 예수님은 죽기까지 우리를 사랑하시고, 우리를 위해 모든 것을 내어주셨습니다. 존 헤론 선교사는 이 사랑을 붙잡았기에 자신의 모든 것을 주님께 드릴 수 있었습니다. 그렇다면 오늘 우리는, 주님을 위해 무엇을 내어드릴 수 있을까요?

| 일독성경 | 룻기 1-2장, 로마서 15-16장 읽음 □

오늘의 찬송

내 너를 위하여

새찬송가 311장(통 185)

1. 내 너를 위하여 몸 버려 피 흘려 네 죄를 속하여 살길을 주었다
   널 위해 몸을 주건만 너 무엇 주느냐 널 위해 몸을 주건만 너 무엇 주느냐
2. 아버지 보좌와 그 영광 떠나서 밤 같은 세상에 만백성 구하려
   내 몸을 희생했건만 너 무엇 하느냐 내 몸을 희생했건만 너 무엇 하느냐
3. 죄 중에 빠져서 영 죽을 인생을 구하여주려고 나 피를 흘렸다
   네 죄를 대속했건만 너 무엇 하느냐 네 죄를 대속했건만 너 무엇 하느냐
4. 한없는 용서와 참사랑 가지고 세상에 내려와 값없이 주었다
   이것이 귀중하건만 너 무엇 주느냐 이것이 귀중하건만 너 무엇 주느냐

질문

우리를 위한 하나님의 사랑은 예수님의 희생으로 확증되었습니다. 그렇다면 다른 사람을 위한 우리의 사랑은 무엇으로 증명해 보일 수 있을까요?

나의 감사

오늘 하루, 감사할 것들을 적어보세요.

| 기도 | 하나님 아버지, 독생자 예수님을 십자가에 달려 죽게 하신 그 사랑을 늘 기억하고 감사하게 하옵소서. 예수 그리스도의 이름으로 기도합니다. 아멘.

그가 채찍에 맞음으로 | 성금요일

이사야 53:4-6 그는 실로 우리의 질고를 지고 우리의 슬픔을 당하였거늘 우리는 생각하기를 그는 징벌을 받아 하나님께 맞으며 고난을 당한다 하였노라 그가 찔림은 우리의 허물 때문이요 그가 상함은 우리의 죄악 때문이라 그가 징계를 받으므로 우리는 평화를 누리고 그가 채찍에 맞으므로 우리는 나음을 받았도다 우리는 다 양 같아서 그릇 행하여 각기 제 길로 갔거늘 야훼께서는 우리 모두의 죄악을 그에게 담당시키셨도다

기독교 신앙의 핵심은 십자가입니다. 십자가 고난의 은혜를 깨닫게 될 때 우리는 주님을 더욱 사랑하게 되고 한평생 흔들리지 않는 믿음으로 주님을 섬기게 됩니다. 이사야 선지자는 예수님이 오시기 약 700년 전에 예수님의 십자가 고난에 대해 자세히 예언했습니다. 예수님은 우리 때문에 십자가 고난을 당하셨습니다. 머리에 가시면류관을 쓰시고, 십자가에서 양손과 양발이 못 박히고, 옆구리는 창에 찔려서 물과 피를 다 쏟으심으로 우리의 허물과 죄를 대속하셨습니다. 예수님이 징계를 받으심으로 우리가 평화를 누리고, 채찍에 맞으심으로 우리가 나음을 얻었습니다. 예수님이 십자가 고난과 죽음을 통해 죄와 질병과 사망의 세력을 멸하고 승리하셨습니다.

오늘은 예수님의 십자가 사건을 기리는 성금요일입니다. 예수님의 십자가 고난을 깊이 묵상하며 어떻게 살아야 할지를 결단하는 시간을 갖길 바랍니다. 앤드류 머레이 목사는 그의 책『나를 버려야 예수가 산다』에서 이렇게 말합니다. "나는 십자가에 못 박힌 사람이다. 나는 전적으로 무력하다. 모든 생명의 호흡과 힘이 내 주 예수님으로부터 나와야 한다." 우리도 예수님과 함께 십자가에 못 박혔습니다. 이제는 오직 십자가 능력으로, 예수님의 이름과 보혈의 능력에 힘입어 승리하는 삶을 살기 바랍니다.

| 일독성경 | 룻기 3-4장, 고린도전서 1-2장 읽음 □

오늘의 찬송

예수 나를 위하여

새찬송가 144장(통 144)

1. 예수 나를 위하여 십자가를 질 때 세상 죄를 지시고 고초 당하셨네
2. 십자가를 지심은 무슨 죄가 있나 저 무지한 사람들 메시야 죽였네
3. 피와 같이 붉은 죄 없는 이가 없네 십자가의 공로로 눈과 같이 되네
4. 아름답다 예수여 나의 좋은 친구 예수 공로 아니면 영원 형벌 받네

후렴 예수님 예수님 나의 죄 위하여 보배 피를 흘리니 죄인 받으소서 아멘

질문

예수님과 함께 죽고 예수님과 함께 살아가고 있나요? 십자가의 능력을 의지하여 살아가기 위해 무엇을 결단하고 실천해야 할지 적어보세요.

나의 감사

오늘 하루, 감사할 것들을 적어보세요.

| 기도 | 하나님 아버지, 우리를 위해 십자가에서 고난당하신 예수님의 사랑을 마음에 새기며, 담대히 그 길을 따르게 하옵소서. 예수 그리스도의 이름으로 기도합니다. 아멘.

십자가만 자랑하라 | 고난주간

갈라디아서 6:12-14 무릇 육체의 모양을 내려 하는 자들이 억지로 너희에게 할례를 받게 함은 그들이 그리스도의 십자가로 말미암아 박해를 면하려 함뿐이라 … 그러나 내게는 우리 주 예수 그리스도의 십자가 외에 결코 자랑할 것이 없으니 그리스도로 말미암아 세상이 나를 대하여 십자가에 못 박히고 내가 또한 세상을 대하여 그러하니라

오사카 가마가사키는 1960년대 이후 형성된 일본 최대의 노숙인 마을입니다. 최정석 선교사는 그곳에서 오랫동안 특별한 섬김의 사역을 했습니다. 매주 4차례 1,200명분의 음식을 무료로 제공했습니다. 하지만 그는 자신의 사역을 자랑하지 않고 겸손하게 예수님만을 나타내며 이렇게 말합니다. "사람들 위에 군림하려 하지 마세요. 내 사역의 성과를 드러내려고 하지도 마세요. 예수 그리스도의 십자가 밖에는 자랑할 것이 없어요. 주먹밥을 먹기 위해 두세 시간씩 기다리고 있는 긴 줄, 그 줄의 맨 끝에 예수님이 계시다는 것을 잊지 마세요."

사도 바울은 자랑거리가 많은 사람이었습니다. 그는 로마의 시민권자였고 가말리엘의 문하생이었으며, 누구보다 율법을 철저히 지키는 바리새인이었습니다. 한마디로 자신의 학식과 배경을 자랑할 수 있는 사람이었습니다. 그러나 예수님을 만난 후 그는 모든 것을 배설물로 여기고 그리스도의 십자가 외에는 자랑할 것이 없다고 고백했습니다. 우리 역시 예수님의 십자가 은혜가 아니면 아무것도 아닙니다. 우리도 사도 바울을 본받아서 예수 그리스도의 십자가만 자랑하는 삶을 살아가시길 소망합니다.

| 일독성경 | 사무엘상 1-3장, 고린도전서 3장 읽음 □

오늘의 찬송

주 달려 죽은 십자가

새찬송가 149장(통 147)

1. 주 달려 죽은 십자가 우리가 생각할 때에 세상에 속한 욕심을 헛된 줄 알고 버리네
2. 죽으신 구주밖에는 자랑을 말게 하소서 보혈의 공로 힘입어 교만한 맘을 버리네
3. 못 박힌 손발 보오니 큰 자비 나타내셨네 가시로 만든 면류관 우리를 위해 쓰셨네
4. 온 세상 만물 가져도 주 은혜 못 다 갚겠네 놀라운 사랑 받은 나 몸으로 제물 삼겠네 아멘

질문

나는 지금 무엇을 자랑하며 살아가고 있나요? 예수님의 십자가만 자랑하며 살아가기 위해 오늘 내가 실천할 수 있는 구체적인 한 가지를 적어보세요.

나의 감사

오늘 하루, 감사할 것들을 적어보세요.

| 기도 | 하나님 아버지, 우리의 평생 자랑이 오직 예수님의 십자가가 되게 하옵소서. 예수 그리스도의 이름으로 기도합니다. 아멘.

부활에 담긴 소망 | 부활주일

베드로전서 1:3-5 우리 주 예수 그리스도의 아버지 하나님을 찬송하리로다 그의 많으신 긍휼대로 예수 그리스도를 죽은 자 가운데서 부활하게 하심으로 말미암아 우리를 거듭나게 하사 산 소망이 있게 하시며 썩지 않고 더럽지 않고 쇠하지 아니하는 유업을 잇게 하시나니 곧 너희를 위하여 하늘에 간직하신 것이라 너희는 말세에 나타내기로 예비하신 구원을 얻기 위하여 믿음으로 말미암아 하나님의 능력으로 보호하심을 받았느니라

빌 게이더 목사와 글로리아 사모는 700곡이 넘는 복음성가를 만든 세계적인 찬양사역자 부부입니다. 이들이 막 사역을 시작하던 1960년대 후반, 미국은 끝날 줄 모르는 베트남전으로 혼란에 빠져 있었고, 전통적인 기독교 가치와 윤리의식도 급격히 무너져 내리고 있었습니다. 당시 셋째를 임신 중이던 글로리아 사모는 이런 세상에서 자라게 될 아이의 미래가 몹시 염려되었습니다. 그러나 1970년의 마지막 날, 부부는 세상의 변화에 관해 이야기하던 중 부활하신 예수님이 지금도 살아계시니 혼란 속에서도 소망이 있다는 사실 앞에 평온함을 느꼈습니다. 그때의 영감을 담아 이들은 「살아계신 주」라는 찬양을 만들었습니다. "살아계신 주 나의 참된 소망, 걱정 근심 전혀 없네"라고 고백하는 이 찬양은 지금도 많은 크리스천에게, 부활하셔서 살아 역사하시는 예수님 안에서 소망을 품고 살아가도록 힘을 주고 있습니다.

세상은 여전히 죄악이 만연하고 혼돈스럽습니다. 하지만 크리스천은 어두운 세상을 살아가면서도 소망을 잃지 않을 수 있습니다. 왜냐하면 사망 권세를 이기시고 부활하신 예수님이 지금도 살아 역사하시기 때문입니다. 오늘은 예수님의 부활을 기념하는 부활절입니다. 부활하신 예수님을 바라보며 소망 가운데 전진하시기 바랍니다.

| 일독성경 | 사무엘상 4-5장, 고린도전서 4-5장 읽음 □

오늘의 찬송

무덤에 머물러

새찬송가 160장(통 150)

1. 무덤에 머물러 예수 내 구주 새벽 기다렸네 예수 내 주
2. 헛되이 지키네 예수 내 구주 헛되이 봉하네 예수 내 주
3. 거기 못 가두네 예수 내 구주 우리를 살리네 예수 내 주

후렴 원수를 다 이기고 무덤에서 살아나셨네 어두움을 이기시고 나와서
성도 함께 길이 다스리시네 사셨네 사셨네 예수 다시 사셨네

질문

세상은 혼돈스럽고, 우리의 삶에는 고난이 끊이지 않을지라도 소망을 품을 수 있는 이유는 무엇일까요?

나의 감사

오늘 하루, 감사할 것들을 적어보세요.

| 기도 | 하나님 아버지, 사망 권세를 이기시고 부활하신 예수님을 바라보며 소망 가운데 살게 하옵소서. 예수 그리스도의 이름으로 기도합니다. 아멘.

APR **04.06** 월요일

에벤에셀의 하나님

사무엘상 7:5-12 사무엘이 이르되 온 이스라엘은 미스바로 모이라 내가 너희를 위하여 야훼께 기도하리라 하매 … 이스라엘 사람들이 미스바에서 나가서 블레셋 사람들을 추격하여 벧갈 아래에 이르기까지 쳤더라 사무엘이 돌을 취하여 미스바와 센 사이에 세워 이르되 야훼께서 여기까지 우리를 도우셨다 하고 그 이름을 에벤에셀이라 하니라

'에벤에셀'은 '도움의 돌'이라는 뜻을 가진 이름입니다. 이 이름은 블레셋의 침략을 물리친 후 사무엘 선지자가 한 돌을 세우고 그곳을 '에벤에셀'이라 칭하며, "야훼께서 여기까지 우리를 도우셨다"라고 고백한 데서 비롯되었습니다. 오늘날도 많은 성도들이 하나님을 '에벤에셀의 하나님'이라 부르며 그분의 도우심을 구합니다. 그러나 우리는 이 기념비가 세워지기 전에 있었던 일을 기억할 필요가 있습니다. 전쟁이 벌어지기 전, 이스라엘 백성은 사무엘의 인도로 미스바에 모여 먼저 우상을 버리고 마음을 다해 오직 하나님만 섬기겠다고 눈물로 회개했습니다. 하나님은 그들의 진심 어린 회개를 받으시고 블레셋과의 전투에서 놀라운 승리를 허락하셨습니다. 그리고 그 승리를 기념하며 하나님께 영광을 돌리고자 '도움의 돌', 에벤에셀을 세우게 하셨던 것입니다.

하나님의 도우심은 언제나 크고 귀한 은혜입니다. 그러나 그 은혜를 구하기에 앞서 필요한 것이 있습니다. 바로 전심으로 자복하며 눈물로 엎드리는 참된 회개입니다. 세상을 향해 있던 우리의 마음이 회개하여 하나님께로 향하고 삶 속의 우상을 내려놓을 때, 하나님은 우리와 함께하시며 승리의 길을 열어 주십니다. 그리고 마침내 우리 각자의 삶 속에도 에벤에셀, 곧 '도움의 돌'이 세워지도록 허락하실 것입니다.

| 일독성경 | 사무엘상 6-8장, 고린도전서 6장 읽음 □

오늘의 찬송

지금까지 지내온 것

새찬송가 301장(통 460)

1. 지금까지 지내 온 것 주의 크신 은혜라 한이 없는 주의 사랑 어찌 이루 말하랴
자나 깨나 주의 손이 항상 살펴 주시고 모든 일을 주 안에서 형통하게 하시네
2. 몸도 맘도 연약하나 새 힘 받아 살았네 물 붓듯이 부으시는 주의 은혜 족하다
사랑 없는 거리에나 험한 산길 헤맬 때 주의 손을 굳게 잡고 찬송하며 가리라
3. 주님 다시 뵈 올 날이 날로 날로 다가와 무거운 짐 주께 맡겨 벗을 날도 멀잖네
나를 위해 예비하신 고향 집에 돌아가 아버지의 품 안에서 영원토록 살리라

질문

하나님의 도움을 구하기 전 회개해야 할 죄가 있나요? 마음을 돌아보고 진심으로 회개의 기도를 적어보세요.

나의 감사

오늘 하루, 감사할 것들을 적어보세요.

| 기도 | 하나님 아버지, 하나님의 도움을 구하기에 앞서 진심으로 회개하며, 하나님께만 마음을 두는 우리가 되게 하옵소서. 예수 그리스도의 이름으로 기도합니다. 아멘.

부르심을 받은 그대로

고린도전서 7:20-24 각 사람은 부르심을 받은 그 부르심 그대로 지내라 네가 종으로 있을 때에 부르심을 받았느냐 염려하지 말라 그러나 네가 자유롭게 될 수 있거든 그것을 이용하라 주 안에서 부르심을 받은 자는 종이라도 주께 속한 자유인이요 또 그와 같이 자유인으로 있을 때에 부르심을 받은 자는 그리스도의 종이니라 … 형제들아 너희는 각각 부르심을 받은 그대로 하나님과 함께 거하라

고대 로마 사회에는 귀족, 평민, 노예 등 신분의 구분이 분명했습니다. 당시 복음을 받아들인 사람들 중에는 노예도 있었고, 그들 대부분은 자유를 갈망했습니다. 그러나 바울은 오늘 말씀에서 신분의 변화에 지나치게 매달리지 말라고 권면합니다. 자유를 얻을 수 있다면 감사히 누리되, 그렇지 못하더라도 낙심하지 말라는 것입니다. 그 이유는 분명합니다. 예수 그리스도를 믿는 순간, 우리는 죄에서 해방되어 하나님의 자녀가 되었고, 하늘 시민권을 가진 천국의 백성이 되었기 때문입니다. 세상에서의 지위나 신분은 그 영원한 신분 앞에서는 중요하지 않습니다. 그래서 바울은 "각각 부르심을 받은 그대로 하나님과 함께 거하라"라고 권면했던 것입니다.

오늘날 신분제도는 없어졌지만, 여전히 많은 사람들이 더 나은 배경이나 높은 지위를 가지지 못한 것을 아쉬워합니다. 더 큰 부를 이루지 못하거나, 사회적으로 인정받지 못했다는 이유로 자기 스스로를 비하하기도 합니다. 그러나 크리스천은 세상의 기준이 아니라 하나님의 관점에서 자신을 바라봐야 합니다. 우리는 그리스도 안에서 이미 존귀한 하나님의 자녀들이며 천국의 시민들입니다. 어떤 형편과 자리에 있든, 하나님이 언제 어디서나 우리와 함께하심을 기억하며 감사로 하루하루를 살아가시길 바랍니다.

| 일독성경 | 사무엘상 9-11장, 고린도전서 7장 읽음 □

오늘의 찬송

주님 약속하신 말씀 위에 서

새찬송가 546장(통 399)

1. 주님 약속하신 말씀 위에 서 영원토록 주를 찬송하리라
   소리 높여 주께 영광 돌리며 약속 믿고 굳게 서리라
2. 주님 약속하신 말씀 위에 서 세상 염려 내게 엄습할 때에
   용감하게 힘써 싸워 이기며 약속 믿고 굳게 서리라
3. 주님 약속하신 말씀 위에 서 영원하신 주의 사랑 힘입고
   성령으로 힘써 싸워 이기며 약속 믿고 굳게 서리라
4. 주님 약속하신 말씀 위에 서 성령 인도하는 대로 행하며
   주님 품에 항상 안식 얻으며 약속 믿고 굳게 서리라

후렴 굳게 서리 영원하신 말씀 위에 굳게 서리 굳게 서리 그 말씀 위에 굳게 서리라

질문

나의 배경이나 지위, 넉넉지 않은 형편 때문에 스스로 작다 느껴질 때 우리가 되새겨야 할 우리의 정체성은 무엇일까요?

나의 감사

오늘 하루, 감사할 것들을 적어보세요.

| 기도 | 하나님 아버지, 나의 배경을 부끄러워하지 않고 주어진 삶의 자리를 소중히 여기며 하나님의 인도하심을 구하게 하옵소서. 예수 그리스도의 이름으로 기도합니다. 아멘.

여러 사람에게 여러 모습으로

고린도전서 9:21-23 율법 없는 자에게는 내가 하나님께는 율법 없는 자가 아니요 도리어 그리스도의 율법 아래에 있는 자이나 율법 없는 자와 같이 된 것은 율법 없는 자들을 얻고자 함이라 약한 자들에게 내가 약한 자와 같이 된 것은 약한 자들을 얻고자 함이요 내가 여러 사람에게 여러 모습이 된 것은 아무쪼록 몇 사람이라도 구원하고자 함이니 내가 복음을 위하여 모든 것을 행함은 복음에 참여하고자 함이라

1962년, 19세의 미국 선교사 부르스 올슨은 콜롬비아 정글 깊숙이 문명과 단절된 채 살아가던 모틸론족에게 복음을 전하기 위해 찾아갔습니다. 외지인에게 극도로 적대적인 이 부족에게 올슨 선교사는 전략적으로 다가가기로 결심했는데, 그 방법은 바로 '그들처럼 되는 것'이었습니다. 그들과 같은 옷을 입고 같은 음식을 먹는 등 생활방식을 함께하며 그들의 삶 속으로 들어갔습니다. 특히 그는 그들의 언어와 세계관을 깊이 이해했고, 신은 수평선 너머에 있어서 인간이 도달할 수 없다고 믿는 그들에게 이렇게 복음을 전했습니다. "예수님이 바로 그 수평선을 넘어서 하나님과 우리를 이어주시는 길입니다." 결국 그는 피부색만 다를 뿐 한 가족처럼 어울리며 모틸론족의 마음을 열었고, 복음의 열매를 풍성히 거두었습니다.

오늘 말씀에서 사도 바울은 "내가 여러 사람에게 여러 모습이 된 것은 아무쪼록 몇 사람이라도 구원하고자 함이니"라고 말합니다. 바울은 복음을 전할 때 늘 상대의 가치관과 문화를 존중하며 다가갔습니다. 전도는 상대의 눈높이에 맞추고 그 마음을 이해하는 데서 시작됩니다. 그러므로 우리도 전도할 때 일방적으로 말하지 말고, 상대방의 형편과 상황을 헤아리며 복음을 전해야 합니다.

| 일독성경 | 사무엘상 12-13장, 고린도전서 8-9장 읽음 □

오늘의 찬송

온 세상 위하여

새찬송가 505장(통 268)

1. 온 세상 위하여 나 복음 전하리 만백성 모두 나와서 주 말씀 들으라
죄 중에 빠져서 헤매는 자들아 주님의 음성 듣고서 너 구원받으라
2. 온 세상 위하여 이 복음 전하리 저 죄인 회개하고서 주 예수 믿으라
이 세상 구하려 주 돌아가신 것 나 증거하지 않으면 그 사랑 모르리
3. 온 세상 위하여 주 은혜 임하니 주 예수 이름 힘입어 이 복음 전하자
먼 곳에 나가서 전하지 못해도 나 어느 곳에 있든지 늘 기도 힘쓰리

후렴 전하고 기도해 매일 증인 되리라 세상 모든 사람 다 듣고 그 사랑 알도록

질문

누군가의 아픔에 함께 아파하거나, 혹은 기쁨에 함께 기뻐한 경험이 있나요?

나의 감사

오늘 하루, 감사할 것들을 적어보세요.

| 기도 | 하나님 아버지, 말로만이 아니라 이웃과 함께 웃고 울며 그들의 삶에 깊이 공감하며 복음을 전하게 하옵소서. 예수 그리스도의 이름으로 기도합니다. 아멘.

교만을 경계하라

사무엘상 15:22-23 사무엘이 이르되 야훼께서 번제와 다른 제사를 그의 목소리를 청종하는 것을 좋아하심 같이 좋아하시겠나이까 순종이 제사보다 낫고 듣는 것이 숫양의 기름보다 나으니 이는 거역하는 것은 점치는 죄와 같고 완고한 것은 사신 우상에게 절하는 죄와 같음이라 왕이 야훼의 말씀을 버렸으므로 야훼께서도 왕을 버려 왕이 되지 못하게 하셨나이다 하니

19세기 말, 존 알렉산더 도위는 신유 사역과 복음 전파로 크게 쓰임받은 인물이었습니다. 그는 미국과 호주, 뉴질랜드 등지에서 수많은 병자를 치유하며 많은 영혼을 그리스도께로 인도했습니다. 그의 사역은 점점 더 규모가 커졌고, 시카고 근방에 '치유의 도시'라 불리는 자이온 시를 세우기에 이릅니다. 그러나 시간이 지나면서 그는 점차 자신을 높이기 시작했고, 급기야 스스로를 '엘리야'라고 주장하기까지 했습니다. 결국 그는 건강과 정신이 무너졌고, 자신을 따르던 최측근들에 의해 지도자의 자리에서 밀려난 채 외롭게 생을 마감했습니다. 이처럼 알렉산더 도위의 삶은 교만이 어떤 결과를 가져오는지를 보여주는 반면교사입니다.

오늘 말씀에 등장하는 이스라엘의 초대 왕 사울 역시 비슷한 길을 걸었습니다. 그는 기름 부음을 받아 왕이 되었고, 초기에는 아말렉과의 전투에서 큰 승리를 거두었습니다. 그러나 점차 하나님의 말씀보다 자신의 판단을 앞세우고 불순종을 반복했습니다. 끝내 마음을 돌이키지 않은 그는 하나님께 버림받게 되었습니다. 하나님께 쓰임 받는 것은 영광이지만, 더 중요한 것은 끝까지 자신을 낮추고 말씀에 청종하는 겸손한 태도임을 잊지 말아야 합니다.

| 일독성경 | 사무엘상 14-16장, 고린도전서 10장 읽음 □

오늘의 찬송

예수 따라가며

새찬송가 449장(통 377)

1. 예수 따라가며 복음 순종하면 우리 행할 길 환하겠네
   주를 의지하며 순종하는 자를 주가 늘 함께하시리라
2. 해를 당하거나 우리 고생할 때 주가 위로해 주시겠네
   주를 의지하며 순종하는 자를 주가 안위해 주시리라
3. 남의 짐을 지고 슬픔 위로하면 주가 상급을 주시겠네
   주를 의지하며 순종하는 자를 항상 복 내려주시리라
4. 우리 받은 것을 주께 다 드리면 우리 기쁨이 넘치겠네
   주를 의지하며 순종하는 자를 은혜 풍성케 하시리라
5. 주를 힘입어서 말씀 잘 배우고 주를 모시고 살아가세
   주를 의지하며 항상 순종하면 주가 사랑해 주시리라

후렴 의지하고 순종하는 길은 예수 안에 즐겁고 복된 길이로다

질문

주변으로부터 인정받을 때 내 마음에 교만이 틈을 탈 수 있습니다. 이때 나는 어떻게 이를 뿌리칠 수 있을까요?

나의 감사

오늘 하루, 감사할 것들을 적어보세요.

| 기도 | 하나님 아버지, 삶의 모든 순간마다 겸손한 마음으로 하나님께 영광 돌리는 삶을 살게 하옵소서. 예수 그리스도의 이름으로 기도합니다. 아멘.

APR **04.10** 금요일

일상 속 믿음의 훈련

사무엘상 17:34-36 다윗이 사울에게 말하되 주의 종이 아버지의 양을 지킬 때에 사자나 곰이 와서 양 떼에서 새끼를 물어가면 내가 따라가서 그것을 치고 그 입에서 새끼를 건져내었고 그것이 일어나 나를 해하고자 하면 내가 그 수염을 잡고 그것을 쳐죽였나이다 주의 종이 사자와 곰도 쳤은즉 살아 계시는 하나님의 군대를 모욕한 이 할례 받지 않은 블레셋 사람이리이까 그가 그 짐승의 하나와 같이 되리이다

엘라 골짜기에서 거인 골리앗을 쓰러뜨린 날, 다윗은 온 이스라엘의 영웅이 되었습니다. 그러나 그 위대한 승리는 결코 하루아침에 이루어진 일이 아니었습니다. 다윗의 담대함 뒤에는 비록 양을 돌보는 목동이었지만, 그 양들을 지키고 보호하면서 날마다 하나님과 함께 일상의 싸움에서 거듭 승리해 온 경험이 자리하고 있었습니다. 오늘 말씀에 따르면 다윗은 양 떼를 지킬 때 사자와 곰이 덤벼들어도 물러서지 않았고, 매번 하나님의 도우심을 의지해 싸워 물리쳤습니다. 이렇게 일상에서 쌓인 반복된 승리들이 그의 믿음을 더욱 굳건하게 해주었고, 결국 다윗은 거인 골리앗 앞에서도 하나님을 전적으로 신뢰하며 담대히 나아갈 수 있었습니다.

우리도 하나님을 의지해 놀라운 성취를 이루기를 소망합니다. 그러나 큰 승리는 결코 단번에 주어지지 않습니다. 목동이었던 다윗처럼 말씀과 기도로 매일 하나님을 찾고, 평범한 일상에서도 하나님을 의지하는 훈련을 끊임없이 이어가야 합니다. 일상의 작은 순간에도 온전히 하나님만을 의지하는 습관이 쌓일 때, 우리의 믿음은 흔들림 없는 반석 같은 기초 위에 세워집니다. 그렇게 매일의 훈련으로 다져진 믿음이 결국 인생의 '골리앗'과 같은 거대한 도전 앞에서 빛을 발하게 될 것입니다.

| 일독성경 | 사무엘상 17-18장, 고린도전서 11-12장 읽음 □

오늘의 찬송

주와 같이 길 가는 것

새찬송가 430장(통 456)

1. 주와 같이 길 가는 것 즐거운 일 아닌가 우리 주님 걸어가신 발자취를 밟겠네
2. 어린아이 같은 우리 미련하고 약하나 주의 손에 이끌리어 생명 길로 가겠네
3. 꽃이 피는 들판이나 험한 골짜기라도 주가 인도하는 대로 주와 같이 가겠네
4. 옛 선지자 에녹같이 우리들도 천국에 들려 올라갈 때까지 주와 같이 걷겠네

후렴 한 걸음 한 걸음 주 예수와 함께 날마다 날마다 우리 걸어가리

질문

반복되는 일상 속에서 하나님을 의지하는 훈련을 어떻게 실천할 수 있을지 구체적으로 적어보세요.

나의 감사

오늘 하루, 감사할 것들을 적어보세요.

| 기도 | 하나님 아버지, 반복되는 일상 가운데서도 하나님을 의지하는 훈련을 함으로써 하나님의 큰 일꾼으로 준비되게 하옵소서. 예수 그리스도의 이름으로 기도합니다. 아멘.

APR **04.11** 토요일

자기 생명을 사랑함 같이

사무엘상 20:17-19 다윗에 대한 요나단의 사랑이 그를 다시 맹세하게 하였으니 이는 자기 생명을 사랑함 같이 그를 사랑함이었더라 요나단이 다윗에게 이르되 내일은 초하루인즉 네 자리가 비므로 네가 없음을 자세히 물으실 것이라 너는 사흘 동안 있다가 빨리 내려가서 그 일이 있던 날에 숨었던 곳에 이르러 에셀 바위 곁에 있으라

영화 『블라인드 사이드』로도 제작된, 전 미식축구 선수 마이클 오어의 이야기는 많은 이들에게 큰 감동을 줍니다. 불우한 환경에서 자란 그는 부모와 떨어져 여러 집과 거리를 전전하며 살았습니다. 그때 리 앤 투오이라는 한 크리스천 여성이 그를 가족으로 받아들였습니다. 가족의 따뜻함이 낯설었던 오어는 한동안 방황했지만, 투오이 가족은 끝까지 그를 포기하지 않았습니다. 특히 투오이는 그의 체격과 힘, 그리고 남을 헌신적으로 보호하는 성품에 주목했습니다. 그녀는 이러한 장점을 살릴 수 있는 미식축구 포지션 '오펜시브 태클'을 추천했는데, 이는 팀 동료를 지키는 중요한 역할입니다. 이후 오어는 자신의 재능을 꽃피우며 꿈을 품게 되었고 방황도 멈추게 되었습니다. 마침내 그는 꿈의 무대인 미국 프로풋볼리그에 진출해 활약하게 됩니다.

사무엘상 20장은 다윗을 자기 생명처럼 사랑하며 끝까지 지지하고 보호한 요나단의 이야기를 전합니다. 아버지 사울이 다윗을 시기하여 죽이려 할 때에도, 요나단은 변함없이 그의 편에 서서 곁을 지켰습니다. 하나님은 오늘날 우리를 통해 누군가의 삶에 위로와 용기를 주기를 원하십니다. 우리도 어려움에 처한 이웃을 만날 때, 요나단처럼 하나님의 시선으로 그를 바라보고 사랑으로 함께하며 힘과 위로를 줄 수 있기를 바랍니다.

| 일독성경 | 사무엘상 19-20장, 고린도전서 13장 읽음 □

오늘의 찬송

네 맘과 정성을 다하여서

새찬송가 218장(통 369)

1. 네 맘과 정성을 다하여서 주 너의 하나님을 사랑하라 네 몸을 아끼고 사랑하듯 형제와 이웃을 사랑하라 주께서 우리게 명하시니 그 명령 따라서 살아가리
2. 널 미워 해치는 원수라도 언제나 너그럽게 사랑하라 널 핍박하는 자 위해서도 신실한 맘으로 복을 빌라 주께서 우리게 명하시니 그 명령 따라서 살아가리
3. 나 항상 주님을 멀리하고 형제를 사랑하지 못하였다 이러한 죄인을 사랑하사 주께서 몸 버려 죽으셨다 속죄의 큰 사랑 받은 이 몸 내 생명 다 바쳐 충성하리 아멘

질문

지금 내 주변에 힘들어하는 사람은 누구인가요? 그 사람에게 힘과 위로를 주기 위해 무엇을 할 수 있을까요?

나의 감사

오늘 하루, 감사할 것들을 적어보세요.

| 기도 | 하나님 아버지, 주변에 외롭고 힘겨운 시간을 보내는 이들을 주님의 사랑으로 위로하고 돌보게 하옵소서. 예수 그리스도의 이름으로 기도합니다. 아멘.

APR **04.12** 주일

복음의 핵심, 부활

고린도전서 15:13-15 만일 죽은 자의 부활이 없으면 그리스도도 다시 살아나지 못하셨으리라 그리스도께서 만일 다시 살아나지 못하셨으면 우리가 전파하는 것도 헛것이요 또 너희 믿음도 헛것이며 또 우리가 하나님의 거짓 증인으로 발견되리니 우리가 하나님이 그리스도를 다시 살리셨다고 증언하였음이라 만일 죽은 자가 다시 살아나는 일이 없으면 하나님이 그리스도를 다시 살리지 아니하셨으리라

종교개혁자 마틴 루터는 45세 늦은 나이에 딸 막달레나를 얻었습니다. 바쁜 사역 가운데서도 딸 앞에 서면 그의 마음은 눈 녹듯 부드러워졌습니다. 막달레나는 그의 삶의 기쁨이자 따뜻한 위로였습니다. 그러나 어린 딸은 갑작스러운 병으로 급격히 쇠약해져 숨 쉬는 것조차 힘겨운 고통 속에 놓이게 되었습니다. 결국 그녀는 13세의 나이로 세상을 떠났고, 루터는 깊은 슬픔에 잠겼습니다. 그러나 딸의 장례 예배에서 그는 부활의 소망을 붙들며 마지막 작별 인사를 남겼습니다. "사랑하는 아이야, 너는 다시 일어날 거야. 별들처럼, 태양처럼 빛나게 될 거야."

오늘 말씀에서 바울은 "그리스도께서 만일 다시 살아나지 못하셨으면 우리가 전파하는 것도 헛것이요"라고 말하며, 복음의 핵심은 부활 신앙임을 선포합니다. 예수 그리스도가 사망 권세를 이기고 부활하셨기에, 예수님을 믿는 우리들도 반드시 부활하여 영원히 살게 되는 영생을 얻게 됩니다. 죽음은 누구에게나 예고 없이 찾아오지만, 그리스도인은 그것이 두렵지 않습니다. 참된 그리스도인은 죽음을 넘어서 부활의 영광을 바라봅니다. 썩을 것이 썩지 아니할 것으로, 죽을 것이 죽지 아니함을 입게 될 그날을 소망합니다. 오늘도 부활의 소망 안에서 담대히 살아가시기를 바랍니다.

| 일독성경 | 사무엘상 21-22장, 고린도전서 14-15장 읽음 □

오늘의 찬송

예수 부활했으니

새찬송가 164장(통 154)

1. 예수 부활했으니 할렐루야 만민 찬송하여라 할렐루야
천사들이 즐거워 할렐루야 기쁜 찬송 부르네 할렐루야
2. 대속하신 주 예수 할렐루야 선한 싸움 이겼네 할렐루야
사망 권세 이기고 할렐루야 하늘 문을 여셨네 할렐루야
3. 마귀 권세 이긴 주 할렐루야 왕의 왕이 되셨네 할렐루야
높은 이름 세상에 할렐루야 널리 반포하여라 할렐루야
4. 길과 진리 되신 주 할렐루야 우리 부활하겠네 할렐루야
부활 생명 되시니 할렐루야 우리 부활하겠네 할렐루야 아멘

질문

믿지 않는 사람들은 죽음 앞에서 두려워하지만, 크리스천은 담대할 수 있습니다. 그 이유는 무엇일까요?

나의 감사

오늘 하루, 감사할 것들을 적어보세요.

| 기도 | 하나님 아버지, 사망 권세를 이기시고 부활하신 예수님을 굳게 믿으며 부활의 소망을 품고 살아가게 하옵소서. 예수 그리스도의 이름으로 기도합니다. 아멘.

APR **04.13** 월요일

야훼께서 재판장이 되어

사무엘상 24:12-15 야훼께서는 나와 왕 사이를 판단하사 야훼께서 나를 위하여 왕에게 보복하시려니와 내 손으로는 왕을 해하지 않겠나이다 옛 속담에 말하기를 악은 악인에게서 난다 하였으니 내 손이 왕을 해하지 아니하리이다 이스라엘 왕이 누구를 따라 나왔으며 누구의 뒤를 쫓나이까 … 야훼께서 재판장이 되어 나와 왕 사이에 심판하사 나의 사정을 살펴 억울함을 풀어 주시고 나를 왕의 손에서 건지시기를 원하나이다 하니라

흑인 최초로 미국 프로야구에 데뷔해 전설적인 기록을 세운 재키 로빈슨이라는 선수가 있습니다. 그가 활동하던 1940-50년대까지만 해도 미국 사회에는 인종차별이 여전히 만연했습니다. 그래서 구단은 데뷔를 앞둔 로빈슨에게 "어떤 모욕이나 도발에도 결코 맞서 싸우지 마세요. 어떤 상황에서도 끝까지 참아야 합니다."라고 신신당부했습니다. 실제로 그는 선수 생활 내내 백인들의 노골적인 조롱과 욕설을 들었고, 거친 파울에 시달리기도 했습니다. 그러나 로빈슨은 자신이 심판이 아니라 선수라는 사실을 마음에 새기며 묵묵히 경기에 임했습니다. 결국 그는 미국 프로야구에서 10년간 뛰어난 활약을 이어갔고, 마침내 1962년에는 미국 메이저리그 명예의 전당에 오르는 영광을 누리게 되었습니다.

오늘 말씀에서 다윗은 억울하게 쫓기던 상황에서도 스스로 심판자가 되지 않았습니다. 사울을 두 번이나 살려주며 모든 판단을 하나님께 맡겼고, 억울함을 풀어주실 분도 하나님이심을 믿었습니다. 우리도 억울한 일을 당할 때 분노로 원수를 갚으며 보복하려 하기보다 기도로 하나님께 맡기기를 바랍니다. 하나님이 공의롭게 판단하시고 우리를 붙드시며 형통의 길로 인도하실 것입니다.

| 일독성경 | 사무엘상 23-25장, 고린도전서 16장 읽음 □

오늘의 찬송

주님의 마음을 본받는 자

새찬송가 455장(통 507)

1. 주님의 마음을 본받는 자 그 맘에 평강이 찾아옴은
   험악한 세상을 이길 힘이 하늘로부터 임함이로다
2. 주 모습 내 눈에 안 보이며 그 음성 내 귀에 안 들려도
   내 영혼 날마다 주를 만나 신령한 말씀 늘 배우도다
3. 가는 길 거칠고 험하여도 내 맘에 불평이 없어짐은
   십자가 고난을 이겨내신 주님의 마음 본받음이라
4. 주 예수 세상에 다시 오실 그날엔 뭇 성도 변화하여
   주님의 빛나는 그 형상을 다 함께 보며 주 찬양하리

후렴 주님의 마음 본받아 살면서 그 거룩하심 나도 이루리

질문

하나님이 나의 억울함을 갚아주실 분이라는 믿음이 내 인간관계와 사회생활 속에서 어떤 변화를 일으킬 수 있을까요?

나의 감사

오늘 하루, 감사할 것들을 적어보세요.

| 기도 | 하나님 아버지, 억울한 일을 당할 때 스스로 심판자가 되지 말고 하나님께 모든 상황을 아뢰며 기도로 나아가게 하옵소서. 예수 그리스도의 이름으로 기도합니다. 아멘.

위로받은 위로자

고린도후서 1:4-6 우리의 모든 환난 중에서 우리를 위로하사 우리로 하여금 하나님께 받는 위로로써 모든 환난 중에 있는 자들을 능히 위로하게 하시는 이시로다 그리스도의 고난이 우리에게 넘친 것 같이 우리가 받는 위로도 그리스도로 말미암아 넘치는도다 … 우리가 위로를 받는 것도 너희가 위로를 받게 하려는 것이니 이 위로가 너희 속에 역사하여 우리가 받는 것 같은 고난을 너희도 견디게 하느니라

『인간 치유』의 저자 폴 트루니에는 20세기의 가장 유명한 기독교 의사로 불린 인물입니다. 그는 환자를 그저 치료의 대상이 아닌 진실한 교제를 통해 마음과 영혼을 치유해야 할 인격으로 바라보았습니다. 그의 이러한 전인적 치유는 많은 이들에게 따뜻한 위로를 주었고, 그를 '위로를 전하는 의사'로 기억하게 만들었습니다. 그가 이러한 사람이 될 수 있었던 이유는 그 자신이 먼저 위로를 경험했기 때문입니다. 생후 3개월에 아버지를, 여섯 살에 어머니를 잃은 그는 친척 집에서 외롭고 우울한 유년기를 보냈습니다. 그러나 학창 시절 만난 선생님, 그와 함께 일했던 동료, 그의 아내, 그리고 무엇보다 인격적으로 다가오신 하나님을 통해 상처 입은 마음이 치유되었습니다. 이러한 위로의 경험이 트루니에를 위로의 사람으로 빚어냈던 것입니다.

오늘 말씀에서 바울은 자신이 많은 환난 속에서 하나님께 위로를 받았다고 고백합니다. 그리고 그 위로가 고린도교회에까지 흘러가 그들도 위로받게 되었음을 감사히 여깁니다. 우리 역시 삶에서 고난당하고 상처를 받지만, 하나님이 주시는 위로가 있다면 그것은 도리어 은혜가 됩니다. 나아가 은혜를 받은 우리가 다른 이들을 위로할 수 있다면, 그것은 하나님의 위로가 더 큰 열매로 맺어지는 순간일 것입니다.

| 일독성경 | 사무엘상 26-27장, 고린도후서 1-2장 읽음 □

오늘의 찬송

비바람이 칠 때와

새찬송가 388장(통 441)

1. 비바람이 칠 때와 물결 높이 일 때에 사랑 많은 우리 주 나를 품어주소서
풍파 지나가도록 나를 숨겨주시고 안식 얻는 곳으로 주여 인도하소서
2. 나의 영혼 피할 데 예수밖에 없으니 혼자 있게 마시고 위로하여주소서
구주 의지하옵고 도와주심 비오니 할 수 없는 죄인을 주여 보호하소서
3. 전능하신 예수께 나의 소원 있으니 병든 자와 맹인을 고쳐주심 빕니다
나에게는 죄악이 가득하게 찼으나 예수께는 진리와 은혜 충만하도다
4. 나의 죄를 사하는 주의 은혜 크도다 생명수로 고치사 나를 성케 하소서
생명수는 예수니 마시게 하시옵고 샘물처럼 내 맘에 솟아나게 하소서 아멘

질문

누군가에게 위로를 받아 아픔을 치유한 경험을 바탕으로 다른 누군가를 위로했던 적이 있나요?

나의 감사

오늘 하루, 감사할 것들을 적어보세요.

| 기도 | 하나님 아버지, 위로를 베풀어 주심에 감사하며, 우리가 받은 위로로 다른 사람을 위로할 수 있는 사람이 되게 하옵소서. 예수 그리스도의 이름으로 기도합니다. 아멘.

APR **04.15** 수요일

열매로 증명하는 삶

고린도후서 3:1-3 우리가 다시 자천하기를 시작하겠느냐 우리가 어찌 어떤 사람처럼 추천서를 너희에게 부치거나 혹은 너희에게 받거나 할 필요가 있느냐 너희는 우리의 편지라 우리 마음에 썼고 뭇 사람이 알고 읽는 바라 너희는 우리로 말미암아 나타난 그리스도의 편지니 이는 먹으로 쓴 것이 아니요 오직 살아 계신 하나님의 영으로 쓴 것이며 또 돌판에 쓴 것이 아니요 오직 육의 마음판에 쓴 것이라

사도 바울은 놀라운 사역의 열매를 거두었지만, 한때 교회를 박해했던 부끄러운 과거가 있었습니다. 이로 인해 초대교회 지도자들은 그를 선뜻 받아들이지 않았고, 추천하려 하지도 않았습니다. 실제로 고린도후서에 보면, 어떤 이들은 그가 다른 사역자들처럼 추천서를 받지 못했다는 이유로 그의 사도적 권위를 의심하며 비방했습니다. 하지만 바울은 이에 요동하지 않았습니다. 오늘 말씀에서 바울은 고린도교회를 향해 "너희는 우리의 편지"라고 말하는데, 여기서 편지는 추천서를 뜻합니다. 즉, 바울은 먹으로 쓴 추천서는 없지만, 자신의 헌신으로 변화된 고린도교회 성도들이라는 살아있는 추천서가 있다고 자신 있게 말했던 것입니다. 과거의 잘못과 주변의 불신에도 불구하고, 그는 주님을 의지하여 맺은 사역의 열매로 사도적 권위를 입증했던 것입니다.

우리도 살아가다 보면 과거의 실수나 잘못으로 인해 주눅이 들고, 사람들에게 인정받기 어려운 상황을 맞이할 수 있습니다. 그러나 하나님은 우리의 과거보다 현재의 삶과 앞으로 걸어갈 길을 보십니다. 지금 주어진 자리에서 성실히 헌신하고 열매를 맺는다면, 우리는 다시 자신감을 회복하고, 하나님께 영광을 돌릴 수 있습니다. 그러니 과거에 매이지 말고, 하나님을 바라보며 귀한 열매를 맺는 삶을 살아갑시다.

| 일독성경 | 사무엘상 28-29장, 고린도후서 3-4장 읽음 □

오늘의 찬송

익은 곡식 거둘 자가

새찬송가 495장(통 271)

1. 익은 곡식 거둘 자가 없는 이때에 누가 가서 거둘까
   내가 어찌 게으르게 앉아있을까 어서 가자 밭으로
2. 주가 두루 다니시며 일꾼 부르나 따르는 자 적도다
   보라 주의 사랑하는 익은 곡식을 어서 거두러 가자
3. 주가 나를 부르시니 언제 어디나 기뻐 가서 일하리
   주가 명령 내리실 때 능력 받아서 기뻐 거두리로다

후렴 보내주소서 보내주소서 제단 숯불 내 입술에 대니 어찌 주저할까 주여 나를 보내주소서

질문

혹시 여전히 과거에 매여 있다면, 그것을 내려놓고 새롭게 열매 맺는 삶을 살기 위해 구체적으로 실천할 수 있는 것은 무엇인가요?

나의 감사

오늘 하루, 감사할 것들을 적어보세요.

| 기도 | 하나님 아버지, 과거의 일은 잊어버리고 지금의 삶에서 열매 맺는 일에 집중하며 전진하는 삶을 살게 하옵소서. 예수 그리스도의 이름으로 기도합니다. 아멘.

APR **04.16** 목요일

기도하는 자를 도우시는 하나님

사무엘상 30:6-9 백성들이 자녀들 때문에 마음이 슬퍼서 다윗을 돌로 치자 하니 다윗이 크게 다급하였으나 그의 하나님 야훼를 힘입고 용기를 얻었더라 … 다윗이 야훼께 묻자와 이르되 내가 이 군대를 추격하면 따라잡겠나이까 하니 야훼께서 그에게 대답하시되 그를 쫓아가라 네가 반드시 따라잡고 도로 찾으리라 이에 다윗과 또 그와 함께 한 육백 명이 가서 브솔 시내에 이르러 뒤떨어진 자를 거기 머물게 했으되

제34대 통일부 장관을 역임했던 김하중 장로의 이야기입니다. 그가 중국에 대사로 파견되었던 시절, 한국 정부의 중요한 외교 사안을 추진하기 위해 중국의 한 고위 국장의 협조가 반드시 필요했던 상황이 있었습니다. 그런데 그 국장은 완강하게 협조를 거부했습니다. 외교적 설득이 통하지 않는 막다른 상황에서 김하중 장로가 선택한 길은 바로 기도였습니다. 그는 이 문제를 놓고 하루에 두세 번씩 눈물로 하나님께 아뢰며 간구했습니다. 이후 그는 국장에게 한 통의 편지를 전달했고, 이를 접한 국장은 큰 감동을 받았습니다. 그 후 연락이 이어졌고, 마침내 국장은 마음을 열고 전폭적인 협조를 약속했으며, 한국 정부가 추진하던 정책도 순조롭게 이루어졌습니다.

오늘 본문에서 다윗은 거처인 시글락이 아말렉 사람들에 의해 불타고, 자신과 부하들의 가족이 모두 사로잡혀 가는 절망적인 상황에 직면했습니다. 부하들은 슬픔과 원망에 차 다윗을 돌로 치려 했습니다. 그러나 다윗은 하나님께 기도하였고, 결국 하나님의 인도하심을 따라 빼앗긴 가족과 재산을 되찾았습니다. 이렇듯 삶에서 위기를 만날 때에 가장 먼저 해야 할 일은 기도입니다. 스스로의 힘과 지혜를 앞세우기보다 하나님의 도우심을 먼저 구할 때, 하나님이 우리를 인도하시고 위기를 극복할 힘을 주실 것입니다.

| 일독성경 | 사무엘상 30-31장, 고린도후서 5-6장 읽음 □

오늘의 찬송

너 예수께 조용히 나가

새찬송가 539장(통 483)

1. 너 예수께 조용히 나가 네 모든 짐 내려놓고 주 십자가 사랑을 믿어 죄 사함을 너 받으라
2. 주 예수의 은혜를 입어 네 슬픔이 없어지리 네 이웃을 늘 사랑하여 너 받은 것 거저 주라
3. 주 예수를 친구로 삼아 늘 네 옆에 모시어라 그 영원한 생명 샘물에 네 마른 목 축이어라
4. 너 주님과 사귀어 살면 새 생명이 넘치리라 주 예수를 찾는 이 앞에 참 밝은 빛 비추어라

후렴 주 예수께 조용히 나가 네 마음을 쏟아노라 늘 은밀히 보시는 주님 큰 은혜를 베푸시리

질문

지금 하나님이 해결해 주시기를 바라는 간절한 기도 제목이 있다면 적어보세요.

나의 감사

오늘 하루, 감사할 것들을 적어보세요.

| 기도 | 하나님 아버지, 해결책이 보이지 않는 막막한 문제 앞에서 엎드려 기도함으로 하나님의 도우심을 구하게 하옵소서. 예수 그리스도의 이름으로 기도합니다. 아멘.

APR **04.17** 금요일

회개로 인한 기쁨

고린도후서 7:5-7 우리가 마게도냐에 이르렀을 때에도 우리 육체가 편하지 못하였고 사방으로 환난을 당하여 밖으로는 다툼이요 안으로는 두려움이었노라 그러나 낙심한 자들을 위로하시는 하나님이 디도가 옴으로 우리를 위로하셨으니 그가 온 것뿐 아니요 오직 그가 너희에게서 받은 그 위로로 위로하고 너희의 사모함과 애통함과 나를 위하여 열심 있는 것을 우리에게 보고함으로 나를 더욱 기쁘게 하였느니라

고린도교회는 바울이 떠난 뒤에 심각한 혼란에 빠졌습니다. 교회 안에서는 분열이 일어나고, 일부 성도들은 방탕한 생활로 신앙의 질서를 무너뜨렸습니다. 이를 깊이 염려한 바울은 그들이 회개하길 바라는 마음으로 책망의 내용을 담은 편지를 보냈습니다. 그러나 한편으로는, 책망을 들은 그들이 회개하기보다 오히려 낙심하거나 상처를 입지는 않을까 노심초사했습니다. 이에 그는 고린도교회의 반응을 확인하기 위해 디도를 급히 보냈으나, 소식을 기다리는 동안에도 마음을 놓지 못했습니다. 이후 디도는 바울을 찾아와 고린도교회 성도들이 복음을 받아들여 회개했다는 소식을 전해주었습니다. 그제야 바울은 크나큰 안도와 기쁨을 누렸습니다.

고린도교회를 향한 바울의 마음을 통해 우리는 하나님의 마음을 엿볼 수 있습니다. 하나님은 우리가 죄에 빠져 있을 때 안타까워하시며 하루빨리 돌아오기를 바라십니다. 책망하시는 것도 벌하기 위함이 아니라 회복시키기 위함입니다. 우리가 죄에서 돌이켜 하나님께로 마음을 향할 때 하나님은 크게 기뻐하실 것입니다. 말씀에 비추어 날마다 자신을 살피며 하나님의 기쁨이 되는 삶을 살아가시기를 소망합니다.

| 일독성경 | 사무엘하 1-3장, 고린도후서 7장 읽음 □

오늘의 찬송

너 성결키 위해

새찬송가 420장(통 212)

1. 너 성결키 위해 늘 기도하며 너 주 안에 있어 늘 성경 보고
   온 형제들 함께 늘 사귀면서 일하기 전마다 너 기도하라
2. 너 성결키 위해 네 머리 숙여 저 은밀히 계신 네 주께 빌라
   주 사귀어 살면 주 닮으리니 널 보는 이마다 주 생각하리
3. 너 성결키 위해 주 따라가고 일 다급하여도 당황치 말고
   참 즐거울 때나 또 슬플 때나 너 주님만 믿고 늘 따라가라
4. 너 성결키 위해 늘 기도하며 네 소원을 주께 다 맡기어라
   너 성령을 받아 주 섬겨 살면 저 천국에 가서 더 잘 섬기리

질문

나의 변화된 모습을 보고 주변 사람이 진정으로 기뻐해 주었던 경험이 있나요? 아니면 변화된 누군가를 보고 내가 진정으로 기뻐했던 경험이 있나요?

나의 감사

오늘 하루, 감사할 것들을 적어보세요.

| 기도 | 하나님 아버지, 언제나 죄를 멀리하며, 죄를 범할지라도 속히 회개해 하나님을 기쁘시게 하는 믿음의 자녀가 되게 하옵소서. 예수 그리스도의 이름으로 기도합니다. 아멘.

APR **04.18** 토요일

섬김과 나눔의 이유

고린도후서 8:9-11 우리 주 예수 그리스도의 은혜를 너희가 알거니와 부요하신 이로서 너희를 위하여 가난하게 되심은 그의 가난함으로 말미암아 너희를 부요하게 하려 하심이라 이 일에 관하여 나의 뜻을 알리노니 이 일은 너희에게 유익함이라 너희가 일 년 전에 행하기를 먼저 시작할 뿐 아니라 원하기도 하였은즉 이제는 하던 일을 성취할지니 마음에 원하던 것과 같이 완성하되 있는 대로 하라

빌리 그레이엄 목사는 생전에 자신이 했던 신앙 상담 사례들을 여러 신문에 기고했습니다. 그중에는 후원금을 어디에 내야 하는지에 대한 질문이 있었습니다. 이에 대해 목사님은 세 가지를 제안했습니다. 첫째, 만물의 주관자이신 하나님께 우리의 물질이 어디에 쓰여야 하는지 기도로 묻는 것입니다. 둘째, 재정은 한정되어 있으니 어디에 먼저 후원할지 신중하게 결정하는 것입니다. 끝으로, 예수 그리스도로 인해 우리가 구원받았다는 사실을 항상 기억하라고 권면했습니다. 섬김과 나눔은 우리를 위해 희생하고 낮아지신 예수님의 은혜에 대한 감사에서 출발해야 한다는 것이었습니다.

오늘 말씀에서 사도 바울은 기근으로 어려움을 겪던 예루살렘교회를 위해 고린도교회가 후원금을 드리도록 권면합니다. 그리고 그 근거를 예수 그리스도의 은혜에서 찾습니다. 바울은 예수님이 영적으로 가난한 우리를 부요하게 하시기 위해 하늘의 영광을 내려놓으시고 이 땅에 오셔서 자신을 낮추셨다고 말합니다. 그 은혜를 입어 부요해진 우리가 이제는 가난한 이웃을 섬김으로써 응답하는 것이 마땅합니다. 오늘 우리도 낮아지신 예수님을 본받아 소외되고 어려운 사람을 섬기며 살아가길 바랍니다.

| 일독성경 | 사무엘하 4-5장, 고린도후서 8-9장 읽음 □

오늘의 찬송

내게 있는 모든 것을

새찬송가 50장(통 71)

1. 내게 있는 모든 것을 아낌없이 드리네 사랑하고 의지하며 주만 따라 살리라
2. 내게 있는 모든 것을 겸손하게 드리네 세상 욕심 멀리하니 나를 받아주소서
3. 내게 있는 모든 것을 주를 위해 드리네 주의 성령 충만하게 내게 내려주소서

후렴 주께 드리네 주께 드리네 사랑하는 구주 앞에 모두 드리네 아멘

질문

나는 지금까지 어떤 마음으로 섬기고 나누어 왔나요? 혹시 의무감이나 체면 때문은 아니었나요? 나의 섬김과 나눔의 동기를 적어보세요.

나의 감사

오늘 하루, 감사할 것들을 적어보세요.

| 기도 | 하나님 아버지, 우리를 부요케 하려고 낮아지신 예수님을 기억하고, 어려운 이웃을 섬김으로 그 은혜에 보답하게 하옵소서. 예수 그리스도의 이름으로 기도합니다. 아멘.

하나님의 시선

사무엘하 7:8-9 그러므로 이제 내 종 다윗에게 이와 같이 말하라 만군의 야훼께서 이와 같이 말씀하시기를 내가 너를 목장 곧 양을 따르는 데에서 데려다가 내 백성 이스라엘의 주권자로 삼고 네가 가는 모든 곳에서 내가 너와 함께 있어 네 모든 원수를 네 앞에서 멸하였은즉 땅에서 위대한 자들의 이름 같이 네 이름을 위대하게 만들어 주리라

19세기 미국의 대각성운동을 이끌었던 부흥사 무디는 내세울 것 없는 배경을 가진 인물이었습니다. 가난한 농가에서 태어나 기초 교육만 간신히 마친 그는, 열일곱 살에 삼촌의 신발가게에서 구두 파는 일을 했습니다. 무디는 학식도 부족했고, 정규 신학교 교육이나 특별한 경건 훈련을 받은 적도 없었습니다. 하지만 그에게는 하나님을 향한 뜨거운 열정이 있었습니다. 특히 그는 성령의 권능을 힘입어 복음을 능력 있게 전하는 데 탁월했습니다. 시카고의 빈민가에서 주일학교 사역을 시작한 그는 큰 부흥을 경험했고, 이후 미국 전역을 다니며 부흥 집회를 인도했습니다. 그의 설교를 들은 많은 이들이 회심했고, 이 많은 변화가 모여 미국의 대각성운동으로 이어졌습니다.

오늘 말씀에서처럼 다윗 역시 주목받지 못하는 미천한 목동이었습니다. 그러나 하나님은 그의 중심을 보시고 그를 이스라엘의 주권자로 세우셨으며, 숱한 전투에서 승리하게 하셨습니다. 하나님의 기준은 배경이나 학식이 아닙니다. 하나님은 우리의 외모보다 중심을 보시며, 그분을 얼마나 사랑하는지를 보십니다. 지금 우리의 모습이 어떠하든, 하나님을 향한 열정과 사랑이 있다면 하나님은 반드시 우리를 높여주시며 귀하게 사용하셔서 하나님의 영광을 보게 만들어 주실 것입니다.

| 일독성경 | 사무엘하 6-8장, 고린도후서 10장 읽음 □

오늘의 찬송

예수를 나의 구주 삼고

새찬송가 288장(통 204)

1. 예수를 나의 구주 삼고 성령과 피로써 거듭나니
   이 세상에서 내 영혼이 하늘의 영광 누리도다
2. 온전히 주께 맡긴 내 영 사랑의 음성을 듣는 중에
   천사들 왕래하는 것과 하늘의 영광 보리로다
3. 주 안에 기쁨 누림으로 마음의 풍랑이 잔잔하니
   세상과 나는 간곳없고 구속한 주만 보이도다

후렴 이것이 나의 간증이요 이것이 나의 찬송일세
나 사는 동안 끊임없이 구주를 찬송하리로다 아멘

질문

중심을 보시는 하나님께 나의 믿음의 고백을 적어보세요.

나의 감사

오늘 하루, 감사할 것들을 적어보세요.

| 기도 | 하나님 아버지, 우리의 배경을 보지 않고 중심을 보시니 감사합니다. 언제나 우리의 마음이 하나님께로 향하게 하옵소서. 예수 그리스도의 이름으로 기도합니다. 아멘.

우리의 자랑

고린도후서 11:24-29 유대인들에게 사십에서 하나 감한 매를 다섯 번 맞았으며 … 또 수고하며 애쓰고 여러 번 자지 못하고 주리며 목마르고 여러 번 굶고 춥고 헐벗었노라 이 외의 일은 고사하고 아직도 날마다 내 속에 눌리는 일이 있으니 곧 모든 교회를 위하여 염려하는 것이라 누가 약하면 내가 약하지 아니하며 누가 실족하게 되면 내가 애타지 아니하더냐

기독교 공인 이후 12년이 지난 325년, 로마제국 전역에 흩어져 있던 주교들이 니케아에 모여 교회의 교리를 통일하기 위한 공의회를 열었습니다. 이제는 황제의 지원을 등에 업고 로마제국 안에서 큰 영향력을 지니게 된 교회의 지도자들이었지만, 그들의 모습은 화려함이나 위엄과는 거리가 멀었습니다. '바울'이라는 이름의 주교는 달군 쇠에 손이 그을리는 고문을 당해 두 손이 마비된 상태였고, 이집트에서 온 파프누티우스 주교는 한쪽 눈을 잃고 무릎이 부서져 걷는 것조차 힘겨운 모습이었습니다. 포타몬 주교 역시 한쪽 눈이 뽑힌 채로 공의회에 참석했습니다. 이들 외에도 공의회에 모인 이들 가운데 몸이 성한 사람은 찾기 어려웠습니다. 그들은 기독교가 공인되기까지 숱한 박해를 견뎌내며, 생명을 다해 교회를 지켜낸 믿음의 거인들이었습니다.

오늘 말씀에서 바울은 자신의 지식이나 인맥 그리고 성공적인 사역에 대한 이야기가 아닌 고난당한 것을 자랑합니다. 그에게 있어 가장 큰 자랑은 예수님과 교회를 위해 헌신하다 상처 입은 자신의 모습이었습니다. 그 고난은 그가 얼마나 예수님과 교회를 사랑했는지를 보여주는 증거였습니다. 바울과 교회의 선진들처럼, 우리의 자랑도 예수님과 그분의 몸 된 교회를 사랑함으로 인해 생긴 고난의 흔적이 되기를 원합니다.

| 일독성경 | 사무엘하 9-10장, 고린도후서 11-12장 읽음 □

오늘의 찬송

환난과 핍박 중에도

새찬송가 336장(통 383)

1. 환난과 핍박 중에도 성도는 신앙 지켰네 이 신앙 생각할 때에 기쁨이 충만하도다
   성도의 신앙 따라서 죽도록 충성하겠네
2. 옥중에 매인 성도나 양심은 자유 얻었네 우리도 고난받으면 죽어도 영광 되도다
   성도의 신앙 따라서 죽도록 충성하겠네
3. 성도의 신앙 본받아 원수도 사랑하겠네 인자한 언어 행실로 이 신앙 전파하리라
   성도의 신앙 따라서 죽도록 충성하겠네 아멘

질문

예수님과 교회를 위해 겪은 고난이 있다면 적어보세요.

나의 감사

오늘 하루, 감사할 것들을 적어보세요.

| 기도 | 하나님 아버지, 복음을 위한 헌신이 유일한 자랑이 되게 하시며, 주님을 위해 모든 것을 드릴 수 있도록 도와주옵소서. 예수 그리스도의 이름으로 기도합니다. 아멘.

안일함의 위험

사무엘하 11:1-2 그 해가 돌아와 왕들이 출전할 때가 되매 다윗이 요압과 그에게 있는 그의 부하들과 온 이스라엘 군대를 보내니 그들이 암몬 자손을 멸하고 랍바를 에워쌌고 다윗은 예루살렘에 그대로 있더라 저녁 때에 다윗이 그의 침상에서 일어나 왕궁 옥상에서 거닐다가 그 곳에서 보니 한 여인이 목욕을 하는데 심히 아름다워 보이는지라

온 이스라엘의 왕이 된 이후 다윗은 블레셋과 같은 주변국들을 상당 부분 제압하며 왕국의 기틀을 굳혀가고 있었습니다. 그러나 왕국이 안정 궤도에 오르자 그는 점차 왕으로서의 본분을 잃어가기 시작했고, 그 모습이 오늘 말씀에 나옵니다. 고대의 왕들에게 전쟁을 치르는 것은 나라의 안위가 걸린 중대한 사명이었기에, 많은 경우 직접 출전해 군을 지휘했습니다. 그러나 암몬과의 전쟁에서 다윗은 예루살렘에 머물며 부하들만 전장으로 보냈습니다. 이 같은 안일함 속에 죄의 유혹이 틈을 탔습니다. 부하들이 전쟁터에서 목숨을 걸고 싸우는 동안 그는 부하 중 한 사람의 아내를 범하는 중대한 죄를 저질렀습니다. 한때 만군의 야훼의 이름을 부르며 전쟁터에서 싸우던 왕이 안일함 속에 잠시 방심하자 치명적인 죄의 유혹에 무너지고 만 것입니다.

우리도 다윗과 같은 위험에 빠질 수 있습니다. 중요한 일을 이뤄냈을 때, 신앙의 목표를 달성했을 때, 우리는 '이제 좀 쉬어도 되겠다.'라는 안일한 생각에 긴장을 늦추기 쉽습니다. 그러나 이때 유혹이 찾아올 수 있습니다. 우리는 성취 이후에도 계속해서 기도하며 말씀에 순종하고 사명의 자리를 지켜야 합니다. 오늘 우리 각자가 안일함을 물리치고, 맡겨진 자리에서 끝까지 깨어 하나님과 동행하기를 소망합니다.

| 일독성경 | 사무엘하 11-13장, 고린도후서 13장 읽음 □

오늘의 찬송

나 맡은 본분은

새찬송가 595장(통 372)

1. 나 맡은 본분은 구주를 높이고 뭇 영혼 구원 얻도록 잘 인도함이라
2. 부르심 받들어 내 형제 섬기며 구주의 뜻을 따라서 내 정성 다하리
3. 주 앞에 모든 일 잘 행케 하시고 이후에 주님 뵈올 때 상 받게 하소서
4. 나 항상 깨어서 늘 기도드리며 내 믿음 변치 않도록 날 도와주소서 아멘

질문

내가 이룬 업적이나 안정감이 오히려 나를 안일함으로 이끌 때 어떻게 대처할 수 있을까요?

나의 감사

오늘 하루, 감사할 것들을 적어보세요.

| 기도 | 하나님 아버지, 성취를 맛보고 삶이 안정될 때 안일함 속에 방심하지 말고 깨어 주님과 동행하게 하옵소서. 예수 그리스도의 이름으로 기도합니다. 아멘.

오직 예수 그리스도를 믿음으로

갈라디아서 2:15-16 우리는 본래 유대인이요 이방 죄인이 아니로되 사람이 의롭게 되는 것은 율법의 행위로 말미암음이 아니요 오직 예수 그리스도를 믿음으로 말미암는 줄 알므로 우리도 그리스도 예수를 믿나니 이는 우리가 율법의 행위로써가 아니고 그리스도를 믿음으로써 의롭다 함을 얻으려 함이라 율법의 행위로써는 의롭다 함을 얻을 육체가 없느니라

20세기 초 영국 복음주의를 대표했던 마틴 로이드 존스 목사는 성도의 믿음을 점검하기 위해 종종 이렇게 물었습니다. "당신은 지금 '나는 크리스천입니다.'라고 말할 준비가 되어 있습니까?" 그러면 어떤 이들은 자신 없는 목소리로 "저는 제가 충분히 선한 사람이라고 느껴지지는 않습니다."라고 답했습니다. 그럴 때마다 목사님은 이렇게 대답했습니다. "맞아요, 당신은 충분히 선하지 않습니다. 누구도 충분히 선할 수 없어요. 그러나 기독교 구원의 핵심은 예수님이 충분히 선하다고 말하는 것이며, 내가 그 안에 있다고 믿는 거예요!"

오늘 본문에서 사도 바울은 율법의 행위로 하나님 앞에 의롭다 인정받으려는 사람들을 책망합니다. 누구도 자신의 힘으로 의로움에 이를 수 없는데 왜 헛된 수고를 하느냐는 것입니다. 바울은 "의로움은 오직 예수 그리스도를 믿음으로 말미암는다."라고 분명히 말합니다. 우리가 스스로 의롭고 선하기 때문에 하나님께 의롭다 인정받은 것이 아닙니다. 우리는 오직 의로우신 예수님을 믿음으로 의인이라 칭함받고 크리스천이 되었습니다. 이 놀라운 은혜의 감격을 날마다 마음 깊이 새기며 넘치는 감사로 살아가시기를 소망합니다.

| 일독성경 | 사무엘하 14-15장, 갈라디아서 1-2장 읽음 □

오늘의 찬송

마음에 가득한 의심을 깨치고

새찬송가 257장(통 189)

1. 마음에 가득한 의심을 깨치고 지극히 화평한 맘으로
   찬송을 부름은 어린양 예수의 그 피로 속죄함 얻었네
2. 금이나 은같이 없어질 보배로 속죄함 받은 것 아니오
   거룩한 하나님 어린양 예수의 그 피로 속죄함 얻었네
3. 나 같은 죄인이 용서함 받아서 주 앞에 옳다함 얻음은
   확실히 믿기는 어린양 예수의 그 피로 속죄함 얻었네
4. 거룩한 천국에 올라간 후에도 넘치는 은혜의 찬송을
   기쁘게 부름은 어린양 예수의 그 피로 속죄함 얻었네

후렴 속죄함 속죄함 주 예수 내 죄를 속했네 할렐루야 소리를 합하여 함께 찬송하세
그 피로 속죄함 얻었네

질문

오직 믿음으로 의롭다 하심을 얻은 은혜에 감사하며, 나는 오늘 삶 속에서 그 은혜에 어떻게 응답할 수 있을까요?

나의 감사

오늘 하루, 감사할 것들을 적어보세요.

| 기도 | 하나님 아버지, 오직 예수님을 믿는 믿음만으로 구원받은 은혜를 늘 기억하며 보답하는 삶을 살도록 인도해 주옵소서. 예수 그리스도의 이름으로 기도합니다. 아멘.

우리를 위해 언제나 일하시는 하나님

사무엘하 17:5-7 압살롬이 이르되 아렉 사람 후새도 부르라 우리가 이제 그의 말도 듣자 하니라 후새가 압살롬에게 이르매 압살롬이 그에게 말하여 이르되 아히도벨이 이러이러하게 말하니 우리가 그 말대로 행하랴 그렇지 아니하거든 너는 말하라 하니 후새가 압살롬에게 이르되 이번에는 아히도벨이 베푼 계략이 좋지 아니하니이다 하고

다윗은 아들 압살롬의 반역으로 인해 목숨이 위태로운 도망자가 되었습니다. 예루살렘의 왕좌와 나라의 주도권은 이미 압살롬에게 넘어갔고, 지략이 뛰어난 아히도벨의 계책이 실행된다면 다윗과 그의 무리는 조만간 사라질 위기였습니다. 그러나 이처럼 절망적인 상황 속에서도 하나님은 보이지 않는 곳에서 다윗을 위해 일하고 계셨습니다. 하나님은 압살롬의 마음을 움직여 아히도벨의 뛰어난 계략을 택하지 않게 하시고, 오히려 다윗을 돕기 위해 보내진 후새의 조언을 택하게 하셨습니다. 그 결과 다윗은 피할 길을 얻었고, 생명을 보존할 수 있었습니다. 이렇듯 사람의 눈에는 모든 것이 끝난 것처럼 보여도, 하나님은 여전히 하나님의 사람을 돕기 위해 역사하신다는 사실이 이 이야기에 담겨 있습니다.

우리도 때로는 모든 길이 막힌 것 같은 현실에 부딪히고, 도저히 풀리지 않는 문제 앞에 낙심할 때가 있습니다. 그러나 그때에도 하나님은 우리가 보지 못하는 곳에서, 우리가 다 알 수 없는 방법으로 일하고 계십니다. 그러니 눈앞의 상황과 형편 때문에 두려워할 필요가 없습니다. 하나님의 때와 방법을 온전히 신뢰하며, 그분의 보이지 않는 손길을 붙들고 날마다 믿음으로 살아가야 합니다.

| 일독성경 | 사무엘하 16-18장, 갈라디아서 3장 읽음 □

오늘의 찬송

그 크신 하나님의 사랑

새찬송가 304장(통 404)

1. 그 크신 하나님의 사랑 말로 다 형용 못 하네 저 높고 높은 별을 넘어 이 낮고 낮은 땅 위에 죄 범한 영혼 구하려 그 아들 보내사 화목 제물 삼으시고 죄 용서하셨네
2. 괴로운 시절 지나가고 땅 위의 영화 쇠할 때 주 믿지 않던 영혼들은 큰 소리 외쳐 울어도 주 믿는 성도들에게 큰 사랑 베푸사 우리의 죄 사했으니 그 은혜 잊을까
3. 하늘을 두루마리 삼고 바다를 먹물 삼아도 한없는 하나님의 사랑 다 기록할 수 없겠네 하나님의 크신 사랑 그 어찌 다 쓸까 저 하늘 높이 쌓아도 채우지 못하리

후렴 하나님 크신 사랑은 측량 다 못하네 영원히 변치 않는 사랑 성도여 찬양하세

질문

지금 내 삶에 두렵고 불안한 일이 있다면, 나는 그것을 내 힘으로 해결하려 애쓰고 있나요? 아니면 하나님께 조용히 맡기며 기다리고 있나요?

나의 감사

오늘 하루, 감사할 것들을 적어보세요.

| 기도 | 하나님 아버지, 눈앞의 위기와 두려움 속에서도 조용히 주님을 신뢰하며 기도하는 믿음의 사람이 되게 하옵소서. 예수 그리스도의 이름으로 기도합니다. 아멘.

아빠 아버지

갈라디아서 4:4-7 때가 차매 하나님이 그 아들을 보내사 여자에게서 나게 하시고 율법 아래에 나게 하신 것은 율법 아래에 있는 자들을 속량하시고 우리로 아들의 명분을 얻게 하려 하심이라 너희가 아들이므로 하나님이 그 아들의 영을 우리 마음 가운데 보내사 아빠 아버지라 부르게 하셨느니라 그러므로 네가 이 후로는 종이 아니요 아들이니 아들이면 하나님으로 말미암아 유업을 받을 자니라

베스트셀러 『나는 감히 그분을 아버지라 불렀다』의 저자 빌키스 셰이크 여사는 파키스탄의 무슬림 귀족 가문에서 태어났습니다. 풍요로운 환경 속에 살았지만, 부모를 잃고 결혼마저 실패하면서 그녀는 깊은 우울증에 빠졌습니다. 마음의 공허함을 메우기 위해 여러 길을 찾던 중 성경을 접한 셰이크 여사는 하나님을 더 알고 싶은 갈망을 품게 되었습니다. 그러던 어느 날, 병원에서 만난 한 크리스천 의사에게서 하나님은 아버지와 같은 분이라는 말을 들었습니다. 규범적이고 엄격한 무슬림 신앙에서 자란 그녀에게 신이 아버지라는 말은 충격으로 다가왔습니다. 얼마 후 그녀는 예수님을 구주로 영접하고 하나님을 아버지라 부르며 그분의 따뜻하고 친밀한 사랑을 경험했습니다. 이후 하나님 아버지를 세계에 전하는 복음전도자로 여생을 바쳤습니다.

오늘 본문은 우리가 하나님을 "아빠 아버지"라 부를 수 있게 되었다고 말씀합니다. 하나님을 아버지라 부른다는 것은 참으로 놀라운 특권입니다. 자격 없는 우리가 오직 예수님을 믿는 믿음 하나로 창조주 하나님의 품에 안길 수 있다는 사실은 세상 무엇과도 바꿀 수 없는 은혜입니다. 오늘도 우리를 한없는 사랑으로 안으시고 돌보시는 아버지 하나님께 감사하며 그분을 전하는 삶을 살기로 다짐해 봅시다.

| 일독성경 | 사무엘하 19-21장, 갈라디아서 4장 읽음 □

오늘의 찬송

주 날개 밑 내가 편안히 쉬네

새찬송가 419장(통 478)

1. 주 날개 밑 내가 편안히 쉬네 밤 깊고 비바람 불어쳐도
   아버지께서 날 지켜주시니 거기서 편안히 쉬리로다
2. 주 날개 밑 나의 피난처 되니 거기서 쉬기를 원하노라
   세상이 나를 위로치 못하나 거기서 평화를 누리리라
3. 주 날개 밑 참된 기쁨이 있네 고달픈 세상길 가는 동안
   나 거기 숨어 돌보심을 받고 영원한 안식을 얻으리라

후렴 주 날개 밑 평안하다 그 사랑 끊을 자 뉘뇨 주 날개 밑 내 쉬는 영혼 영원히 거기서 살리

질문

나는 하나님을 어떤 분으로 생각하나요? 내가 무언가를 잘해야만 사랑하시는 분인가요, 아니면 있는 모습 그대로 받아주시는 분인가요?

나의 감사

오늘 하루, 감사할 것들을 적어보세요.

| 기도 | 하나님 아버지, 부족하고 연약함에도 불구하고 저를 품에 안아주셔서 아빠 아버지라 부를 수 있게 하심에 감사드립니다. 예수 그리스도의 이름으로 기도합니다. 아멘.

APR **04.25** 토요일

절제하는 신앙

갈라디아서 5:20-23 우상 숭배와 주술과 원수 맺는 것과 분쟁과 시기와 분냄과 당짓는 것과 분열함과 이단과 투기와 술 취함과 방탕함과 또 그와 같은 것들이라 전에 너희에게 경계한 것 같이 경계하노니 이런 일을 하는 자들은 하나님의 나라를 유업으로 받지 못할 것이요 오직 성령의 열매는 사랑과 희락과 화평과 오래 참음과 자비와 양선과 충성과 온유와 절제니 이같은 것을 금지할 법이 없느니라

16세기에 활동한 라파엘로는 르네상스 3대 거장 중 하나로 불릴 만큼 탁월한 화가였습니다. 라파엘로의 화풍은 절제된 미로 대표됩니다. 화려한 듯하면서도 소박하고, 장엄한 듯하면서도 세밀한 그의 그림에는 절제미가 고스란히 담겨 있습니다. 이는 예수님이 변화산에서 영광스러운 모습으로 변하시는 장면을 그린 그의 작품「변모」에서도 잘 드러납니다. 그는 이 그림에서 다양하고 화려한 색채를 과감하게 사용하되, 빛과 그림자의 균형을 섬세하게 조율하여 장면의 장엄함이 지나치게 두드러지지 않도록 했습니다. 덕분에 보는 이는 작품 속에서 경외감과 함께 평온함을 동시에 느낄 수 있습니다. 그의 시대뿐 아니라, 오늘날의 많은 이들도 라파엘로의 작품에 나타난 절제미 속에서 높은 품격과 우아함을 발견하게 된다고 한목소리로 평가합니다.

오늘 말씀에는 성령의 열매 아홉 가지 특성 중 하나로 절제가 나옵니다. 믿음의 사람은 사랑, 자비, 양선 등 여러 선한 덕목을 실천하며 열매 맺는 삶을 살아야 합니다. 조화와 균형 속에서 절제 있는 실천이 이루어질 때 믿음의 삶은 더욱 빛이 납니다. 모든 선한 일에 절제의 미덕을 더해, 품격 있는 성숙한 신앙인으로 자라가기를 힘써야 합니다.

| 일독성경 | 사무엘하 22-24장, 갈라디아서 5장 읽음 □

오늘의 찬송

내가 매일 기쁘게

새찬송가 191장(통 427)

1. 내가 매일 기쁘게 순례의 길 행함은 주의 팔이 나를 안보함이요
   내가 주의 큰 복을 받는 참된 비결은 주의 영이 함께함이라
2. 전에 죄에 빠져서 평안함이 없을 때 예수 십자가의 공로 힘입어
   그 발 아래 엎드려 참된 평화 얻음은 주의 영이 함께함이라
3. 나와 동행하시고 모든 염려 아시니 나는 숲의 새와 같이 기쁘다
   내가 기쁜 맘으로 주의 뜻을 행함은 주의 영이 함께함이라
4. 세상 모든 욕망과 나의 모든 정욕은 십자가에 이미 못을 박았네
   어둔 밤이 지나고 무거운 짐 벗으니 주의 영이 함께함이라

후렴 성령이 계시네 할렐루야 함께하시네
좁은 길을 걸으며 밤낮 기뻐하는 것 주의 영이 함께함이라

질문

좋은 것이지만 너무 지나치면 문제가 되는 것에는 무엇이 있을까요?

나의 감사

오늘 하루, 감사할 것들을 적어보세요.

| 기도 | 하나님 아버지, 하나님 보시기에 선한 일을 실천하되, 모든 일을 절제하며 행함으로 성숙함을 보이게 하옵소서. 예수 그리스도의 이름으로 기도합니다. 아멘.

나보다 남을 먼저 생각하는 삶

열왕기상 3:10-12 솔로몬이 이것을 구하매 … 이에 하나님이 그에게 이르시되 네가 이것을 구하도다 자기를 위하여 장수하기를 구하지 아니하며 부도 구하지 아니하며 자기 원수의 생명을 멸하기도 구하지 아니하고 오직 송사를 듣고 분별하는 지혜를 구하였으니 내가 네 말대로 하여 네게 지혜롭고 총명한 마음을 주노니 네 앞에도 너와 같은 자가 없었거니와 네 뒤에도 너와 같은 자가 일어남이 없으리라

전국 900개 이상의 가맹점을 운영하는 이삭토스트 대표 김하경 권사는 신실한 크리스천입니다. 생계를 위해 어쩔 수 없이 시작한 3평 남짓한 작은 토스트 가게를 오늘날의 규모로 성장시킨 그녀의 성공 스토리를 들으면 많은 이들이 감탄합니다. 그러나 우리가 더 주목해야 할 점은 경영자로서 그녀가 지닌 남다른 마음가짐입니다. 그녀는 성실히 일하는 이유가 자신의 성공을 위한 것이 아닌, 이삭토스트 직원들의 일자리를 지키고 가맹점주들이 안정적으로 생계를 이어갈 수 있도록 하기 위함이라고 고백합니다. 자신의 이득과 성공보다 남의 안위를 먼저 생각하며 살아가는 김하경 권사의 모습은 우리 모두에게 큰 귀감이 됩니다.

오늘 말씀에는 나보다 남의 유익을 먼저 구해 하나님께 칭찬받은 인물이 나옵니다. 바로 솔로몬입니다. 그는 자신의 장수나 부를 구하지 않고, 백성을 섬길 지혜를 하나님께 간구했습니다. 하나님은 그의 마음을 기뻐하시고 지혜롭고 총명한 마음을 주실 뿐 아니라 나라를 강성하게 하셨습니다. 자신의 이익만을 좇는 시대 속에서 크리스천은 타인을 돌아보는 마음을 품어야 합니다. 하나님은 자신보다 이웃을 먼저 생각하는 사람을 기뻐하시며, 그의 삶을 형통하게 축복하십니다.

| 일독성경 | 열왕기상 1–3장, 갈라디아서 6장 읽음 □

오늘의 찬송

네 맘과 정성을 다하여서

새찬송가 218장(통 369)

1. 네 맘과 정성을 다하여서 주 너의 하나님을 사랑하라 네 몸을 아끼고 사랑하듯 형제와 이웃을 사랑하라 주께서 우리게 명하시니 그 명령 따라서 살아가리
2. 널 미워 해치는 원수라도 언제나 너그럽게 사랑하라 널 핍박하는 자 위해서도 신실한 맘으로 복을 빌라 주께서 우리게 명하시니 그 명령 따라서 살아가리
3. 나 항상 주님을 멀리하고 형제를 사랑하지 못하였다 이러한 죄인을 사랑하사 주께서 몸 버려 죽으셨다 속죄의 큰 사랑 받은 이 몸 내 생명 다 바쳐 충성하리 아멘

질문

오늘 내 주변에 도움이 필요한 사람은 누구인가요? 그를 위해 내가 할 수 있는 일을 적어보세요.

나의 감사

오늘 하루, 감사할 것들을 적어보세요.

| 기도 | 하나님 아버지, 나의 유익만이 아닌 이웃의 유익을 위해 기도하는 넉넉한 마음을 지니도록 인도해 주옵소서. 예수 그리스도의 이름으로 기도합니다. 아멘.

APR **04.27** 월요일

성령 안에서 하나 됨

에베소서 2:16-19 또 십자가로 이 둘을 한 몸으로 하나님과 화목하게 하려 하심이라 원수 된 것을 십자가로 소멸하시고 또 오셔서 먼 데 있는 너희에게 평안을 전하시고 가까운 데 있는 자들에게 평안을 전하셨으니 이는 그로 말미암아 우리 둘이 한 성령 안에서 아버지께 나아감을 얻게 하려 하심이라 그러므로 이제부터 너희는 외인도 아니요 나그네도 아니요 오직 성도들과 동일한 시민이요 하나님의 권속이라

1906년에 일어난 아주사 부흥은 방언과 신유가 나타난 기적의 현장이었을 뿐만 아니라, 서로 다른 인종과 계층이 성령 안에서 하나로 어우러진 연합의 자리였습니다. 유색인종에 대한 차별이 여전히 뿌리 깊었던 1900년대 초 미국 사회였지만, 성령이 임하신 아주사의 작은 예배처소 안에서는 차별과 멸시를 찾아볼 수 없었습니다. 이 부흥을 이끈 윌리엄 시무어 목사는 이렇게 고백했습니다. "사람들이 모두 하나로 녹아져 … 그리스도 안에서 한 몸이 되었습니다. 아주사 거리 선교회에는 유대인도 이방인도 종도 자유인도 없습니다. 하나님은 사람이나 장소를 차별하지 않으십니다."

에베소교회에 보낸 편지에서 사도 바울은 유대인이든 이방인이든 예수 그리스도를 믿는 믿음 안에서 모두가 동등한 하나님의 자녀라고 선포합니다. 곧, 예수님 안에서 "한 성령"으로 연합한 우리는 누구나 차별 없이 하나님께 나아갈 수 있다는 뜻입니다. 오늘날 교회 역시 다른 성향, 다른 세대, 다양한 배경을 가진 사람들이 한자리에 모여 하나님을 예배합니다. 이는 자신과는 다르다는 이유로 분열하고 갈등하는 세상과 구별된 교회의 아름다운 모습입니다. 우리가 속한 믿음의 공동체가 성령 안에서 하나 됨을 끝까지 지켜 세상에 본이 되고, 하나님의 영광을 드러내게 되기를 소망합니다.

| 일독성경 | 열왕기상 4-5장, 에베소서 1-2장 읽음 □

오늘의 찬송

사랑하는 주님 앞에

새찬송가 220장(통 278)

1. 사랑하는 주님 앞에 형제자매 한자리에 크신 은혜 생각하며 즐거운 찬송 부르네
   내 주 예수 본을 받아 모든 사람 내 몸같이 환난 근심 위로하고 진심으로 사랑하세
2. 사랑하는 주님 앞에 온갖 충성 다 바쳐서 괴로우나 즐거우나 주님만 힘써 섬기네
   우리 주님 거룩한 손 제자들의 발을 씻어 남 섬기는 종의 도를 몸소 행해 보이셨네
3. 사랑하는 주님 예수 같은 주로 섬기나니 한 피 받아 한 몸 이룬 형제여 친구들이여
   한 몸같이 친밀하고 마음으로 하나 되어 우리 주님 크신 뜻을 지성으로 준행하세

질문

나는 언제 교회의 다른 형제 자매들과 하나 됨을 느끼나요?

나의 감사

오늘 하루, 감사할 것들을 적어보세요.

| 기도 | 하나님 아버지, 예수 그리스도를 믿는 믿음을 통해 성령 안에서 하나 됨을 힘써 지켜나가는 우리가 되게 하옵소서. 예수 그리스도의 이름으로 기도합니다. 아멘.

APR **04.28** 화요일

모든 것에 더 넘치도록 능히 하실 분

에베소서 3:18-21 능히 모든 성도와 함께 지식에 넘치는 그리스도의 사랑을 알고 그 너비와 길이와 높이와 깊이가 어떠함을 깨달아 하나님의 모든 충만하신 것으로 너희에게 충만하게 하시기를 구하노라 우리 가운데서 역사하시는 능력대로 우리가 구하거나 생각하는 모든 것에 더 넘치도록 능히 하실 이에게 교회 안에서와 그리스도 예수 안에서 영광이 대대로 영원무궁하기를 원하노라 아멘

박모세 군은 어머니 뱃속에서부터 머리에 이상이 생겨, 태어난 지 3일 만에 대뇌의 70%, 소뇌의 90%를 절단하는 대수술을 받아야 했습니다. 의사들은 그가 보지도, 걷지도 못한 채 오래 살지 못할 것이라 했으며, 실제로 인큐베이터에 있을 때부터 여러 차례 죽을 고비를 넘겼습니다. 퇴원 후에도 뇌수종과 뇌출혈 등으로 생사의 경계를 오갔지만, 어머니는 그저 살아서 곁에만 있어 주기를 간절히 기도했습니다. 그러던 어느 날, 누워만 있던 모세가 스스로 앉기 시작하더니, 곧 일어서 걷게 되었고, 한쪽 귀가 들리기 시작했습니다. 5살이 되던 해에는 말문이 열렸고, 마침내 노래까지 부르게 되었습니다. 특히 모세 군은 찬양 부르기를 무척이나 좋아했고, 그의 아름다운 찬양은 많은 이들에게 감동을 주었습니다. 2017년 백석예술대학교를 졸업한 그는 현재 성악가로 활동하며 하나님의 은혜와 기적을 증언하는 삶을 살고 있습니다.

오늘 본문은 하나님에 대해 "우리가 구하거나 생각하는 모든 것에 더 넘치도록 능히 하실 이"라고 말씀합니다. 앞이 캄캄하고 아주 작은 희망조차 보이지 않는 상황에서도 하나님의 능력을 신뢰하며 힘써 기도하시기를 소망합니다. 하나님은 간절한 기도로 나아가는 사람에게 생각과 기대를 뛰어넘는, 넘치는 역사로 응답하실 것입니다.

| 일독성경 | 열왕기상 6-8장, 에베소서 3장 읽음 □

오늘의 찬송

나 주의 도움 받고자

새찬송가 214장(통 349)

1. 나 주의 도움 받고자 주 예수님께 빕니다 그 구원 허락하시사 날 받아주소서
2. 큰 죄에 빠져 영 죽을 날 위해 피 흘렸으니 주 형상대로 빚으사 날 받아주소서
3. 내 힘과 결심 약하여 늘 깨어지기 쉬우니 주 이름으로 구원해 날 받아주소서
4. 내 주님 서신 발 앞에 나 꿇어 엎드렸으니 그 크신 역사 이루게 날 받아주소서

후렴 내 모습 이대로 주 받아주소서 날 위해 돌아가신 주 날 받아주소서 아멘

질문

지금까지의 삶을 돌아보며 내가 기도하고 기대했던 것보다 하나님이 더 큰 복을 주신 경험을 적어보세요.

나의 감사

오늘 하루, 감사할 것들을 적어보세요.

| 기도 | 하나님 아버지, 넘치는 복으로 응답하실 주님을 신뢰하며, 어떤 희망도 보이지 않을 때 간절한 기도로 간구하게 하옵소서. 예수 그리스도의 이름으로 기도합니다. 아멘.

APR **04.29** 수요일

변치 않는 마음의 중요성

열왕기상 11:4-11 솔로몬의 나이가 많을 때에 그의 여인들이 그의 마음을 돌려 다른 신들을 따르게 하였으므로 왕의 마음이 그의 아버지 다윗의 마음과 같지 아니하여 그의 하나님 야훼 앞에 온전하지 못하였으니 … 야훼께서 솔로몬에게 말씀하시되 네게 이러한 일이 있었고 또 네가 내 언약과 내가 네게 명령한 법도를 지키지 아니하였으니 내가 반드시 이 나라를 네게서 빼앗아 네 신하에게 주리라

한진관 목사님은 1969년 뉴욕에 퀸즈한인교회를 개척하여, 평생을 이민자들을 섬기는 사역에 헌신했습니다. 제가 워싱톤순복음제일교회를 담임하던 시절, 목사님을 알게 되어 매년 한 차례씩 부흥회 강사로 초청했습니다. 그때 전해주신 설교 중 지금도 마음에 깊이 남아있는 말씀이 있습니다. "여러분이 가슴에 손을 얹고 진실한 마음으로 '예수님, 제가 주님을 진심으로 사랑합니다.' 이렇게 열 번 고백했는데도 가슴이 뭉클하지 않고 눈물이 나지 않는다면, 그것은 온전한 신앙이 아닙니다." 이 말씀은 지금도 제 마음을 울리며, 제가 처음 예수님을 만났을 때의 감격을 여전히 간직하고 있는지 살펴보게 합니다. 예수님의 십자가를 생각하면 날마다 감격해야 합니다.

오늘 본문에는 한때 하나님을 진실하게 따랐지만, 세월이 흐르며 그 마음을 잃어버린 솔로몬의 안타까운 모습이 나옵니다. 결국 하나님은 이러한 솔로몬을 책망하시고 그의 아들이 통치하던 시대에 이르러 이스라엘을 남북으로 분열되게 하셨습니다. 우리는 솔로몬의 모습을 반면교사로 삼아야 합니다. 처음 예수님의 사랑을 체험했을 때의 감격과 기쁨을 끝까지 간직해야 합니다. 변함없이 한결같은 믿음으로 예수님을 사랑하며 따르는 사람을 하나님은 기뻐하시고, 그의 삶에 더욱 풍성한 복을 내려주십니다.

| 일독성경 | 열왕기상 9-11장, 에베소서 4장 읽음 □

오늘의 찬송

내 구주 예수를 더욱 사랑

새찬송가 314장(통 511)

1. 내 구주 예수를 더욱 사랑 엎드려 비는 말 들으소서
   내 진정 소원이 내 구주 예수를 더욱 사랑 더욱 사랑
2. 이전엔 세상 낙 기뻤어도 지금 내 기쁨은 오직 예수
   다만 내 비는 말 내 구주 예수를 더욱 사랑 더욱 사랑
3. 이 세상 떠날 때 찬양하고 숨질 때 하는 말 이것일세
   다만 내 비는 말 내 구주 예수를 더욱 사랑 더욱 사랑 아멘

질문

신앙의 초심을 끝까지 지켜낸 사람을 본 적이 있나요? 그들의 삶에서 배울 수 있는 점은 무엇일까요?

나의 감사

오늘 하루, 감사할 것들을 적어보세요.

| 기도 | 하나님 아버지, 변치 않는 신실한 마음으로 주님을 따르게 하시고, 마지막까지 하나님께 헌신하는 삶을 살게 하옵소서. 예수 그리스도의 이름으로 기도합니다. 아멘.

APR **04.30** 목요일

감사하는 말을 하라

에베소서 5:1-4 그러므로 사랑을 받는 자녀 같이 너희는 하나님을 본받는 자가 되고 그리스도께서 너희를 사랑하신 것 같이 너희도 사랑 가운데서 행하라 … 음행과 온갖 더러운 것과 탐욕은 너희 중에서 그 이름조차도 부르지 말라 이는 성도에게 마땅한 바니라 누추함과 어리석은 말이나 희롱의 말이 마땅치 아니하니 오히려 감사하는 말을 하라

호흡 기능이 손상되어 평생 호흡 보조 장치에 의지해야 하는 상황을 상상해 본 적 있으신가요? 김온유 자매는 20년이 넘도록 고무주머니를 손으로 눌러 산소를 공급하는 수동 호흡기에 의존해 숨을 쉬고 있습니다. 14세 때 감기 치료 과정의 오진과 잘못된 수술로 인해 흉곽이 무너져 자가 호흡이 불가능해져 버렸기 때문입니다. 극한 절망 속에서 자살을 생각할 만큼 힘든 시간을 보냈지만, 하나님의 말씀이 그녀를 붙들어 주었습니다. 성경을 읽으며 예수님의 사랑을 깨달은 그녀는 원망 대신 감사의 말을 하기로 결심했습니다. 온유 자매는 여전히 자연스럽게 숨을 쉴 수 없지만, 음식을 삼킬 수 있다는 것, 수동 호흡기를 눌러서라도 숨을 이어갈 수 있다는 것에 감사하다고 고백합니다. 무엇보다 하나님의 자녀로 사랑받고 있음에 감사하다고 말합니다.

오늘 본문은 우리에게 그 어떤 말보다도 "감사하는 말을 하라"라고 권면합니다. 어떤 이들은 건강이 좋거나 형편이 넉넉할 때만 감사를 고백하지만, 성숙한 크리스천은 상황이 어떠하든 변함없이 감사합니다. 내게 없는 것을 바라보며 불평하기보다 지금 내게 허락된 것들 속에서 감사의 이유를 발견해야 합니다. 무엇보다 나를 하나님의 자녀로 삼아주시고 지금도 변함없이 사랑해주시는 은혜에 감사하는 것이 참된 신앙인의 모습입니다.

| 일독성경 | 열왕기상 12-14장, 에베소서 5장 읽음 □

오늘의 찬송

다 감사드리세

새찬송가 66장(통 20)

1. 다 감사드리세 온 맘을 주께 바쳐 그 섭리 놀라워 온 세상 기뻐하네
   예부터 주신 복 한없는 그 사랑 선물로 주시네 이제와 영원히
2. 사랑의 하나님 언제나 함께 계셔 기쁨과 평화의 복 내려주옵소서
   몸과 맘 병들 때 은혜로 지키사 이 세상 악에서 구하여 주소서
3. 감사와 찬송을 다 주께 드리어라 저 높은 곳에서 다스리시는 주님
   영원한 하나님 다 경배하여라 전에도 이제도 장래도 영원히 아멘

질문

나의 상황을 둘러보면 답답한 일이 많을 것입니다. 그럼에도 불구하고 그 속에서 감사할 것을 찾아 감사의 고백을 드려보세요.

나의 감사

오늘 하루, 감사할 것들을 적어보세요.

| 기도 | 하나님 아버지, 힘겨운 삶 속에서도 감사할 것들을 찾아 감사하며 사는 참된 믿음의 사람이 되도록 인도해 주옵소서. 예수 그리스도의 이름으로 기도합니다. 아멘.

5 MAY 2026

SUN	MON	TUE	WED
26	27	28	29
3 왕상 20-22 □ 빌 3 □	4 왕하 1-3 □ 빌 4 □	5 어린이날 왕하 4-5 □ 골 1-2 □	6 왕하 6-8 □ 골 3 □
10 왕하 17-18 □ 살전 4-5 □	11 왕하 19-21 □ 살후 1 □	12 왕하 22-23 □ 살후 2-3 □	13 왕하 24-25 □ 딤전 1-2 □
17 대상 9-10 □ 딤후 1-2 □	18 대상 11-13 □ 딤후 3 □	19 대상 14-16 □ 딤후 4 □	20 대상 17-19 □ 딛 1 □
24 성령강림주일 대상 27-29 □ 히 3 □	25 대체 휴일 대하 1-2 □ 히 4-5 □	26 대하 3-4 □ 히 6 □	27 대하 5-7 □ 히 7 □
31 대하 16-17 □ 히 12-13 □	1	2	3

감사QT 365

일독성경표 & monthly plan

	THU	FRI	SAT	메모
	30	1 왕상 15-17 □ 엡 6 □	2 왕상 18-19 □ 빌 1-2 □	
	7 왕하 9-11 □ 골 4 □	8 어버이날 왕하 12-13 □ 살전 1-2 □	9 왕하 14-16 □ 살전 3 □	
	14 대상 1-3 □ 딤전 3 □	15 스승의날 대상 4-5 □ 딤전 4-5 □	16 대상 6-8 □ 딤전 6 □	
	21 대상 20-21 □ 딤 2-3 □	22 대상 22-24 □ 몬 1 □	23 대상 25-26 □ 히 1-2 □	
	28 대하 8-9 □ 히 8-9 □	29 대하 10-12 □ 히 10 □	30 대하 13-15 □ 히 11 □	
	4	5	6	

천국의 삶을 이루는 우리 가정

에베소서 6:1-4 자녀들아 주 안에서 너희 부모에게 순종하라 이것이 옳으니라 네 아버지와 어머니를 공경하라 이것은 약속이 있는 첫 계명이니 이로써 네가 잘되고 땅에서 장수하리라 또 아비들아 너희 자녀를 노엽게 하지 말고 오직 주의 교훈과 훈계로 양육하라

마빈 토케이어의 책『왜 유대인인가』에서 소개된 유대인의 일곱 가지 성공 비결 중 하나는 바로 '가정'입니다. 유대인에게 가정은 가장 중요한 신앙 교육의 장이며, 부모는 자녀의 첫 번째 교사입니다. 그들은 자녀를 훈육할 때, 아이 자체가 아니라 아이의 행동에 초점을 맞춥니다. 아이가 벽에 낙서를 하면 "벽은 낙서하기 위해 있는 것이 아니란다. 그림은 도화지에 그려라."라며 아이를 혼내기보다는 스스로 옳고 그름을 판단하도록 돕습니다. 칭찬할 때도 아이 자체를 칭찬하지 않고 그 행위를 칭찬합니다. 시험을 잘 봤을 때 "너는 머리가 좋구나."가 아니라, "좋은 성적을 받았으니 더 좋은 학교에 진학할 수 있겠구나."라고 말하여 결과에 초점을 맞춥니다. 이처럼 유대인들은 자녀의 자존감이나 인격에 상처를 주는 훈육은 철저히 피합니다.

가정은 하나님이 우리에게 주신 귀한 선물입니다. 그러므로 우리는 가정을 잘 돌보고 가정을 통해 천국을 이루기 위해 힘써야 합니다. 부모는 자녀의 감정을 배려하며 훈육하고, 자녀는 부모를 공경하고 순종함으로써 화목한 가정을 이뤄야 합니다. 이러한 가정은 복음을 전하는 통로가 됩니다. 우리의 가정이 하나님을 기쁘시게 하는 가정이 되어, 주님이 주신 복음 증거의 사명을 온전히 감당하기를 소망합니다.

| 일독성경 | 열왕기상 15-17장, 에베소서 6장 읽음 □

오늘의 찬송

사철에 봄바람 불어 잇고

새찬송가 559장(통 305)

1. 사철에 봄바람 불어 잇고 하나님 아버지 모셨으니
   믿음의 반석도 든든하다 우리 집 즐거운 동산이라
2. 어버이 우리를 고이시고 동기들 사랑에 뭉쳐있고
   기쁨과 설움도 같이하니 한 간의 초가도 천국이라
3. 아침과 저녁에 수고하여 다같이 일하는 온 식구가
   한 상에 둘러서 먹고 마셔 여기가 우리의 낙원이라

후렴 고마워라 임마누엘 예수만 섬기는 우리 집 고마워라 임마누엘 복되고 즐거운 하루하루

질문

우리 가정은 화목한 모습으로 하나 되어 참 예배자의 삶을 살고 있나요? 기도할 때 혹시 부모님이나 자녀에게 미안했던 일이 떠오른다면, 용기를 내어 사과해 보세요.

나의 감사

오늘 하루, 감사할 것들을 적어보세요.

| 기도 | 하나님 아버지, 복된 가정을 허락해 주심에 감사드립니다. 우리의 가정이 서로 사랑함으로 천국의 모습을 이루게 하옵소서. 예수 그리스도의 이름으로 기도합니다. 아멘.

우리 곁에 있는 믿음의 동역자들

열왕기상 19:13-18 엘리야야 네가 어찌하여 여기 있느냐 그가 대답하되 내가 만군의 하나님 야훼께 열심이 유별하오니 이는 이스라엘 자손이 주의 언약을 버리고 주의 제단을 헐며 칼로 주의 선지자들을 죽였음이오며 오직 나만 남았거늘 그들이 내 생명을 찾아 빼앗으려 하나이다 … 그러나 내가 이스라엘 가운데에 칠천 명을 남기리니 다 바알에게 무릎을 꿇지 아니하고 다 바알에게 입맞추지 아니한 자니라

종교개혁자 마틴 루터는 신성로마제국의 황제 카를 5세와 교황에게 파문당한 후 위태로운 상황에 놓였습니다. 황제는 루터를 죽이려고 했지만, 그를 지지하는 사람들이 많아서 쉽게 죽일 수 없었습니다. 특히 황제 선출권을 가지고 있던 작센 지역의 선제후 프리드리히 3세는 보름스 의회에 참석하는 루터를 보호하기 위해 병사들을 보내기까지 했습니다. 그의 지지와 보호 아래 루터는 라틴어 신약성경을 독일어로 번역하는 일에 전념할 수 있었습니다. 마침내 1522년 독일어 신약성경이 출간되었고 초판 3천 부는 몇 주 만에 완판되었으며, 1년도 채 되지 않아 12판이 인쇄되었습니다. 이후에도 여러 위협이 있었지만, 루터는 프리드리히를 비롯한 여러 동역자의 도움으로 종교개혁의 사명을 끝까지 감당할 수 있었습니다.

엘리야는 호렙산에서 위대한 승리를 거둔 뒤, 이세벨의 살해 위협 앞에 큰 두려움을 느꼈습니다. 그는 "나만 남았나이다."라고 탄식했지만, 하나님은 바알에게 무릎 꿇지 않은 7천 명을 예비하셨습니다. 우리도 때때로 믿음의 길을 가는 동안 함께 걸어갈 동역자가 없다고 느껴지면 더욱 지치고 외로울 것입니다. 그러나 하나님은 언제나 우리 곁에 서로 격려하고 함께 기도해 줄 믿음의 사람들을 예비하고 계심을 잊지 마시길 바랍니다.

| 일독성경 | 열왕기상 18-19장, 빌립보서 1-2장 읽음 □

오늘의 찬송

어려운 일 당할 때

새찬송가 543장(통 342)

1. 어려운 일 당할 때 나의 믿음 적으나 의지하는 내 주를 더욱 의지합니다
2. 성령께서 내 마음 밝히 비춰주시니 인도하심 따라서 주만 의지합니다
3. 밝을 때에 노래와 어둘 때에 기도로 위태할 때 도움을 주께 간구합니다
4. 생명 있을 동안에 예수 의지합니다 천국 올라가도록 의지할 것뿐일세

후렴 세월 지나갈수록 의지할 것뿐일세 무슨 일을 당해도 예수 의지합니다

질문

삶의 위기 속에서 외롭다고 느껴질 때 동역자의 위로와 도움을 받은 적이 있나요? 나는 그러한 동역자가 된 적이 있나요?

나의 감사

오늘 하루, 감사할 것들을 적어보세요.

| 기도 | 하나님 아버지, 외롭고 힘들 때 주님이 예비하신 믿음의 동역자를 보내셔서 우리를 격려해 주심을 기억하게 하옵소서. 예수 그리스도의 이름으로 기도합니다. 아멘.

모든 것을 잃어버려도

빌립보서 3:7-9 무엇이든지 내게 유익하던 것을 내가 그리스도를 위하여 다 해로 여길뿐더러 또한 모든 것을 해로 여김은 내 주 그리스도 예수를 아는 지식이 가장 고상하기 때문이라 내가 그를 위하여 모든 것을 잃어버리고 배설물로 여김은 그리스도를 얻고 그 안에서 발견되려 함이니 내가 가진 의는 율법에서 난 것이 아니요 오직 그리스도를 믿음으로 말미암은 것이니 곧 믿음으로 하나님께로부터 난 의라

영국의 복음주의 신학자 제임스 패커가 1973년에 집필한 『하나님을 아는 지식』은 오늘날까지도 널리 읽히는 세계적인 기독교 베스트셀러입니다. 이 책은 25개국에서 번역 출간되어 30여 년 동안 전 세계 5백만 명 이상이 애독한 현대 기독교 고전입니다. 많은 기독교 지도자들은 이 책을 '성경 다음으로 중요한 책'이라고 평가하기도 합니다. 패커는 이 책의 서론에서 '하나님을 아는 지식'이 사람들에게 미치는 영향력에 관해 설명합니다. 그에 따르면, 하나님을 아는 지식을 가진 사람들에게는 다음의 4가지 특징이 나타난다고 합니다. 그들은 하나님을 위한 엄청난 에너지를 가지고 있고, 하나님에 대한 위대한 생각들을 품고 있습니다. 또한 두려움 없이 하나님을 위해 담대하게 행동하며, 무엇보다 하나님 안에서 커다란 만족과 기쁨을 누리는 삶을 살아갑니다.

사도 바울은 "예수를 아는 지식"을 위해 자신이 가진 모든 것을 배설물로 여긴다고 고백합니다. 그는 모든 것을 잃어버려도 예수 그리스도를 얻는 것이 무엇보다 소중한 것임을 깨달았던 것입니다. 이처럼 우리도 모든 것을 잃어버려도 예수님을 잃어버려서는 안 됩니다. 그분은 우리의 영원한 구원자요, 소망이시기 때문입니다.

| 일독성경 | 열왕기상 20-22장, 빌립보서 3장 읽음 □

오늘의 찬송

내가 매일 기쁘게

새찬송가 191장(통 427)

1. 내가 매일 기쁘게 순례의 길 행함은 주의 팔이 나를 안보함이요
내가 주의 큰 복을 받는 참된 비결은 주의 영이 함께함이라
2. 전에 죄에 빠져서 평안함이 없을 때 예수 십자가의 공로 힘입어
그 발 아래 엎드려 참된 평화 얻음은 주의 영이 함께함이라
3. 나와 동행하시고 모든 염려 아시니 나는 숲의 새와 같이 기쁘다
내가 기쁜 맘으로 주의 뜻을 행함은 주의 영이 함께함이라
4. 세상 모든 욕망과 나의 모든 정욕은 십자가에 이미 못을 박았네
어둔 밤이 지나고 무거운 짐 벗으니 주의 영이 함께함이라

후렴 성령이 계시네 할렐루야 함께하시네
좁은 길을 걸으며 밤낮 기뻐하는 것 주의 영이 함께함이라

질문

지금 내게 가장 소중한 것은 무엇인가요? 어떻게 하면 모든 것을 잃어버려도 예수님과 함께 하는 것만으로 만족할 수 있는 믿음을 얻을 수 있을까요?

나의 감사

오늘 하루, 감사할 것들을 적어보세요.

| 기도 | 하나님 아버지, 모든 것을 잃어버려도 예수님을 향한 믿음만은 잃지 않도록 우리를 도와주옵소서. 예수 그리스도의 이름으로 기도합니다. 아멘.

골짜기에 물이 가득할지라

열왕기하 3:16-18 그가 이르되 야훼의 말씀이 이 골짜기에 개천을 많이 파라 하셨나이다 야훼께서 이르시기를 너희가 바람도 보지 못하고 비도 보지 못하되 이 골짜기에 물이 가득하여 너희와 너희 가축과 짐승이 마시리라 하셨나이다 이것은 야훼께서 보시기에 작은 일이라 야훼께서 모압 사람도 당신의 손에 넘기시리니

허드슨 테일러가 중국에서 선교를 시작하던 무렵 대부분의 선교사들은 안전한 해안 지역에서 사역하려 했습니다. 하지만 테일러는 이들과 달리, 지원을 거의 받지 못하는 중국 내륙 깊숙한 곳까지 들어가 복음을 전했습니다. 그는 외국인 금지조항에도 불구하고 중국 내지의 수로를 따라 순회 전도 여정을 시작했습니다. 이것은 너무 위험해서 그의 동료들조차 반대하는 일이었습니다. 그는 엄청난 반대를 무릅쓰고 하나님으로부터 받은 선한 뜻을 실천에 옮기기 시작했습니다. 테일러는 '선교는 하나님의 일이며 그분이 책임지신다.'는 사실을 철저하게 믿었습니다. 이렇듯 하나님의 말씀에 순종해 담대히 나아간 테일러를 통해 중국 선교의 문이 열리고 수많은 영혼이 구원받는 역사가 일어났습니다.

이스라엘과 에돔 연합군은 모압과의 전쟁에서 물이 부족한 위기에 처하자, 엘리사를 찾아왔습니다. 그는 비 한 방울 내릴 조짐도 없는 상황에서 "이 골짜기에 개천을 많이 파라"라는 하나님의 명령을 전했습니다. 그 말씀대로 순종하자, 하나님은 그들의 목마름을 해결하시고 모압과의 전쟁에서도 승리하게 하셨습니다. 하나님은 인간적인 계획과 판단을 뛰어넘어 믿음과 순종으로 나아가는 하나님의 사람들에게 기적을 베푸십니다.

| 일독성경 | 열왕기하 1-3장, 빌립보서 4장 읽음 □

오늘의 찬송

주와 같이 길 가는 것

새찬송가 430장(통 456)

1. 주와 같이 길 가는 것 즐거운 일 아닌가 우리 주님 걸어가신 발자취를 밟겠네
2. 어린아이 같은 우리 미련하고 약하나 주의 손에 이끌리어 생명 길로 가겠네
3. 꽃이 피는 들판이나 험한 골짜기라도 주가 인도하는 대로 주와 같이 가겠네
4. 옛 선지자 에녹같이 우리들도 천국에 들려 올라갈 때까지 주와 같이 걷겠네

후렴 한 걸음 한 걸음 주 예수와 함께 날마다 날마다 우리 걸어가리

질문

지금 내 삶에 '물이 전혀 보이지 않는 골짜기'는 무엇인가요? 그 자리에서 하나님을 신뢰하며 순종해야 할 부분은 무엇인지 적어 보세요.

나의 감사

오늘 하루, 감사할 것들을 적어보세요.

| 기도 | 하나님 아버지, 어떤 문제 앞에서도 하나님만을 바라보게 하시고, 말씀에 순종하여 승리하는 삶을 살게 하옵소서. 예수 그리스도의 이름으로 기도합니다. 아멘.

어린 아이와 같이

누가복음 18:15-17 사람들이 예수께서 만져 주심을 바라고 자기 어린 아기를 데리고 오매 제자들이 보고 꾸짖거늘 예수께서 그 어린 아이들을 불러 가까이 하시고 이르시되 어린 아이들이 내게 오는 것을 용납하고 금하지 말라 하나님의 나라가 이런 자의 것이니라 내가 진실로 너희에게 이르노니 누구든지 하나님의 나라를 어린 아이와 같이 받아들이지 않는 자는 결단코 거기 들어가지 못하리라 하시니라

미국의 제1차 대각성운동을 이끈 조나단 에드워즈는 1730년대부터 꾸준히 부흥 운동을 주도했습니다. 그러나 1740년대에 들어서면서, 초기에 은혜를 경험했던 세대는 점차 세상적인 욕심에 사로잡혀 열심을 잃어갔고 부흥의 열기도 서서히 식어갔습니다. 이런 이유로 안타까움이 커져갔던 에드워즈는 어느 날 새로운 희망의 불씨를 발견했습니다. 그것은 바로 어린이들 가운데 일어난 하나님의 놀라운 역사였습니다. 에드워즈가 설교하자 어린이들은 통곡하며 죄를 회개했고, 하나님의 사랑에 사로잡혀 뜨겁게 찬양했습니다. 예배가 끝난 뒤에도 자발적으로 모여 성경을 읽고 교제를 나누었으며, 어떤 아이들은 금식하며 기도하기까지 했습니다. 이 모습을 본 에드워즈는 "어린 아이들의 예배와 찬송을 절대로 무시하지 말라."라고 말했습니다.

예수님 시대에 어린 아이는 사회적으로 인정받지 못했습니다. 그러나 예수님은 그들을 가까이하시고 따뜻하게 안아주셨습니다. 더 나아가 어린 아이와 같이 순수하게 하나님의 말씀을 받아들이지 않으면 하나님의 나라에 들어갈 수 없다고 말씀하셨습니다. 우리도 어린 아이와 같은 순수한 마음으로 말씀 앞에 서야 합니다. 날마다 겸손한 마음으로 주님께 나아가 하나님의 풍성한 은혜를 누리게 되기를 소망합니다.

| 일독성경 | 열왕기하 4-5장, 골로새서 1-2장 읽음 □

오늘의 찬송

예수께로 가면

새찬송가 565장(통 300)

1. 예수께로 가면 나는 기뻐요 걱정 근심 없고 정말 즐거워
2. 예수께로 가면 맞아주시고 나를 사랑하사 용서하셔요
3. 예수께로 가면 손을 붙잡고 어디서나 나를 인도하셔요

후렴 예수께로 가면 나는 기뻐요 나와 같은 아이 부르셨어요

질문

어린 아이들을 바라볼 때 닮고 싶은 신앙의 모습이 있나요? 어린 아이와 같은 순수한 믿음을 달라고 간구하는 기도를 적어보세요.

나의 감사

오늘 하루, 감사할 것들을 적어보세요.

| 기도 | 하나님 아버지, 어린 아이와 같이 하나님의 말씀을 의심하지 않고 겸손히 받아들여 믿음으로 순종하게 하옵소서. 예수 그리스도의 이름으로 기도합니다. 아멘.

MAY **05.06** 수요일

믿음으로 변화된 삶

골로새서 3:5-10 그러므로 땅에 있는 지체를 죽이라 곧 음란과 부정과 사욕과 악한 정욕과 탐심이니 탐심은 우상 숭배니라 … 이제는 너희가 이 모든 것을 벗어 버리라 곧 분함과 노여움과 악의와 비방과 너희 입의 부끄러운 말이라 너희가 서로 거짓말을 하지 말라 옛 사람과 그 행위를 벗어 버리고 새 사람을 입었으니 이는 자기를 창조하신 이의 형상을 따라 지식에까지 새롭게 하심을 입은 자니라

미국의 복음주의를 대표했던 팻 로버트슨 목사의 일화입니다. 목회자가 되기 전 어느 날, 그는 이제껏 느끼지 못했던 말씀의 은혜와 구원의 확신을 체험했습니다. 그날의 감격이 얼마나 컸던지, 퇴근 시간에 평소처럼 술이나 한잔하러 가자는 친구의 요청을 뿌리치고 집으로 급히 돌아왔습니다. 그리고는 현관문을 열자마자 아내에게 "여보, 나 구원받았소!"라고 외치며 기뻐했습니다. 너무 갑작스러운 말에 아내는 "당신 미쳤군요."라고 했지만, 그는 단호하게 말했습니다. "난 미치지 않았소. 나는 구원을 받았단 말이오." 그리고 그는 취침 시간쯤에 아무 말 없이 찬장 문을 열고 거기 있던 위스키병들을 모두 내려놓고 하나씩 마개를 열어 싱크대에 쏟아 버리기 시작했습니다. 아내가 달려와 "당신 왜 이래요? 이게 얼마나 비싼 것들인데!"라고 하면서 마지막 술병을 붙잡으며 말렸지만, 그는 그것마저 다 쏟아 버렸습니다.

사도 바울은 옛 사람을 벗어버리고 새사람을 입으라고 권면합니다. 예수님을 믿으면서도 여전히 오랜 죄의 습관에서 벗어나지 못하고 있다면, 이젠 변화되어야 합니다. 가정과 학교, 직장 등 우리가 속한 모든 공동체와 매일의 일상에서 하나님의 형상을 따라 예수님의 성품을 닮은 모습으로 새롭게 변화된 삶을 살아가길 소망합니다.

| 일독성경 | 열왕기하 6-8장, 골로새서 3장 **읽음** □

오늘의 찬송

빈 들에 마른 풀같이

새찬송가 183장(통 172)

1. 빈 들에 마른 풀같이 시들은 나의 영혼 주님이 약속한 성령 간절히 기다리네
2. 반가운 빗소리 들려 산천이 춤을 추네 봄비로 내리는 성령 내게도 주옵소서
3. 철 따라 우로를 내려 초목이 무성하니 갈급한 내 심령 위에 성령을 부으소서
4. 참되신 사랑의 언약 어길 수 있사오랴 오늘에 흡족한 은혜 주실 줄 믿습니다

후렴 가물어 메마른 땅에 단비를 내리시듯 성령의 단비를 부어 새 생명 주옵소서 아멘

질문

내 안에 아직 버리지 못한 옛 사람의 모습이 남아 있지는 않나요? 새롭게 변화되길 소망하는 자신의 모습을 적어보고, 성령님의 인도하심을 구하는 기도를 드려보세요.

나의 감사

오늘 하루, 감사할 것들을 적어보세요.

| 기도 | 하나님 아버지, 우리를 새롭게 하신 은혜를 찬양합니다. 옛 사람을 벗고 새사람을 입어 하나님 형상을 따라 살게 하옵소서. 예수 그리스도의 이름으로 기도합니다. 아멘.

하나님이 세우신 사람

열왕기하 9:6-9 예후가 일어나 집으로 들어가니 청년이 그의 머리에 기름을 부으며 그에게 이르되 이스라엘 하나님 야훼의 말씀이 내가 네게 기름을 부어 야훼의 백성 곧 이스라엘의 왕으로 삼노니 너는 네 주 아합의 집을 치라 … 이스라엘 중에 매인자나 놓인 자나 아합에게 속한 모든 남자는 내가 다 멸절하되 아합의 집을 느밧의 아들 여로보암의 집과 같게 하며 또 아히야의 아들 바아사의 집과 같게 할지라

하나님은 때로 아무도 주목하지 않는 사람을 세워 시대를 변화시키십니다. 1429년, 프랑스 동레미의 시골 마을에서 자란 열여섯 살의 소녀 잔 다르크도 그런 사람이었습니다. 당시 프랑스는 영국과의 백년전쟁으로 위기에 처해 있었고 왕위 계승 문제까지 겹쳐 나라의 앞날이 불투명했습니다. 그러나 하나님은 이 평범한 농부의 딸을 세우셨고, 잔 다르크는 "프랑스를 구하라."라는 하나님의 음성에 순종했습니다. 이에 그녀는 샤를 황태자를 찾아가 자신을 전쟁터로 보내 달라고 요청했고, 오를레앙 전투에서 승리를 이끄는 등 프랑스를 위기에서 구하는 데 쓰임 받았습니다. 그녀의 나이나 신분은 아무런 문제가 되지 않았습니다. 잔 다르크의 삶은 하나님의 손에 붙들린 사람이 어떤 일을 할 수 있는지를 보여줍니다.

본문에서 하나님은 엘리사의 제자를 통해 예후에게 기름을 부으시고 그를 북이스라엘의 왕으로 세우셨습니다. 예후는 스스로 왕이 된 것이 아니라 하나님의 뜻 가운데 세워진 자였습니다. 오늘도 하나님은 자신의 뜻을 이루기 위해 사람을 세우십니다. 이제 우리가 그 부르심에 합당한 자로 준비되어야 합니다. 날마다 믿음으로 행하여 하나님의 뜻에 합당한 사람으로 세워지길 소망합니다.

| 일독성경 | 열왕기하 9-11장, 골로새서 4장 읽음 □

오늘의 찬송

나의 생명 드리니

새찬송가 213장(통 348)

1. 나의 생명 드리니 주여 받아주셔서 세상 살아갈 동안 찬송하게 하소서
2. 손과 발을 드리니 주여 받아주셔서 주의 일을 위하여 민첩하게 하소서
3. 나의 음성 드리니 주여 받아주셔서 주의 진리 말씀만 전파하게 하소서
4. 나의 보화 드리니 주여 받아주셔서 하늘나라 위하여 주 뜻대로 쓰소서
5. 나의 시간 드리니 주여 받아주셔서 평생토록 주 위해 봉사하게 하소서 아멘

질문

하나님이 은혜 안에서 나를 부르시고 사용하고 계심을 느끼며 살아가고 있나요? 하나님의 손길을 느꼈던 때를 떠올려 적어보세요.

나의 감사

오늘 하루, 감사할 것들을 적어보세요.

| 기도 | 하나님 아버지, 하나님의 뜻을 이루시는 거룩한 도구로 우리를 사용하여 주옵소서. 예수 그리스도의 이름으로 기도합니다. 아멘.

복음을 전하는 삶

데살로니가전서 2:7-9 우리는 그리스도의 사도로서 마땅히 권위를 주장할 수 있으나 도리어 너희 가운데서 유순한 자가 되어 유모가 자기 자녀를 기름과 같이 하였으니 우리가 이같이 너희를 사모하여 하나님의 복음뿐 아니라 우리의 목숨까지도 너희에게 주기를 기뻐함은 너희가 우리의 사랑하는 자 됨이라 … 너희 아무에게도 폐를 끼치지 아니하려고 밤낮으로 일하면서 너희에게 하나님의 복음을 전하였노라

18세기 미국 선교사 데이빗 브레이너드는 인디언이 있는 곳이면 어디든 찾아가 복음을 전했습니다. 백인에게 적대적이었던 인디언들도 그의 수고와 헌신에 마음이 열려 1년 만에 100명이 넘게 주님을 영접했습니다. 브레이너드는 결핵을 앓으면서도 인디언들을 만나기 위해 대략 4,800km를 여행했으며, 결국 사역을 시작한 지 3년 만인 29세의 나이에 세상을 떠났습니다. 그의 헌신은 원주민 부흥의 불씨가 되었고, 인도 선교사 윌리엄 캐리를 비롯한 많은 이들에게 영향을 미쳐 선교에 헌신하게 했습니다. 브레이너드는 자신의 일기에서 이렇게 고백합니다. "한 영혼을 주님께 인도할 수 있다면 내가 어디에 있든지 어떻게 살든지 또 무엇을 견디게 되든지 나는 관계치 않노라. 잠을 자면 저들을 꿈꾸고, 잠을 깨면 첫 번째 생각이 잃어버린 영혼들이라!" 브레이너드의 선교 열정은 우리 모두가 본받아야 할 모습입니다.

사도 바울이나 브레이너드처럼 삶의 자리에서 어떤 직분이나 역할을 맡고 있든 상대에게 먼저 다가가 복음을 전해야 합니다. 복음을 위한 우리의 수고와 헌신은 결코 헛되지 않습니다. 한 영혼을 천하보다 귀하게 여기는 예수님의 마음을 가지고 오늘도 우리 곁에 있는 이웃에게 복음을 전하게 되길 소망합니다.

| 일독성경 | 열왕기하 12-13장, 데살로니가전서 1-2장 읽음 □

오늘의 찬송

주의 말씀 받은 그 날

새찬송가 285장(통 209)

1. 주의 말씀 받은 그날 참 기쁘고 복 되도다 이 기쁜 맘 못 이겨서 온 세상에 전하노라
2. 이 좋은 날 내 천한 몸 새사람이 되었으니 이 몸과 맘 다 바쳐서 영광의 주 늘 섬기리
3. 새사람 된 그날부터 평안한 맘 늘 있어서 이 복된 말 전하는 일 나의 본분 삼았도다

후렴 기쁜 날 기쁜 날 주 나의 죄 다 씻은 날 늘 깨어서 기도하고 늘 기쁘게 살아가리
기쁜 날 기쁜 날 주 나의 죄 다 씻은 날 아멘

질문

주변에 먼저 다가가 복음을 전해야 할 사람은 누구인가요? 한 영혼을 위해 포기할 수 있는 것은 무엇인가요?

나의 감사

오늘 하루, 감사할 것들을 적어보세요.

| 기도 | 하나님 아버지, 그리스도의 사랑과 겸손의 마음을 품고 이웃을 섬기며 복음을 전하는 삶을 살게 하옵소서. 예수 그리스도의 이름으로 기도합니다. 아멘.

하나님 앞에 정직하게

열왕기하 16:2-4 아하스가 왕이 될 때에 나이가 이십 세라 예루살렘에서 십육 년간 다스렸으나 그의 조상 다윗과 같지 아니하여 그의 하나님 야훼께서 보시기에 정직히 행하지 아니하고 이스라엘의 여러 왕의 길로 행하며 또 야훼께서 이스라엘 자손 앞에서 쫓아내신 이방 사람의 가증한 일을 따라 자기 아들을 불 가운데로 지나가게 하며 또 산당들과 작은 산 위와 모든 푸른 나무 아래에서 제사를 드리며 분향하였더라

1990년대 말까지, 미국의 에너지 기업 엔론은 미국에서 가장 혁신적이고 성공적인 회사 중 하나로 평가받았습니다. 주가가 급등해 미국 내 7위 기업에 오르는 등 겉보기에는 큰 성공을 거두었습니다. 그러나 이러한 성공의 이면에는 심각한 회계 부정이 숨어 있었습니다. 엔론은 수익을 부풀리고 빚을 숨기기 위해 가짜 회계장부를 만드는 부정을 저질렀습니다. 그러나 2001년, 이러한 부정행위가 드러나게 되었고 엔론의 주식 가치는 급락하며, 많은 투자자와 직원들이 큰 피해를 입었습니다. 이는 도덕적 타락과 부적절한 탐욕이 많은 사람의 노력으로 힘써 쌓아 올린 성공을 무너뜨린 대표적인 사례였습니다.

세상에서도 이처럼 부정한 방법을 사용하면 결국 몰락의 길을 걷게 됩니다. 하물며 하나님의 사람은 어떻게 살아야 할까요? 오늘 본문은 아하스왕이 우상숭배의 죄를 저질렀을 뿐 아니라, 하나님 보시기에 정직히 행하지 않았다고 말씀합니다. 결국 그는 악한 행적으로 인해 이스라엘 왕들의 묘실에 들어가지도 못했습니다(대하 28:27). 우리는 하나님 앞에 정직한 삶을 살고 있나요? 하나님은 우리 마음 깊은 곳까지 감찰하시며 우리의 모든 행동을 아십니다. 하나님 앞에 정직하고 올바른 삶을 살아감으로써 하나님께 인정받는 우리가 되기를 바랍니다.

| 일독성경 | 열왕기하 14-16장, 데살로니가전서 3장 읽음 □

오늘의 찬송

주님 약속하신 말씀 위에 서

새찬송가 546장(통 399)

1. 주님 약속하신 말씀 위에 서 영원토록 주를 찬송하리라
   소리 높여 주께 영광 돌리며 약속 믿고 굳게 서리라
2. 주님 약속하신 말씀 위에 서 세상 염려 내게 엄습할 때에
   용감하게 힘써 싸워 이기며 약속 믿고 굳게 서리라
3. 주님 약속하신 말씀 위에 서 영원하신 주의 사랑 힘입고
   성령으로 힘써 싸워 이기며 약속 믿고 굳게 서리라
4. 주님 약속하신 말씀 위에 서 성령 인도하는 대로 행하며
   주님 품에 항상 안식 얻으며 약속 믿고 굳게 서리라

후렴 굳게 서리 영원하신 말씀 위에 굳게 서리 굳게 서리 그 말씀 위에 굳게 서리라

질문

하나님 앞에서 정직하게 행하기 위해 내가 결단해야 할 것을 적어보세요.

나의 감사

오늘 하루, 감사할 것들을 적어보세요.

| 기도 | 하나님 아버지, 어떤 상황 속에서도 하나님과 사람 앞에서 정직하게 살아가게 하옵소서. 예수 그리스도의 이름으로 기도합니다. 아멘.

MAY **05.10** 주일

빛 가운데 깨어있는 삶

데살로니가전서 5:4-8 형제들아 너희는 어둠에 있지 아니하매 그 날이 도둑 같이 너희에게 임하지 못하리니 너희는 다 빛의 아들이요 낮의 아들이라 우리가 밤이나 어둠에 속하지 아니하나니 그러므로 우리는 다른 이들과 같이 자지 말고 오직 깨어 정신을 차릴지라 자는 자들은 밤에 자고 취하는 자들은 밤에 취하되 우리는 낮에 속하였으니 정신을 차리고 믿음과 사랑의 호심경을 붙이고 구원의 소망의 투구를 쓰자

마틴 루터 킹 목사는 미국인들이 가장 존경하는 인물 중 한 사람입니다. 그는 비폭력을 원칙으로 흑인 인권 해방을 위해 일생을 헌신했습니다. "나는 다섯 번이나 감옥에 갔고, 내 집은 두 번이나 폭파되었으며, 죽음의 협박을 받았습니다. 나는 칼로 치명적인 상처를 입기도 했지만 그럼에도 비폭력 투쟁 내내 주님이 동행하고 계심을 느낄 수 있었습니다!" 그는 마음속에 있는 두려움, 특히 피살에 대한 공포를 물리치고 믿음으로 하나님의 꿈을 향해 계속 전진했습니다. 1963년 워싱턴 D.C. 링컨기념관 앞에서 20만 명이 모인 가운데 그는 이렇게 연설했습니다. "나에게는 꿈이 있습니다. 내 아이들이 피부색을 기준으로 사람을 평가하지 않고 인격을 기준으로 사람을 평가하는 나라에서 살게 되는 꿈입니다!" 그는 이듬해 노벨 평화상을 수상했고 1968년 총에 맞아 사망했지만, 미국은 그의 꿈대로 변화되어 흑인의 권리가 크게 향상되었습니다.

오늘 본문에서 하나님의 자녀는 빛에 속해 있다고 말씀합니다. 우리는 세상의 방식을 따라 죄를 짓고 불의하게 살아가는 것이 아니라, 영적으로 깨어 정신을 차리고 세상을 밝히는 빛의 자녀로 살아가야 합니다. 오늘 하루도 어두운 세상 속에서 믿음과 사랑으로 무장하여 다시 오실 주님을 소망하며 살아가길 소망합니다.

| 일독성경 | 열왕기하 17-18장, 데살로니가전서 4-5장 읽음 □

오늘의 찬송

주님의 뜻을 이루소서

새찬송가 425장(통 217)

1. 주님의 뜻을 이루소서 고요한 중에 기다리니 진흙과 같은 날 빚으사 주님의 형상 만드소서
2. 주님의 뜻을 이루소서 주님 발 앞에 엎드리니 나의 맘속을 살피시사 눈보다 희게 하옵소서
3. 주님의 뜻을 이루소서 병들어 몸이 피곤할 때 권능의 손을 내게 펴사 강건케 하여주옵소서
4. 주님의 뜻을 이루소서 온전히 나를 주장하사 주님과 함께 동행함을 만민이 알게 하옵소서 아멘

질문

빛의 자녀로 살아가기 위해 오늘 내가 해야 할 일 한 가지를 구체적으로 적어보세요.

나의 감사

오늘 하루, 감사할 것들을 적어보세요.

| 기도 | 하나님 아버지, 세상의 어둠 속에서도 빛의 자녀로서 깨어 기도하며 하나님의 나라를 소망하게 하옵소서. 예수 그리스도의 이름으로 기도합니다. 아멘.

고난을 통해 자라나는 믿음

데살로니가후서 1:3-4 형제들아 우리가 너희를 위하여 항상 하나님께 감사할지니 이것이 당연함은 너희의 믿음이 더욱 자라고 너희가 다 각기 서로 사랑함이 풍성함이니 그러므로 너희가 견디고 있는 모든 박해와 환난 중에서 너희 인내와 믿음으로 말미암아 하나님의 여러 교회에서 우리가 친히 자랑하노라

찬송가 435장 「나의 영원하신 기업」을 작사한 화니 제인 크로스비 여사는 생후 6주 만에 의사의 실수로 시력을 잃었고, 오래지 않아 아버지마저 여의었습니다. 어머니가 재혼하자 할머니에게 맡겨졌지만, 할머니도 그녀가 11살 때 돌아가셨습니다. 성인이 된 크로스비는 엘스틴이라는 청년과 결혼해 아이를 얻었으나, 안타깝게도 그 아이는 전염병으로 세상을 떠나고 말았습니다. 그러나 그녀는 하나님을 원망하지 않고 도리어 감사했습니다. 그녀는 불행하고 어려운 환경에서도 오직 하나님만 바라보고 모든 것을 절망이 아닌 은혜로 받아들이며 이렇게 고백했습니다. "하나님은 내가 맨 처음 보게 될 얼굴이 예수님 얼굴이 되게 하시려고 나를 눈멀게 하셨습니다." 그녀는 앞을 보지 못하는 상황에서도 8천 편이 넘는 찬송시를 남겼습니다.

하나님은 고난을 통해 우리를 아름답게 빚어가십니다. 고난은 하나님을 향한 우리의 믿음을 더욱 선명하게 해주며, 더욱 깊은 감사와 찬양으로 인도합니다. 그래서 고난은 축복을 감싸고 있는 포장지와도 같습니다. 고난의 껍질이 벗겨질 때, 그 안에 감추어진 하나님의 축복과 은혜가 우리의 삶을 가득 채우게 될 것입니다. 인생에 고난이 다가오더라도 하나님을 더욱 굳게 붙드는 우리 모두가 되기를 소망합니다.

| 일독성경 | 열왕기하 19-21장, 데살로니가후서 1장 **읽음 □**

오늘의 찬송

나의 영원하신 기업

새찬송가 435장(통 492)

1. 나의 영원하신 기업 생명보다 귀하다 나의 갈 길 다가도록 나와 동행하소서
2. 세상 부귀 안일함과 모든 명예버리고 험한 길을 가는 동안 나와 동행하소서
3. 어둔 골짝 지나가며 험한 바다 건너서 천국 문에 이르도록 나와 동행하소서

후렴 주께로 가까이 주께로 가오니 나의 갈 길 다가도록 나와 동행하소서

질문

고난의 시기를 지나며 나의 믿음이 자라고 성숙해졌다고 느낀 순간이 있나요? 그때 경험한 하나님의 은혜를 떠올려보고 적어 보세요.

나의 감사

오늘 하루, 감사할 것들을 적어보세요.

| 기도 | 하나님 아버지, 고난이 믿음과 사랑을 성장시키는 주님의 도구임을 기억하게 하시고, 감춰진 축복과 은혜를 알게 하옵소서. 예수 그리스도의 이름으로 기도합니다. 아멘.

구원의 감격

열왕기하 23:21-23 왕이 뭇 백성에게 명령하여 이르되 이 언약책에 기록된 대로 너희의 하나님 야훼를 위하여 유월절을 지키라 하매 사사가 이스라엘을 다스리던 시대부터 이스라엘 여러 왕의 시대와 유다 여러 왕의 시대에 이렇게 유월절을 지킨 일이 없었더니 요시야 왕 열여덟째 해에 예루살렘에서 야훼 앞에 이 유월절을 지켰더라

미국 닉슨 대통령의 특별보좌관이었던 찰스 콜슨은 두뇌가 명석하고 지독할 정도로 냉철한 사람으로 유명했습니다. 그는 닉슨의 재선을 위해서라면 "내 할머니라도 밟고 지나가겠다."라고 말하며 반대 세력에게 온갖 정치공작까지도 자행했던 사람이었습니다. 그러나 닉슨의 당선 이후 워터게이트 사건에 연루되어 1974년 유죄 선고를 받고 감옥에 가게 되었고, 그곳에서 친구의 전도를 통해 예수님을 인격적으로 만나게 되었습니다. 교회를 다니긴 했어도 진정한 크리스천이 아니었던 그는 예수님을 만난 후, 자신의 추악한 죄와 자신을 구원하신 주님의 깊은 사랑을 깨닫게 되었습니다. 철저한 회개를 통해 변화된 그는 주님을 위해 살기로 결단하고 교도소선교회인 '프리즌 펠로우십'을 만들어 죄수들에게 35년간 복음을 전했으며, 종교계의 노벨상이라고 불리는 템플턴 상을 받기도 했습니다.

이스라엘이 유월절을 잊지 말아야 했던 것처럼, 우리도 유월절 어린양 되신 예수 그리스도의 보혈과 십자가의 은혜를 날마다 기억해야 합니다. 인생에서 가장 복된 일은 바로 예수님이 십자가에서 흘리신 보혈의 은혜를 믿고 구원받는 것입니다. 구원의 감격을 늘 간직하며, 날마다 감사와 찬양으로 살아가는 우리가 되길 소망합니다.

| 일독성경 | 열왕기하 22-23장, 데살로니가후서 2-3장 읽음 □

오늘의 찬송

정결하게 하는 샘이

새찬송가 264장(통 198)

1. 정결하게 하는 샘이 나의 앞에 있도다 성령께서 권고하심 죄 씻으라 하시네
2. 나의 가는 길이 좁고 내 뜻대로 안 돼도 모든 욕심 다 버리고 주만 따라가겠네
3. 나의 마음 제단 위에 불길같이 타올라 영원토록 찬양하며 주께 영광 돌리네
4. 한량없는 주의 은혜 나를 영접하셨네 내가 지은 모든 죄와 허물 용서하셨네
5. 성부 하나님께 영광 성자 예수께 영광 성령님께 또한 영광 모두 돌려드리세

후렴 찬양하리 찬양하리 죽임 당한 어린양 주께 영광 돌리어라 우리 죄를 씻어주셨네

질문

날마다 구원의 감격 속에 살아가고 있나요? 그 감격이 희미해졌다면, 다시 회복하기 위해 어떤 실천을 할 수 있을지 적어보세요.

나의 감사

오늘 하루, 감사할 것들을 적어보세요.

| 기도 | 하나님 아버지, 구원의 감격을 잃지 않고 주변 사람들에게도 그 감격을 나누며 살아가게 하옵소서. 예수 그리스도의 이름으로 기도합니다. 아멘.

죄인 중에 괴수니라

디모데전서 1:12-15 나를 능하게 하신 그리스도 예수 우리 주께 내가 감사함은 나를 충성되이 여겨 내게 직분을 맡기심이니 내가 전에는 비방자요 박해자요 폭행자였으나 도리어 긍휼을 입은 것은 내가 믿지 아니할 때에 알지 못하고 행하였음이라 … 그리스도 예수께서 죄인을 구원하시려고 세상에 임하셨다 하였도다 죄인 중에 내가 괴수니라

밤낮없이 자녀를 때리는 알코올 중독자 아버지와 그런 자녀를 돌볼 생각이 없었던 어머니 밑에서 사고뭉치로 자란 사람이 있습니다. 그도 결국 알코올 중독자가 되었습니다. 하지만 하나님은 그를 내버려두지 않으시고 복음을 듣게 하셔서 새사람으로 만드셨습니다. 그가 바로 복음으로 영혼을 깨웠던 크리스천 작가 브레넌 매닝입니다. 그는 주로 자신처럼 상처받은 사람들을 위로해 주는 글을 썼고, 77세에 인생을 돌아보며 마지막으로 남긴 책이『모든 것이 은혜다』였습니다. 그는 이 책에서 다음과 같이 고백합니다. "내 인생은 은혜에 대한 증언이다. 긴 옷을 치켜들고 죄의 악취가 풍기는 탕자를 향해 정신없이 달려가서 그를 새 옷으로 감싸고 '만약에' '그래도' '하지만' 같은 어떤 조건도 없이 '무조건' 잔치를 열기로 하는 은혜다. 은혜는 아무것도 요구하지 않는다. 지금도 내 아버지 하나님은 나를 향해 달려오신다. 모든 것이 은혜다."

예수님을 만나기 전 어떤 삶을 살았든지 주님은 우리를 있는 그대로 사랑하시고 구원의 은혜를 베푸셨습니다. 하지만 우리는 분주한 일상과 익숙해진 신앙생활 가운데 종종 그 놀라운 구원의 은혜를 잊어버리곤 합니다. 스스로 자신을 '죄인 중에 괴수'라고 불렀던 바울처럼, 겸손히 그 은혜를 깊이 묵상하고 깨닫기를 소망합니다.

| 일독성경 | 열왕기하 24-25장, 디모데전서 1-2장 읽음 □

오늘의 찬송

그 크신 하나님의 사랑

새찬송가 304장(통 404)

1. 그 크신 하나님의 사랑 말로 다 형용 못하네 저 높고 높은 별을 넘어 이 낮고 낮은 땅 위에
   죄 범한 영혼 구하려 그 아들 보내사 화목 제물 삼으시고 죄 용서하셨네
2. 괴로운 시절 지나가고 땅 위의 영화 쇠할 때 주 믿지 않던 영혼들은 큰 소리 외쳐 울어도
   주 믿는 성도들에게 큰 사랑 베푸사 우리의 죄 사했으니 그 은혜 잊을까
3. 하늘을 두루마리 삼고 바다를 먹물 삼아도 한없는 하나님의 사랑 다 기록할 수 없겠네
   하나님의 크신 사랑 그 어찌 다 쓸까 저 하늘 높이 쌓아도 채우지 못하리

후렴 하나님 크신 사랑은 측량 다 못하네 영원히 변치 않는 사랑 성도여 찬양하세

질문

나는 매일 하나님이 베푸신 구원의 은혜를 기억하며 살아가고 있나요? 주님을 알기 전 어떤 삶을 살았는지 또 하나님께 받은 은혜가 무엇인지 적어보세요.

나의 감사

오늘 하루, 감사할 것들을 적어보세요.

| 기도 | 하나님 아버지, 죄인 중에 괴수였던 우리에게 베풀어주신 은혜를 날마다 되새기고 주님만 바라보며 살아가게 하옵소서. 예수 그리스도의 이름으로 기도합니다. 아멘.

교회의 사명

디모데전서 3:14-16 내가 속히 네게 가기를 바라나 이것을 네게 쓰는 것은 만일 내가 지체하면 너로 하여금 하나님의 집에서 어떻게 행하여야 할지를 알게 하려 함이니 이 집은 살아 계신 하나님의 교회요 진리의 기둥과 터니라 … 그는 육신으로 나타난 바 되시고 영으로 의롭다 하심을 받으시고 천사들에게 보이시고 만국에서 전파되시고 세상에서 믿은 바 되시고 영광 가운데서 올려지셨느니라

평양신학교 교수였던 앨런 클라크 선교사는 1929년 '한국교회와 네비우스 방법론'이라는 논문으로 미국 시카고대학교에서 박사 학위를 받았습니다. 그는 초기 한국교회에 대해 이렇게 회고했습니다. "매년 추운 겨울과 더운 여름, 2주씩 교회 지도자들을 위한 성경학교가 열렸다. 때마다 원근 각지로부터 허다한 무리가 모였다. 먹을 양식을 등에 지고 오는 남자들, 머리에 이고 오는 여자들로 교회당이 가득 찼으며, 심지어 어떤 이는 연료용 장작을 가져오기도 했다. 본부에서는 냄비와 같은 식기류를 빌려주었고, 단체가 올 경우는 일하는 이를 데려왔다. 낮에는 성경을 공부하고 밤에는 사경회를 열어 영적인 각성을 도모했다. 2주의 훈련 후에 각자의 교회로 돌아가 교회를 섬김으로써 교회 부흥이 가능했다." 이는 한국교회 성장 요인이 바로 교회 연합과 성경 연구, 그리고 모이기를 힘쓰는 데 있었음을 보여주는 중요한 증거가 되는 기록입니다.

오늘날 우리는 거짓과 불의가 만연한 시대를 살아가고 있습니다. 교회는 이러한 현실 속에서도 흔들림 없이, 주님 다시 오실 그날까지 진리의 복음을 굳게 지키고 바르게 가르치며 담대히 선포해야 합니다. 말씀으로 연합하여, 모이기에 더욱 힘쓰며 진리의 기둥과 터인 교회를 든든히 세워가는 우리가 되기를 소망합니다.

| 일독성경 | 역대상 1-3장, 디모데전서 3장 읽음 □

오늘의 찬송

시온성과 같은 교회

새찬송가 210장(통 245)

1. 시온성과 같은 교회 그의 영광 한없다 허락하신 말씀대로 주가 친히 세웠다
반석 위에 세운 교회 흔들 자가 누구랴 모든 원수 에워싸도 아무 근심 없도다
2. 생명샘이 솟아나와 모든 성도 마시니 언제든지 흘러넘쳐 부족함이 없도다
이런 물이 흘러가니 목마를 자 누구랴 주의 은혜 풍족하여 넘치고도 넘친다
3. 주의 은혜 내가 받아 시온 백성 되는 때 세상 사람 비방해도 주를 찬송하리라
세상 헛된 모든 영광 아침 안개 같으나 주의 자녀 받을 복은 영원무궁하도다 아멘

질문

나는 함께 모여 예배드리고 교제를 나누는 일에 기쁨으로 참여하고 있나요? 지금 내가 속한 교회를 든든히 세우기 위해 실천할 수 있는 결단은 무엇인가요?

나의 감사

오늘 하루, 감사할 것들을 적어보세요.

| 기도 | 하나님 아버지, 하나님의 집이자 진리의 기둥과 터인 교회를 굳게 세워가는 삶을 살아가게 하옵소서. 예수 그리스도의 이름으로 기도합니다. 아멘.

승리의 비결

역대상 5:18-20 르우벤 자손과 갓 사람과 므낫세 반 지파에서 나가 싸울 만한 용사 곧 능히 방패와 칼을 들며 활을 당겨 싸움에 익숙한 자는 사만 사천칠백육십 명이라 그들이 하갈 사람과 여두르와 나비스와 노답과 싸우는 중에 도우심을 입었으므로 하갈 사람과 그들과 함께 있는 자들이 다 그들의 손에 패하였으니 이는 그들이 싸울 때에 하나님께 의뢰하고 부르짖으므로 하나님이 그들에게 응답하셨음이라

스페인 축구팀 FC바르셀로나는 2017년 챔피언스리그 16강 1차전에서 4 대 0이라는 큰 점수차로 패했습니다. 2차전에서는 5점 차 이상으로 승리해야 했기 때문에, 많은 축구팬이 바르셀로나의 8강 진출을 비관적으로 바라봤습니다. 하지만 바르셀로나는 2차전에서 6 대 1로 대승을 거두었고, 결국 극적으로 8강 진출에 성공했습니다. 그 승리의 비결은 어떤 상황에서도 승리할 수 있다는 강한 자신감, 즉 '위닝 멘탈리티'(Winning Mentality)였습니다. 흔히 높은 순위를 차지하는 팀들은 위닝 멘탈리티가 다른 팀들에 비해 강하다고 합니다. 상대가 누구든, 어떤 어려움이 있더라도 승리할 수 있다는 자신감을 가지고 경기에 임하기 때문에 결국 승리하는 팀이 될 수 있다는 것입니다.

오늘 본문에서 르우벤 자손과 갓 사람과 므낫세 반 지파는 전쟁에서 싸워 큰 승리를 거뒀습니다. 이 승리의 비결은 하나님께 있습니다. 하나님이 그들을 위해 싸우신다는 믿음을 갖고 하나님을 의뢰하며 부르짖었기에 이길 수 있었던 것입니다. 우리도 이러한 믿음을 가져야 합니다. 하나님과 함께하면, 어떤 문제와 환경 가운데서도 승리할 수 있다는 믿음을 가지고 오늘도 담대히 나아가길 바랍니다.

| 일독성경 | 역대상 4-5장, 디모데전서 4-5장 읽음 □

오늘의 찬송

내가 늘 의지하는 예수

새찬송가 86장(통 86)

1. 내가 늘 의지하는 예수 나의 상처 입은 심령을
   불쌍하게 여기사 위로하여주시니 미쁘신 나의 좋은 친구
2. 주의 손 의지하고 살 때 나를 해할 자가 없도다
   주님 나의 마음을 크게 위로하시니 미쁘신 나의 좋은 친구
3. 내가 요단강 건너가며 맘이 두려워서 떨 때도
   주가 인도하시니 어찌 두려워하랴 미쁘신 나의 좋은 친구
4. 이후 천국에 올라가서 모든 성도들과 다 함께
   우리들을 구하신 주를 찬양하리라 미쁘신 나의 좋은 친구

후렴 내가 의지하는 예수 나의 사모하는 친구
나의 기도 들으사 응답하여주시니 미쁘신 나의 좋은 친구

질문

삶의 전쟁터에서 인간적인 수단이나 방법을 의존하고 있지 않은지 돌아보고, 하나님만 더욱 의지하기 위해 무엇을 해야 할지 적어보세요.

나의 감사

오늘 하루, 감사할 것들을 적어보세요.

| 기도 | 하나님 아버지, 삶의 모든 어려움 속에서 하나님을 의지하고 기도하며 승리하는 삶을 살아가게 하옵소서. 예수 그리스도의 이름으로 기도합니다. 아멘.

실패를 뛰어넘는 은혜

역대상 8:33-40 넬은 기스를 낳고 기스는 사울을 낳고 사울은 요나단과 말기수아와 아비나답과 에스바알을 낳았으며 요나단의 아들은 므립바알이라 므립바알은 미가를 낳았고 미가의 아들들은 비돈과 멜렉과 다레아와 아하스이며 아하스는 여호앗다를 낳고 … 울람의 아들은 다 용감한 장사요 활을 잘 쏘는 자라 아들과 손자가 많아 모두 백오십 명이었더라 베냐민의 자손들은 이러하였더라

'본죽'을 창업한 최복이 대표는 IMF 때, 남편의 사업이 망하며 모든 재산을 잃고 불면증과 신경쇠약으로 정신병동에 입원하기도 했습니다. 하지만 믿음의 시어머니는 이렇게 말했습니다. "하나님 자녀는 안 망한다. 고난 없는 영광은 없다. 하나님은 고난도 필요할 때 주신다." 절대 긍정의 메시지를 선포한 것입니다. 결국 그녀는 호떡장사를 기반으로, 죽집을 시작했습니다. 처음에는 대학로에 후미진 곳이라 쉽지 않았지만, '하루 백 그릇만 팔자'라는 목표로 최선을 다했습니다. 몇 개월이 지나자 점점 손님들이 몰려와 계단까지 줄을 서게 되었습니다. 이것이 바로 프랜차이즈 본죽의 시작이었습니다. 최 대표는 자신이 받은 축복을 나누기 위해 '본사랑재단'이라는 선교재단을 만들어 노숙자와 선교사들을 섬기고 있습니다. 그녀는 이렇게 고백합니다. "하나님을 가까이하는 것이 인생 최고의 복이며, 복된 삶으로 나아가는 길입니다."

베냐민 지파는 사울 왕의 교만으로 한때 위기를 겪었지만, 하나님은 그들을 버리지 않으시고 은혜로 품으셨습니다. 우리도 때로 넘어지고 실수하지만, 하나님은 결코 우리를 포기하지 않으시고 다시 일어설 수 있는 은혜를 베푸십니다. 어떤 상황에서도 낙심하지 말고, 하나님의 은혜를 신뢰하며 살아가시기를 소망합니다.

| 일독성경 | 역대상 6-8장, 디모데전서 6장 읽음 □

오늘의 찬송

주의 친절한 팔에 안기세

새찬송가 405장(통 458)

1. 주의 친절한 팔에 안기세 우리 맘이 평안 하리니
   항상 기쁘고 복이 되겠네 영원하신 팔에 안기세
2. 날이 갈수록 주의 사랑이 두루 광명하게 비치고
   천성 가는 길 편히 가리니 영원하신 팔에 안기세
3. 주의 보좌로 나아 갈 때에 기뻐 찬미소리 외치고
   겁과 두려움 없어 지리니 영원하신 팔에 안기세

후렴 주의 팔에 그 크신 팔에 안기세 주의 팔에 영원하신 팔에 안기세

질문

나의 연약함이나 실패가 하나님의 은혜로 회복된 경험이 있다면 적어보세요. 그때 일어난 삶의 변화는 무엇이었나요?

나의 감사

오늘 하루, 감사할 것들을 적어보세요.

| 기도 | 하나님 아버지, 절망 중에도 회복의 은혜를 베풀어 주시니 감사합니다. 하나님만을 바라보며 믿음으로 살아가게 하옵소서. 예수 그리스도의 이름으로 기도합니다. 아멘.

유익을 주는 자

디모데후서 1:15-18 아시아에 있는 모든 사람이 나를 버린 이 일을 네가 아나니 그 중에는 부겔로와 허모게네도 있느니라 원하건대 주께서 오네시보로의 집에 긍휼을 베푸시옵소서 그가 나를 자주 격려해 주고 내가 사슬에 매인 것을 부끄러워하지 아니하고 로마에 있을 때에 나를 부지런히 찾아와 만났음이라 … 또 그가 에베소에서 많이 봉사한 것을 네가 잘 아느니라

미국 LA의 노숙자들을 위한 사역을 감당하는 아버지밥상교회에는 복음 전도자로 헌신하는 청년들이 있습니다. 이들은 과거 마약과 알코올 중독으로 방황했으나, 아버지밥상교회에서 예수님을 만나고 새 인생을 살아가고 있습니다. 중독에서 해방된 후 그들이 가장 먼저 떠올린 사람들은 과거 자신들처럼 여전히 약물 중독에 허덕이며 노숙자로 삶을 낭비하고 있는 이들이었습니다. 이제 그들은 새벽부터 따뜻한 커피와 수프를 준비하고 LA다운타운으로 향합니다. 이 청년들의 변화를 보며 가장 기뻐하는 사람은 바로 아버지밥상교회의 설립자 무디 고 목사입니다. 그는 30년 전 처음 한국에서 노숙자 사역을 시작한 후, 미국에 와서도 변함없이 이 소명을 이어가고 있습니다. 그는 이렇게 말합니다. "단지, 먹이고 입히는 노숙 사역에서 그치지 않고, 그들의 삶을 변화시켜 예수 그리스도의 제자로 거듭나도록 이끌어야 합니다."

본문에 등장하는 오네시보로는 '유익을 주는 자'라는 뜻을 가진 에베소교회의 성도였습니다. 바울이 감옥에 갇혔을 때, 많은 동료가 떠나고 외면했지만, 그는 바울을 부끄러워하지 않고 끝까지 위로하며 섬겼습니다. 이렇듯 우리의 신앙과 섬김이 누군가에게 힘과 위로가 되고 있는지 돌아보며, 참된 섬김의 삶을 실천하기를 소망합니다.

| 일독성경 | 역대상 9–10장, 디모데후서 1–2장 읽음 □

오늘의 찬송

겸손히 주를 섬길 때

새찬송가 212장(통 347)

1. 겸손히 주를 섬길 때 괴로운 일이 많으나 구주여 내게 힘 주사 잘 감당하게 하소서
2. 인자한 말을 가지고 사람을 감화시키며 갈 길을 잃은 무리를 잘 인도하게 하소서
3. 구주의 귀한 인내를 깨닫아 알게 하시고 굳건한 믿음 주셔서 늘 승리하게 하소서
4. 장래의 영광 비추사 소망이 되게 하시며 구주와 함께 살면서 참평강 얻게 하소서 아멘

질문

주변에 위로하고 섬겨야 할 대상이 있는지 생각해 보고 어떻게 섬김을 실천할 수 있을지 적어보세요.

나의 감사

오늘 하루, 감사할 것들을 적어보세요.

| 기도 | 하나님 아버지, 나 중심의 삶이 아닌 타인을 위로하고 섬기는 삶을 살아감으로써 하나님의 영광을 드러내게 하옵소서. 예수 그리스도의 이름으로 기도합니다. 아멘.

연합과 협력

역대상 11:10-47 다윗에게 있는 용사의 우두머리는 이러하니라 이 사람들이 온 이스라엘과 더불어 다윗을 힘껏 도와 나라를 얻게 하고 그를 세워 왕으로 삼았으니 이는 야훼께서 이스라엘에 대하여 이르신 말씀대로 함이었더라 다윗에게 있는 용사의 수효가 이러하니라 학몬 사람의 아들 야소브암은 삼십 명의 우두머리라 그가 창을 들어 한꺼번에 삼백 명을 죽였고 … 엘리엘과 오벳과 므소바 사람 야아시엘이더라

고대 그리스에서는 '람파데드로미아'라고 불리는 횃불 이어달리기 경주가 있었습니다. 이 경주에서 주자들은 각기 손에 횃불을 들고 그 팀의 마지막 주자가 결승선을 지날 때까지 그것을 다음 주자에게 인계했습니다. 단순히 가장 빨리 달린 팀이 이기는 것이 아니라, 횃불을 꺼뜨리지 않고 결승선에 가장 먼저 도착한 팀이 상을 받았습니다. 경기 중에는 횃불을 다음 주자에게 넘길 때, 불이 꺼지는 일이 자주 일어났으며, 횃불이 꺼지면 곧바로 실격이었습니다. 그래서 주자들 간에는 일치된 호흡과 속도 그리고 상호 신뢰와 협력이 절대적으로 필요했습니다. 이 경주에서 우리는 한 가지 교훈을 얻을 수 있습니다. 즉, 경주에서는 출발도 중요하지만, 횃불을 꺼뜨리지 않고 결승선을 통과하는 것이 훨씬 더 중요하다는 것입니다.

하나님 나라를 함께 세워가는 우리에게도 연합과 협력은 무엇보다 중요합니다. 신앙의 길은 함께 걷는 여정입니다. 다윗의 용사들이 각자 맡은 자리에서 충성을 다하며 한 몸처럼 연합했듯, 우리도 교회 안에서 서로 협력하고 세워주는 사람이 되어야 합니다. 하나님이 맡겨주신 자리에서 불을 꺼뜨리지 않고, 서로 협력하고 연합해 거룩한 하나님 나라를 든든히 세워가기를 간절히 소망합니다.

| 일독성경 | 역대상 11-13장, 디모데후서 3장 읽음 □

오늘의 찬송

주 믿는 형제들

새찬송가 221장(통 525)

1. 주 믿는 형제들 사랑의 사귐은 천국의 교제 같으니 참 좋은 친교라
2. 하나님 보좌 앞 다 기도드리니 우리의 믿음 소망이 주 안에 하나라
3. 피차에 슬픔과 수고를 나누고 늘 동거동락 하면서 참 사랑 나누네
4. 또 이별할 때에 맘 비록 슬퍼도 주 안에 교제하면서 또 다시 만나리

질문

하나님이 내게 주신 재능과 역할이 무엇인지 생각해 보고, 교회에 어떻게 도움이 될 수 있을지 적어보세요.

나의 감사

오늘 하루, 감사할 것들을 적어보세요.

| 기도 | 하나님 아버지, 주님의 비전을 함께 공유하고 힘을 합쳐 하나님의 나라를 든든히 세워가게 하옵소서. 예수 그리스도의 이름으로 기도합니다. 아멘.

전도자의 사명

디모데후서 4:1-5 하나님 앞과 살아 있는 자와 죽은 자를 심판하실 그리스도 예수 앞에서 그가 나타나실 것과 그의 나라를 두고 엄히 명하노니 너는 말씀을 전파하라 때를 얻든지 못 얻든지 항상 힘쓰라 범사에 오래 참음과 가르침으로 경책하며 경계하며 권하라 … 너는 모든 일에 신중하여 고난을 받으며 전도자의 일을 하며 네 직무를 다하라

저의 어머니 김선실 목사님은 평생 전도의 열정을 불태우셨던 분입니다. 서대문순복음교회 시절부터 조용기 목사님과 최자실 목사님의 말씀에 순종하셔서, 날마다 때를 얻든지 못 얻든지 골목이든 시장이든 어느 장소에서든 누구에게나 복음을 전하셨습니다. 평생 그렇게 한 영혼이라도 주님께 돌아오기를 소망하며 애쓰셨습니다. 그리고 늘 입버릇처럼 "하나님 나라에 가면 남는 상급은 전도의 상급이다."라고 말씀하셨습니다. 때와 장소를 가리지 않고 열정적으로 복음을 전하셨던 어머니를 통해 매년 100명이 넘는 사람들이 교회에 등록했습니다. 심지어 어머니는 돌아가시기 전 병원에 입원해 계시는 동안에도 의사와 간호사에게 복음을 전하셨습니다. 그리고 제게 남기신 마지막 말씀도 "열심히 복음을 전하며 살다가 천국에서 만나자."라는 것이었습니다. 어머니의 마지막 말씀이 지금도 제 마음 깊이 새겨져 있습니다.

바울은 디모데에게 그리스도의 재림과 심판을 기억하며 때를 가리지 말고, 인내와 사랑으로 말씀을 가르치며 잘못을 바로잡고 바르게 권면하라고 당부합니다. 현시대에도 진리보다는 세상 가치와 쾌락을 좇으며 복음을 거부하는 사람들이 많습니다. 바울과 디모데처럼 우리도 복음 전파에 힘쓰는 충성된 전도자의 삶을 살기를 소망합니다.

| 일독성경 | 역대상 14-16장, 디모데후서 4장 읽음 □

오늘의 찬송

우리가 지금은 나그네 되어도

새찬송가 508장(통 270)

1. 우리가 지금은 나그네 되어도 화려한 천국에 머잖아 가리니
   이 세상 있을 때 주 예수 위하여 끝까지 힘써 일하세
2. 주 예수 말씀이 온 세상 만민들 흉악한 죄에서 떠나라 하시니
   이 말씀 듣고서 새 생명 얻으라 이 기쁜 소식 전하세
3. 영생의 복락과 천국에 갈 길을 만백성 알도록 나가서 전하세
   주 예수 말씀이 이 복음 전하라 우리게 부탁하셨네

후렴 주 내게 부탁하신 일 천사도 흠모하겠네
화목케 하라신 구주의 말씀을 온 세상 널리 전하세

질문

주변에 전도할 대상이 있는지 생각해 보고 어떻게 복음을 전해야 할지 적어보세요.

나의 감사

오늘 하루, 감사할 것들을 적어보세요.

| 기도 | 하나님 아버지, 전도자의 사명을 가슴 깊이 새기고 주님 다시 오시는 그날까지 복음을 전하는 삶을 살게 하옵소서. 예수 그리스도의 이름으로 기도합니다. 아멘.

말씀과 삶의 일치

디도서 1:7-9 감독은 하나님의 청지기로서 책망할 것이 없고 제 고집대로 하지 아니하며 급히 분내지 아니하며 술을 즐기지 아니하며 구타하지 아니하며 더러운 이득을 탐하지 아니하며 오직 나그네를 대접하며 선행을 좋아하며 신중하며 의로우며 거룩하며 절제하며 미쁜 말씀의 가르침을 그대로 지켜야 하리니

'일본의 성자', '동경 뒷골목의 빛'이라고 불린 가가와 도요히코 목사는 20대 초반에 폐결핵으로 생명이 위태로운 상황에서 절망 가운데 하나님께 부르짖었습니다. 성령충만을 받고 회심한 그는 통행조차 제한될 만큼 위험한 동경의 빈민가 신카와 판자촌으로 들어가 교회를 개척하고 빈민들, 폭력배들, 매춘부들을 섬겼습니다. 한번은 "네게 구하는 자에게 주며 네게 꾸고자 하는 자에게 거절하지 말라."라고 설교하자, 그 설교를 들은 폭력배가 날마다 그를 찾아와 돈을 빼앗았고, 심지어 입고 있는 양복과 와이셔츠까지 벗겨갔습니다. 입을 옷이 없어 구호품으로 들어온 여자 옷을 입었다가 사람들의 웃음거리가 되기도 했습니다. 그러나 그는 소외되고 무시당하며 소망 없이 살아가는 그들과 함께하며 예수님의 사랑과 복음을 전했습니다. 그러는 가운데 자신의 병이 나아 50년을 더 살며 섬김의 삶을 이어갔습니다.

말씀과 삶의 일치는 모든 크리스천이 갖추어야 할 자세입니다. 참된 믿음은 입술의 고백에 머무르지 않고 구체적인 말과 행동으로 드러나야 합니다. 하나님의 자녀로서 세상 가운데 예수 그리스도의 빛과 사랑을 나타낼 때, 우리의 거룩한 행실을 통해 하나님의 이름이 더욱 높이 빛나게 될 것을 믿습니다.

| 일독성경 | 역대상 17-19장, 디도서 1장 읽음 □

오늘의 찬송

주의 말씀 듣고서

새찬송가 204장(통 379)

1. 주의 말씀 듣고서 준행하는 자는 반석 위에 터 닦고 집을 지음 같아
   비가 오고 물 나며 바람 부딪쳐도 반석 위에 세운 집 무너지지 않네
2. 주의 말씀 듣고도 행치 않는 자는 모래 위에 터 닦고 집을 지음 같아
   비가 오고 물 나며 바람 부딪칠 때 모래 위에 세운 집 크게 무너지네
3. 세상 모든 사람들 집을 짓는 자니 반석 위가 아니면 모래 위에 짓네
   우리 구주 오셔서 지은 상을 줄 때 세운 공로 따라서 영영 상벌 주리

후렴 잘 짓고 잘 짓세 우리 집 잘 짓세 만세 반석 위에다 우리 집 잘 짓세

질문

나는 가정, 직장, 교회에서 말씀대로 살아가려고 애쓰고 있나요? 삶과 믿음이 일치하는지 점검해 보세요.

나의 감사

오늘 하루, 감사할 것들을 적어보세요.

| 기도 | 하나님 아버지, 삶과 믿음이 일치하게 하시고 말씀에 온전히 순종하며 살아가게 하옵소서. 예수 그리스도의 이름으로 기도합니다. 아멘.

승리의 비결

역대상 20:4-7 블레셋 사람들과 게셀에서 전쟁할 때에 후사 사람 십브개가 키가 큰 자의 아들 중에 십배를 쳐죽이매 그들이 항복하였더라 … 또 가드에서 전쟁할 때에 그 곳에 키 큰 자 하나는 손과 발에 가락이 여섯씩 모두 스물넷이 있는데 그도 키가 큰 자의 소생이라 그가 이스라엘을 능욕하므로 다윗의 형 시므아의 아들 요나단이 그를 죽이니라

제2차 세계대전 중 영국군은 독일군에 여러 차례 패배하며 심각한 위기를 맞았습니다. 특히 북아프리카의 엘 알라메인 전투는 연합군의 운명이 걸린 격전지였습니다. 전투를 앞두고 영국군 사령관 버나드 로 몽고메리 장군은 장병들과 함께 하나님의 도우심을 구하며 금식하고 기도했습니다. 그는 영국 성공회 주교의 아들로 언제나 하나님을 경외하는 독실한 신앙인이었습니다. 치열한 전투 끝에 영국군은 '사막의 여우'라고 불리는 독일의 롬멜 장군을 상대로 대승을 거두며 전세를 뒤집었습니다. 이 승리는 제2차 세계대전에서 연합군이 거둔 첫 번째 의미 있는 승리로 기록되었습니다. 몽고메리 장군은 전투에 나서기에 앞서, 장병들에게 이렇게 말했다고 전해집니다. "우리 모두 전쟁에 능하신 하나님께 우리에게 승리를 주시도록 함께 기도합시다."

인생을 살다 보면 수많은 '거인들'을 맞닥뜨리게 됩니다. 감당할 수 없을 만큼 커 보이는 문제가 때로 우리를 움츠러들게 만들지만 온전히 하나님을 의지하면 두려움이 아닌 담대함으로 맞설 수 있습니다. 이 세상 그 무엇보다도 크신 하나님이 우리와 함께하시기 때문입니다. 지금 내 앞에 있는 거인은 무엇인가요? 그것에 두려움 없이 맞설 용기를 달라고 하나님께 기도하세요. 하나님은 여전히 우리와 함께 싸우고 계십니다.

| 일독성경 | 역대상 20-21장, 디도서 2-3장 읽음 □

오늘의 찬송

십자가 군병들아

새찬송가 352장(통 390)

1. 십자가 군병들아 주 위해 일어나 기 들고 앞서 나가 담대히 싸우라
   주께서 승전하고 영광을 얻도록 그 군대 거느리사 이기게 하시네
2. 십자가 군병들아 주 위해 일어나 그 나팔 소리 듣고 곧 나가 싸우라
   수없는 원수 앞에 주 따라갈 때에 주 예수 힘을 주사 강하게 하시네
3. 십자가 군병들아 주 위해 일어나 네 힘이 부족하니 주 권능 믿으라
   복음의 갑주 입고 늘 기도하면서 너 맡은 자리에서 충성을 다하라
4. 십자가 군병들아 주 위해 일어나 이날에 접전하고 곧 개가 부르라
   승전한 군사들은 영생을 얻으며 영광의 주와 함께 왕 노릇 하리라 아멘

질문

지금 내 앞을 가로막고 있는 '거인'은 무엇인가요? 하나님께 담대함을 구하는 기도를 적어보세요.

나의 감사

오늘 하루, 감사할 것들을 적어보세요.

| 기도 | 하나님 아버지, 어떠한 어려움을 만나도 우리와 함께하시는 주님을 의지하며 담대함으로 이겨내게 하옵소서. 예수 그리스도의 이름으로 기도합니다. 아멘.

사명을 감당하는 힘

역대상 22:11-13 이제 내 아들아 야훼께서 너와 함께 계시기를 원하며 네가 형통하여 야훼께서 네게 대하여 말씀하신 대로 네 하나님 야훼의 성전을 건축하며 야훼께서 네게 지혜와 총명을 주사 네게 이스라엘을 다스리게 하시고 … 그 때에 네가 만일 야훼께서 모세를 통하여 이스라엘에게 명령하신 모든 규례와 법도를 삼가 행하면 형통하리니 강하고 담대하여 두려워하지 말고 놀라지 말지어다

워싱톤순복음제일교회를 건축하던 때의 일입니다. 기도하던 중 성령님이 제 마음에 분명히 말씀하셨습니다. "1천 명을 수용할 수 있는 교회를 건축하라." 하나님의 음성은 분명했지만 당시 성도는 70명 남짓이었고 건축비용도 턱없이 부족했습니다. 그때 한 장로님이 저에게 말했습니다. "목사님, 1천 명을 수용하는 교회를 짓는다는 것은 불가능합니다. 250명 정도 수용하는 교회를 먼저 짓고 그 다음에 교회가 더 부흥하면 큰 교회를 지으십시다." 저는 장로님의 말을 듣고 건축 허가를 신청했지만 6번이나 서류가 반려되었고 결국 건축 허가가 취소되었습니다. 그때 저는 하나님께 회개하고 1천 명을 수용할 수 있는 성전을 건축하기로 결심했습니다. 놀랍게도 건축 허가는 한 달도 되지 않아 통과되었고 1년 반 만에 1천 석 규모의 성전을 완공하여 조용기 목사님을 모시고 1천 명의 성도와 함께 입당예배를 드리게 되었습니다.

오늘 본문에서 다윗은 솔로몬에게 하나님의 뜻에 순종하면 반드시 형통할 것이라고 말합니다. 눈에 보이는 현실이나 사람을 의지하지 말고 하나님의 뜻에 순종하며 살아가시기 바랍니다. 하나님은 절대 긍정의 믿음으로 하나님의 말씀에 순종하는 사람들을 통해 하나님의 역사를 이루어 가십니다.

| 일독성경 | 역대상 22-24장, 빌레몬서 1장 읽음 □

오늘의 찬송

내가 늘 의지하는 예수

새찬송가 86장(통 86)

1. 내가 늘 의지하는 예수 나의 상처 입은 심령을
불쌍하게 여기사 위로하여주시니 미쁘신 나의 좋은 친구
2. 주의 손 의지하고 살 때 나를 해할 자가 없도다
주님 나의 마음을 크게 위로하시니 미쁘신 나의 좋은 친구
3. 내가 요단강 건너가며 맘이 두려워서 떨 때도
주가 인도하시니 어찌 두려워하랴 미쁘신 나의 좋은 친구
4. 이후 천국에 올라가서 모든 성도들과 다 함께
우리들을 구하신 주를 찬양하리라 미쁘신 나의 좋은 친구

후렴 내가 의지하는 예수 나의 사모하는 친구
나의 기도 들으사 응답하여주시니 미쁘신 나의 좋은 친구

질문

하나님이 내게 주신 사명은 무엇이며, 그 사명을 이루어 가는 과정에서 나는 얼마나 하나님을 의지하고 있나요?

나의 감사

오늘 하루, 감사할 것들을 적어보세요.

| 기도 | 하나님 아버지, 우리의 지혜를 의지하지 않고 오직 말씀에 순종하며 하나님의 뜻을 이루게 하옵소서. 예수 그리스도의 이름으로 기도합니다. 아멘.

떠내려가지 마라

히브리서 2:1-4 그러므로 우리는 들은 것에 더욱 유념함으로 우리가 흘러 떠내려가지 않도록 함이 마땅하니라 천사들을 통하여 하신 말씀이 견고하게 되어 모든 범죄함과 순종하지 아니함이 공정한 보응을 받았거든 우리가 이같이 큰 구원을 등한히 여기면 어찌 그 보응을 피하리요 … 하나님도 표적들과 기사들과 여러 가지 능력과 및 자기의 뜻을 따라 성령이 나누어 주신 것으로써 그들과 함께 증언하셨느니라

1988년 서울올림픽 탁구 여자 복식에서 세계 최강 중국을 꺾고 금메달리스트가 된 양영자 선수의 이야기입니다. 그녀는 은퇴 후 안일한 삶을 살다 신앙에서 멀어졌습니다. 또한, 한때 어머니의 소천으로 우울증에 걸리기도 했습니다. 하지만 말씀 묵상과 예배를 통해 예수님의 은혜로 신앙을 회복한 후, 하나님의 계획과 인도하심을 따라 부르심을 받았습니다. 그녀는 1997년에 홀연히 남편과 함께 몽골 선교사가 되어 15년간 사역했습니다. 선교지로 떠나기 전에는 금메달 연금 수령 계좌를 시골에서 경제적으로 어렵게 목회하시는 분께 옮겨놓기도 했습니다. 그녀는 금메달리스트로서 대중의 인기를 누리고 연금을 받으며 지도자 생활을 하는 편안한 삶을 살 수도 있었습니다. 그러나 그런 삶을 내려놓고 선교사가 되었습니다. 자신이 받은 놀라운 하나님의 사랑을 선교지에 전하고 싶은 열망 때문이었습니다.

우리가 살아가는 세상은 마치 강물과 같습니다. 가만히 있으면 세상의 가치관과 유혹의 물살에 휩쓸려 우리의 신앙도 떠내려갑니다. 우리는 복음에 더욱 유념해야 합니다. 온 마음을 다해 하나님의 말씀에 귀 기울이고 그 말씀에 순종할 때, 날마다 우리 삶에 베풀어 주시는 하나님의 놀라운 구원의 능력과 기적을 경험하게 될 것입니다.

| 일독성경 | 역대상 25-26장, 히브리서 1-2장 읽음 □

오늘의 찬송

주 하나님 지으신 모든 세계

새찬송가 79장(통 40)

1. 주 하나님 지으신 모든 세계 내 마음속에 그리어볼 때
하늘의 별 울려 퍼지는 뇌성 주님의 권능 우주에 찼네
2. 숲속이나 험한 산골짝에서 지저귀는 저 새소리들과
고요하게 흐르는 시냇물은 주님의 솜씨 노래하도다
3. 주 하나님 독생자 아낌없이 우리를 위해 보내주셨네
십자가에 피 흘려 죽으신 주 내 모든 죄를 대속하셨네
4. 내 주 예수 세상에 다시 올 때 저 천국으로 날 인도하리
나 겸손히 엎드려 경배하며 영원히 주를 찬양하리라

후렴 주님의 높고 위대하심을 내 영혼이 찬양하네
주님의 높고 위대하심을 내 영혼이 찬양하네

질문

세상의 가치관에 흔들릴 때나 혹은 각종 유혹 앞에서 흔들릴 때 내가 단단히 붙잡아야 할 말씀을 적어보세요.

나의 감사

오늘 하루, 감사할 것들을 적어보세요.

| 기도 | 하나님 아버지, 세상의 유혹보다 말씀을 더 사랑하길 원합니다. 날마다 말씀과 기도 가운데 영혼의 닻을 내리게 하옵소서. 예수 그리스도의 이름으로 기도합니다. 아멘.

MAY **05.24** 주일

성령의 시대 | 성령강림주일

사도행전 2:14-18 베드로가 열한 사도와 함께 서서 소리를 높여 이르되 … 하나님이 말씀하시기를 말세에 내가 내 영을 모든 육체에 부어 주리니 너희의 자녀들은 예언할 것이요 너희의 젊은이들은 환상을 보고 너희의 늙은이들은 꿈을 꾸리라 그 때에 내가 내 영을 내 남종과 여종들에게 부어 주리니 그들이 예언할 것이요

감리교의 창시자 존 웨슬리 목사는 "세계는 나의 교구다."라고 외치며 평생 말을 타고 40만km 이상을 복음 전도를 위해 순회했습니다. 4만 번이 넘는 설교를 했고 4백여 권에 달하는 책을 저술했습니다. 하지만 웨슬리는 한때 미국 조지아에서 선교사로 활동했으나 실패하여 쫓겨나듯 그곳을 떠나야 했습니다. 그는 괴로움과 번민 중에 자신의 지난 사역을 돌아보면서 자신에게 구원의 확신이 없음을 깨닫게 되었고 그때부터 성경을 다시 연구하기 시작했습니다. 마침내 1738년 5월 24일 저녁, 올더스게이트가의 한 집회에서 성령의 임재를 경험하고 그의 삶은 완전히 새롭게 변화되었습니다. 훗날 자신이 열정적으로 복음을 전할 수 있었던 비결에 관해 물어보는 질문에 웨슬리는 이렇게 대답했습니다. "내 마음속에 항상 성령의 불이 뜨겁게 타올랐기 때문입니다."

우리는 지금 성령의 시대를 살고 있습니다. 예수님의 승천 후, 마가의 다락방에서 기도하던 제자들에게 오순절 날에 임하셨던 성령님이 지금도 우리 가운데 역사하십니다. 그렇기에 우리는 반드시 성령충만을 받아야 합니다. 성령님의 능력을 의지하지 않으면 문제 많은 이 세상에서 결코 승리의 삶을 살아갈 수가 없습니다.

| 일독성경 | 역대상 27-29장, 히브리서 3장 읽음 □

오늘의 찬송

불길 같은 주 성령

새찬송가 184장(통 173)

1. 불길 같은 주 성령 간구하는 우리게 지금 강림하셔서 영광 보여주소서
2. 주의 제단 불 위에 우리 몸과 영혼과 우리 가진 모든 것 지금 바치옵니다
3. 모든 것 다 바치고 비고 빈 내 마음에 성령충만하도록 주여 채워주소서
4. 구속하신 주께서 약속하신 성령을 믿고 간구하오니 지금 내려주소서

후렴 성령이여 임하사 우리 영의 소원을 만족하게 하소서
기다리는 우리게 불로 불로 충만하게 하소서 아멘

질문

나는 언제 성령충만을 경험했나요? 그때처럼 성령충만한 상태를 유지하려면 어떻게 해야 할까요?

나의 감사

오늘 하루, 감사할 것들을 적어보세요.

| 기도 | 하나님 아버지, 지금 우리에게도 성령충만을 부어주셔서 날마다 승리의 삶을 살아갈 수 있게 도와주옵소서. 예수 그리스도의 이름으로 기도합니다. 아멘.

하나님을 예배하는 삶

역대하 1:1-6 다윗의 아들 솔로몬의 왕위가 견고하여 가며 그의 하나님 아훼께서 그와 함께 하사 심히 창대하게 하시니라 솔로몬이 온 이스라엘의 천부장들과 백부장들과 재판관들과 온 이스라엘의 방백들과 족장들에게 명령하여 솔로몬이 온 회중과 함께 기브온 산당으로 갔으니 … 야훼 앞 곧 회막 앞에 있는 놋 제단에 솔로몬이 이르러 그 위에 천 마리 희생으로 번제를 드렸더라

신앙의 자유를 찾아 네덜란드로 간 영국의 청교도들은 그곳에서도 박해를 받자, 1620년 대서양을 건너 미국에 정착했습니다. 낯선 땅에는 예기치 못한 어려움과 고난이 도사리고 있었지만, 그들은 하나님을 온전히 예배하기 위해 미국으로 건너간 것입니다. 그들의 삶은 항상 예배가 중심이었습니다. 이들은 67일 동안 항해하는 대서양 바다에서도 닻을 내려 항해를 멈추고 주일 성수를 했고, 아메리카 대륙에 도착하자마자 제일 먼저 땅에 입을 맞추며 "나의 하나님, 감사합니다."라고 찬양을 드렸습니다. 청교도들은 먼저 교회를 세웠고, 그다음에는 학교를, 마지막으로 회관을 지었습니다. 주일을 거룩히 지키는 것이 신실한 청교도의 신앙 정신이었으며, 오늘날 미국의 번영을 이끌어낸 원동력이 되었습니다.

솔로몬은 왕이 된 후 가장 먼저 하나님께 예배를 드렸습니다. 하나님은 그 예배를 기쁘게 받으시고 그의 왕위를 견고케 하시며 큰 복을 허락하셨습니다. 우리도 무엇을 하든지 먼저 하나님께 예배드리는 자세가 중요합니다. 우리가 하나님만을 섬기고 예배하는 삶을 살아갈 때 하나님은 우리에게 풍성한 은혜와 축복을 부어주실 것입니다.

| 일독성경 | 역대하 1-2장, 히브리서 4-5장 읽음 □

오늘의 찬송

예수 우리 왕이여

새찬송가 38장

1. 예수 우리 왕이여 이곳에 오셔서 우리가 왕께 드리는 영광을 받아주소서
   우리는 주님의 백성 주님은 우리 왕이라 왕이신 예수님 오셔서 좌정하사 다스리소서
2. 예수 우리 주시여 이곳에 오셔서 우리가 주께 드리는 찬양을 받아주소서
   우리는 주님의 종들 주님은 우리 주시라 주 되신 예수님 오셔서 이 찬양을 받아주소서

질문

나는 내 삶의 중요한 순간마다 하나님을 먼저 찾고 예배하고 있나요? 혹시 바쁘다는 이유로 하나님보다 내 생각과 계획을 먼저 앞세운 적은 없나요?

나의 감사

오늘 하루, 감사할 것들을 적어보세요.

| 기도 | 하나님 아버지, 삶의 모든 자리에 하나님을 모시기 원합니다. 마음을 다해 하나님께 드리는 예배가 삶의 중심이 되게 하옵소서. 예수 그리스도의 이름으로 기도합니다. 아멘.

이보다 더 좋은 것

히브리서 6:9-12 사랑하는 자들아 우리가 이같이 말하나 너희에게는 이보다 더 좋은 것 곧 구원에 속한 것이 있음을 확신하노라 하나님은 불의하지 아니하사 너희 행위와 그의 이름을 위하여 나타낸 사랑으로 이미 성도를 섬긴 것과 이제도 섬기고 있는 것을 잊어버리지 아니하시느니라 … 게으르지 아니하고 믿음과 오래 참음으로 말미암아 약속들을 기업으로 받는 자들을 본받는 자 되게 하려는 것이니라

세계적인 다이아몬드 산지로 유명한 남아프리카공화국에서 전해지는 이야기입니다. 어떤 상인이 남아공의 한 마을에서 하룻밤 잘 곳을 청해 들어갔습니다. 그런데 그 집의 거실 선반 위에 반짝이는 돌멩이 하나를 보게 되었습니다. 상인은 집주인에게 물었습니다. "저 돌멩이는 누구의 것입니까?" 그러자 주인은 "제 아들이 산에서 주워온 것입니다."라고 대답했습니다. 상인은 장난감 하나를 주면서 돌멩이와 바꿀 수 있냐고 묻자, 주인은 몇 번이나 고맙다고 인사를 하며 흔쾌히 돌멩이를 내어주었습니다. 이 돌은 케이프타운의 보석상에게 12만 5천 달러에 팔렸고, 현재는 수백만 달러의 가치를 가진다고 합니다. 그 돌은 바로 다이아몬드의 원석이었습니다. 집주인은 다이아몬드의 가치를 깨닫지 못했기에 이처럼 어리석은 선택을 하게 된 것입니다.

오늘 본문은 유대인 출신 성도들 가운데 이미 폐기된 옛 관습이나 율법들로 돌아가려는 사람들에게 말씀합니다. "너희에게는 이보다 더 좋은 것 곧 구원에 속한 것이 있음을 확신하노라." 예수님의 십자가 공로로 얻은 구원이 있는데, 왜 과거로 돌아가냐는 것입니다. 우리도 예수님 안에서 구원받고 새사람이 되었습니다. 이전의 것들을 과감히 떨쳐내고 '이보다 더 좋은 것', 예수님의 구원을 끝까지 붙드시길 바랍니다.

| 일독성경 | 역대하 3-4장, 히브리서 6장 읽음 □

오늘의 찬송

주 예수보다 더 귀한 것은 없네

새찬송가 94장(통 102)

1. 주 예수보다 더 귀한 것은 없네 이 세상 부귀와 바꿀 수 없네
영 죽은 내 대신 돌아가신 그 놀라운 사랑 잊지 못해
2. 주 예수보다 더 귀한 것은 없네 이 세상 명예와 바꿀 수 없네
이전에 즐기던 세상일도 주 사랑하는 맘 뺏지 못해
3. 주 예수보다 더 귀한 것은 없네 이 세상 행복과 바꿀 수 없네
유혹과 핍박이 몰려와도 주 섬기는 내 맘 변치 않아

후렴 세상 즐거움 다 버리고 세상 자랑 다 버렸네
주 예수보다 더 귀한 것은 없네 예수밖에는 없네

질문

예수님의 구원이 그 어떤 것보다 귀하다는 사실을 믿고 있나요?
내가 버려야 할 것과 끝까지 붙들어야 할 것은 각각 무엇일까요?

나의 감사

오늘 하루, 감사할 것들을 적어보세요.

| 기도 | 하나님 아버지, 그 무엇보다 귀한 예수님의 구원을 우리에게 주시니 감사합니다. 이 구원을 끝까지 붙들고 살게 하옵소서. 예수 그리스도의 이름으로 기도합니다. 아멘.

우리의 대제사장 되신 예수 그리스도

히브리서 7:26-28 이러한 대제사장은 우리에게 합당하니 … 그는 저 대제사장들이 먼저 자기 죄를 위하고 다음에 백성의 죄를 위하여 날마다 제사 드리는 것과 같이 할 필요가 없으니 이는 그가 단번에 자기를 드려 이루셨음이라 율법은 약점을 가진 사람들을 제사장으로 세웠거니와 율법 후에 하신 맹세의 말씀은 영원히 온전하게 되신 아들을 세우셨느니라

찬송가 305장 「나 같은 죄인 살리신」이라는 찬송으로 잘 알려진 '어메이징 그레이스'의 원작자, 존 뉴턴은 예수님을 외면하고 살던 노예 상인이었습니다. 그는 비싼 값에 노예들을 팔아 돈을 버는 일이 인생 최고의 목표였고, '사랑'이나 '은혜' 같은 단어는 사치스러운 감정에 불과하다고 여겼습니다. 주위 사람들은 그런 그를 '냉혈 인간'이라고 불렀습니다. 그러던 어느 날, 아프리카에서 노예들을 싣고 런던으로 돌아오던 중, 뉴펀들랜드 해역에서 엄청난 폭풍을 만났습니다. 폭풍우는 자그마치 11일이나 계속되었고, 그 속에서 그는 용서의 하나님을 만나 회심했습니다. 이후 목사가 된 그는 이렇게 고백했습니다. "내가 결코 잊을 수 없는 두 가지는 내가 큰 죄인이라는 것과 예수 그리스도가 내 죄보다 더 큰 구세주라는 사실이다."

오늘날 많은 사람들은 '죄인'이나 '구원'이라는 말을 불편해하고 각자의 기준을 따라 진리를 정의하며 살아갑니다. 하지만 성경은 오직 예수 그리스도만이 우리의 죄를 용서하실 수 있는 유일한 분이며, 참되고 영원한 구원의 길은 예수님 외에는 없다고 말씀합니다. 예수님 안에서 주어진 '어메이징 그레이스' 즉, 놀라운 구원의 은혜를 통해 날마다 참된 자유를 누리는 삶이 되기를 간절히 소망합니다.

| 일독성경 | 역대하 5-7장, 히브리서 7장 읽음 □

오늘의 찬송

나 같은 죄인 살리신

새찬송가 305장(통 405)

1. 나 같은 죄인 살리신 주 은혜 놀라워 잃었던 생명 찾았고 광명을 얻었네
2. 큰 죄악에서 건지신 주 은혜 고마워 나 처음 믿은 그 시간 귀하고 귀하다
3. 이제껏 내가 산 것도 주님의 은혜라 또 나를 장차 본향에 인도해주시리
4. 거기서 우리 영원히 주님의 은혜로 해처럼 밝게 살면서 주 찬양하리라 아멘

질문

예수님을 나의 참된 대제사장으로 믿고 의지하고 있나요? 주님 앞에 나의 죄와 연약함을 솔직히 고백해 보세요.

나의 감사

오늘 하루, 감사할 것들을 적어보세요.

| 기도 | 하나님 아버지, 예수님의 십자가 은혜로 혼란한 세상 속에서도 구원의 확신을 붙들고 믿음으로 살아가게 하옵소서. 예수 그리스도의 이름으로 기도합니다. 아멘.

완벽한 마무리

역대하 8:14-16 솔로몬이 또 그의 아버지 다윗의 규례를 따라 제사장들의 반열을 정하여 섬기게 하고 레위 사람들에게도 그 직분을 맡겨 매일의 일과대로 찬송하며 … 제사장들과 레위 사람들이 국고 일에든지 무슨 일에든지 왕이 명령한 바를 전혀 어기지 아니하였더라 솔로몬이 여호와의 전의 기초를 쌓던 날부터 준공하기까지 모든 것을 완비하였으므로 여호와의 전 공사가 결점 없이 끝나니라

솔로몬은 왕이 된 후 7년 동안 성전을 건축했습니다. 중요한 것은 단순히 성전을 지었다는 사실이 아니라 성전의 기초를 놓기 시작한 날부터 준공하기까지 하나님이 지시하신 대로 행하여 흠 없이 마무리했다는 점입니다. 믿음의 여정도 이와 같습니다. 매일의 삶에서 말씀에 순종하며 믿음의 경주를 끝까지 완주하는 것이 중요합니다. 많은 크리스천이 열정적으로 신앙생활을 시작하지만, 시간이 지날수록 열정이 식어지고, 나중에는 시험에 들어 교회를 떠나기도 합니다.

그러나 우리는 마지막 날 "잘하였다. 충성된 종아."라고 칭찬하실 주님을 바라보며 끝까지 믿음을 지켜야 합니다. 하나님이 나에게 맡기신 일은 무엇인가요? 나는 그 일을 충성스럽게 감당하고 있나요? 오늘 나에게 주어진 삶의 자리에서 절대 긍정의 믿음으로 최선을 다해 살아가시기 바랍니다. 비록 시련과 고난의 시간이 찾아올지라도 흔들리지 말고 주님을 의지하며 믿음의 길을 걸어가야 합니다. 우리의 인생이 다 마치는 날, 하나님의 뜻을 온전히 이루어 그분께 모든 영광을 돌릴 수 있기를 간절히 소망합니다.

| 일독성경 | 역대하 8-9장, 히브리서 8-9장 읽음 □

오늘의 찬송

새벽부터 우리

새찬송가 496장(통 260)

1. 새벽부터 우리 사랑함으로써 저녁까지 씨를 뿌려봅시다
   열매 차차 익어 곡식 거둘 때에 기쁨으로 단을 거두리로다
2. 비가 오는 것과 바람 부는 것을 겁을 내지 말고 뿌려봅시다
   일을 마쳐놓고 곡식 거둘 때에 기쁨으로 단을 거두리로다
3. 씨를 뿌릴 때에 나지 아니할까 염려하며 심히 애탈지라도
   나중 예수께서 칭찬하시리니 기쁨으로 단을 거두리로다

후렴 거두리로다 거두리로다 기쁨으로 단을 거두리로다
거두리로다 거두리로다 기쁨으로 단을 거두리로다 아멘

질문

하나님 앞에 섰을 때 칭찬을 듣기 위해서 지금 내가 해야 할 일은 무엇인지 적어보고 실천해 보세요.

나의 감사

오늘 하루, 감사할 것들을 적어보세요.

| 기도 | 하나님 아버지, 다시 오실 주님을 바라보며 날마다 믿음으로 최선을 다해 살아가게 하옵소서. 예수 그리스도의 이름으로 기도합니다. 아멘.

MAY **05.29** 금요일

형통할 때 하나님을 기억하라

역대하 12:1-5 르호보암의 나라가 견고하고 세력이 강해지매 그가 야훼의 율법을 버리니 온 이스라엘이 본받은지라 그들이 야훼께 범죄하였으므로 르호보암 왕 제 오년에 애굽 왕 시삭이 예루살렘을 치러 올라오니 … 선지자 스마야가 르호보암과 방백들에게 나아와 이르되 야훼께서 이같이 말씀하시기를 너희가 나를 버렸으므로 나도 너희를 버려 시삭의 손에 넘겼노라 하셨다 한지라

우리가 가장 경계해야 할 순간은 어려울 때가 아니라 형통할 때입니다. 솔로몬의 아들 르호보암은 나라가 안정되고 강성해지자 하나님의 율법을 버리고 죄의 길을 걸었습니다. 그는 하나님이 주신 은혜를 잊어버리고 마치 자신의 힘으로 나라를 세운 것처럼 교만해졌던 것입니다. 왕의 이러한 행동은 이스라엘 백성들에게 영향을 미쳤고, 결국 온 이스라엘이 하나님을 떠나 죄에 빠지게 되었습니다. 그로 인해 하나님은 애굽을 사용하여 이스라엘을 징계하셨습니다. 애굽 왕 시삭이 이스라엘을 침략한 사건은 단순한 정치적 위기나 외세의 침략이 아니라, 하나님을 버린 이스라엘 백성에게 내려진 심판이었습니다.

오늘 본문은 우리에게 중요한 교훈을 줍니다. 삶이 평탄하고 순조로울 때 우리는 교만해져서 모든 것을 자신의 힘으로 이루었다고 생각하기 쉽습니다. 그러나 우리가 누리는 모든 것은 하나님의 은혜입니다. 우리는 형통할수록 더욱 기도하고 말씀을 묵상하여 하나님을 삶의 중심에 모시고 살아가야 합니다. 오늘도 하나님을 인생의 주인으로 모시고 살아가는 복된 하루가 되기를 소망합니다.

| 일독성경 | 역대하 10-12장, 히브리서 10장 읽음 □

오늘의 찬송

이 몸의 소망 무언가

새찬송가 488장(통 539)

1. 이 몸의 소망 무언가 우리 주 예수뿐일세 우리 주 예수밖에는 믿을 이 아주 없도다
2. 무섭게 바람 부는 밤 물결이 높이 설렐 때 우리 주 크신 은혜에 소망의 닻을 주리라
3. 세상에 믿던 모든 것 끊어질 그날 되어도 구주의 언약 믿사와 내 소망 더욱 크리라
4. 바라던 천국 올라가 하나님 앞에 뵈올 때 구주의 의를 힘입어 어엿이 바로 서리라

후렴 주 나의 반석이시니 그 위에 내가 서리라 그 위에 내가 서리라

질문

내 삶에서 하나님보다 더 사랑하는 것이 있나요? 하나님을 삶의 중심에 모시기 위해 내가 오늘 결단할 수 있는 일은 무엇일까요?

나의 감사

오늘 하루, 감사할 것들을 적어보세요.

| 기도 | 하나님 아버지, 형통할수록 하나님의 사랑을 기억하며 주님을 우리 인생의 주인으로 모시고 살게 하옵소서. 예수 그리스도의 이름으로 기도합니다. 아멘.

상 주심을 바라봄이라

히브리서 11:24-26 믿음으로 모세는 장성하여 바로의 공주의 아들이라 칭함 받기를 거절하고 도리어 하나님의 백성과 함께 고난 받기를 잠시 죄악의 낙을 누리는 것보다 더 좋아하고 그리스도를 위하여 받는 수모를 애굽의 모든 보화보다 더 큰 재물로 여겼으니 이는 상 주심을 바라봄이라

사이드 아베디니 목사는 2012년 이란에서 교회를 개척했다는 이유로 체포되어 징역 8년 형을 선고받고 투옥되었습니다. 감옥에서 간수들은 “넌 죽을 때까지 맞을 것이다! 곧 사형될 수 있다!”라고 위협하며 이슬람 신앙으로 개종을 강요했고 폭력과 고문을 일삼았습니다. 그는 고통 속에서 기도할 때마다 “나는 아직 너를 위해 일하고 있다!”라는 주님의 음성을 들었고, 하루 20시간 가까이 기도하며 믿음으로 견뎌냈습니다. 그의 아내 나그메 아베디니 사모 역시 남편을 위해 기도할 때마다 “남편에 관한 모든 상황을 다 내게 맡겨라!”라는 주님의 음성을 들었습니다. 결국 사이드 아베디니 목사는 3년 만에 기적적으로 석방되었습니다. 그는 감옥 내에서의 폭력과 고문으로 극심한 고통을 겪었지만, 가족들에게 이렇게 고백했다고 합니다. “고문과 형벌을 피하기 위해서 기독교 신앙을 포기할 수는 없다.” 참으로 담대한 믿음의 고백입니다.

우리도 눈에 보이는 세상의 즐거움과 물질을 좇기보다, 하나님이 주시는 참된 평안과 생명을 믿음으로 바라보며 살아가야 합니다. 하나님은 지금도 믿음으로 주님을 따르는 자들에게 영광의 상을 예비하고 계십니다. 썩어 없어질 눈앞의 유익이 아닌 영원한 것, 오직 상 주심을 바라보며 날마다 승리하는 우리가 되기를 소망합니다.

| 일독성경 | 역대하 13-15장, 히브리서 11장 **읽음 □**

오늘의 찬송

나 이제 주님의 새 생명 얻은 몸

새찬송가 436장(통 493)

1. 나 이제 주님의 새 생명 얻은 몸 옛것은 지나고 새사람이로다
그 생명 내 맘에 강같이 흐르고 그 사랑 내게서 해같이 빛난다
2. 주 안에 감추인 새 생명 얻으니 이전에 좋던 것 이제는 값없다
하늘의 은혜와 평화를 맛보니 찬송과 기도로 주 함께 살리라
3. 산천도 초목도 새것이 되었고 죄인도 원수도 친구로 변한다
새 생명 얻은 자 영생을 누리니 주님을 모신 맘 새 하늘이로다
4. 주 따라가는 길 험하고 멀어도 찬송을 부르며 뒤따라가리라
나 주를 모시고 영원히 살리라 날마다 섬기며 주 함께 살리라

후렴 영생을 누리며 주 안에 살리라 오늘도 내일도 주 함께 살리라

질문

요즘 나는 눈에 보이는 것과 보이지 않는 것 중 어떤 것을 더 따라 살고 있나요? 하나님이 예비하신 상을 바라보며 오늘 어떤 믿음의 선택을 할 수 있을까요?

나의 감사

오늘 하루, 감사할 것들을 적어보세요.

| 기도 | 하나님 아버지, 믿음의 사람 모세처럼 오늘도 믿음으로 선택하며 주님이 기뻐하시는 길을 걸어가게 하옵소서. 예수 그리스도의 이름으로 기도합니다. 아멘.

징계의 유익

히브리서 12:8-11 징계는 다 받는 것이거늘 너희에게 없으면 사생자요 친아들이 아니니라 또 우리 육신의 아버지가 우리를 징계하여도 공경하였거든 하물며 모든 영의 아버지께 더욱 복종하며 살려 하지 않겠느냐 … 오직 하나님은 우리의 유익을 위하여 그의 거룩하심에 참여하게 하시느니라 무릇 징계가 당시에는 즐거워 보이지 않고 슬퍼 보이나 후에 그로 말미암아 연단 받은 자들은 의와 평강의 열매를 맺느니라

여름마다 큰 피해를 주는 태풍은 분명 무서운 자연 재난이지만 여러 순기능도 있습니다. 가뭄을 해소하고, 지구의 온도를 조절하며, 바닷물을 순환시켜 바닷속 생물들이 살아갈 수 있는 환경을 만들어 줍니다. 태풍이 지나간 곳에는 대기 오염이 씻겨 내려가 맑은 공기를 마실 수 있게 됩니다. 광풍과 폭우는 유기물을 토양 깊숙이 스며들게 하여 땅을 더욱 비옥하게 만듭니다. 이처럼 태풍은 순간적으로 모든 것을 파괴하지만, 자연에는 생명력을 넘치게 하는 좋은 영향을 줍니다.

하나님이 주시는 징계도 이와 같습니다. 징계를 받을 때는 아프고 괴롭게 느껴지지만, 결국 그 과정을 통해 우리는 거룩함에 참여하게 되고 의와 평강의 열매를 맺게 됩니다. 태풍이 지나간 자리에 생명이 되살아나는 것처럼, 징계는 신앙의 불순물을 제거하여 하나님의 사람으로 온전히 변화되게 합니다. 그러므로 우리는 징계의 고통 속에서도 하나님의 선하신 뜻을 신뢰하며 감사해야 합니다. 징계는 우리를 은혜로 이끄는 과정입니다. 어떤 고난 속에서도 믿음의 눈을 들어 주님을 바라보면 우리는 여전히 하나님의 사랑 안에 있음을 깨달을 수 있습니다. 오늘 하루도 고난 너머에 있는 하나님의 뜻을 바라보며 주님의 손을 굳게 잡고 믿음으로 살아가게 되시길 소망합니다.

| 일독성경 | 역대하 16-17장, 히브리서 12-13장 읽음 □

오늘의 찬송

예수 사랑하심을

새찬송가 563장(통 411)

1. 예수 사랑하심을 성경에서 배웠네 우리들은 약하나 예수 권세 많도다
2. 나를 사랑하시고 나의 죄를 다 씻어 하늘 문을 여시고 들어가게 하시네
3. 내가 연약할수록 더욱 귀히 여기사 높은 보좌 위에서 낮은 나를 보시네
4. 세상 사는 동안에 나와 함께하시고 세상 떠나가는 날 천국 가게 하소서

후렴 날 사랑하심 날 사랑하심 날 사랑하심 성경에 쓰였네 아멘

질문

지나온 삶 가운데 그 순간은 너무나 힘들고 고통스러웠지만, 결국 믿음으로 꿋꿋이 견뎌낸 결과로 더 좋은 것을 얻게 되었던 순간들을 적어봅시다.

나의 감사

오늘 하루, 감사할 것들을 적어보세요.

| 기도 | 하나님 아버지, 고난의 순간에도 주님의 뜻을 구하게 하시고, 의와 평강의 열매를 맺는 신앙인으로 자라가게 하옵소서. 예수 그리스도의 이름으로 기도합니다. 아멘.

6 JUNE 2026

SUN	MON	TUE	WED
31	1 대하 18-19 □ 약 1-2 □	2 대하 20-22 □ 약 3 □	3 지방선거 대하 23-25 □ 약 4 □
7 대하 34-36 □ 벧전 4 □	8 스 1-3 □ 벧전 5 □	9 스 4-6 □ 벧후 1 □	10 스 7-8 □ 벧후 2-3 □
14 느 6-8 □ 요이 1 □	15 느 9-11 □ 요삼 1 □	16 느 12-13 □ 유 1, 계 1 □	17 에 1-2 □ 계 2-3 □
21 욥 1-2 □ 계 7-8 □	22 욥 3-4 □ 계 9-10 □	23 욥 5-6 □ 계 11-12 □	24 욥 7-9 □ 계 13 □
28 욥 17-19 □ 계 19 □	29 욥 20-21 □ 계 20-21 □	30 욥 22-24 □ 계 22 □	1
5	6	7	8

감사QT 365

일독성경표 & monthly plan

THU	FRI	SAT	메모
4 대하 26-28 □ 약 5 □	5 대하 29-30 □ 벧전 1-2 □	6 현충일 대하 31-33 □ 벧전 3 □	
11 스 9-10 □ 요일 1-2 □	12 느 1-3 □ 요일 3 □	13 느 4-5 □ 요일 4-5 □	
18 에 3-5 □ 계 4 □	19 에 6-7 □ 계 5 □	20 에 8-10 □ 계 6 □	
25 6·25전쟁일 욥 10-11 □ 계 14-15 □	26 욥 12-14 □ 계 16 □	27 욥 15-16 □ 계 17-18 □	
2	3	4	
9	10	11	

불편한 진실

역대하 18:7-8 이스라엘 왕이 여호사밧에게 이르되 아직도 이믈라의 아들 미가야 한 사람이 있으니 그로 말미암아 야훼께 물을 수 있으나 그는 내게 대하여 좋은 일로는 예언하지 아니하고 항상 나쁜 일로만 예언하기로 내가 그를 미워하나이다 하더라 여호사밧이 이르되 왕은 그런 말씀을 마소서 하니 이스라엘 왕이 한 내시를 불러 이르되 이믈라의 아들 미가야를 속히 오게 하라 하니라

'방 안의 코끼리'라는 말이 있습니다. 방 안에 코끼리가 들어왔다고 상상해 보세요. 절대 모를 수 없는 심각한 일일 것입니다. 이는 모두가 알고 있지만, 누구도 말하지 않는 상황을 비유한 표현입니다. 예를 들어, 직장 상사가 문제 제기를 싫어해서, 혹은 대세가 그러한데 괜히 나섰다가 혼자 손해를 볼까 봐 문제가 보여도 애써 외면한다는 것입니다. 그러나 때로는 심기가 불편해도, 마음에 상처를 입는다고 해도 우리는 문제를 직면하고 진실을 봐야 합니다.

아합과 여호사밧이 전쟁을 앞두고 4백 명의 선지자를 불러 하나님의 뜻을 물었습니다. 그들은 모두 승리를 예언하며 듣기에 좋은 말만 했습니다. 그런데 이때 아합이 부르지 않은 선지자가 한 명 있었는데, 바로 미가야 선지자입니다. 왕은 미가야 선지자가 마음에 들지 않는 나쁜 일만 예언하기에 그의 말은 듣고 싶지 않았던 것입니다. 오늘날 우리도 칭찬과 위로의 말만 좋아하고, 비판과 책망의 말은 외면할 때가 많습니다. 그러나 하나님은 우리의 교만과 욕심을 꺾기 위해 책망의 말씀을 주시기도 합니다. 하나님의 말씀이 불편하게 느껴질 때도 우리는 그 말씀에 귀를 기울여야 합니다. 진실이 불편할 수 있지만, 결국 우리를 구원과 축복의 길로 이끌어 갈 것입니다.

| 일독성경 | 역대하 18-19장, 야고보서 1-2장 읽음 □

오늘의 찬송

하나님의 진리 등대

새찬송가 510장(통 276)

1. 하나님의 진리 등대 길이길이 빛나니 우리들도 등대 되어 주의 사랑 비추세
2. 죄의 밤은 깊어가고 성난 물결 설렌다 어디 불빛 없는 가고 찾는 무리 많구나
3. 너의 등불 돋우어라 거친 바다 비춰라 빛을 찾아 헤매는 이 생명선에 건져라

후렴 우리 작은 불을 켜서 험한 바다 비추세 물에 빠져 헤매는 이 건져내어 살리세

질문

하나님의 말씀 가운데 받아들이기 불편했던 말씀이 있었나요? 그래서 지금껏 순종하지 못했던 말씀이 있다면 무엇인가요?

나의 감사

오늘 하루, 감사할 것들을 적어보세요.

| 기도 | 하나님 아버지, 내가 듣기 좋은 말이 아니라 하나님의 말씀을 따르게 하시고, 불편해도 진실을 외면하지 않게 도와주옵소서. 예수 그리스도의 이름으로 기도합니다. 아멘.

JUN **06.02** 화요일

위로부터 난 지혜

야고보서 3:13-18 너희 중에 지혜와 총명이 있는 자가 누구냐 그는 선행으로 말미암아 지혜의 온유함으로 그 행함을 보일지니라 그러나 너희 마음 속에 독한 시기와 다툼이 있으면 자랑하지 말라 … 오직 위로부터 난 지혜는 첫째 성결하고 다음에 화평하고 관용하고 양순하며 긍휼과 선한 열매가 가득하고 편견과 거짓이 없나니 화평하게 하는 자들은 화평으로 심어 의의 열매를 거두느니라

과거 미국 남부는 목화 재배로 유명했습니다. 그런데 목화는 땅 속에 있는 질소를 흡수해 땅을 황폐하게 만듭니다. 결국 목화 재배로 인해 미국 남부의 땅 대부분이 황폐해졌습니다. 이때 조지 워싱턴 카버 박사는 대체 작물로 땅콩을 찾아냈고 농가에 땅콩을 재배하도록 권장했습니다. 그 결과 땅콩은 풍년이 들었고 땅도 회복되었습니다. 그런데 이번에는 산더미처럼 쌓여 있는 땅콩을 처분할 길이 없었습니다. 이 문제를 두고 하나님께 기도하던 중에 그는 "땅콩을 들고 실험실로 들어가라."라는 하나님의 음성을 들었습니다. 그는 하나님의 말씀에 순종하여 땅콩을 가지고 실험실로 가서 연구를 시작했습니다. 그날부터 하나님은 그에게 다양한 아이디어와 지혜를 부어주셨습니다. 그 결과 카버 박사는 땅콩버터, 땅콩 구두약, 땅콩 크림, 땅콩 식용유 등 3백여 종류의 식품과 실용품을 만들어 미국 남부의 경제를 되살릴 수 있었습니다.

오늘 본문에서 말하는 "위로부터 난 지혜"는 세상 학문이나 연구를 통해 얻는 지혜가 아니라, 하나님이 주시는 지혜입니다. 하나님의 지혜는 인간의 생각과 한계를 뛰어넘고, 우리가 보지 못하는 것을 보고 깨닫게 합니다. 우리에게도 하나님의 지혜가 충만하게 임하여 우리를 통해 선하고 아름다운 열매가 풍성히 맺히기를 소망합니다.

| 일독성경 | 역대하 20-22장, 야고보서 3장 읽음 □

오늘의 찬송

예부터 도움 되시고

새찬송가 71장(통 438)

1. 예부터 도움 되시고 내 소망 되신 주 이 세상 풍파 중에도 늘 보호하시리
2. 이 천지 만물 있기 전 주 먼저 계셨고 온 세상 만물 변해도 주 변함 없도다
3. 주 앞에 천년만년이 한 날과 같으니 이 세상 모든 일들이 다 잠시뿐이라
4. 세월이 흘러가듯이 인생은 떠나니 이 인생 백 년 살아도 꿈결과 같도다
5. 예부터 도움 되시고 내 소망 되신 주 일평생 지나갈 동안 늘 보호하소서 아멘

질문

나는 내 지식과 총명을 자랑하며 살아오지 않았나요? 인간의 지혜가 아닌 하나님의 지혜로 충만하기 위해 무엇을 해야 할까요?

나의 감사

오늘 하루, 감사할 것들을 적어보세요.

| 기도 | 하나님 아버지, 내 생각과 지식을 다 내려놓습니다. 오직 하나님의 지혜를 사모하며 하나님의 뜻을 이루게 하옵소서. 예수 그리스도의 이름으로 기도합니다. 아멘.

JUN **06.03** 수요일

안개 같은 인생

야고보서 4:14-17 내일 일을 너희가 알지 못하는도다 너희 생명이 무엇이냐 너희는 잠깐 보이다가 없어지는 안개니라 너희가 도리어 말하기를 주의 뜻이면 우리가 살기도 하고 이것이나 저것을 하리라 할 것이거늘 이제도 너희가 허탄한 자랑을 하니 그러한 자랑은 다 악한 것이라 그러므로 사람이 선을 행할 줄 알고도 행하지 아니하면 죄니라

로마제국 시대에는 주변 국가들과 많은 전쟁이 있었고, 전쟁에서 승리하고 돌아온 군인들을 위해 국가적 차원에서 성대한 개선식을 열어주었다고 합니다. 개선장군의 마차가 로마 시내로 들어오면 거리를 가득 메운 시민들이 꽃을 뿌리며 환호했습니다. 개선장군은 그야말로 인생 최고의 영광을 누렸습니다. 그런데 그 순간 행렬의 마지막에 있던 노예들이 큰 소리로 외치는 말이 있었다고 합니다. "메멘토 모리!" 즉, "죽음을 기억하라!"라는 말인데, '전쟁에서 승리했다고 너무 우쭐대지 말라. 오늘은 개선장군이지만, 너도 언젠가는 죽는다. 그러니 겸손하게 행동하라.'라는 의미입니다. 이는 최고의 영광을 누리는 순간에도 인생의 유한함을 잊지 말고 겸손해야 함을 가르쳐 줍니다.

오늘 본문은 인간의 생명에 대해 "잠깐 보이다가 없어지는 안개"와 같다고 말씀합니다. 이 말씀처럼 우리의 삶은 영원하지 않습니다. 하나님이 부르시면 우리는 언제든 이 땅을 떠나야 합니다. 이 땅에는 우리가 온전히 의지할 것도 자랑할 것도 없습니다. 우리가 영원히 믿고 의지할 분은 오직 주님 한 분밖에 없습니다. 이제 내 자랑을 모두 내려놓고, 겸손히 주님만 의지하며 주님의 뜻에 순종하시길 바랍니다. 안개 같은 인생일지라도 주님과 함께하면 하루하루가 의미 있는 시간이 될 것입니다.

| 일독성경 | 역대하 23-25장, 야고보서 4장 읽음 □

오늘의 찬송

어둔 밤 쉬 되리니

새찬송가 330장(통 370)

1. 어둔 밤 쉬 되리니 네 직분 지켜서 찬 이슬 맺힐 때에 일찍 일어나
   해 돋는 아침부터 힘써서 일하라 일할 수 없는 밤이 속히 오리라
2. 어둔 밤 쉬 되리니 네 직분 지켜서 일할 때 일하면서 놀지 말아라
   낮에는 수고하나 쉴 때도 오겠네 일할 수 없는 밤이 속히 오리라
3. 어둔 밤 쉬 되리니 네 직분 지켜서 지는 해 비낀 볕에 힘써 일하고
   그 빛이 다하여서 어둡게 되어도 할 수만 있는 대로 힘써 일하라

질문

사람들 앞에 나를 드러내고 자랑했던 일이 있나요? 안개와 같은 인생에서 내가 진정으로 붙들어야 할 것은 무엇인가요?

나의 감사

오늘 하루, 감사할 것들을 적어보세요.

| 기도 | 하나님 아버지, 우리의 인생이 잠깐 보이다가 사라지는 안개와 같음을 기억하며, 교만하지 않고 늘 겸손하게 하옵소서. 예수 그리스도의 이름으로 기도합니다. 아멘.

JUN **06.04** 목요일

하나님 보시기에 정직하게

역대하 27:2-7 요담이 그의 아버지 웃시야의 모든 행위대로 야훼 보시기에 정직하게 행하였으나 야훼의 성전에는 들어가지 아니하였고 백성은 여전히 부패하였더라 … 요담이 그의 하나님 야훼 앞에서 바른 길을 걸었으므로 점점 강하여졌더라 요담의 남은 사적과 그의 모든 전쟁과 행위는 이스라엘과 유다 열왕기에 기록되니라

한국의 대표적인 독립운동가인 도산 안창호 선생은 일제강점기라는 암울한 환경 속에서 민족의 독립과 교육, 그리고 도덕적 개혁을 위해 평생 헌신했습니다. 특히 그는 융통성이 없다고 느껴질 정도로 정직과 바른 삶을 강조했습니다. 그는 독립운동 자금을 모금할 때 단 1원도 허투루 쓰지 않았으며, 모든 지출을 투명하게 공개하고 회계 장부도 철저히 기록했습니다. 대성학교 교장 시절에는 학생들에게 나라를 사랑하기 이전에 바른 인격이 먼저라고 강조했습니다. 독립운동으로 체포되어 취조당할 때도 그는 늘 당당했고, "나는 하나님 앞에서 나의 진심을 정직하게 말하고 있다."라고 말해서 오히려 심문하던 일본 형사가 당황했다고 합니다. 이처럼 안창호 선생은 크리스천으로서 일평생 하나님 앞에 부끄럽지 않은 삶을 살기 위해 애썼습니다.

유다 왕 요담은 아버지 웃시야를 본받아 하나님 앞에 정직한 삶을 살았습니다. 오늘 본문은 그에 대한 기록을 마무리하면서 "하나님 야훼 앞에서 바른 길을 걸었으므로 점점 강하여졌더라"라고 말씀합니다. 우리도 하나님 앞에서 정직한 말과 옳은 행동을 하고 하나님의 말씀에 따라 바른 길을 걸어가야 합니다. 그러할 때 하나님의 은혜 안에서 점점 강해지는 삶을 살게 될 것입니다.

| 일독성경 | 역대하 26-28장, 야고보서 5장 읽음 □

오늘의 찬송

옳은 길 따르라 의의 길을

새찬송가 516장(통 265)

1. 옳은 길 따르라 의의 길을 세계 만민의 참된 길
이 길 따라서 살기를 온 세계에 전하세 만백성이 나갈 길
2. 주 예수 따르라 승리의 주 세계 만민이 나아갈
길과 진리요 참생명 네 창검을 부수고 다 따르라 화평 왕
3. 놀라운 이 소식 알리어라 세계 만민을 구하려
내 주 예수를 보내신 참사랑의 하나님 만백성이 따를 길
4. 고난 길 헤치고 찾아온 길 많은 백성을 구한 길
모두 나와서 믿으면 온 세상이 마침내 이 진리에 살겠네

후렴 어둔 밤 지나고 동튼다 환한 빛 보아라 저 빛 주 예수의 나라 이 땅에 곧 오겠네 오겠네

질문

의식적이든 무의식적이든 거짓말을 하거나 남을 속인 적은 없나요? 하나님 앞에 바르지 못한 말이나 행동을 한 적은 없는지 돌아보고 회개의 기도를 적어보세요.

나의 감사

오늘 하루, 감사할 것들을 적어보세요.

| 기도 | 하나님 아버지, 이 땅을 살아가는 동안 늘 정직하게 행하고, 하나님 앞에서 바른 길을 걸어갈 수 있게 도와주옵소서. 예수 그리스도의 이름으로 기도합니다. 아멘.

JUN **06.05** 금요일

용서와 화합

베드로전서 2:21-23 이를 위하여 너희가 부르심을 받았으니 그리스도도 너희를 위하여 고난을 받으사 너희에게 본을 끼쳐 그 자취를 따라오게 하려 하셨느니라 그는 죄를 범하지 아니하시고 그 입에 거짓도 없으시며 욕을 당하시되 맞대어 욕하지 아니하시고 고난을 당하시되 위협하지 아니하시고 오직 공의로 심판하시는 이에게 부탁하시며

남아프리카공화국의 넬슨 만델라는 27년간의 감옥 생활을 마치고 대통령이 되었을 때, 자신을 억압했던 이들에게 복수하지 않고 용서와 화합을 선택했습니다. 그는 백인 정권의 마지막 대통령을 부통령으로 임명하고, 흑백차별정책의 정보책임자와 자신에게 종신형을 구형한 검사를 대통령 관저로 초대해 대접했습니다. 그리고 '진실과 화해 위원회'를 만들어서 죄를 고백하고 참회하는 백인들에게 대사면을 선포했습니다. 그는 "내가 감옥 문을 나설 때, 내 분노와 증오를 뒤에 남겨두지 않는다면 나는 여전히 감옥에 있는 것과 다름없을 것입니다."라고 말하며, 분노로 원수를 갚는 것보다 참된 용서와 온전한 화합이 자신과 국가를 진정 해방하는 길임을 몸소 증명했습니다.

오늘 본문은 고난받으시는 예수님의 모습을 보여주고 있습니다. 그런데 예수님의 모습은 여느 인간의 모습과는 사뭇 다릅니다. 예수님은 사람들의 비난과 모욕을 받으실 때 그들을 미워하지 않으셨고, 고난받으실 때조차도 이에 대항하지 않으셨습니다. 자신이 받은 만큼 되돌려 갚아주는 것이 세상의 방식이라면, 예수님의 방식은 전혀 달랐습니다. 우리는 어떤 방식에 따라 살고 있나요? 예수님을 본받아 분노와 미움을 버리고, 사랑으로 용서하며 묵묵히 고난을 이겨내는 우리가 되길 소망합니다.

| 일독성경 | 역대하 29-30장, 베드로전서 1-2장 읽음 □

오늘의 찬송

주님의 마음을 본받는 자

새찬송가 455장(통 507)

1. 주님의 마음을 본받는 자 그 맘에 평강이 찾아옴은
험악한 세상을 이길 힘이 하늘로부터 임함이로다
2. 주 모습 내 눈에 안 보이며 그 음성 내 귀에 안 들려도
내 영혼 날마다 주를 만나 신령한 말씀 늘 배우도다
3. 가는 길 거칠고 험하여도 내 맘에 불평이 없어짐은
십자가 고난을 이겨내신 주님의 마음 본받음이라
4. 주 예수 세상에 다시 오실 그날엔 뭇 성도 변화하여
주님의 빛나는 그 형상을 다 함께 보며 주 찬양하리

후렴 주님의 마음 본받아 살면서 그 거룩하심 나도 이루리

질문

누군가에게 부당한 대우를 받았을 때 나는 어떻게 반응하나요? 그러할 때 내가 미움과 분노를 내려놓고, 예수님처럼 사랑으로 용서한다면 어떤 변화가 있을까요?

나의 감사

오늘 하루, 감사할 것들을 적어보세요.

| 기도 | 하나님 아버지, 우리 마음에 있는 미움과 분노를 버리고, 예수님을 본받아 사랑으로 용서할 수 있게 도와주옵소서. 예수 그리스도의 이름으로 기도합니다. 아멘.

인생의 전환점

역대하 33:11-13 야훼께서 앗수르 왕의 군대 지휘관들이 와서 치게 하시매 그들이 므낫세를 사로잡고 … 그가 환난을 당하여 그의 하나님 야훼께 간구하고 그의 조상들의 하나님 앞에 크게 겸손하여 기도하였으므로 하나님이 그의 기도를 받으시며 그의 간구를 들으시사 그가 예루살렘에 돌아와서 다시 왕위에 앉게 하시매 므낫세가 그제서야 야훼께서 하나님이신 줄을 알았더라

"죽음을 파는 상인이 죽었다." 이 제목의 부고 기사가 다이너마이트 발명가인 알프레드 노벨의 인생을 완전히 바꾸어 놓았습니다. 사실 이 기사는 노벨의 형이 죽은 것을 그의 죽음으로 착각해서 쓴 오보였습니다. 하지만 노벨은 사람들이 자신을 '죽음을 파는 상인'으로 기억한다는 사실에 큰 충격을 받았습니다. 그는 이 사건을 계기로 자신의 삶을 돌아보게 되었고, 인류에게 도움이 되는 일을 하기로 결심했습니다. 그래서 자신의 막대한 재산을 기부하여 인류의 평화와 발전에 공헌하는 사람에게 상을 주도록 했는데, 그렇게 탄생한 것이 바로 노벨상입니다.

유다 왕 므낫세는 하나님을 떠나 우상을 섬기며 악행을 저질렀고, 결국 바벨론의 포로로 끌려갔습니다. 그는 고난 속에서 자신의 죄를 뉘우치며 하나님 앞에 겸손히 나아가 기도하기 시작했습니다. 하나님은 그의 기도를 들으시고 그를 다시 왕위에 앉게 하셨습니다. 하나님은 우리에게도 잘못된 길에서 돌이킬 수 있는 인생의 전환점을 주십니다. 우리가 진심으로 회개하고 겸손히 하나님 앞에 나아오면 하나님은 풍성한 은혜로 응답해 주십니다.

| 일독성경 | 역대하 31-33장, 베드로전서 3장 읽음 □

오늘의 찬송

정결하게 하는 샘이

새찬송가 264장(통 198)

1. 정결하게 하는 샘이 나의 앞에 있도다 성령께서 권고하심 죄 씻으라 하시네
2. 나의 가는 길이 좁고 내 뜻대로 안 돼도 모든 욕심 다 버리고 주만 따라가겠네
3. 나의 마음 제단 위에 불길같이 타올라 영원토록 찬양하며 주께 영광 돌리네
4. 한량없는 주의 은혜 나를 영접하셨네 내가 지은 모든 죄와 허물 용서하셨네
5. 성부 하나님께 영광 성자 예수께 영광 성령님께 또한 영광 모두 돌려드리세

후렴 찬양하리 찬양하리 죽임 당한 어린양 주께 영광 돌리어라 우리 죄를 씻어주셨네

질문

지금 내가 가는 길이 잘못된 길은 아닌지 점검해 보세요. 내가 잘못된 길에서 회개하고 돌아오면 하나님은 어떻게 하실까요?

나의 감사

오늘 하루, 감사할 것들을 적어보세요.

| 기도 | 하나님 아버지, 우리가 잘못된 길을 가고 있다면 속히 회개하고 겸손히 주님 앞에 나올 수 있도록 인도해 주옵소서. 예수 그리스도의 이름으로 기도합니다. 아멘.

JUN **06.07** 주일

좌우로 치우치지 않게

역대하 34:1-3 요시야가 왕위에 오를 때에 나이가 팔 세라 예루살렘에서 삼십일 년 동안 다스리며 야훼 보시기에 정직하게 행하여 그의 조상 다윗의 길로 걸으며 좌우로 치우치지 아니하고 아직도 어렸을 때 곧 왕위에 있은 지 팔 년에 그의 조상 다윗의 하나님을 비로소 찾고 제십이년에 유다와 예루살렘을 비로소 정결하게 하여 그 산당들과 아세라 목상들과 아로새긴 우상들과 부어 만든 우상들을 제거하여 버리매

요시야는 유다의 16대 왕으로, 8세의 어린 나이에 왕위에 올랐습니다. 그 후 31년 동안 나라를 다스렸는데, 성경은 그가 하나님 보시기에 정직하게 행하고 다윗을 본받아 좌우로 치우치지 않았다고 기록합니다. 좌우로 치우치지 않는 삶, 어떻게 이러한 삶을 살 수 있을까요? 그 비결은 하나님의 말씀을 삶의 기준으로 삼는 것입니다.

일찍이 미국에 이민을 가셔서 워싱턴 중앙장로교회를 개척하시고 지금은 은퇴하신 고모부님이 계십니다. 고모부님이 하루는 제게 이런 말씀을 하셨습니다. "이 목사, 내가 애리조나에서 밤에 운전할 때 거기는 한국처럼 가로등이 없어서 2시간, 3시간 계속 깜깜한 사막 길을 가야 해. 헤드라이트를 켜야 길이 보여서 그 길을 따라갈 수 있는데, 그때마다 '주의 말씀은 내 발에 등이요 내 길에 빛이니이다'(시 119:105)라는 말씀이 떠올랐어. 그래서 운전할 때마다 늘 그 말씀을 묵상해." 그러면서 일생을 살아가는 동안 늘 말씀을 따라가라고 당부하신 일이 기억납니다. 우리가 말씀을 삶의 기준으로 삼고 말씀대로 살아간다면, 혼탁한 세상 속에서도 좌우로 치우치지 않고 하나님의 뜻대로 살아갈 수 있습니다. 거룩한 주의 말씀이 우리의 발걸음을 지키고, 그 말씀이 우리의 삶을 은혜와 축복의 길로 이끌어줄 것입니다.

| 일독성경 | 역대하 34-36장, 베드로전서 4장 읽음 □

오늘의 찬송

나의 사랑하는 책

새찬송가 199장(통 234)

1. 나의 사랑하는 책 비록 해어졌으나 어머니의 무릎 위에 앉아서
재미있게 듣던 말 그때 일을 지금도 내가 잊지 않고 기억합니다
2. 옛날 용맹스럽던 다니엘의 경험과 유대 임금 다윗 왕의 역사와
주의 선지 엘리야 바람 타고 하늘에 올라가던 일을 기억합니다
3. 예수 세상 계실 때 많은 고난 당하고 십자가에 달려 죽임 당한 일
어머니가 읽으며 눈물 많이 흘린 것 지금까지 내가 기억합니다
4. 그때 일은 지나고 나의 눈에 환하오 어머니의 말씀 기억하면서
나도 시시때때로 성경 말씀 읽으며 주의 뜻을 따라 살려 합니다

후렴 귀하고 귀하다 우리 어머니가 들려주시던
재미있게 듣던 말 이 책 중에 있으니 이 성경 심히 사랑합니다

질문

내 삶의 기준은 무엇인가요? 하나님의 말씀을 삶의 기준으로 삼기 위해 내가 해야 할 일은 무엇인가요?

나의 감사

오늘 하루, 감사할 것들을 적어보세요.

| 기도 | 하나님 아버지, 하나님의 말씀을 삶의 기준으로 삼고, 오직 말씀을 따라 살아가는 복된 인생이 되게 하옵소서. 예수 그리스도의 이름으로 기도합니다. 아멘.

JUN **06.08** 월요일

고난 속에서도 굳건하게

베드로전서 5:8-10 근신하라 깨어라 너희 대적 마귀가 우는 사자 같이 두루 다니며 삼킬 자를 찾나니 너희는 믿음을 굳건하게 하여 그를 대적하라 이는 세상에 있는 너희 형제들도 동일한 고난을 당하는 줄을 앎이라 … 그리스도 안에서 너희를 부르사 자기의 영원한 영광에 들어가게 하신 이가 잠깐 고난을 당한 너희를 친히 온전하게 하시며 굳건하게 하시며 강하게 하시며 터를 견고하게 하시리라

찬양 사역자 장종택 목사에게는 사랑스럽고 애교 많은 딸 온유가 있습니다. 유치원 졸업식을 앞둔 어느 날, 온유가 희귀병인 '항 NMDA 수용체 뇌염'이라고 불리는 자가면역질환에 걸려 혼수 상태에 빠졌습니다. 온유의 작고 가냘픈 몸에는 수십 개의 주사바늘이 꽂혔고, 의사들은 아무런 방도가 없다고 말했습니다. 이 같은 절망적인 상황에서 장종택 목사는 믿음을 굳게 지키며 하나님을 붙들었습니다. 그는 온유의 병상 곁에서 밤낮으로 기도했고, SNS를 통해 중보기도를 요청했습니다. 수많은 사람이 장 목사의 간절한 요청에 감동하여 중보기도에 동참했습니다. 마침내 온유는 의식을 되찾았고, 입원한 지 76일 만에 기적적으로 퇴원할 수 있었습니다.

오늘 본문은 마귀가 우는 사자 같이 우리를 삼키려 하지만, 믿음을 굳건하게 하여 그를 대적하라고 말씀합니다. 우리는 마귀가 가져다주는 고난으로 인해 낙심하면 안 됩니다. 넘어져도 안 됩니다. 주저앉아서도 안 됩니다. 잠깐 스쳐가는 고난의 시간이 지나면 주님이 우리를 친히 온전하게 하시며 굳건하고 강하게 하실 것입니다. 두려움을 떨쳐내고 주님 안에서 담대하길 바랍니다. 어떠한 환난과 문제가 다가와도 절대 흔들리지 말고, 믿음의 터 위에 굳게 서서 마침내 승리하는 우리가 되길 소망합니다.

| 일독성경 | 에스라 1-3장, 베드로전서 5장 읽음 □

오늘의 찬송

내 주는 강한 성이요

새찬송가 585장(통 384)

1. 내 주는 강한 성이요 방패와 병기 되시니 큰 환난에서 우리를 구하여 내시리로다
옛 원수 마귀는 이때도 힘을 써 모략과 권세로 무기를 삼으니 천하에 누가 당하랴
2. 내 힘만 의지할 때는 패할 수밖에 없도다 힘 있는 장수 나와서 날 대신하여 싸우네
이 장수 누군가 주 예수 그리스도 만군의 주로다 당할 자 누구랴 반드시 이기리로다
3. 이 땅에 마귀 들끓어 우리를 삼키려 하나 겁내지 말고 섰거라 진리로 이기리로다
친척과 재물과 명예와 생명을 다 빼앗긴대도 진리는 살아서 그 나라 영원하리라 아멘

질문

고난으로 인해 마음이 무너질 때가 있었나요? 고난 속에서도 믿음을 굳건히 지키려면 어떻게 해야 할까요?

나의 감사

오늘 하루, 감사할 것들을 적어보세요.

| 기도 | 하나님 아버지, 마귀의 어떠한 공격에도 무너지지 않고, 믿음을 굳건히 하여 강하고 담대할 수 있게 도와주옵소서. 예수 그리스도의 이름으로 기도합니다. 아멘.

포기하지 않을 것이다

에스라 5:2-5 예루살렘에 있던 하나님의 성전을 다시 건축하기 시작하매 하나님의 선지자들이 함께 있어 그들을 돕더니 그 때에 유브라데 강 건너편 총독 닷드내와 스달보스내와 그들의 동관들이 다 나아와 그들에게 이르되 누가 너희에게 명령하여 이 성전을 건축하고 이 성곽을 마치게 하였느냐 하기로 … 하나님이 유다 장로들을 돌보셨으므로 그들이 능히 공사를 막지 못하고

제이미 산체스는 미국 콜로라도 덴버에서 노숙자들에게 일자리를 제공하고 그들을 지원하기 위한 카페를 열었습니다. 그런데 그의 기독교적 신념, 특히 '동성애는 죄'라는 발언을 문제 삼아 조직적인 반대 시위가 일어났습니다. 시위대는 카페 입구에 낙서를 하고 기물을 파손하며 영업을 방해했습니다. 그러나 산체스는 이에 맞서 싸우는 대신 시위가 있는 날에는 카페에서 공개적으로 예배와 찬양 모임을 열었습니다. 그는 한 인터뷰에서 "우리는 포기하지 않을 것입니다. 하나님은 우리가 있어야 할 곳을 아주 분명하게 알려주셨습니다."라고 말하며, 어떤 방해와 위협에도 봉사의 일을 계속할 계획이라고 밝혔습니다. 그의 섬김은 지금도 지역 사회에서 풍성한 열매를 맺고 있습니다.

포로에서 귀환한 이스라엘 백성이 예루살렘 성전을 재건할 때 대적들의 방해로 공사가 중단됐습니다(스 4:4). 그러자 하나님은 선지자들을 보내어 백성들을 독려하셨고, 공사는 다시 시작됐습니다. 오늘 본문은 하나님이 돌보셔서 대적자들이 그 공사를 능히 막지 못했다고 말씀합니다. 우리도 하나님의 일을 할 때 여러 위협과 방해를 받을 수 있습니다. 그러나 어떤 경우에도 포기하면 안 됩니다. 우리가 믿음으로 담대히 나아갈 때 하나님이 우리를 돌보시고 우리를 통해 놀라운 일을 이루실 것입니다.

| 일독성경 | 에스라 4-6장, 베드로후서 1장 읽음 □

오늘의 찬송

어려운 일 당할 때

새찬송가 543장(통 342)

1. 어려운 일 당할 때 나의 믿음 적으나 의지하는 내 주를 더욱 의지합니다
2. 성령께서 내 마음 밝히 비춰주시니 인도하심 따라서 주만 의지합니다
3. 밝을 때에 노래와 어둘 때에 기도로 위태할 때 도움을 주께 간구합니다
4. 생명 있을 동안에 예수 의지합니다 천국 올라가도록 의지할 것뿐일세

후렴 세월 지나갈수록 의지할 것뿐일세 무슨 일을 당해도 예수 의지합니다

질문

내가 하나님의 일을 할 때 어떤 방해가 있었나요? 하나님의 일을 끝까지 하기 위해 필요한 것은 무엇일까요?

나의 감사

오늘 하루, 감사할 것들을 적어보세요.

| 기도 | 하나님 아버지, 어떤 방해와 위협에도 흔들리지 않고, 하나님이 맡기신 사명을 끝까지 해낼 수 있게 이끌어 주옵소서. 예수 그리스도의 이름으로 기도합니다. 아멘.

금식하며 간구하였더니

에스라 8:21-23 그 때에 내가 아하와 강 가에서 금식을 선포하고 우리 하나님 앞에서 스스로 겸비하여 우리와 우리 어린 아이와 모든 소유를 위하여 평탄한 길을 그에게 간구하였으니 … 그러므로 우리가 이를 위하여 금식하며 우리 하나님께 간구하였더니 그의 응낙하심을 입었느니라

이스라엘이 바벨론에 의해 멸망했을 때 많은 사람이 포로로 끌려갔습니다. 70년이 지난 후, 하나님의 섭리 가운데 세 차례에 걸쳐 이스라엘 백성들이 예루살렘으로 귀환했습니다. 오늘 본문은 그중 에스라의 지도하에 이뤄진 제2차 귀환에 관한 이야기입니다. 에스라는 이스라엘 백성들을 이끌고 예루살렘을 향한 긴 여정을 시작했습니다. 그때 그가 가장 먼저 한 일은 금식과 기도입니다. 아이들까지 함께한 그 길에는 분명 크고 작은 문제와 위험이 도사리고 있을 것입니다. 예루살렘까지 안전하게 가기 위해 페르시아의 아닥사스다 왕에게 군대 호위를 부탁할 수도 있었지만, 에스라는 그렇게 하지 않았습니다. 그는 귀환길에 오른 이스라엘 백성들과 함께 금식하며 하나님께 간구했습니다. 그러자 하나님이 그들의 기도에 응답하시고 그들을 지켜주셨습니다.

우리의 인생길에도 수많은 문제와 어려움이 도사리고 있습니다. 때로는 우리 힘으로 어찌할 수 없는 일들도 일어납니다. 이러한 인생길을 걸어갈 때 우리가 할 수 있는 최선은 하나님을 의지하며 기도하는 것입니다. 중대한 문제 앞에서는 금식기도를 하는 것도 좋습니다. 우리가 간절히 기도하면 하나님이 그 기도를 들으시고 우리를 지켜주실 것입니다. 오늘도 하나님의 보호 안에서 평안한 하루를 보내시길 바랍니다.

| 일독성경 | 에스라 7-8장, 베드로후서 2-3장 읽음 □

오늘의 찬송

너 근심 걱정 말아라

새찬송가 382장(통 432)

1. 너 근심 걱정 말아라 주 너를 지키리 주 날개 밑에 거하라 주 너를 지키리
2. 어려워 낙심될 때에 주 너를 지키리 위험한 일을 당할 때 주 너를 지키리
3. 너 쓸 것 미리 아시고 주 너를 지키리 구하는 것을 주시며 주 너를 지키리
4. 어려운 시험 당해도 주 너를 지키리 구주의 품에 거하라 주 너를 지키리

후렴 주 너를 지키리 아무 때나 어디서나 주 너를 지키리 늘 지켜주시리 아멘

질문

인생의 중대한 문제를 앞두고 있을 때 어떤 준비를 하나요? 하나님께 금식하며 기도했을 때 응답받은 경험이 있다면 적어보세요.

나의 감사

오늘 하루, 감사할 것들을 적어보세요.

| 기도 | 하나님 아버지, 우리의 인생길을 주님의 손에 맡깁니다. 어떤 문제와 환난이 다가와도 우리를 지키고 보호해 주옵소서. 예수 그리스도의 이름으로 기도합니다. 아멘.

하나님은 빛이시라

요한일서 1:5-7 우리가 그에게서 듣고 너희에게 전하는 소식은 이것이니 곧 하나님은 빛이시라 그에게는 어둠이 조금도 없으시다는 것이니라 만일 우리가 하나님과 사귐이 있다 하고 어둠에 행하면 거짓말을 하고 진리를 행하지 아니함이거니와 그가 빛 가운데 계신 것 같이 우리도 빛 가운데 행하면 우리가 서로 사귐이 있고 그 아들 예수의 피가 우리를 모든 죄에서 깨끗하게 하실 것이요

이제 여름휴가 시즌이 다가옵니다. 우리나라에서 여름 휴가지로 많은 사람이 즐겨 찾는 곳 중 하나가 속초입니다. 한번은 속초시가 야간 방문객들의 편의를 위해 속초해수욕장 인근에 있는 축구장의 조명을 환하게 켜두었습니다. 그런데 조명을 켜둔 뒤로 예상치 못한 효과를 거뒀습니다. 무단으로 투기하던 쓰레기가 절반으로 줄어들고 범죄율도 크게 낮아진 것입니다. 한 심리학 교수는 이 같은 현상에 대해 다음과 같이 말했습니다. “불이 환하게 켜지면 자신의 정체성이 주변에 드러나 비도덕적인 행동을 하지 말아야 한다고 생각할 수 있습니다. 반면 불을 꺼서 어두워지면 정체성이 드러나지 않기에 비도덕적인 행동을 주변의 눈치를 보지 않고 할 수도 있습니다.”

빛은 드러나게 하고, 어둠은 감추는 일을 합니다. 대부분의 범죄가 어둠 속에서 일어나는 이유가 바로 여기 있습니다. 오늘 본문은 “하나님은 빛이시라”라고 말씀합니다. 빛이신 하나님에게는 어둠이 조금도 없습니다. 그렇기에 빛이신 하나님과 친밀한 관계를 맺고 있는 사람은 결코 죄악 가운데 거할 수 없습니다. 하나님의 자녀인 우리는 거짓과 속임과 불의와 같은 어둠의 일을 멀리하고, 빛 가운데 행하는 삶을 살아야 합니다. 오늘도 빛이신 하나님 앞에 부끄럽지 않은 하루가 되길 바랍니다.

| 일독성경 | 에스라 9-10장, 요한일서 1-2장 읽음 □

오늘의 찬송

태산을 넘어 험곡에 가도

새찬송가 445장(통 502)

1. 태산을 넘어 험곡에 가도 빛 가운데로 걸어가면
주께서 항상 지키시기로 약속한 말씀 변치 않네
2. 캄캄한 밤에 다닐지라도 주께서 나의 길 되시고
나에게 밝은 빛이 되시니 길 잃어버릴 염려 없네
3. 광명한 그 빛 마음에 받아 찬란한 천국 바라보고
할렐루야를 힘차게 불러 날마다 빛에 걸어가리

후렴 하늘의 영광 하늘의 영광 나의 맘속에 차고도 넘쳐
할렐루야를 힘차게 불러 영원히 주를 찬양하리

질문

나는 하나님의 말씀보다 세상의 가치관과 관습을 따르고 있지는 않나요? 진리를 따르기 위해 포기해야 할 것과 용기를 내어야 할 것은 무엇인가요?

나의 감사

오늘 하루, 감사할 것들을 적어보세요.

| 기도 | 하나님 아버지, 세상의 거짓된 가치관에 흔들리지 않고 주님의 빛 가운데 걸어갈 수 있게 도와주옵소서. 예수 그리스도의 이름으로 기도합니다. 아멘.

JUN **06.12** 금요일

사명

느헤미야 2:4-5 왕이 내게 이르시되 그러면 네가 무엇을 원하느냐 하시기로 내가 곧 하늘의 하나님께 묵도하고 왕에게 아뢰되 왕이 만일 좋게 여기시고 종이 왕의 목전에서 은혜를 얻었사오면 나를 유다 땅 나의 조상들의 묘실이 있는 성읍에 보내어 그 성을 건축하게 하옵소서 하였는데

CCM 작곡가 이권희 씨는 우연히 본 아프리카 선교 동영상에서 얼굴에 파리가 덕지덕지 달라붙어 있어도 떨어낼 힘조차 없는 아이들의 모습을 보고 가슴이 아팠습니다. 그리고 기도하던 중에 환상을 보게 되었는데, 그 경험에 대해 이렇게 말했습니다. “하늘 아버지께서 자신을 모른 채 죽어가는 이 땅의 수많은 백성을 보면서 가슴 아파하셨습니다. 이때 아버지의 독생자가 간곡히 부탁했지요. 험한 산도 괜찮고 바다 끝도 괜찮으니 자신을 내려보내달라고요. 아버지와 아들은 서로를 끌어안고 울었습니다.” 그날의 감격을 그대로 악보에 옮겨 탄생한 곡이 바로 복음성가 「사명」입니다. 이 곡의 후렴구 가사입니다. “아버지, 나를 보내주오. 나는 달려가겠소. 목숨도 아끼지 않겠소. 나를 보내주오.”

느헤미야는 예루살렘에 관한 소식을 듣고 크게 슬퍼하며 하나님 앞에 금식기도를 드렸습니다(느 1:3-4). 그리고 왕이 무엇을 원하느냐고 물었을 때 그는 예루살렘 성을 건축할 수 있게 도와달라고 요청했습니다. 느헤미야는 왕의 술 관원으로 풍요롭고 안락한 삶을 살 수 있었지만, 하나님이 맡기신 사명을 위해 힘들고 고된 길을 선택했던 것입니다. 우리도 느헤미야처럼 하나님의 사명을 위해 헌신할 준비가 되었나요?

| 일독성경 | 느헤미야 1-3장, 요한일서 3장 읽음 □

오늘의 찬송

십자가를 질 수 있나

새찬송가 461장(통 519)

1. 십자가를 질 수 있나 주가 물어보실 때 죽기까지 따르오리 성도 대답하였다
2. 너는 기억하고 있나 구원받은 강도를 그가 회개하였을 때 낙원 허락받았다
3. 걱정 근심 어둔 그늘 너를 둘러 덮을 때 주께 네 영 맡기겠나 최후 승리 믿으며
4. 이런 일 다 할 수 있나 주가 물어보실 때 용감한 자 바울처럼 선뜻 대답하리라

후렴 우리의 심령 주의 것이니 주님의 형상 만드소서

주 인도 따라 살아갈 동안 사랑과 충성 늘 바치오리다 아멘

질문

내가 하나님께 받은 사명은 무엇인가요? 하나님의 사명을 위해 힘들고 고된 길을 갈 준비가 되었는지 자신의 각오를 적어보세요.

나의 감사

오늘 하루, 감사할 것들을 적어보세요.

| 기도 | 하나님 아버지, 아무리 힘들고 어려워도 하나님이 주신 사명을 위해 담대히 나아갈 수 있게 도와주옵소서. 예수 그리스도의 이름으로 기도합니다. 아멘.

사랑은 하나님께 속한 것이니

요한일서 4:7-10 사랑하는 자들아 우리가 서로 사랑하자 사랑은 하나님께 속한 것이니 사랑하는 자마다 하나님으로부터 나서 하나님을 알고 사랑하지 아니하는 자는 하나님을 알지 못하나니 이는 하나님은 사랑이심이라 … 사랑은 여기 있으니 우리가 하나님을 사랑한 것이 아니요 하나님이 우리를 사랑하사 우리 죄를 속하기 위하여 화목제물로 그 아들을 보내셨음이라

1941년 추운 겨울밤, 앙드레 트로크메 목사는 누군가 문을 두드리는 소리를 들었습니다. 문을 열어보니, 그곳에는 추위에 떨고 있는 한 여인이 서 있었습니다. 그녀는 나치로부터 도망쳐온 유대인 피난민이었습니다. 그녀를 보호해 주는 것을 시작으로 트로크메 목사와 마을 주민들은 유대인을 위한 피난처를 제공했습니다. 그들에게 식량을 주고, 그들의 자녀들을 교육하고, 인근 국가인 스페인과 스위스로 피신시켰습니다. 몇 년 동안 마을 주민들 모두 누구 하나 밀고하지 않고 서로를 지켜주었습니다. 목숨을 건 이들의 헌신을 통해 5천여 명의 유대인이 생명을 건질 수 있었습니다. 트로크메 목사는 훗날 "저는 유대인을 잘 모릅니다. 오직 사람을 알 뿐입니다. 우리는 사람을 죽이지 말라는 하나님의 말씀을 따라 그들을 사랑해야 했습니다."라고 고백했습니다.

오늘 본문은 사랑의 근원을 분명히 밝힙니다. 사랑은 하나님께 속한 것입니다. 하나님이 화목제물로 독생자를 보내어 우리를 죄에서 구원하신 까닭도 우리를 너무나 사랑하시기 때문입니다. 하나님이 먼저 우리를 사랑하셨습니다. 이 사랑을 받은 우리도 하나님의 자녀로서 사랑을 베푸는 것은 당연한 이치입니다. 하나님의 크신 사랑을 기억하며 우리 주변에 있는 사람들에게 사랑을 표현하고 실천하시길 바랍니다.

| 일독성경 | 느헤미야 4-5장, 요한일서 4-5장 읽음 □

오늘의 찬송

주 예수 내가 알기 전

새찬송가 90장(통 98)

1. 주 예수 내가 알기 전 날 먼저 사랑했네 그 크신 사랑 나타나 내 영혼 거듭났네
   주 내 맘에 늘 계시고 나 주의 안에 있어 저 포도 비유 같으니 참 좋은 나의 친구
2. 내 친구 되신 예수님 날 구원하시려고 그 귀한 몸을 버리사 내 죄를 대속했네
   나 주님을 늘 믿으며 그 손을 의지하고 내 몸과 맘을 바쳐서 끝까지 충성하리
3. 내 진실하신 친구여 큰 은혜 내려주사 날 항상 보호하시고 내 방패 되옵소서
   그 풍성한 참사랑을 뉘 능히 끊을 쏘냐 날 구원하신 예수는 참 좋은 나의 친구

질문

내가 하나님의 크신 사랑을 받았다는 사실을 깨달았을 때 어떤 기분이 들었나요? 오늘 내가 사랑을 실천할 수 있는 일은 무엇인가요?

나의 감사

오늘 하루, 감사할 것들을 적어보세요.

| 기도 | 하나님 아버지, 독생자를 내어주신 하나님의 크신 사랑을 기억하며 우리도 사랑을 실천하는 삶을 살게 하옵소서. 예수 그리스도의 이름으로 기도합니다. 아멘.

하나님으로 인하여 기뻐하라

느헤미야 8:8-10 하나님의 율법책을 낭독하고 그 뜻을 해석하여 백성에게 그 낭독하는 것을 다 깨닫게 하니 백성이 율법의 말씀을 듣고 다 우는지라 총독 느헤미야와 제사장 겸 학사 에스라와 백성을 가르치는 레위 사람들이 모든 백성에게 이르기를 오늘은 너희 하나님 야훼의 성일이니 슬퍼하지 말며 울지 말라 하고 … 이 날은 우리 주의 성일이니 근심하지 말라 야훼로 인하여 기뻐하는 것이 너희의 힘이니라 하고

유다 백성들은 끝나지 않을 것 같던 70년간의 바벨론 포로 생활을 마치고 꿈에 그리던 고향 땅으로 돌아왔습니다. 예루살렘으로 돌아온 새해 첫날, 그들은 하나님의 말씀을 듣기 위해 한자리에 모였습니다. 율법책이 낭독되었고 백성들이 깨달을 수 있도록 그 뜻도 해석되었습니다. 그때 모든 백성이 눈물을 터뜨렸습니다. 이 눈물은 감사와 감격의 눈물, 회개의 눈물이었습니다. 그들 모두 말씀을 통해 자신들의 불신앙과 죄악, 그리고 하나님이 베풀어 주신 은혜를 깨닫게 된 것입니다. 이에 에스라와 느헤미야는 슬퍼하거나 울지 말고, 이스라엘을 구원하신 하나님으로 인해 기뻐하라고 선포했습니다. 하나님이 원하시는 것은 슬픔과 근심이 아니라 기쁨이기 때문입니다.

미국 침례교 목사이자 신학자인 존 파이퍼 목사는 이렇게 말했습니다. "하나님에 대한 사랑의 본질은 하나님 한 분만을 온전히 즐거워하는 것이다. 하나님을 가장 영화롭게 하는 것은 바로 이러한 기쁨이며, 특히 우리 영혼을 둘러싼 모든 것들이 우리를 저버릴 때도 하나님 안에서 기뻐하는 것이야말로 그분에게 최고의 영광을 돌려드리는 모습이다." 아무리 힘들고 어려운 상황 가운데 있을지라도 우리는 하나님으로 인해 기뻐할 수 있고, 그것이 우리가 이 세상을 살아가는 힘과 능력이 될 것입니다.

| 일독성경 | 느헤미야 6-8장, 요한이서 1장 읽음 □

오늘의 찬송

내 영혼에 햇빛 비치니

새찬송가 428장(통 488)

1. 내 영혼에 햇빛 비치니 주 영광 찬란해 이 세상 어떤 빛보다 이 빛 더 빛나네
2. 내 영혼에 노래 있으니 주 찬양 합니다 주 귀를 기울이시사 다 듣고 계시네
3. 내 영혼에 봄날 되어서 주 함께하실 때 그 평화 내게 깃들고 주 은혜 꽃피네
4. 내 영혼에 희락이 있고 큰 소망 넘치네 주 예수 복을 주시고 또 내려 주시네

후렴 주의 영광 빛난 광채 내게 비춰 주시옵소서 그 밝은 얼굴 뵈올 때 나의 영혼 기쁘다

질문

나는 최근 무엇 때문에 기뻐했나요? 하나님으로 인하여 기뻐할 수 있는 이유는 무엇인가요?

나의 감사

오늘 하루, 감사할 것들을 적어보세요.

| 기도 | 하나님 아버지, 세상의 것으로 인해 기뻐하는 것이 아니라, 우리를 구원하신 하나님으로 인해 기뻐하는 삶을 살게 하옵소서. 예수 그리스도의 이름으로 기도합니다. 아멘.

JUN **06.15** 월요일

십자가에서 이루신 일

요한삼서 1:1-4 장로인 나는 사랑하는 가이오 곧 내가 참으로 사랑하는 자에게 편지하노라 사랑하는 자여 네 영혼이 잘됨 같이 네가 범사에 잘되고 강건하기를 내가 간구하노라 형제들이 와서 네게 있는 진리를 증언하되 네가 진리 안에서 행한다 하니 내가 심히 기뻐하노라 내가 내 자녀들이 진리 안에서 행한다 함을 듣는 것보다 더 기쁜 일이 없도다

요한삼서 2절 말씀은 조용기 목사님의 목회 신학이고 여의도순복음교회의 역사입니다. 서대문 시절에는 영혼의 구원, 환경의 구원, 육신의 구원을 합하여 '삼박자 구원'이라고 말했습니다. 그런데 여의도순복음교회가 폭발적으로 부흥하자 사람들이 "무슨 구원이 삼박자냐? 몸이 아프면 구원받지 못한 거냐?"라고 비판했습니다. 그 후 조 목사님이 삼박자 구원을 '삼중축복'으로 명칭을 바꾸셨으나 내용은 같습니다.

여의도순복음교회가 강조하는 삼중축복의 출발점은 예수 그리스도의 십자가입니다. 예수님이 십자가에서 "다 이루었다"라고 말씀하실 때 죄의 결과로 다가온 영혼의 죽음, 환경의 저주, 육신의 사망이 모두 사라졌습니다. 예수님이 십자가 대속을 통해 삼중형벌을 멸하시고, 우리에게 삼중축복을 주신 것입니다. 그러므로 예수 그리스도의 십자가보다 더 중요한 것은 없습니다. 십자가에서 예수 그리스도의 구원 사역이 완성되었기 때문입니다. 십자가 은혜로 우리는 영혼이 잘되고 범사가 잘되고 강건한 복을 받았습니다. 이 삼중의 복은 하나님의 자녀가 마땅히 누려야 할 복입니다. 삼중축복으로 무장하여 죄의 저주에서 벗어나 승리의 삶, 건강한 삶, 복 받은 삶을 살아가는 우리가 되기를 소망합니다.

| 일독성경 | 느헤미야 9-11장, 요한삼서 1장 읽음 □

오늘의 찬송

내 평생에 가는 길

새찬송가 413장(통 470)

1. 내 평생에 가는 길 순탄하여 늘 잔잔한 강 같든지
   큰 풍파로 무섭고 어렵든지 나의 영혼은 늘 편하다
2. 저 마귀는 우리를 삼키려고 입 벌리고 달려와도
   주 예수는 우리의 대장 되니 끝내 싸워서 이기리라
3. 내 지은 죄 주홍빛 같더라도 주 예수께 다 아뢰면
   그 십자가 피로써 다 씻으사 흰 눈보다 더 정하리라
4. 저 공중에 구름이 일어나며 큰 나팔이 울릴 때에
   주 오셔서 세상을 심판해도 나의 영혼은 겁 없으리

후렴 내 영혼 평안해 내 영혼 내 영혼 평안해

질문

나는 삼중축복에 대해 잘 알고 있었나요? 또한 내 삶 가운데 삼중축복을 누리며 살고 있나요? 이를 위해 내게 부족한 것은 무엇인지 적어보세요.

나의 감사

오늘 하루, 감사할 것들을 적어보세요.

| 기도 | 하나님 아버지, 예수님의 십자가 은혜로 영혼이 잘됨 같이 범사가 잘되며 강건해지는 복을 받게 하시니 감사합니다. 예수 그리스도의 이름으로 기도합니다. 아멘.

JUN **06.16** 화요일

기억하시는 하나님

느헤미야 13:29-31 내 하나님이여 그들이 제사장의 직분을 더럽히고 제사장의 직분과 레위 사람에 대한 언약을 어겼사오니 그들을 기억하옵소서 내가 이와 같이 그들에게 이방 사람을 떠나게 하여 그들을 깨끗하게 하고 또 제사장과 레위 사람의 반열을 세워 각각 자기의 일을 맡게 하고 또 정한 기한에 나무와 처음 익은 것을 드리게 하였사오니 내 하나님이여 나를 기억하사 복을 주옵소서

존스홉킨스 병원의 창립 멤버였던 하워드 켈리 박사는 의과대학생 시절에 등록금을 벌기 위해 방문판매를 했습니다. 어느 늦은 저녁, 그는 허기진 배를 채우려고 주위를 둘러봤으나 음식을 살 곳이 없었습니다. 물 한 잔이라도 얻어 마시기 위해 어느 집 문을 두드렸습니다. 문을 열고 나온 소녀에게 물 한 잔을 부탁하자 그의 상황을 눈치챈 소녀는 물 대신 우유 한 잔을 건네주었습니다. 수십 년이 지난 후, 의사가 된 켈리 박사는 긴급 수술이 필요한 한 여성 환자를 만났습니다. 그녀는 과거 그에게 우유를 대접했던 바로 그 소녀였습니다. 켈리 박사는 정성껏 그녀를 치료해 주었습니다. 다행히 그녀는 완치되었지만, 막대한 치료비를 내야 하는 형편이었습니다. 퇴원 전날 그녀가 받은 치료비 청구서엔 이렇게 적혀있었습니다. '우유 한 잔으로 이미 다 지불되었음.' 그녀의 선행을 기억한 켈리 박사가 대신 치료비를 내준 것입니다.

오늘 본문에는 서로 대비되는 사람들이 나옵니다. 하나님의 말씀을 어기고 악을 행한 사람들과 하나님 앞에 충성되고 정결한 삶을 산 느헤미야입니다. 하나님은 이 모든 것을 기억하시고 그 행위에 따라 심판과 복을 내리십니다. 우리는 하나님께 어떤 모습으로 기억될까요? 하나님이 선하게 기억하시는 복 받는 삶을 살기 원합니다.

| 일독성경 | 느헤미야 12-13장, 유다서 1장, 요한계시록 1장 읽음 □

오늘의 찬송

내 평생 소원 이것뿐

새찬송가 450장(통 376)

1. 내 평생 소원 이것뿐 주의 일 하다가 이 세상 이별하는 날 주 앞에 가리라
2. 꿈같이 헛된 세상 일 취할 것 무어냐 이 수고 암만 하여도 헛된 것뿐일세
3. 불같은 시험 많으나 겁내지 맙시다 구주의 권능 크시니 이기고 남겠네
4. 금보다 귀한 믿음은 참보배 되도다 이 진리 믿는 사람들 다 복을 받겠네
5. 살같이 빠른 광음을 주 위해 아끼세 온몸과 맘을 바치고 힘써서 일하세 아멘

질문

내가 한 일 중에 하나님께 기억되고 싶은 일이 있나요? 느헤미야처럼 "나를 기억하사 복을 주옵소서"라고 자신 있게 기도하기 위해 무엇을 해야 할까요?

나의 감사

오늘 하루, 감사할 것들을 적어보세요.

| 기도 | 하나님 아버지, 하나님께 충성되고 정결한 모습으로 기억되어 복 받는 삶을 살게 하옵소서. 예수 그리스도의 이름으로 기도합니다. 아멘.

JUN **06.17** 수요일

작은 능력으로

요한계시록 3:7-8 빌라델비아 교회의 사자에게 편지하라 거룩하고 진실하사 다윗의 열쇠를 가지신 이 곧 열면 닫을 사람이 없고 닫으면 열 사람이 없는 그가 이르시되 볼지어다 내가 네 앞에 열린 문을 두었으되 능히 닫을 사람이 없으리라 내가 네 행위를 아노니 네가 작은 능력을 가지고서도 내 말을 지키며 내 이름을 배반하지 아니하였도다

빌라델비아교회는 물질적 풍요와 이방 문화가 꽃핀 지역에 세워져서 경건한 신앙을 지키기 어려운 환경 가운데 있었습니다. 그럼에도 '작은 능력으로도 주님의 말씀을 지킨 교회'라는 칭찬을 받았습니다. 이는 성도의 신앙에서 중요한 것은 외적인 환경이나 조건이 아니라, 주님에 대한 충성과 순종이라는 교훈을 우리에게 가르쳐 줍니다.

릭 워렌 목사의 부인 케이 워렌은 능력 있는 남편을 보며 상대적인 열등감을 느꼈습니다. 자신은 특별한 재능도 없고 똑똑하지도 않은 평범한 사람이었기 때문입니다. 그녀는 "왜 저를 이것밖에 안 되는 사람으로 만드셨어요? 이런 저를 사모로 삼으시다니, 정말 크게 실수하신 거예요."라며 하나님께 불평했습니다. 그때 라디오에서 대니벨 홀의 「평범한 사람들」이란 노래가 흘러나왔습니다. 그 가사의 내용은 평범하지만 자기가 가진 모든 것을 드리는 사람을 하나님이 사용하신다는 것이었습니다. 그 순간, 그녀는 하나님께 불평했던 죄를 회개하고, 하나님이 마음껏 사용하실 수 있도록 자신을 바치겠다고 기도했습니다. 이후 그녀는 귀하게 쓰임 받아 에이즈로 고통받는 여성과 아이들을 돌보며 새들백교회의 부흥에 크게 기여했습니다. 우리도 재능이 없다고 불평하지 말고, 작은 능력이라도 주님을 위해 온전히 드릴 수 있기를 소망합니다.

| 일독성경 | 에스더 1-2장, 요한계시록 2-3장 읽음 □

오늘의 찬송

환난과 핍박 중에도

새찬송가 336장(통 383)

1. 환난과 핍박 중에도 성도는 신앙 지켰네 이 신앙 생각할 때에 기쁨이 충만하도다
   성도의 신앙 따라서 죽도록 충성하겠네
2. 옥중에 매인 성도나 양심은 자유 얻었네 우리도 고난받으면 죽어도 영광 되도다
   성도의 신앙 따라서 죽도록 충성하겠네
3. 성도의 신앙 본받아 원수도 사랑하겠네 인자한 언어 행실로 이 신앙 전파하리라
   성도의 신앙 따라서 죽도록 충성하겠네 아멘

질문

나는 하나님께 많은 것을 받지 못했다고 불평하진 않았나요? 작은 능력이지만, 하나님의 일을 위해 쓰임 받은 경험이 있나요?

나의 감사

오늘 하루, 감사할 것들을 적어보세요.

| 기도 | 하나님 아버지, 작은 능력을 가졌다고 불평하지 말고, 주님께 충성하고 순종함으로써 칭찬받는 우리가 되게 하옵소서. 예수 그리스도의 이름으로 기도합니다. 아멘.

인생을 주관하시는 하나님

에스더 4:13-16 모르드개가 그를 시켜 에스더에게 회답하되 … 네가 왕후의 자리를 얻은 것이 이 때를 위함이 아닌지 누가 알겠느냐 하니 에스더가 모르드개에게 회답하여 이르되 당신은 가서 수산에 있는 유다인을 다 모으고 나를 위하여 금식하되 밤낮 삼 일을 먹지도 말고 마시지도 마소서 나도 나의 시녀와 더불어 이렇게 금식한 후에 규례를 어기고 왕에게 나아가리니 죽으면 죽으리이다 하니라

베다니 해밀턴은 어릴 때부터 파도타기를 좋아했습니다. 그런데 13살에 친구와 같이 파도타기를 하러 갔다가 상어에게 왼팔을 물어뜯겼습니다. 그녀는 왜 자신에게 이런 일이 일어났는지 이해할 수 없어서 눈물로 하나님께 기도했습니다. “하나님, 나를 살려주신 뜻이 어디 있습니까?” 그러던 어느 날, 가족의 권유로 태국 쓰나미 현장에 단기 선교를 갔습니다. 그곳에서 쓰나미로 인해 부모를 잃은 한 고아를 만났는데, 그 아이의 손을 잡고 바다로 나가서 더 이상 바다를 두려워할 필요가 없다고 위로해 주었습니다. 이를 계기로 그녀는 자신에게 일어난 일이 하나님의 계획이라는 것을 알게 되었고, 두려움을 이겨내고 파도타기에 다시 도전했습니다. 이후 그녀는 각종 대회에서 수상하면서 세계 최고의 프로 서퍼 중 한 명으로 자리 잡았습니다. 2017년에는 서퍼 명예의 전당에 그녀의 이름이 오르면서 많은 사람에게 희망을 주고 있습니다.

우리의 인생을 주관하시는 분은 하나님이십니다. 우리가 그 뜻과 계획을 다 알지 못해도 하나님께 기도하고 맡기면 하나님이 우리의 인생을 가장 좋은 길로 인도해 주십니다. 그러므로 두려워하지 말고, “죽으면 죽으리라”라는 믿음으로 전진하시길 바랍니다. 이 같은 담대한 믿음을 가진 자를 통해 하나님의 위대한 역사가 일어납니다.

| 일독성경 | 에스더 3-5장, 요한계시록 4장 읽음 □

오늘의 찬송

아 하나님의 은혜로

새찬송가 310장(통 410)

1. 아 하나님의 은혜로 이 쓸데없는 자 왜 구속하여주는지 난 알 수 없도다
2. 왜 내게 굳센 믿음과 또 복음 주셔서 내 맘이 항상 편한지 난 알 수 없도다
3. 왜 내게 성령 주셔서 내 마음 감동해 주 예수 믿게 하는지 난 알 수 없도다
4. 주 언제 강림하실지 혹 밤에 혹 낮에 또 주님 만날 그곳도 난 알 수 없도다

후렴 내가 믿고 또 의지함은 내 모든 형편 아시는 주님 늘 보호해주실 것을 나는 확실히 아네

질문

두려움 때문에 하지 못한 일이 있나요? 내 인생을 모두 하나님께 맡길 때 좋은 점은 무엇일까요?

나의 감사

오늘 하루, 감사할 것들을 적어보세요.

| 기도 | 하나님 아버지, 하나님께 모든 것을 맡기고, 어떤 문제 앞에서도 "죽으면 죽으리라"는 믿음으로 담대히 나아가게 하옵소서. 예수 그리스도의 이름으로 기도합니다. 아멘.

오직 주님께

요한계시록 5:12-14 큰 음성으로 이르되 죽임을 당하신 어린 양은 능력과 부와 지혜와 힘과 존귀와 영광과 찬송을 받으시기에 합당하도다 하더라 내가 또 들으니 하늘 위에와 땅 위에와 땅 아래와 바다 위에와 또 그 가운데 모든 피조물이 이르되 보좌에 앉으신 이와 어린 양에게 찬송과 존귀와 영광과 권능을 세세토록 돌릴지어다 하니 네 생물이 이르되 아멘 하고 장로들은 엎드려 경배하더라

김강림 목사는 한때 친구의 꾐에 빠져 신천지에 들어갔습니다. 이 사실을 알게 된 그의 부모는 이단 상담소에 가서 상담받고 그를 신천지에서 나오게 하려고 애썼습니다. 그러나 이미 세뇌를 당한 그는 격렬하게 저항했습니다. 그렇게 부모와 밀고 당기는 싸움을 하는 중에 생일을 맞게 되었는데, 어머니가 생일 케이크를 들고 오는 모습을 보는 순간 그의 눈에서 눈물이 흘렀습니다. 온 가족이 자기 때문에 이렇게 고통당하는데 신천지의 믿음을 지키는 것이 맞는지 의문이 들었습니다. 그리고 상담받은 지 이틀 만에 신천지가 완전히 사기라는 것을 깨달았습니다. 김강림 목사는 이렇게 고백합니다. “예수님의 십자가를 저버리고 나 스스로 뭔가 해보겠다고 전도하고, 다른 구원자를 찾고, 그런 어처구니없는 일을 저질렀다는 것을 뒤늦게 깨달았습니다. … 예수님이 주신 구원을 알게 되고, 수렁에서 건져주신 것이 너무나 감사합니다.”

예수 그리스도 외에 다른 구원의 길은 없습니다. 예수님만이 우리의 구원자가 되시며, 예수님만이 모든 능력과 지혜와 존귀와 영광과 찬송을 받으시기에 합당한 분이십니다. 이 땅을 살아가는 동안 주님만 섬기고 주님만 전하면서, 오직 주님께 모든 영광을 올려드리는 우리가 되길 간절히 소망합니다.

| 일독성경 | 에스더 6-7장, 요한계시록 5장 읽음 □

오늘의 찬송

정결하게 하는 샘이

새찬송가 264장(통 198)

1. 정결하게 하는 샘이 나의 앞에 있도다 성령께서 권고하심 죄 씻으라 하시네
2. 나의 가는 길이 좁고 내 뜻대로 안 돼도 모든 욕심 다 버리고 주만 따라가겠네
3. 나의 마음 제단 위에 불길같이 타올라 영원토록 찬양하며 주께 영광 돌리네
4. 한량없는 주의 은혜 나를 영접하셨네 내가 지은 모든 죄와 허물 용서하셨네
5. 성부 하나님께 영광 성자 예수께 영광 성령님께 또한 영광 모두 돌려드리세

후렴 찬양하리 찬양하리 죽임 당한 어린양 주께 영광 돌리어라 우리 죄를 씻어주셨네

질문

예수님 외에 다른 구원자를 전하는 이단을 만난 적이 있나요? 오직 예수님만 섬기며 예수님께만 영광을 올려드리는 삶을 살기 위해 무엇을 해야 할까요?

나의 감사

오늘 하루, 감사할 것들을 적어보세요.

| 기도 | 하나님 아버지, 일평생 우리의 구원자 되신 예수님만 섬기며, 오직 예수님께 찬양과 영광을 올려드리는 삶을 살게 하옵소서. 예수 그리스도의 이름으로 기도합니다. 아멘.

하나님의 공의로운 심판

요한계시록 6:9-11 다섯째 인을 떼실 때에 내가 보니 하나님의 말씀과 그들이 가진 증거로 말미암아 죽임을 당한 영혼들이 제단 아래에 있어 큰 소리로 불러 이르되 거룩하고 참되신 대주재여 땅에 거하는 자들을 심판하여 우리 피를 갚아 주지 아니하시기를 어느 때까지 하시려 하나이까 하니 각각 그들에게 흰 두루마기를 주시며 이르시되 … 자기처럼 죽임을 당하여 그 수가 차기까지 하라 하시더라

영국 최초의 여왕 메리 1세는 1553년에 즉위한 후 국교를 로마 가톨릭으로 바꾸는 정책을 펼쳤습니다. 이로 인해 개신교도들을 잔혹하게 핍박하며 4년 4개월의 통치 기간에 3백여 명을 처형시켰습니다. 메리 1세에 의해 죽은 최초의 순교자는 성경 번역가 존 로저스였습니다. 그는 교황제도를 반대하는 설교를 했다는 이유로 화형을 당했습니다. 이후에도 메리 여왕은 수많은 사람들을 화형대에 올렸고 그들에게 고통을 더 주려고 일부러 젖은 장작을 사용하여 몇 시간씩 더 오래 타게 했다고 전해집니다. 이러한 공포 정치로 인해 메리 여왕은 훗날 '피의 메리'라고 불리었고, 결국 즉위 5년 만에 42세의 젊은 나이에 병들어서 쓸쓸한 최후를 맞이했습니다.

오늘 본문은 다섯째 인을 떼실 때 일어날 일들에 대한 말씀입니다. 믿음을 지키기 위해 죽임을 당한 영혼들이 "우리 피를 갚아 주지 아니하시기를 어느 때까지 하시려 하나이까"라며 울부짖었습니다. 이에 하나님은 순교자들의 수가 차기까지 조금 더 기다리라고 말씀하십니다. 당장은 늦어지는 것처럼 보일지라도 하나님의 때에 하나님의 공의로운 심판은 반드시 이뤄집니다. 그러므로 우리는 세상에 불의가 가득하고 악인이 잘되는 듯 보여도 절대 낙심하지 말고 인내하며 믿음을 지켜야 합니다.

| 일독성경 | 에스더 8-10장, 요한계시록 6장 읽음 □

오늘의 찬송

눈을 들어 하늘 보라

새찬송가 515장(통 256)

1. 눈을 들어 하늘 보라 어지러운 세상 중에 곳곳마다 상한 영의 탄식 소리 들려온다
빛을 잃은 많은 사람 길을 잃고 헤매이며 탕자처럼 기진하니 믿는 자여 어이할꼬
2. 눈을 들어 하늘 보라 어두워진 세상 중에 외치는 자 많건마는 생명수는 말랐어라
죄를 대속하신 주님 선한 일꾼 찾으시나 대답할 이 어디 있나 믿는 자여 어이할꼬
3. 눈을 들어 하늘 보라 살아계신 주 하나님 약한 자를 부르시어 하늘 뜻을 전하셨다
생명수는 홀로 예수 처음이요 나중이라 주님 너를 부르신다 믿는 자여 어이할꼬
4. 눈을 들어 하늘 보라 다시 사신 그리스도 만백성을 사랑하사 오래 참고 기다리네
인애하신 우리 구주 의의 심판하시는 날 곧 가까이 임하는데 믿는 자여 어이할꼬

질문

악인이 잘되는 모습을 보면 어떤 생각이 드나요? 하나님의 공의로운 심판을 신뢰할 때 내 삶은 어떻게 달라질까요?

나의 감사

오늘 하루, 감사할 것들을 적어보세요.

| 기도 | 하나님 아버지, 세상이 불의하다고 낙심하지 말고, 오직 하나님의 공의로운 심판을 신뢰하며 믿음을 지키게 하옵소서. 예수 그리스도의 이름으로 기도합니다. 아멘.

JUN **06.21** 주일

원망하지 아니하니라

욥기 1:20-22 욥이 일어나 겉옷을 찢고 머리털을 밀고 땅에 엎드려 예배하며 이르되 내가 모태에서 알몸으로 나왔사온즉 또한 알몸이 그리로 돌아가올지라 주신 이도 야훼시요 거두신 이도 야훼시오니 야훼의 이름이 찬송을 받으실지니이다 하고 이 모든 일에 욥이 범죄하지 아니하고 하나님을 향하여 원망하지 아니하니라

『일곱 번째 봄』의 저자인 K보리 자매는 31살에 스티븐 존슨 증후군이라는 희귀병을 앓게 되었습니다. 온몸이 수포와 발진으로 뒤덮이고 눈도 제대로 뜰 수 없었습니다. 그녀는 매일 살점을 도려내는 듯한 힘든 치료를 받아야 했는데, 그 고통의 순간에 하나님을 만났습니다. 그녀는 십자가에서 고통당하신 예수님을 바라보게 되었고 "두려워하지 말라."라는 주님의 음성을 들었습니다. 이후 7년 동안 19차례의 수술을 받는 중에 생긴 후유증으로 각막이 손상되어 앞을 잘 볼 수 없게 되었지만, 그녀는 하나님을 원망하지 않고 하나님이 행하실 새 일을 바라보았습니다. 그녀는 이렇게 고백합니다. "나의 저자이고 완성자이신 하나님 아버지에게 전적으로 의지합니다. 나는 두렵지만, 하나님을 신뢰합니다. 그분의 다음 페이지를 기대하고 소망합니다."

욥에게 닥친 고난은 거대한 태풍처럼 그의 삶을 산산조각 내버렸습니다. 그럼에도 욥은 하나님을 향하여 원망하지 않고 오히려 하나님의 이름을 찬송했습니다. 우리의 인생에도 고난은 찾아옵니다. 그러할 때 우리도 욥처럼 하나님을 원망하지 말고 하나님의 절대 주권을 인정해야 합니다. 우리가 긍정적인 신앙의 자세로 고난을 통과하면 우리의 믿음은 더욱 성장하고 하나님이 예비하신 큰 은혜를 경험하게 될 것입니다.

| 일독성경 | 욥기 1-2장, 요한계시록 7-8장 읽음 □

오늘의 찬송

내 주여 뜻대로

새찬송가 549장(통 431)

1. 내 주여 뜻대로 행하시옵소서 온몸과 영혼을 다 주께 드리니
이 세상 고락간 주 인도하시고 날 주관하셔서 뜻대로 하소서
2. 내 주여 뜻대로 행하시옵소서 큰 근심 중에도 낙심케 마소서
주님도 때로는 울기도 하셨네 날 주관하셔서 뜻대로 하소서
3. 내 주여 뜻대로 행하시옵소서 내 모든 일들을 다 주께 맡기고
저 천성 향하여 고요히 가리니 살든지 죽든지 뜻대로 하소서 아멘

질문

고난으로 인해 하나님을 원망했던 적이 있나요? 고난 속에서도 하나님을 원망하지 않고 하나님의 절대 주권을 인정하는 믿음을 갖기 위해서는 어떻게 해야 할까요?

나의 감사

오늘 하루, 감사할 것들을 적어보세요.

| 기도 | 하나님 아버지, 하나님의 절대 주권을 인정하며 믿음으로 모든 어려움을 이겨낼 수 있도록 도와주옵소서. 예수 그리스도의 이름으로 기도합니다. 아멘.

갖다 먹어 버리라

요한계시록 10:8-10 하늘에서 나서 내게 들리던 음성이 또 내게 말하여 이르되 네가 가서 바다와 땅을 밟고 서 있는 천사의 손에 펴 놓인 두루마리를 가지라 하기로 내가 천사에게 나아가 작은 두루마리를 달라 한즉 천사가 이르되 갖다 먹어 버리라 네 배에는 쓰나 네 입에는 꿀 같이 달리라 하거늘 내가 천사의 손에서 작은 두루마리를 갖다 먹어 버리니 내 입에는 꿀 같이 다나 먹은 후에 내 배에서는 쓰게 되더라

오늘 본문에서 사도 요한이 천사에게 받은 두루마리는 하나님의 말씀을 상징합니다. 그런데 요한이 그 두루마리를 먹었을 때 입에서는 꿀 같이 달지만 배에서는 쓰게 되었습니다. 이는 하나님의 말씀이 주는 기쁨과 고난을 의미합니다. 말씀을 처음 들을 때는 은혜롭고 좋지만, 말씀을 실천하고 세상에 전할 때는 고난과 어려움이 따를 수 있습니다. 그러나 달든 쓰든 하나님의 말씀은 영혼의 양식이기에 우리는 매일 말씀을 먹어야 합니다. 오직 말씀만이 우리의 영혼을 치료하고 성장시킬 수 있습니다.

모태 크리스천인 한의사 김양규 장로는 대학에 들어가자마자 폐결핵을 앓았고 졸업과 동시에 심장 수술을 받았습니다. 죽음의 문턱에 있을 때 그는 성경을 60회 이상 통독했습니다. 이후 그는 한의학을 성경적 관점에서 바라보고 『성경적 한의학』이란 책을 썼는데, 그 책에서 다음과 같이 말합니다. "한약으로는 몸을 치료하지만, 그리스도인은 매일매일 신구약 말씀으로 마음을 다스리고 영혼을 다스리는 의사입니다. 말씀에 굳게 서서 마음을 다스릴 때 우리들 마음속의 불안함이나 염려, 걱정, 근심, 두려움 등 부정적인 생각들은 저절로 사라지고 영혼이 치료됩니다." 매일 하루도 빼놓지 않고 말씀을 묵상하고 실천하여 영혼의 건강을 지키는 우리가 되길 바랍니다.

| 일독성경 | 욥기 3-4장, 요한계시록 9-10장 읽음 □

오늘의 찬송

나의 사랑하는 책

새찬송가 199장(통 234)

1. 나의 사랑하는 책 비록 해어졌으나 어머니의 무릎 위에 앉아서
재미있게 듣던 말 그때 일을 지금도 내가 잊지 않고 기억합니다
2. 옛날 용맹스럽던 다니엘의 경험과 유대 임금 다윗 왕의 역사와
주의 선지 엘리야 바람 타고 하늘에 올라가던 일을 기억합니다
3. 예수 세상 계실 때 많은 고난 당하고 십자가에 달려 죽임 당한 일
어머니가 읽으며 눈물 많이 흘린 것 지금까지 내가 기억합니다
4. 그때 일은 지나고 나의 눈에 환하오 어머니의 말씀 기억하면서
나도 시시때때로 성경 말씀 읽으며 주의 뜻을 따라 살려 합니다

후렴 귀하고 귀하다 우리 어머니가 들려주시던
재미있게 듣던 말 이 책 중에 있으니 이 성경 심히 사랑합니다

질문

하나님의 말씀이 달게 느껴질 때는 언제인가요? 하나님의 말씀대로 살려고 할 때 어떤 어려움을 겪었나요?

나의 감사

오늘 하루, 감사할 것들을 적어보세요.

| 기도 | 하나님 아버지, 하나님의 말씀을 늘 묵상하고, 어떤 어려움 속에서도 말씀을 실천할 수 있게 도와주옵소서. 예수 그리스도의 이름으로 기도합니다. 아멘.

하나님을 찾는 자

욥기 5:7-11 사람은 고생을 위하여 났으니 불꽃이 위로 날아 가는 것 같으니라 나라면 하나님을 찾겠고 내 일을 하나님께 의탁하리라 하나님은 헤아릴 수 없이 큰 일을 행하시며 기이한 일을 셀 수 없이 행하시나니 비를 땅에 내리시고 물을 밭에 보내시며 낮은 자를 높이 드시고 애곡하는 자를 일으키사 구원에 이르게 하시느니라

조니 에릭슨 타다는 17살에 다이빙을 하다가 목이 부러지는 끔찍한 사고를 당했습니다. 어깨 아래부터 전신이 마비되어 걷지도 못하고 손도 사용하지 못할 것이라는 의사의 말에 그녀는 절망했습니다. 그러던 어느 날 밤, 그녀는 하나님이 여전히 가까이에 계시다는 사실을 깨닫고, 이후부터 매일 하나님을 의지하며 이렇게 기도했습니다. "주님, 나는 앞을 헤쳐 나갈 힘이 없습니다. 나는 그 어떤 것도 의지할 것이 없습니다. 나는 사지마비로 살아야 하는 또 다른 한 날에 할 수 있는 것이 아무것도 없지만, 나에게 힘을 주시는 당신을 통해 모든 것을 할 수 있습니다. 내게는 당신이 절실히 필요합니다." 하나님은 이 간절한 기도를 들으시고 그녀를 높이 들어 사용하셔서 '조니와 친구들'이라는 사역 단체를 통해 수많은 이들에게 희망을 전하게 하셨습니다.

오늘 본문은 불꽃이 위로 날아가는 게 당연하듯 인생에 고난이 다가오는 것도 자연스러운 일이라고 말씀합니다. 누구에게나 고난은 찾아옵니다. 건강의 문제, 가정의 문제, 직장의 문제 등 여러 가지 고난으로 인해 인생을 포기하고 싶을 때도 있습니다. 그러할 때 우리는 하나님을 찾아야 합니다. 하나님은 고난 중에 있는 자를 외면하지 않으시며, 낮은 자를 높이 드시고, 애곡하는 자의 눈물을 닦아주십니다.

| 일독성경 | 욥기 5-6장, 요한계시록 11-12장 읽음 □

오늘의 찬송

어려운 일 당할 때

새찬송가 543장(통 342)

1. 어려운 일 당할 때 나의 믿음 적으나 의지하는 내 주를 더욱 의지합니다
2. 성령께서 내 마음 밝히 비춰주시니 인도하심 따라서 주만 의지합니다
3. 밝을 때에 노래와 어둘 때에 기도로 위태할 때 도움을 주께 간구합니다
4. 생명 있을 동안에 예수 의지합니다 천국 올라가도록 의지할 것뿐일세

후렴 세월 지나갈수록 의지할 것뿐일세 무슨 일을 당해도 예수 의지합니다

질문

고난이 닥칠 때 나는 누구를 가장 먼저 찾나요? 하나님을 의지하여 고난을 극복한 경험이 있나요?

나의 감사

오늘 하루, 감사할 것들을 적어보세요.

| 기도 | 하나님 아버지, 인생의 고난이 다가올 때 오직 하나님만 찾고, 하나님만 의지할 수 있는 믿음을 주옵소서. 예수 그리스도의 이름으로 기도합니다. 아멘.

인내와 믿음

요한계시록 13:7-10 또 권세를 받아 성도들과 싸워 이기게 되고 각 족속과 백성과 방언과 나라를 다스리는 권세를 받으니 죽임을 당한 어린 양의 생명책에 창세 이후로 이름이 기록되지 못하고 이 땅에 사는 자들은 다 그 짐승에게 경배하리라 누구든지 귀가 있거든 들을지어다 사로잡힐 자는 사로잡혀 갈 것이요 칼에 죽을 자는 마땅히 칼에 죽을 것이니 성도들의 인내와 믿음이 여기 있느니라

심리학의 대가인 이민규 박사가 30여 년의 교수 생활을 마치고 강단을 떠나면서 제자들에게 해주고 싶은 이야기를 한 권의 책에 담았습니다. 그 책의 제목은 『지치지 않는 힘』입니다. 그는 책에서, 목표를 이루고 성공하는 사람의 비밀이 바로 '지치지 않는 힘'에 있다고 말합니다. 중간에 그만두지 않으면 앞으로 나아갈 수 있고, 포기하지 않으면 꿈을 이룰 수 있다는 의미입니다. 다시 말해, 세상의 변화와 속도에 미치지 못하고 남보다 뛰어나지 않아도, 지치지 않으면 끝까지 갈 수 있다는 것입니다.

세상일도 참고 견디면 목표를 이룰 수 있는데, 하물며 크리스천이 쉽게 포기하고 물러선다면 하나님이 예비하신 상급을 받을 수 있을까요? 오늘 본문에서 말씀하듯이 말세가 다가올수록 공중 권세를 잡은 사탄의 힘은 강해지고 우리의 영적 싸움은 더욱 치열해질 것입니다. 그렇기에 지금 우리에게 필요한 것은 인내와 믿음입니다. 우리의 싸움은 예수님이 이미 십자가에서 이긴 싸움입니다. 우리 앞에는 승리의 면류관이 준비되어 있습니다. 그러므로 어떤 역경과 고난이 다가와도 절대 흔들리면 안 됩니다. 무슨 일이 있어도 포기하면 안 됩니다. 주님이 다시 오실 때까지 믿음으로 인내하며, 마침내 최후 승리를 얻게 되는 우리가 되기를 간절히 소망합니다.

| 일독성경 | 욥기 7-9장, 요한계시록 13장 읽음 □

오늘의 찬송

우리들이 싸울 것은

새찬송가 350장(통 393)

1. 우리들이 싸울 것은 혈기 아니오 우리들이 싸울 것은 육체 아니오
   마귀권세 맞서 싸워 깨쳐버리고 죽을 영혼 살릴 것일세
2. 우리들이 입은 갑옷 쇠가 아니오 우리들이 가진 검은 강철 아니오
   하나님께 받아 가진 평화의 복음 거룩하신 말씀이로다
3. 악한 마귀 제아무리 강할지라도 우리들의 대장 예수 앞서가시니
   주저 말고 용감하게 힘써 싸우세 최후 승리 얻을 때까지
4. 죄악 중에 빠진 사람 죄를 뉘우쳐 십자가에 달린 예수 믿기만 하면
   위태한 데 빠진 영혼 구원 얻어서 천국 백성 될 것임일세

후렴 한마음으로 힘써 나가세 한마음으로 힘써 싸우세
악한 마귀 군사들과 힘써 싸워서 승전고를 울리기까지

질문

나는 내가 처한 환경이나 문제 때문에 믿음이 흔들린 적이 있나요? 어떻게 하면 믿음을 더욱 견고하게 지킬 수 있을까요?

나의 감사

오늘 하루, 감사할 것들을 적어보세요.

| 기도 | 하나님 아버지, 주님 다시 오실 때까지 믿음을 굳게 지키길 원합니다. 지치지 않고 끝까지 인내할 수 있게 도와주옵소서. 예수 그리스도의 이름으로 기도합니다. 아멘.

JUN **06.25** 목요일

전쟁은 하나님께 속한 것이니

역대하 20:15-17 야하시엘이 이르되 온 유다와 예루살렘 주민과 여호사밧 왕이여 들을지어다 야훼께서 이같이 너희에게 말씀하시기를 너희는 이 큰 무리로 말미암아 두려워하거나 놀라지 말라 이 전쟁은 너희에게 속한 것이 아니요 하나님께 속한 것이니라 … 너희는 두려워하지 말며 놀라지 말고 내일 그들을 맞서 나가라 야훼가 너희와 함께 하리라 하셨느니라 하매

1950년 6·25전쟁 발발 후, 불과 40여 일 만에 낙동강 이남을 제외한 남한 전체가 북한 공산군에 의해 점령당했습니다. 대한민국은 이제 낙동강 방어선만 뚫리면 지구상에서 영원히 사라지는 절체절명의 위기에 놓여 있었습니다. 이때 한국교회는 한마음으로 위기에 처한 나라를 구원해 달라고 하나님께 간절히 기도했습니다. 특히 부산 초량교회에서는 전국에서 피난 온 250여 명의 목회자와 성도들이 모여 2주 동안 구국기도회를 열었습니다. 사람들은 밤낮으로 통곡하며 부르짖어 기도했고, 하나님의 임재를 체험했습니다. 그렇게 초량교회의 구국기도회가 있은 지 3일 후, 인간적인 관점에서 볼 때 성공 확률이 5천분의 1도 되지 않던 인천상륙작전이 기적적으로 성공을 거뒀고, 이를 기점으로 6·25전쟁의 판도가 뒤집혀 대한민국을 지켜낼 수 있었습니다.

오늘 본문에서 하나님은 전쟁을 앞둔 여호사밧 왕에게 두려워하지 말라고 말씀하십니다. 전쟁은 하나님께 속한 것이기에 하나님이 그들과 함께하셔서 승리케 하실 것이기 때문입니다. 오늘은 6·25전쟁을 기념하는 날입니다. 6·25전쟁에서 하나님은 우리와 함께하셔서 이 나라를 지켜주셨습니다. 참전용사들의 숭고한 희생을 기억하고, 이 땅에 평화를 주신 하나님께 감사하는 시간을 가지시길 바랍니다.

| 일독성경 | 욥기 10-11장, 요한계시록 14-15장 읽음 □

오늘의 찬송

내 영혼의 그윽히 깊은 데서

새찬송가 412장(통 469)

1. 내 영혼의 그윽히 깊은 데서 맑은 가락이 울려나네
   하늘 곡조가 언제나 흘러나와 내 영혼을 고이 싸네
2. 내 맘속에 솟아난 이 평화는 깊이 묻히인 보배로다
   나의 보화를 캐내어 가져갈 자 그 아무도 없으리라
3. 내 영혼에 평화가 넘쳐남은 주의 큰 복을 받음이라
   내가 주야로 주님과 함께 있어 내 영혼이 편히 쉬네
4. 이 땅 위의 험한 길 가는 동안 참된 평화가 어디 있나
   우리 모두 다 예수를 친구 삼아 참평화를 누리겠네

후렴 평화 평화로다 하늘 위에서 내려오네 그 사랑의 물결이 영원토록 내 영혼을 덮으소서

질문

나는 6·25전쟁에 대해 얼마나 알고 있나요? 우리나라를 지켜주시고 이 땅에 평화를 주신 하나님께 감사의 기도를 적어보세요.

나의 감사

오늘 하루, 감사할 것들을 적어보세요.

| 기도 | 하나님 아버지, 6·25전쟁 중에도 하나님이 우리와 함께하셔서 대한민국을 지켜주시고, 이 땅에 평화를 주시니 감사합니다. 예수 그리스도의 이름으로 기도합니다. 아멘.

준비하고 깨어 있으라

요한계시록 16:14-15 그들은 귀신의 영이라 이적을 행하여 온 천하 왕들에게 가서 하나님 곧 전능하신 이의 큰 날에 있을 전쟁을 위하여 그들을 모으더라 보라 내가 도둑 같이 오리니 누구든지 깨어 자기 옷을 지켜 벌거벗고 다니지 아니하며 자기의 부끄러움을 보이지 아니하는 자는 복이 있도다

2011년, 일본 역사상 가장 강력한 지진이 일본 동부 해안을 강타했습니다. 이 지진으로 1만 8천여 명이 사망했고, 하루아침에 한 마을이 지도에서 사라지기도 했습니다. 항구 도시 가마이시도 강진과 쓰나미로 사망자와 실종자의 수가 천 명을 넘었습니다. 그런데 놀랍게도 이곳 초·중등학생 3천여 명은 대부분 생명을 보존할 수 있었습니다. 이들은 지진 발생 시 대피하는 매뉴얼을 상세히 만들고, 평소에 그것을 반복해서 훈련했기 때문입니다. 이 사건은 '가마이시의 기적'이라 불리며 철저한 준비의 중요성을 보여준 대표적인 모범 사례로 꼽힙니다.

이처럼 인생에 닥칠 문제들을 미리 대비하는 준비도 중요하지만, 그것보다 더 중요한 것은 영적인 준비입니다. 오늘 본문은 주님이 "도둑 같이" 오신다고 말씀합니다. 도둑은 예고하고 오지 않습니다. 그렇기에 영적으로 깨어 준비한 자만이 주님의 재림을 잘 맞이할 수 있습니다. 무엇보다 주님 앞에 설 때 부끄러운 모습을 보이지 않기 위해 주님이 주신 의의 옷을 지켜야 합니다. 우리 모두 영적으로 잠들지 않게 늘 깨어 기도하고 말씀에 순종함으로써 복 있는 자의 삶을 살길 소망합니다.

| 일독성경 | 욥기 12-14장, 요한계시록 16장 읽음 □

오늘의 찬송

인애하신 구세주여

새찬송가 279장(통 337)

1. 인애하신 구세주여 내가 비오니 죄인 오라 하실 때에 날 부르소서
2. 자비하신 보좌 앞에 꿇어 엎드려 자복하고 회개하니 믿음 주소서
3. 주의 공로 의지하여 주께 가오니 상한 맘을 고치시고 구원하소서
4. 만복 근원 우리 주여 위로하소서 우리 주와 같으신 이 어디 있을까

후렴 주여 주여 내가 비오니 죄인 오라 하실 때에 날 부르소서 아멘

질문

나는 다시 오실 주님을 맞이할 준비가 되어 있나요? 영적으로 깨어 준비된 자가 되기 위해 내가 지금 해야 할 일은 무엇일까요?

나의 감사

오늘 하루, 감사할 것들을 적어보세요.

| 기도 | 하나님 아버지, 세상에 마음을 두지 않고, 다시 오실 주님을 바라보며 늘 깨어 기도하고 준비하는 자가 되게 하옵소서. 예수 그리스도의 이름으로 기도합니다. 아멘.

진정한 위로

욥기 16:1-4 욥이 대답하여 이르되 이런 말은 내가 많이 들었나니 너희는 다 재난을 주는 위로자들이로구나 헛된 말이 어찌 끝이 있으랴 네가 무엇에 자극을 받아 이같이 대답하는가 나도 너희처럼 말할 수 있나니 가령 너희 마음이 내 마음 자리에 있다 하자 나도 그럴 듯한 말로 너희를 치며 너희를 향하여 머리를 흔들 수 있느니라

욥은 하루아침에 가족과 재산을 잃고 질병으로 고통당하는 처지에 놓였습니다. 그런 욥을 위로해 주기 위해 친구들이 찾아왔습니다. 그런데 오늘 본문에서 욥은 친구들에게 "너희는 다 재난을 주는 위로자들이로구나"라고 말합니다. 친구들의 말이 욥의 마음을 위로하기는커녕 오히려 괴롭게 했다는 것입니다. 우리도 고난에 처한 사람들에게 사랑과 위로가 아닌 비판과 비난의 말로 고통을 보태고 있지는 않은가요?

구영선 작가는 두 살 때 열병으로 청력을 잃었습니다. 듣지 못하니 말하는 것도 어눌했습니다. 어릴 때부터 그림을 좋아해서 애니메이션 고등학교에 들어갔지만, 수업 진도를 따라가지 못해 중퇴했습니다. 그러다 친구의 전도로 교회 수련회에 갔다가 하나님의 은혜를 체험했습니다. 이후 그녀는 듣지 못하는 자신을 대신해 사람들의 이야기를 들으라는 의미로 귀가 큰 토끼 캐릭터 '베니'를 만들었습니다. 그리고 현재 '망막색소변성증'으로 시력까지 잃고 있는 그녀가 쓴 책이 『그래도 괜찮은 하루』입니다. 그녀는 이 책을 통해 우리에게 말합니다. "마음이 아픈 사람, 고민이 많은 사람, 저에게 오세요. 제가 안아줄게요." 오늘, 우리가 고난에 지친 누군가에게 진정한 위로를 전한다면 그 사람에게도, 우리 자신에게도 '괜찮은 하루'가 되지 않을까요?

| 일독성경 | 욥기 15-16장, 요한계시록 17-18장 읽음 □

오늘의 찬송

성자의 귀한 몸

새찬송가 216장(통 356)

1. 성자의 귀한 몸 날 위하여 버리신 그 사랑 고마워라
   내 머리 숙여서 주님께 비는 말 나 무엇 주님께 바치리까
2. 지금도 날 위해 간구하심 이 옅은 믿음이 아옵나니
   주님의 참사랑 고맙고 놀라워 찬송과 기도를 쉬지 않네
3. 주님의 십자가 나도 지고 신실한 믿음과 마음으로
   형제의 사랑과 친절한 위로를 뉘게나 베풀게 하옵소서
4. 만 가지 은혜를 받았으니 내 평생 슬프나 즐거우나
   이 몸을 온전히 주님께 바쳐서 주님만 위하여 늘 살겠네 아멘

질문

나는 고난에 처한 가족이나 친구를 잘 위로해준 경험이 있나요? 어떤 말이 그들에게 위로가 되었는지 적어보세요.

나의 감사

오늘 하루, 감사할 것들을 적어보세요.

| 기도 | 하나님 아버지, 고난에 처한 사람들에게 하나님의 사랑으로 진정한 위로를 전하는 우리가 되게 하옵소서. 예수 그리스도의 이름으로 기도합니다. 아멘.

쓰레기 속에서 찾은 희망

욥기 17:12-16 그들은 밤으로 낮을 삼고 빛 앞에서 어둠이 가깝다 하는구나 내가 스올이 내 집이 되기를 희망하여 내 침상을 흑암에 펴놓으매 무덤에게 너는 내 아버지라, 구더기에게 너는 내 어머니, 내 자매라 할지라도 나의 희망이 어디 있으며 나의 희망을 누가 보겠느냐 우리가 흙 속에서 쉴 때에는 희망이 스올의 문으로 내려갈 뿐이니라

카테우라는 남미의 거대한 쓰레기 매립지 위에 세워진 빈민촌입니다. 이 마을은 온통 쓰레기로 뒤덮여 있고, 마을 사람들은 대부분 마약과 술에 찌들어 살고 있었습니다. 그런데 이 마을을 변화시킨 사람이 있습니다. 교회 성가대 지휘자인 파비오 차베스입니다. 그는 가난과 마약, 갱단에 둘러싸인 아이들을 보고 음악을 통해 그들의 삶에 긍정적인 영향을 주려고 했습니다. 그러나 악기를 구하는 일이 쉽지 않았습니다. 그는 이 문제를 두고 하나님께 간절히 기도했고, 그 결과 탄생한 것이 쓰레기를 재활용한 악기입니다. 버려진 쟁반은 바이올린이 되고 기름통은 첼로가 되었으며, 색소폰과 트럼펫은 낡은 배수관과 동전, 병마개로 만들어졌습니다. 2006년, 마침내 '카테우라 재활용 오케스트라'가 창단되었고 이를 통해 아이들은 희망을 품게 되었습니다.

욥은 극심한 고난 속에서 희망이 보이지 않는다고 부르짖습니다. "나의 희망이 어디 있으며 나의 희망을 누가 보겠느냐." 우리도 살다 보면 앞날이 캄캄하고 희망이 전혀 보이지 않을 때가 있습니다. 그러나 우리에겐 주님이 계십니다. 주님이 우리의 빛이요 희망입니다. 쓰레기 더미 속에서도 희망의 악기를 찾아낸 차베스처럼, 우리도 어떤 환경 가운데 있더라도 주님으로 인해 희망을 찾아내길 소망합니다.

| 일독성경 | 욥기 17-19장, 요한계시록 19장 읽음 □

오늘의 찬송

주 안에 있는 나에게

새찬송가 370장(통 455)

1. 주 안에 있는 나에게 딴 근심 있으랴 십자가 밑에 나아가 내 짐을 풀었네
2. 그 두려움이 변하여 내 기도 되었고 전날의 한숨 변하여 내 노래 되었네
3. 내 주는 자비하셔서 늘 함께 계시고 내 궁핍함을 아시고 늘 채워주시네
4. 내 주와 맺은 언약은 영 불변하시니 그 나라 가기까지는 늘 보호하시네

후렴 주님을 찬송하면서 할렐루야 할렐루야 내 앞길 멀고 험해도 나 주님만 따라가리

질문

내 삶에 희망이 없다고 느낀 순간이 있었나요? 그러한 절망과 고난의 상황을 어떻게 극복할 수 있었는지 적어보세요.

나의 감사

오늘 하루, 감사할 것들을 적어보세요.

| 기도 | 하나님 아버지, 세상이 고난과 절망을 가져다줘도 주님 안에서 희망을 찾게 하시고 믿음으로 그 희망을 붙들게 하옵소서. 예수 그리스도의 이름으로 기도합니다. 아멘.

우리가 바라봐야 할 곳

요한계시록 21:23-27 그 성은 해나 달의 비침이 쓸 데 없으니 이는 하나님의 영광이 비치고 어린 양이 그 등불이 되심이라 만국이 그 빛 가운데로 다니고 땅의 왕들이 자기 영광을 가지고 그리로 들어가리라 … 무엇이든지 속된 것이나 가증한 일 또는 거짓말하는 자는 결코 그리로 들어가지 못하되 오직 어린 양의 생명책에 기록된 자들만 들어가리라

리처드 웜브란트 목사는 기독교로 개종한 유대인으로 공산주의자들이 루마니아를 점령했던 시대를 살았습니다. 공산 치하에서 그는 그리스도를 부인하지 않는다는 이유로 14년간 감옥에 갇혔습니다. 극심한 구타와 고문을 당했지만, 그는 끝까지 주님을 붙들고 절대 놓지 않았습니다. 감옥에서도 "예수님은 여전히 내 안에 성전이 되신다."라고 고백하며 매일 하나님 앞에 무릎을 꿇고 예배했습니다. 그의 몸은 햇빛 하나 들지 않는 어두운 감옥에 갇혀 있었지만, 그의 눈은 찬란하게 빛나는 주님을 향해 있었던 것입니다. 훗날 그는 감옥에 갇혔을 때 오직 주님께 집중했던 자신의 경험을 담은 묵상집을 출간했는데, 그 책의 제목이 바로 『저 높은 곳을 향하여』입니다.

사도 요한은 밧모섬에 유배당했을 때 새 하늘과 새 땅, 새 예루살렘의 환상을 보았습니다. 그곳에는 하나님의 영광이 가득하고, 어린양이신 주님이 등불이 되어 만국을 비추고 있습니다. 새 하늘과 새 땅, 새 예루살렘이 우리가 믿음의 눈으로 바라봐야 할 곳입니다. 불의와 죄로 가득한 어두운 세상이나 우리를 절망케 하는 문제를 바라보지 말고, 오직 믿음의 눈을 들어 저 높은 곳을 바라보시길 바랍니다. 하나님의 영광과 빛이 가득한 그곳에서 우리는 주님과 함께 영원히 살게 될 것입니다.

| 일독성경 | 욥기 20-21장, 요한계시록 20-21장 읽음 □

오늘의 찬송

이 몸의 소망 무언가

새찬송가 488장(통 539)

1. 이 몸의 소망 무언가 우리 주 예수뿐일세 우리 주 예수밖에는 믿을 이 아주 없도다
2. 무섭게 바람 부는 밤 물결이 높이 설렐 때 우리 주 크신 은혜에 소망의 닻을 주리라
3. 세상에 믿던 모든 것 끊어질 그날 되어도 구주의 언약 믿사와 내 소망 더욱 크리라
4. 바라던 천국 올라가 하나님 앞에 뵈올 때 구주의 의를 힘입어 어엿이 바로 서리라

후렴 주 나의 반석이시니 그 위에 내가 서리라 그 위에 내가 서리라

질문

나의 눈은 어디를 향하고 있나요? 세상의 것에 나의 눈과 마음을 빼앗기지 않고 오직 주님께 집중하려면 어떻게 해야 할까요?

나의 감사

오늘 하루, 감사할 것들을 적어보세요.

| 기도 | 하나님 아버지, 어두운 세상 가운데 살고 있더라도 새 하늘과 새 땅, 새 예루살렘을 바라보는 믿음의 눈을 주옵소서. 예수 그리스도의 이름으로 기도합니다. 아멘.

JUN **06.30** 화요일

행한 대로 갚아 주리라

요한계시록 22:11-13 불의를 행하는 자는 그대로 불의를 행하고 더러운 자는 그대로 더럽고 의로운 자는 그대로 의를 행하고 거룩한 자는 그대로 거룩하게 하라 보라 내가 속히 오리니 내가 줄 상이 내게 있어 각 사람에게 그가 행한 대로 갚아 주리라 나는 알파와 오메가요 처음과 마지막이요 시작과 마침이라

구세군 창립자 윌리엄 부스는 영국 노팅엄의 가난한 집안에서 태어났습니다. 13살에 생계를 위해 학교를 그만두고 전당포의 수습생 신분으로 일터에 뛰어들었습니다. 힘겹게 하루하루를 보낸 지 채 1년이 되지 않았을 때, 설상가상으로 아버지마저 세상을 떠나고 맙니다. 가난과 죽음의 공포에 시달리던 어느 날, 그는 우연히 감리교 집회에 참석했다가 극적으로 회심을 경험했습니다. 하나님의 자녀가 된 후부터 그는 세상에 대한 흥미를 다 잃어버리고, 가난하고 소외된 사람들에게 복음을 전하고 그들을 섬기는 일에 헌신했습니다. "주님 앞에 갈 때 후회 없게 살고 싶다."라는 그의 고백처럼 마지막 숨을 거둘 때까지 선을 행하며 의로운 삶을 살기 위해 노력했던 것입니다.

오늘 본문에 기록된 대로 예수님은 우주의 시작과 완성을 이루시는 분입니다. 그리고 완성을 위해 다시 오실 주님은 우리가 행한 대로 갚아주겠다고 말씀하십니다. 즉, 죄와 불의를 행하는 자들에게는 심판을 내리시고, 선행과 의를 행한 자들에게는 상으로 갚아주신다는 것입니다. 지금까지 우리가 행한 일들을 돌아보십시오. 우리가 행한 그대로 주님이 갚아주신다는 사실을 절대 잊어버리면 안 됩니다. 주님이 다시 오실 때 칭찬과 상을 받는 우리가 되기를 간절히 소망합니다.

| 일독성경 | 욥기 22-24장, 요한계시록 22장 읽음 □

오늘의 찬송

주 어느 때 다시 오실는지

새찬송가 176장(통 163)

1. 주 어느 때 다시 오실는지 아는 이가 없으니 등 밝히고 너는 깨어있어 주를 반겨 맞으라
2. 주 오늘에 다시 오신다면 부끄러움 없을까 잘하였다 주님 칭찬하며 우리 맞아주실까
3. 주 예수님 맡겨주신 일에 모두 충성 다했나 내 맘속에 확신 넘칠 때에 영원 안식 얻겠네
4. 주 예수님 언제 오실는지 한밤에나 낮에나 늘 깨어서 주님 맞는 성도 주의 영광 보겠네

후렴 주 안에서 우리 몸과 맘이 깨끗하게 되어서
주 예수님 다시 오실 때에 모두 기쁨으로 맞으라

질문

내가 최근에 행했던 선하고 의로운 일은 무엇인가요? 행한 대로 갚아주시는 주님을 생각할 때 내 삶은 어떻게 달라질까요?

나의 감사

오늘 하루, 감사할 것들을 적어보세요.

| 기도 | 하나님 아버지, 행한 대로 갚아주시는 주님 앞에 부끄럽지 않도록 선하고 의로운 삶을 살 수 있게 도와주옵소서. 예수 그리스도의 이름으로 기도합니다. 아멘.

7

JULY 2026

SUN	MON	TUE	WED
28	29	30	1 욥 25-27 □ 마 1 □
5 욥 36-37 □ 마 6-7 □	6 욥 38-40 □ 마 8 □	7 욥 41-42 □ 마 9-10 □	8 시 1-3 □ 마 11 □
12 시 12-13 □ 마 16-17 □	13 시 14-16 □ 마 18 □	14 시 17-18 □ 마 19-20 □	15 시 19-21 □ 마 21 □
19 시 30-32 □ 마 26 □	20 시 33-34 □ 마 27-28 □	21 시 35-36 □ 막 1 □	22 시 37-38 □ 막 2-3 □
26 시 47-48 □ 막 8-9 □	27 시 49-51 □ 막 10 □	28 시 52-54 □ 막 11 □	29 시 55-56 □ 막 12-13 □
2	3	4	5

감사QT 365

일독성경표 & monthly plan

	THU	FRI	SAT	메모
	2 욥 28-30 □ 마 2 □	3 욥 31-32 □ 마 3-4 □	4 욥 33-35 □ 마 5 □	
	9 시 4-6 □ 마 12 □	10 시 7-8 □ 마 13-14 □	11 시 9-11 □ 마 15 □	
	16 시 22-24 □ 마 22 □	17 제헌절 시 25-26 □ 마 23-24 □	18 시 27-29 □ 마 25 □	
	23 시 39-41 □ 막 4 □	24 시 42-43 □ 막 5-6 □	25 시 44-46 □ 막 7 □	
	30 시 57-59 □ 막 14 □	31 시 60-61 □ 막 15-16 □	1	
	6	7	8	

JUL **07.01** 수요일

내 공의를 굳게 잡고

욥기 27:1-6 욥이 또 풍자하여 이르되 나의 정당함을 물리치신 하나님, 나의 영혼을 괴롭게 하신 전능자의 사심을 두고 맹세하노니 … 결코 내 입술이 불의를 말하지 아니하며 내 혀가 거짓을 말하지 아니하리라 나는 결코 너희를 옳다 하지 아니하겠고 내가 죽기 전에는 나의 온전함을 버리지 아니할 것이라 내가 내 공의를 굳게 잡고 놓지 아니하리니 내 마음이 나의 생애를 비웃지 아니하리라

욥은 깊은 고난 속에서도 자신의 의로움을 절대로 포기하지 않겠다고 선언합니다. 그는 친구들의 정죄와 의심 가운데서도 끝까지 하나님 앞에서 자신의 결백을 호소했습니다. "내가 내 공의를 굳게 잡고 놓지 아니하리니"라는 고백은 스스로 납득할 수 없는 고난 가운데서도 하나님 앞에서 의롭게 살아온 삶에 대한 확신을 드러냅니다. 욥은 자신을 괴롭게 하시는 분이 하나님이라고 느꼈지만, 동시에 그분이 여전히 인생의 주권자이심을 인정하며 믿음을 붙들었습니다. 또한 악인의 번영은 잠시일 뿐이며, 결국 하나님의 공의가 반드시 드러난다는 사실을 선포했습니다. 이처럼 욥은 고난의 자리에서도 하나님의 주권을 인정하며 믿음을 지켜낸 성숙한 크리스천의 본을 보여줍니다.

이러한 욥의 고백은 우리에게도 큰 도전을 줍니다. 이해할 수 없는 어려움과 억울한 상황 속에서 우리는 쉽게 흔들리지만, 욥처럼 하나님 앞에서 믿음을 끝까지 지켜야 합니다. 눈앞의 현실이 불공평하게 보여도 하나님의 공의는 반드시 실현될 것을 믿고, 인생의 주권자가 되시는 하나님의 약속을 바라보는 태도가 필요합니다. 우리 또한 욥처럼 고난 중에도 흔들리지 않는 믿음 위에 든든히 서기를 소망합니다.

| 일독성경 | 욥기 25-27장, 마태복음 1장 읽음 □

오늘의 찬송

어려운 일 당할 때

새찬송가 543장(통 342)

1. 어려운 일 당할 때 나의 믿음 적으나 의지하는 내 주를 더욱 의지합니다
2. 성령께서 내 마음 밝히 비춰주시니 인도하심 따라서 주만 의지합니다
3. 밝을 때에 노래와 어둘 때에 기도로 위태할 때 도움을 주께 간구합니다
4. 생명 있을 동안에 예수 의지합니다 천국 올라가도록 의지할 것뿐일세

후렴 세월 지나갈수록 의지할 것뿐일세 무슨 일을 당해도 예수 의지합니다

질문

이해할 수 없는 고난 속에서도 믿음을 잃지 않기 위해 내가 반드시 실천해야 할 일 한 가지를 적어보세요.

나의 감사

오늘 하루, 감사할 것들을 적어보세요.

| 기도 | 하나님 아버지, 고난 중에도 하나님의 주권을 인정하고 하나님의 공의를 바라보며 믿음으로 살아가게 하옵소서. 예수 그리스도의 이름으로 기도합니다. 아멘.

침묵 속에서 드리는 믿음의 고백

욥기 30:20-23 내가 주께 부르짖으나 주께서 대답하지 아니하시오며 내가 섰사오나 주께서 나를 돌아보지 아니하시나이다 주께서 돌이켜 내게 잔혹하게 하시고 힘 있는 손으로 나를 대적하시나이다 나를 바람 위에 들어 불려가게 하시며 무서운 힘으로 나를 던져 버리시나이다 내가 아나이다 주께서 나를 죽게 하사 모든 생물을 위하여 정한 집으로 돌려보내시리이다

목회자이자 뛰어난 저술가이기도 했던 유진 피터슨은 신학교 시절 매일 말씀을 묵상하고 기도했지만 하나님의 임재를 느끼지 못했습니다. 마치 하나님이 자신에게 침묵하시는 것처럼 느껴졌고 그로 인해 신앙의 열정이 서서히 식어갔습니다. 그러나 그는 침묵의 시간을 지나며 이렇게 고백했습니다. "하나님을 느끼지 못해도 신실하게 말을 거는 것이 믿음이다." 훗날 그는 '침묵의 시간'이 자신의 믿음을 훈련하는 '은혜의 시간'이었음을 깨달았습니다. 그러한 시간을 통해 그는 눈에 보이는 환경이나 감정에 휩쓸리지 않고 말씀에 뿌리 내려 하루하루 믿음으로 살아가는 것이 성숙한 크리스천의 자세라는 것을 체험하며 배운 것입니다.

오늘 본문에서 욥도 극한 고난 가운데 하나님께 부르짖어 기도했지만, 아무런 응답도 받지 못했습니다. 이런 상황에서 욥은 자신의 마음을 숨기지 않고 있는 그대로 하나님께 토로했습니다. 그의 고백은 믿음 없는 불평이 아니라, 오히려 온전히 하나님을 신뢰하는 믿음에서 나오는 솔직한 표현이었습니다. 때로는 화려하고 경건한 말보다 눈물 섞인 탄식과 절규가 더 깊고 진실한 기도가 됩니다. 하나님은 그런 기도를 결코 외면하지 않으시고, 하나님의 때에 놀라운 위로와 회복을 허락해 주십니다.

| 일독성경 | 욥기 28-30장, 마태복음 2장 읽음 □

오늘의 찬송

주님 약속하신 말씀 위에 서

새찬송가 546장(통 399)

1. 주님 약속하신 말씀 위에 서 영원토록 주를 찬송하리라
소리 높여 주께 영광 돌리며 약속 믿고 굳게 서리라
2. 주님 약속하신 말씀 위에 서 세상 염려 내게 엄습할 때에
용감하게 힘써 싸워 이기며 약속 믿고 굳게 서리라
3. 주님 약속하신 말씀 위에 서 영원하신 주의 사랑 힘입고
성령으로 힘써 싸워 이기며 약속 믿고 굳게 서리라
4. 주님 약속하신 말씀 위에 서 성령 인도하는 대로 행하며
주님 품에 항상 안식 얻으며 약속 믿고 굳게 서리라

후렴 굳게 서리 영원하신 말씀 위에 굳게 서리 굳게 서리 그 말씀 위에 굳게 서리라

질문

고난 중에 하나님이 침묵하시는 것처럼 느껴질 때가 있었나요? 오직 믿음으로 살아가기 위해 내가 결단해야 할 일 한 가지를 적어보세요.

나의 감사

오늘 하루, 감사할 것들을 적어보세요.

| 기도 | 하나님 아버지, 환경이나 감정에 흔들리지 않고 말씀 위에 서서 오직 절대 긍정의 믿음으로 살아가게 하옵소서. 예수 그리스도의 이름으로 기도합니다. 아멘.

주님을 따르겠습니다

마태복음 4:18-22 갈릴리 해변에 다니시다가 두 형제 곧 베드로라 하는 시몬과 그의 형제 안드레가 바다에 그물 던지는 것을 보시니 그들은 어부라 말씀하시되 나를 따라오라 내가 너희를 사람을 낚는 어부가 되게 하리라 … 세베대의 아들 야고보와 그의 형제 요한이 그의 아버지 세베대와 함께 배에서 그물 깁는 것을 보시고 부르시니 그들이 곧 배와 아버지를 버려 두고 예수를 따르니라

영국의 한 부유한 가정에서 태어난 헨리 마틴은 케임브리지 대학을 수석으로 졸업한 뛰어난 인재였습니다. 그의 앞에는 부족함 없는 미래와 안정된 삶이 보장돼 있었습니다. 그러나 그는 '인디언 선교의 아버지'로 알려진 데이비드 브레이너드의 일기를 읽고 큰 감동을 받아, 자신의 삶을 선교에 바치기로 결심했습니다. 하나님이 인도 선교사로 부르셨을 때, 그는 주저하지 않고 모든 것을 내려놓은 채 인도로 떠났습니다. 그곳은 낯설고 열악한 환경이었지만, 포기하지 않고 성경을 번역하며 복음 전파에 온 힘을 기울였습니다. 비록 31세의 젊은 나이에 하나님 품에 안겼지만, 하나님 나라를 향한 그의 열정은 오늘까지도 수많은 이들에게 깊은 감동과 도전을 주고 있습니다.

예수님이 갈릴리 바닷가에서 제자들을 부르셨을 때, 베드로와 안드레는 생업을, 야고보와 요한은 가족과 안정된 삶을 모두 내려놓고 곧바로 주님을 따랐습니다. 그들의 순종은 그들이 무엇을 가장 소중히 여기는지 보여주는 과감한 선택이자 믿음의 결단이었습니다. 오늘도 예수님은 우리를 향해 말씀하십니다. "나를 따르라." 우리도 주님의 부르심에 응답하여 하나님과 그분의 부르심을 가장 소중하게 여기며 살아가기를 소망합니다.

| 일독성경 | 욥기 31-32장, 마태복음 3-4장 읽음 □

오늘의 찬송

예수 나를 오라 하네

새찬송가 324장(통 360)

1. 예수 나를 오라 하네 예수 나를 오라 하네 어디든지 주를 따라 주와 같이 같이 가려네
2. 겟세마네 동산까지 주와 함께 가려 하네 피땀 흘린 동산까지 주와 함께 함께 가려네
3. 심판하실 자리까지 주와 함께 가려 하네 심판하실 자리까지 주와 함께 함께 가려네
4. 주가 크신 은혜 내려 나를 항상 돌보시고 크신 영광 보여주며 나와 함께 함께 가시네

후렴 주의 인도하심 따라 주의 인도하심 따라 어디든지 주를 따라 주와 같이 같이 가려네

질문

지금 예수님이 나를 부르신다면 가장 먼저 내려놓아야 할 것이 무엇인지 적어보세요.

나의 감사

오늘 하루, 감사할 것들을 적어보세요.

| 기도 | 하나님 아버지, 주님의 부르심에 기쁨으로 응답하며 하나님을 가장 우선시하는 삶을 살아가게 하옵소서. 예수 그리스도의 이름으로 기도합니다. 아멘.

JUL 07.04 토요일

세상의 빛과 소금으로

마태복음 5:13-16 너희는 세상의 소금이니 소금이 만일 그 맛을 잃으면 무엇으로 짜게 하리요 후에는 아무 쓸 데 없어 다만 밖에 버려져 사람에게 밟힐 뿐이니라 너희는 세상의 빛이라 산 위에 있는 동네가 숨겨지지 못할 것이요 … 이같이 너희 빛이 사람 앞에 비치게 하여 그들로 너희 착한 행실을 보고 하늘에 계신 너희 아버지께 영광을 돌리게 하라

바닷물을 맛본 적이 있나요? 바닷물에는 약 3.5%의 염분이 들어있습니다. 바닷물 1리터에 소금이 약 35g 들어있는 셈입니다. 하지만 소금은 양이 적어도 바닷물의 맛을 결정합니다. 예수님이 너희는 "세상의 소금"이라고 말씀하신 것도 이와 같습니다. 우리는 세상에서 적은 무리일지라도, 소금처럼 세상에 맛을 내는 존재입니다. 또한 예수님은 우리를 "세상의 빛"이라고 하셨습니다. 캄캄한 방에서 작은 불빛 하나만 있으면 앞을 볼 수 있고 물건을 찾을 수 있습니다. 이처럼 우리는 어두운 세상 속에서 빛을 비추도록 부름받은 사람들입니다.

예수님은 믿는 자들이 세상의 빛과 소금이라고 하시면서 어떻게 빛과 소금으로 살아야 하는지 알려주셨습니다. 그것은 거창한 일이 아닙니다. 내가 있는 자리에서 하나님이 기뻐하시는 "착한 행실"을 실천하는 것이 곧 빛과 소금의 삶입니다. 소금이 맛을 내고 빛이 어둠을 밝히듯, 우리의 착한 행실을 통해 세상이 변화되고 하나님의 영광이 드러나게 될 것입니다. 오늘 하루도 착한 행실로 세상의 소금과 빛의 사명을 감당하시길 소망합니다.

| 일독성경 | 욥기 33-35장, 마태복음 5장 읽음 □

오늘의 찬송

빛의 사자들이여

새찬송가 502장(통 259)

1. 빛의 사자들이여 어서 가서 어둠을 물리치고 주의 진리 모르는 백성에게 복음의 빛 비춰라
2. 선한 사역 위하여 힘을 내라 주 함께하시겠네 주의 크신 사랑을 전파하며 복음의 빛 비춰라
3. 주님 부탁하신 말 순종하여 이 진리 전파하라 산을 넘고 물 건너 힘을 다해 복음의 빛 비춰라
4. 동서남북 어디나 땅끝까지 주님만 의지하고 눈 어두워 못 보는 백성에게 복음의 빛 비춰라

후렴 빛의 사자들이여 복음의 빛 비춰라 죄로 어둔 밤 밝게 비춰라 빛의 사자들이여

질문

주변 사람들에게 빛과 소금의 역할을 하고 있나요? 하나님의 사랑을 실천할 수 있는 구체적인 행동 한 가지를 적어보고 실천해 보세요.

나의 감사

오늘 하루, 감사할 것들을 적어보세요.

| 기도 | 하나님 아버지, 세상의 빛과 소금의 사명을 잘 감당하여 우리를 통해 하나님의 영광이 나타나게 하옵소서. 예수 그리스도의 이름으로 기도합니다. 아멘.

JUL **07.05** 주일

고난 중에 일하시는 하나님

욥기 36:13-16 마음이 경건하지 아니한 자들은 분노를 쌓으며 하나님이 속박할지라도 도움을 구하지 아니하나니 그들의 몸은 젊어서 죽으며 그들의 생명은 남창과 함께 있도다 하나님은 곤고한 자를 그 곤고에서 구원하시며 학대 당할 즈음에 그의 귀를 여시나니 그러므로 하나님이 그대를 환난에서 이끌어 내사 좁지 않고 넉넉한 곳으로 옮기려 하셨은즉 무릇 그대의 상에는 기름진 것이 놓이리라

엘리후는 하나님이 고난 가운데서도 여전히 일하신다고 말합니다. 사람의 눈에는 고난이 죄로 인한 징계나 재앙처럼 보일 수 있지만, 그는 그것이 하나님의 구원과 깨달음을 위한 도구임을 강조합니다. 하나님은 고난을 통해 우리의 귀를 열어주시고 마음을 일깨우셔서 하나님을 더 깊이 알도록 이끄십니다. 본문에서 말하는 "넉넉한 곳"은 단순히 편안한 환경이 아니라 하나님의 은혜와 자유를 누리는 삶을 가리킵니다. 하나님은 고난 가운데 있는 자를 버려두지 않으시고 기름진 상을 차려 주시는 분이십니다. 그래서 고난은 끝이 아니라 은혜로 들어가는 통로입니다.

우리도 욥처럼 이유를 알 수 없는 고난을 겪어야 할 때가 있습니다. 그때에는 마치 하나님이 멀리 계신 것처럼 느껴지지만, 사실은 가장 가까이에서 우리를 새롭게 빚어가고 계시는 때입니다. 눈앞의 현실이 힘들어도 하나님은 그런 과정을 통해 우리의 믿음을 자라게 하십니다. 그러므로 우리는 고난 앞에서 절망하고 낙심하기보다는 그 시간을 통해 말씀하시는 하나님의 음성에 귀를 기울이며 더 깊은 은혜로 나아가는 믿음의 발걸음을 내딛어야만 합니다. 오늘 하루도 우리를 넉넉한 곳에 옮기시고 기름진 상을 차려 주시는 하나님과 동행하기를 소망합니다.

| 일독성경 | 욥기 36-37장, 마태복음 6-7장 읽음 □

오늘의 찬송

내 주 하나님 넓고 큰 은혜는

새찬송가 302장(통 408)

1. 내 주 하나님 넓고 큰 은혜는 저 큰 바다보다 깊다
   너 곧 닻줄을 끌러 깊은 데로 저 한가운데 가보라
2. 왜 너 인생은 언제나 거기서 저 큰 바다 물결 보고
   그 밑 모르는 깊은 바다 속을 한번 헤아려 안 보나
3. 많은 사람이 얕은 물가에서 저 큰 바다 가려다가
   찰싹거리는 작은 파도 보고 마음 약하여 못 가네
4. 자 곧 가거라 이제 곧 가거라 저 큰 은혜 바다 향해
   자 곧 네 노를 저어 깊은 데로 가라 망망한 바다로

후렴 언덕을 떠나서 창파에 배 띄워 내 주 예수 은혜의 바다로 네 맘껏 저어가라

질문

고난의 시간을 통해 하나님의 사랑을 더 깊게 체험한 적이 있나요? 그때의 경험을 떠올리며 적어보세요.

나의 감사

오늘 하루, 감사할 것들을 적어보세요.

| 기도 | 하나님 아버지, 믿음의 눈을 열어주셔서 고난 중에도 주님께 감사하고 찬송하게 하옵소서. 예수 그리스도의 이름으로 기도합니다. 아멘.

JUL **07.06** 월요일

말씀으로만 하옵소서

마태복음 8:8-10 백부장이 대답하여 이르되 주여 내 집에 들어오심을 나는 감당하지 못하겠사오니 다만 말씀으로만 하옵소서 그러면 내 하인이 낫겠사옵나이다 나도 남의 수하에 있는 사람이요 … 내 종더러 이것을 하라 하면 하나이다 예수께서 들으시고 놀랍게 여겨 따르는 자들에게 이르시되 내가 진실로 너희에게 이르노니 이스라엘 중 아무에게서도 이만한 믿음을 보지 못하였노라

세계적인 권위를 가진 벨베데레 국제 콩쿠르에서 오페라 코치 부문 1위를 차지하고 특별상을 수상한 유수연 씨는 뛰어난 음악가로 주목을 받았습니다. 그러나 그 화려한 성공의 이면에는 백혈병 투병이라는 깊은 시련이 있었습니다. 17살, 꽃다운 나이에 그녀는 백혈병 진단을 받았습니다. 고된 항암 치료와 수술 후유증으로 몸은 점점 쇠약해졌지만, 그녀는 성경 말씀을 더욱 굳게 붙잡고 하나님이 고쳐주실 것을 확신했습니다. 그러자 기적적으로 몸의 기능이 정상으로 회복되었고, 2003년에 완치 판정을 받았습니다. 이후 그녀는 총신대 작곡과와 오스트리아 그라츠 국립 음대에서 최고 과정을 수료하며 다시 음악의 길을 걸을 수 있게 되었습니다. 현재 그녀는 피아니스트이자 오페라 코치, 작곡가, 음악이론가로 활동하며 하나님의 영광을 드러내고 있습니다.

오늘 본문에 나오는 백부장은 예수님이 말씀하시기만 해도 하인이 나을 수 있다고 믿었습니다. 그는 예수님을 단지 구약의 선지자가 아닌, 모든 것을 다스리시는 하나님의 아들로 여겼던 것입니다. 예수님은 지금도 말씀으로 역사하시는 전능하신 주님이십니다. 그 예수님을 믿는다면 우리도 백부장처럼 고백할 수 있습니다. "말씀으로만 하옵소서." 날마다 믿음으로 하나님의 능력을 경험하며 살아가시길 소망합니다.

| 일독성경 | 욥기 38-40장, 마태복음 8장 읽음 □

오늘의 찬송

주의 말씀 받은 그 날

새찬송가 285장(통 209)

1. 주의 말씀 받은 그날 참 기쁘고 복 되도다 이 기쁜 맘 못 이겨서 온 세상에 전하노라
2. 이 좋은 날 내 천한 몸 새사람이 되었으니 이 몸과 맘 다 바쳐서 영광의 주 늘 섬기리
3. 새사람 된 그날부터 평안한 맘 늘 있어서 이 복된 말 전하는 일 나의 본분 삼았도다

후렴 기쁜 날 기쁜 날 주 나의 죄 다 씻은 날 늘 깨어서 기도하고 늘 기쁘게 살아가리
기쁜 날 기쁜 날 주 나의 죄 다 씻은 날 아멘

질문

예수님은 나에게 어떤 분이신가요? 예수님께 드리는 믿음의 고백을 적어보세요.

나의 감사

오늘 하루, 감사할 것들을 적어보세요.

| 기도 | 하나님 아버지, 어떤 상황 속에서도 주님의 말씀을 믿고 담대하게 살아가게 하옵소서. 예수 그리스도의 이름으로 기도합니다. 아멘.

JUL **07.07** 화요일

네 믿음이 너를 구원하였다

마태복음 9:20-22 열두 해 동안이나 혈루증으로 앓는 여자가 예수의 뒤로 와서 그 겉옷 가를 만지니 이는 제 마음에 그 겉옷만 만져도 구원을 받겠다 함이라 예수께서 돌이켜 그를 보시며 이르시되 딸아 안심하라 네 믿음이 너를 구원하였다 하시니 여자가 그 즉시 구원을 받으니라

조쉬 맥도웰은 국제대학생선교회(CCC) 강사로서 세계 84개국 700여 대학에서 7백만 명의 젊은이들에게 복음을 전한 영향력 있는 기독교 변증가이자 저술가요, 강연자입니다. 그는 믿음을 이렇게 정의합니다. "믿음이란 그분의 은혜를 받으려고 팔을 뻗는 것이다." 이 말은 오늘 본문에 나오는 혈루증 여인을 떠올리게 합니다. 열두 해 동안 병으로 고통받던 그녀는 예수님의 소문을 듣고, 예수님께 손만 대어도 고침을 받을 것이라고 믿으며, 예수님을 둘러싼 무리 사이를 헤치고 들어가 그분의 옷자락을 만졌습니다. 그때 예수님은 그녀를 돌아보시며 "네 믿음이 너를 구원하였다"라고 말씀하시고 회복시켜 주셨습니다. 이 장면은 믿음이 단순히 바라보는 것에서 멈추는 것이 아니라 용기를 내어 손을 내미는 행함으로 이어져야 한다는 교훈을 줍니다.

우리도 이 여인과 같은 행함 있는 믿음이 필요합니다. 단지 말씀이 내 삶에 이루어지길 바란다고 해서 하나님의 역사가 일어나는 것은 아닙니다. 마음에 믿어 깨달은 말씀을 두려움 없이 행할 때 비로소 하나님의 능력이 나타납니다. 날마다 말씀을 읽고 묵상하며 그것을 실천하면 하나님은 우리의 작은 믿음을 통해 크고 놀라운 일을 이루십니다. 오늘 하루도 우리가 가진 믿음을 삶 속에서 실천하게 되기를 소망합니다.

| 일독성경 | 욥기 41-42장, 마태복음 9-10장 읽음 □

오늘의 찬송

고통의 멍에 벗으려고

새찬송가 272장(통 330)

1. 고통의 멍에 벗으려고 예수께로 나갑니다 자유와 기쁨 베푸시는 주께로 갑니다
병든 내 몸이 튼튼하고 빈궁한 삶이 부해지며 죄악을 벗어버리려고 주께로 갑니다
2. 낭패와 실망 당한 뒤에 예수께로 나갑니다 십자가 은혜 받으려고 주께로 갑니다
슬프던 마음 위로받고 이생의 풍파 잔잔하며 영광의 찬송 부르려고 주께로 갑니다
3. 교만한 맘을 내버리고 예수께로 나갑니다 복되신 말씀 따르려고 주께로 갑니다
실망한 이 몸 힘을 얻고 예수의 크신 사랑 받아 하늘의 기쁨 맛보려고 주께로 갑니다
4. 죽음의 길을 벗어나서 예수께로 나갑니다 영원한 집을 바라보고 주께로 갑니다
멸망의 포구 헤어나와 평화의 나라 다다라서 영광의 주를 뵈오려고 주께로 갑니다

질문

문제가 해결되기만을 바라고 아무것도 안 하고 있지는 않나요? 문제의 해결을 위해 내가 실천할 수 있는 믿음의 행동은 무엇이 있을까요?

나의 감사

오늘 하루, 감사할 것들을 적어보세요.

| 기도 | 하나님 아버지, 믿음으로 행하여 날마다 기적을 경험하며 살아가게 하옵소서. 예수 그리스도의 이름으로 기도합니다. 아멘.

JUL **07.08** 수요일

복 있는 사람의 길

시편 1:1-3 복 있는 사람은 악인들의 꾀를 따르지 아니하며 죄인들의 길에 서지 아니하며 오만한 자들의 자리에 앉지 아니하고 오직 야훼의 율법을 즐거워하여 그의 율법을 주야로 묵상하는도다 그는 시냇가에 심은 나무가 철을 따라 열매를 맺으며 그 잎사귀가 마르지 아니함 같으니 그가 하는 모든 일이 다 형통하리로다

인생에는 두 가지 길이 있습니다. 하나는 악인의 꾀를 따르며 오만한 자들과 어울리는 죄인의 길이고, 다른 하나는 하나님의 말씀을 즐거워하며 그 뜻에 순종하는 복된 길입니다. 많은 사람이 눈앞의 이익과 달콤한 유혹에 이끌려 죄인의 길을 선택하지만, 그 끝에는 허무와 파멸이 기다리고 있습니다. 그러나 삶이 힘겨워도 말씀을 선택하고 순종하는 사람은 복된 삶, 형통한 삶을 살게 됩니다. 시편의 기자는 이러한 삶을 시냇가에 심은 나무에 비유했습니다. 시냇가에 심긴 나무는 가뭄이 들어도 시냇물을 공급받아 계절마다 열매를 맺습니다. 마찬가지로 말씀에 뿌리내린 사람은 고난 가운데서도 하나님의 은혜를 힘입어 풍성한 열매를 거둡니다. 말씀은 우리의 영혼에 새 힘을 주고, 인생의 길을 밝히 비추어 올바른 방향으로 이끄는 등불과 같습니다.

우리는 날마다 무엇인가 선택하며 살아갑니다. 그때마다 말씀에 순종하여 복 있는 사람의 길인 의인의 길을 걸어간다면, 우리의 삶은 시냇가에 심은 나무처럼 자라나 아름다운 열매를 맺게 될 것입니다. 지금은 더디고 초라해 보일지라도, 말씀을 삶의 원동력으로 삼아 한 걸음씩 믿음으로 순종하여 복된 인생을 살아가시길 소망합니다.

| 일독성경 | 시편 1–3편, 마태복음 11장 읽음 □

오늘의 찬송

나의 갈 길 다 가도록

새찬송가 384장(통 434)

1. 나의 갈 길 다 가도록 예수 인도하시니 내 주 안에 있는 긍휼 어찌 의심하리요
   믿음으로 사는 자는 하늘 위로 받겠네 무슨 일을 만나든지 만사형통하리라
   무슨 일을 만나든지 만사형통하리라
2. 나의 갈 길 다 가도록 예수 인도하시니 어려운 일 당한 때도 족한 은혜 주시네
   나는 심히 고단하고 영혼 매우 갈하나 나의 앞에 반석에서 샘물 나게 하시네
   나의 앞에 반석에서 샘물 나게 하시네
3. 나의 갈 길 다 가도록 예수 인도하시니 그의 사랑 어찌 큰지 말로 할 수 없도다
   성령 감화 받은 영혼 하늘나라 갈 때에 영영 부를 나의 찬송 예수 인도하셨네
   영영 부를 나의 찬송 예수 인도하셨네 아멘

질문

나는 매일 하나님의 말씀을 읽고 묵상하고 있나요? 삶의 크고 작은 결정들을 내릴 때 말씀을 기준으로 삼고 있나요?

나의 감사

오늘 하루, 감사할 것들을 적어보세요.

| 기도 | 하나님 아버지, 상황을 보고 낙심하지 말고 말씀을 주야로 묵상하며 주님의 뜻을 따르게 하옵소서. 예수 그리스도의 이름으로 기도합니다. 아멘.

JUL **07.09** 목요일

믿음의 가족

마태복음 12:46-50 예수께서 무리에게 말씀하실 때에 그의 어머니와 동생들이 예수께 말하려고 밖에 섰더니 한 사람이 예수께 여짜오되 보소서 당신의 어머니와 동생들이 당신께 말하려고 밖에 서 있나이다 … 손을 내밀어 제자들을 가리켜 이르시되 나의 어머니와 나의 동생들을 보라 누구든지 하늘에 계신 내 아버지의 뜻대로 하는 자가 내 형제요 자매요 어머니이니라 하시더라

예수님이 무리에게 말씀을 전하실 때 어머니와 동생들이 예수님을 만나려고 밖에 서 있었습니다. 성경의 다른 기록을 보면 당시 예수님의 가족들은 예수님의 사역을 이해하지 못했고 때로는 오해하고 불신하기도 했습니다(막 3:21; 요 7:5). 이런 상황에서 예수님은 "누가 내 어머니이며 내 동생들이냐"라고 물으신 뒤, 곁에 있는 제자들을 가리켜 하나님의 뜻을 행하는 자가 자신의 참된 가족이라고 말씀하셨습니다. 이는 예수님이 어머니와 동생, 즉 가족을 소홀히 여기셨다는 뜻이 아니라, 하나님의 뜻을 삶의 가장 최우선 순위로 삼아야 한다는 것을 가르쳐 주신 말씀으로 이해됩니다. 실제로 예수님은 십자가 위에서도 어머니를 끝까지 돌보셨습니다(요 19:26-27).

이 말씀은 오늘을 사는 우리에게도 깊은 교훈을 줍니다. 우리는 삶의 가장 중요한 기준을 하나님의 뜻에 두고 있나요? 인간적인 생각과 판단이 하나님의 뜻보다 앞서지는 않나요? 교회는 단순히 함께 지내는 사교적인 모임을 위한 공동체가 아닌 하나님의 뜻에 순종하는 '믿음의 가족 공동체'입니다. 나만이 아니라, 서로를 격려하며 믿음과 사랑으로 연합하여 하나님의 나라를 굳건히 세워나가길 소망합니다.

| 일독성경 | 시편 4-6편, 마태복음 12장 읽음 □

오늘의 찬송

나 이제 주님의 새 생명 얻은 몸

새찬송가 436장(통 493)

1. 나 이제 주님의 새 생명 얻은 몸 옛것은 지나고 새사람이로다
그 생명 내 맘에 강같이 흐르고 그 사랑 내게서 해같이 빛난다
2. 주 안에 감추인 새 생명 얻으니 이전에 좋던 것 이제는 값없다
하늘의 은혜와 평화를 맛보니 찬송과 기도로 주 함께 살리라
3. 산천도 초목도 새것이 되었고 죄인도 원수도 친구로 변한다
새 생명 얻은 자 영생을 누리니 주님을 모신 맘 새 하늘이로다
4. 주 따라가는 길 험하고 멀어도 찬송을 부르며 뒤따라가리라
나 주를 모시고 영원히 살리라 날마다 섬기며 주 함께 살리라

후렴 영생을 누리며 주 안에 살리라 오늘도 내일도 주 함께 살리라

질문

나는 삶의 중요한 선택 앞에서 하나님의 뜻을 가장 우선순위에 두고 있나요? 그런 삶을 살기 위해서 내가 지켜야 할 일 한 가지를 적어보세요.

나의 감사

오늘 하루, 감사할 것들을 적어보세요.

| 기도 | 하나님 아버지, 하나님의 뜻을 먼저 구하고 오직 주님의 말씀에 순종하며 살아가게 하옵소서. 예수 그리스도의 이름으로 기도합니다. 아멘.

풍랑 위로 걸어오시는 주님

마태복음 14:24-32 배가 이미 육지에서 수 리나 떠나서 바람이 거스르므로 물결로 말미암아 고난을 당하더라 … 바람을 보고 무서워 빠져 가는지라 소리 질러 이르되 주여 나를 구원하소서 하니 예수께서 즉시 손을 내밀어 그를 붙잡으시며 이르시되 믿음이 작은 자여 왜 의심하였느냐 하시고 배에 함께 오르매 바람이 그치는지라

지현호 목사는 아버지의 갑작스러운 죽음과 어머니의 수술 후유증, 그리고 동생의 교통사고를 겪으면서 깊은 방황의 시간을 지나야 했습니다. 그 시련 가운데서도 하나님이 붙들어 주셔서 회개의 은혜를 경험하고 새사람이 되어 목회의 길을 걷게 되었습니다. 하지만 고난은 거기서 멈추지 않았습니다. 어머니가 알츠하이머 치매로 기억을 잃었고, 어머니를 돌보던 아내마저 과로로 쓰러졌습니다. 비록 하루하루 버티기 힘든 현실이었지만, 그는 절망하지 않고 예수님께 시선을 고정했습니다. 끝이 없는 풍랑 속에서도 오직 예수님을 바라보았을 때, 치매로 기억을 잃었던 어머니가 회복되는 놀라운 기적을 경험했습니다. 그는 이렇게 고백합니다. "가장 중요한 것은 예배자로 서는 것입니다. 인생의 희로애락 가운데 주님의 은혜와 긍휼을 구하면 하나님이 그 마음에 힘과 용기를 주십니다."

오늘 본문에서 베드로가 풍랑 가운데 주님만 바라보며 물 위를 걸었던 것처럼, 우리도 인생의 거센 풍랑 앞에서 예수님께 시선을 고정해야 합니다. 문제와 두려움이 몰려와도 그 위로 걸어오시는 주님만 붙들면 우리는 넘어지지 않습니다. 고난은 누구에게나 찾아오지만, 주님을 바라볼 때 믿음은 더 깊어지고 삶은 더욱 단단해집니다.

| 일독성경 | 시편 7-8편, 마태복음 13-14장 **읽음 □**

오늘의 찬송

너 근심 걱정 말아라

새찬송가 382장(통 432)

1. 너 근심 걱정 말아라 주 너를 지키리 주 날개 밑에 거하라 주 너를 지키리
2. 어려워 낙심될 때에 주 너를 지키리 위험한 일을 당할 때 주 너를 지키리
3. 너 쓸 것 미리 아시고 주 너를 지키리 구하는 것을 주시며 주 너를 지키리
4. 어려운 시험 당해도 주 너를 지키리 구주의 품에 거하라 주 너를 지키리

후렴 주 너를 지키리 아무 때나 어디서나 주 너를 지키리 늘 지켜주시리 아멘

질문

내가 지금 겪고 있는 풍랑은 무엇인가요? 주님을 바라보며 믿음으로 살아가기 위해서 구체적으로 무엇을 해야 할지 적어보세요.

나의 감사

오늘 하루, 감사할 것들을 적어보세요.

| 기도 | 하나님 아버지, 폭풍 속에서도 오직 주님만 바라보게 하시고 믿음으로 담대히 살아갈 수 있도록 도와주옵소서. 예수 그리스도의 이름으로 기도합니다. 아멘.

우리의 피난처

시편 11:1-5 내가 여호와께 피하였거늘 너희가 내 영혼에게 새 같이 네 산으로 도망하라 함은 어찌함인가 … 터가 무너지면 의인이 무엇을 하랴 여호와께서는 그의 성전에 계시고 여호와의 보좌는 하늘에 있음이여 그의 눈이 인생을 통촉하시고 그의 안목이 그들을 감찰하시도다 여호와는 의인을 감찰하시고 악인과 폭력을 좋아하는 자를 마음에 미워하시도다

19세기 미국의 흑인 여성 인권운동가 소저너 트루스는 노예로 태어나 주인의 학대를 받고, 아들과 생이별하는 아픔을 겪었습니다. 모든 것이 무너지는 상황에서도 그녀는 "나는 아무것도 두렵지 않다. 하나님이 나와 함께하시기 때문이다."라고 고백하며 믿음으로 살았습니다. 하나님의 은혜로 노예로 팔려간 아들을 되찾고 노예에서 도망쳐 나왔지만, 차별과 멸시는 계속되었습니다. 그럼에도 그녀는 결코 움츠러들지 않았고, 46세 되던 해에 '순회복음전도사'로서 사역을 시작했습니다. 그녀는 하나님만을 피난처로 삼아 담대히 복음을 전하며, 흑인 해방과 여성의 권리를 외쳤습니다. 그녀의 삶은 수많은 이들에게 용기와 소망을 심어주었고, 사람들은 그녀를 통해 억압 속에서도 믿음으로 빛을 발할 수 있음을 보았습니다.

다윗은 위기를 만났을 때 세상의 피난처를 찾지 않고 하나님께 피하는 길을 선택했습니다. 오직 하나님만이 참된 피난처임을 굳게 믿었기 때문입니다. 우리도 이 세상을 살아가는 동안 수많은 위기를 만나게 됩니다. 그러할 때 어디로 피해야 할까요? 우리의 참된 피난처는 오직 하나님뿐입니다. 두려움이 몰려올 때, 참된 피난처 되신 주님을 의지해 담대하게 살아가시기를 소망합니다.

| 일독성경 | 시편 9-11편, 마태복음 15장 읽음 □

오늘의 찬송

주 안에 있는 나에게

새찬송가 370장(통 455)

1. 주 안에 있는 나에게 딴 근심 있으랴 십자가 밑에 나아가 내 짐을 풀었네
2. 그 두려움이 변하여 내 기도 되었고 전날의 한숨 변하여 내 노래 되었네
3. 내 주는 자비하셔서 늘 함께 계시고 내 궁핍함을 아시고 늘 채워주시네
4. 내 주와 맺은 언약은 영 불변하시니 그 나라 가기까지는 늘 보호하시네

후렴 주님을 찬송하면서 할렐루야 할렐루야 내 앞길 멀고 험해도 나 주님만 따라가리

질문

내가 처한 상황에서 하나님을 유일한 피난처로 삼고 믿음으로 살아가기 위해 실천할 수 있는 믿음의 행동 한 가지를 적어보세요.

나의 감사

오늘 하루, 감사할 것들을 적어보세요.

| 기도 | 하나님 아버지, 어떤 상황에서도 주님만을 피난처로 삼고 절대 긍정의 믿음으로 살아가게 하옵소서. 예수 그리스도의 이름으로 기도합니다. 아멘.

JUL **07.12** 주일

주는 그리스도시요

마태복음 16:13-16 예수께서 빌립보 가이사랴 지방에 이르러 제자들에게 물어 이르시되 사람들이 인자를 누구라 하느냐 이르되 더러는 침례 요한, 더러는 엘리야, 어떤 이는 예레미야나 선지자 중의 하나라 하나이다 이르시되 너희는 나를 누구라 하느냐 시몬 베드로가 대답하여 이르되 주는 그리스도시요 살아 계신 하나님의 아들이시니이다

세계적인 복서이자 필리핀 상원의원을 지낸 매니 파퀴아오는 빈민가에서 태어나 생계를 위해 복싱을 시작했습니다. 그는 승리를 거듭하며 세계 복싱 역사상 8체급 챔피언이라는 전무후무한 기록을 세웠습니다. 그러나 화려한 명성과 영광 뒤에는 술, 도박, 여자에 빠진 방탕한 삶이 숨겨져 있었습니다. 그러던 어느 날, 그는 꿈속에서 "아들아, 왜 나를 떠나느냐?"라는 주님의 음성을 들었습니다. 그 한마디 말씀 앞에서 파퀴아오는 눈물로 회개하며 자신의 남은 삶을 주님께 바쳤습니다. 소유하고 있던 카지노와 술집을 정리하고, 많은 사람에게 자신의 삶을 간증하며 하나님의 살아계심을 전했습니다. 경기장에서도 예수님을 주님이라 고백하며 자신의 신앙을 당당히 드러냈습니다. 그는 자신이 경험한 최고의 일은 주님을 만난 것이라고 말합니다.

본문에서 예수님은 제자들에게 "너희는 나를 누구라 하느냐?"라고 물으셨습니다. 그때 베드로가 "주는 그리스도시요 살아 계신 하나님의 아들이시니이다"라고 고백했습니다. 예수님을 자신의 주님으로 고백하는 순간, 인생의 모든 목적은 더 이상 자신이 아니라 그분을 위한 것으로 바뀌게 됩니다. 오늘 예수님을 누구라고 고백하고 있나요? 우리의 참된 신앙의 고백을 통해 하나님께 영광 돌리게 되기를 소망합니다.

| 일독성경 | 시편 12-13편, 마태복음 16-17장 읽음 □

오늘의 찬송

예수가 우리를 부르는 소리

새찬송가 528장(통 318)

1. 예수가 우리를 부르는 소리 그 음성 부드러워 문 앞에 나와서 사면을 보며 우리를 기다리네
2. 간절히 오라고 부르실 때에 우리는 지체하랴 주님의 은혜를 왜 아니 받고 못 들은 체 하려나
3. 세월이 살같이 빠르게 지나 쾌락이 끝이나고 사망의 그늘이 너와 내 앞에 둘리며 가리우네
4. 우리를 위하여 예비해 두신 영원한 집이 있어 죄 많은 세상을 떠나게 될 때 영접해 주시겠네

후렴 오라 오라 방황치 말고 오라 죄 있는 자들아 이리로 오라 주 예수 앞에 오라

질문

나는 오늘 예수님을 어떻게 고백하고 있나요? 나를 통해 하나님이 드러나는 구체적인 행동은 무엇인가요?

나의 감사

오늘 하루, 감사할 것들을 적어보세요.

| 기도 | 하나님 아버지, 날마다 예수님을 우리의 주로 고백하며 살게 하시고, 우리의 삶을 통해 주님의 영광이 드러나게 하옵소서. 예수 그리스도의 이름으로 기도합니다. 아멘.

JUL **07.13** 월요일

천국에서 큰 사람

마태복음 18:1-5 그 때에 제자들이 예수께 나아와 이르되 천국에서는 누가 크니이까 … 이르시되 진실로 너희에게 이르노니 너희가 돌이켜 어린 아이들과 같이 되지 아니하면 결단코 천국에 들어가지 못하리라 그러므로 누구든지 이 어린 아이와 같이 자기를 낮추는 사람이 천국에서 큰 자니라 또 누구든지 내 이름으로 이런 어린 아이 하나를 영접하면 곧 나를 영접함이니

김안식, 장말희 선교사 부부는 의사로서 25년간 환자들을 돌본 뒤, 남은 생애를 소외된 이웃을 위해 헌신하기로 결심했습니다. 그들이 향한 곳은 네팔의 오지인 도티 지역이었습니다. 네팔 수도 카트만두에서 900km나 떨어진 이 지역은 의사가 한 명도 없고, 매일 45도를 웃도는 열악한 환경이었습니다. 선교사 부부는 그곳의 유일한 의사로서 병원을 세우고 5개의 보건소를 설립해 평생 병원에 가보지 못했던 수많은 환자를 치료했습니다. 또한 유치원부터 12학년까지 약 900여 명의 학생을 돌보는 학교를 세워 복음을 전하고 사랑을 실천했습니다. 그들의 헌신은 구한말 당시 조선을 위해 의료 선교사로 헌신했던 스크랜턴 선교사의 정신을 이어가는 귀한 본이 되었고, 그 결실로 2012년 스크랜턴 선교 대상을 받게 되었습니다.

예수님은 제자들에게 어린 아이와 같이 낮아지지 않으면 천국에 들어갈 수 없다고 말씀하셨습니다. 김안식, 장말희 선교사 부부는 세상의 성공을 내려놓고 겸손하게 어린 아이와 같이 자기를 낮추어 가장 작은 자들을 섬겼습니다. 우리도 겸손히 자신을 낮추고 사랑으로 소외된 자를 돌보아야 합니다. 어린 아이와 같이 낮아져 작은 자를 영접하는 삶을 통해 천국에서 큰 자가 되시기를 소망합니다.

| 일독성경 | 시편 14-16편, 마태복음 18장 읽음 □

오늘의 찬송

십자가를 질 수 있나

새찬송가 461장(통 519)

1. 십자가를 질 수 있나 주가 물어보실 때 죽기까지 따르오리 성도 대답하였다
2. 너는 기억하고 있나 구원받은 강도를 그가 회개하였을 때 낙원 허락받았다
3. 걱정 근심 어둔 그늘 너를 둘러 덮을 때 주께 네 영 맡기겠나 최후 승리 믿으며
4. 이런 일 다 할 수 있나 주가 물어보실 때 용감한 자 바울처럼 선뜻 대답하리라

후렴 우리의 심령 주의 것이니 주님의 형상 만드소서
주 인도 따라 살아갈 동안 사랑과 충성 늘 바치오리다 아멘

질문

나는 어린 아이와 같이 겸손하게 살아가고 있나요? 소외되고 연약한 이웃을 위해 내가 실천할 수 있는 일은 무엇인가요?

나의 감사

오늘 하루, 감사할 것들을 적어보세요.

| 기도 | 하나님 아버지, 어린 아이같이 자기를 낮추어 겸손하게 살아가게 하옵소서. 예수 그리스도의 이름으로 기도합니다. 아멘.

JUL **07.14** 화요일

빛으로 어둠을 이기다

시편 18:27-30 주께서 곤고한 백성은 구원하시고 교만한 눈은 낮추시리이다 주께서 나의 등불을 켜심이여 야훼 내 하나님이 내 흑암을 밝히시리이다 내가 주를 의뢰하고 적군을 향해 달리며 내 하나님을 의지하고 담을 뛰어넘나이다 하나님의 도는 완전하고 야훼의 말씀은 순수하니 그는 자기에게 피하는 모든 자의 방패시로다

석창우 화백은 국내 1호 의수 화가입니다. 그는 1984년 전기 사고로 두 팔과 발가락 일부를 잃고 깊은 절망에 빠졌지만, 기도를 통해 하나님의 은혜를 경험하고 다시 살아갈 힘을 얻었습니다. 이후 아들의 요청으로 의수에 펜을 끼워 그림을 그리기 시작하면서 그의 인생은 새로운 전환점을 맞았습니다. 그는 먹물로 표현하는 수묵 크로키 기법을 창시하여 예술의 새로운 길을 열었으며, 이 기법으로 2014년 소치 동계 패럴림픽 폐막식에서 초대형 그림을 완성해 전 세계에 감동을 주었습니다. 이후 5,128m에 달하는 성경 필사를 완수하며 절대 감사와 절대 긍정의 삶을 이어갔습니다. 그는 "손이 있어 내 맘대로 살아온 30년보다 하나님과 함께 살아온 손 없는 36년의 삶이 더 즐겁고 행복했다."라며 모든 것이 하나님의 은혜라고 고백합니다.

오늘 본문에서 다윗은 하나님이 곤고한 자를 구원하시고 흑암을 밝히신다고 고백합니다. 낭떠러지 같은 절망의 순간에도 하나님을 붙들면 어둠은 빛으로 바뀌고, 막힌 길은 새로운 길로 열립니다. 우리도 막다른 길을 만날 때가 있지만, 하나님만을 의지할 때 담을 뛰어넘는 힘을 얻게 됩니다. 오늘도 하나님이 우리의 빛과 방패가 되어 주심을 믿고 믿음으로 담대히 걸어가기를 소망합니다.

| 일독성경 | 시편 17-18편, 마태복음 19-20장 **읽음 □**

오늘의 찬송

내 영혼에 햇빛 비치니

새찬송가 428장(통 488)

1. 내 영혼에 햇빛 비치니 주 영광 찬란해 이 세상 어떤 빛보다 이 빛 더 빛나네
2. 내 영혼에 노래 있으니 주 찬양 합니다 주 귀를 기울이시사 다 듣고 계시네
3. 내 영혼에 봄날 되어서 주 함께 하실때 그 평화 내게 깃들고 주 은혜 꽃피네
4. 내 영혼에 희락이 있고 큰 소망 넘치네 주 예수 복을 주시고 또 내려 주시네

후렴 주의 영광 빛난 광채 내게 비춰 주시옵소서 그 밝은 얼굴 뵈올 때 나의 영혼 기쁘다

질문

지금 내 삶을 어둡게 만드는 문제는 무엇인가요? 그 어둠을 어떻게 하나님의 빛으로 밝힐 수 있을까요?

나의 감사

오늘 하루, 감사할 것들을 적어보세요.

| 기도 | 하나님 아버지, 우리의 삶 속에 찾아오셔서 주님의 빛을 밝혀주시니 감사합니다. 어떤 상황에서도 믿음으로 전진하게 하옵소서. 예수 그리스도의 이름으로 기도합니다. 아멘.

JUL **07.15** 수요일

야훼의 율법은 완전하여

시편 19:7-10 야훼의 율법은 완전하여 영혼을 소성시키며 야훼의 증거는 확실하여 우둔한 자를 지혜롭게 하며 야훼의 교훈은 정직하여 마음을 기쁘게 하고 야훼의 계명은 순결하여 눈을 밝게 하시도다 야훼를 경외하는 도는 정결하여 영원까지 이르고 야훼의 법도 진실하여 다 의로우니 금 곧 많은 순금보다 더 사모할 것이며 꿀과 송이꿀보다 더 달도다

세상에서 들려오는 소식은 우리를 불안하게 하고 두려움에 사로잡히게 합니다. 그러나 하나님의 말씀은 우리의 영혼을 다시 세우고, 지쳐 쓰러진 마음에 새 힘을 불어넣어 줍니다. 다윗은 하나님의 말씀을 '영혼을 소성시키는 능력'이라고 고백했습니다. 말씀은 단순한 교훈이 아니라 삶을 붙들어주는 능력이며, 인생의 수많은 갈림길에서 삶의 방향을 제시하는 나침반과 같습니다. 하나님의 음성에 귀를 기울이면, 세상의 헛된 소리나 유혹, 혼란에 흔들리지 않고 하나님께 집중할 수 있습니다. 말씀을 가까이할 때, 무엇이 진짜 중요한 것인지 분별하게 되고 그 안에서 기쁨과 자유를 누리게 됩니다. 다윗은 말씀이 금보다 귀하고 꿀보다 달다고 고백합니다. 하나님의 말씀은 세상 무엇과도 바꿀 수 없으며, 하나님이 우리에게 주신 최고의 선물입니다.

오늘 우리에게 필요한 것은 세상에서 들려오는 더 많은 정보와 지식이 아니라 살아있는 하나님의 말씀입니다. 말씀을 가까이하고 묵상할 때, 혼란스러운 세상 속에서도 삶의 방향을 잃지 않고 진리 안에서 참된 자유를 만끽하며 믿음으로 담대히 살아갈 수가 있게 됩니다. 다윗과 같이 말씀을 순금처럼 사모하고 꿀보다 더 달게 여기며 말씀 안에서 참된 기쁨과 지혜를 발견하는 하루하루가 되기를 소망합니다.

| 일독성경 | 시편 19-21편, 마태복음 21장 읽음 □

오늘의 찬송

달고 오묘한 그 말씀

새찬송가 200장(통 235)

1. 달고 오묘한 그 말씀 생명의 말씀은 귀한 그 말씀 진실로 생명의 말씀이
   나의 길과 믿음 밝히 보여주니
2. 귀한 주님의 말씀은 내 노래 되도다 모든 사람을 살리는 생명의 말씀을
   값도 없이 받아 생명 길을 가니
3. 널리 울리어 퍼지는 생명의 말씀은 맘에 용서와 평안을 골고루 주나니
   다만 예수 말씀 듣고 복을 받네

후렴 아름답고 귀한 말씀 생명 샘이로다 아름답고 귀한 말씀 생명 샘이로다 아멘

질문

매일의 삶에서 말씀을 순금보다 귀하고 꿀보다 더 달게 여기고 있나요? 말씀을 묵상하기 위한 계획을 적어보고 실천해 보세요.

나의 감사

오늘 하루, 감사할 것들을 적어보세요.

| 기도 | 하나님 아버지, 주의 말씀을 귀하게 여기고 그 말씀을 날마다 묵상하며 살아가게 하옵소서. 예수 그리스도의 이름으로 기도합니다. 아멘.

JUL **07.16** 목요일

부족함이 없으리로다

시편 23:1-6 야훼는 나의 목자시니 내게 부족함이 없으리로다 그가 나를 푸른 풀밭에 누이시며 쉴 만한 물 가로 인도하시는도다 내 영혼을 소생시키시고 자기 이름을 위하여 의의 길로 인도하시는도다 … 주께서 내 원수의 목전에서 내게 상을 차려 주시고 기름을 내 머리에 부으셨으니 내 잔이 넘치나이다 내 평생에 선하심과 인자하심이 반드시 나를 따르리니 내가 야훼의 집에 영원히 살리로다

100만 명의 구독자를 보유하고 있는 기독교 유튜브 채널 '위라클TV'의 크리에이터 박위 씨는 28세의 젊은 나이에 큰 사고를 겪었습니다. 해외 유명 패션 기업의 정직원이 된 기념으로 파티를 하고 집으로 돌아오는 길에 목뼈가 골절되는 사고를 당해 하루아침에 전신마비 환자가 되었습니다. 하지만 그는 절망에 머무르지 않고 삶의 의지를 불태우며 4년간 재활을 하여 상체를 움직일 수 있게 되었고, 회복하는 과정에서 하나님을 만났습니다. 현재는 휠체어를 타고 밝게 웃으며 사람들에게 하나님의 사랑을 전하고 있습니다. 그의 몸은 여전히 자유롭지 않지만, 그의 영혼은 평안하고 자유로워 보입니다. 그의 삶이 순탄해서가 아닙니다. 선하신 목자이신 하나님이 그의 인생을 인도하고 계시기 때문입니다.

시편 23편에서 다윗은 하나님이 자신의 목자이시기에 "내게 부족함이 없으리로다"라고 고백합니다. 이 말은 다윗에게 고난이 없었다는 뜻이 아닙니다. 사실, 다윗은 수많은 위기와 어려움을 겪었습니다. 그속에서 그는 하나님의 보호하심을 통해 참된 평안의 의미를 깨달아 알게 됐습니다. 오늘 우리에게도 이러한 고백이 필요합니다. 고난 중에도 주님의 은혜와 사랑 안에 거하며 부족함이 없는 삶을 살아가게 되시기를 소망합니다.

| 일독성경 | 시편 22-24편, 마태복음 22장 읽음 □

오늘의 찬송

선한 목자 되신 우리 주

새찬송가 569장(통 442)

1. 선한 목자 되신 우리 주 항상 인도하시고 푸른 풀밭 좋은 곳에서 우리 먹여주소서
   선한 목자 구세주여 항상 인도하소서 선한 목자 구세주여 항상 인도하소서
2. 양의 문이 되신 예수여 우리 영접하시고 길을 잃은 양의 무리를 항상 인도하소서
   선한 목자 구세주여 기도 들어주소서 선한 목자 구세주여 기도 들어주소서
3. 흠이 많고 약한 우리를 용납하여주시고 주의 넓고 크신 은혜로 자유 얻게 하셨네
   선한 목자 구세주여 지금 나아갑니다 선한 목자 구세주여 지금 나아갑니다
4. 일찍 주의 뜻을 따라서 살아가게 하시고 주의 크신 사랑 베푸사 따라가게 하소서
   선한 목자 구세주여 항상 인도하소서 선한 목자 구세주여 항상 인도하소서 아멘

질문

지금 겪고 있는 현실 속에서도 하나님의 선하심과 인자하심을 믿고 살아가기 위해 무엇을 해야 할지 적어보세요.

나의 감사

오늘 하루, 감사할 것들을 적어보세요.

| 기도 | 하나님 아버지, 고난 가운데서도 주님의 보호하심을 신뢰하며 오직 믿음으로 감사하며 살아가게 하옵소서. 예수 그리스도의 이름으로 기도합니다. 아멘.

내일부터가 아니라 지금 당장

마태복음 24:45-51 충성되고 지혜 있는 종이 되어 주인에게 그 집 사람들을 맡아 때를 따라 양식을 나눠 줄 자가 누구냐 … 만일 그 악한 종이 마음에 생각하기를 주인이 더디 오리라 하여 동료들을 때리며 술친구들과 더불어 먹고 마시게 되면 생각하지 않은 날 알지 못하는 시각에 그 종의 주인이 이르러 엄히 때리고 외식하는 자가 받는 벌에 처하리니 거기서 슬피 울며 이를 갈리라

C. S. 루이스의 책『스크루테이프의 편지』에는 악마들이 인간을 넘어뜨리는 여러 전략이 소개됩니다. 그중 하나는 오늘 해야 할 일을 내일로 미루게 만드는 것입니다. 그들은 사람의 마음에 작은 목소리로 속삭입니다. "조금 더 있다가 해도 돼. 내일 해도 괜찮아." 이 말에 익숙해진 사람은 중요한 일을 끝내지 못한 채 미루기만 하다 인생을 허비하게 됩니다. 오늘 읽어야 할 성경을 내일로, 오늘 드려야 할 기도를 내일로, 오늘 해야 할 회개를 내일로 미루다 보면, 결국 평생을 헛되이 보낼 수밖에 없습니다. 악마의 목적은 단순합니다. '지금, 바로' 순종하지 못하게 만들어 한 걸음씩 뒤로 물러서게 하는 것입니다. 그렇기에 우리는 오늘 해야 할 일을 내일로 미루지 말아야 합니다. 특히 죄를 고백하는 회개와 맡기신 사명은 절대 미뤄서는 안 됩니다.

오늘 본문에서도 비슷한 장면이 나옵니다. 주인이 더디 올 것으로 생각한 종은 게으르고 방탕하게 시간을 낭비했습니다. 결국 주인은 종이 예상하지 못한 때에 갑자기 돌아와서 게으르고 방탕한 종을 징계했습니다. 맡겨주신 사명과 회개는 '내일'이 아니라 '지금' 바로 선택해야 할 가장 중요한 일입니다. 혹시 '조금 더 있다가, 내일부터'라는 마음이 자리 잡고 있진 않나요? 바로 지금이 결단하고 순종해야 할 시간입니다.

| 일독성경 | 시편 25-26편, 마태복음 23-24장 읽음 □

오늘의 찬송

주 어느 때 다시 오실는지

새찬송가 176장(통 163)

1. 주 어느 때 다시 오실는지 아는 이가 없으니 등 밝히고 너는 깨어있어 주를 반겨 맞으라
2. 주 오늘에 다시 오신다면 부끄러움 없을까 잘하였다 주님 칭찬하며 우리 맞아주실까
3. 주 예수님 맡겨주신 일에 모두 충성 다했나 내 맘속에 확신 넘칠 때에 영원 안식 얻겠네
4. 주 예수님 언제 오실는지 한밤에나 낮에나 늘 깨어서 주님 맞는 성도 주의 영광 보겠네

후렴 주 안에서 우리 몸과 맘이 깨끗하게 되어서 주 예수님 다시 오실 때에 모두 기쁨으로 맞으라

질문

해야 한다는 것을 알면서도 미루는 일이 있나요? 평소에 자주 미루는 일을 적어보고 지금 바로 실천해 보세요.

나의 감사

오늘 하루, 감사할 것들을 적어보세요.

| 기도 | 하나님 아버지, 지금 바로 회개하고 순종하여 하나님이 허락하신 하루하루를 의미 있고 가치 있게 살아가게 하옵소서. 예수 그리스도의 이름으로 기도합니다. 아멘.

JUL **07.18** 토요일

지극히 작은 자와 함께하는 사람

마태복음 25:37-40 이에 의인들이 대답하여 이르되 주여 우리가 어느 때에 주께서 주리신 것을 보고 음식을 대접하였으며 목마르신 것을 보고 마시게 하였나이까 어느 때에 나그네 되신 것을 보고 영접하였으며 헐벗으신 것을 보고 옷 입혔나이까 … 임금이 대답하여 이르시되 내가 진실로 너희에게 이르노니 너희가 여기 내 형제 중에 지극히 작은 자 하나에게 한 것이 곧 내게 한 것이니라 하시고

20세기 초 미국에서는 평범한 가정에서 태어났으나 상류층에 들어가기를 꿈꾸는 야심 찬 청년들을 주인공으로 한 소설들이 유행했습니다. 대표적인 작품이 시어도어 드라이저의 『미국의 비극』입니다. 소설의 주인공 클라이드는 가난한 시골에서 태어났지만, 큰 야망을 품은 청년이었습니다. 그는 자신보다 부유하고 아름다운 소녀 손드라를 사랑하며, 그녀처럼 상류층이 되기를 꿈꿨습니다. 클라이드는 돈을 벌기 위해 고군분투했고, 비싼 옷을 걸치고 고급차를 몰며 상류 사회에 진입하기 위해 애썼습니다. 그러나 그의 결말은 비극으로 끝났습니다. 더 높이 오르려는 끝없는 욕망이 결국 무서운 범죄와 파멸을 불러왔고, 상류층을 향한 그의 꿈은 한순간에 무너지고 말았습니다.

본문에서 예수님은 임금으로부터 인정받은 의인들의 비유를 말씀하십니다. 그들은 지위가 높거나 부유한 사람들이 아니라, 주리고 가난한 이들을 섬겼던 사람들이었습니다. 오늘날 많은 이들은 돈이 많거나 사회적으로 명망 있는 사람과 가까이하기를 원합니다. 그렇게 하면 자신들도 덩달아서 격이 높아질 것이라고 기대합니다. 그러나 크리스천은 오히려 가난하고 소외된 이들과 함께해야 합니다. 예수님이 "지극히 작은 자"를 섬기는 것이 곧 예수님에게 한 행동과 같다고 말씀하셨기 때문입니다.

| 일독성경 | 시편 27-29편, 마태복음 25장 읽음 □

오늘의 찬송

누가 주를 따라

새찬송가 459장(통 514)

1. 누가 주를 따라 섬기려는가 누가 죄를 떠나 주만 따를까 누가 주를 섬겨 남을 구할까
   누가 주의 뒤를 따라가려나 부르심을 받아 주의 은혜로 주를 따라가네 주만 따르네
2. 세상 영광 위해 따름 아니요 크신 사랑 인해 주만 따르고 주가 내려주신 은혜 힘입어
   주의 뒤를 따라 힘써 일하네 부르심을 받아 주의 은혜로 주를 따라가네 주만 따르네
3. 환난 핍박 많고 원수 강하나 주의 용사 더욱 힘이 강하니 누가 능히 이겨 넘어뜨리랴
   변함없는 진리 승리하리라 기쁜 찬송하며 주의 은혜로 주를 따라가네 주만 따르네

질문

주변의 '지극히 작은 자'를 섬길 때 어떤 마음으로 섬기셨나요? 이제는 그들을 섬기는 것이 곧 예수님을 섬기는 일임을 기억하며 섬겨보십시오.

나의 감사

오늘 하루, 감사할 것들을 적어보세요.

| 기도 | 하나님 아버지, 예수님의 가르침을 기억하여 가난하고 소외된 사람과 함께하며 그들을 위로하는 사람이 되게 하옵소서. 예수 그리스도의 이름으로 기도합니다. 아멘.

죄책감과 회개

시편 32:1-5 허물의 사함을 받고 자신의 죄가 가려진 자는 복이 있도다 … 내가 입을 열지 아니할 때에 종일 신음하므로 내 뼈가 쇠하였도다 주의 손이 주야로 나를 누르시오니 내 진액이 빠져서 여름 가뭄에 마름 같이 되었나이다 (셀라) 내가 이르기를 내 허물을 야훼께 자복하리라 하고 주께 내 죄를 아뢰고 내 죄악을 숨기지 아니하였더니 곧 주께서 내 죄악을 사하셨나이다 (셀라)

일제강점기에 활동했던 시인 윤동주는 독실한 크리스천이었습니다. 그는 자신의 신앙을 작품 속에 녹여냈고, 작은 잘못에도 민감했던 그의 섬세한 신앙적인 양심을 여러 시구에 표현했습니다. 대표작 「서시」에 나오는 "잎새에 이는 바람에도 나는 괴로워했다"라는 구절이 그 단적인 예입니다. 그는 늘 자신의 내면을 깊이 성찰했고, 주변 친구들에게도 정직하고 순결하게 살 것을 권면했습니다. 일제의 탄압으로 억울하게 옥고를 치르던 중, 광복을 반년 앞둔 27세의 나이에 생을 마감할 때까지 그는 신앙적 절개와 양심을 저버리지 않았습니다. 윤동주에게 있어 죄책감은 단순히 불편한 감정이 아니라 하나님 앞에 온전히 서야 한다는 내적 신호였습니다. 그의 시는 지금도 읽는 이의 마음을 울리며, 작은 죄에도 민감했던 그의 고뇌를 고스란히 전해줍니다.

오늘 본문에서 다윗은 처절한 죄책감에 짓눌려 괴로워하다가 결국 하나님 앞에 자신의 죄를 고백했고, 비로소 용서와 자유 그리고 평안을 누리게 되었습니다. 하나님 앞에서 중요한 것은 죄를 짓지 않는 완벽함이 아닙니다. 나약한 인간이 죄를 짓는 것은 당연합니다. 오히려 중요한 것은 스스로 죄인임을 고백하는 회개입니다. 회개는 짐이 아니라 은혜의 자리로 이끄는 하나님의 부르심임을 기억하며 살아가시길 바랍니다.

| 일독성경 | 시편 30-32편, 마태복음 26장 읽음 □

오늘의 찬송

나 행한 것 죄뿐이니

새찬송가 274장(통 332)

1. 나 행한 것 죄뿐이니 주 예수께 비옵기는 나의 몸과 나의 맘을 깨끗하게 하옵소서
2. 내 어둔 눈 밝히시니 참 기쁘고 고마우나 그보다 더 원하오니 정결한 맘 주옵소서
3. 정결한 맘 그 속에서 신령한 빛 비치오니 이러한 맘 나 얻으면 눈까지도 밝으리라
4. 못된 행실 다 고치고 악한 생각 다 버려도 주 앞에서 정결타고 자랑치는 못하리라

후렴 물 가지고 날 씻든지 불 가지고 태우든지 내 안과 밖 다 닦으사 내 모든 죄 멸하소서

질문

최근에 지은 죄로 인해 양심의 가책을 느낀 적이 있나요? 하나님 앞에 정직한 마음으로 드리는 회개의 고백을 적어보세요.

나의 감사

오늘 하루, 감사할 것들을 적어보세요.

| 기도 | 하나님 아버지, 우리의 마음을 짓누르는 죄를 고백합니다. 주님의 은혜로 용서해 주시고 거룩한 삶을 살아가게 하옵소서. 예수 그리스도의 이름으로 기도합니다. 아멘.

담대히 걷는 진리의 길

마태복음 27:50-54 예수께서 다시 크게 소리 지르시고 영혼이 떠나시니라 이에 성소 휘장이 위로부터 아래까지 찢어져 둘이 되고 땅이 진동하며 바위가 터지고 … 예수의 부활 후에 그들이 무덤에서 나와서 거룩한 성에 들어가 많은 사람에게 보이니라 백부장과 및 함께 예수를 지키던 자들이 지진과 그 일어난 일들을 보고 심히 두려워하여 이르되 이는 진실로 하나님의 아들이었도다 하더라

1956년, 짐 엘리엇은 4명의 동료 선교사와 함께 남미 에콰도르에 있는 아우카족에게 복음을 전하기 위해 떠났습니다. 하지만 그날, 그 일행 5명은 모두 아우카족의 창에 찔려 순교했습니다. 28세 나이의 짐 엘리엇은 사랑하는 아내와 겨우 10개월 된 딸을 남겨두고 복음을 위해 자신의 생명을 바쳤습니다. 미국 언론은 이 사건을 두고 '무모한 선택'이고 '쓸모없는 희생'이라고 보도했습니다. 그러나 5년 후 짐 엘리엇의 아내 엘리자베스와 다른 순교자의 아내들이 다시 아우카족을 찾아가 환자를 돌봐주고 복음을 전했습니다. 아우카족은 복수 대신 사랑으로 다가온 그들에게 마음의 문을 열었고, 예수님을 구주로 영접했습니다. 그들의 죽음은 세상의 눈에는 실패처럼 보였지만, 하나님은 그들의 숭고한 희생을 통해 귀중한 생명의 열매를 맺게 하신 것입니다.

오늘 본문은 예수님의 죽음과 동시에 성소의 휘장이 찢어지고 땅이 흔들리며 무덤이 열리는 사건을 보여줍니다. "진실로 하나님의 아들이었도다"라는 백부장의 고백은 십자가의 죽음과 부활이 예수님이 하나님의 아들이심을 드러내는 증거임을 나타냅니다. 십자가는 절대로 무모한 선택이나 쓸모없는 희생이 아닙니다. 우리에게 맡겨진 십자가를 온전히 감당하면, 하나님의 놀라운 은혜를 체험하고 큰 열매를 맺게 됩니다.

| 일독성경 | 시편 33-34편, 마가복음 27-28장 읽음 □

오늘의 찬송

예수 따라가며

새찬송가 449장(통 377)

1. 예수 따라가며 복음 순종하면 우리 행할 길 환하겠네
   주를 의지하며 순종하는 자를 주가 늘 함께하시리라
2. 해를 당하거나 우리 고생할 때 주가 위로해 주시겠네
   주를 의지하며 순종하는 자를 주가 안위해주시리라
3. 남의 짐을 지고 슬픔 위로하면 주가 상급을 주시겠네
   주를 의지하며 순종하는 자를 항상 복 내려주시리라
4. 우리 받은 것을 주께 다 드리면 우리 기쁨이 넘치겠네
   주를 의지하며 순종하는 자를 은혜 풍성케 하시리라
5. 주를 힘입어서 말씀 잘 배우고 주를 모시고 살아가세
   주를 의지하며 항상 순종하면 주가 사랑해주시리라

후렴 의지하고 순종하는 길은 예수 안에 즐겁고 복된 길이로다

질문

하나님을 위해 해야 하는 수고를 외면한 적이 있나요? 오직 주님을 위해 살겠다는 믿음의 고백을 적어보세요.

나의 감사

오늘 하루, 감사할 것들을 적어보세요.

| 기도 | 하나님 아버지, 어떤 상황에서도 말씀을 따라 행하여 예수님의 발자취를 따르게 하옵소서. 예수 그리스도의 이름으로 기도합니다. 아멘.

JUL **07.21** 화요일

주의 공의를 베푸소서

시편 36:9-12 진실로 생명의 원천이 주께 있사오니 주의 빛 안에서 우리가 빛을 보리이다 주를 아는 자들에게 주의 인자하심을 계속 베푸시며 마음이 정직한 자에게 주의 공의를 베푸소서 교만한 자의 발이 내게 이르지 못하게 하시며 악인들의 손이 나를 쫓아내지 못하게 하소서 악을 행하는 자들이 거기서 넘어졌으니 엎드러지고 다시 일어날 수 없으리이다

로마 황제 네로는 초대교회 크리스천들을 가장 혹독하게 박해한 인물입니다. 젊은 나이에 황제가 된 그는 사치와 향락에 빠져 로마를 혼란에 빠뜨렸습니다. 더욱이 주후 64년에 로마 대화재가 일어나 도시의 3분의 2가 불에 타자 그 책임을 크리스천에게 돌렸습니다. 이 때문에 수많은 크리스천이 원형 경기장에서 맹수에게 찢기고 십자가에 달려 화형으로 처형되었습니다. 하지만 그의 권력은 오래가지 못했습니다. 네로에게 불만을 품은 세력이 반란을 일으키자, 그는 왕궁을 버리고 도망쳤고 더 이상 숨을 곳조차 없게 되자 스스로 목숨을 끊었습니다. 세상을 호령하던 악인이 시편 말씀처럼 엎드러져 다시 일어날 수 없게 된 것입니다. 결국 네로의 박해는 교회를 무너뜨리지 못했고, 오히려 복음이 로마제국 전역으로 퍼져 나가는 계기가 되었습니다.

우리도 악인으로 인해 억울하게 고난을 겪을 때가 있습니다. 하지만 그 고난이 우리를 완전히 넘어뜨릴 수 없습니다. 하나님이 함께하시므로 지금 당장은 힘들어도 결국 선으로 바뀌어 더 큰 은혜로 변화됩니다. 반대로 불의를 행하는 자들은 승승장구하는 것처럼 보여도 결국 무너져 다시 일어나지 못합니다. 그러므로 우리는 어떤 고난 속에서도 낙심하지 말고, 모든 것을 하나님께 맡기며 믿음으로 살아가야 합니다.

| 일독성경 | 시편 35-36편, 마가복음 1장 읽음 □

오늘의 찬송

험한 시험 물 속에서

새찬송가 400장(통 463)

1. 험한 시험 물 속에서 나를 건져주시고 노한 풍랑 지나도록 나를 숨겨주소서
2. 권세 능력 무한하사 모든 시험 이기고 풍랑까지 다스리는 주님 앞에 비오니
3. 죄악 길에 빠진 이 몸 캄캄한 데 헤매며 부르짖는 나의 애원 들으소서 내 주여

후렴 주여 나를 돌보시사 고이 품어주시고 험한 풍파 지나도록 나를 숨겨주소서 아멘

질문

억울한 일을 겪고 낙심한 적이 있나요? 오직 하나님만을 바라보며 믿음으로 살아가기 위해 내가 실천해야 할 일 한 가지를 적어보세요.

나의 감사

오늘 하루, 감사할 것들을 적어보세요.

| 기도 | 하나님 아버지, 고난 중에도 함께해 주시니 감사합니다. 믿음으로 인내하며 주님만 바라보게 하옵소서. 예수 그리스도의 이름으로 기도합니다. 아멘.

믿음의 손을 내밀라

마가복음 3:3-5 예수께서 손 마른 사람에게 이르시되 한 가운데에 일어서라 하시고 그들에게 이르시되 안식일에 선을 행하는 것과 악을 행하는 것, 생명을 구하는 것과 죽이는 것, 어느 것이 옳으냐 하시니 그들이 잠잠하거늘 그들의 마음이 완악함을 탄식하사 노하심으로 그들을 둘러 보시고 그 사람에게 이르시되 네 손을 내밀라 하시니 내밀매 그 손이 회복되었더라

『그 청년 바보의사』의 저자 故 안수현 의사는 동료들 사이에서 '바보 의사'라고 불렸습니다. 다른 의사들이 규칙과 관행을 따를 때, 그는 환자의 생명을 살리는 일을 먼저 생각했기 때문입니다. 2000년 여름, 사상 처음으로 전국적인 의료 파업이 일어났습니다. 동네 병원들은 문을 닫았으며, 대학병원의 인턴, 레지던트, 전공의, 교수들까지 가운을 벗고 병원을 떠났습니다. 의사와 정부가 격렬하게 대립하는 동안 환자들은 큰 고통을 감내해야 했습니다. 그때 고려대학교 안암병원 레지던트 2년 차였던 그는 홀로 병원에 남기로 결심했습니다. 환자들과 함께하며 생명을 살리는 것이 하나님이 자신에게 맡기신 길이라고 확신했기 때문입니다. 사람들은 그런 그를 '바보'라고 불렀지만, 그 바보스러움은 예수님의 마음에서 비롯된 것이었습니다.

본문에서 바리새인들은 예수님이 안식일의 율법을 어긴다고 비난했지만, 예수님은 율법보다 생명, 형식보다는 사랑을 선택하셨습니다. 우리도 이러한 선택의 기로에 서게 될 때가 있습니다. 때로는 손해를 감수하더라도 생명을 살리는 일을 선택할 때 우리는 예수님을 따라 생명을 살리는 사람이 됩니다. 누군가의 아픔에 다가가고, 움츠러든 이웃을 일으켜 세울 때, 우리의 손길을 통해 진정한 회복이 일어날 것입니다.

| 일독성경 | 시편 37-38편, 마가복음 2-3장 읽음 □

오늘의 찬송

내 주를 가까이 하게 함은

새찬송가 338장(통 364)

1. 내 주를 가까이하게 함은 십자가 짐 같은 고생이나
   내 일생 소원은 늘 찬송하면서 주께 더 나가기 원합니다
2. 내 고생하는 것 옛 야곱이 돌 베개 베고 잠 같습니다
   꿈에도 소원이 늘 찬송하면서 주께 더 나가기 원합니다
3. 천성에 가는 길 험하여도 생명 길 되나니 은혜로다
   천사 날 부르니 늘 찬송하면서 주께 더 나가기 원합니다
4. 야곱이 잠 깨어 일어난 후 돌 단을 쌓은 것 본받아서
   숨질 때 되도록 늘 찬송하면서 주께 더 나가기 원합니다 아멘

질문

내가 있는 자리에서 '바보 같을지라도' 끝까지 지켜야 할 믿음의 결단은 무엇인지 적어보세요.

나의 감사

오늘 하루, 감사할 것들을 적어보세요.

| 기도 | 하나님 아버지, 날마다 생명을 살리는 선택을 하게 하시고, 우리의 삶을 통해 예수님의 은혜와 사랑이 전해지게 하옵소서. 예수 그리스도의 이름으로 기도합니다. 아멘.

나를 모든 죄에서 건지시며

시편 39:8-11 나를 모든 죄에서 건지시며 우매한 자에게서 욕을 당하지 아니하게 하소서 내가 잠잠하고 입을 열지 아니함은 주께서 이를 행하신 까닭이니이다 주의 징벌을 나에게서 옮기소서 주의 손이 치심으로 내가 쇠망하였나이다 주께서 죄악을 책망하사 사람을 징계하실 때에 그 영화를 좀먹음 같이 소멸하게 하시니 참으로 인생이란 모두 헛될 뿐이니이다 (셀라)

푸에르토리코 출신으로 복음 전도자의 길을 걷고 있는 니키 크루즈는 어린 시절에 받은 부모의 학대와 무관심으로 인해 마음에 깊은 상처를 갖게 되었습니다. 분노와 증오로 젊은 나이 때부터 폭력을 일삼던 그는 결국 뉴욕의 '마우 마우스'라는 악명 높은 갱단의 두목이 되었습니다. 겉으로는 거칠 것 없는 삶을 사는 것처럼 보였지만, 사실 그의 내면은 허무와 죄책감으로 무너지고 있었습니다. 그는 죄를 저지른 후 잠자리에 들 때마다 마음 깊은 곳의 죄책감으로 영혼이 찢어지는 듯한 고통을 경험했다고 고백합니다. 그런 그에게 하나님이 데이빗 윌커슨 목사를 보내 복음을 듣게 하셨습니다. 그 말씀 앞에서 니키는 자신의 죄를 깨닫고 통곡하며 회개했습니다. 이후 완전히 새로운 사람으로 변화된 그는 갱단을 떠나 기독교 복음주의 사역 단체인 '니키 크루즈 아웃리치'를 설립하고 전 세계를 다니며 복음을 전하는 삶을 살았습니다.

오늘 본문에서 다윗은 하나님이 그를 모든 죄에서 건지셨다고 고백합니다. 비록 우리가 죄로 인해 징계와 고난을 받을지라도 결국 하나님은 우리를 죄에서 구원하시는 분입니다. 오늘 하루도 우리의 죄를 은혜로 덮어주시고 기억하지 않으시는 하나님의 사랑에 감격하며 회개의 자리로 나아가길 소망합니다.

| 일독성경 | 시편 39-41편, 마가복음 4장 읽음 □

오늘의 찬송

나 같은 죄인 살리신

새찬송가 305장(통 405)

1. 나 같은 죄인 살리신 주 은혜 놀라워 잃었던 생명 찾았고 광명을 얻었네
2. 큰 죄악에서 건지신 주 은혜 고마워 나 처음 믿은 그 시간 귀하고 귀하다
3. 이제껏 내가 산 것도 주님의 은혜라 또 나를 장차 본향에 인도해주시리
4. 거기서 우리 영원히 주님의 은혜로 해처럼 밝게 살면서 주 찬양하리라 아멘

질문

최근 내 마음을 무겁게 하는 죄는 무엇인가요? 그 죄를 하나님 앞에 자백하고 회개하여 평안을 누려보세요.

나의 감사

오늘 하루, 감사할 것들을 적어보세요.

| 기도 | 하나님 아버지, 죄로 인해 방황할 때에도 회개로 이끌어 주시니 감사합니다. 날마다 주님께 영광 돌리며 살아가게 하옵소서. 예수 그리스도의 이름으로 기도합니다. 아멘.

너무 가까워서 보이지 않는 것

마가복음 6:3-5 이 사람이 마리아의 아들 목수가 아니냐 야고보와 요셉과 유다와 시몬의 형제가 아니냐 그 누이들이 우리와 함께 여기 있지 아니하냐 하고 예수를 배척한지라 예수께서 그들에게 이르시되 선지자가 자기 고향과 자기 친척과 자기 집 외에서는 존경을 받지 못함이 없느니라 하시며 거기서는 아무 권능도 행하실 수 없어 다만 소수의 병자에게 안수하여 고치실 뿐이었고

"모든 이의 삶은 하나님께서 손수 쓰신 동화입니다."라는 고백을 남긴 세계적인 동화 작가 한스 크리스티안 안데르센은 덴마크 오덴세에서 가난한 구두 수선공인 아버지와 가정부였던 어머니의 아들로 태어났습니다. 어린 시절 그는 늘 고향 사람들에게 조롱과 무시를 당했습니다. 훗날 코펜하겐에서 작가로 성공하여 세계적인 명성을 얻은 후 고향을 다시 찾았지만, 상황은 달라지지 않았습니다. 마을 사람들은 여전히 '그 가난한 구두 수선공의 아들'이라는 선입견으로 그를 바라보았습니다. 온 세상이 그의 작품에 감탄했지만, 마을 사람들은 그를 끝내 인정하지 않았습니다. 안데르센은 "내 고향에서는 그 누구도 나를 위대한 작가로 인정하지 않는다."라며 탄식했습니다.

예수님이 고향 나사렛에 돌아오셨을 때도 사람들은 예수님을 하나님의 아들로 인정하지 않았습니다. 결국 그들의 불신 때문에 예수님은 그곳에서 많은 권능을 행하지 않으셨습니다. 우리도 때로는 예수님을 단지 익숙하게 잘 알려진 존재로만 대할 때가 있습니다. 기억합시다. 예수님은 만물을 다스리시는 하나님의 독생자이시고, 우리를 구원하신 그리스도이십니다. 우리가 예수님의 권능과 권세를 믿음으로 인정할 때 주님의 능력이 우리 삶 가운데 풍성히 나타날 것입니다.

| 일독성경 | 시편 42-43편, 마가복음 5-6장 읽음 □

오늘의 찬송

빛나고 높은 보좌와

새찬송가 27(통 27)

1. 빛나고 높은 보좌와 그 위에 앉으신 주 예수 얼굴 영광이 해같이 빛나네 해같이 빛나네
2. 지극히 높은 위엄과 한없는 자비를 뭇 천사 소리 합하여 늘 찬송드리네 늘 찬송드리네
3. 영 죽을 나를 살리려 그 영광 떠나서 그 부끄러운 십자가 날 위해 지셨네 날 위해 지셨네
4. 나 이제 생명 있음은 주님의 은혜요 저 사망 권세 이기니 큰 기쁨 넘치네 큰 기쁨 넘치네
5. 주님의 보좌 있는데 천한 몸 이르러 그 영광 몸소 뵈올 때 내 기쁨 넘치리 내 기쁨 넘치리

질문

내가 미처 알아보지 못했던, 가까이 있는 한 사람의 장점을 발견해 보세요.

나의 감사

오늘 하루, 감사할 것들을 적어보세요.

| 기도 | 하나님 아버지, 친밀함과 경외감을 품고 주님을 섬기게 하옵소서. 예수 그리스도의 이름으로 기도합니다. 아멘.

피난처 되신 하나님

시편 46:8-11 와서 야훼의 행적을 볼지어다 그가 땅을 황무지로 만드셨도다 그가 땅 끝까지 전쟁을 쉬게 하심이여 활을 꺾고 창을 끊으며 수레를 불사르시는도다 이르시기를 너희는 가만히 있어 내가 하나님 됨을 알지어다 내가 뭇 나라 중에서 높임을 받으리라 내가 세계 중에서 높임을 받으리라 하시도다 만군의 야훼께서 우리와 함께 하시니 야곱의 하나님은 우리의 피난처시로다 (셀라)

19세기 중국 선교의 아버지로 알려진 허드슨 테일러는 수많은 위기와 박해를 겪었지만, 그 가운데 역사하시는 하나님의 놀라운 능력에 대한 간증을 많이 남겼습니다. 어느 날, 거센 파도와 강풍이 배를 삼킬 듯 몰아치며 돛대가 부러지고 선원들은 두려워하며 비명을 질렀습니다. 모두가 공포에 떨던 그 순간, 테일러는 방으로 들어가 무릎을 꿇고 시편 46편을 암송하며 두려운 마음을 주님께 맡기고 간절히 기도했습니다. 여전히 배 안의 소동은 계속되었지만, 그의 마음에는 설명할 수 없는 평안이 찾아왔습니다. 기도가 끝날 무렵 바람은 잦아들었고 배는 무사히 항구에 도착했습니다. 이후 그는 "이 세상 가장 두려운 순간에도 하나님은 나의 가장 안전한 피난처가 되십니다."라고 고백하며, 이전보다 더 굳건한 믿음으로 선교 사역을 이어 나갔습니다.

본문은 하나님이 우리의 피난처이심을 담대히 선포합니다. 우리는 문제를 만났을 때 두려움에 휩싸여 떨리고 불안해하기 쉽습니다. 그러나 그 순간에도 문제보다 크신 하나님을 의지하면, 그 위기의 상황을 초월하는 하나님의 평안을 누릴 수 있습니다. 고난과 위기의 때는 하나님을 높이고, 하나님의 주권을 고백할 기회입니다. 날마다 오직 하나님을 우리의 피난처로 삼고 감사와 믿음으로 살아가기를 소망합니다.

| 일독성경 | 시편 44-46편, 마가복음 7장 읽음 □

오늘의 찬송

주 안에 있는 나에게

새찬송가 370장(통 455)

1. 주 안에 있는 나에게 딴 근심 있으랴 십자가 밑에 나아가 내 짐을 풀었네
2. 그 두려움이 변하여 내 기도 되었고 전날의 한숨 변하여 내 노래 되었네
3. 내 주는 자비하셔서 늘 함께 계시고 내 궁핍함을 아시고 늘 채워주시네
4. 내 주와 맺은 언약은 영 불변하시니 그 나라 가기까지는 늘 보호하시네

후렴 주님을 찬송하면서 할렐루야 할렐루야 내 앞길 멀고 험해도 나 주님만 따라가리

질문

위기의 순간에 하나님을 피난처로 신뢰하기 위해 어떤 훈련이 필요할까요? 하나님께 모든 것을 맡겼을 때 어떤 변화를 경험했나요?

나의 감사

오늘 하루, 감사할 것들을 적어보세요.

| 기도 | 하나님 아버지, 주님만이 나의 피난처이십니다. 두려움을 내려놓고 주님 안에서 참된 평안을 누리며 살아가게 하옵소서. 예수 그리스도의 이름으로 기도합니다. 아멘.

다시 은혜

마가복음 8:22-25 벳새다에 이르매 사람들이 맹인 한 사람을 데리고 예수께 나아와 손 대시기를 구하거늘 예수께서 맹인의 손을 붙잡으시고 마을 밖으로 데리고 나가사 눈에 침을 뱉으시며 그에게 안수하시고 무엇이 보이느냐 물으시니 쳐다보며 이르되 사람들이 보이나이다 나무 같은 것들이 걸어 가는 것을 보나이다 하거늘 이에 그 눈에 다시 안수하시매 그가 주목하여 보더니 나아서 모든 것을 밝히 보는지라

배우 최강희 씨는 대중에게 큰 사랑을 받는 배우입니다. 그녀는 연예 활동뿐만 아니라 헌혈과 골수 기증 같은 선행에도 앞장서서 많은 사람에게 칭찬을 받았습니다. 그러나 밝게 웃는 모습과는 달리 내면은 깊은 우울에 시달렸습니다. 결국 마음이 무너진 그녀는 강남대로 한복판에 주저앉아 눈물을 흘렸습니다. 그 후 새벽예배에 나가 "살려주세요. 저는 죄인입니다. 도와주세요."라고 부르짖으며 하나님께 기도했습니다. 그 순간 하나님을 만나 은혜를 받고 우울증에서 해방되었습니다. 하지만 시간이 지나면서 또 한번 연약함에 무너졌습니다. 그때 개그우먼 이성미 집사의 도움으로 성경공부에 참여하여 다시 은혜를 경험했습니다. 그녀는 이제 교회를 '인공호흡기' 삼아 겨우 버틴 삶에서 벗어나 '자가 호흡' 하는 신앙으로 변화되었다고 고백합니다.

오늘 본문은 앞을 보지 못하는 사람이 예수님께 고침받는 장면입니다. 그는 안수를 받고 희미하게 보다가, 다시 안수를 받은 후에야 모든 것을 분명히 보았습니다. 신앙도 이와 같습니다. 은혜를 받았다고 해서 완전해지는 것이 아니기에 우리는 여전히 흔들리고 넘어질 때가 있습니다. 그러나 주님께 나아가면, 주님은 다시 은혜로 우리를 회복시켜 주십니다. 오늘도 주님 앞에 나아가 은혜를 경험하기를 소망합니다.

| 일독성경 | 시편 47-48편, 마가복음 8-9장 읽음 □

오늘의 찬송

주 예수님 내 맘에 오사

새찬송가 286장(통 218)

1. 주 예수님 내 맘에 오사 날 붙들어주시고 내 마음에 새 힘을 주사 늘 기쁘게 하소서
2. 주 예수님 내 맘에 오사 내 소원 다 아시고 내 무거운 짐 맡아주사 참평안을 주소서
3. 주 예수님 내 맘에 오사 날 정결케 하시고 그 은혜를 내 맘에 채워 늘 충만케 하소서
4. 주 예수님 내 맘에 오사 내 길 인도하시고 주 성령을 내 맘에 채워 늘 충만케 하소서

후렴 사랑의 주 사랑의 주 내 맘속에 찾아오사 내 모든 죄 사하시고 내 상한 맘 고치소서 아멘

질문

은혜를 받은 후에도 믿음이 흔들리거나 넘어진 적이 있나요? 다시 은혜를 받기 위해 무엇을 해야 할지 적어보세요.

나의 감사

오늘 하루, 감사할 것들을 적어보세요.

| 기도 | 하나님 아버지, 연약한 모습 그대로 주님 앞에 나아갑니다. 주의 은혜로 우리를 날마다 새롭게 변화시켜 주옵소서. 예수 그리스도의 이름으로 기도합니다. 아멘.

가장 중요한 것

시편 49:16-20 사람이 치부하여 그의 집의 영광이 더할 때에 너는 두려워하지 말지어다 그가 죽으매 가져가는 것이 없고 그의 영광이 그를 따라 내려가지 못함이로다 그가 비록 생시에 자기를 축하하며 스스로 좋게 함으로 사람들에게 칭찬을 받을지라도 그들은 그들의 역대 조상들에게로 돌아가리니 영원히 빛을 보지 못하리로다 존귀하나 깨닫지 못하는 사람은 멸망하는 짐승 같도다

미국의 영화 제작자, 사업가, 엔지니어, 조종사 등 다방면에 걸친 활동으로 이름을 떨쳤던 하워드 휴즈는 20세기 미국에서 가장 영향력 있는 억만장자 중 한 사람이었습니다. 그는 여러 가지 사업에서 큰 성공을 거두어 세상의 부와 명예를 마음껏 누렸습니다. 하지만 안타깝게도 점차 주위 사람들을 믿지 못하게 되었고, 그것이 점점 심해져 병적인 강박증에 시달리며 스스로 고립된 삶을 살았습니다. 심지어 손톱과 머리카락조차 자르지 않은 채로 호텔 방을 전전하며 외부와의 접촉을 피하게 됐습니다. 억만장자로 막대한 재산을 가지고 있었음에도 그렇게 몸과 마음이 무너져 갔던 그는 결국 1976년 멕시코에서 미국으로 이송되던 전용기 안에서 초췌한 모습으로 세상을 떠나고 말았습니다. 수많은 사람이 동경했던 그 인생의 끝은 외로움과 허무함뿐이었습니다. 그의 삶은 하나님이 없는 세속적인 성공이 얼마나 공허한지를 잘 보여줍니다.

오늘 본문은 누군가 부자가 됐다고 부러워하거나 두려워하지 말라고 합니다. 죽음 앞에서는 어떤 것도 가져갈 수 없으며, 하나님 없는 영광은 결국 덧없는 인생에 불과하기 때문입니다. 믿음의 사람은 세상의 성공보다는 하나님을 경외하며 그 영광을 위해 살아야 합니다. 오직 그 길만이 영원한 빛과 생명을 누릴 수 있는 지름길입니다.

| 일독성경 | 시편 49-51편, 마가복음 10장 읽음 □

오늘의 찬송

주 예수보다 더 귀한 것은 없네

새찬송가 94장(통 102)

1. 주 예수보다 더 귀한 것은 없네 이 세상 부귀와 바꿀 수 없네
영 죽은 내 대신 돌아가신 그 놀라운 사랑 잊지 못해
2. 주 예수보다 더 귀한 것은 없네 이 세상 명예와 바꿀 수 없네
이전에 즐기던 세상 일도 주 사랑하는 맘 뺏지 못해
3. 주 예수보다 더 귀한 것은 없네 이 세상 행복과 바꿀 수 없네
유혹과 핍박이 몰려와도 주 섬기는 내 맘 변치 않아

후렴 세상 즐거움 다 버리고 세상 자랑 다 버렸네 주 예수보다 더 귀한 것은 없네
예수밖에는 없네

질문

내가 가장 소중하게 생각하는 것이 무엇인가요? 그것은 하나님과 어떤 관련이 있나요?

나의 감사

오늘 하루, 감사할 것들을 적어보세요.

| 기도 | 하나님 아버지, 하나님과 동행하는 것을 가장 기쁘게 여기며 오직 믿음으로 살아가게 하옵소서. 예수 그리스도의 이름으로 기도합니다. 아멘.

내 집은 만민이 기도하는 집이라

마가복음 11:15-17 그들이 예루살렘에 들어가니라 예수께서 성전에 들어가사 성전 안에서 매매하는 자들을 내쫓으시며 돈 바꾸는 자들의 상과 비둘기 파는 자들의 의자를 둘러 엎으시며 아무나 물건을 가지고 성전 안으로 지나다님을 허락하지 아니하시고 이에 가르쳐 이르시되 기록된 바 내 집은 만민이 기도하는 집이라 칭함을 받으리라고 하지 아니하였느냐 너희는 강도의 소굴을 만들었도다

오늘날 유럽 곳곳에서는 한때 하나님께 예배드리던 교회가 문을 닫고 술집이나 카페, 혹은 다른 종교의 예배당으로 바뀌고 있습니다. 몇 세기 동안 위대한 부흥의 현장이자 신앙의 중심이었던 교회들이 이제는 사람들의 무관심 속에 하나둘 사라지고 있습니다. 독일의 여류 건축학 교수로서 교회 건축 분야의 전문가인 스테파니 리브는 "2033년까지 독일에 있는 네 개 또는 다섯 개의 교회 중 하나는 더 이상 원래 목적을 위해 사용되지 않을 것이며, 이는 실제로 약 1만 개의 교회에서 예배가 드려지지 않게 될 것을 의미한다."라고 전망했습니다. 이처럼 신실한 기도와 신앙이 사라져 버린 웅장한 유럽의 교회 건물들은 단순한 건축물로 전락하고, 레스토랑, 헬스장, 상점 등으로 바뀌어 본래의 목적을 잃어가고 있다는 것입니다. 이는 교회가 기도의 집으로써의 사명을 감당하지 못할 때 세상의 필요에 따라 변질될 수 있음을 보여줍니다.

예수님은 성전에서 매매하는 자들을 내쫓으시며 "내 집은 만민이 기도하는 집이라"라고 말씀하셨습니다. 기도보다는 물건 파는 일에 집중하던 당시 유대인들을 책망하셨던 것입니다. 교회에서 기도가 사라지면 그 생명력을 잃게 됩니다. 우리의 성전에서 간절한 기도 소리가 끊이지 않기를 바랍니다. 다시금 부르짖는 기도를 통해 부흥의 불길이 타오르기를 소망합니다.

| 일독성경 | 시편 52-54편, 마가복음 11장 읽음 □

오늘의 찬송

기도하는 이 시간

새찬송가 361장(통 480)

1. 기도하는 이 시간 주께 무릎 꿇고 우리 구세주 앞에 다 나아가네
   믿음으로 나가면 주가 보살피사
2. 기도하는 이 시간 주가 곁에 오사 인자하신 얼굴로 귀 기울이네
   우리 마음 비우고 주를 의지하면
3. 기도하는 이 시간 주께 엎디어서 은밀하게 구할 때 곧 응답받네
   잘못된 것 아뢰면 측은히 여기사
4. 기도하는 이 시간 주를 의지하고 크신 은혜 구하면 꼭 받으리라
   의지하는 마음에 근심 사라지고

후렴 크신 은혜를 주네 거기 기쁨 있네 기도 시간에 복을 주시네
곤한 내 마음속에 기쁨 충만하네

질문

기도의 중요성을 알면서도 실천하지 못하고 있지는 않나요? 끊임없이 기도하기 위해 결단해야 할 일이 무엇인지 적어보세요.

나의 감사

오늘 하루, 감사할 것들을 적어보세요.

| 기도 | 하나님 아버지, 기도의 열정이 회복되어 부흥의 불길이 타오르게 하옵소서. 예수 그리스도의 이름으로 기도합니다. 아멘.

JUL **07.29** 수요일

사랑의 마음으로

마가복음 12:28-31 서기관 중 한 사람이 그들이 변론하는 것을 듣고 … 모든 계명 중에 첫째가 무엇이니이까 예수께서 대답하시되 첫째는 이것이니 이스라엘아 들으라 주 곧 우리 하나님은 유일한 주시라 네 마음을 다하고 목숨을 다하고 뜻을 다하고 힘을 다하여 주 너의 하나님을 사랑하라 하신 것이요 둘째는 이것이니 네 이웃을 네 자신과 같이 사랑하라 하신 것이라 이보다 더 큰 계명이 없느니라

박순덕 할머니는 평생 폐지와 깡통을 주워 모은 돈을 2021년부터 해마다 장학금으로 기부해 왔습니다. 가난한 집 6남매 중 셋째로 태어나 학교에 다니지 못했던 박 할머니는 여덟 살 무렵 또래 아이들이 책가방을 메고 학교 가는 모습을 보며 길거리에서 연필과 종이를 주워 글을 가르쳐 달라고 울부짖었던 때를 생생하게 기억합니다. 지금까지 할머니가 정읍시 칠보면에 전달한 금액은 무려 2억 3,650만 원에 달합니다. 그 덕분에 지난 5년간 168명의 학생이 학업의 꿈을 이어갈 수 있었고, 그로 인해 많은 가정이 새로운 희망을 품게 되었습니다. 할머니는 "작은 정성이지만 아이들이 꿈을 잃지 않았으면 좋겠다."라며, 앞으로도 자신이 할 수 있는 만큼 계속 나누며 살고 싶다고 말했습니다. 경제적으로 넉넉하지 않은 삶 속에서도 베풀기를 멈추지 않는 할머니의 따뜻한 마음은 칠보면 청소년들에게 든든한 희망이자 큰 귀감이 되고 있습니다.

한 서기관이 예수님께 율법 중 가장 큰 계명이 무엇인지 물었습니다. 예수님은 하나님 사랑과 이웃 사랑이 가장 큰 계명이라고 말씀하셨습니다. 결국 신앙의 본질은 헌신적인 사랑의 실천에 있음을 말씀하신 것입니다. 우리의 삶도 사랑의 실천으로 채워져야 합니다. 가장 큰 계명인 '사랑'이 우리를 통해 온전히 나타나길 소망합니다.

| 일독성경 | 시편 55-56편, 마가복음 12-13장 읽음 □

오늘의 찬송

사랑하는 주님 앞에

새찬송가 220장(통 278)

1. 사랑하는 주님 앞에 형제자매 한자리에 크신 은혜 생각하며 즐거운 찬송 부르네
내 주 예수 본을 받아 모든 사람 내 몸같이 환난 근심 위로하고 진심으로 사랑하세
2. 사랑하는 주님 앞에 온갖 충성 다 바쳐서 괴로우나 즐거우나 주님만 힘써 섬기네
우리 주님 거룩한 손 제자들의 발을 씻어 남 섬기는 종의 도를 몸소 행해 보이셨네
3. 사랑하는 주님 예수 같은 주로 섬기나니 한 피 받아 한 몸 이룬 형제여 친구들이여
한 몸같이 친밀하고 마음으로 하나 되어 우리 주님 크신 뜻을 지성으로 준행하세

질문

가장 큰 계명인 '사랑'이 내 삶에 어떻게 드러나고 있는지 돌아보세요. 나는 지금 내 곁의 사람들에게 사랑을 나누고 있나요?

나의 감사

오늘 하루, 감사할 것들을 적어보세요.

| 기도 | 하나님 아버지, 주님을 사랑하고, 이웃을 사랑하며 살아가게 하옵소서. 예수 그리스도의 이름으로 기도합니다. 아멘.

JUL **07.30** 목요일

하나님을 의지하고 있나요?

시편 57:1-3 하나님이여 내게 은혜를 베푸소서 내게 은혜를 베푸소서 내 영혼이 주께로 피하되 주의 날개 그늘 아래에서 이 재앙들이 지나기까지 피하리이다 내가 지존하신 하나님께 부르짖음이여 곧 나를 위하여 모든 것을 이루시는 하나님께로다 그가 하늘에서 보내사 나를 삼키려는 자의 비방에서 나를 구원하실지라 (셀라) 하나님이 그의 인자와 진리를 보내시리로다

아프가니스탄에서 인도적 구호 활동을 했던 데이나 커리와 헤더 머서가 2003년에 쓴 『희망의 포로들』이라는 책에 소개된 간증입니다. 그녀들은 2001년 탈레반에게 체포되어 100일이 넘는 시간을 감옥에서 보내야 했습니다. 그들은 하루하루가 극심한 두려움과 불확실함으로 가득했음에도 감옥 안에서 하나님을 찬양하며 눈물로 기도했습니다. 인간적으로는 전혀 소망이 없었지만, 오직 하나님만이 그들의 피난처였습니다. 동시에 전 세계 수많은 크리스천이 두 사람을 위해 밤낮으로 기도했습니다. 결국 하나님은 기적처럼 두 사람을 안전하게 석방시키셨고, 이 사건은 전 세계 크리스천들에게 큰 감동과 감사의 제목이 됐습니다. 절망 한가운데서도 하나님의 날개 아래 피한 이들의 이야기는 지금 우리에게도 큰 도전과 위로가 됩니다.

본문에서 다윗은 자신이 겪는 어려운 상황에서 하나님의 날개 아래로 피하며 간절히 부르짖었습니다. 그는 하나님이 반드시 자신의 간절한 기도를 들으시고, 구원해 주실 것을 확신했습니다. 우리도 문제와 어려움 앞에 서게 됐을 때, 사람이나 상황에 기대지 말고 오직 기도로 하나님께 나아가야 합니다. 다윗의 기도를 들으시고 응답하신 하나님이 우리의 부르짖음도 들으시고, 인자와 진리로 지키시고 보호해 주십니다.

| 일독성경 | 시편 57-59편, 마가복음 14장 읽음 □

오늘의 찬송

아 하나님의 은혜로

새찬송가 310장(통 410)

1. 아 하나님의 은혜로 이 쓸데없는 자 왜 구속하여주는지 난 알 수 없도다
2. 왜 내게 굳센 믿음과 또 복음 주셔서 내 맘이 항상 편한지 난 알 수 없도다
3. 왜 내게 성령 주셔서 내 마음 감동해 주 예수 믿게 하는지 난 알 수 없도다
4. 주 언제 강림하실지 혹 밤에 혹 낮에 또 주님 만날 그곳도 난 알 수 없도다

후렴 내가 믿고 또 의지함은 내 모든 형편 아시는 주님 늘 보호해주실 것을 나는 확실히 아네

질문

요즘 내가 하나님께 맡겨야 할 문제는 무엇인가요? 그것을 위해 기도하고 있나요?

나의 감사

오늘 하루, 감사할 것들을 적어보세요.

| 기도 | 하나님 아버지, 하나님의 날개 아래로 품어주시니 감사합니다. 어떤 상황에서도 믿음과 감사로 나아가게 하옵소서. 예수 그리스도의 이름으로 기도합니다. 아멘.

주의 오른손으로 구원하소서

시편 60:1-5 하나님이여 주께서 우리를 버려 흩으셨고 분노하셨사오나 지금은 우리를 회복시키소서 … 주께서 주의 백성에게 어려움을 보이시고 비틀거리게 하는 포도주를 우리에게 마시게 하셨나이다 주를 경외하는 자에게 깃발을 주시고 진리를 위하여 달게 하셨나이다 (셀라) 주께서 사랑하시는 자를 건지시기 위하여 주의 오른손으로 구원하시고 응답하소서

제2차 세계대전 중 독일의 공습으로 영국은 큰 위기에 처했습니다. 런던과 주요 도시가 폐허로 점점 변해가자, 국민들은 두려움과 절망에 사로잡혔습니다. 그러나 처칠 수상은 담대한 연설로 국민에게 용기를 불어넣었고, 하나님의 도우심을 구하며 '국가 기도의 날'을 선포했습니다. 그날 영국 전역의 교회마다 수많은 사람들이 모여 나라를 위해 간구했고, 놀랍게도 기도회 직후 벌어진 덩케르크 철수 작전에서 수십만 명의 연합군이 기적적으로 구조되었습니다. 영국 국민들은 이 사건을 단순한 군사 전략이 아니라 하나님의 특별한 구원이라고 고백했습니다. 땅이 흔들리고 나라가 무너질 것 같은 위기 속에서도, 하나님께 부르짖는 자들에게 회복의 길이 열렸던 것입니다. 이 사건은 위기의 순간일수록 더욱 기도의 자리로 나아가야 함을 우리에게 일깨워 줍니다.

오늘 본문에서 이스라엘은 에돔과의 전쟁을 앞두고 과거의 패배를 떠올리며 하나님께 엎드렸습니다. 패배의 원인은 군사력의 부족이 아니라, 하나님이 그들의 땅을 흔드셨기 때문이었습니다. 그러나 하나님은 경외하는 자들에게 깃발을 주시며 흩어진 백성을 다시 모이게 하셨습니다. 우리의 삶에서도 위기의 순간에는 주님의 깃발 아래 모여야 합니다. 그러할 때 하나님이 오른손을 내밀어 우리를 건져주실 것입니다.

| 일독성경 | 시편 60-61편, 마가복음 15-16장 읽음 □

오늘의 찬송

내 주는 강한 성이요

새찬송가 585장(통 384)

1. 내 주는 강한 성이요 방패와 병기 되시니 큰 환난에서 우리를 구하여 내시리로다
옛 원수 마귀는 이때도 힘을 써 모략과 권세로 무기를 삼으니 천하에 누가 당하랴
2. 내 힘만 의지할 때는 패할 수밖에 없도다 힘 있는 장수 나와서 날 대신하여 싸우네
이 장수 누군가 주 예수 그리스도 만군의 주로다 당할 자 누구랴 반드시 이기리로다
3. 이 땅에 마귀 들끓어 우리를 삼키려 하나 겁내지 말고 섰거라 진리로 이기리로다
친척과 재물과 명예와 생명을 다 빼앗긴대도 진리는 살아서 그 나라 영원하리라 아멘

질문

삶이 흔들리고 모든 것이 무너지는 것 같을 때 하나님께 간절히 부르짖어 기도하고 있나요?

나의 감사

오늘 하루, 감사할 것들을 적어보세요.

| 기도 | 하나님 아버지, 위기의 순간마다 주님 앞에 나아가 부르짖으며 기도하여 하나님의 구원을 보게 하옵소서. 예수 그리스도의 이름으로 기도합니다. 아멘.

8 AUGUST 2026

SUN	MON	TUE	WED
26	27	28	29
2 시 65-66 □ 눅 2-3 □	3 시 67-69 □ 눅 4 □	4 시 70-71 □ 눅 5-6 □	5 시 72-74 □ 눅 7 □
9 시 83-84 □ 눅 12-13 □	10 시 85-87 □ 눅 14 □	11 시 88-89 □ 눅 15-16 □	12 시 90-92 □ 눅 17 □
16 시 101-102 □ 눅 22-23 □	17 대체 휴일 시 103-105 □ 눅 24 □	18 시 106-108 □ 요 1 □	19 시 109-110 □ 요 2-3 □
23 시 119-120 □ 요 8 □	24 시 121-122 □ 요 9-10 □	25 시 123-124 □ 요 11 □	26 시 125-126 □ 요 12-13 □
30 시 135-137 □ 요 18 □	31 시 138-140 □ 요 19 □	1	2

감사QT 365

일독성경표 & monthly plan

	THU	FRI	SAT	메모
	30	31	1 시 62-64 □ 눅 1 □	
	6 시 75-76 □ 눅 8-9 □	7 시 77-79 □ 눅 10 □	8 시 80-82 □ 눅 11 □	
	13 시 93-95 □ 눅 18 □	14 시 96-97 □ 눅 19-20 □	15 광복절 시 98-100 □ 눅 21 □	
	20 시 111-113 □ 요 4 □	21 시 114-115 □ 요 5-6 □	22 시 116-118 □ 요 7 □	
	27 시 127-129 □ 요 14 □	28 시 130-132 □ 요 15 □	29 시 133-134 □ 요 16-17 □	
	3	4	5	

사실 위에 세워진 믿음

누가복음 1:1-4 우리 중에 이루어진 사실에 대하여 처음부터 목격자와 말씀의 일꾼 된 자들이 전하여 준 그대로 내력을 저술하려고 붓을 든 사람이 많은지라 그 모든 일을 근원부터 자세히 미루어 살핀 나도 데오빌로 각하에게 차례대로 써 보내는 것이 좋은 줄 알았노니 이는 각하가 알고 있는 바를 더 확실하게 하려 함이로라

한때 탐사보도 기자였으나, 지금은 목사이자 작가로 활동하는 리 스트로벨은 그의 저서 『예수는 역사다』를 통해 예수님의 삶과 사역이 역사적 사실임을 입증하고자 했습니다. 이 책에서 그는 여러 학자와 전문가를 인터뷰하며 복음서의 신뢰성을 검토했는데, 특히 부활에 관한 연구가 인상 깊습니다. 그는 당시 사회적 배경 속에서 증인으로 인정받기 어려웠던 여성들이 부활의 첫 목격자로 기록된 것이야말로 부활의 진정성을 뒷받침하는 강력한 증거라고 제시합니다. 예수님을 박해하던 바울과 예수님을 인정하지 않던 동생 야고보의 회심도 부활의 확실성을 보여준다고 설명합니다. 예수님의 생애와 사역의 사실성을 탐구한 그의 연구는 우리의 믿음을 더욱 견고히 세워줍니다.

오늘 말씀에서 누가는 자신이 어떻게 복음서를 기록했는지 분명히 밝힙니다. 그는 목격자와 말씀의 일꾼된 자들의 증언을 처음부터 면밀히 조사하여 예수 그리스도가 누구시며 어떤 일을 행하셨는지를 전하고자 했습니다. 이러한 누가의 노력은 예수님이 실제로 이 땅에서 기적을 행하셨고, 십자가 죽음과 부활을 통해 구원을 완성하셨음을 우리로 하여금 더욱 확신하게 합니다. 우리의 믿음은 예수님의 삶과 사역이 역사적 사실임을 굳게 믿는 것에서 시작됩니다. 그리할 때 우리의 신앙은 더욱 견고해질 수 있습니다.

| 일독성경 | 시편 62-64편, 누가복음 1장 읽음 □

오늘의 찬송

거친 세상에서 실패하거든

새찬송가 456장(통 509)

1. 거친 세상에서 실패하거든 그 손 못 자국 만져라
   고된 일 하다가 힘을 얻으리 그 손 못 자국 만져라
2. 네가 어둠 속을 걸어갈 때에 그 손 못 자국 만져라
   주가 참평안을 네게 주시리 그 손 못 자국 만져라
3. 네가 부활의 주 따라가려면 그 손 못 자국 만져라
   네가 주 안에서 길이 살리라 그 손 못 자국 만져라
4. 너의 죄악의 짐 무거울 때에 그 손 못 자국 만져라
   마음 문 열고서 주를 모셔라 그 손 못 자국 만져라

후렴 그 손 못 자국 만져라 그 손 못 자국 만져라
주가 널 지키며 인도하시리 그 손 못 자국 만져라

질문

예수님의 죽음과 부활이 실제 사건임을 굳건히 믿는 사람과 그렇지 못한 사람은 신앙생활에서 어떤 차이를 보일까요?

나의 감사

오늘 하루, 감사할 것들을 적어보세요.

| 기도 | 하나님 아버지, 이 땅에 오셔서 우리를 위해 죽으시고 부활하신 예수님을 더욱 굳건히 믿도록 성령의 충만함을 허락하여 주옵소서. 예수 그리스도의 이름으로 기도합니다. 아멘.

AUG **08.02** 주일

평화의 왕 예수님

누가복음 2:11-14 오늘 다윗의 동네에 너희를 위하여 구주가 나셨으니 곧 그리스도 주시니라 너희가 가서 강보에 싸여 구유에 뉘어 있는 아기를 보리니 이것이 너희에게 표적이니라 하더니 홀연히 수많은 천군이 그 천사와 함께 하나님을 찬송하여 이르되 지극히 높은 곳에서는 하나님께 영광이요 땅에서는 하나님이 기뻐하신 사람들 중에 평화로다 하니라

독일이 동서독으로 분단되어 있던 1980년대, 동독의 라이프치히에 있는 성 니콜라이교회는 매주 월요일마다 '평화를 위한 기도모임'을 열었습니다. 예수님의 평화가 이 땅에 임하기를 간절히 기도하는 자리였습니다. 이 작은 모임은 점차 확산되어 나갔고, 수많은 시민이 동참하는 민주화 운동과 통일 운동으로 이어졌습니다. 독재 정부가 이를 탄압하려 했으나 기도의 불길은 꺼지지 않았습니다. 1989년 10월 16일에는 12만 명이 촛불을 들고 비폭력 시위에 나서기도 했습니다. 마침내 약 3주 뒤인 11월 9일, 견고했던 베를린 장벽이 무너졌습니다. 평화의 왕이신 예수 그리스도의 이름으로 드린 기도가 역사를 바꾼 순간이었습니다.

오늘 말씀에서 천사들은 아기 예수님의 탄생을 알리며 "지극히 높은 곳에서는 하나님께 영광이요 땅에서는 하나님이 기뻐하신 사람들 중에 평화로다"라고 노래했습니다. 온 인류의 구원자로 오신 예수님은 십자가 죽음을 통해 모든 분열의 장벽을 허무셨습니다. 우리가 예수님의 이름을 의지해 기도할 때, 그분의 평화가 우리의 가정과 일터에 흘러갈 것이며, 나아가 이 나라와 온 세상 열방에까지 퍼져가게 될 것입니다. 평화의 왕이신 예수님의 이름으로 드리는 우리의 기도는 반드시 응답될 것입니다.

| 일독성경 | 시편 65–66편, 누가복음 2–3장 읽음 □

오늘의 찬송

곧 오소서 임마누엘

새찬송가 104장(통 104)

1. 곧 오소서 임마누엘 오 구하소서 이스라엘 그 포로 생활 고달파 메시야 기다립니다
2. 곧 오소서 지혜의 주 온 만물 질서 주시고 참진리의 길 보이사 갈 길을 인도하소서
3. 곧 오소서 소망의 주 만백성 한맘 이루어 시기와 분쟁 없애고 참평화 채워주소서

후렴 기뻐하라 이스라엘 곧 오시리 오 임마누엘 아멘

질문

내가 있는 곳에서 평화를 이루기 위해 실천할 수 있는 내용을 구체적으로 적어보세요.

나의 감사

오늘 하루, 감사할 것들을 적어보세요.

| 기도 | 하나님 아버지, 예수 그리스도를 평화의 왕으로 보내주셔서 감사합니다. 세상 모든 곳에 예수님의 평화가 임하게 하옵소서. 예수 그리스도의 이름으로 기도합니다. 아멘.

모든 민족이 주를 찬송하게 하소서

시편 67:1-4 하나님은 우리에게 은혜를 베푸사 복을 주시고 그의 얼굴 빛을 우리에게 비추사 (셀라) 주의 도를 땅 위에, 주의 구원을 모든 나라에게 알리소서 하나님이여 민족들이 주를 찬송하게 하시며 모든 민족들이 주를 찬송하게 하소서 온 백성은 기쁘고 즐겁게 노래할지니 주는 민족들을 공평히 심판하시며 땅 위의 나라들을 다스리실 것임이니이다 (셀라)

외과 전문의 양승봉 선교사는 30년 가까이 네팔과 베트남에서 의료선교사로 헌신했습니다. 본래 그는 의과대학 교수를 꿈꾸며 안정된 삶을 계획하고 있었습니다. 하지만 군의관 시절 들었던, 한 미국인 의료선교사의 강연을 떠올리며 '인생의 가장 빛나는 시기에 나눔의 삶을 살고 싶다'는 결심을 했습니다. 결국 일하던 병원을 그만두고 1995년 세계 최빈국이었던 네팔로 건너갔습니다. 매우 열악한 환경이었지만 양 선교사는 매일 수많은 환자를 돌보고, 때로는 10시간이 넘는 수술을 집도하기도 하며 하나님의 사랑을 전했습니다. 또한 네팔에 의료보험이 정착되는 데에 크게 기여했습니다. 이후 2013년에는 베트남으로 건너가 고엽제 피해자와 가난한 이웃을 섬겼으며, 2023년 귀국한 뒤에는 강연을 통해 선교의 필요성을 전하고 있습니다.

오늘 시편은 "하나님이여 민족들이 주를 찬송하게 하시며 모든 민족들이 주를 찬송하게 하소서"라고 노래합니다. 이 시편의 고백이 우리의 고백이 되기를 바랍니다. 꼭 해외 선교가 아니더라도, 각자의 자리에서 복음을 전하고 이웃 사랑을 실천할 때 우리의 삶은 세상 사람들을 하나님께로 이끄는 은혜의 통로가 될 것입니다. 전도와 나눔에 헌신하는 순간이 바로 우리의 '인생의 가장 빛나는 시기'입니다.

| 일독성경 | 시편 67-69편, 누가복음 4장 읽음 □

오늘의 찬송

온 세상 위하여

새찬송가 505장(통 268)

1. 온 세상 위하여 나 복음 전하리 만백성 모두 나와서 주 말씀 들으라
   죄 중에 빠져서 헤매는 자들아 주님의 음성 듣고서 너 구원받으라
2. 온 세상 위하여 이 복음 전하리 저 죄인 회개하고서 주 예수 믿으라
   이 세상 구하려 주 돌아가신 것 나 증거하지 않으면 그 사랑 모르리
3. 온 세상 위하여 주 은혜 임하니 주 예수 이름 힘입어 이 복음 전하자
   먼 곳에 나가서 전하지 못해도 나 어느 곳에 있든지 늘 기도 힘쓰리

후렴 전하고 기도해 매일 증인 되리라 세상 모든 사람 다 듣고 그 사랑 알도록

질문

지금 내가 속한 자리에서 복음을 전할 수 있는 방법은 어떤 것이 있을지 적어보세요.

나의 감사

오늘 하루, 감사할 것들을 적어보세요.

| 기도 | 하나님 아버지, 우리를 통해 많은 이들이 하나님을 알고 찬송하게 되기를 소망합니다. 우리의 삶이 은혜의 통로가 되게 하옵소서. 예수 그리스도의 이름으로 기도합니다. 아멘.

죄인을 불러 회개시키러 왔노라

누가복음 5:29-32 레위가 예수를 위하여 자기 집에서 큰 잔치를 하니 세리와 다른 사람이 많이 함께 앉아 있는지라 바리새인과 그들의 서기관들이 그 제자들을 비방하여 이르되 너희가 어찌하여 세리와 죄인과 함께 먹고 마시느냐 예수께서 대답하여 이르시되 건강한 자에게는 의사가 쓸 데 없고 병든 자에게라야 쓸 데 있나니 내가 의인을 부르러 온 것이 아니요 죄인을 불러 회개시키러 왔노라

주후 4세기 말, 어거스틴과 도나투스파의 논쟁은 교회의 정체성을 이해하는 데 중요한 전환점이 되었습니다. 도나투스파는 박해 속에서 신앙을 지키지 못한 사람들은 교회에서 나가야 하며, 오직 흠 없는 이들만이 교회의 일원이 될 수 있다고 주장했습니다. 그러나 어거스틴은 "교회는 거룩한 그리스도의 몸이지만 동시에 이 땅에서 연약하고 죄 많은 사람이 모이는 공동체이니, 잠시 믿음이 흔들렸던 사람도 다시 받아들여야 한다."라고 말하며 그들의 주장을 반박했습니다. 어거스틴은 만일 교회가 완전한 사람만 모일 수 있는 곳이라면, 그 누구도 자격을 갖출 수 없다는 것을 그 이유로 들었습니다. 덧붙여, 어거스틴은 의인이 아닌 죄인을 부르시고 참회와 회개로 이끄시는 예수님의 은혜가 있기에 교회는 사랑과 용서의 모임이 될 수 있다고 말했습니다.

오늘 본문에서 예수님은 자신이 병든 자를 고치시고 죄인을 불러 회개시키기 위해 이 땅에 오셨다고 말씀하십니다. 이 말씀은 교회가 흠 없는 자들의 모임이 아닌, 하나님의 은혜로 회개하고 변화되는 연약한 이들의 모임이라는 것을 드러냅니다. 우리는 서로를 정죄하기보다 사랑으로 용납하며 함께 거룩함을 이루어가야 합니다. 부족한 우리를 품어주시고 사랑의 공동체로 불러주신 우리 주님께 감사와 찬양을 드리시길 바랍니다.

| 일독성경 | 시편 70-71편, 누가복음 5-6장 읽음 □

오늘의 찬송

큰 죄에 빠진 나를

새찬송가 295장(통 417)

1. 큰 죄에 빠진 나를 주 예수 건지사 그 넓은 품에 다시 품으신 은혜는
   저 바다보다 깊고 저 하늘보다 높다 그 사랑 영원토록 나 찬송하리라
2. 옛날에 유대 땅에 주 예수 다닐 때 그 은혜 받으려고 큰 무리 모였네
   눈먼 자 병든 자를 다 고쳐주셨으니 나 같은 죄인까지 그 은혜 받도다
3. 주 크신 사랑으로 만백성 위하여 그 십자가의 고난 다 받으셨으니
   그 속죄받은 성도 큰 소리 함께 높여 온 천지 울리도록 주 찬송하리라

후렴 날로 더욱 귀하다 날로 더욱 귀하다 한이 없이 넓은 우리 주의 사랑 날로 더욱 귀하다

질문

다른 사람의 허물과 약점이 보여도 이해하고 용납해야 하는 이유는 무엇이라고 생각하나요?

나의 감사

오늘 하루, 감사할 것들을 적어보세요.

| 기도 | 하나님 아버지, 예수 그리스도의 은혜가 아니었다면 우리는 모두 죄인임을 기억하며, 서로 용서하고 사랑하게 하옵소서. 예수 그리스도의 이름으로 기도합니다. 아멘.

하나님을 가까이 하는 복

시편 73:25-28 하늘에서는 주 외에 누가 내게 있으리요 땅에서는 주 밖에 내가 사모할 이 없나이다 내 육체와 마음은 쇠약하나 하나님은 내 마음의 반석이시요 영원한 분깃이시라 무릇 주를 멀리하는 자는 망하리니 음녀 같이 주를 떠난 자를 주께서 다 멸하셨나이다 하나님께 가까이 함이 내게 복이라 내가 주 야훼를 나의 피난처로 삼아 주의 모든 행적을 전파하리이다

『천로역정』의 저자 존 번연은 영국 국교회의 형식적인 예배를 거부하고 독립교회에서 자유롭게 복음을 전한 설교자였습니다. 그러나 1660년 영국의 왕이 다시 권력을 잡은 이후 국교회를 따르지 않는 모든 설교와 모임이 불법으로 규정되면서 존 번연은 강단에서 쫓겨났습니다. 그럼에도 그는 이에 굴하지 않고 복음을 전하다가 결국 붙잡혀 12년 동안 감옥에 갇히게 되었습니다. 하지만 그에게 감옥은 고난의 자리가 아니라 하나님의 임재를 깊이 경험하는 복된 자리였습니다. 그는 "예수 그리스도께서 그때보다 더 실제적이고 분명하게 다가온 적이 없었다."라고 회고하며, 세상은 그를 가두었으나 하나님은 그곳을 은혜의 장소로 바꾸셨다고 고백했습니다.

본문의 시편 기자 역시 억울한 고난 속에 있었습니다. 의롭게 살아가려 했음에도 고통을 겪는 불합리한 현실 앞에서 그는 괴로웠습니다. 그러나 그는 결국 한 가지 진리를 굳게 붙들었습니다. 비록 고난의 길을 걷고 있을지라도 하나님이 함께 계시기에 자신의 삶은 복되다는 사실입니다. 그는 고백합니다. "하나님께 가까이 함이 내게 복이라." 우리 역시 이해할 수 없는 시련을 마주할 때가 있습니다. 그러나 그 순간에도 하나님이 우리와 함께하신다면, 이미 그 자리는 가장 복된 자리임을 기억하시길 바랍니다.

| 일독성경 | 시편 72-74편, 누가복음 7장 읽음 □

오늘의 찬송

내 주를 가까이 하게 함은

새찬송가 338장(통 364)

1. 내 주를 가까이하게 함은 십자가 짐 같은 고생이나
   내 일생 소원은 늘 찬송하면서 주께 더 나가기 원합니다
2. 내 고생하는 것 옛 야곱이 돌 베개 베고 잠 같습니다
   꿈에도 소원이 늘 찬송하면서 주께 더 나가기 원합니다
3. 천성에 가는 길 험하여도 생명 길 되나니 은혜로다
   천사 날 부르니 늘 찬송하면서 주께 더 나가기 원합니다
4. 야곱이 잠 깨어 일어난 후 돌 단을 쌓은 것 본받아서
   숨질 때 되도록 늘 찬송하면서 주께 더 나가기 원합니다 아멘

질문

내가 힘들고 약할 때, 하나님을 가까이하기보다 다른 것을 붙잡으려 했던 순간이 있었나요? 그 결과는 어땠나요?

나의 감사

오늘 하루, 감사할 것들을 적어보세요.

| 기도 | 하나님 아버지, 하나님을 가까이하는 것이 참된 복임을 잊지 않고 주님만 바라보며 살아가는 우리가 되게 하옵소서. 예수 그리스도의 이름으로 기도합니다. 아멘.

가장 작은 자가 큰 자니라

누가복음 9:46-48 제자 중에서 누가 크냐 하는 변론이 일어나니 예수께서 그 마음에 변론하는 것을 아시고 어린 아이 하나를 데려다가 자기 곁에 세우시고 그들에게 이르시되 누구든지 내 이름으로 이런 어린 아이를 영접하면 곧 나를 영접함이요 또 누구든지 나를 영접하면 곧 나를 보내신 이를 영접함이라 너희 모든 사람 중에 가장 작은 그가 큰 자니라

중세 시대 최고의 신학자로 평가받는 토마스 아퀴나스는 부유한 귀족 가문에서 태어나 어린 시절부터 천재라 불렸습니다. 그러나 파리 대학에서 공부하던 시절, 그는 친구들로부터 '벙어리 황소'라는 별명을 얻었습니다. 그는 큰 체구에도 말수가 적고 좀처럼 자신을 드러내지 않았기 때문입니다. 그러나 그의 진가를 알아본 알베르투스 교수는 아퀴나스를 조롱하던 이들에게 "이 벙어리 황소가 울부짖을 때, 그 소리는 온 세상에 퍼질 것이다."라고 말하며, 아퀴나스를 감쌌습니다. 결국 그의 말대로 아퀴나스는 이후 중세 신학계를 뒤흔든 대학자가 됐습니다. 하지만 그는 그 이후에도 자신의 지식을 자랑하지 않고, 언제나 타인의 말에 귀 기울이며 겸손함을 잃지 않았습니다.

오늘 말씀에서 제자들은 서로 누가 더 큰지 경쟁하며 자신을 드러내려 했습니다. 그러나 예수님은 "너희 모든 사람 중에 가장 작은 그가 큰 자니라"라고 말씀하시며 그들의 잘못된 생각을 바로잡으셨습니다. 오늘날에도 많은 사람이 명성을 얻어 주목받고 높아지기를 원합니다. 하지만 하나님 보시기에 진정으로 큰 사람은 자신을 내세우지 않고 남을 세워주는 사람입니다. 겸손히 자신을 낮추고 타인을 존중하며 섬기는 사람은 마침내 하나님의 때에 높임을 받는 귀하고 복된 은혜를 누리게 될 것입니다.

| 일독성경 | 시편 75-76편, 누가복음 8-9장 읽음 □

오늘의 찬송

주님의 마음을 본받는 자

새찬송가 455장(통 507)

1. 주님의 마음을 본받는 자 그 맘에 평강이 찾아옴은
   험악한 세상을 이길 힘이 하늘로부터 임함이로다
2. 주 모습 내 눈에 안 보이며 그 음성 내 귀에 안 들려도
   내 영혼 날마다 주를 만나 신령한 말씀 늘 배우도다
3. 가는 길 거칠고 험하여도 내 맘에 불평이 없어짐은
   십자가 고난을 이겨내신 주님의 마음 본받음이라
4. 주 예수 세상에 다시 오실 그날엔 뭇 성도 변화하여
   주님의 빛나는 그 형상을 다 함께 보며 주 찬양하리

후렴 주님의 마음 본받아 살면서 그 거룩하심 나도 이루리

질문

세상이 말하는 '큰 자'와 예수님이 말씀하신 '큰 자'의 기준은 어떻게 다를까요?

나의 감사

오늘 하루, 감사할 것들을 적어보세요.

| 기도 | 하나님 아버지, 언제나 나를 낮추고 타인을 세워주는 겸손한 사람이 되도록 인도해 주옵소서. 예수 그리스도의 이름으로 기도합니다. 아멘.

참된 이웃

누가복음 10:33-37 어떤 사마리아 사람은 여행하는 중 거기 이르러 그를 보고 불쌍히 여겨 가까이 가서 기름과 포도주를 그 상처에 붓고 싸매고 자기 짐승에 태워 주막으로 데리고 가서 돌보아 주니라 … 네 생각에는 이 세 사람 중에 누가 강도 만난 자의 이웃이 되겠느냐 이르되 자비를 베푼 자니이다 예수께서 이르시되 가서 너도 이와 같이 하라 하시니라

2025년 3월 21일 『국민일보』에 실린 기사입니다. 2월의 추운 어느 날, 한 노숙자는 무료 급식을 받기 위해 지하철을 타고 서울역으로 향했습니다. 때가 묻고 냄새나는 옷차림에 갈라지고 거칠어진 손과 발로 그저 자리에 앉아 있었습니다. 지저분하고 냄새나는 그의 곁에는 아무도 앉으려 하지 않았습니다. 대부분은 눈길조차 주지 않았고, 몇몇 사람은 아예 자리를 피했습니다. 그때 한 중년 여성이 다가와 굳은살이 박이고, 얼룩져 트고 갈라진 그의 발에 핸드크림을 정성껏 발라주었습니다. 노숙자는 쏟아지려는 눈물을 참고 "혹시 교회 다니세요?"라고 물었습니다. 여성은 인천의 어느 교회에 다닌다고 말하며 자신의 외투까지 벗어주고 자리를 떠났습니다. 그녀가 벗어주고 간 외투에는 핸드크림과 함께 만 원짜리 지폐 2장이 들어 있었습니다.

오늘 본문에서 율법을 잘 알던 제사장과 레위인은 강도 만난 사람을 외면했지만, 그 당시 멸시받던 사마리아인은 다가가 자비를 베풀었습니다. 예수님은 그를 참된 이웃이라 칭하며 "너도 이와 같이 하라"라고 말씀하셨습니다. 신앙은 단순히 아는 데 머무르지 않고, 직접 행동으로 실천할 때 비로소 온전해집니다. 우리의 작은 손길, 따뜻한 말 한마디가 누군가의 삶을 회복시키는 하나님 사랑의 통로가 될 수 있습니다.

| 일독성경 | 시편 77-79편, 누가복음 10장 읽음 □

오늘의 찬송

예수 따라가며

새찬송가 449장(통 377)

1. 예수 따라가며 복음 순종하면 우리 행할 길 환하겠네
   주를 의지하며 순종하는 자를 주가 늘 함께하시리라
2. 해를 당하거나 우리 고생할 때 주가 위로해 주시겠네
   주를 의지하며 순종하는 자를 주가 안위해주시리라
3. 남의 짐을 지고 슬픔 위로하면 주가 상급을 주시겠네
   주를 의지하며 순종하는 자를 항상 복 내려주시리라
4. 우리 받은 것을 주께 다 드리면 우리 기쁨이 넘치겠네
   주를 의지하며 순종하는 자를 은혜 풍성케 하시리라
5. 주를 힘입어서 말씀 잘 배우고 주를 모시고 살아가세
   주를 의지하며 항상 순종하면 주가 사랑해주시리라

후렴 의지하고 순종하는 길은 예수 안에 즐겁고 복된 길이로다

질문

예수님이 내게 "너도 이와 같이 하라"라고 말씀하신다면, 나는 구체적으로 어떻게 순종할 수 있을까요?

나의 감사

오늘 하루, 감사할 것들을 적어보세요.

| 기도 | 하나님 아버지, 사랑과 자비를 실천하라는 말씀을 지식으로만 아는 것이 아닌 삶으로 실천하는 우리가 되게 하옵소서. 예수 그리스도의 이름으로 기도합니다. 아멘.

AUG **08.08** 토요일

네 입을 크게 열라

시편 81:7-10 네가 고난 중에 부르짖으매 내가 너를 건졌고 우렛소리의 은밀한 곳에서 네게 응답하며 므리바 물 가에서 너를 시험하였도다 (셀라) 내 백성이여 들으라 내가 네게 증언하리라 이스라엘이여 내게 듣기를 원하노라 너희 중에 다른 신을 두지 말며 이방 신에게 절하지 말지어다 나는 너를 애굽 땅에서 인도하여 낸 야훼 네 하나님이니 네 입을 크게 열라 내가 채우리라 하였으나

설교가 찰스 스펄전 목사는 시편 81편 10절의 "네 입을 크게 열라"라는 말씀을 세 가지 의미로 해석했습니다. 첫째, 입을 크게 여는 것은 욕심이나 교만이 아니라 겸손의 태도라는 것입니다. 이는 우리의 부족함과 가난함을 인정하고 전능하신 하나님께 도움을 구하는 것이라고 말합니다. 둘째, 입을 크게 여는 것은 큰 기도를 드리는 것입니다. 아무리 큰 것을 구한다 해도 독생자 예수 그리스도보다 클 수는 없으니, 담대하게 하나님께 큰 것을 구하라고 강조했습니다. 셋째, 입을 크게 여는 것은 큰 일을 시도하는 것입니다. 우리는 창조주 하나님의 자녀이니, 개인적 필요를 넘어 영혼 구원과 선교, 복음 확장의 큰 비전을 품어야 한다는 것입니다.

오늘 우리는 기도가 점점 메말라가는 시대를 살아가고 있습니다. 삶이 풍요로워지고 스스로 해낼 수 있는 것이 많아진 만큼, 우리에게서 하나님을 찾는 간절함이 옅어지고 있습니다. 그러나 우리는 여전히 연약하며, 하나님의 도우심 없이는 온전히 설 수 없습니다. 또한 성령님의 능력을 힘입어 감당해야 할 수많은 하나님 나라의 사역이 있습니다. 오늘 말씀대로 우리의 입을 넓게 열어 하나님의 도우심을 구하고, 풍성한 은혜를 누리며 하나님의 위대한 역사에 동참하는 우리가 되기를 간절히 소망합니다.

| 일독성경 | 시편 80-82편, 누가복음 11장 읽음 □

오늘의 찬송

기도하는 이 시간

새찬송가 361장(통 480)

1. 기도하는 이 시간 주께 무릎 꿇고 우리 구세주 앞에 다 나아가네
   믿음으로 나가면 주가 보살피사
2. 기도하는 이 시간 주가 곁에 오사 인자하신 얼굴로 귀 기울이네
   우리 마음 비우고 주를 의지하면
3. 기도하는 이 시간 주께 엎디어서 은밀하게 구할 때 곧 응답받네
   잘못된 것 아뢰면 측은히 여기사
4. 기도하는 이 시간 주를 의지하고 크신 은혜 구하면 꼭 받으리라
   의지하는 마음에 근심 사라지고

후렴 크신 은혜를 주네 거기 기쁨 있네 기도 시간에 복을 주시네
곤한 내 마음속에 기쁨 충만하네

질문

나는 하나님이 주시는 구원과 회복의 소망을 갖고 기도하나요? 내 기도의 목적은 무엇인가요?

나의 감사

오늘 하루, 감사할 것들을 적어보세요.

| 기도 | 하나님 아버지, 믿음의 눈을 열어 주님만 바라보게 하시고 하나님의 도우심을 날마다 구하며 살아가게 하옵소서. 예수 그리스도의 이름으로 기도합니다. 아멘.

AUG **08.09** 주일

시온의 대로

시편 84:1-7 만군의 야훼여 주의 장막이 어찌 그리 사랑스러운지요 내 영혼이 야훼의 궁정을 사모하여 쇠약함이여 내 마음과 육체가 살아 계시는 하나님께 부르짖나이다 … 주께 힘을 얻고 그 마음에 시온의 대로가 있는 자는 복이 있나이다 그들이 눈물 골짜기로 지나갈 때에 그 곳에 많은 샘이 있을 것이며 이른 비가 복을 채워 주나이다 그들은 힘을 얻고 더 얻어 나아가 시온에서 하나님 앞에 각기 나타나리이다

어떤 분이 제게 오래된 영상 하나를 보내주셨습니다. 1980년대 한국을 찾은 일본 특파원이 촬영한 영상이었는데, 그 장면은 제 마음에 큰 감동을 주었습니다. 주일 아침, 그 특파원은 마포대교를 건너던 중 낯선 광경을 목격했습니다. 수많은 사람들이 분주히 발걸음을 옮기며 여의도로 향하고 있었던 것입니다. 호기심이 생긴 그는 차에서 내려 물었습니다. "어디로 가시는 겁니까?" 돌아온 대답은 짧고도 힘찼습니다. "교회 갑니다." 화면 속에는 연세 드신 어르신이 청년처럼 힘 있게 걷고 있었으며, 단정히 차려입은 가족들이 바쁘게 발걸음을 옮기고 있었습니다. 포대기에 아기를 업고 한 손에 자녀의 손을 꼭 잡은 어머니도 보였습니다. 아직 넉넉하지 않던 1980년대, 주님의 전인 교회를 사모하는 성도들의 간절함은 참으로 아름다웠습니다.

오늘 시편은 절기를 맞아 예루살렘을 향해 걸어가는 이스라엘 백성들의 노래입니다. 그 순례의 길은 고단했지만, 하나님께 예배드리러 가는 길이었기에 오히려 복된 길이었습니다. 그래서 그들은 성전을 향하는 길을 "시온의 대로"라고 불렀습니다. 우리의 삶에도 힘겨운 시간들이 있습니다. 그러나 마음이 하나님을 향해 있고 예배를 간절히 사모한다면, 우리 인생길 또한 시온의 대로가 될 것입니다.

| 일독성경 | 시편 83-84편, 누가복음 12-13장 읽음 □

오늘의 찬송

내 주를 가까이 하게 함은

새찬송가 338장(통 364)

1. 내 주를 가까이하게 함은 십자가 짐 같은 고생이나
   내 일생 소원은 늘 찬송하면서 주께 더 나가기 원합니다
2. 내 고생하는 것 옛 야곱이 돌 베개 베고 잠 같습니다
   꿈에도 소원이 늘 찬송하면서 주께 더 나가기 원합니다
3. 천성에 가는 길 험하여도 생명 길 되나니 은혜로다
   천사 날 부르니 늘 찬송하면서 주께 더 나가기 원합니다
4. 야곱이 잠 깨어 일어난 후 돌 단을 쌓은 것 본받아서
   숨질 때 되도록 늘 찬송하면서 주께 더 나가기 원합니다 아멘

질문

삶이 힘겹고 지칠 때 예배를 드리며 하나님의 위로를 경험한 적이 있나요? 그때의 기억을 떠올리며 감사를 드려보세요.

나의 감사

오늘 하루, 감사할 것들을 적어보세요.

| 기도 | 하나님 아버지, 삶이 힘겨울지라도 하나님을 예배하며 힘을 얻게 하시고, 언제나 주님의 전을 사모하게 하옵소서. 예수 그리스도의 이름으로 기도합니다. 아멘.

AUG **08.10** 월요일

우리가 함께해야 할 이웃

누가복음 14:12-14 또 자기를 청한 자에게 이르시되 네가 점심이나 저녁이나 베풀거든 벗이나 형제나 친척이나 부한 이웃을 청하지 말라 두렵건대 그 사람들이 너를 도로 청하여 네게 갚음이 될까 하노라 잔치를 베풀거든 차라리 가난한 자들과 몸 불편한 자들과 저는 자들과 맹인들을 청하라 그리하면 그들이 갚을 것이 없으므로 네게 복이 되리니 이는 의인들의 부활시에 네가 갚음을 받겠음이라 하시더라

'백의의 천사'라 불리는 플로렌스 나이팅게일은 영국의 부유한 귀족 가문에서 태어났습니다. 1840년대, 영국이 대기근을 겪던 시절, 스무 살의 나이팅게일은 가난하고 병든 이들을 도와야 한다는 강한 소명을 품게 됩니다. 당시 그녀의 일기에는 이렇게 기록되어 있습니다. "가난한 이들을 돕는 자선 활동만으로는 충분치 않다. 그들의 삶 속으로 더 가까이 다가가야 한다." "내가 이 사람들을 어떻게 간호해야 할지 알 수만 있다면…." 결국 나이팅게일은 가난하고 병든 자들을 더 깊이 공감하며 돕기 위해서 당시 귀족 출신들은 선호하지 않았던 간호사가 되었습니다. 이후 그녀는 화려하고 부유한 귀족의 삶 대신 평생을 궁핍하고 소외된 이들과 함께하며 살았습니다.

오늘 본문에서 예수님은 부유한 이웃이 아니라 가난한 자와 병든 자, 그리고 소외된 이들을 잔치에 초대하라고 말씀하십니다. 그들에게는 갚을 수 있는 능력이 없지만, 그것이 오히려 복이 됩니다. 하나님은 그것을 기억하시고 부활의 날에 반드시 갚아주신다고 약속하십니다. 세상의 이치는 성공한 사람이나 재물이 많은 이와 어울리기를 원하지만, 우리는 예수님의 말씀을 따라 가난하고 소외된 이들의 친구가 되어야 합니다. 하나님이 그 모습을 기억하셔서 장차 하늘의 상급을 넘치도록 부어주실 것입니다.

| 일독성경 | 시편 85-87편, 누가복음 14장 읽음 □

오늘의 찬송

네 맘과 정성을 다하여서

새찬송가 218장(통 369)

1. 네 맘과 정성을 다하여서 주 너의 하나님을 사랑하라 네 몸을 아끼고 사랑하듯
   형제와 이웃을 사랑하라 주께서 우리게 명하시니 그 명령 따라서 살아가리
2. 널 미워 해치는 원수라도 언제나 너그럽게 사랑하라 널 핍박하는 자 위해서도
   신실한 맘으로 복을 빌라 주께서 우리게 명하시니 그 명령 따라서 살아가리
3. 나 항상 주님을 멀리하고 형제를 사랑하지 못하였다 이러한 죄인을 사랑하사
   주께서 몸 버려 죽으셨다 속죄의 큰 사랑 받은 이 몸 내 생명 다 바쳐 충성하리 아멘

질문

지금 내가 다가가야 할 외롭고 어려움에 처한 이웃은 누가 있을까요?

나의 감사

오늘 하루, 감사할 것들을 적어보세요.

| 기도 | 하나님 아버지, 성공하고 재물이 많은 사람과만 어울리기보다 가난하고 소외된 이들과 함께하는 믿음의 사람이 되게 하옵소서. 예수 그리스도의 이름으로 기도합니다. 아멘.

내 것이 다 네 것이로되

누가복음 15:29-31 아버지께 대답하여 이르되 내가 여러 해 아버지를 섬겨 명을 어김이 없거늘 내게는 염소 새끼라도 주어 나와 내 벗으로 즐기게 하신 일이 없더니 아버지의 살림을 창녀들과 함께 삼켜 버린 이 아들이 돌아오매 이를 위하여 살진 송아지를 잡으셨나이다 아버지가 이르되 얘 너는 항상 나와 함께 있으니 내 것이 다 네 것이로되

지구 면적의 약 70%를 차지하며 그 광활함을 자랑하는 바다는 우리가 생각하는 것 이상으로 놀라운 역할을 감당합니다. 우선, 바다에 사는 해조류와 미세 플랑크톤은 지구 산소의 80%가량을 생산하여 생물의 호흡을 책임지고 있습니다. 또한 바다는 햇빛을 흡수하고 반사하면서 지구의 기온을 알맞게 조절해, 생명이 살아갈 수 있는 환경을 조성해 줍니다. 더 나아가 바다는 육지에서 흘러드는 각종 오염물질을 정화하여 생태계를 보호하고 회복시키는 기능을 합니다. 이처럼 바다는 우리가 직접 보거나 느끼지 못하는 순간에도 지구를 위해 끊임없이 많은 일들을 감당하고 있습니다.

오늘 말씀은 잘 알려진 탕자의 비유입니다. 집을 떠나 재산을 탕진한 동생을 아버지는 사랑으로 맞이했지만, 그 형은 불만이 가득했습니다. 그때 아버지는 "얘, 너는 항상 나와 함께 있으니 내 것이 다 네 것이로되"라고 말하며, 이미 충만히 주어진 복을 깨닫지 못한 형을 일깨웠습니다. 사실 우리도 이 형과 같을 때가 있습니다. 하나님과 늘 함께하며 풍성한 은혜를 누리면서도, 그것을 알아차리지 못해 감사하지 못할 때가 많습니다. 그러나 하나님은 우리가 느끼지 못하는 이 순간에도 충만한 은혜를 공급해 주고 계십니다. 오늘 하루, 그 은혜를 헤아리며 하나님께 감사의 고백을 드리시길 소망합니다.

| 일독성경 | 시편 88-89편, 누가복음 15-16장 읽음 □

오늘의 찬송

세상 모든 풍파 너를 흔들어

새찬송가 429장(통 489)

1. 세상 모든 풍파 너를 흔들어 약한 마음 낙심하게 될 때에
   내려주신 주의 복을 세어라 주의 크신 복을 네가 알리라
2. 세상 근심 걱정 너를 누르고 십자가를 등에 지고 나갈 때
   주가 네게 주신 복을 세어라 두렴 없이 항상 찬송하리라
3. 세상 권세 너의 앞길 막을 때 주만 믿고 낙심하지 말아라
   천사들이 너를 보호하리니 염려 없이 앞만 보고 나가라

후렴 받은 복을 세어보아라 크신 복을 네가 알리라
받은 복을 세어보아라 주의 크신 복을 네가 알리라

질문

지금 내가 충만히 누리고 있으나 혹 발견하지 못한 은혜가 있는지 한번 헤아려 보고 적어보세요.

나의 감사

오늘 하루, 감사할 것들을 적어보세요.

| 기도 | 하나님 아버지, 넘치는 은혜로 큰 복을 받아 누리며 살고 있음을 기억하며, 날마다 감사를 고백할 수 있도록 인도하옵소서. 예수 그리스도의 이름으로 기도합니다. 아멘.

AUG **08.12** 수요일

내 이름 아시죠

시편 91:14-16 하나님이 이르시되 그가 나를 사랑한즉 내가 그를 건지리라 그가 내 이름을 안즉 내가 그를 높이리라 그가 내게 간구하리니 내가 그에게 응답하리라 그들이 환난 당할 때에 내가 그와 함께 하여 그를 건지고 영화롭게 하리라 내가 그를 장수하게 함으로 그를 만족하게 하며 나의 구원을 그에게 보이리라 하시도다

미국의 찬양 사역자 토미 워커가 필리핀의 한 고아원에서 선교 사역을 할 때의 일입니다. 한 어린 소년이 토미 워커에게 다가와 "제 이름은 제리예요."라며 자신을 소개했습니다. 잠시 뒤에, 그 아이는 다시 찾아와 "제 이름은 제리예요. 우리 친구 맞죠?"라고 묻더니, 이후에도 여러 번 반복해 물었습니다. 그 순간 워커는 부모에게 버려져 이름조차 잊힌 아이들이 얼마나 간절히 자신의 이름이 불리기를 원하는지를 깨달았습니다. 그래서 그는 제리에게 이렇게 말했습니다. "제리, 내가 네 이름을 아는 것도 참 좋지만, 네겐 하늘의 아버지가 계시단다. 비록 땅의 아버지는 없을지라도 하나님은 네 이름을 알고 계시고 결코 너를 잊지 않으셔." 이 기억은 토미 워커에게 영감을 주었고, 세계인이 사랑하는 CCM 「내 이름 아시죠」가 탄생했습니다.

오늘 시편에서 시인은 하나님이 나를 사랑하시며 내 이름을 아시니, 나를 건지시고 높이실 것이라고 고백합니다. 우리는 때때로 삶이 막막하고 주변에 나를 기억해 주는 이조차 없다고 느껴져 외로울 때가 있습니다. 그러나 우리의 이름을 기억하시는 하나님은 결코 우리를 홀로 내버려두지 않으십니다. 우리를 사랑하시며 구원의 길로 이끄시는 하나님이 계시기에 우리는 언제나 소망을 품고 살아갈 수 있습니다.

| 일독성경 | 시편 90-92편, 누가복음 17장 읽음 □

오늘의 찬송

하나님의 크신 사랑

새찬송가 15장(통 55)

1. 하나님의 크신 사랑 하늘에서 내리사 우리 맘에 항상 계셔 온전하게 하소서
   우리 주는 자비하사 사랑 무한하시니 두려워서 떠는 자를 구원하여주소서
2. 걱정 근심 많은 자를 성령 감화하시며 복과 은혜 사랑 받아 평안하게 하소서
   첨과 끝이 되신 주님 항상 인도하셔서 마귀 유혹 받는 것을 속히 끊게 하소서
3. 전능하신 아버지여 주의 능력 주시고 우리 맘에 임하셔서 떠나가지 마소서
   주께 영광 항상 돌려 천사처럼 섬기며 주의 사랑 영영토록 찬송하게 하소서
4. 우리들이 거듭나서 흠이 없게 하시고 주의 크신 구원받아 온전하게 하소서
   영광에서 영광으로 천국까지 이르러 크신 사랑 감격하여 경배하게 하소서 아멘

질문

누군가 나의 이름을 정확히 알고 불러줬던 경험이 있다면 그때 기분은 어땠나요?

나의 감사

오늘 하루, 감사할 것들을 적어보세요.

| 기도 | 하나님 아버지, 우리의 이름을 아시고 우리를 기억하사 늘 돌보시는 하나님을 의지하여 힘을 얻게 하옵소서. 예수 그리스도의 이름으로 기도합니다. 아멘.

AUG **08.13** 목요일

하나님이 기르시는 백성

시편 95:1-7 오라 우리가 야훼께 노래하며 우리의 구원의 반석을 향하여 즐거이 외치자 우리가 감사함으로 그 앞에 나아가며 시를 지어 즐거이 그를 노래하자 … 바다도 그의 것이라 그가 만드셨고 육지도 그의 손이 지으셨도다 오라 우리가 굽혀 경배하며 우리를 지으신 야훼 앞에 무릎을 꿇자 그는 우리의 하나님이시요 우리는 그가 기르시는 백성이며 그의 손이 돌보시는 양이기 때문이라

제1차 세계대전 당시 미국 전투 비행기 조종사였던 에디 리켄배커의 이야기입니다. 그는 임무 수행 중 비행기 항로에서 벗어나 태평양에 추락하게 되었습니다. 그와 동료들은 구명 뗏목 위에서 24일 동안 표류해야 했습니다. 햇볕은 뜨겁게 내리쬐고, 마실 물은 바닥났으며, 음식은 턱없이 부족했습니다. 끝이 보이지 않는 바다 한가운데서 구조의 희망은 점점 사라져 갔습니다. 그러나 그들은 그 절망적인 상황에서 하나님을 의지하며 말씀을 암송하고 기도하기 시작했습니다. 그러던 중 기적이 일어났습니다. 8일째 되던 날, 한 갈매기가 리켄배커의 모자 위에 앉았습니다. 그들은 그 새를 잡아 식량과 물고기를 잡는 미끼로 사용했습니다. 이후 그들은 빗물을 받아 마시고 물고기를 잡아 목숨을 연명하다가 극적으로 구조되었습니다.

오늘 본문은 우리가 누구인지를 분명히 일깨워 줍니다. 우리는 하나님이 지으신 백성이며, 그분이 친히 돌보시는 양입니다. 때로 인생의 바다 한가운데서 길을 잃고 표류하는 것 같을 때가 있습니다. 그러나 우리가 누구의 손에 붙들려 있는지 기억한다면, 우리는 두려워하지 않고 예배할 수 있고, 절망 속에서도 소망을 노래할 수 있습니다. 날마다 우리를 돌보시는 하나님을 찬양하며 살아가길 소망합니다.

| 일독성경 | 시편 93-95편, 누가복음 18장 읽음 □

오늘의 찬송

선한 목자 되신 우리 주

새찬송가 569장(통 442)

1. 선한 목자 되신 우리 주 항상 인도하시고 푸른 풀밭 좋은 곳에서 우리 먹여주소서
 선한 목자 구세주여 항상 인도하소서 선한 목자 구세주여 항상 인도하소서
2. 양의 문이 되신 예수여 우리 영접하시고 길을 잃은 양의 무리를 항상 인도하소서
 선한 목자 구세주여 기도 들어주소서 선한 목자 구세주여 기도 들어주소서
3. 흠이 많고 약한 우리를 용납하여주시고 주의 넓고 크신 은혜로 자유 얻게 하셨네
 선한 목자 구세주여 지금 나아갑니다 선한 목자 구세주여 지금 나아갑니다
4. 일찍 주의 뜻을 따라서 살아가게 하시고 주의 크신 사랑 베푸사 따라가게 하소서
 선한 목자 구세주여 항상 인도하소서 선한 목자 구세주여 항상 인도하소서 아멘

질문

하나님이 지금 나를 돌보고 계신다는 것을 믿나요? 하나님께 나의 모든 것을 맡기는 기도를 적어보세요.

나의 감사

오늘 하루, 감사할 것들을 적어보세요.

| 기도 | 하나님 아버지, 우리의 목자가 되어주시니 감사합니다. 어떤 상황에서도 믿음으로 감사하며 살아가게 하옵소서. 예수 그리스도의 이름으로 기도합니다. 아멘.

오늘 네 집에 유하여야 하겠다

누가복음 19:3-6 그가 예수께서 어떠한 사람인가 하여 보고자 하되 키가 작고 사람이 많아 할 수 없어 앞으로 달려가서 보기 위하여 돌무화과나무에 올라가니 이는 예수께서 그리로 지나가시게 됨이러라 예수께서 그 곳에 이르사 쳐다 보시고 이르시되 삭개오야 속히 내려오라 내가 오늘 네 집에 유하여야 하겠다 하시니 급히 내려와 즐거워하며 영접하거늘

히피 문화가 유행하던 시절, 미국의 한 대학가 부근에 전통 신앙을 지키던 교회가 있었습니다. 어느 주일 예배 시간, 히피 문화에 젖어있던 한 대학생이 그 교회에 들어왔습니다. 맨발에 낡은 청바지를 입은 그는 악취를 풍기며 앉을 곳을 찾아 서성였습니다. 빈자리를 찾지 못하자 그는 설교자 강단 바로 앞 바닥에 털썩 주저앉았습니다. 회중들은 어수선해진 분위기에 불쾌감을 내비쳤습니다. 그때 한 어르신이 청년 곁으로 가더니, 조용히 옆에 앉아 함께 예배하자며 눈짓했습니다. 그 따뜻한 행동에 회중들은 마음을 열었고, 설교자는 다시 마음을 가다듬고 힘 있게 설교를 이어갔습니다.

오늘 본문에 나오는 삭개오는 당시 사람들에게 멸시받던 세리였습니다. 돈은 많았지만 늘 부끄러움과 따돌림 속에 살았습니다. 예수님의 소문을 접한 그는 예수님을 만나려고 무화과나무에 올라갔습니다. 그 모습을 본 예수님이 그의 이름을 부르셨고 그의 집에 머무셨습니다. 우리도 때로는 스스로를 부끄럽게 여길 때가 있습니다. 자신에 대한 험담들로 위축되어 있을 수도 있습니다. 그럴지라도 우리는 예수님만 바라보며 그분께 나아가야 합니다. 예수님은 결코 우리를 외면하지 않으시고, 우리를 위로하시며 함께하실 것입니다. 또한 우리의 삶을 회복하시고, 마침내 넘치는 복을 주실 것입니다.

| 일독성경 | 시편 96-97편, 누가복음 19-20장 읽음 □

오늘의 찬송

주의 음성을 내가 들으니

새찬송가 540장(통 219)

1. 주의 음성을 내가 들으니 사랑한단 말일세 믿는 맘으로 주께 가오니 나를 영접하소서
2. 주여 넓으신 은혜 베푸사 나를 받아주시고 나의 품은 뜻 주의 뜻같이 되게 하여주소서
3. 주의 보좌로 나아갈 때에 어찌 아니 기쁠까 주의 얼굴을 항상 뵈오니 더욱 친근합니다
4. 우리 구주의 넓은 사랑을 측량할 자 없으며 주가 주시는 참된 기쁨도 헤아릴 수 없도다

후렴 내가 매일 십자가 앞에 더 가까이 가오니
구세주의 흘린 보배피로써 나를 정케 하소서 아멘

질문

남에게는 말하기 힘든 나의 부끄러운 모습이 있나요? 그러한 나를 사랑으로 감싸안으시는 예수님께 감사의 고백을 드려보세요.

나의 감사

오늘 하루, 감사할 것들을 적어보세요.

| 기도 | 하나님 아버지, 때때로 우리 자신조차 부끄러운 저희를 있는 모습 그대로 사랑하시는 예수님의 품에 담대히 안기도록 도와주옵소서. 예수 그리스도의 이름으로 기도합니다. 아멘.

AUG **08.15** 토요일

광복을 꿈꾸던 사람들

히브리서 11:13-16 이 사람들은 다 믿음을 따라 죽었으며 약속을 받지 못하였으되 그것들을 멀리서 보고 환영하며 또 땅에서는 외국인과 나그네임을 증언하였으니 그들이 이같이 말하는 것은 자기들이 본향 찾는 자임을 나타냄이라 … 그들이 이제는 더 나은 본향을 사모하니 곧 하늘에 있는 것이라 이러므로 하나님이 그들의 하나님이라 일컬음 받으심을 부끄러워하지 아니하시고 그들을 위하여 한 성을 예비하셨느니라

1945년 8월 15일, 우리 민족은 광복의 기쁨을 맞이했습니다. 그러나 어떤 이들은 그토록 바라던 광복을 보지 못한 채 안타깝게 세상을 떠났습니다. 3·1운동을 이끌다 옥중에서 순국한 유관순 열사, 교육과 계몽으로 조국을 일깨우려 했던 안창호 선생, 만주 독립군을 이끌었던 김좌진 장군, 모두 광복의 빛을 보지 못하고 세상을 떠난 분들입니다. 이들뿐 아니라 수많은 순국 선열들이 광복을 보지 못한 채로 애석하게 눈을 감았습니다. 하지만, 그들의 열정과 희생 그리고 기도는 결코 헛되지 않았습니다. 대한민국의 모든 국민이 이들을 기억하며 귀감으로 삼고, 용기와 힘을 얻고 있습니다.

히브리서는 에녹, 아브라함, 모세와 같은 믿음의 선진들이 하나님 나라를 소망하며 살았으나 결국 그 완성을 보지 못하고 죽었다고 증언합니다. 그러나 그들의 믿음은 헛되지 않았습니다. 오히려 그 믿음이 후대에 이어져 현재의 우리에게까지 희망을 주고 있습니다. 우리 역시 이 땅에서 하나님 나라의 완성을 보지 못할지라도, 우리의 믿음은 반드시 다음 세대에 유산으로 남아 용기와 힘을 줄 것입니다. 그리고 대한민국이 광복을 맞이했듯이, 예수님이 다시 오시는 그날, 모든 믿음의 자녀들이 죄악 된 세상에서 벗어나 하나님 나라의 완전한 빛과 자유를 누리게 될 것입니다.

| 일독성경 | 시편 98-100편, 누가복음 21장 읽음 □

오늘의 찬송

저 높은 곳을 향하여

새찬송가 491장(통 543)

1. 저 높은 곳을 향하여 날마다 나아갑니다 내 뜻과 정성 모아서 날마다 기도합니다
2. 괴롬과 죄가 있는 곳 나 비록 여기 살아도 빛나고 높은 저곳을 날마다 바라봅니다
3. 의심의 안개 걷히고 근심의 구름 없는 곳 기쁘고 참된 평화가 거기만 있사옵니다
4. 험하고 높은 이 길을 싸우며 나아갑니다 다시금 기도하오니 내 주여 인도하소서
5. 내 주를 따라 올라가 저 높은 곳에 우뚝 서 영원한 복락 누리며 즐거운 노래 부르리

후렴 내 주여 내 맘 붙드사 그곳에 있게 하소서 그곳은 빛과 사랑이 언제나 넘치옵니다

질문

내가 후대에 남기고 싶은 믿음의 유산은 무엇인가요?

나의 감사

오늘 하루, 감사할 것들을 적어보세요.

| 기도 | 하나님 아버지, 우리나라에 광복을 허락하심에 감사드립니다. 하나님 나라에 들어갈 참된 자유의 날을 소망하게 하옵소서. 예수 그리스도의 이름으로 기도합니다. 아멘.

AUG **08.16** 주일

섬기는 자로 오신 예수님

누가복음 22:24-27 또 그들 사이에 그 중 누가 크냐 하는 다툼이 난지라 예수께서 이르시되 이방인의 임금들은 그들을 주관하며 그 집권자들은 은인이라 칭함을 받으나 너희는 그렇지 않을지니 너희 중에 큰 자는 젊은 자와 같고 다스리는 자는 섬기는 자와 같을지니라 앉아서 먹는 자가 크냐 섬기는 자가 크냐 앉아서 먹는 자가 아니냐 그러나 나는 섬기는 자로 너희 중에 있노라

조선을 위해 헌신한 서서평 선교사는 1912년 2월 미국 남장로교 파송 선교사로 조선 땅에 들어왔습니다. 이후 그녀는 22년간 조선의 소외된 이들을 사랑으로 섬겼습니다. 버려진 아이와 과부, 거지들을 돌보았고, 특히 당시 외면받던 한센병 환자들을 직접 돌보며 그들의 아픔을 함께 나누었습니다. 선교비 전액을 어려운 이들을 위해 사용하고 자신은 늘 굶주리며 살았던 그녀는 54세의 젊은 나이에 영양실조로 세상을 떠났습니다. 그녀의 장례식에 모인 많은 사람이 그녀를 '어머니'라 부르며 슬퍼했습니다. 서서평 선교사가 아무 연고도 없는 조선에서 섬김의 삶을 살았던 이유는 우리를 위해 십자가에서 죽기까지 사랑과 섬김의 본을 보이신 예수님을 따랐기 때문입니다.

오늘 본문에서 예수님은 누가 더 높은지 다투는 제자들에게 세상의 집권자처럼 명예와 권력을 탐내지 말고, 예수님이 섬기는 자로 그들 중에 있는 것처럼, "너희도 서로 섬기는 자가 되라"라고 말씀하십니다. 이는 우리에게 낮은 자리에서 먼저 희생하고 섬기는 삶을 살아야 함을 깨닫게 합니다. 오늘 하루 참된 섬김과 희생의 귀중함을 되새기며, 섬김의 본을 보이신 예수님을 따르는 삶을 사는 우리가 되길 소망합니다.

| 일독성경 | 시편 101-102편, 누가복음 22-23장 읽음 □

오늘의 찬송

성자의 귀한 몸

새찬송가 216장(통 356)

1. 성자의 귀한 몸 날 위하여 버리신 그 사랑 고마워라
   내 머리 숙여서 주님께 비는 말 나 무엇 주님께 바치리까
2. 지금도 날 위해 간구하심 이 옅은 믿음이 아옵나니
   주님의 참사랑 고맙고 놀라워 찬송과 기도를 쉬지 않네
3. 주님의 십자가 나도 지고 신실한 믿음과 마음으로
   형제의 사랑과 친절한 위로를 뉘게나 베풀게 하옵소서
4. 만 가지 은혜를 받았으니 내 평생 슬프나 즐거우나
   이 몸을 온전히 주님께 바쳐서 주님만 위하여 늘 살겠네 아멘

질문

오늘 하루 내가 만나는 사람들에게 실천할 수 있는 구체적인 섬김은 무엇일까요?

나의 감사

오늘 하루, 감사할 것들을 적어보세요.

| 기도 | 하나님 아버지, 예수님의 사랑과 섬김을 본받아 이웃을 섬기는 삶을 살게 하옵소서. 예수 그리스도의 이름으로 기도합니다. 아멘.

용서받은 자의 용서

시편 103:8-11 야훼는 긍휼이 많으시고 은혜로우시며 노하기를 더디 하시고 인자하심이 풍부하시도다 자주 경책하지 아니하시며 노를 영원히 품지 아니하시리로다 우리의 죄를 따라 우리를 처벌하지는 아니하시며 우리의 죄악을 따라 우리에게 그대로 갚지는 아니하셨으니 이는 하늘이 땅에서 높음 같이 그를 경외하는 자에게 그의 인자하심이 크심이로다

『용서와 화해』의 저자이자 버지니아 커먼웰스 대학교의 심리학 교수인 에버렛 워딩턴은 오랫동안 용서를 연구해온 '용서 전문가'입니다. 어느 날, 그에게 끔찍한 사건이 일어났습니다. 그의 어머니가 10대 강도들에게 지갑에 있던 지폐 몇 장 때문에 무참히 살해당한 것입니다. 그 순간, 평소 용서를 가르쳐왔던 그도 이 비극 앞에서 분노가 치밀어 올랐습니다. 그러나 곧 자신도 '복수심에 사로잡힌 죄인'임을 깨닫게 되어 하나님 앞에 깊이 회개했습니다. 이후 강도들을 용서하며 서서히 마음의 상처를 치유받았습니다. 그는 용서의 중요성에 대해 이렇게 말합니다. "용서는 기독교의 핵심이다. 하나님이 예수님을 통해 우리에게 베푸신 용서는 우리 죄를 해결할 수 있는 유일한 방법이다. 진정한 용서는 하나님께 받은 용서를 기억하며 가해자에 대한 분노를 내려놓는 것이다."

오늘 본문에서 다윗은 노하기를 더디 하시고 용서하시는 '인자하신' 하나님을 찬양합니다. 분노를 오래 품으면 마음의 상처만 더 깊어질 뿐입니다. 하나님은 우리가 우리에게 상처를 준 사람을 용서함으로써 마음이 치유되기를 원하십니다. 만약 누군가가 용서되지 않는다면, 우리를 값없이 용서하신 하나님의 사랑을 떠올리길 바랍니다. 그 사랑을 기억하며 용서를 실천할 때 비로소 우리는 참된 평안을 누릴 수 있습니다.

| 일독성경 | 시편 103-105편, 누가복음 24장 읽음 □

오늘의 찬송

예수 나를 위하여

새찬송가 144장(통 144)

1. 예수 나를 위하여 십자가를 질 때 세상 죄를 지시고 고초 당하셨네
2. 십자가를 지심은 무슨 죄가 있나 저 무지한 사람들 메시야 죽였네
3. 피와 같이 붉은 죄 없는 이가 없네 십자가의 공로로 눈과 같이 되네
4. 아름답다 예수여 나의 좋은 친구 예수 공로 아니면 영원 형벌 받네

후렴 예수님 예수님 나의 죄 위하여 보배 피를 흘리니 죄인 받으소서 아멘

질문

오늘 하루 내가 하나님의 용서를 본받아 실천할 수 있는 구체적인 행동은 무엇일까요?

나의 감사

오늘 하루, 감사할 것들을 적어보세요.

| 기도 | 하나님 아버지, 나에게 베푸신 용서를 기억하며 남을 용서하는 삶을 살게 하옵소서. 예수 그리스도의 이름으로 기도합니다. 아멘.

AUG **08.18** 화요일

와서 보라

요한복음 1:43-46 이튿날 예수께서 갈릴리로 나가려 하시다가 빌립을 만나 이르시되 나를 따르라 하시니 빌립은 안드레와 베드로와 한 동네 벳새다 사람이라 빌립이 나다나엘을 찾아 이르되 모세가 율법에 기록하였고 여러 선지자가 기록한 그이를 우리가 만났으니 요셉의 아들 나사렛 예수니라 나다나엘이 이르되 나사렛에서 무슨 선한 것이 날 수 있느냐 빌립이 이르되 와서 보라 하니라

백종만 장로는 어린 시절 학교조차 다니기 힘들 정도로 가난했습니다. 하지만 주변의 도움으로 미션스쿨인 매산중학교에 입학해, 그곳에서 하나님을 만났습니다. 이때의 만남 이후 그는 하나님과 동행하며 믿음의 길을 걸었습니다. 대학을 마치지 못했지만 그는 하나님의 은혜로 외국계 무역회사에 들어가 부지런히 일했습니다. 그의 성실함은 특별히 눈에 띄었고, 결국 세계적 기업인 제너럴 일렉트릭과 연결되기에 이릅니다. 이를 기회로 여긴 그는 영풍물산이라는 에너지 기업을 세워 사업에 뛰어들었습니다. 아끼던 동료가 배신하는 등 사업은 순탄치 않았으나, 새벽을 깨우고 하나님을 의지해 끝내 사업을 일으켜 세웠습니다. 70대 중반을 넘어선 지금도 왕성히 활동 중인 그는 하나님이 과연 살아 계시는지를 의심하며 묻는 사람들에게 이렇게 말합니다. "와서 보십시오. 시골 소년 백종만을 만나주고 이끌어 주신 예수님을 만나 보십시오."

오늘 말씀에서 빌립은 예수님을 의심하는 나다나엘에게 "와서 보라"라고 말합니다. 자신이 만난 예수님이 그리스도이심을 확신했기에 빌립은 담대히 증언할 수 있었습니다. 우리 또한 이와 같아야 합니다. 삶 가운데 예수님의 사랑을 깊이 체험하여, 만나는 모든 이들에게 "와서 예수님을 만나 보라."라고 전하게 되기를 바랍니다.

| 일독성경 | 시편 106-108편, 요한복음 1장 읽음 □

오늘의 찬송

듣는 사람마다 복음 전하여

새찬송가 520장(통 257)

1. 듣는 사람마다 복음 전하여 복스러운 소식 두루 퍼치세
 모든 사람에게 전할 소식은 어느 누구나 오라
2. 오는 사람들은 지체 말고서 문 열었을 때에 들어오시오
 생명 길은 오직 구주 예수니 어느 누구나 오라
3. 언약하신 대로 이룰 것이니 누구든지 언약 받을 수 있네
 받은 사람에게 생명이로다 어느 누구나 오라

후렴 어느 누구나 주께 나오라 어서 와서 주의 말씀 들으라
하늘 아버지가 오라 하시니 어느 누구나 오라

질문

다른 이들에게 "와서 예수님을 만나 보라."라고 담대히 권할 수 있을 만큼, 내 삶에 임한 예수님의 은혜는 무엇인가요?

나의 감사

오늘 하루, 감사할 것들을 적어보세요.

| 기도 | 하나님 아버지, 예수님의 사랑을 깊이 체험하여 만나는 모든 이들에게 우리가 만난 예수님을 전하게 하옵소서. 예수 그리스도의 이름으로 기도합니다. 아멘.

AUG **08.19** 수요일

새벽 이슬 같은 삶

시편 110:1-3 야훼께서 내 주에게 말씀하시기를 내가 네 원수들로 네 발판이 되게 하기까지 너는 내 오른쪽에 앉아 있으라 하셨도다 야훼께서 시온에서부터 주의 권능의 규를 내보내시리니 주는 원수들 중에서 다스리소서 주의 권능의 날에 주의 백성이 거룩한 옷을 입고 즐거이 헌신하니 새벽 이슬 같은 주의 청년들이 주께 나오는도다

영국의 육상 대표로 1924년 파리 올림픽에 출전했던 에릭 리델은 신앙을 삶의 최우선에 둔 청년이었습니다. 그는 100m 종목의 유력한 금메달 후보였지만 경기가 주일에 열린다는 사실을 알고 과감히 출전을 포기했습니다. 조국을 대표하는 선수로서 그의 결단은 큰 파장을 일으켰고 언론과 대중의 비난도 거셌습니다. 그러나 그는 하나님보다 앞서는 영광은 없다는 신념을 끝까지 지켰고, 400m 종목에 출전해 예상을 뒤엎고 세계신기록으로 금메달을 거머쥐었습니다. 이후 세상의 명예를 내려놓고 중국 선교사로 헌신하며 여생을 보냈습니다. 생전에 "나는 내 것이 아니고, 하나님께 속했다."라는 말을 자주 언급했던 그는 삶 전체로 이 고백을 실천하며 살았습니다.

시편 110편은 예수 그리스도가 사망을 이기고 부활하신 뒤 왕으로 통치하실 것을 고대하는 말씀입니다. 그리고 그 위대한 승리의 날에 새벽 이슬처럼 순결한 마음을 지닌 청년들이 주님께 나아온다고 말씀합니다. 우리는 온 세상의 구주이신 예수 그리스도를 섬기는 사람들입니다. 그분을 향한 우리의 태도는 청년과 같은 순수함이어야 합니다. 그 순수함은 손해와 비난을 감수하더라도 예수님만을 따르는 믿음으로 나타납니다. 오늘도 나의 모든 것을 드려 주님께 헌신하는 삶을 살아가시길 소망합니다.

| 일독성경 | 시편 109-110편, 요한복음 2-3장 읽음 □

오늘의 찬송

빛의 사자들이여

새찬송가 502장(통 259)

1. 빛의 사자들이여 어서 가서 어둠을 물리치고 주의 진리 모르는 백성에게 복음의 빛 비춰라
2. 선한 사역 위하여 힘을 내라 주 함께하시겠네 주의 크신 사랑을 전파하며 복음의 빛 비춰라
3. 주님 부탁하신 말 순종하여 이 진리 전파하라 산을 넘고 물 건너 힘을 다해 복음의 빛 비춰라
4. 동서남북 어디나 땅끝까지 주님만 의지하고 눈 어두워 못 보는 백성에게 복음의 빛 비춰라

후렴 빛의 사자들이여 복음의 빛 비춰라 죄로 어둔 밤 밝게 비춰라 빛의 사자들이여

질문

오늘 하루, 나의 시간과 능력을 사용해 하나님께 기꺼이 헌신할 수 있는 구체적인 방법은 무엇인가요?

나의 감사

오늘 하루, 감사할 것들을 적어보세요.

| 기도 | 하나님 아버지, 거룩한 옷을 입고 주님께 헌신하는 새벽 이슬 같은 청년처럼 살도록 인도해 주옵소서. 예수 그리스도의 이름으로 기도합니다. 아멘.

영원히 목마르지 아니하리라

요한복음 4:11-14 여자가 이르되 주여 물 길을 그릇도 없고 이 우물은 깊은데 어디서 당신이 그 생수를 얻겠사옵나이까 … 예수께서 대답하여 이르시되 이 물을 마시는 자마다 다시 목마르려니와 내가 주는 물을 마시는 자는 영원히 목마르지 아니하리니 내가 주는 물은 그 속에서 영생하도록 솟아나는 샘물이 되리라

17세기 프랑스의 수학자이자 철학자 블레즈 파스칼은 천재라 불릴 만큼 탁월한 지성으로 업적을 남겼습니다. 그러나 그의 내면은 늘 채울 수 없는 공허함과 목마름으로 허전했습니다. 아무리 많은 철학 지식과 성취를 쌓아 올려도 영혼의 깊은 갈증은 해소되지 않았던 것입니다. 그러던 1654년 어느 날 밤, 그는 하나님의 강력한 임재하심을 체험했고, 그 순간을 다음과 같이 기록했습니다. "불. 아브라함의 하나님, 이삭의 하나님, 야곱의 하나님. 철학자나 학자의 하나님이 아니다. 확실성, 감정, 기쁨, 평화. 예수 그리스도의 하나님." 이 뜨거운 만남을 통해 파스칼은 마침내 마음의 갈증이 해소되었고, 이전까지 알지 못했던 기쁨과 평안으로 충만한 삶을 살게 되었습니다.

오늘 본문에서 예수님은 사마리아 여인에게 "내가 주는 물을 마시는 자는 영원히 목마르지 아니하리니"라고 말씀하십니다. 세상에서의 성취나 쾌락은 순간적으로는 만족을 줄 수 있을지 모르지만, 결국 다시 허무와 갈증을 남깁니다. 그러나 예수님이 주시는 생수는 영원히 변치 않는 평안과 참된 만족을 가져다줍니다. 우리 모두 세상에서의 성취와 만족만을 뒤쫓지 말고, 예수님의 임재하심을 통해 영원히 목마르지 않을 하늘의 생수를 마시게 되길 소망합니다.

| 일독성경 | 시편 111-113편, 요한복음 4장 읽음 □

오늘의 찬송

목마른 자들아

새찬송가 526장(통 316)

1. 목마른 자들아 다 이리 오라 이곳에 좋은 샘 흐르도다
   힘쓰고 애씀이 없을지라도 이 샘에 오면 다 마시겠네
2. 이 샘에 솟는 물 강같이 흘러 온 천하 만국에 다 통하네
   빈부나 귀천에 분별이 없이 다 와서 쉬고 또 마시겠네
3. 생명수 샘물을 마신 자마다 목 다시 마르지 아니하고
   속에서 솟아나 생수가 되어 영원히 솟아 늘 풍성하리
4. 이 샘의 이름은 생명의 샘물 저 수정 빛같이 늘 맑도다
   어린양 보좌가 근원이 되어 생명수 샘이 늘 그치잖네

질문

마음의 갈증을 해결하기 위해 세상의 것들을 찾았던 경험이 있나요? 그 결과는 어땠나요?

나의 감사

오늘 하루, 감사할 것들을 적어보세요.

| 기도 | 하나님 아버지, 세상이 주는 만족이 아닌 예수 그리스도의 임재를 구하며 영생의 복 안에 거하도록 인도해 주옵소서. 예수 그리스도의 이름으로 기도합니다. 아멘.

주어진 사명에 집중하는 삶

요한복음 6:11-15 예수께서 떡을 가져 축사하신 후에 앉아 있는 자들에게 나눠 주시고 … 이에 거두니 보리떡 다섯 개로 먹고 남은 조각이 열두 바구니에 찼더라 그 사람들이 예수께서 행하신 이 표적을 보고 말하되 이는 참으로 세상에 오실 그 선지자라 하더라 그러므로 예수께서 그들이 와서 자기를 억지로 붙들어 임금으로 삼으려는 줄 아시고 다시 혼자 산으로 떠나 가시니라

존 스토트 목사는 20세기 복음주의를 대표하는 지도자였습니다. 그는 깊이 있는 지성과 따뜻한 공감을 담은 설교로 많은 이들을 복음으로 이끌었습니다. 그 영향력과 명성이 워낙 커서, 영국 성공회와 여러 신학교, 저명한 기독교 단체들은 그를 주교나 지도자로 세우고자 했습니다. 그러나 스토트는 그 모든 제안을 거절했습니다. 자신은 제도적 권위자가 아니라, 말씀을 전하는 설교와 저술에 헌신해야 할 사역자라고 확신했기 때문입니다. 그는 29세에 런던 올소울스교회에 부임한 후, 2011년 90세의 나이로 하나님의 부르심을 받기까지 평생 그곳에서 한결같이 말씀 사역에 전념했습니다.

오늘 말씀에서 군중들은 오병이어의 기적을 보고 예수님을 왕으로 세우려 했습니다. 그러나 예수님은 그들의 기대를 뿌리치고 홀로 기도의 자리로 나아가셨습니다. 그리고 마침내 십자가에서 인류 구원의 사명을 완성하셨습니다. 우리도 때로는 주님이 맡기신 사명이 아닌 다른 길을 선택하고 싶은 유혹을 받을 때가 있습니다. 만일 그것이 더 큰 명예나 지위, 혹은 많은 대가가 주어지는 자리라면, 그 유혹은 더욱 강렬할 것입니다. 그러나 하나님이 맡기신 길에 충실히 서는 삶이야말로 세상에서 얻는 그 어떤 자리보다 값지며, 하나님이 기뻐하시는 삶임을 잊지 말아야 할 것입니다.

| 일독성경 | 시편 114-115편, 요한복음 5-6장 읽음 □

오늘의 찬송

나는 예수 따라가는

새찬송가 349장(통 387)

1. 나는 예수 따라가는 십자가 군사라 주 이름 증언하기를 왜 주저하리요
   다른 군사 피 흘리며 나가서 싸울 때 나 혼자 편히 앉아서 바라만 보리오
2. 큰 싸움은 시작되어 용사를 부른다 일어나 전쟁 마당에 다 어서 나가자
   거룩하신 주님 위해 싸우러 나가자 주님의 권능 힘입어 다 이길 때까지
3. 그 승리의 영광 위해 싸워야 하리라 주 말씀 나의 힘 되니 겁낼 것 없도다
   모든 싸움 이긴 후에 그날이 이르면 승전가 높이 부르며 큰 영광 누리리

후렴 다른 사람 어쩌든지 나 주님의 용사 되리 나는 주의 군사 되어 충성을 맹세하여
내가 승리하기까지 주 은혜로 싸우리 주님의 용사 된 내게 주의 일 맡기소서

질문

다른 모든 제안이나 기대를 내려놓더라도 내가 끝까지 지켜야 할 사명의 자리는 어디인가요?

나의 감사

오늘 하루, 감사할 것들을 적어보세요.

| 기도 | 하나님 아버지, 하나님이 맡기신 사명에만 집중하며 오직 그 부르심에 순종하여 흔들림 없이 그 길을 걸어가게 하옵소서. 예수 그리스도의 이름으로 기도합니다. 아멘.

AUG **08.22** 토요일

야훼께 감사하라

시편 118:21-29 주께서 내게 응답하시고 나의 구원이 되셨으니 내가 주께 감사하리이다 건축자가 버린 돌이 집 모퉁이의 머릿돌이 되었나니 이는 야훼께서 행하신 것이요 … 주는 나의 하나님이시라 내가 주께 감사하리이다 주는 나의 하나님이시라 내가 주를 높이리이다 야훼께 감사하라 그는 선하시며 그의 인자하심이 영원함이로다

코리 텐 붐은 전 세계 크리스천들에게 존경받는 믿음의 사람입니다. 제2차 세계대전 중 그녀는 유대인을 숨겨주었다는 이유로 언니 베시와 함께 수용소에 갇혔습니다. 그곳에서 그들은 끊임없이 물어대는 벼룩 때문에 큰 고통을 겪어야 했습니다. 그런데도 언니 베시는 "그리스도인의 삶에 우연은 없어. 하나님이 이 상황을 허락하셨다면, 벼룩에도 하나님의 뜻이 있을 거야."라고 말하며 하나님께 감사의 기도를 드렸습니다. 시간이 지나면서 코리 텐 붐은 그 말이 옳았음을 깨달았습니다. 그 벼룩 때문에 간수들이 방에 들어오지 않았고, 그 덕분에 그들은 자유롭게 성경을 읽고 기도할 수 있었습니다. 고통스러웠던 벼룩이 오히려 은혜의 통로가 된 것입니다. 코리 텐 붐은 이후의 숱한 고난 속에서도 하나님의 선하신 뜻을 믿으며 감사를 잊지 않았습니다.

오늘 본문은 하나님을 향한 감사의 고백을 담고 있습니다. 우리는 때로 이해할 수 없는 고난 앞에서 낙심하고 좌절합니다. 그러나 그 힘든 순간에도 하나님의 일하심을 믿고 감사함으로 나아간다면, 하나님은 반드시 구원의 손길을 베풀어 주십니다. "야훼께 감사하라 그는 선하시며 그의 인자하심이 영원함이로다." 이 고백이 오늘 우리의 삶에도 이어지길 소망합니다. 감사는 우리를 넘치는 은혜의 자리로 인도할 것입니다.

| 일독성경 | 시편 116-118편, 요한복음 7장 읽음 □

오늘의 찬송

다 감사드리세

새찬송가 66장(통 20)

1. 다 감사드리세 온 맘을 주께 바쳐 그 섭리 놀라워 온 세상 기뻐하네
   예부터 주신 복 한없는 그 사랑 선물로 주시네 이제와 영원히
2. 사랑의 하나님 언제나 함께 계셔 기쁨과 평화의 복 내려주옵소서
   몸과 맘 병들 때 은혜로 지키사 이 세상 악에서 구하여 주소서
3. 감사와 찬송을 다 주께 드리어라 저 높은 곳에서 다스리시는 주님
   영원한 하나님 다 경배하여라 전에도 이제도 장래도 영원히 아멘

질문

처음에는 나를 괴롭히는 문제로 여겨졌지만, 시간이 지나 돌아보니 오히려 은혜의 통로였음을 깨달은 경험을 적어보세요.

나의 감사

오늘 하루, 감사할 것들을 적어보세요.

| 기도 | 하나님 아버지, 이해할 수 없는 고난 중에도 하나님의 선하신 뜻을 신뢰하며 항상 감사하는 자가 되게 하옵소서. 예수님의 이름으로 기도합니다. 아멘.

진정으로 복된 길

시편 119:1-6 행위가 온전하여 야훼의 율법을 따라 행하는 자들은 복이 있음이여 야훼의 증거들을 지키고 전심으로 야훼를 구하는 자는 복이 있도다 참으로 그들은 불의를 행하지 아니하고 주의 도를 행하는도다 주께서 명령하사 주의 법도를 잘 지키게 하셨나이다 내 길을 굳게 정하사 주의 율례를 지키게 하소서 내가 주의 모든 계명에 주의할 때에는 부끄럽지 아니하리이다

세계적인 선교단체 '네비게이토'의 창립자인 도슨 트로트맨은 촉망받는 수재였지만, 고등학교 졸업 후 도박과 술에 빠져 방탕하게 살았습니다. 친구의 전도로 교회를 다니며 열심히 성경을 외우기도 했으나, 곧 흥미를 잃고 신앙에서 멀어졌습니다. 해군 복무 중이던 어느 날, 이전에 암송했던 요한복음 1장 12절 "영접하는 자 곧 그 이름을 믿는 자들에게는 하나님의 자녀가 되는 권세를 주셨으니"라는 말씀이 떠올랐고, 그는 그 자리에서 회개하며 엎드렸습니다. 이후 '모든 족속을 제자 삼으라'는 말씀에 순종하여 한 사람을 귀하게 여기는 '원 맨 비전'을 바탕으로 네비게이토를 세웠습니다. 그 사역을 통해 수많은 영혼이 주님의 제자가 되었고, 그 열매는 지금도 이어지고 있습니다. 말씀으로 변화된 한 사람의 순종을 통해 놀라운 부흥이 일어난 것입니다.

하나님의 말씀은 우리를 새롭게 하고 복된 삶으로 인도합니다. 세상은 많은 소유와 즐거움을 복의 척도로 여기지만, 성경은 말씀을 따라 행하는 자가 복되다고 가르칩니다. 말씀에 깊이 뿌리 내린 삶은 어떤 풍파에도 흔들리지 않는 생명력으로 풍성한 열매를 맺습니다. 말씀에 기쁨으로 순종하는 삶을 살기를 소망합시다. 때로는 그 길이 좁고 험하게 느껴질지라도, 결국은 가장 안전하고 복된 길임을 경험하게 될 것입니다.

| 일독성경 | 시편 119-120편, 요한복음 8장 읽음 □

오늘의 찬송

달고 오묘한 그 말씀

새찬송가 200장(통 235)

1. 달고 오묘한 그 말씀 생명의 말씀은 귀한 그 말씀 진실로 생명의 말씀이
   나의 길과 믿음 밝히 보여주니
2. 귀한 주님의 말씀은 내 노래 되도다 모든 사람을 살리는 생명의 말씀을
   값도 없이 받아 생명 길을 가니
3. 널리 울리어 퍼지는 생명의 말씀은 맘에 용서와 평안을 골고루 주나니
   다만 예수 말씀 듣고 복을 받네

후렴 아름답고 귀한 말씀 생명 샘이로다 아름답고 귀한 말씀 생명 샘이로다 아멘

질문

시간을 따로 정해서 성경을 읽고 있나요? 말씀 묵상 계획을 세워 보고 실천해 보세요.

나의 감사

오늘 하루, 감사할 것들을 적어보세요.

| 기도 | 하나님 아버지, 날마다 말씀을 가까이하고 말씀에 순종하여 진정으로 복된 삶을 살아가게 하옵소서. 예수 그리스도의 이름으로 기도합니다. 아멘.

AUG **08.24** 월요일

선한 목자 예수님

요한복음 10:11-15 나는 선한 목자라 선한 목자는 양들을 위하여 목숨을 버리거니와 삯꾼은 목자가 아니요 양도 제 양이 아니라 이리가 오는 것을 보면 양을 버리고 달아나나니 이리가 양을 물어 가고 또 헤치느니라 … 나는 선한 목자라 나는 내 양을 알고 양도 나를 아는 것이 아버지께서 나를 아시고 내가 아버지를 아는 것 같으니 나는 양을 위하여 목숨을 버리노라

2021년 2월, 멜버른 북부 랜스필드에서 한 마리의 양이 발견되었습니다. 그런데 도무지 양이라고는 믿기 어려운 모습이었습니다. 오랫동안 털을 깎지 못해 무려 35kg에 달하는 양털로 뒤덮여 있었기 때문입니다. 앞을 제대로 보지 못했고, 움직이기도 버거워 보였습니다. 치료센터로 옮겨진 양은 두껍게 자란 털을 깎은 뒤 조금씩 건강을 회복했고, 직원들은 그에게 '바락'이라는 이름을 붙여주었습니다. 양은 때에 맞춰 털을 깎아 주는 것이 생명과 직결될 만큼 중요합니다. 그러나 무리에서 떨어져 목자의 돌봄을 받지 못한 바락은 무거운 양털을 짊어진 채 고통 속에 살아야 했습니다.

우리는 모두 양과 같아서 선한 목자이신 예수님의 인도와 돌봄 없이는 제대로 살아갈 수 없습니다. 예수님의 보호 아래 거하지 않는 인생은 삶의 무게에 짓눌려 방향을 잃고 방황하기 쉽습니다. 예수님은 우리의 필요를 알아보시고 우리를 지키시며, 영원한 생명의 길로 인도하십니다. 오늘도 우리를 부르시는 선한 목자의 음성에 귀 기울이기를 바랍니다. 그 음성을 따를 때, 참된 안식과 평강이 있습니다. 예수님께 삶을 맡기고 그분의 인도하심을 온전히 따르는 하루하루가 되기를 간절히 소망합니다.

| 일독성경 | 시편 121-122편, 요한복음 9-10장 읽음 □

오늘의 찬송

선한 목자 되신 우리 주

새찬송가 569장(통 442)

1. 선한 목자 되신 우리 주 항상 인도하시고 푸른 풀밭 좋은 곳에서 우리 먹여주소서
선한 목자 구세주여 항상 인도하소서 선한 목자 구세주여 항상 인도하소서
2. 양의 문이 되신 예수여 우리 영접하시고 길을 잃은 양의 무리를 항상 인도하소서
선한 목자 구세주여 기도 들어주소서 선한 목자 구세주여 기도 들어주소서
3. 흠이 많고 약한 우리를 용납하여주시고 주의 넓고 크신 은혜로 자유 얻게 하셨네
선한 목자 구세주여 지금 나아갑니다 선한 목자 구세주여 지금 나아갑니다
4. 일찍 주의 뜻을 따라서 살아가게 하시고 주의 크신 사랑 베푸사 따라가게 하소서
선한 목자 구세주여 항상 인도하소서 선한 목자 구세주여 항상 인도하소서 아멘

질문

목자 되신 주님의 음성을 분별하기 위해 내가 지금 가장 필요로 하는 영적 훈련은 무엇인가요?

나의 감사

오늘 하루, 감사할 것들을 적어보세요.

| 기도 | 하나님 아버지, 선한 목자이신 주님의 음성에 귀 기울이게 하시고 주님의 인도하심을 신뢰하며 따르게 하옵소서. 예수 그리스도의 이름으로 기도합니다. 아멘.

우리를 도우시는 하나님

시편 124:1-8 이스라엘은 이제 말하기를 야훼께서 우리 편에 계시지 아니하셨더라면 우리가 어떻게 하였으랴 사람들이 우리를 치러 일어날 때에 야훼께서 우리 편에 계시지 아니하셨더라면 … 우리의 영혼이 사냥꾼의 올무에서 벗어난 새 같이 되었나니 올무가 끊어지므로 우리가 벗어났도다 우리의 도움은 천지를 지으신 야훼의 이름에 있도다

20세기 초, 영국의 탐험가 어니스트 섀클턴은 27명의 대원과 함께 남극 대륙 횡단에 나섰습니다. 그러나 배가 거대한 빙하에 갇혀 파선되고 말았습니다. 탐험대는 빙하 위에 텐트를 치고 무려 1년 넘도록 혹한을 견디며 생존했습니다. 이후 가까스로 한 무인도에 도착했지만, 구조 가능성은 희박했습니다. 결국 섀클턴은 몇몇 대원과 함께 작은 구명보트 한 척에 몸을 싣고 직접 구조를 요청하러 떠났습니다. 험난한 협곡을 지나고 3,000m에 달하는 얼음산을 넘는 등 고된 여정 끝에 그들은 극적으로 구조 요청에 성공했습니다. 결국 조난된 지 632일 만에 전 대원이 구조되는 기적이 일어났습니다. 훗날 섀클턴은 그때의 일을 이렇게 회상했습니다. "그때를 돌아보면 하나님의 섭리가 있었음이 확실합니다. … 이름 없는 산과 빙하들을 행군하던 그 여정에서 우리는 분명 3명이었지만 4명이 함께하는 것처럼 느껴졌습니다."

오늘 시편은 도우시는 하나님을 찬양합니다. 하나님의 도움으로 원수들의 위협에서 벗어날 수 있었다고 고백합니다. 우리도 때때로 전혀 예상치 못한 풍랑을 만납니다. 그러나 오늘 시편의 고백처럼 천지를 지으신 야훼가 우리의 도움이 되심을 잊지 말아야 합니다. 항상 우리와 함께 걸으시며 위기에서 건지시는 하나님을 신뢰하시길 바랍니다.

| 일독성경 | 시편 123-124편, 요한복음 11장 읽음 □

오늘의 찬송

눈을 들어 산을 보니

새찬송가 383장(통 433)

1. 눈을 들어 산을 보니 도움 어디서오나 천지 지은 주 하나님 나를 도와주시네
나의 발이 실족않게 주가 깨어지키며 택한 백성 항상 지켜 길이 보호하시네
2. 도우시는 하나님이 네게 그늘되시니 낮의 해와 밤의 달이 너를 상치않겠네
네게 화를 주지 않고 혼을 보호하시며 너의 출입 지금부터 영영 인도하시리 아멘

질문

하나님의 도우심이 없었다면 결코 이겨낼 수 없었을 위기나 어려움이 있었나요? 그때 하나님이 어떻게 길을 열어 주셨는지 적어 보세요.

나의 감사

오늘 하루, 감사할 것들을 적어보세요.

| 기도 | 하나님 아버지, 어떤 상황 속에서도 주님의 도우심을 신뢰하게 하시고 우리의 힘이 아닌 주님의 능력을 의지하게 하옵소서. 예수 그리스도의 이름으로 기도합니다. 아멘.

AUG **08.26** 수요일

세 번 나를 부인하리라

요한복음 13:36-38 시몬 베드로가 이르되 주여 어디로 가시나이까 예수께서 대답하시되 내가 가는 곳에 네가 지금은 따라올 수 없으나 후에는 따라오리라 베드로가 이르되 주여 내가 지금은 어찌하여 따라갈 수 없나이까 주를 위하여 내 목숨을 버리겠나이다 예수께서 대답하시되 네가 나를 위하여 네 목숨을 버리겠느냐 내가 진실로 진실로 네게 이르노니 닭 울기 전에 네가 세 번 나를 부인하리라

1937년 5월 6일, 독일의 비행선 힌덴부르크호가 미국 뉴저지에 착륙을 시도하던 중 폭발해 불길에 휩싸였습니다. 당시 비행선은 비교적 안전한 교통수단으로 알려져 있었고, 힌덴부르크호 역시 대서양을 수차례나 왕복하며 안전성을 인정받았습니다. 게다가 최신 기술로 제작된 힌덴부르크호는 운영사가 안전을 장담하며 홍보했기에 더욱 신뢰를 얻고 있었습니다. 그러나 그 장담은 예상치 못한 사고 앞에 무너지고 말았습니다. 작은 불꽃이 수소에 옮겨붙어 비행선 전체가 불타버린 것입니다. 이 사건은 아무리 완벽해 보이는 것도 위기 앞에서는 한순간에 무너질 수 있음을 드러냈습니다.

오늘 본문에서 베드로는 예수님께 "주를 위하여 내 목숨을 버리겠나이다"라고 장담했지만, 한 여종의 물음을 듣고 두려움에 사로잡혀 주님의 말씀대로 세 번이나 주님을 부인하게 됩니다. 그의 모습은 인간의 의지와 결심이 얼마나 나약한지를 드러냅니다. 우리도 종종 베드로처럼 '무엇이든 할 수 있다.'라고 자신 있게 다짐하지만, 예상치 못한 시련 앞에서 쉽게 흔들리는 연약함을 드러낼 때가 있습니다. 그러므로 우리의 결심에만 머무르지 말고 성령님을 의지해야 합니다. 나의 의지가 아닌 오직 성령의 능력 안에서 우리는 흔들리지 않는 믿음으로 끝까지 주님을 따를 수 있습니다.

| 일독성경 | 시편 125-126편, 요한복음 12-13장 읽음 □

오늘의 찬송

너 시험을 당해

새찬송가 342장(통 395)

1. 너 시험을 당해 죄짓지 말고 너 용기를 다해 곧 물리치라
너 시험을 이겨 새 힘을 얻고 주 예수를 믿어 늘 승리하라
2. 네 친구를 삼가 잘 선택하고 너 언행을 삼가 늘 조심하라
너 열심을 다해 늘 충성하고 온 정성을 다해 주 봉사하라
3. 잘 이기는 자는 상 받으리니 너 낙심치 말고 늘 전진하라
네 구세주 예수 힘 주시리니 주 예수를 믿어 늘 승리하라

후렴 우리 구주의 힘과 그의 위로를 빌라 주님 네 편에 서서 항상 도우시리

질문

베드로처럼 믿음을 지키지 못했던 순간이 있었나요? 그때 하나님은 어떻게 회복시켜 주셨나요?

나의 감사

오늘 하루, 감사할 것들을 적어보세요.

| 기도 | 하나님 아버지, 나의 연약함을 아시는 주님께 겸손히 나아갑니다. 오직 주님만을 사랑하고 섬기게 하옵소서. 예수 그리스도의 이름으로 기도합니다. 아멘.

AUG **08.27** 목요일

야훼께서 집을 세우지 아니하시면

시편 127:1-2 야훼께서 집을 세우지 아니하시면 세우는 자의 수고가 헛되며 야훼께서 성을 지키지 아니하시면 파수꾼의 깨어 있음이 헛되도다 너희가 일찍이 일어나고 늦게 누우며 수고의 떡을 먹음이 헛되도다 그러므로 야훼께서 그의 사랑하시는 자에게는 잠을 주시는도다

존 파이퍼 목사는 그의 저서 『삶을 낭비하지 말라』에서 1998년 미국의 한 시사 월간지에 실린 부부의 이야기를 소개합니다. 이 부부는 은퇴 후 플로리다에서 보트를 타고 항해하며, 소프트볼을 즐기고, 조개껍데기를 모으며 사는 것을 인생의 목표로 삼았습니다. 세상의 기준으로 보면 누구나 부러워할 만한 여유롭고 성공적인 삶이었습니다. 그러나 파이퍼 목사는 이렇게 질문합니다. "하나님이 주신 단 한 번뿐인 인생을 다 살고 난 후, 주님 앞에 내놓을 것이 고작 조개껍데기뿐이라면, 이것이야말로 진짜 비극이 아닙니까?" 그러면서 그는 인간은 삶의 모든 부분에서 하나님을 높이도록 창조되었으며, 하나님이 없는 삶은 모든 것이 헛될 뿐이라고 강조합니다.

오늘 본문은 하나님 없이 이루어지는 모든 수고가 헛됨을 말씀합니다. 우리는 모두 인생이라는 집을 짓고 있습니다. 그러나 그 기초와 중심에 하나님이 아닌 자기만족과 세속적 욕망이 놓여있다면, 아무리 애쓰고 공을 들여도 그 집은 결국 무너지고 말 것입니다. 그러므로 마음에 하나님을 모시고, 삶의 주권을 온전히 그분께 맡기시기를 바랍니다. 그리할 때 우리는 삶의 만족과 보람을 얻을 수 있습니다. 하나님 안에서 꿈을 발견하고, 하나님의 영광을 위해 살아가는 우리 모두가 되기를 소망합니다.

| 일독성경 | 시편 127-129편, 요한복음 14장 읽음 □

오늘의 찬송

내 갈 길 멀고 밤은 깊은데

새찬송가 379장(통 429)

1. 내 갈 길 멀고 밤은 깊은데 빛 되신 주 저 본향집을 향해 가는 길 비추소서
   내 가는 길 다 알지 못하나 한 걸음씩 늘 인도하소서
2. 이전에 방탕하게 지낼때 교만하여 맘대로 고집하던 이 죄인 사하소서
   내 지은 죄 다 기억 마시고 주 뜻대로 늘 주장하소서
3. 이전에 나를 인도하신 주 장래에도 내 앞에 험산 준령 만날때 도우소서
   밤 지나고 저 밝은 아침에 기쁨으로 내 주를 만나리 아멘

질문

내가 얻거나 이루고자 하는 것들 가운데 하나님의 영광과 무관한 것이 있다면, 무엇을 내려놓아야 할까요? 그것을 내려놓기로 결단해 보세요.

나의 감사

오늘 하루, 감사할 것들을 적어보세요.

| 기도 | 하나님 아버지, 하나님께 우리 삶을 온전히 맡기고 하나님의 영광을 위한 삶을 살아가게 하옵소서. 예수 그리스도의 이름으로 기도합니다. 아멘.

AUG **08.28** 금요일

하나님 품 안에서의 쉼

시편 131:1-3 야훼여 내 마음이 교만하지 아니하고 내 눈이 오만하지 아니하오며 내가 큰 일과 감당하지 못할 놀라운 일을 하려고 힘쓰지 아니하나이다 실로 내가 내 영혼으로 고요하고 평온하게 하기를 젖 뗀 아이가 그의 어머니 품에 있음 같게 하였나니 내 영혼이 젖 뗀 아이와 같도다 이스라엘아 지금부터 영원까지 야훼를 바랄지어다

하용조 목사는 생전에 한국 복음주의 4인방으로 불릴 만큼 영향력 있는 목회자였습니다. 1970년대, 젊고 열정에 넘쳤던 그는 연예인교회를 개척했고, 하루에 4시간만 잠을 자면서 일곱 번씩 설교를 하며 사역에 매진했습니다. 그러나 과도한 사역으로 간경화가 찾아왔고, 결국 목회를 내려놓은 채 영국으로 요양을 떠나야 했습니다. 아쉬움 속에 떠난 여정이었지만, 그 시간은 그에게 도리어 큰 깨달음을 주었습니다. 그는 영국에서 처음으로 온전한 쉼을 경험하며, 사역의 성과보다 하나님 안에서의 평안이 더 귀하고 소중하다는 사실을 깨달았습니다. 이후 몸과 마음을 회복해 귀국한 그는 온누리교회를 개척해 다시 목회를 시작했고 풍성한 사역의 열매를 거두었습니다.

시편 131편은 많은 일로 지쳐 있던 다윗이 지난날을 돌아보며, 하나님 안에서 쉼을 얻는 기쁨을 노래한 시입니다. 다윗은 젖 뗀 아이가 어머니 품에서 쉼을 얻듯, 하나님 안에서 평온함을 누린다고 고백합니다. 우리도 종종 많은 일에 치이고 짓눌려 몸과 마음이 완전히 지쳐버릴 때가 있습니다. 그럴 때는 주저 없이 하나님의 품으로 나아가시기를 바랍니다. 아이처럼 하나님께 안길 때, 고요와 평온 가운데 참된 쉼을 누리고 다시 새 힘을 얻게 될 것입니다.

| 일독성경 | 시편 130-132편, 요한복음 15장 읽음 □

오늘의 찬송

내 영혼의 그윽히 깊은 데서

새찬송가 412장(통 469)

1. 내 영혼의 그윽히 깊은 데서 맑은 가락이 울려나네
   하늘 곡조가 언제나 흘러나와 내 영혼을 고이 싸네
2. 내 맘속에 솟아난 이 평화는 깊이 묻히인 보배로다
   나의 보화를 캐내어 가져갈 자 그 아무도 없으리라
3. 내 영혼에 평화가 넘쳐남은 주의 큰 복을 받음이라
   내가 주야로 주님과 함께 있어 내 영혼이 편히 쉬네
4. 이 땅 위의 험한 길 가는 동안 참된 평화가 어디 있나
   우리 모두 다 예수를 친구 삼아 참평화를 누리겠네

후렴 평화 평화로다 하늘 위에서 내려오네 그 사랑의 물결이 영원토록 내 영혼을 덮으소서

질문

혹시 바쁜 일상 속에서 몸과 마음이 지치진 않았나요? 하나님 안에서 쉼을 얻는 방법은 무엇일까요?

나의 감사

오늘 하루, 감사할 것들을 적어보세요.

| 기도 | 하나님 아버지, 삶에 지쳤을 때 하나님의 품에 안겨 쉼을 얻게 하옵소서. 그 쉼을 통해 새 힘을 얻고 다시 일어서게 하옵소서. 예수 그리스도의 이름으로 기도합니다. 아멘.

AUG **08.29** 토요일

장애물을 제거하라

요한복음 17:14-16 내가 아버지의 말씀을 그들에게 주었사오매 세상이 그들을 미워하였사오니 이는 내가 세상에 속하지 아니함 같이 그들도 세상에 속하지 아니함으로 인함이니이다 내가 비옵는 것은 그들을 세상에서 데려가시기를 위함이 아니요 다만 악에 빠지지 않게 보전하시기를 위함이니이다 내가 세상에 속하지 아니함 같이 그들도 세상에 속하지 아니하였사옵나이다

미국 라스베이거스는 수많은 카지노와 화려한 유흥문화로 유명합니다. 그 한복판에서 세상과 구별된 삶을 강조하며 복음을 전하는 목회자가 있습니다. 바로 센추럴크리스천교회의 저드 윌하이트 목사입니다. 그는 열두 살 때 처음 마약을 접한 뒤 심각한 중독에 빠져 방탕한 삶을 살았습니다. 스스로 마약을 끊을 수 없었던 어느 날, 그는 주님 앞에 엎드려 간절히 부르짖었습니다. 그러자 하나님이 그에게 마약을 끊고 결단할 용기를 주셨습니다. 그는 가지고 있던 마약을 모두 버리고 금단현상이 올 때마다 기도로 싸워 이겨냈고, 기도할수록 예수님만이 참된 소망임을 깊이 깨닫게 되었습니다. 마침내 그는 마약에서 완전히 벗어나 목회자의 길을 걷게 되었습니다. 현재 그는 중독과 절망에 빠진 이들에게 복음의 능력을 전하며 새 삶을 살도록 돕는 귀한 사역을 감당하고 있습니다.

오늘 본문에서 예수님은 제자들이 악에 빠지지 않도록 지켜달라고 하나님께 간절히 기도하십니다. 우리는 이 세상에 속하지 않은 하나님의 자녀들입니다. 세상이 하나님의 말씀을 따르는 자들을 미워할지라도, 우리는 진리 안에서 거룩하게 구별된 삶을 살아가야 합니다. 오직 말씀과 기도로 우리를 넘어뜨리려는 어떤 장애물도 이겨내기를 소망합니다. 성령님이 함께하시면 모든 악한 것을 이길 수 있습니다.

| 일독성경 | 시편 133-134편, 요한복음 16-17장 읽음 □

오늘의 찬송

예수를 나의 구주 삼고

새찬송가 288장(통 204)

1. 예수를 나의 구주 삼고 성령과 피로써 거듭나니
   이 세상에서 내 영혼이 하늘의 영광 누리도다
2. 온전히 주께 맡긴 내 영 사랑의 음성을 듣는 중에
   천사들 왕래하는 것과 하늘의 영광 보리로다
3. 주 안에 기쁨 누림으로 마음의 풍랑이 잔잔하니
   세상과 나는 간곳없고 구속한 주만 보이도다

후렴 이것이 나의 간증이요 이것이 나의 찬송일세
나 사는 동안 끊임없이 구주를 찬송하리로다 아멘

질문

나를 넘어뜨리는 장애물은 무엇인가요? 그 장애물을 이길 수 있도록 성령님의 도우심을 구하는 기도문을 적어보세요.

나의 감사

오늘 하루, 감사할 것들을 적어보세요.

| 기도 | 하나님 아버지, 세상에 속하지 않고 진리 안에서 거룩하게 구별된 삶을 살아가도록 말씀과 기도로 충만하게 하옵소서. 예수 그리스도의 이름으로 기도합니다. 아멘.

그 인자하심이 영원함이로다

시편 136:6-11 땅을 물 위에 펴신 이에게 감사하라 그 인자하심이 영원함이로다 큰 빛들을 지으신 이에게 감사하라 그 인자하심이 영원함이로다 … 달과 별들로 밤을 주관하게 하신 이에게 감사하라 그 인자하심이 영원함이로다 애굽의 장자를 치신 이에게 감사하라 그 인자하심이 영원함이로다 이스라엘을 그들 중에서 인도하여 내신 이에게 감사하라 그 인자하심이 영원함이로다

1859년 6월 30일, 나이아가라 폭포 위에서 놀라운 광경이 펼쳐졌습니다. 프랑스 곡예사 찰스 블론딘이 48미터 높이에 설치된 외줄 위를 18kg의 장대를 들고 건넌 것입니다. 수많은 관중이 열광하며 환호하자 블론딘이 물었습니다. "제가 사람을 업고 이 줄을 건널 수 있다고 믿습니까?" 사람들은 일제히 "믿습니다!"라고 외쳤지만, 정작 등에 업힐 지원자를 찾자 모두 침묵하며 시선을 피했습니다. 바로 그때 한 남자가 주저 없이 앞으로 나섰습니다. 그는 블론딘의 매니저인 해리 콜코드였습니다. 누구보다 그의 노력과 실력을 잘 알고 있던 콜코드는 블론딘의 등에 기꺼이 자신의 몸을 맡겼고, 블론딘은 그를 업고 무사히 폭포 위를 건넜습니다. 콜코드는 자신의 생명을 맡길 만큼 블론딘을 깊이 신뢰했고, 그 모습은 많은 이에게 큰 감동을 주었습니다.

사실, 우리는 입술로는 하나님을 믿는다고 고백하면서도 정작 삶의 전부를 하나님께 맡기기에는 주저할 때가 많습니다. 그러나 하나님은 하늘과 땅을 지으신 전능하신 창조주시며, 우리를 누구보다 깊이 아시고 사랑하시는 분입니다. 그 인자하심이 영원하신 하나님을 신뢰하고 우리의 삶을 온전히 맡기기를 바랍니다. 세상이라는 외줄 위에서 흔들리는 우리를 하나님이 친히 등에 업으시고 안전하게 인도하실 것입니다.

| 일독성경 | 시편 135-137편, 요한복음 18장 읽음 □

오늘의 찬송

이 눈에 아무 증거 아니 뵈어도

새찬송가 545장(통 344)

1. 이 눈에 아무 증거 아니 뵈어도 믿음만을 가지고서 늘 걸으며
이 귀에 아무 소리 아니 들려도 하나님의 약속 위에 서리라
2. 이 눈이 보기에는 어떠하든지 이미 얻은 증거대로 늘 믿으며
이 맘에 의심 없이 살아갈 때에 우리 소원 주 안에서 이루리
3. 주님의 거룩함을 두고 맹세한 주 하나님 아버지는 참 미쁘다
그 귀한 모든 약속 믿는 자에게 능치 못할 무슨 일이 있을까

후렴 걸어가세 믿음 위에 서서 나가세 나가세 의심 버리고
걸어가세 믿음 위에 서서 눈과 귀에 아무 증거 없어도

질문

내 삶에서 하나님께 온전히 맡겨야 할 부분은 무엇이며, 그것을 위해 구체적으로 취해야 할 행동은 무엇인가요?

나의 감사

오늘 하루, 감사할 것들을 적어보세요.

| 기도 | 하나님 아버지, 연약한 믿음을 긍휼히 여기시고 인자하심이 영원하신 하나님께 삶을 전적으로 맡기게 하옵소서. 예수 그리스도의 이름으로 기도합니다. 아멘.

AUG **08.31** 월요일

다 이루었다

요한복음 19:28-30 그 후에 예수께서 모든 일이 이미 이루어진 줄 아시고 성경을 응하게 하려 하사 이르시되 내가 목마르다 하시니 거기 신 포도주가 가득히 담긴 그릇이 있는지라 사람들이 신 포도주를 적신 해면을 우슬초에 매어 예수의 입에 대니 예수께서 신 포도주를 받으신 후에 이르시되 다 이루었다 하시고 머리를 숙이니 영혼이 떠나가시니라

1918년 11월 11일 새벽 5시, 독일이 항복 문서에 서명하면서 제1차 세계대전은 연합군의 승리로 막을 내렸습니다. 독일군과 연합군은 휴전 협정에 따라 오전 11시를 기해 모든 전투를 중단하기로 합의했지만, 일부 연합군 지휘관들은 자신들의 전과를 더 올리려는 욕심에 공격을 멈추지 않았습니다. 그 결과 11시 직전까지 여러 전장에서 무의미한 전투가 이어졌고, 단 하루 동안 2,700명 이상이 목숨을 잃고 8,000명 이상이 부상을 당했습니다. 결국 이미 승리가 확정된 뒤에도 더 많은 공적을 쌓으려는 무모한 집착으로 불필요한 희생만을 남겼다는 안타까운 기록이 있습니다.

오늘 본문에서 예수님은 십자가 위에서 "다 이루었다"라고 말씀하시며 구원의 역사를 완성하셨습니다. 죄와 사망을 이기신 승리는 이미 확정된 것이기에, 그 위대한 승리에 우리가 무언가 더할 일은 없습니다. 그러나 우리는 종종 구원이 온전해지려면, 스스로 무언가를 더 성취해야 한다고 생각하며 애를 쓰곤 합니다. 하지만 그것은 헛된 수고이며 우리를 더욱 지치게 할 뿐입니다. 우리의 구원은 오직 예수님의 십자가에서 이미 완성되었음을 기억합시다. 우리는 그 은혜 안에서 참된 평안과 자유를 누리며, 완전한 승리가 주는 기쁨으로 감사와 헌신의 삶을 살아가야 합니다.

| 일독성경 | 시편 138-140편, 요한복음 19장 읽음 □

오늘의 찬송

마음에 가득한 의심을 깨치고

새찬송가 257장(통 189)

1. 마음에 가득한 의심을 깨치고 지극히 화평한 맘으로
   찬송을 부름은 어린양 예수의 그 피로 속죄함 얻었네
2. 금이나 은같이 없어질 보배로 속죄함 받은 것 아니오
   거룩한 하나님 어린양 예수의 그 피로 속죄함 얻었네
3. 나 같은 죄인이 용서함 받아서 주 앞에 옳다함 얻음은
   확실히 믿기는 어린양 예수의 그 피로 속죄함 얻었네
4. 거룩한 천국에 올라간 후에도 넘치는 은혜의 찬송을
   기쁘게 부름은 어린양 예수의 그 피로 속죄함 얻었네

후렴 속죄함 속죄함 주 예수 내 죄를 속했네 할렐루야 소리를 합하여 함께 찬송하세
그 피로 속죄함 얻었네

질문

예수님이 이미 구원을 완성하셨음에도 내가 여전히 무언가를 더 해야 한다고 느끼는 부분이 있나요?

나의 감사

오늘 하루, 감사할 것들을 적어보세요.

| 기도 | 하나님 아버지, 십자가 위에서 홀로 구원을 완성하신 예수님의 은혜 안에 거하며 자유와 평안을 누리도록 인도하옵소서. 예수 그리스도의 이름으로 기도합니다. 아멘.

9 SEPTEMBER 2026

SUN	MON	TUE	WED
30	31	1 시 141-142 □ 요 20-21 □	2 시 143-145 □ 행 1 □
6 잠 3-5 □ 행 7 □	7 잠 6-8 □ 행 8 □	8 잠 9-10 □ 행 9-10 □	9 잠 11-13 □ 행 11 □
13 잠 22-23 □ 행 16-17 □	14 잠 24-26 □ 행 18 □	15 잠 27-28 □ 행 19-20 □	16 잠 29-31 □ 행 21 □
20 전 8-9 □ 행 27-28 □	21 전 10-12 □ 롬 1 □	22 아 1-3 □ 롬 2 □	23 아 4-5 □ 롬 3-4 □
27 사 6-7 □ 롬 9-10 □	28 사 8-10 □ 롬 11 □	29 사 11-12 □ 롬 12 □	30 사 13-15 □ 롬 13 □
4	5	6	7

감사QT 365

일독성경표 & monthly plan

	THU	FRI	SAT	메모
	3 시 146-147 ☐ 행 2-3 ☐	4 시 148-150 ☐ 행 4 ☐	5 잠 1-2 ☐ 행 5-6 ☐	
	10 잠 14-15 ☐ 행 12-13 ☐	11 잠 16-18 ☐ 행 14 ☐	12 잠 19-21 ☐ 행 15 ☐	
	17 전 1-2 ☐ 행 22-23 ☐	18 전 3-4 ☐ 행 24-25 ☐	19 전 5-7 ☐ 행 26 ☐	
	24 아 6-8 ☐ 롬 5 ☐	25 추석 사 1-2 ☐ 롬 6-7 ☐	26 사 3-5 ☐ 롬 8 ☐	
	1	2	3	
	8	9	10	

SEP **09.01** 화요일

주는 나의 피난처시요 분깃이시라

시편 142:5-7 야훼여 내가 주께 부르짖어 말하기를 주는 나의 피난처시요 살아 있는 사람들의 땅에서 나의 분깃이시라 하였나이다 나의 부르짖음을 들으소서 나는 심히 비천하니이다 나를 핍박하는 자들에게서 나를 건지소서 그들은 나보다 강하니이다 내 영혼을 옥에서 이끌어 내사 주의 이름을 감사하게 하소서 주께서 나에게 갚아 주시리니 의인들이 나를 두르리이다

1870년, 미국의 사업가 호레이쇼 스패포드는 잇따른 비극에 직면했습니다. 네 살 된 아들을 성홍열로 잃었고, 이듬해에는 시카고 대화재로 모든 재산을 잃었습니다. 1873년, 가족을 먼저 유럽으로 보낸 그는 뒤늦게 소식을 듣게 됩니다. 아내와 네 딸이 탄 증기선이 대서양에서 침몰했고, 아내만 겨우 구조되었다는 전보였습니다. 스패포드는 아내를 만나러 대서양을 건너던 중 딸들이 생을 마감한 바로 그 지점을 지나게 되었습니다. 그 순간 놀랍게도 그의 마음속에 깊은 평안이 찾아왔습니다. "내 평생에 가는 길 순탄하여"로 시작하는 불후의 찬송시가 이렇게 탄생했습니다.

다윗도 자신을 추격하는 자들을 피해 동굴에 갇혀 있을 때 이와 같은 고백을 했습니다. 사방이 막힌 절망적 상황에서 그는 하나님을 "피난처"요 "분깃"이라 부릅니다. 다윗은 눈앞의 위기가 아니라 영원토록 함께하실 하나님께 시선을 고정했습니다. 문제를 바라보면 문제가 커 보이지만, 하나님을 바라보면 문제가 작아집니다. 우리가 어떤 문제의 동굴에 갇혀 있을지라도 "주는 나의 피난처요 분깃이십니다."라고 고백한다면 하나님이 우리를 그곳에서 끌어내시고 감사의 노래를 부르게 하실 것입니다. 절망의 자리가 변하여 하나님을 더 깊이 만나는 은혜의 자리가 되기를 소망합니다.

| 일독성경 | 시편 141-142편, 요한복음 20-21장 읽음 □

오늘의 찬송

내 평생에 가는 길

새찬송가 413장(통 470)

1. 내 평생에 가는 길 순탄하여 늘 잔잔한 강 같든지
   큰 풍파로 무섭고 어렵든지 나의 영혼은 늘 편하다
2. 저 마귀는 우리를 삼키려고 입 벌리고 달려와도
   주 예수는 우리의 대장 되니 끝내 싸워서 이기리라
3. 내 지은 죄 주홍빛 같더라도 주 예수께 다 아뢰면
   그 십자가 피로써 다 씻으사 흰 눈보다 더 정하리라
4. 저 공중에 구름이 일어나며 큰 나팔이 울릴 때에
   주 오셔서 세상을 심판해도 나의 영혼은 겁 없으리

후렴 내 영혼 평안해 내 영혼 내 영혼 평안해

질문

현재 나에게 처한 문제는 무엇인가요? 문제보다 크신 하나님께 시선을 고정하고 평안을 구하세요.

나의 감사

오늘 하루, 감사할 것들을 적어보세요.

| 기도 | 하나님 아버지, 고난 속에서도 하나님을 나의 피난처와 분깃으로 고백하며 감사와 소망을 잃지 않게 하옵소서. 예수 그리스도의 이름으로 기도합니다. 아멘.

오로지 기도에 힘쓰더라

사도행전 1:12-14 제자들이 감람원이라 하는 산으로부터 예루살렘에 돌아오니 … 들어가 그들이 유하는 다락방으로 올라가니 베드로, 요한, 야고보, 안드레와 빌립, 도마와 바돌로매, 마태와 및 알패오의 아들 야고보, 셀롯인 시몬, 야고보의 아들 유다가 다 거기 있어 여자들과 예수의 어머니 마리아와 예수의 아우들과 더불어 마음을 같이하여 오로지 기도에 힘쓰더라

1727년 모라비안 공동체는 갈등과 분열로 무너지기 직전이었습니다. 그러나 8월 13일 성찬예배에서 성령의 역사가 일어났습니다. 회개와 화해의 물결이 온 회중을 휩쓸었고, 그날부터 24시간 멈추지 않고 중보기도를 하는 '기도의 파수 운동'이 시작되었습니다. 놀랍게도 이 기도회는 100년간 이어졌습니다. 모라비안 공동체는 밤낮으로 기도의 자리를 지켰고, 남녀노소가 정해진 시간에 릴레이로 기도했습니다. 그들은 형제자매 한 사람 한 사람을 위해 중보기도하고, 세계 각지의 선교사들을 위해 간구했습니다. 이 작은 마을의 기도는 세계 선교의 불길로 타올라, 수백 명의 선교사가 땅 끝까지 흩어지게 되었습니다.

예수님 승천 후 제자들은 다락방에 모여 "마음을 같이하여" 기도에 전념했습니다. 두려움과 막막함 속에서 그들이 선택한 것은 기도였습니다. 열흘간의 합심 기도 끝에 오순절 날에 이르러 성령이 임했고, 두려움에 떨던 갈릴리 어부들은 담대한 복음 전파자로 변화되었습니다. 그들은 더 이상 도망가는 자들이 아니라 예루살렘과 온 유대와 사마리아와 땅 끝까지 복음을 전하는 주님의 증인이 되었습니다. 이처럼 기도는 분열을 하나 됨으로, 두려움을 담대함으로, 연약함을 능력으로 바꾸는 은혜의 통로입니다. 오늘도 무릎 꿇는 기도의 사람이 되어 하나님의 능력을 경험하시길 소망합니다.

| 일독성경 | 시편 143-145편, 사도행전 1장 읽음 □

오늘의 찬송

내 기도하는 그 시간

새찬송가 364장(통 482)

1. 내 기도하는 그 시간 그때가 가장 즐겁다 이 세상 근심 걱정에 얽매인 나를 부르사
내 진정 소원 주 앞에 낱낱이 바로 아뢰어 큰 불행 당해 슬플 때 나 위로받게 하시네
2. 내 기도하는 그 시간 내게는 가장 귀하다 저 광야 같은 세상을 끝없이 방황하면서
위태한 길로 나갈 때 주께서 나를 이끌어 그 보좌 앞에 나아가 큰 은혜 받게 하시네
3. 내 기도하는 그 시간 그때가 가장 즐겁다 이때껏 지은 큰 죄로 내 마음 심히 아파도
참마음으로 뉘우쳐 다 숨김없이 아뢰면 주 나를 위해 복 주사 새 은혜 부어주시네
4. 내 기도하는 그 시간 그때가 가장 즐겁다 주 세상에서 일찍이 저 요란한 곳 피하여
빈 들에서나 산에서 온밤을 새워 지내사 주 예수 친히 기도로 큰 본을 보여주셨네 아멘

질문

나는 기도의 능력을 믿고 실제로 경험하고 있나요? 나의 기도 습관을 점검해 보세요.

나의 감사

오늘 하루, 감사할 것들을 적어보세요.

| 기도 | 하나님 아버지, 날마다 기도의 자리로 나아가 하나님이 주시는 담대함과 능력으로 살아가게 하옵소서. 예수 그리스도의 이름으로 기도합니다. 아멘.

사랑은 낮은 곳으로 흐릅니다

시편 146:7-9 억눌린 사람들을 위해 정의로 심판하시며 주린 자들에게 먹을 것을 주시는 이시로다 야훼께서는 갇힌 자들에게 자유를 주시는도다 야훼께서 맹인들의 눈을 여시며 야훼께서 비굴한 자들을 일으키시며 야훼께서 의인들을 사랑하시며 야훼께서 나그네들을 보호하시며 고아와 과부를 붙드시고 악인들의 길은 굽게 하시는도다

2002년 겨울, 허기복 목사는 당시 250원이던 연탄 한 장을 살 수 없어 냉방에서 떨고 있는 할머니를 만났습니다. 그 만남이 바로 '연탄은행'의 시작이었습니다. 한 평 남짓한 작은 공간에서 시작된 이 운동은 '사랑의 연탄 나눔 운동'으로 확산되었습니다. 현재는 전국 31곳에서 에너지 빈곤층 10만 가구의 겨울을 책임지며, 기업과 함께하는 사회공헌 프로그램을 추진하는 등 활발한 활동을 이어가고 있습니다. 허기복 목사는 이렇게 고백합니다. "연탄 한 장의 무게는 3.65kg입니다. 저는 이 숫자가 사람의 체온 36.5도와 같다고 생각합니다. 가난한 이들에게 연탄은 단순한 난방 도구가 아닙니다. 그것은 소통이고 열정이며 사랑입니다."

오늘 본문은 하나님의 시선이 어디를 향하는지 분명히 보여줍니다. 억눌린 자, 주린 자, 갇힌 자, 맹인, 비굴한 자, 나그네, 고아와 과부, 이들은 모두 당시 사회에서 가장 연약한 자들이었습니다. 세상은 강하고 능력 있는 자들을 추앙하지만, 하나님의 관심은 언제나 낮은 곳에 있습니다. 물이 높은 곳에서 낮은 곳으로 흐르듯, 하나님의 사랑도 가장 낮은 곳으로 흘러갑니다. 그 사랑의 통로가 바로 우리입니다. 오늘 하루, 낮은 곳으로 하나님의 사랑을 흘려보내는 작은 실천을 시작해 보길 소망합니다.

| 일독성경 | 시편 146-147편, 사도행전 2-3장 읽음 □

오늘의 찬송

네 맘과 정성을 다하여서

새찬송가 218장(통 369)

1. 네 맘과 정성을 다하여서 주 너의 하나님을 사랑하라 네 몸을 아끼고 사랑하듯 형제와 이웃을 사랑하라 주께서 우리게 명하시니 그 명령 따라서 살아가리
2. 널 미워 해치는 원수라도 언제나 너그럽게 사랑하라 널 핍박하는 자 위해서도 신실한 맘으로 복을 빌라 주께서 우리게 명하시니 그 명령 따라서 살아가리
3. 나 항상 주님을 멀리하고 형제를 사랑하지 못하였다 이러한 죄인을 사랑하사 주께서 몸 버려 죽으셨다 속죄의 큰 사랑 받은 이 몸 내 생명 다 바쳐 충성하리 아멘

질문

주변에 하나님의 사랑이 필요한 어려운 이웃은 없는지 돌아보고 그들을 어떻게 섬길 수 있을지 적어보세요.

나의 감사

오늘 하루, 감사할 것들을 적어보세요.

| 기도 | 하나님 아버지, 하나님의 성품을 닮아 어렵고 소외된 자들에게 관심을 가지고 사랑으로 그들을 섬기게 하옵소서. 예수 그리스도의 이름으로 기도합니다. 아멘.

무엇이 옳은가

사도행전 4:17-20 이것이 민간에 더 퍼지지 못하게 그들을 위협하여 이 후에는 이 이름으로 아무에게도 말하지 말게 하자 하고 그들을 불러 경고하여 도무지 예수의 이름으로 말하지도 말고 가르치지도 말라 하니 베드로와 요한이 대답하여 이르되 하나님 앞에서 너희의 말을 듣는 것이 하나님의 말씀을 듣는 것보다 옳은가 판단하라 우리는 보고 들은 것을 말하지 아니할 수 없다 하니

미국의 패스트푸드 체인 '칙필레'는 주일마다 모든 매장의 문을 닫습니다. 창업자 트루엣 캐시는 막대한 수익 기회를 포기하면서도 주일 성수의 원칙을 지켰습니다. 경쟁사들이 주말 매출을 극대화하는 상황에서 그의 결정은 어리석게 보였습니다. 실제로 주일 영업을 포기함으로써 연간 수천억 원의 잠재 수익을 놓치고 있다는 기업 연구가들의 분석도 있었습니다. 그럼에도 트루엣 캐시는 주일 휴업 원칙을 끝까지 지켰습니다. 놀랍게도 칙필레는 탁월한 서비스와 품질로 고객의 신뢰를 얻어 현재는 연간 수십조 원의 매출을 올리는 미국 최고의 패스트푸드 체인으로 성장했습니다.

오늘 본문에서 베드로와 요한은 예수님의 이름으로 병자를 고치고 복음을 전했다는 이유로 심문을 받습니다. 그들은 종교 지도자들의 협박에도 굴하지 않고 "하나님 앞에서 너희의 말을 듣는 것이 하나님의 말씀을 듣는 것보다 옳은가 판단하라"라며 담대하게 맞섰습니다. 참된 믿음은 사람들의 시선이나 평가보다 하나님 앞에서 무엇이 옳은지 먼저 묻고 그 뜻을 온전히 따르는 것입니다. 하나님을 향한 신실한 순종이야말로 진정한 승리의 길임을 기억하며, 매 순간 주님의 뜻을 따라 담대히 나아가는 우리가 되길 소망합니다.

| 일독성경 | 시편 148-150편, 사도행전 4장 읽음 □

오늘의 찬송

예수 따라가며

새찬송가 449장(통 377)

1. 예수 따라가며 복음 순종하면 우리 행할 길 환하겠네
주를 의지하며 순종하는 자를 주가 늘 함께하시리라
2. 해를 당하거나 우리 고생할 때 주가 위로해 주시겠네
주를 의지하며 순종하는 자를 주가 안위해주시리라
3. 남의 짐을 지고 슬픔 위로하면 주가 상급을 주시겠네
주를 의지하며 순종하는 자를 항상 복 내려주시리라
4. 우리 받은 것을 주께 다 드리면 우리 기쁨이 넘치겠네
주를 의지하며 순종하는 자를 은혜 풍성케 하시리라
5. 주를 힘입어서 말씀 잘 배우고 주를 모시고 살아가세
주를 의지하며 항상 순종하면 주가 사랑해주시리라

후렴 의지하고 순종하는 길은 예수 안에 즐겁고 복된 길이로다

질문

하나님의 말씀에 순종하기 위해 포기해야 할 것이 있다면, 그것은 무엇인지 적어보세요.

나의 감사

오늘 하루, 감사할 것들을 적어보세요.

| 기도 | 하나님 아버지, 세상의 시선이나 평가에 믿음이 흔들리지 않고 하나님의 뜻을 구하며 기쁨으로 순종하게 하옵소서. 예수 그리스도의 이름으로 기도합니다. 아멘.

지혜를 구하라

잠언 2:1-5 내 아들아 네가 만일 나의 말을 받으며 나의 계명을 네게 간직하며 네 귀를 지혜에 기울이며 네 마음을 명철에 두며 지식을 불러 구하며 명철을 얻으려고 소리를 높이며 은을 구하는 것 같이 그것을 구하며 감추어진 보배를 찾는 것 같이 그것을 찾으면 여호와 경외하기를 깨달으며 하나님을 알게 되리니

정재훈 박사는 NASA로부터 '기적의 사나이'라는 찬사를 받은 탁월한 우주 과학자입니다. 그의 명성은 1986년 챌린저호가 이륙 73초 만에 폭발해 탑승자 전원이 사망한 안타까운 사건에서 시작되었습니다. NASA가 전 세계에 해결책을 공모했을 때 정 박사가 개발한 가열장치가 채택되어 문제를 해결했습니다. 또한 2003년 컬럼비아호 사고에서도 그는 원인을 규명하고 결빙방지장치를 개발해 재발을 방지했습니다. 세계적인 과학자들도 풀지 못했던 난제를 어떻게 해결했냐는 질문에 그의 대답은 놀랍도록 단순하고 분명했습니다. "성경 말씀을 읽고 기도할 때 하나님이 지혜를 부어주셨습니다." 매일 새벽 4시 30분, 아내와 함께 말씀과 기도로 하루를 시작하는 정 박사는 결정적 순간마다 하나님의 놀라운 지혜를 경험했다고 고백합니다.

오늘 본문은 지혜를 얻는 길을 명확히 제시합니다. 첫째, 하나님의 말씀을 받아들이고 마음에 간직하는 것입니다. 둘째, 보물을 찾듯 간절한 마음으로 지혜를 구하는 것입니다. 세상의 지식은 한계가 있지만, 하나님의 지혜는 무궁무진합니다. 지혜의 근원이신 하나님은 간절히 구하는 자에게 아낌없이 부어주십니다. 오늘도 말씀과 기도로 주님 앞에 나아가 참된 지혜를 구하시길 소망합니다.

| 일독성경 | 잠언 1-2장, 사도행전 5-6장 읽음 □

오늘의 찬송

선한 목자 되신 우리 주

새찬송가 569장(통 442)

1. 선한 목자 되신 우리 주 항상 인도하시고 푸른 풀밭 좋은 곳에서 우리 먹여주소서
   선한 목자 구세주여 항상 인도하소서 선한 목자 구세주여 항상 인도하소서
2. 양의 문이 되신 예수여 우리 영접하시고 길을 잃은 양의 무리를 항상 인도하소서
   선한 목자 구세주여 기도 들어주소서 선한 목자 구세주여 기도 들어주소서
3. 흠이 많고 약한 우리를 용납하여주시고 주의 넓고 크신 은혜로 자유 얻게 하셨네
   선한 목자 구세주여 지금 나아갑니다 선한 목자 구세주여 지금 나아갑니다
4. 일찍 주의 뜻을 따라서 살아가게 하시고 주의 크신 사랑 베푸사 따라가게 하소서
   선한 목자 구세주여 항상 인도하소서 선한 목자 구세주여 항상 인도하소서 아멘

질문

지금 내 삶에서 하나님의 지혜가 간절히 필요한 부분이 있다면 적어보세요.

나의 감사

오늘 하루, 감사할 것들을 적어보세요.

| 기도 | 하나님 아버지, 참된 지혜가 하나님께 있음을 기억하며 매일 말씀과 기도를 통해 지혜를 얻게 하옵소서. 예수 그리스도의 이름으로 기도합니다. 아멘.

성령충만

사도행전 7:55-59 스데반이 성령 충만하여 하늘을 우러러 주목하여 하나님의 영광과 및 예수께서 하나님 우편에 서신 것을 보고 말하되 보라 하늘이 열리고 인자가 하나님 우편에 서신 것을 보노라 한대 그들이 큰 소리를 지르며 귀를 막고 일제히 그에게 달려들어 … 그들이 돌로 스데반을 치니 스데반이 부르짖어 이르되 주 예수여 내 영혼을 받으시옵소서 하고

한국 야구의 전설 이만수 감독은 대학 시절 예수님을 만난 후 오산리최자실기념금식기도원에서 성령충만을 체험했습니다. 그 경험 후 그의 삶은 완전히 변화되었습니다. 그는 헬멧과 배트에 십자가를 새기고, 원정 경기 때는 숙소에서 예배를 드렸으며, 주일에는 동료들과 함께 교회에 갔습니다. 어느 날 구단 단장이 "기도한다고 야구 잘합니까? 컨디션이 중요한데 주말엔 선수들이 푹 자게 놔두세요."라고 했을 때, 그는 담담히 대답했습니다. "기도하면 보이지 않는 힘이 저를 돕습니다. 그 은혜를 후배들과 나누고 싶습니다." 그 어떤 압박에도 복음을 향한 그의 열정은 멈추지 않았습니다.

스데반 역시 돌에 맞아 순교하는 순간에도 성령충만하여 하늘을 우러러보며 하나님의 영광과 예수님을 바라보았습니다. 죽음의 위협 앞에서도 흔들리지 않는 믿음, 이것이 성령충만의 능력입니다. 성령충만은 우리의 시선을 땅에서 하늘로, 우리의 마음을 두려움에서 담대함으로 변화시켜 주고, 세상의 압박과 조롱 속에서도 복음의 증인으로 살아갈 힘을 공급합니다. 성령충만한 사람은 어떤 상황에서도 복음을 부끄러워하지 않고 오히려 기쁨으로 전합니다. 오늘도 성령님은 우리 안에 충만히 임하셔서, 우리가 그분의 권능을 힘입어 담대한 복음의 증인으로 살아갈 힘을 주십니다.

| 일독성경 | 잠언 3-5장, 사도행전 7장 읽음 □

오늘의 찬송

불길 같은 주 성령

새찬송가 184장(통 173)

1. 불길 같은 주 성령 간구하는 우리게 지금 강림하셔서 영광 보여주소서
2. 주의 제단 불 위에 우리 몸과 영혼과 우리 가진 모든 것 지금 바치옵니다
3. 모든 것 다 바치고 비고 빈 내 마음에 성령충만하도록 주여 채워주소서
4. 구속하신 주께서 약속하신 성령을 믿고 간구하오니 지금 내려주소서

후렴 성령이여 임하사 우리 영의 소원을 만족하게 하소서
기다리는 우리게 불로 불로 충만하게 하소서 아멘

질문

나는 날마다 성령충만을 구하고 있나요? 성령님을 의지하며 살아가기 위해 무엇을 실천할 수 있을지 적어보세요.

나의 감사

오늘 하루, 감사할 것들을 적어보세요.

| 기도 | 하나님 아버지, 성령님을 의지합니다. 날마다 성령충만하여 복음의 증인으로 담대히 살아가게 하옵소서. 예수 그리스도의 이름으로 기도합니다. 아멘.

오늘을 준비하라

잠언 6:6-11 게으른 자여 개미에게 가서 그가 하는 것을 보고 지혜를 얻으라 개미는 두령도 없고 감독자도 없고 통치자도 없으되 먹을 것을 여름 동안에 예비하며 추수 때에 양식을 모으느니라 게으른 자여 네가 어느 때까지 누워 있겠느냐 네가 어느 때에 잠이 깨어 일어나겠느냐 좀더 자자, 좀더 졸자, 손을 모으고 좀더 누워 있자 하면 네 빈궁이 강도 같이 오며 네 곤핍이 군사 같이 이르리라

이솝 우화 『개미와 베짱이』는 우리에게 익숙한 이야기입니다. 개미는 뜨거운 여름날에도 겨울을 대비해 양식을 나릅니다. 베짱이는 "왜 그렇게 고생하니? 인생은 즐기는 거야."라며 노래만 부릅니다. 겨울이 오자 개미는 따뜻한 집에서 풍족하게 지내지만, 베짱이는 추위와 굶주림에 떨며 개미의 집 문을 두드립니다. 그들의 여름 생활 방식이 겨울의 운명을 결정한 것입니다. 결국은 하루하루의 작은 부지런함이 모여 큰 안식을 만들고, 하루하루의 작은 게으름이 모여 큰 고통을 불러왔습니다. 이처럼 이 이야기는 현재의 시간을 어떻게 사느냐가 우리의 앞날을 결정짓는다는 교훈을 줍니다.

솔로몬은 게으른 자에게 개미를 관찰하라고 권합니다. 개미는 감독자 없이도 묵묵히 제 할 일을 하며 미래를 준비합니다. 반면, 게으른 자는 순간의 편안함만 추구하다가 예상치 못한 어려움을 겪게 됩니다. 우리에게 주어진 시간과 재능은 하나님이 맡기신 귀한 선물입니다. 우리는 이 선물을 책임 있게 관리하는 청지기로서의 삶을 살아야 합니다. 지금 있는 자리에서 하루하루를 묵묵히 성실하게 살아가며 다가올 미래를 준비하는 개미의 지혜를 배웁시다. 내일의 평안은 오늘을 충실하게 사는 자에게 주어지며, 하늘의 상급은 오늘 부지런히 뿌린 믿음의 씨앗 위에 자라날 것입니다.

| 일독성경 | 잠언 6-8장, 사도행전 8장 읽음 □

오늘의 찬송

어둔 밤 쉬 되리니

새찬송가 330장(통 370)

1. 어둔 밤 쉬 되리니 네 직분 지켜서 찬 이슬 맺힐 때에 일찍 일어나 해 돋는 아침부터 힘써서 일하라 일할 수 없는 밤이 속히 오리라
2. 어둔 밤 쉬 되리니 네 직분 지켜서 일할 때 일하면서 놀지 말아라 낮에는 수고하나 쉴 때도 오겠네 일할 수 없는 밤이 속히 오리라
3. 어둔 밤 쉬 되리니 네 직분 지켜서 지는 해 비낀 볕에 힘써 일하고 그 빛이 다하여서 어둡게 되어도 할 수만 있는 대로 힘써 일하라

질문

오늘 미루고 있는 일은 무엇입니까? 혹시 게으름이 나의 성장을 가로막고 있진 않은지 돌아보세요.

나의 감사

오늘 하루, 감사할 것들을 적어보세요.

| 기도 | 하나님 아버지, 우리에게 주신 시간과 기회를 소중히 여기며 날마다 성실하게 살아가게 인도하옵소서. 예수 그리스도의 이름으로 기도합니다. 아멘.

SEP **09.08** 화요일

이해할 수 없는 길로 부르실 때

사도행전 9:13-16 아나니아가 대답하되 주여 이 사람에 대하여 내가 여러 사람에게 듣사온즉 그가 예루살렘에서 주의 성도에게 적지 않은 해를 끼쳤다 하더니 … 주께서 이르시되 가라 이 사람은 내 이름을 이방인과 임금들과 이스라엘 자손들에게 전하기 위하여 택한 나의 그릇이라 그가 내 이름을 위하여 얼마나 고난을 받아야 할 것을 내가 그에게 보이리라 하시니

알베르트 슈바이처는 20대에 철학과 신학 박사학위를 받고 촉망받는 교수로 탄탄대로를 걷고 있었습니다. 그러던 어느 날, 파리 선교협회 잡지에서 아프리카의 의료진 부족 실태를 읽고 큰 충격을 받았습니다. 그 글은 마치 고통받는 이들을 위해 헌신하라는 하나님의 부르심처럼 다가왔습니다. 주변의 만류에도 불구하고 그는 모든 것을 내려놓고 의학을 공부했습니다. 이후 아프리카 가봉의 랑바레네로 떠나 그곳에서 52년간 병원을 운영하며 수많은 생명을 구했고, 결국 '밀림의 성자'로 불리게 됐습니다. 그는 모든 생명을 소중히 여기며 섬기는 삶을 통해 그리스도의 사랑을 실천했습니다.

아나니아는 교회를 핍박하던 사울에게 가라는 주님의 명령 앞에서 망설이며 솔직하게 자신의 두려움을 토로했습니다. 그러나 주님은 사울을 향한 놀라운 계획을 밝히시며 재차 순종을 요구하셨습니다. 결국 그의 순종을 통해 사울은 성령충만을 받고 이방인의 사도가 되었습니다. 하나님의 부르심은 때로 우리의 이해를 초월합니다. 그러나 믿음으로 한 걸음 내디딜 때, 하나님은 우리를 통해 상상할 수 없는 역사를 이루십니다. 오늘도 하나님의 음성에 귀 기울이며 순종의 걸음을 내딛는 하루가 되기를 소망합니다.

| 일독성경 | 잠언 9-10장, 사도행전 9-10장 읽음 □

오늘의 찬송

부름 받아 나선 이 몸

새찬송가 323장(통 355)

1. 부름 받아 나선 이 몸 어디든지 가오리다 괴로우나 즐거우나 주만 따라가오리니
어느 누가 막으리까 죽음인들 막으리까 어느 누가 막으리까 죽음인들 막으리까
2. 아골 골짝 빈 들에도 복음 들고 가오리다 소돔 같은 거리에도 사랑 안고 찾아가서
종의 몸에 지닌 것도 아낌없이 드리리다 종의 몸에 지닌 것도 아낌없이 드리리다
3. 존귀 영광 모든 권세 주님 홀로 받으소서 멸시 천대 십자가는 제가 지고 가오리다
이름 없이 빛도 없이 감사하며 섬기리다 이름 없이 빛도 없이 감사하며 섬기리다 아멘

질문

하나님이 나의 순종을 통해 이루실 놀라운 계획과 은혜를 기대하며, 오늘 어떤 순종의 걸음을 내디딜지 적어보세요.

나의 감사

오늘 하루, 감사할 것들을 적어보세요.

| 기도 | 하나님 아버지, 때로 이해할 수 없을지라도 내 생각보다 더 크신 하나님의 계획을 신뢰하며 순종의 걸음을 내딛게 하옵소서. 예수 그리스도의 이름으로 기도합니다. 아멘.

듣는 자가 지혜롭다

잠언 12:15-19 미련한 자는 자기 행위를 바른 줄로 여기나 지혜로운 자는 권고를 듣느니라 미련한 자는 당장 분노를 나타내거니와 슬기로운 자는 수욕을 참느니라 진리를 말하는 자는 의를 나타내어도 거짓 증인은 속이는 말을 하느니라 칼로 찌름 같이 함부로 말하는 자가 있거니와 지혜로운 자의 혀는 양약과 같으니라 진실한 입술은 영원히 보존되거니와 거짓 혀는 잠시 동안만 있을 뿐이니라

우리는 종종 보고 싶은 것만 보고, 듣고 싶은 것만 들으며 살아갑니다. 심리학에서는 이를 '확증 편향'이라고 부릅니다. 한 실험에서 참가자들에게 사형제도에 관한 찬반 연구 결과를 똑같이 제시했습니다. 놀랍게도 기존에 찬성하던 사람들은 찬성의 근거만 기억하고, 반대하던 사람들은 반대의 근거만 기억했습니다. 이는 우리가 자신의 기존 생각을 확인해 주는 정보만 선택적으로 받아들이는 경향이 있다는 것을 보여줍니다. 특히 요즘에는 유튜브에서 자동적으로 개인 취향에 맞는 콘텐츠만 보여주기 때문에 이러한 현상은 더욱 심화되고 있습니다. 확증 편향이 심해지면 사람들은 자기 생각이나 판단이 항상 옳다고 확신하며 다른 의견을 들으려 하지 않게 됩니다.

잠언은 이렇게 자기 행위를 바른 줄로만 여기는 사람을 '미련한 자'라 부릅니다. 반면 지혜로운 사람은 자신의 확증 편향을 인정하고 다른 목소리에 귀를 기울입니다. 그런 사람은 때로는 불편한 권고라 할지라도 겸손히 받아들이며, 그것을 통해 성장의 기회를 찾습니다. "진실한 입술은 영원히 보존되거니와"라는 말씀처럼, 아첨이 아닌 진실한 조언이야말로 우리를 바른 길로 인도합니다. 내 생각의 틀을 깨고 열린 마음으로 듣는 것, 그것이 진정한 지혜의 시작입니다.

| 일독성경 | 잠언 11-13장, 사도행전 11장 읽음 □

오늘의 찬송

나는 갈 길 모르니

새찬송가 375장(통 421)

1. 나는 갈 길 모르니 주여 인도하소서 어디 가야 좋을지
   나를 인도하소서 어디 가야 좋을지 나를 인도하소서
2. 아무것도 모르니 나를 가르치소서 어찌해야 좋을지
   나를 가르치소서 어찌해야 좋을지 나를 가르치소서
3. 아이같이 어리니 나를 도와주소서 힘도 없고 약하니
   나를 도와주소서 힘도 없고 약하니 나를 도와주소서
4. 마음 심히 슬프니 나를 위로하소서 의지 없이 다니니
   나를 위로하소서 의지 없이 다니니 나를 위로하소서 아멘

질문

혹시 내 생각이 옳다고 고집하며 타인의 조언에 귀를 닫고 있진 않은가요? 경청하는 삶을 살기 위해 구체적으로 어떤 노력이 필요할지 적어보세요.

나의 감사

오늘 하루, 감사할 것들을 적어보세요.

| 기도 | 하나님 아버지, 내 생각 안에 갇히지 않고 주변의 이야기를 귀 기울여 듣고 그 안에서 하나님의 지혜를 분별하게 하옵소서. 예수 그리스도의 이름으로 기도합니다. 아멘.

모든 영광을 하나님께

사도행전 12:20-23 헤롯이 두로와 시돈 사람들을 대단히 노여워하니 … 헤롯이 날을 택하여 왕복을 입고 단상에 앉아 백성에게 연설하니 백성들이 크게 부르되 이것은 신의 소리요 사람의 소리가 아니라 하거늘 헤롯이 영광을 하나님께로 돌리지 아니하므로 주의 사자가 곧 치니 벌레에게 먹혀 죽으니라

어거스틴에게 한 제자가 물었습니다. "스승님, 하나님 앞에서 가장 큰 덕은 무엇입니까?" 어거스틴은 주저 없이 답했습니다. "겸손이니라." 제자가 다시 물었습니다. "그럼 두 번째로 큰 덕은 무엇입니까?" "그것도 겸손이니라." 세 번째로 물었을 때도 어거스틴의 대답은 같았습니다. "여전히 겸손이니라." 이는 어거스틴이 얼마나 겸손을 중요시했는지 보여주는 유명한 일화입니다. 그는 자신의 책 『하나님의 도성』에서 교만을 모든 죄의 뿌리로 여겨 삼갈 것으로 가르치고, 겸손을 모든 덕의 기초로 가르쳤습니다. 어거스틴은 참된 신앙의 시작과 끝이 겸손에 있다고 본 것입니다.

헤롯은 화려한 왕복을 입고 연설하던 중 백성들로부터 "신의 소리"라는 환호를 받았습니다. 그 순간 마땅히 하나님께 돌려야 할 영광을 자신이 차지했고, 결국 벌레에게 먹혀 죽는 비참한 최후를 맞았습니다. 우리도 직장에서의 승진, 사업의 성공, 자녀의 성취를 내 능력으로 착각하며 교만해지기 쉽습니다. 그러나 모든 좋은 것은 하나님의 선물입니다. 겸손은 이 사실을 인정하는 것에서 시작됩니다. 하나님은 자신을 낮추는 자를 높이시고, 스스로 자신을 높여 교만한 자는 낮추십니다. 오늘도 받은 은혜를 기억하며 모든 영광을 하나님께 돌려드리기를 소망합니다.

| 일독성경 | 잠언 14-15장, 사도행전 12-13장 읽음 □

오늘의 찬송

내 주 되신 주를 참 사랑하고

새찬송가 315장(통 512)

1. 내 주 되신 주를 참 사랑하고 곧 그에게 죄를 다 고합니다
   큰 은혜를 주신 내 예수시니 이전보다 더욱 사랑합니다
2. 주 날 사랑하사 구하시려고 저 십자가 고난 당하셨도다
   그 가시관 쓰신 내 주 뵈오니 이전보다 더욱 사랑합니다
3. 내 평생에 힘쓸 그 큰 의무는 주 예수의 덕을 늘 기림이라
   숨질 때에까지 내 할 말씀은 이전보다 더욱 사랑합니다
4. 그 영광의 나라 나 들어가서 그 풍성한 은혜 늘 감사하리
   금 면류관 쓰고 나 찬송할 말 이전보다 더욱 사랑합니다

질문

교만을 경계하고 겸손하게 살아가기 위해 내가 할 수 있는 일을 구체적으로 적어보세요.

나의 감사

오늘 하루, 감사할 것들을 적어보세요.

| 기도 | 하나님 아버지, 제게 주신 모든 은혜를 잊지 않게 하시고, 늘 겸손한 마음으로 주님께 영광 돌리는 삶을 살게 하옵소서. 예수 그리스도의 이름으로 기도합니다. 아멘.

혀의 권세

잠언 18:6-7, 20-21 미련한 자의 입술은 다툼을 일으키고 그의 입은 매를 자청하느니라 미련한 자의 입은 그의 멸망이 되고 그의 입술은 그의 영혼의 그물이 되느니라 … 사람은 입에서 나오는 열매로 말미암아 배부르게 되나니 곧 그의 입술에서 나는 것으로 말미암아 만족하게 되느니라 죽고 사는 것이 혀의 힘에 달렸나니 혀를 쓰기 좋아하는 자는 혀의 열매를 먹으리라

한글날 특집 다큐멘터리에서 소개된 흥미로운 실험이 있습니다. 동일한 쌀밥을 두 통에 나누어 담고, 한 통에는 매일 "고맙습니다."라는 긍정의 말을 들려주었고, 다른 통에는 "짜증나."라는 부정의 말을 들려주었습니다. 한 달 후, 놀라운 결과가 나타났습니다. 긍정의 말을 들은 밥은 하얗고 뽀얀 곰팡이가 피어 구수한 누룩 냄새를 풍겼지만, 부정의 말을 들은 밥은 시커멓게 썩어 악취를 풍겼습니다. 같은 환경과 같은 조건에서 보관했음에도 듣는 말에 따라 전혀 다른 모습으로 변한 것입니다. 이 실험은 우리의 말이 눈에 보이지 않는 강력한 힘을 지니고 있음을 보여줍니다.

우리는 매일 수많은 말을 주고받으며 살아갑니다. 우리가 내뱉는 한마디는 생명을 살리는 약이 되기도, 영혼을 죽이는 독이 되기도 합니다. 부정적인 말을 하는 사람은 자신도 모르게 관계를 파괴하고 자신의 영혼까지 병들게 합니다. 반면 격려와 감사의 말을 하는 사람은 주변을 밝히고 자신도 그 선한 열매를 맛봅니다. 그렇기에 우리는 혀를 다스리는 훈련이 필요합니다. 특별히 가족이나 가까운 사람에게 하는 일상의 작은 말 한마디가 그들의 하루를, 때로는 인생을 바꿀 수 있습니다. 우리의 혀가 하나님의 선한 뜻을 이루는 도구가 되어 아름답고 선한 열매를 거두기를 소망합니다.

| 일독성경 | 잠언 16-18장, 사도행전 14장 읽음 □

오늘의 찬송

겸손히 주를 섬길 때

새찬송가 212장(통 347)

1. 겸손히 주를 섬길 때 괴로운 일이 많으나 구주여 내게 힘 주사 잘 감당하게 하소서
2. 인자한 말을 가지고 사람을 감화시키며 갈 길을 잃은 무리를 잘 인도하게 하소서
3. 구주의 귀한 인내를 깨달아 알게 하시고 굳건한 믿음 주셔서 늘 승리하게 하소서
4. 장래의 영광 비추사 소망이 되게 하시며 구주와 함께 살면서 참평강 얻게 하소서 아멘

질문

나는 평소에 어떤 말을 자주 사용하나요? 나의 말 습관 중에서 하나님이 기뻐하지 않으실 표현이 있는지 점검해 보세요.

나의 감사

오늘 하루, 감사할 것들을 적어보세요.

| 기도 | 하나님 아버지, 주님이 주신 혀로 악한 열매가 아닌 선한 열매를 맺으며 살아가게 하옵소서. 예수 그리스도의 이름으로 기도합니다. 아멘.

야훼의 뜻만이 완전히 서리라

잠언 19:20-23 너는 권고를 들으며 훈계를 받으라 그리하면 네가 필경은 지혜롭게 되리라 사람의 마음에는 많은 계획이 있어도 오직 야훼의 뜻만이 완전히 서리라 … 야훼를 경외하는 것은 사람으로 생명에 이르게 하는 것이라 경외하는 자는 족하게 지내고 재앙을 당하지 아니하느니라

아도니람 저드슨은 1812년, 결혼 직후 아내 앤과 함께 미국 최초의 해외 선교사로 파송을 받았습니다. 그의 첫 목적지는 인도였으나, 당시 인도를 지배하던 영국 동인도회사가 기독교 선교 활동이 사회를 불안정하게 할 수 있다는 이유로 외국 선교사 추방 명령을 내렸습니다. 이로 인해 저드슨 부부는 인도에 정착하지 못하고 여러 차례 항해 끝에 버마(현 미얀마)에 도착하게 되었습니다. 그곳에서 저드슨은 39년 동안 사역하며 버마어 성경을 완역하고 영어-버마어 사전을 편찬했습니다. 그의 헌신으로 버마의 여러 부족에서 큰 부흥이 일어났고, 오늘날 미얀마 기독교의 튼튼한 기초가 되었습니다.

오늘 본문은 "사람의 마음에는 많은 계획이 있어도 오직 야훼의 뜻만이 완전히 서리라"라고 말씀합니다. 우리는 최선을 다해 계획을 세우지만, 하나님은 우리를 위한 더 크고 온전한 길을 이미 준비하고 계십니다. 그러므로 하나님의 권고를 듣고 훈계를 받아들여 하나님이 인도하시는 길을 따르시기 바랍니다. 야훼를 경외하는 것이 생명의 길이며, 그를 경외하는 자는 만족을 얻고 재앙을 피하게 됩니다. 오늘도 야훼의 뜻을 신뢰하며 믿음의 한 걸음을 내딛으시기를 소망합니다.

| 일독성경 | 잠언 19-21장, 사도행전 15장 읽음 □

오늘의 찬송

나의 갈 길 다 가도록

새찬송가 384장(통 434)

1. 나의 갈 길 다 가도록 예수 인도하시니 내 주 안에 있는 긍휼 어찌 의심하리요
믿음으로 사는 자는 하늘 위로 받겠네 무슨 일을 만나든지 만사형통하리라
무슨 일을 만나든지 만사형통하리라
2. 나의 갈 길 다 가도록 예수 인도하시니 어려운 일 당한 때도 족한 은혜 주시네
나는 심히 고단하고 영혼 매우 갈하나 나의 앞에 반석에서 샘물 나게 하시네
나의 앞에 반석에서 샘물 나게 하시네
3. 나의 갈 길 다 가도록 예수 인도하시니 그의 사랑 어찌 큰지 말로 할 수 없도다
성령 감화 받은 영혼 하늘나라 갈 때에 영영 부를 나의 찬송 예수 인도하셨네
영영 부를 나의 찬송 예수 인도하셨네 아멘

질문

내가 세운 계획과는 다른 길로 가게 된 적이 있나요? 그 길에서 하나님이 맺게 하신 선한 열매는 무엇이었나요?

나의 감사

오늘 하루, 감사할 것들을 적어보세요.

| 기도 | 하나님 아버지, 제 작은 계획보다 주님의 완전한 뜻을 구합니다. 야훼를 경외하며 순종하는 삶을 살게 하옵소서. 예수 그리스도의 이름으로 기도합니다. 아멘.

더 크신 하나님의 계획

사도행전 16:6-10 성령이 아시아에서 말씀을 전하지 못하게 하시거늘 … 무시아를 지나 드로아로 내려갔는데 밤에 환상이 바울에게 보이니 마게도냐 사람 하나가 서서 그에게 청하여 이르되 마게도냐로 건너와서 우리를 도우라 하거늘 바울이 그 환상을 보았을 때 우리가 곧 마게도냐로 떠나기를 힘쓰니 이는 하나님이 저 사람들에게 복음을 전하라고 우리를 부르신 줄로 인정함이러라

1928년 9월, 알렉산더 플레밍은 휴가를 떠나기 전 실험실의 포도상구균 배양 접시를 정리하지 못했습니다. 돌아왔을 때 곰팡이가 자라 실험이 망쳐진 것처럼 보였습니다. 그러나 자세히 살펴보니 곰팡이 주변의 세균이 죽어 있었습니다. 이 '실패한 실험'이 인류에 큰 유익을 준 페니실린의 발견으로 이어졌습니다. 플레밍의 계획대로였다면 그저 깨끗한 실험실에서 예정된 연구만 진행했을 것입니다. 그러나 예상치 못했던 우연을 통해 더 놀라운 발견의 문이 열렸습니다. 이후 페니실린은 제2차 세계대전 중 수많은 생명을 구했으며, 현대 의학의 새로운 장을 열었습니다.

바울도 마찬가지였습니다. 아시아와 비두니아로 가려던 계획이 막혔을 때 그는 좌절할 수도 있었습니다. 하지만 하나님은 마게도냐의 환상을 통해 유럽 선교라는 더 큰 계획을 바울에게 보여주셨습니다. 우리의 삶에서도 때로는 스스로 세운 계획이 가로막힌 상황 앞에서 당황하게 될 때가 있습니다. 그러나 그 장애물이 오히려 하나님의 더 놀라운 계획을 향한 전환점이 될 수 있습니다. 우리의 실패와 좌절의 순간이 더 큰 발견과 깨달음 그리고 축복의 시작이 되기도 합니다. 내 뜻대로 되지 않는 상황에서도 하나님의 인도하심을 신뢰하며 나아가는 믿음의 사람이 되길 소망합니다.

| 일독성경 | 잠언 22-23장, 사도행전 16-17장 읽음 □

오늘의 찬송

주 안에 있는 나에게

새찬송가 370장(통 455)

1. 주 안에 있는 나에게 딴 근심 있으랴 십자가 밑에 나아가 내 짐을 풀었네
2. 그 두려움이 변하여 내 기도 되었고 전날의 한숨 변하여 내 노래 되었네
3. 내 주는 자비하셔서 늘 함께 계시고 내 궁핍함을 아시고 늘 채워주시네
4. 내 주와 맺은 언약은 영 불변하시니 그 나라 가기까지는 늘 보호하시네

후렴 주님을 찬송하면서 할렐루야 할렐루야 내 앞길 멀고 험해도 나 주님만 따라가리

질문

지금 내 삶에 닫힌 문과 어려움은 무엇인가요? 어떻게 그 문제를 해결할 수 있을까요?

나의 감사

오늘 하루, 감사할 것들을 적어보세요.

| 기도 | 하나님 아버지, 어떤 고난과 시련이 찾아올지라도 전능하신 하나님을 굳게 붙들고 승리하는 삶을 살게 하옵소서. 예수 그리스도의 이름으로 기도합니다. 아멘.

모든 제자를 굳건하게 하니라

사도행전 18:20-23 여러 사람이 더 오래 있기를 청하되 허락하지 아니하고 작별하여 이르되 만일 하나님의 뜻이면 너희에게 돌아오리라 하고 배를 타고 에베소를 떠나 가이사랴에 상륙하여 올라가 교회의 안부를 물은 후에 안디옥으로 내려가서 얼마 있다가 떠나 갈라디아와 브루기아 땅을 차례로 다니며 모든 제자를 굳건하게 하니라

중국 내륙선교회의 아담 도워드는 22세에 중국 후난성에 도착해 10년간 사역했습니다. 그는 서구식 선교 방식을 버리고 중국인들과 함께 살며 그들을 양육했습니다. 후난성의 내륙도시 홍장에서 아편 중독자들을 돕는 동시에 그들을 전도자로 훈련시켰으며, 3만 부가 넘는 성경을 배포하며 중국 현지인 제자들을 양성했습니다. 그는 32세에 이질로 세상을 떠났지만, 그의 영향력은 계속되었습니다. 그가 치료한 아편 중독자들이 그의 죽음 이후에도 중독에서 벗어나 건전한 삶을 살았고, 그가 훈련시킨 중국인 전도자들은 후난성 전역에 교회를 세우고 성도들을 돌보는 일을 이어갔습니다.

바울은 선교지를 개척해 교회를 세운 이후에도 재차 다시 방문해 제자들을 굳건하게 했습니다. 그는 단순히 복음을 전하는 것에 그치지 않고 믿는 자들의 믿음이 흔들리지 않도록 지속적으로 돌보고 세워주었습니다. 이처럼 복음 전도도 중요하지만, 믿음의 뿌리를 깊게 내리도록 돕는 것도 중요합니다. 그러므로 복음을 전한 이후에 꾸준한 관심과 돌봄으로 영적 성장을 도와야 합니다. 우리 주변에도 믿음이 흔들리는 이들이 있습니다. 이번 한 주간, 연약한 지체를 찾아가 믿음을 굳건히 세워주는 우리가 되기를 바랍니다.

| 일독성경 | 잠언 24-26장, 사도행전 18장 읽음 □

오늘의 찬송

눈을 들어 하늘 보라

새찬송가 515장(통 256)

1. 눈을 들어 하늘 보라 어지러운 세상 중에 곳곳마다 상한 영의 탄식 소리 들려온다
빛을 잃은 많은 사람 길을 잃고 헤매이며 탕자처럼 기진하니 믿는 자여 어이할꼬
2. 눈을 들어 하늘 보라 어두워진 세상 중에 외치는 자 많건마는 생명수는 말랐어라
죄를 대속하신 주님 선한 일꾼 찾으시나 대답할 이 어디 있나 믿는 자여 어이할꼬
3. 눈을 들어 하늘 보라 살아계신 주 하나님 약한 자를 부르시어 하늘 뜻을 전하셨다
생명수는 홀로 예수 처음이요 나중이라 주님 너를 부르신다 믿는 자여 어이할꼬
4. 눈을 들어 하늘 보라 다시 사신 그리스도 만백성을 사랑하사 오래 참고 기다리네
인애하신 우리 구주 의의 심판하시는 날 곧 가까이 임하는데 믿는 자여 어이할꼬

질문

믿음이 흔들리거나 영적으로 지친 사람이 떠오르나요? 그 사람을 위해 내가 할 수 있는 섬김은 무엇인가요?

나의 감사

오늘 하루, 감사할 것들을 적어보세요.

| 기도 | 하나님 아버지, 연약한 믿음의 지체들을 굳건히 세워주는 사랑의 통로가 되게 하옵소서. 예수 그리스도의 이름으로 기도합니다. 아멘.

지혜롭게 행하는 자

잠언 28:25-28 욕심이 많은 자는 다툼을 일으키나 야훼를 의지하는 자는 풍족하게 되느니라 자기의 마음을 믿는 자는 미련한 자요 지혜롭게 행하는 자는 구원을 얻을 자니라 가난한 자를 구제하는 자는 궁핍하지 아니하려니와 못 본 체하는 자에게는 저주가 크리라 악인이 일어나면 사람이 숨고 그가 멸망하면 의인이 많아지느니라

만유인력의 법칙을 발견한 아이작 뉴턴은 과학자로 유명하지만, 실제로는 평생 과학보다도 성경 연구에 더 많은 시간을 쏟았습니다. 그는 성경을 하나님의 말씀으로 철저히 믿었고, 성경적 주제에 관해 130만 자에 달하는 자필 유고를 남겼습니다. 연구 시간조차 아까워했던 뉴턴이 며칠 혹은 몇 주간 오직 성경만을 연구한 이유는 자신의 지혜보다 하나님의 말씀을 더 의지했기 때문입니다. 그는 "진리를 찾기 원한다면, 성경을 자주 읽고 지속적으로 묵상하며 깨닫게 해달라고 하나님께 기도하라."라고 말했으며, "세계의 어떤 역사보다도 성경 속에 확실한 진리가 담겨 있다."라고 고백했습니다.

오늘 말씀은 자기의 마음을 믿는 자는 미련하다고 말합니다. 인간의 마음은 욕망과 자랑으로 쉽게 기울어지고, 눈에 보이는 것을 따라가다 진리에서 멀어집니다. 반면 지혜로운 자는 보이는 현실보다 하나님의 말씀을 더 신뢰하며 살아갑니다. 참되고 바른 지혜는 오직 하나님을 경외하고 그분의 말씀을 의지하는 것입니다. 아무리 높은 지식과 경험이 있어도 그것으로 인해 자신의 마음을 믿고 교만해지면 미련한 자가 되고 맙니다. 오늘도 내 생각과 판단보다는 하나님의 말씀을 굳게 의지하며, 지혜롭게 행하는 자로서 구원의 은혜를 누리는 복된 삶을 살게 되기를 소망합니다.

| 일독성경 | 잠언 27-28장, 사도행전 19-20장 읽음 □

오늘의 찬송

이 몸의 소망 무언가

새찬송가 488장(통 539)

1. 이 몸의 소망 무언가 우리 주 예수뿐일세 우리 주 예수밖에는 믿을 이 아주 없도다
2. 무섭게 바람 부는 밤 물결이 높이 설렐 때 우리 주 크신 은혜에 소망의 닻을 주리라
3. 세상에 믿던 모든 것 끊어질 그날 되어도 구주의 언약 믿사와 내 소망 더욱 크리라
4. 바라던 천국 올라가 하나님 앞에 뵈올 때 구주의 의를 힘입어 어엿이 바로 서리라

후렴 주 나의 반석이시니 그 위에 내가 서리라 그 위에 내가 서리라

질문

매일의 삶에서 내 생각보다 하나님의 말씀을 더 의지하기 위한 구체적인 실천 방법은 무엇인가요?

나의 감사

오늘 하루, 감사할 것들을 적어보세요.

| 기도 | 하나님 아버지, 제 생각보다 하나님의 말씀을 더욱 신뢰하며 성령님의 인도하심을 따라 지혜롭게 살아가게 하옵소서. 예수 그리스도의 이름으로 기도합니다. 아멘.

야훼를 의지하는 자

잠언 29:23-27 사람이 교만하면 낮아지게 되겠고 마음이 겸손하면 영예를 얻으리라 … 사람을 두려워하면 올무에 걸리게 되거니와 야훼를 의지하는 자는 안전하리라 주권자에게 은혜를 구하는 자가 많으나 사람의 일의 작정은 야훼께로 말미암느니라 불의한 자는 의인에게 미움을 받고 바르게 행하는 자는 악인에게 미움을 받느니라

나폴레옹은 프랑스 혁명 이후 혼란스러운 시기에 혜성처럼 등장했습니다. 그는 탁월한 리더십과 전술 감각으로 여러 전쟁에서 승리를 거두었고, 많은 이들의 지지와 존경을 받으며 황제의 자리에까지 올랐습니다. 유럽 대륙을 제패하려는 야망 아래 주변 국가들을 차례로 굴복시켰고, 그 위세는 절정에 달했습니다. 그러나 명예와 영광을 향한 끝없는 욕망에 사로잡힌 그는 전쟁을 멈추지 않았고, 결국 러시아 원정에서 큰 실패를 겪으며 몰락의 길로 접어들었습니다. 나폴레옹은 이어진 워털루 전투에서 결정적인 패배를 당한 뒤 외딴섬으로 유배되어 그곳에서 쓸쓸하게 생을 마감했습니다. 그는 오늘날 세계사에 거대한 발자취를 남긴 인물로 기억되지만, 한편으로는 자신의 명성이 사라질까 불안해하며 끊임없이 인정을 갈망했던 인물로도 평가받고 있습니다.

사람을 두려워하면 올무에 걸리게 되지만, 야훼를 의지하는 자는 안전하다고 잠언은 말씀합니다. 사람의 시선과 평가에 지나치게 얽매이면 불안과 두려움에 사로잡힐 수밖에 없습니다. 그러나 하나님을 바라보고 의지할 때 우리는 세상의 인정에 흔들리지 않고 참된 평안과 안전을 누릴 수 있습니다. 오늘 하루도 우리의 시선을 세상이 아닌 하나님께 두고 그분의 사랑 안에서 살아갈 힘과 소망을 얻기를 바랍니다.

| 일독성경 | 잠언 29-31장, 사도행전 21장 읽음 □

오늘의 찬송

아 하나님의 은혜로

새찬송가 310장(통 410)

1. 아 하나님의 은혜로 이 쓸데없는 자 왜 구속하여주는지 난 알 수 없도다
2. 왜 내게 굳센 믿음과 또 복음 주셔서 내 맘이 항상 편한지 난 알 수 없도다
3. 왜 내게 성령 주셔서 내 마음 감동해 주 예수 믿게 하는지 난 알 수 없도다
4. 주 언제 강림하실지 혹 밤에 혹 낮에 또 주님 만날 그곳도 난 알 수 없도다

후렴 내가 믿고 또 의지함은 내 모든 형편 아시는 주님 늘 보호해주실 것을 나는 확실히 아네

질문

사람의 시선과 평가를 의식하게 되는 상황 속에서 하나님을 더 바라보기 위해 무엇을 할 수 있을까요?

나의 감사

오늘 하루, 감사할 것들을 적어보세요.

| 기도 | 하나님 아버지, 사람을 보며 흔들리지 않고 하나님을 의지하며 담대히 살아가는 믿음의 사람이 되게 하옵소서. 예수 그리스도의 이름으로 기도합니다. 아멘.

네가 박해하는 나사렛 예수라

사도행전 22:4-8 내가 이 도를 박해하여 사람을 죽이기까지 하고 남녀를 결박하여 옥에 넘겼노니 … 다메섹에 가까이 갔을 때에 오정쯤 되어 홀연히 하늘로부터 큰 빛이 나를 둘러 비치매 내가 땅에 엎드러져 들으니 소리 있어 이르되 사울아 사울아 네가 왜 나를 박해하느냐 하시거늘 내가 대답하되 주님 누구시니이까 하니 이르시되 나는 네가 박해하는 나사렛 예수라 하시더라

최철규 집사는 모태 크리스천이었지만 성인 만화계의 최고가 되겠다는 꿈을 품고 교회와는 거리를 둔 삶을 살았습니다. 그러던 1998년 어느 겨울날, 그는 갑자기 피를 토하며 오른쪽 가슴에 통증을 호소하기 시작했습니다. 진단 결과 기흉이었고 폐를 떼어내는 수술을 받아야 했지만 가망이 없었습니다. 죽음이 눈앞에 다가오자 그는 성경을 읽으며 하나님께 자신을 불쌍히 여겨달라고 울부짖었습니다. 그의 간절한 기도에도 불구하고 증상은 더욱 악화되었고 피와 고름이 섞인 기침이 멈추지 않았습니다. 그런데 놀랍게도 수술실에 들어가기 직전 촬영한 엑스레이에서 그의 폐가 정상으로 회복된 모습이 보였습니다. 이를 하나님이 고쳐주신 기적이라 확신한 최철규 집사는 예수님을 영접하고 자신의 재능을 하나님이 기뻐하시는 일에 사용하기로 결심했습니다. 이후 그는 기독교 만화를 통해 복음을 전하며 새로운 삶을 살아가고 있습니다.

바울은 본래 예수 믿는 이들을 핍박하던 사람이었지만, 다메섹으로 가는 길에서 주님을 만나 완전히 변화되었습니다. 우리 역시 예수님을 만나면 옛 사람을 벗고 새사람으로 거듭나 위대한 하나님의 사람으로 살아갈 수 있습니다. 오늘도 새 생명을 주신 예수님을 의지하며 믿음으로 나아가는 우리 모두가 되기를 간절히 소망합니다.

| 일독성경 | 전도서 1-2장, 사도행전 22-23장 읽음 □

오늘의 찬송

예수 나를 위하여

새찬송가 144장(통 144)

1. 예수 나를 위하여 십자가를 질 때 세상 죄를 지시고 고초 당하셨네
2. 십자가를 지심은 무슨 죄가 있나 저 무지한 사람들 메시야 죽였네
3. 피와 같이 붉은 죄 없는 이가 없네 십자가의 공로로 눈과 같이 되네
4. 아름답다 예수여 나의 좋은 친구 예수 공로 아니면 영원 형벌 받네

후렴 예수님 예수님 나의 죄 위하여 보배 피를 흘리니 죄인 받으소서 아멘

질문

나는 예수님을 인격적으로 만났던 순간이 언제인가요? 그 만남 이후, 내 삶의 어떤 부분이 새로워졌나요?

나의 감사

오늘 하루, 감사할 것들을 적어보세요.

| 기도 | 하나님 아버지, 주님을 몰랐던 어리석고 교만한 과거를 버리고 이제는 그리스도 안에서 새사람으로 살아가게 하옵소서. 예수 그리스도의 이름으로 기도합니다. 아멘.

때를 따라 아름답게 하셨고

전도서 3:1-11 범사에 기한이 있고 천하 만사가 다 때가 있나니 … 하나님이 인생들에게 노고를 주사 애쓰게 하신 것을 내가 보았노라 하나님이 모든 것을 지으시되 때를 따라 아름답게 하셨고 또 사람들에게는 영원을 사모하는 마음을 주셨느니라 그러나 하나님이 하시는 일의 시종을 사람으로 측량할 수 없게 하셨도다

조지 뮬러 목사는 1844년 11월부터 다섯 친구의 회심을 위해 매일 기도했습니다. 18개월 만에 첫 친구가 회심했고, 5년 후 또 한 사람이 돌아왔습니다. 세 번째 친구도 6년 뒤에 주님을 영접했지만, 나머지 두 친구는 좀처럼 마음을 열지 않았습니다. 이에 뮬러는 "36년간 매일 기도했지만, 그들은 여전히 회개하지 않는다. 하지만 나는 하나님 안에 소망을 품고 응답을 받을 때까지 기도할 것이다."라고 말하며 기도를 멈추지 않았습니다. 그러나 뮬러는 두 친구가 믿음을 갖는 모습을 보지 못한 채 세상을 떠났습니다. 그의 죽음 이후 두 친구는 그가 자신들을 위해 52년이라는 시간 동안 기도해왔다는 사실을 알고 회심했습니다. 뮬러는 하나님이 정하신 때에 응답하실 것을 믿으며 오랜 세월 기도의 자리를 지켰고, 결국 그의 기도는 구원의 열매를 맺었습니다.

우리 삶에는 우리가 계획한 시간표와는 다른 때가 존재합니다. 바로 '하나님의 때'입니다. 하나님의 때는 완벽하고 가장 알맞은 시기에 이루어집니다. 때로는 그 기다림이 길게 느껴지고 지체되는 듯한 순간들이 있지만, 그 모든 과정에는 하나님의 섭리가 담겨 있습니다. 조급한 마음을 내려놓고 하나님의 때를 신뢰하며 기다리십시오. 하나님의 때에 이루어질 모든 일들은 반드시 선하고 아름다운 결실을 얻게 됩니다.

| 일독성경 | 전도서 3-4장, 사도행전 24-25장 읽음 □

오늘의 찬송

너 하나님께 이끌리어

새찬송가 312장(통 341)

1. 너 하나님께 이끌리어 일평생 주만 바라면 너 어려울 때 힘 주시고
언제나 지켜주시리 주 크신 사랑 믿는 자 그 반석 위에 서리라
2. 너 설레는 맘 가다듬고 희망 중 기다리면서 그 은혜로신 주의 뜻과
사랑에 만족하여라 우리를 불러주신 주 마음의 소원 아신다
3. 주 찬양하고 기도하며 네 본분 힘써 다하라 주 약속하신 모든 은혜
네게서 이뤄지리라 참되고 의지하는 자 주께서 기억하시리 아멘

질문

나는 요즘 어떤 부분에서 하나님의 때보다 나의 시간표를 더 앞세우고 있나요? 하나님이 때를 따라 아름답게 하실 것을 믿는다면, 나는 무엇을 내려놓아야 할까요?

나의 감사

오늘 하루, 감사할 것들을 적어보세요.

| 기도 | 하나님 아버지, 기다림의 시간 속에서도 지치지 않고 하나님의 때를 신뢰하며 소망을 품고 인내하게 하옵소서. 예수 그리스도의 이름으로 기도합니다. 아멘.

내가 너를 그들에게 보내어

사도행전 26:16-18 일어나 너의 발로 서라 내가 네게 나타난 것은 곧 네가 나를 본 일과 장차 내가 네게 나타날 일에 너로 종과 증인을 삼으려 함이니 이스라엘과 이방인들에게서 내가 너를 구원하여 그들에게 보내어 그 눈을 뜨게 하여 어둠에서 빛으로, 사탄의 권세에서 하나님께로 돌아오게 하고 죄 사함과 나를 믿어 거룩하게 된 무리 가운데서 기업을 얻게 하리라 하더이다

고사리와 송이버섯을 판매하는 회사 '긱섬'을 운영하는 김진수 장로는 한때 미국에서 성공한 IT 기업가였습니다. 그는 회사를 매각한 후 캐나다의 오지인 기탄야우로 단기 선교를 떠났고, 그곳에서 알코올 중독, 높은 자살률, 낮은 교육 수준으로 고통받는 원주민들을 만나게 되었습니다. 추장이 도움을 요청했지만, 그는 안락한 삶을 포기하고 그들을 위해 새로운 길을 선택할지 깊은 고민에 빠졌습니다. 그러나 돌아오는 길에 우연히 만난 한 청년이 "하나님이 그 일을 하기를 원하신다."라는 말을 건넸고, 그는 하나님이 이 사명을 위해 자신을 인도하셨음을 깨달았습니다. 결국 그는 하나님의 부르심에 순종하여 기탄야우로 향했고, '긱섬'을 세워 원주민의 자립을 돕기 시작했습니다. 지금도 수익금으로 공동체를 섬기며 복음을 전하는 삶을 살고 있습니다.

바울은 아그립바 왕 앞에서 자신이 주님의 부르심을 따라 복음을 전하는 사도가 되었음을 증언합니다. 이 부르심은 바울만의 이야기가 아닙니다. 우리 역시 주님의 은혜로 구원받고 이 땅 가운데 증인으로 부르심을 받았습니다. 주님은 우리를 복음이 필요한 자리로 보내시며 말씀하십니다. "내가 너를 구원하여 그들에게 보내노라." 오늘도 구원의 기쁜 소식을 전하며 어두운 세상을 밝혀나가는 우리가 되길 바랍니다.

| 일독성경 | 전도서 5-7장, 사도행전 26장 읽음 □

오늘의 찬송

흑암에 사는 백성들을 보라

새찬송가 499장(통 277)

1. 흑암에 사는 백성들을 보라 수많은 심령 멸망하겠네
그 누가 갈까 주의 복음 들고 생명을 구원하는 곳으로
2. 구원의 문은 넓게 열렸으니 십자가 군병 일어나거라
너희의 힘을 하나로 뭉쳐서 죄악의 쇠사슬을 끊어라
3. 왜 너는 멸망 길을 가려느냐 주 음성 듣고 응답하여라
널 구원하려 예수 죽었으니 생명의 참된 복음 전하라
4. 온 천하 만민 승리의 그날에 영광과 찬송 주께 드리네
속죄함 입어 구원받았으니 기쁘게 할렐루야 부르세

후렴 큰 권세 주께 있으니 큰 권세 주께 있으니
너는 가서 주의 복음 전하라 주가 너 항상 지키리라

질문

나는 복음을 전하는 것을 사명으로 여기며 삶의 우선순위에 두고 있나요?

나의 감사

오늘 하루, 감사할 것들을 적어보세요.

| 기도 | 하나님 아버지, 어둠 가운데 있는 이들이 주님의 빛으로 돌아오도록 저를 사용하시고 담대하게 복음을 전하게 하옵소서. 예수 그리스도의 이름으로 기도합니다. 아멘.

담대하게, 거침없이

사도행전 28:23-31 그들이 날짜를 정하고 그가 유숙하는 집에 많이 오니 바울이 아침부터 저녁까지 강론하여 하나님의 나라를 증언하고 모세의 율법과 선지자의 말을 가지고 예수에 대하여 권하더라 … 바울이 온 이태를 자기 셋집에 머물면서 자기에게 오는 사람을 다 영접하고 하나님의 나라를 전파하며 주 예수 그리스도에 관한 모든 것을 담대하게 거침없이 가르치더라

케네스 배 선교사는 중국에서 여행사 '네이션스 투어스'를 운영하며 북한에 복음을 전하겠다는 사명을 품었습니다. 2012년 11월, 그는 관광객을 인솔해 북한을 방문하던 중 체포되어 국가 전복 음모죄로 15년 노동교화형을 선고받았습니다. 혹독한 수감 생활로 체중이 27kg이나 줄고 영양실조로 병원 신세를 져야 했지만, 그는 절망하지 않고 오히려 "하나님, 이곳에서 저를 사용해 주세요."라고 간절히 기도했습니다. 교화소와 병원을 오가는 상황을 하나님이 주신 기회로 여긴 그는 늘 기쁨으로 찬양하며 만나는 이들에게 조심스럽게 복음을 전했습니다. 그의 모습을 본 사람들이 하나님에 대해 궁금해하며 그의 이야기에 귀를 기울이기 시작했습니다. 735일 만에 석방된 케네스 배 선교사는 이후 선교단체를 설립하여 북한 선교를 위해 계속해서 힘쓰고 있습니다.

사도행전의 마지막은 바울이 자신을 찾아오는 모든 이에게 "담대하게 거침없이" 복음을 전하는 장면으로 끝을 맺습니다. 비록 그의 몸은 감옥에 갇혀 있었지만, 복음은 그 어느 때보다 힘차게 퍼져 나갔습니다. 복음은 어떤 환경에도 결코 묶이지 않습니다. 우리의 처지와 형편이 어떠하든, 오늘 하루도 담대하게 거침없이 복음을 전하며 나아갑시다. 그 가운데 하나님이 함께하시며 능력과 은혜를 베풀어 주실 것입니다.

| 일독성경 | 전도서 8-9장, 사도행전 27-28장 **읽음 □**

오늘의 찬송

빛의 사자들이여

새찬송가 502장(통 259)

1. 빛의 사자들이여 어서 가서 어둠을 물리치고 주의 진리 모르는 백성에게 복음의 빛 비춰라
2. 선한 사역 위하여 힘을 내라 주 함께하시겠네 주의 크신 사랑을 전파하며 복음의 빛 비춰라
3. 주님 부탁하신 말 순종하여 이 진리 전파하라 산을 넘고 물 건너 힘을 다해 복음의 빛 비춰라
4. 동서남북 어디나 땅끝까지 주님만 의지하고 눈 어두워 못 보는 백성에게 복음의 빛 비춰라

후렴 빛의 사자들이여 복음의 빛 비춰라 죄로 어둔 밤 밝게 비춰라 빛의 사자들이여

질문

나를 묶고 있는 환경과 상황은 무엇인가요? 그런 환경과 상황 가운데서도 오늘 내가 복음을 전할 수 있는 구체적인 방법은 무엇일까요?

나의 감사

오늘 하루, 감사할 것들을 적어보세요.

| 기도 | 하나님 아버지, 갇힌 상황 속에서도 복음을 전한 바울처럼 어떠한 형편과 처지에 있든 예수님을 전하며 살게 하옵소서. 예수 그리스도의 이름으로 기도합니다. 아멘.

사람의 본분

전도서 12:9-14 전도자는 지혜자이어서 여전히 백성에게 지식을 가르쳤고 또 깊이 생각하고 연구하여 잠언을 많이 지었으며 전도자는 힘써 아름다운 말들을 구하였나니 진리의 말씀들을 정직하게 기록하였느니라 … 일의 결국을 다 들었으니 하나님을 경외하고 그의 명령들을 지킬지어다 이것이 모든 사람의 본분이니라 하나님은 모든 행위와 모든 은밀한 일을 선악 간에 심판하시리라

대럴 월트립은 세 번의 챔피언십 우승과 84승이라는 눈부신 기록으로 트랙을 지배한 미국의 전설적인 카레이서입니다. 한창 전성기를 달리던 그는 1990년 큰 사고를 당해 더는 레이싱을 하기 어렵다는 진단을 받았고, 그 충격으로 아내가 유산하는 아픔까지 겪으며 절망에 빠졌습니다. 그러던 중 그는 아내의 권유로 수요예배에 참석했다가 큰 은혜를 체험하고 다시 일어설 수 있었습니다. 그 후 어느 날, 월트립은 한 맥주 회사로부터 스폰서 제안을 받았습니다. 거액의 광고료에 마음이 흔들려 계약서에 서명했지만, "술 취하지 말라"라는 하나님의 말씀이 떠오르면서 그는 결국 엄청난 손해를 감수하고 계약을 파기했습니다. 월트립은 세상에서의 성공보다 하나님을 경외하고 말씀에 순종하는 삶에 더 큰 가치를 두었던 것입니다.

오늘 본문은 하나님을 경외하며 그분의 계명을 지키는 것이 우리의 본분이라고 말씀합니다. 때로는 하나님의 뜻에 순종하기 위해 우리가 가진 것을 내려놓고 손해를 감수해야 할 수도 있습니다. 그러나 모든 행위를 살피시는 하나님은 우리의 순종을 기쁘게 받으시고 더 크고 놀라운 은혜로 채워주실 것입니다. 오늘 하루도 하나님 앞에서 지켜야 할 본분을 기억하며 순종의 거룩한 발걸음을 내딛기를 소망합니다.

| 일독성경 | 전도서 10–12장, 로마서 1장 읽음 □

오늘의 찬송

주 예수보다 더 귀한 것은 없네

새찬송가 94장(통 102)

1. 주 예수보다 더 귀한 것은 없네 이 세상 부귀와 바꿀 수 없네
   영 죽은 내 대신 돌아가신 그 놀라운 사랑 잊지 못해
2. 주 예수보다 더 귀한 것은 없네 이 세상 명예와 바꿀 수 없네
   이전에 즐기던 세상 일도 주 사랑하는 맘 뺏지 못해
3. 주 예수보다 더 귀한 것은 없네 이 세상 행복과 바꿀 수 없네
   유혹과 핍박이 몰려와도 주 섬기는 내 맘 변치 않아

후렴 세상 즐거움 다 버리고 세상 자랑 다 버렸네 주 예수보다 더 귀한 것은 없네
예수밖에는 없네

질문

하나님의 뜻에 순종하기 위해 내가 내려놓아야 할 것과 그것을 포기했을 때 얻게 될 영적인 유익은 무엇인가요?

나의 감사

오늘 하루, 감사할 것들을 적어보세요.

| 기도 | 하나님 아버지, 하나님 앞에서 우리의 본분을 기억하며 하나님을 경외하고 기쁨으로 말씀에 순종하는 삶을 살아가게 하옵소서. 예수 그리스도의 이름으로 기도합니다. 아멘.

일어나서 함께 가자

아가 2:10-14 나의 사랑하는 자가 내게 말하여 이르기를 나의 사랑, 내 어여쁜 자야 일어나서 함께 가자 겨울도 지나고 비도 그쳤고 지면에는 꽃이 피고 새가 노래할 때가 이르렀는데 … 나의 사랑, 나의 어여쁜 자야 일어나서 함께 가자 바위 틈 낭떠러지 은밀한 곳에 있는 나의 비둘기야 내가 네 얼굴을 보게 하라 네 소리를 듣게 하라 네 소리는 부드럽고 네 얼굴은 아름답구나

박재연 선교사는 남편 이재훈 선교사와 함께 2005년부터 마다가스카르에서 의료 선교 사역을 감당해 오고 있습니다. '길 위의 닥터'로 불리는 이들 부부는 의료 혜택을 받기 어려운 오지를 찾아다니며 수많은 생명을 돌보고 살려냈습니다. 그러나 오랜 시간 이어진 고된 사역으로 인해 박재연 선교사는 목과 허리의 디스크가 파열되어 한국에 들어와 수술과 재활치료를 받아야 했습니다. 몸뿐만 아니라 마음도 지쳐 있었던 그녀는 기도 중에 너무 힘들어서 다시 돌아갈 자신이 없다고 주님께 털어놓았습니다. 그때 주님이 말씀하셨습니다. "재연아, 내가 너 사랑하는 거 알지? 우리 함께 가자." 이 따뜻한 음성이 무너졌던 그녀의 마음을 다시 일으켜 주었습니다. 이후 그녀는 다시 마다가스카르로 돌아가 주님의 사랑으로 환자들을 섬기고 있습니다.

오늘 본문에서 솔로몬은 술람미 여인을 향해 "나의 사랑, 나의 어여쁜 자"라 부르며 함께 가자고 초대합니다. 이처럼 주님도 우리를 사랑으로 부르시며 친밀한 교제 가운데 우리와 함께 걸어가기를 원하십니다. 우리의 삶이 때로는 힘들고 지칠지라도, 그분의 사랑이 우리를 붙드시고 새 힘을 주십니다. 바쁘고 분주한 일상 속에서도 주님과 동행하며 그분 안에서 위로와 평안을 누리는 우리 모두가 되기를 소망합니다.

| 일독성경 | 아가 1-3장, 로마서 2장 읽음 □

오늘의 찬송

예수가 함께 계시니

새찬송가 325장(통 359)

1. 예수가 함께 계시니 시험이 오나 겁 없네 기쁨의 근원 되시는 예수를 위해 삽시다
2. 이 세상 사는 동안에 주 이름 전파하면서 무한한 복락 주시는 예수를 위해 삽시다
3. 이 세상 친구 없어도 예수는 나의 친구니 불의한 일을 버리고 예수를 위해 삽시다
4. 주께서 심판하실 때 잘했다 칭찬하리니 이러한 상급 받도록 예수를 위해 삽시다

후렴 날마다 주를 섬기며 언제나 주를 기리고 그 사랑 안에 살면서 딴 길로 가지 맙시다

질문

요즘 나는 주님과 동행하며 살아가고 있나요? 주님의 함께하심을 느끼며 힘과 위로를 얻었던 순간을 떠올려 적어보세요.

나의 감사

오늘 하루, 감사할 것들을 적어보세요.

| 기도 | 하나님 아버지, 지친 일상에서도 주님의 손을 붙잡고 다시 일어설 수 있는 은혜를 주옵소서. 예수 그리스도의 이름으로 기도합니다. 아멘.

하나님이 기뻐하시는 믿음

로마서 4:17-22 그가 믿은 바 하나님은 죽은 자를 살리시며 없는 것을 있는 것으로 부르시는 이시니라 … 그가 백 세나 되어 자기 몸이 죽은 것 같고 사라의 태가 죽은 것 같음을 알고도 믿음이 약하여지지 아니하고 믿음이 없어 하나님의 약속을 의심하지 않고 믿음으로 견고하여져서 하나님께 영광을 돌리며 약속하신 그것을 또한 능히 이루실 줄을 확신하였으니 그러므로 그것이 그에게 의로 여겨졌느니라

스미스 위글스워스는 20세기 초 영국의 부흥사이자 치유 사역자였습니다. 가난한 배관공이었던 그는 교육도 제대로 받지 못했고 언변도 뛰어나지 않았습니다. 그러나 48세에 성령침례를 받은 후 그의 인생은 완전히 달라졌습니다. 그는 전 세계를 다니며 병자들을 고치고, 심지어 죽은 자를 살리는 기적도 경험했습니다. 어느 날, 그는 다섯 살 된 아이의 죽음으로 슬픔에 잠긴 한 집을 방문했습니다. 그곳에서 관 속에 누워있는 아이의 모습을 보자 마음이 너무 아팠습니다. 그는 사람들을 모두 밖으로 내보낸 뒤 간절히 기도하고 외쳤습니다. “주 예수의 이름으로 사망을 꾸짖노니 사망은 아이의 몸에서 떠나라!” 그러자 아이가 다시 숨을 쉬기 시작하며 살아났습니다. 위글스워스는 사람들에게 믿음의 중요성을 강조하며 이렇게 선포했습니다. “하나님을 믿으십시오! 그러면 여러분이 믿은 그대로 될 것입니다!”

아브라함은 자신의 몸이 노쇠하고 아내 사라의 태가 닫혀 아이를 가질 수 없는 상황임을 알았습니다. 그러나 그는 절대 긍정의 믿음으로 하나님의 약속을 굳게 붙들었고, 결국 백 세에 아들 이삭을 얻었습니다. 하나님은 우리의 믿음을 통해 역사하시며 그분의 역사는 우리의 생각과 한계를 뛰어넘습니다. 오늘도 신실하신 하나님을 바라보며 절대 긍정의 믿음으로 담대히 나아가시길 바랍니다.

| 일독성경 | 아가 4-5장, 로마서 3-4장 **읽음 □**

오늘의 찬송

이 눈에 아무 증거 아니 뇌어도

새찬송가 545장(통 344)

1. 이 눈에 아무 증거 아니 뵈어도 믿음만을 가지고서 늘 걸으며
이 귀에 아무 소리 아니 들려도 하나님의 약속 위에 서리라
2. 이 눈이 보기에는 어떠하든지 이미 얻은 증거대로 늘 믿으며
이 맘에 의심 없이 살아갈 때에 우리 소원 주 안에서 이루리
3. 주님의 거룩함을 두고 맹세한 주 하나님 아버지는 참 미쁘다
그 귀한 모든 약속 믿는 자에게 능치 못할 무슨 일이 있을까

후렴 걸어가세 믿음 위에 서서 나가세 나가세 의심 버리고
걸어가세 믿음 위에 서서 눈과 귀에 아무 증거 없어도

질문

지금 나의 삶에서 하나님의 약속을 믿기 어려운 상황은 무엇인가요? 그 상황 속에서도 절대 긍정의 믿음으로 나아가기 위해 무엇을 해야 할까요?

나의 감사

오늘 하루, 감사할 것들을 적어보세요.

| 기도 | 하나님 아버지, 어떤 상황 속에서도 하나님의 약속을 굳게 붙잡고 절대 긍정의 믿음으로 살아가게 하옵소서. 예수 그리스도의 이름으로 기도합니다. 아멘.

SEP **09.24** 목요일

죽음보다 강한 사랑

아가 8:5-7 그의 사랑하는 자를 의지하고 거친 들에서 올라오는 여자가 누구인가 … 너는 나를 도장 같이 마음에 품고 도장 같이 팔에 두라 사랑은 죽음 같이 강하고 질투는 스올 같이 잔인하며 불길 같이 일어나니 그 기세가 야훼의 불과 같으니라 많은 물도 이 사랑을 끄지 못하겠고 홍수라도 삼키지 못하나니 사람이 그의 온 가산을 다 주고 사랑과 바꾸려 할지라도 오히려 멸시를 받으리라

2008년 중국 쓰촨에서 발생한 대지진은 8만 명이 넘는 목숨을 앗아간 참혹한 재난이었습니다. 구조대는 폐허 속에서 단 한 명의 생존자라도 찾기 위해 사투를 벌였고, 그 과정에서 가슴 아픈 장면을 발견했습니다. 무릎을 꿇고 품 속에 아기를 꼭 안은 채 숨진 한 여성의 모습이었습니다. 덕분에 아기는 발견 당시 기적처럼 아무 상처도 입지 않고 편안하게 잠들어 있었습니다. 아기 옆에 놓인 휴대전화 액정에는 "사랑하는 아가, 만일 네가 살아남게 된다면 엄마가 너를 사랑했다는 것을 꼭 기억하렴."이라는 메시지가 남아있었습니다. 언론은 이 일화를 전하며 비록 아기는 어머니를 잃었지만, 세상에서 가장 위대한 사랑을 가슴에 새기게 되었다고 보도했습니다.

오늘 본문은 사랑이 죽음처럼 강하고 야훼의 불처럼 맹렬하여 홍수조차 끄지 못한다고 노래합니다. 자식을 위해 목숨을 내던진 어머니의 희생은 사랑의 위대함을 보여줍니다. 하지만 그보다 더 큰 사랑이 있습니다. 바로 하나님이 독생자 예수 그리스도를 십자가에 내어주신 사랑입니다. 이 사랑으로 우리는 죄와 죽음에서 벗어나 영원한 생명을 얻었습니다. 그 무엇도 우리를 하나님의 사랑에서 끊을 수 없습니다. 오늘도 그 한량없는 사랑을 마음에 새기며 감사로 살아가는 하루가 되기를 바랍니다.

| 일독성경 | 아가 6-8장, 로마서 5장 읽음 □

오늘의 찬송

하나님의 크신 사랑

새찬송가 15장(통 55)

1. 하나님의 크신 사랑 하늘에서 내리사 우리 맘에 항상 계셔 온전하게 하소서
우리 주는 자비하사 사랑 무한하시니 두려워서 떠는 자를 구원하여 주소서
2. 걱정 근심 많은 자를 성령 감화하시며 복과 은혜 사랑 받아 평안하게 하소서
첨과 끝이 되신 주님 항상 인도하셔서 마귀 유혹 받는 것을 속히 끊게 하소서
3. 전능하신 아버지여 주의 능력 주시고 우리 맘에 임하셔서 떠나가지 마소서
주께 영광 항상 돌려 천사처럼 섬기며 주의 사랑 영영토록 찬송하게 하소서
4. 우리들이 거듭나서 흠이 없게 하시고 주의 크신 구원받아 온전하게 하소서
영광에서 영광으로 천국까지 이르러 크신 사랑 감격하여 경배하게 하소서 아멘

질문

나를 살리신 하나님의 사랑에 보답하여 오늘 내가 할 수 있는 일은 무엇일까요?

나의 감사

오늘 하루, 감사할 것들을 적어보세요.

| 기도 | 하나님 아버지, 예수님을 통해 우리를 향한 사랑을 보여주심에 감사합니다. 날마다 그 사랑에 감사하며 살게 하옵소서. 예수 그리스도의 이름으로 기도합니다. 아멘.

SEP **09.25** 금요일

옛 사람은 죽고 새사람으로

로마서 6:6-11 우리가 알거니와 우리의 옛 사람이 예수와 함께 십자가에 못 박힌 것은 죄의 몸이 죽어 다시는 우리가 죄에게 종 노릇 하지 아니하려 함이니 이는 죽은 자가 죄에서 벗어나 의롭다 하심을 얻었음이라 만일 우리가 그리스도와 함께 죽었으면 또한 그와 함께 살 줄을 믿노니 … 너희도 너희 자신을 죄에 대하여는 죽은 자요 그리스도 예수 안에서 하나님께 대하여는 살아 있는 자로 여길지어다

1900년대 초, 가는 곳마다 강력한 성령의 역사가 나타나 '최권능'이라는 별명으로 불리던 최봉석 목사가 있었습니다. 그는 1902년 예수님을 영접한 후 전도에 대한 불타는 열정으로 거리 곳곳을 누비며 복음을 전했습니다. 하루는 장터에서 "예수 천당!"을 외치던 중 우연히 옛 친구들을 만나게 되었습니다. 친구들은 그를 조롱하며 술을 권했지만, 그는 단호히 거절했습니다. 화가 난 친구 하나가 그의 얼굴에 술을 부었고, 옆에 있던 이들은 이제 큰일이 났다고 생각했습니다. 그들이 알던 최봉석은 이런 모욕을 당하고 가만히 있을 사람이 아니었기 때문입니다. 그런데 그는 옷을 털고 아무 일도 없다는 듯 태연하게 앉아 있었습니다. 그 모습을 본 친구들이 놀라 "어떻게 그렇게 참고 넘어갈 수 있나?"라고 묻자, 최봉석 목사는 이렇게 대답했습니다. "이전의 최봉석이는 다 죽었어. 지금 살아 있는 것은 복음을 전하며 전도하는 최권능이야."

예수님을 믿음으로 우리의 옛 사람은 주님과 함께 십자가에 못 박혔습니다. 이제 죄에 속한 옛 사람은 죽고, 예수님 안에서 우리는 새사람으로 거듭난 것입니다. 새사람은 하나님 앞에서 의롭고 거룩한 삶을 살아갑니다. 이번 추석 명절, 그 변화된 모습을 가정과 이웃에 보여주며 예수님을 널리 전하는 복된 시간이 되기를 소망합니다.

| 일독성경 | 이사야 1–2장, 로마서 6–7장 읽음 □

오늘의 찬송

주 예수 내 맘에 들어와

새찬송가 289장(통 208)

1. 주 예수 내 맘에 들어와 계신 후 변하여 새사람 되고
내가 늘 바라던 참빛을 찾음도 주 예수 내 맘에 오심
2. 주 예수 내 맘에 들어와 계신 후 망령된 행실을 끊고
머리털보다도 더 많던 내 죄가 눈보다 더 희어졌네
3. 내 맘에 소망을 든든히 가짐은 주 예수 내 맘에 오심
의심의 구름이 사라져버림도 주 예수 내 맘에 오심
4. 사망의 음침한 골짜기 가다가 밝은 빛 홀연히 비쳐
저 멀리 하늘 문 환하게 보임도 주 예수 내 맘에 오심
5. 내가 저 천성에 올라가 살기는 주 예수 내 맘에 오심
천성에 올라가 주님을 뵈리니 그 기쁨 비길 데 없네

후렴 주 예수 내 맘에 오심 주 예수 내 맘에 오심
물밀 듯 내 맘에 기쁨이 넘침은 주 예수 내 맘에 오심

질문

내 안에 남아있는 '옛 사람'의 모습은 무엇일까요? 그리고 '새사람'으로 살아가기 위해 어떤 변화가 필요할까요?

나의 감사

오늘 하루, 감사할 것들을 적어보세요.

| 기도 | 하나님 아버지, 제 안에 남아있는 옛 사람의 모습을 내려놓고 새사람으로 살아가며 주님의 사랑과 은혜를 전하게 하옵소서. 예수 그리스도의 이름으로 기도합니다. 아멘.

남아있는 자들

이사야 4:2-4 그 날에 야훼의 싹이 아름답고 영화로울 것이요 그 땅의 소산은 이스라엘의 피난한 자를 위하여 영화롭고 아름다울 것이며 시온에 남아 있는 자, 예루살렘에 머물러 있는 자 곧 예루살렘 안에 생존한 자 중 기록된 모든 사람은 거룩하다 칭함을 얻으리니 이는 주께서 심판하는 영과 소멸하는 영으로 시온의 딸들의 더러움을 씻기시며 예루살렘의 피를 그 중에서 청결하게 하실 때가 됨이라

20세기 초까지 네덜란드는 전통 기독교 신앙을 지켜온 나라였습니다. 그러나 20세기 중반 이후부터 급속한 세속화의 길로 접어들었고, 2001년에는 세계 최초로 동성 결혼을 합법화하기에 이르렀습니다. 그럼에도 일부 지역은 여전히 하나님의 말씀을 철저히 따르고 있습니다. 이른바 '바이블벨트'라 불리는 이 지역은 인구의 2.5%밖에 되지 않지만, 세속화의 흐름 속에서 순전한 믿음을 지켜나가고 있습니다. 그들은 향락과 마약 문화를 막고 무너져가는 전통 가족 제도를 지키며, 거룩한 다음 세대를 세워가고 있습니다. 또한 높은 출산율로 국가 발전에 기여할 뿐 아니라, 플라스틱 사용을 절제하고 에너지 소비를 줄여 창조 세계를 보호하는 데에도 앞장서고 있습니다.

이사야 선지자는 불순종한 이스라엘이 심판을 피할 수 없을지라도, 하나님은 '남아있는 자들'을 통해 순전한 믿음을 이어가실 것이라고 선포했습니다. 하나님은 세속화의 거센 물결이 세상을 덮고 있는 오늘날에도 말씀에 순종하는 신실한 자들을 일으키셔서 자신의 거룩한 뜻을 이루어 가십니다. 그러므로 죄가 만연한 세상 속에서도 우리는 소망을 잃지 않습니다. 하나님은 결코 패배하지 않으시며, 언제나 거룩한 백성을 남겨 두시고 함께하시며, 온 땅 위에 하나님 나라가 완성되도록 역사하십니다.

| 일독성경 | 이사야 3-5장, 로마서 8장 읽음 □

오늘의 찬송

황무지가 장미꽃같이

새찬송가 242장(통 233)

1. 황무지가 장미꽃같이 피는 것을 볼 때에 구속함의 노래 부르며 거룩한 길 다니리
2. 하나님의 아름다움과 그의 영광 볼 때에 모든 괴롬 잊어버리고 거룩한 길 다니리
3. 마른 땅에 샘물 터지고 사막에 물 흐를 때 기쁨으로 찬송 부르며 거룩한 길 다니리
4. 거기 악한 짐승 없으니 두려울 것 없겠네 평안함과 즐거움으로 거룩한 길 다니리
5. 거기 죄인 전혀 없으니 거룩한 자뿐이라 주님 주신 면류관 쓰고 거룩한 길 다니리

후렴 거기 거룩한 그 길에 검은 구름 없으니 낮과 같이 맑고 밝은 거룩한 길 다니리

질문

세상 사람과 다른 하나님의 자녀로서 내가 오늘 지켜야 할 거룩하고 구별된 삶의 모습은 무엇인가요?

나의 감사

오늘 하루, 감사할 것들을 적어보세요.

| 기도 | 하나님 아버지, 죄가 만연한 세상 속에서 구별된 하나님의 자녀로 주님의 거룩한 뜻을 이루어가게 하옵소서. 예수 그리스도의 이름으로 기도합니다. 아멘.

주의 이름을 부르는 자

로마서 10:9-13 네가 만일 네 입으로 예수를 주로 시인하며 또 하나님께서 그를 죽은 자 가운데서 살리신 것을 네 마음에 믿으면 구원을 받으리라 사람이 마음으로 믿어 의에 이르고 입으로 시인하여 구원에 이르느니라 성경에 이르되 누구든지 그를 믿는 자는 부끄러움을 당하지 아니하리라 하니 유대인이나 헬라인이나 차별이 없음이라 … 누구든지 주의 이름을 부르는 자는 구원을 받으리라

'검은 옷의 사나이'로 불리며 전 세계를 열광시킨 전설적인 가수 조니 캐시의 이야기입니다. 그는 독실한 기독교 가정에서 자랐지만, 명성과 부를 얻으며 점차 신앙과 멀어졌습니다. 1967년, 심각한 마약 중독과 우울증으로 괴로워하던 그는 스스로 생을 마감하기 위해 동굴에 들어갔습니다. 깊은 어둠 속에서 죽음을 기다리던 그때, 그는 갑작스레 하나님의 임재를 체험하며 하나님이 자신을 결코 포기하지 않으셨다는 확신을 얻었습니다. 이 순간이 그의 삶을 완전히 뒤바꾸는 전환점이 되었고, 이후 캐시는 마약 중독을 극복하고 자신의 이야기를 음악으로 전하기 시작했습니다. 그는 절망의 끝자락에서 하나님을 만난 경험을 노래하며, 연약하고 불완전한 죄인에게도 하나님의 은혜가 여전히 유효하다는 메시지로 많은 이들에게 희망을 주었습니다.

오늘 본문은 사람이 마음으로 믿어 의에 이르고 입으로 시인하여 구원에 이른다고 말씀합니다. 죄와 절망 가운데 있을지라도 예수님을 믿고 주로 고백하면 누구든지 구원을 받습니다. 구원은 우리의 자격이나 노력으로 얻는 것이 아니라 오직 하나님의 은혜로 값없이 주어지는 선물입니다. 이 놀라운 구원의 문은 지금도 모든 이에게 활짝 열려 있습니다. 오늘도 주님 안에서 소망을 품고 담대히 나아가기를 바랍니다.

| 일독성경 | 이사야 6-7장, 로마서 9-10장 읽음 □

오늘의 찬송

오 놀라운 구세주

새찬송가 391장(통 446)

1. 오 놀라운 구세주 예수 내 주 참능력의 주시로다
큰 바위 밑 안전한 그곳으로 내 영혼을 숨기시네
2. 오 놀라운 구세주 예수 내 주 내 모든 짐 벗기시네
죄악에서 날 끌어올리시며 또 나에게 힘 주시네
3. 측량 못 할 은혜로 채우시며 늘 성령의 감화 주사
큰 기쁨 중 주님을 찬양토록 내 믿음을 도우시네
4. 주 예수님 공중에 임하실 때 나 일어나 맞이하리
그 구원의 은총을 노래하리 저 천군과 천사 함께

후렴 메마른 땅을 종일 걸어가도 나 피곤치 아니하며
저 위험한 곳 내가 이를 때면 큰 바위에 숨기시고 주 손으로 덮으시네

질문

지금 나의 마음에 예수님을 주로 믿고 고백하는 확신이 있나요? 믿음의 고백을 적어보세요.

나의 감사

오늘 하루, 감사할 것들을 적어보세요.

| 기도 | 하나님 아버지, 날마다 예수님을 주로 고백하며 우리에게 베풀어주신 놀라운 구원의 은혜를 찬양하게 하옵소서. 예수 그리스도의 이름으로 기도합니다. 아멘.

빛으로 오신 예수님

이사야 9:2-6 흑암에 행하던 백성이 큰 빛을 보고 사망의 그늘진 땅에 거주하던 자에게 빛이 비치도다 주께서 이 나라를 창성하게 하시며 그 즐거움을 더하게 하셨으므로 … 이는 한 아기가 우리에게 났고 한 아들을 우리에게 주신 바 되었는데 그의 어깨에는 정사를 메었고 그의 이름은 기묘자라, 모사라, 전능하신 하나님이라, 영존하시는 아버지라, 평강의 왕이라 할 것임이라

여의도순복음교회는 가난과 절망으로 가득했던 대조동 판자촌의 작은 천막교회에서 시작되었습니다. 그곳에서 조용기 목사님은 복음을 전하며 많은 이들을 빛으로 인도하셨는데, 무성이 어머니의 치유 사건은 대표적인 일화입니다. 무성이 어머니는 7년 동안 중풍으로 누워 있었고, 지게꾼으로 술에 빠져 있던 남편은 아무런 힘이 되지 못했습니다. 조용기 목사님은 최자실 목사님과 함께 그 집을 찾아가 방을 정리해 주며 무성이 어머니를 위해 간절히 기도했습니다. "예수의 이름으로 명하노니 중풍은 떠나갈지어다!" 두 분은 이후에도 계속 무성이네 집을 방문해 기도하고 집안일을 도왔습니다. 그러던 나흘째 되는 날, 두 목사님이 뜨겁게 기도하는 순간 무성이 어머니가 손발에 힘을 주며 일어나 걷게 되는 기적이 일어났습니다. 예수님의 치유의 빛이 어둠을 몰아낸 순간이었습니다.

오늘 본문은 흑암과 사망의 그늘 아래 있던 백성에게 크고 환한 빛이 비칠 것이라 말씀합니다. 이 빛은 바로 예수님입니다. 예수님은 죄와 사망의 어둠 속에 있던 우리에게 참빛이 되시고, 절망을 소망으로, 슬픔을 기쁨으로 바꿔주십니다. 오늘도 예수님을 의지하며 놀라운 치유와 회복의 은혜를 경험하는 하루가 되기를 소망합니다.

| 일독성경 | 이사야 8-10장, 로마서 11장 읽음 □

오늘의 찬송

나 이제 주님의 새 생명 얻은 몸

새찬송가 436장(통 493)

1. 나 이제 주님의 새 생명 얻은 몸 옛것은 지나고 새사람이로다
그 생명 내 맘에 강같이 흐르고 그 사랑 내게서 해같이 빛난다
2. 주 안에 감추인 새 생명 얻으니 이전에 좋던 것 이제는 값없다
하늘의 은혜와 평화를 맛보니 찬송과 기도로 주 함께 살리라
3. 산천도 초목도 새것이 되었고 죄인도 원수도 친구로 변한다
새 생명 얻은 자 영생을 누리니 주님을 모신 맘 새 하늘이로다
4. 주 따라가는 길 험하고 멀어도 찬송을 부르며 뒤따라가리라
나 주를 모시고 영원히 살리라 날마다 섬기며 주 함께 살리라

후렴 영생을 누리며 주 안에 살리라 오늘도 내일도 주 함께 살리라

질문

지금 내 삶의 어느 부분이 어둠 가운데 있나요? 그 자리에서도 빛 되신 예수님을 의지하며 나아가고 있나요?

나의 감사

오늘 하루, 감사할 것들을 적어보세요.

| 기도 | 하나님 아버지, 빛 되신 예수님을 의지합니다. 제 삶에 찾아오셔서 치유하고 회복하시는 은혜를 경험케 하옵소서. 예수 그리스도의 이름으로 기도합니다. 아멘.

하나님은 나의 구원

이사야 12:1-3 그 날에 네가 말하기를 야훼여 주께서 전에는 내게 노하셨사오나 이제는 주의 진노가 돌아섰고 또 주께서 나를 안위하시오니 내가 주께 감사하겠나이다 할 것이니라 보라 하나님은 나의 구원이시라 내가 신뢰하고 두려움이 없으리니 주 야훼는 나의 힘이시며 나의 노래시며 나의 구원이심이라 그러므로 너희가 기쁨으로 구원의 우물들에서 물을 길으리로다

『영화 같은 이야기』의 저자 고봉준 목사는 한때 전과 7범의 범죄자였습니다. 그는 가난한 집안에서 태어나 중학교 2학년 때부터 뱃일, 배달, 막노동, 구두닦이 등 닥치는 대로 일을 해야 했습니다. 아무리 애써도 형편이 나아지지 않자 방황하던 그는 결국 폭력과 절도에 연루되어 수차례 교도소를 드나들었습니다. 그러나 출소 후 우연히 찾은 한 교회의 철야기도회에서 성령을 체험하면서 그의 인생은 완전히 달라졌습니다. 그는 하나님 앞에 눈물로 회개하며 교도소에 복음을 전하는 목사가 되겠다고 서원했습니다. 이후 주의 종이 된 그는 생선 장사를 하며 번 돈으로 직접 교도소를 찾아가 복음을 전하기 시작했습니다. 절망 속에서 하나님을 만나 새 삶을 살게 된 자신의 이야기를 나누며 재소자들에게 희망과 위로를 전하고 있습니다.

하나님은 때로 우리의 죄로 인해 진노하시지만, 그 진노를 거두시고 자비와 사랑으로 우리에게 구원을 베푸십니다. 그 구원을 경험한 사람은 더 이상 과거의 죄와 상처에 묶여 있지 않습니다. 구원의 우물에서 솟아나는 은혜가 우리의 삶을 끊임없이 새롭게 만들기 때문입니다. 우리 모두 이 은혜를 누리며 여전히 갈급함 속에 살아가는 영혼들을 생수의 근원이신 하나님께로 이끄는 통로가 되기를 소망합니다.

| 일독성경 | 이사야 11-12장, 로마서 12장 읽음 □

오늘의 찬송

내가 예수 믿고서

새찬송가 421장(통 210)

1. 내가 예수 믿고서 죄 사함 받아 나의 모든 것 다 변했네
지금 내가 가는 길 천국 길이요 주의 피로 내 죄가 씻겼네
2. 주님 밝은 빛 되사 어둠 헤치니 나의 모든 것 다 변했네
지금 내가 주 앞에 온전케 됨은 주의 공로를 의지함일세
3. 내게 성령 임하고 그 크신 사랑 나의 맘에 가득 채우며
모든 공포 내게서 물리치시니 내 맘 항상 주 안에 있겠네

후렴 나의 모든 것 변하고 그 피로 구속받았네
하나님은 나의 구원 되시오니 내게 정죄함 없겠네

질문

구원을 받았음에도 불구하고 여전히 내 마음을 붙들고 있는 과거의 죄나 상처가 있다면 적어보세요.

나의 감사

오늘 하루, 감사할 것들을 적어보세요.

| 기도 | 하나님 아버지, 우리의 구원이신 하나님을 바라보며 구원의 은혜를 세상에 널리 전하는 삶을 살아가게 하옵소서. 예수 그리스도의 이름으로 기도합니다. 아멘.

이웃 사랑은 율법의 완성

로마서 13:8-10 피차 사랑의 빚 외에는 아무에게든지 아무 빚도 지지 말라 남을 사랑하는 자는 율법을 다 이루었느니라 간음하지 말라, 살인하지 말라, 도둑질하지 말라, 탐내지 말라 한 것과 그 외에 다른 계명이 있을지라도 네 이웃을 네 자신과 같이 사랑하라 하신 그 말씀 가운데 다 들었느니라 사랑은 이웃에게 악을 행하지 아니하나니 그러므로 사랑은 율법의 완성이니라

미국 시애틀 퀘스트교회를 세운 유진 조 목사의 이야기입니다. 2006년, 그는 미얀마를 여행하던 중 연봉 40달러를 줄 수 없어 교사를 구하지 못한다는 이야기를 듣고 큰 충격을 받았습니다. 목회자로서 정의를 말하면서도 실제로 고통받는 이들을 돕고 있는가에 대해 깊은 회의와 부끄러움을 느낀 그는 아내와 함께 자신의 연봉을 기부하기로 결심했습니다. 세 자녀가 있었음에도 그들은 3년간 철저히 지출을 줄여 약 6만 8천 달러를 모아 빈곤층을 위해 기부했습니다. 이후 비영리단체 '원 데이즈 웨이지스'를 설립해 하루치 임금을 어려운 이웃과 도움이 필요한 이들에게 기부하는 운동을 시작했습니다. 그의 솔선수범은 많은 이들의 동참을 이끌어내 사회 곳곳에 따뜻한 나눔의 불씨를 지폈습니다. 유진 조 목사는 이렇게 고백합니다. "누구도 온 세상을 다 바꿀 수는 없지만, 누군가의 세상에서는 당신으로 인해 변화가 시작될 수 있습니다."

우리는 모두 하나님이 아무런 대가 없이 베푸신 사랑에 빚진 자들입니다. 하나님은 우리가 그 사랑을 세상에 널리 흘려보내며 살아가기를 원하십니다. 율법의 완성은 '사랑'에 있음을 기억합시다. 우리의 나눔과 섬김이 누군가에게는 절망을 딛고 일어설 치유의 손길이 되고, 꺼져가는 불씨를 되살릴 소망의 불꽃이 될 수 있습니다.

| 일독성경 | 이사야 13-15장, 로마서 13장 읽음 □

오늘의 찬송

네 맘과 정성을 다하여서

새찬송가 218장(통 369)

1. 네 맘과 정성을 다하여서 주 너의 하나님을 사랑하라 네 몸을 아끼고 사랑하듯
형제와 이웃을 사랑하라 주께서 우리게 명하시니 그 명령 따라서 살아가리
2. 널 미워 해치는 원수라도 언제나 너그럽게 사랑하라 널 핍박하는 자 위해서도
신실한 맘으로 복을 빌라 주께서 우리게 명하시니 그 명령 따라서 살아가리
3. 나 항상 주님을 멀리하고 형제를 사랑하지 못하였다 이러한 죄인을 사랑하사
주께서 몸 버려 죽으셨다 속죄의 큰 사랑 받은 이 몸 내 생명 다 바쳐 충성하리 아멘

질문

이웃 사랑을 실천하기 위해 내가 할 수 있는 나눔과 섬김은 무엇일까요?

나의 감사

오늘 하루, 감사할 것들을 적어보세요.

| 기도 | 하나님 아버지, 우리가 사랑에 빚진 자라는 것을 늘 마음에 새기고 이웃을 나 자신과 같이 사랑하며 살아가게 하옵소서. 예수 그리스도의 이름으로 기도합니다. 아멘.

10 OCTOBER 2026

SUN	MON	TUE	WED
27	28	29	30
4 사 24-26 □ 고전 2 □	5 대체 휴일 사 27-28 □ 고전 3-4 □	6 사 29-31 □ 고전 5 □	7 사 32-33 □ 고전 6-7 □
11 사 42-44 □ 고전 12 □	12 사 45-46 □ 고전 13-14 □	13 사 47-48 □ 고전 15-16 □	14 사 49-50 □ 고후 1-2 □
18 사 59-61 □ 고후 7 □	19 사 62-63 □ 고후 8-9 □	20 사 64-66 □ 고후 10 □	21 렘 1-2 □ 고후 11-12 □
25 종교개혁주일 렘 11-13 □ 갈 4 □	26 렘 14-15 □ 갈 5-6 □	27 렘 16-17 □ 엡 1 □	28 렘 18-20 □ 엡 2 □
1	2	3	4

감사QT 365

일독성경표 & monthly plan

	THU	FRI	SAT	메모
	1 국군의날 사 16-18 □ 롬 14 □	2 사 19-20 □ 롬 15-16 □	3 개천절 사 21-23 □ 고전 1 □	
	8 사 34-36 □ 고전 8 □	9 한글날 사 37-38 □ 고전 9-10 □	10 사 39-41 □ 고전 11 □	
	15 사 51-53 □ 고후 3 □	16 사 54-55 □ 고후 4-5 □	17 사 56-58 □ 고후 6 □	
	22 렘 3-5 □ 고후 13 □	23 렘 6-7 □ 갈 1-2 □	24 렘 8-10 □ 갈 3 □	
	29 렘 21-23 □ 엡 3 □	30 렘 24-26 □ 엡 4 □	31 종교개혁일 렘 27-29 □ 엡 5 □	
	5	6	7	

OCT **10.01** 목요일

우리가 집중해야 할 일

로마서 14:17-20 하나님의 나라는 먹는 것과 마시는 것이 아니요 오직 성령 안에 있는 의와 평강과 희락이라 이로써 그리스도를 섬기는 자는 하나님을 기쁘시게 하며 사람에게도 칭찬을 받느니라 그러므로 우리가 화평의 일과 서로 덕을 세우는 일을 힘쓰나니 음식으로 말미암아 하나님의 사업을 무너지게 하지 말라 만물이 다 깨끗하되 거리낌으로 먹는 사람에게는 악한 것이라

중국의 송나라는 주후 10세기 유교를 통치 이념으로 삼아 학문과 문화를 크게 발전시킨 나라였습니다. 그러나 송나라는 지나치게 유교적 예식과 형식에만 집중한 나머지, 국가 유지에 필수적인 정치적 결단과 군사력 강화에는 소홀했습니다. 조정에서는 어떻게 예법을 지켜야 유교적 질서에 맞는지, 어떤 문화가 유교 정신을 더 잘 계승하는지를 두고 끝없는 논쟁을 벌였지만, 정작 백성들의 생계와 국방 문제는 뒷전으로 밀려났습니다. 그 결과 국력은 점차 쇠퇴하고 군사적 대응은 힘을 잃어, 결국 금나라와 몽골의 침공을 막지 못하고 역사의 무대에서 퇴장하고 말았습니다.

사도 바울은 오늘 본문에서 "음식으로 말미암아 하나님의 사업을 무너지게 하지 말라"라고 교훈합니다. 이는 우상에게 바쳐진 음식을 먹을지 말지를 두고 다투며, 정작 중요한 일에는 소홀히 하던 로마교회를 향한 책망입니다. 바울은 음식 문제에 매달리기보다 교회를 의와 평강과 기쁨의 공동체로 세우고, 복음 전파에 힘쓰는 것이 더욱 중요하다고 가르쳤습니다. 우리 역시 사소한 문제 때문에 교회 안에 갈등을 일으키고 있지 않은지 돌아봐야 합니다. 교회를 성령 안에서 더욱 굳건히 세우며 복음을 전하는 일에 힘쓸 때 하나님의 나라는 더욱 든든히 서갈 것입니다.

| 일독성경 | 이사야 16-18장, 로마서 14장 읽음 □

오늘의 찬송

우리들이 싸울 것은

새찬송가 350장(통 393)

1. 우리들이 싸울 것은 혈기 아니오 우리들이 싸울 것은 육체 아니오
   마귀권세 맞서 싸워 깨쳐버리고 죽을 영혼 살릴 것일세
2. 우리들이 입은 갑옷 쇠가 아니오 우리들이 가진 검은 강철 아니오
   하나님께 받아 가진 평화의 복음 거룩하신 말씀이로다
3. 악한 마귀 제아무리 강할지라도 우리들의 대장 예수 앞서가시니
   주저 말고 용감하게 힘써 싸우세 최후 승리 얻을 때까지
4. 죄악 중에 빠진 사람 죄를 뉘우쳐 십자가에 달린 예수 믿기만 하면
   위태한 데 빠진 영혼 구원 얻어서 천국 백성 될 것임일세

후렴 한마음으로 힘써 나가세 한마음으로 힘써 싸우세
악한 마귀 군사들과 힘써 싸워서 승전고를 울리기까지

질문

본질이 아닌 것에 마음을 빼앗겨 하나님 나라를 세우는 일에 소홀하진 않았나요? 지금 내가 집중해야 할 진짜 중요한 것은 무엇인가요?

나의 감사

오늘 하루, 감사할 것들을 적어보세요.

| 기도 | 하나님 아버지, 다른 무엇보다 하나님 나라를 세워나가는 일에 온전히 집중하도록 인도해 주옵소서. 예수 그리스도의 이름으로 기도합니다. 아멘.

의지하던 모든 것이 사라졌을 때

이사야 20:3-5 야훼께서 이르시되 나의 종 이사야가 삼 년 동안 벗은 몸과 벗은 발로 다니며 애굽과 구스에 대하여 징조와 예표가 되었느니라 이와 같이 애굽의 포로와 구스의 사로잡힌 자가 앗수르 왕에게 끌려갈 때에 젊은 자나 늙은 자가 다 벗은 몸과 벗은 발로 볼기까지 드러내어 애굽의 수치를 보이리니 그들이 바라던 구스와 자랑하던 애굽으로 말미암아 그들이 놀라고 부끄러워할 것이라

주전 8세기, 거대한 제국 앗수르가 가나안 땅으로 침략해 들어와 남유다를 위협하고 있었습니다. 두려움에 사로잡힌 남유다의 지도자들은 애굽과 구스라는 또 다른 강대국을 의지해 침공을 막아보려 했습니다. 그러나 하나님은 벗은 몸과 벗은 발로 다니는 이사야의 상징적인 행위를 통해 애굽과 구스 역시 앗수르에게 무너질 것을 경고하셨습니다. 결국 남유다가 의지하던 강대국들은 패배했고, 하나님은 남유다로 하여금 오직 하나님만 바라보게 하셨습니다. 마침내 주전 701년, 히스기야왕 시대에 남유다는 하나님께 매달림으로 앗수르의 거대한 군대를 물리치는 기적을 경험했습니다. 의지할 모든 것이 사라지고 오직 하나님만 바라보게 되었을 때 위대한 승리가 주어진 것입니다.

우리 역시 인생의 큰 위기를 맞을 때가 있습니다. 우리가 붙들던 수많은 것들이 무력해지고, 홀로 남아 아무것도 의지할 수 없는 순간이 찾아올 수 있습니다. 그러나 바로 그 순간이 오히려 은혜의 기회입니다. 오직 하나님만 의지하며 무릎 꿇는 기도의 자리로 나아갈 수 있는 시간이 되기 때문입니다. 내가 의지하던 모든 것이 사라지고 기도밖에 할 수 없는 그때가 바로 하나님의 역사가 이루어지는 때입니다.

| 일독성경 | 이사야 19-20장, 로마서 15-16장 읽음 □

오늘의 찬송

어려운 일 당할 때

새찬송가 543장(통 342)

1. 어려운 일 당할 때 나의 믿음 적으나 의지하는 내 주를 더욱 의지합니다
2. 성령께서 내 마음 밝히 비춰주시니 인도하심 따라서 주만 의지합니다
3. 밝을 때에 노래와 어둘 때에 기도로 위태할 때 도움을 주께 간구합니다
4. 생명 있을 동안에 예수 의지합니다 천국 올라가도록 의지할 것뿐일세

후렴 세월 지나갈수록 의지할 것뿐일세 무슨 일을 당해도 예수 의지합니다

질문

위기를 만났을 때, 나는 자연스럽게 무엇을 먼저 의지하려고 하는지 적어보세요. 그리고 앞으로 이러한 것보다 하나님을 의지하기로 결단해 보세요.

나의 감사

오늘 하루, 감사할 것들을 적어보세요.

| 기도 | 하나님 아버지, 아무것도 의지할 수 없는 상황에 놓였을 때 더욱더 하나님의 일하심을 소망하며 기도하게 하옵소서. 예수 그리스도의 이름으로 기도합니다. 아멘.

OCT **10.03** 토요일

나의 자랑, 오직 예수 그리스도

고린도전서 1:28-31 하나님께서 세상의 천한 것들과 멸시 받는 것들과 없는 것들을 택하사 있는 것들을 폐하려 하시나니 이는 아무 육체도 하나님 앞에서 자랑하지 못하게 하려 하심이라 너희는 하나님으로부터 나서 그리스도 예수 안에 있고 예수는 하나님으로부터 나와서 우리에게 지혜와 의로움과 거룩함과 구원함이 되셨으니 기록된 바 자랑하는 자는 주 안에서 자랑하라 함과 같게 하려 함이라

에이브러햄 링컨은 오늘날 미국을 세운 위대한 대통령으로 존경받지만, 그의 출신 배경은 매우 초라했습니다. 그는 가난한 집안에서 태어나 정규 교육도 거의 받지 못한 채 자라야 했습니다. 그러나 독학으로 공부하며 변호사가 되고 대통령의 자리까지 오르게 되었습니다. 권력의 정점에 서서도 링컨은 자신이 본래 부족한 사람임을 잊지 않고 늘 겸손을 지켰습니다. 그는 한 연설에서 이렇게 고백했습니다. "지금 내가 서 있는 이 막중한 자리는 내 능력이 아니라 하늘 아버지의 손에 붙들린 작은 도구의 자리입니다. 나의 모든 행위가 오직 하나님의 뜻에 합하기만을 간절히 소망합니다."

고린도교회에는 스스로를 높이며 자랑하는 사람들이 많았습니다. 하지만 오늘 말씀에서 바울이 언급하듯, 그들은 사실 내세울 만한 배경을 지니지 못한 사람들이었습니다. 대부분이 학식도 없었고, 훌륭한 가문 출신도 아니었습니다. 하나님은 그처럼 부족하고 힘 없는 사람들을 부르셔서 하나님의 거룩한 자녀로 삼아주신 것입니다. 그래서 바울은 그들이 아무것도 자랑할 것이 없는 자들이라고 말하며, 자랑하려거든 "주 안에서" 자랑하라고 권했습니다. 우리 또한 마찬가지입니다. 죄 가운데 태어나 죄 가운데 살다가 구원받은 우리가 자랑할 분은 오직 예수님 한 분뿐입니다.

| 일독성경 | 이사야 21-23장, 고린도전서 1장 읽음 □

오늘의 찬송

만왕의 왕 내 주께서

새찬송가 151장(통 138)

1. 만왕의 왕 내 주께서 왜 고초당했나 이 벌레 같은 날 위해 그 보혈 흘렸네
2. 주 십자가 못 박힘은 속죄함 아닌가 그 긍휼함과 큰 은혜 말할 수 없도다
3. 늘 울어도 그 큰 은혜 다 갚을 수 없네 나 주님께 몸 바쳐서 주의 일 힘쓰리

후렴 십자가 십자가 내가 처음 볼 때에 나의 맘에 큰 고통 사라져
오늘 믿고서 내 눈 밝았네 참 내 기쁨 영원하도다

질문

예수님 외에 내가 자랑스러워하는 것이 있는지 적어보세요. 앞으로 만나는 사람에게 그것들이 아닌 예수님이 나에게 주신 은혜를 자랑해 보세요.

나의 감사

오늘 하루, 감사할 것들을 적어보세요.

| 기도 | 하나님 아버지, 연약하고 죄 많은 우리를 불러주심에 감사드립니다. 언제나 겸손히 예수님만 자랑하며 살게 하옵소서. 예수 그리스도의 이름으로 기도합니다. 아멘.

심지가 견고한 사람

이사야 26:1-4 그 날에 유다 땅에서 이 노래를 부르리라 우리에게 견고한 성읍이 있음이여 야훼께서 구원을 성벽과 외벽으로 삼으시리로다 너희는 문들을 열고 신의를 지키는 의로운 나라가 들어오게 할지어다 주께서 심지가 견고한 자를 평강하고 평강하도록 지키시리니 이는 그가 주를 신뢰함이니이다 너희는 야훼를 영원히 신뢰하라 주 야훼는 영원한 반석이심이로다

『아무것도 두려워 말라』의 저자인 찬양사역자 이연수 씨의 이야기입니다. 그녀는 2007년 유방암 진단을 받고 8번의 항암치료와 33번의 방사선 치료를 받으며 혹독한 시간을 보냈습니다. 육체적으로 가장 힘든 고난의 시간이었지만, 오히려 하나님과 동행하는 법을 배우며 참된 행복을 경험했다고 고백합니다. 이후 또 다른 질병의 위협 속에 절망을 겪기도 했으나, 하나님을 향한 신뢰를 놓지 않고 믿음으로 그 시간을 견뎠습니다. 결국 그녀는 치유의 은혜를 체험하며 하나님을 더욱 굳건히 신뢰하게 되었습니다. 그녀는 다음과 같이 고백합니다. “기적을 경험하면 하나님에 대한 절대적 신뢰가 생깁니다. 고통의 순간에도 나는 여전히 그분의 선하심을 신뢰합니다.”

오늘 본문은 하나님이 ‘심지가 견고하여’ 오직 주님만 의지하는 사람을 지켜주신다고 말씀합니다. 하나님은 흔들림 없이 하나님을 의지하는 사람을 결코 놓지 않으시고 평강으로 채워주십니다. 우리의 삶에도 예상치 못한 고난과 어려움이 찾아올 수 있습니다. 그러나 어떤 상황에서도 요동하지 않고 주님만 붙잡을 때 우리는 그분의 신실하신 사랑 안에서 안전함을 누릴 수 있습니다. 변치 않는 믿음으로 하나님께 의지하는 자에게는 반드시 하늘의 은혜와 놀라운 축복이 임하게 될 것입니다.

| 일독성경 | 이사야 24–26장, 고린도전서 2장 읽음 □

오늘의 찬송

이 몸의 소망 무언가

새찬송가 488장(통 539)

1. 이 몸의 소망 무언가 우리 주 예수뿐일세 우리 주 예수밖에는 믿을 이 아주 없도다
2. 무섭게 바람 부는 밤 물결이 높이 설렐 때 우리 주 크신 은혜에 소망의 닻을 주리라
3. 세상에 믿던 모든 것 끊어질 그날 되어도 구주의 언약 믿사와 내 소망 더욱 크리라
4. 바라던 천국 올라가 하나님 앞에 뵈올 때 구주의 의를 힘입어 어엿이 바로 서리라

후렴 주 나의 반석이시니 그 위에 내가 서리라 그 위에 내가 서리라

질문

어려움 앞에서 흔들리지 않고 하나님을 향한 신뢰를 고백했던 순간이 있었나요? 그때 하나님이 어떻게 응답하셨나요?

나의 감사

오늘 하루, 감사할 것들을 적어보세요.

| 기도 | 하나님 아버지, 우리 삶의 어떤 상황 속에서도 영원한 반석이신 주님만 의지하며 믿음으로 나아가게 하옵소서. 예수 그리스도의 이름으로 기도합니다. 아멘.

OCT **10.05** 월요일

맡은 자들에게 구할 것

고린도전서 4:1-4 사람이 마땅히 우리를 그리스도의 일꾼이요 하나님의 비밀을 맡은 자로 여길지어다 그리고 맡은 자들에게 구할 것은 충성이니라 너희에게나 다른 사람에게나 판단 받는 것이 내게는 매우 작은 일이라 나도 나를 판단하지 아니하노니 내가 자책할 아무 것도 깨닫지 못하나 이로 말미암아 의롭다 함을 얻지 못하노라 다만 나를 심판하실 이는 주시니라

고린도 지역은 여러 사람이 오가는 교통의 요지인 큰 항구도시였습니다. 그래서 고린도교회에는 바울, 베드로, 아볼로 등 여러 사역자들의 방문이 이어졌고, 성도들은 풍성한 은혜를 누릴 수 있었습니다. 그런데 일부 성도들은 특정 사역자를 지나치게 따르며 다른 사역자를 깎아내리기도 했습니다. 바울 역시 이러한 비판에서 자유로울 수 없었지만, 그는 자신을 향한 비판에 흔들리지 않았습니다. 왜냐하면 모든 일을 판단하실 분은 오직 하나님뿐임을 믿었기 때문입니다. 그에게 중요한 것은 마지막 때에 임할 하나님의 공의로운 심판뿐이었습니다. 그는 사람의 비판에 휘둘리지 않고 "맡은 자들에게 구할 것은 충성"이라고 말하며 주어진 사역을 묵묵히 감당했습니다.

우리 역시 각자의 삶의 자리에서 누군가에게 비교당하거나 비판받는 상황에 처할 수 있습니다. 그러나 우리는 다른 사람의 말에 크게 얽매일 필요가 없습니다. 왜냐하면 최종적으로 우리를 판단하시는 분은 오직 하나님 한 분뿐이기 때문입니다. 사람의 판단은 언제나 오해와 실수가 있기 마련입니다. 그러므로 어떤 비난이 들려와도 우리는 묵묵히 맡겨진 일을 충성스럽게 감당하면 됩니다. 그렇게 묵묵하게 성실히 살아가는 사람을 하나님은 지켜보시며, 마지막 날에 예비한 상급으로 갚아주실 것입니다.

| 일독성경 | 이사야 27-28장, 고린도전서 3-4장 읽음 □

오늘의 찬송

우리는 부지런한

새찬송가 332장

1. 우리는 부지런한 예수님의 일꾼 의롭고 풍성한 나라의 주인
   일하며 믿음의 꽃을 피우고 땀 흘려 사랑의 열매를 맺자
2. 우리는 충성하는 예수님의 일꾼 참되고 화평한 믿음의 형제
   연장을 든 손에 생산이 있고 힘쓰는 노력에 부요가 있다
3. 우리는 전도하는 예수님의 일꾼 하나님 기업을 계승한 자녀
   거친들 옥토로 만들어 내고 황무지 낙원으로 가꾸어 가자

질문

열심히 일했지만 다른 사람과 비교당하거나 부당한 비판을 받은 경험이 있나요? 그때 어떻게 반응했나요? 그때의 반응을 돌아보고, 앞으로는 어떻게 대처하면 좋을지 적어보세요.

나의 감사

오늘 하루, 감사할 것들을 적어보세요.

| 기도 | 하나님 아버지, 비판이 들려와도 유일한 심판자는 하나님뿐임을 기억하며, 맡은 바 일에 충성하게 하옵소서. 예수 그리스도의 이름으로 기도합니다. 아멘.

믿음과 기다림

이사야 30:15-18 주 야훼 이스라엘의 거룩하신 이가 이같이 말씀하시되 너희가 돌이켜 조용히 있어야 구원을 얻을 것이요 잠잠하고 신뢰하여야 힘을 얻을 것이거늘 너희가 원하지 아니하고 … 그러나 야훼께서 기다리시나니 이는 너희에게 은혜를 베풀려 하심이요 일어나시리니 이는 너희를 긍휼히 여기려 하심이라 대저 야훼는 정의의 하나님이심이라 그를 기다리는 자마다 복이 있도다

제2차 세계대전 때 프랑스는 독일의 침공에 속수무책으로 점령당했습니다. 그러나 산악 지대인 베르코르에서는 일부 프랑스 군인들이 독일에 저항할 준비를 하고 있었습니다. 그러던 어느 날 프랑스 저항군에게 희소식이 들려왔습니다. 독일에 맞서는 연합군이 상륙작전을 시작해 도우러 갈 테니 조용히 숨어서 기다리라는 전보였습니다. 하지만 저항군은 기다리지 못하고 성급히 전투를 벌였고, 결국 독일군에게 대패하며 많은 사상자가 발생했습니다. 그로부터 오래지 않아 연합군은 프랑스 본토로 진격해 독일군을 몰아냈고, 전쟁은 연합군의 승리로 끝이 났습니다. 만약 그때 프랑스 저항군이 조금만 더 참고 잠잠히 기다렸더라면, 살아남아 해방의 기쁨을 누렸을 것입니다.

주전 8세기 앗수르의 강력한 위협 앞에 남유다는 불안에 휩싸여 애굽과 같은 강대국에 도움을 구하며 분주히 움직였습니다. 그러나 이사야 선지자는 오늘 말씀에서 오직 하나님만을 신뢰하며 잠잠히 기다리라고 권면합니다. 우리도 삶의 어려움 속에서 스스로 문제를 해결하려다 조급해질 때가 있습니다. 그러나 인간의 힘으로 서두르기보다 하나님을 의지하며 침착하게 기다리는 태도가 필요합니다. 기도하며 기다리는 자에게 하나님은 반드시 가장 선한 것으로 응답하실 것입니다.

| 일독성경 | 이사야 29-31장, 고린도전서 5장 읽음 □

오늘의 찬송

내 주는 강한 성이요

새찬송가 585장(통 384)

1. 내 주는 강한 성이요 방패와 병기 되시니 큰 환난에서 우리를 구하여 내시리로다
옛 원수 마귀는 이때도 힘을 써 모략과 권세로 무기를 삼으니 천하에 누가 당하랴
2. 내 힘만 의지할 때는 패할 수밖에 없도다 힘 있는 장수 나와서 날 대신하여 싸우네
이 장수 누군가 주 예수 그리스도 만군의 주로다 당할 자 누구랴 반드시 이기리로다
3. 이 땅에 마귀 들끓어 우리를 삼키려 하나 겁내지 말고 섰거라 진리로 이기리로다
친척과 재물과 명예와 생명을 다 빼앗긴대도 진리는 살아서 그 나라 영원하리라 아멘

질문

나의 섣부른 행동 때문에 오히려 더 어려움을 겪었던 경험이 있나요? 앞으로 문제를 만났을 때 어떻게 대처해야 할까요?

나의 감사

오늘 하루, 감사할 것들을 적어보세요.

| 기도 | 하나님 아버지, 우리 힘으로 문제를 해결하려 조급히 나서기보다 기도하며 잠잠히 하나님의 도움을 기다리게 하옵소서. 예수 그리스도의 이름으로 기도합니다. 아멘.

너희 몸으로 하나님께 영광 돌리라

고린도전서 6:14-20 하나님이 주를 다시 살리셨고 또한 그의 권능으로 우리를 다시 살리시리라 너희 몸이 그리스도의 지체인 줄을 알지 못하느냐 … 너희 몸은 너희가 하나님께로부터 받은 바 너희 가운데 계신 성령의 전인 줄을 알지 못하느냐 너희는 너희 자신의 것이 아니라 값으로 산 것이 되었으니 그런즉 너희 몸으로 하나님께 영광을 돌리라

오늘날 평균 수명이 늘어나면서 사람들은 단순히 오래 사는 것에 멈추지 않고, 어떻게 하면 건강하게 오래 살 수 있을지에 더 큰 관심을 두고 있습니다. 크리스천 역시 건강한 삶에 관심을 기울여야 합니다. 어떤 이는 "어차피 천국에 갈 것이니 이 땅의 삶은 중요하지 않다."라고 말하지만 이는 성경적이지 않은 생각입니다. 하나님은 우리의 육체도 결코 가볍게 여기지 않으시기 때문입니다. 예수님의 성육신은 이를 분명히 보여줍니다. 예수님은 육체를 지닌 채 이 땅에 오셨고, 육체의 고난과 죽음을 경험하셨으며, 부활의 새 몸으로 다시 살아나셨습니다. 더 나아가 오늘 본문은 마지막 날에 우리 또한 그리스도를 따라 영화로운 몸으로 다시 살아날 것을 약속합니다. 이처럼 우리의 육체는 하나님의 구원 역사 안에서 필수적이고 소중합니다.

그러므로 우리는 "너희 몸으로 하나님께 영광을 돌리라"라는 오늘 말씀을 늘 마음에 새겨야 합니다. 성도는 세상 사람들보다 더 거룩하고 절제된 태도로 자신의 몸을 잘 관리해야 합니다. 우리 가운데 계신 성령의 전인 몸을 함부로 다루지 않고 거룩하게 지켜나가는 것은 곧 하나님을 영화롭게 하는 일입니다. 몸을 잘 돌보고 건강하게 유지하여, 하나님이 약속하신 삼중축복의 은혜를 넘치도록 누리게 되시기를 바랍니다.

| 일독성경 | 이사야 32-33장, 고린도전서 6-7장 읽음 □

오늘의 찬송

정결하게 하는 샘이

새찬송가 264장(통 198)

1. 정결하게 하는 샘이 나의 앞에 있도다 성령께서 권고하심 죄 씻으라 하시네
2. 나의 가는 길이 좁고 내 뜻대로 안 돼도 모든 욕심 다 버리고 주만 따라가겠네
3. 나의 마음 제단 위에 불길같이 타올라 영원토록 찬양하며 주께 영광 돌리네
4. 한량없는 주의 은혜 나를 영접하셨네 내가 지은 모든 죄와 허물 용서하셨네
5. 성부 하나님께 영광 성자 예수께 영광 성령님께 또한 영광 모두 돌려드리세

후렴 찬양하리 찬양하리 죽임 당한 어린양 주께 영광 돌리어라 우리 죄를 씻어주셨네

질문

몸을 성전으로 여기며 하나님께 영광을 돌리려면 어떤 실천이 필요할까요?

나의 감사

오늘 하루, 감사할 것들을 적어보세요.

| 기도 | 하나님 아버지, 몸을 건강하고 올바르게 관리하여 하나님께 영광 돌리며 삼중축복의 은혜를 누리도록 인도해 주옵소서. 예수 그리스도의 이름으로 기도합니다. 아멘.

억울한 일을 당할 때

이사야 36:20-22 이 열방의 신들 중에 어떤 신이 자기의 나라를 내 손에서 건져냈기에 야훼가 능히 예루살렘을 내 손에서 건지겠느냐 하셨느니라 하니라 그러나 그들이 잠잠하여 한 말도 대답하지 아니하였으니 이는 왕이 그들에게 명령하여 대답하지 말라 하였음이었더라 그 때에 힐기야의 아들 왕궁 맡은 자 엘리아김과 서기관 셉나와 아삽의 아들 사관 요아가 … 히스기야에게 나아가서 랍사게의 말을 그에게 전하니라

예수원 분원의 원장을 역임했던 조병호 목사는 젊은 시절에 북한 침투 요원으로 활동할 만큼 과격하고 포악한 성품을 갖고 있었지만, 예수님을 만난 후 온화한 성품으로 변화되었습니다. 어느 날 한 집사의 남편이 술에 취해 교회에 들어오더니 "목사 나와!" 하고 고함치며 그를 주먹으로 때리는 일이 벌어졌습니다. 그러나 조병호 목사는 아무런 저항도 하지 않고 그를 집으로 돌려보냈습니다. 이 모습을 본 아들이 "특수부대 출신이라면서 왜 맞고만 계셨어요?"라고 분통을 터뜨리자 그는 조용히 말했습니다. "아들아, 목사는 깡패가 아니야. 남이 화내고 때린다고 맞서면 진정한 크리스천이 아니란다." 그 사건 이후에 그를 때렸던 집사의 남편은 진심으로 사과했고, 나중에는 그 교회의 중직자로서 헌신하게 되었다고 합니다.

오늘 본문에서 앗수르의 장군은 하나님을 모독하며 남유다에게 항복을 요구했습니다. 그러나 히스기야왕은 백성들에게 아무 대답도 하지 말고 잠잠히 있으라 명했습니다. 그리고 그는 곧바로 하나님의 성전에 나아가 마음을 찢는 심정으로 기도드렸고, 결국 하나님이 앗수르 군대를 물리치셨습니다. 우리 역시 때때로 여러 가지 이유로 모욕과 억울한 일을 당할 때가 있습니다. 그때 내 힘과 감정으로 맞서기보다 잠잠히 하나님께 기도하기를 소망합니다. 하나님이 친히 모든 문제를 해결해 주실 것입니다.

| 일독성경 | 이사야 34-36장, 고린도전서 8장 읽음 □

오늘의 찬송

겸손히 주를 섬길 때

새찬송가 212장(통 347)

1. 겸손히 주를 섬길 때 괴로운 일이 많으나 구주여 내게 힘 주사 잘 감당하게 하소서
2. 인자한 말을 가지고 사람을 감화시키며 갈 길을 잃은 무리를 잘 인도하게 하소서
3. 구주의 귀한 인내를 깨달아 알게 하시고 굳건한 믿음 주셔서 늘 승리하게 하소서
4. 장래의 영광 비추사 소망이 되게 하시며 구주와 함께 살면서 참평강 얻게 하소서 아멘

질문

상대방의 모욕과 공격을 받았으나 인내하고 기도하여 도리어 더 좋은 결과를 얻었던 적이 있나요? 그때의 경험을 적어보세요.

나의 감사

오늘 하루, 감사할 것들을 적어보세요.

| 기도 | 하나님 아버지, 모욕과 박해를 받을지라도 우리의 힘으로 맞서지 않고 기도함으로 모든 문제를 하나님께 맡기게 하옵소서. 예수 그리스도의 이름으로 기도합니다. 아멘.

감당할 만한 시험

고린도전서 10:11-13 그들에게 일어난 이런 일은 본보기가 되고 또한 말세를 만난 우리를 깨우치기 위하여 기록되었느니라 그런즉 선 줄로 생각하는 자는 넘어질까 조심하라 사람이 감당할 시험 밖에는 너희가 당한 것이 없나니 오직 하나님은 미쁘사 너희가 감당하지 못할 시험 당함을 허락하지 아니하시고 시험 당할 즈음에 또한 피할 길을 내사 너희로 능히 감당하게 하시느니라

과학 기술의 발전으로 오늘날 대부분의 스포츠 종목에서 과학적 훈련법이 활용되고 있습니다. 마라톤의 경우, 코치는 선수의 나이와 체중, 키, 체지방률, 폐활량 등을 세밀히 분석하여 그가 감당할 수 있는 훈련 강도를 측정합니다. 그런 후에 비록 힘들지라도 선수가 버틸 수 있을 만한 수준의 훈련을 계획합니다. 물론 훈련 과정은 선수에게 괴롭고 고통스러운 일입니다. 하지만 코치는 선수가 충분히 해낼 수 있음을 알기에 끝까지 완수하도록 격려합니다. 결국 그 과정을 이겨낸 선수는 이전보다 훨씬 강해지고, 코치는 그만큼 단련된 선수를 위해 더 높은 수준의 훈련을 제시합니다. 그러나 그 훈련조차도 어디까지나 선수가 감당할 수 있는 범위 안에서 이루어집니다.

오늘 말씀에서 사도 바울은 "하나님은 미쁘사 너희가 감당하지 못할 시험 당함을 허락하지 아니하시고"라고 전합니다. 하나님은 우리를 누구보다 잘 아십니다. 그러므로 우리가 감당할 수 없는 시험은 결코 허락하지 않으십니다. 지금 맞닥뜨린 어려움이 힘겹게 느껴져도, 그것은 하나님이 우리가 이겨낼 수 있다고 판단하시기에 주신 것입니다. 그러므로 우리는 낙심하지 말고 하나님을 신뢰하며 인내해야 합니다. 결국 그 시험을 통과한 우리는 하나님 앞에서 더욱 성장한 모습으로 서게 될 것입니다.

| 일독성경 | 이사야 37-38장, 고린도전서 9-10장 읽음 □

오늘의 찬송

너 시험을 당해

새찬송가 342장(통 395)

1. 너 시험을 당해 죄짓지 말고 너 용기를 다해 곧 물리치라
   너 시험을 이겨 새 힘을 얻고 주 예수를 믿어 늘 승리하라
2. 네 친구를 삼가 잘 선택하고 너 언행을 삼가 늘 조심하라
   너 열심을 다해 늘 충성하고 온 정성을 다해 주 봉사하라
3. 잘 이기는 자는 상 받으리니 너 낙심치 말고 늘 전진하라
   네 구세주 예수 힘 주시리니 주 예수를 믿어 늘 승리하라

후렴 우리 구주의 힘과 그의 위로를 빌라 주님 네 편에 서서 항상 도우시리

질문

예전에는 감당하기 힘든 고난처럼 느껴졌지만 지금 돌아보면 오히려 감사하게 여기는 일을 적어보세요.

나의 감사

오늘 하루, 감사할 것들을 적어보세요.

| 기도 | 하나님 아버지, 우리가 감당할 수 있는 시험만 허락하심에 감사드립니다. 주님을 의지해 시험을 이겨내도록 도와주옵소서. 예수 그리스도의 이름으로 기도합니다. 아멘.

화해의 성찬

고린도전서 11:23-25 내가 너희에게 전한 것은 주께 받은 것이니 곧 주 예수께서 잡히시던 밤에 떡을 가지사 축사하시고 떼어 이르시되 이것은 너희를 위하는 내 몸이니 이것을 행하여 나를 기념하라 하시고 식후에 또한 그와 같이 잔을 가지시고 이르시되 이 잔은 내 피로 세운 새 언약이니 이것을 행하여 마실 때마다 나를 기념하라 하셨으니

찰스 디킨스의 소설『크리스마스 캐럴』에서 구두쇠 스크루지가 세 유령을 만난 후 변화되어 조카 프레드의 집을 찾아가는 장면은 진정한 화해의 감동을 전해줍니다. 크리스마스 전날 밤, 스크루지는 자신의 과거와 현재 그리고 두려운 미래를 돌아본 끝에 새로운 사람으로 거듭나 조카 집의 문을 두드립니다. 오랫동안 가족과 단절하며 살았던 그의 방문에 조카의 가족은 모두 놀랐습니다. 그러나 조카 부부는 기꺼이 그를 맞이했고, 크리스마스 만찬 식탁에 함께 앉았습니다. 그 만찬은 축제의 만찬 이상의 의미가 있었습니다. 이기심과 탐욕으로 얼룩졌던 삶이 용서와 사랑으로 회복되는 화해의 자리이자, 잃었던 가족의 정을 되찾은 기쁨이 넘치는 재회의 식탁이었습니다.

오늘 본문이 전하는 바와 같이 성찬은 예수 그리스도 안에서 하나님과 맺은 새 언약을 기념하는 은혜의 자리입니다. 예수님은 십자가에서 우리의 죄를 대신 짊어지고 죽으심으로 하나님과 우리 사이를 가로막았던 죄와 사망의 담을 모두 무너뜨리시고 화목을 이루셨습니다. 이제 우리는 주님의 살과 피를 상징하는 떡과 포도주를 함께 나누며 그 구속의 은혜를 기억하고 하나님과 화목하게 된 감격을 누립니다. 성찬이라는 화해의 식탁에 앉아 하나님과 교제하게 되었음에 감사와 찬양을 올려드립시다.

| 일독성경 | 이사야 39–41장, 고린도전서 11장 읽음 □

오늘의 찬송

주 예수님 내 맘에 오사

새찬송가 286장(통 218)

1. 주 예수님 내 맘에 오사 날 붙들어주시고 내 마음에 새 힘을 주사 늘 기쁘게 하소서
2. 주 예수님 내 맘에 오사 내 소원 다 아시고 내 무거운 짐 맡아주사 참평안을 주소서
3. 주 예수님 내 맘에 오사 날 정결케 하시고 그 은혜를 내 맘에 채워 늘 충만케 하소서
4. 주 예수님 내 맘에 오사 내 길 인도하시고 주 성령을 내 맘에 채워 늘 충만케 하소서

후렴 사랑의 주 사랑의 주 내 맘속에 찾아오사 내 모든 죄 사하시고 내 상한 맘 고치소서 아멘

질문

성찬식이 나에게 회복의 경험을 준 적이 있나요? 성찬식을 통해 어떤 마음의 변화를 경험했나요?

나의 감사

오늘 하루, 감사할 것들을 적어보세요.

| 기도 | 하나님 아버지, 예수님의 십자가 희생으로 우리가 하나님과 화목하게 되었음을 늘 기억하며 감사하게 하옵소서. 예수 그리스도의 이름으로 기도합니다. 아멘.

OCT **10.11** 주일

너를 지명하여 불렀나니

이사야 43:1-2 야곱아 너를 창조하신 여호와께서 지금 말씀하시느니라 이스라엘아 너를 지으신 이가 말씀하시느니라 너는 두려워하지 말라 내가 너를 구속하였고 내가 너를 지명하여 불렀나니 너는 내 것이라 네가 물 가운데로 지날 때에 내가 너와 함께 할 것이라 강을 건널 때에 물이 너를 침몰하지 못할 것이며 네가 불 가운데로 지날 때에 타지도 아니할 것이요 불꽃이 너를 사르지도 못하리니

의학박사 출신으로 목회의 길을 걷고 있는 원종수 목사는 여섯 살에 아버지를 잃고 홀어머니 밑에서 가난과 외로움 속에 자랐습니다. 어린 시절 그를 가장 힘들게 했던 것은 저녁 먹을 무렵 친구 집에서 들려오던 어머니의 다정한 부름이었습니다. 그의 어머니는 늘 늦게까지 일해야 했기에, 그는 단 한 번도 "종수야, 저녁 먹자."라는 말을 들어본 적이 없었습니다. 깊은 공허함 속에서 어린 시절을 보내던 그는 어느 날 교회에서 기도하는 중 "종수야, 종수야." 하고 부르시는 하나님의 음성을 들었습니다. 그 순간 그는 자신이 하나님의 자녀임을 확신하게 되었고, '나는 아버지가 있는 사람'이라는 깨달음 속에서 평안을 누리며 세상을 담대히 살아갈 힘을 얻었습니다.

오늘 본문에서 하나님은 이스라엘 백성에게 "내가 너를 지명하여 불렀나니 너는 내 것이라"라고 말씀하십니다. 오랜 바벨론 포로 생활로 고통을 겪던 이스라엘에게 그들이 누구의 백성인지를 분명히 일깨워주신 것입니다. 우리 역시 고통과 외로움의 시간을 지날 때가 있습니다. 때로는 누구 하나 알아주는 이 없는 것처럼 느껴질 때도 있습니다. 그러나 우리를 자녀로 부르시고 지켜주시는 하나님은 변함없이 우리와 함께하십니다. 이 사실을 굳게 부여잡으며 오늘도 담대하게 살아가시기를 소망합니다.

| 일독성경 | 이사야 42-44장, 고린도전서 12장 읽음 □

오늘의 찬송

하나님의 크신 사랑

새찬송가 15장(통 55)

1. 하나님의 크신 사랑 하늘에서 내리사 우리 맘에 항상 계셔 온전하게 하소서
   우리 주는 자비하사 사랑 무한하시니 두려워서 떠는 자를 구원하여주소서
2. 걱정 근심 많은 자를 성령 감화하시며 복과 은혜 사랑 받아 평안하게 하소서
   첨과 끝이 되신 주님 항상 인도하셔서 마귀 유혹 받는 것을 속히 끊게 하소서
3. 전능하신 아버지여 주의 능력 주시고 우리 맘에 임하셔서 떠나가지 마소서
   주께 영광 항상 돌려 천사처럼 섬기며 주의 사랑 영영토록 찬송하게 하소서
4. 우리들이 거듭나서 흠이 없게 하시고 주의 크신 구원받아 온전하게 하소서
   영광에서 영광으로 천국까지 이르러 크신 사랑 감격하여 경배하게 하소서 아멘

질문

외롭고 힘겨운 시간을 지날지라도 '나는 하나님의 자녀다.'라는 확신이 나의 삶의 태도를 어떻게 바꿀 수 있을까요?

나의 감사

오늘 하루, 감사할 것들을 적어보세요.

| 기도 | 하나님 아버지, 외롭고 고통스러운 때를 지나는 중에도 우리를 부르신 하나님의 사랑을 기억하며 힘을 얻게 하옵소서. 예수 그리스도의 이름으로 기도합니다. 아멘.

닫힌 문을 여시는 하나님

이사야 45:1-3 야훼께서 그의 기름 부음을 받은 고레스에게 이같이 말씀하시되 내가 그의 오른손을 붙들고 그 앞에 열국을 항복하게 하며 내가 왕들의 허리를 풀어 그 앞에 문들을 열고 성문들이 닫히지 못하게 하리라 … 네게 흑암 중의 보화와 은밀한 곳에 숨은 재물을 주어 네 이름을 부르는 자가 나 야훼 이스라엘의 하나님인 줄을 네가 알게 하리라

2009년, 미국인 기자 유나 리와 로라 링은 두만강 부근에서 탈북자들을 취재하다 북한군에게 체포되었습니다. 두 사람은 12년의 노동교화형을 선고받았고, 미국은 충격에 휩싸였습니다. 미국 정부는 여러 외교적 노력을 기울였지만, 당시 미국과 북한의 관계가 크게 악화되어 공식 협상은 열릴 수 없는 상황이었습니다. 아무런 길이 보이지 않던 그때, 전혀 예상치 못한 돌파구가 열렸습니다. 미국의 빌 클린턴 전 대통령이 북한을 직접 방문해 두 사람의 석방을 이끌어낸 것입니다. 그는 정부의 공식 특사가 아닌 전직 대통령으로서 인도적 사명을 띠고 갔기에 북한도 대화에 응할 수 있었습니다. 결국 두 사람은 미국으로 무사히 귀환했고, 크리스천이자 한국계인 유나 리는 하나님이 우리의 생각을 뛰어넘는 방법으로 닫힌 문을 여셨다고 고백했습니다.

이스라엘 백성은 오랜 바벨론 포로 생활로 절망 가운데 있었습니다. 그들의 앞날은 닫힌 문처럼 보였고, 해방의 희망은 멀게만 느껴졌습니다. 그러나 하나님은 그들의 생각을 뛰어넘는 방법으로 일하셨습니다. 이방인이었던 바사 왕 고레스를 사용하셔서 그들을 해방하신 것입니다. 하나님은 지금도 우리의 생각과 예상을 뛰어넘어 역사하십니다. 그러므로 아무리 현실이 막막해 보여도 은혜로우신 하나님의 놀라운 역사를 소망하며 낙심하지 말아야 합니다.

| 일독성경 | 이사야 45-46장, 고린도전서 13-14장 읽음 □

오늘의 찬송

주님의 뜻을 이루소서

새찬송가 425장(통 217)

1. 주님의 뜻을 이루소서 고요한 중에 기다리니 진흙과 같은 날 빚으사 주님의 형상 만드소서
2. 주님의 뜻을 이루소서 주님 발 앞에 엎드리니 나의 맘속을 살피시사 눈보다 희게 하옵소서
3. 주님의 뜻을 이루소서 병들어 몸이 피곤할 때 권능의 손을 내게 펴사 강건케 하여주옵소서
4. 주님의 뜻을 이루소서 온전히 나를 주장하사 주님과 함께 동행함을 만민이 알게 하옵소서 아멘

질문

하나님이 내 생각과 예상을 뛰어넘는 방법으로 도우신 적이 있나요? 그때의 경험을 적어보세요.

나의 감사

오늘 하루, 감사할 것들을 적어보세요.

| 기도 | 하나님 아버지, 절망적인 상황에서도 우리의 생각을 뛰어넘어 역사하시는 하나님을 신뢰하며 희망을 잃지 않게 하옵소서. 예수 그리스도의 이름으로 기도합니다. 아멘.

OCT **10.13** 화요일

우리의 인생을 변화시키는 예수님

고린도전서 15:9-10 나는 사도 중에 가장 작은 자라 나는 하나님의 교회를 박해하였으므로 사도라 칭함 받기를 감당하지 못할 자니라 그러나 내가 나 된 것은 하나님의 은혜로 된 것이니 내게 주신 그의 은혜가 헛되지 아니하여 내가 모든 사도보다 더 많이 수고하였으나 내가 한 것이 아니요 오직 나와 함께 하신 하나님의 은혜로라

조지 포먼은 한때 세계 헤비급 권투계를 호령했던 챔피언이었습니다. 젊은 시절 그는 거칠고 공격적인 성격으로 악명이 높았으며, 특히 자신을 꺾은 세기의 라이벌 무하메드 알리에 대해서는 증오에 가까운 말을 서슴지 않았습니다. 그러나 1977년 지미 영과의 경기에서 패배한 뒤 탈진으로 쓰러져 생사를 오가는 경험을 하게 되었습니다. 그 극적인 순간, 포먼은 예수님을 인격적으로 만나는 체험을 했습니다. 기적적으로 살아난 그는 이전과는 완전히 다른 사람이 되었습니다. 늘 굳어있던 표정은 따뜻한 미소로 바뀌었고, 라이벌 알리를 향해 "나는 알리를 사랑합니다."라고 고백할 만큼 그의 마음은 사랑으로 채워졌습니다. 이후 그는 목사가 되어 복음을 전하며, 권투로 얻은 막대한 재산을 기꺼이 이웃을 섬기는 일에 바쳤습니다.

성경에는 예수님을 만나 삶이 극적으로 변화된 사람들이 여럿 등장합니다. 그중 대표적인 인물이 바로 사도 바울입니다. 그는 한때 교회와 그리스도인들을 핍박했던 박해자였으나, 예수님을 만난 이후 교회를 위해 생명까지 내어놓는 헌신적인 사도로 거듭났습니다. 바울과 수많은 성경의 인물들, 그리고 조지 포먼처럼 예수님을 인격적으로 만나 인생이 새로워지는 사람들이 오늘도 더욱 많아지기를 간절히 기도합니다.

| 일독성경 | 이사야 47-48장, 고린도전서 15-16장 읽음 □

오늘의 찬송

주 예수 내 맘에 들어와

새찬송가 289장(통 208)

1. 주 예수 내 맘에 들어와 계신 후 변하여 새사람 되고
   내가 늘 바라던 참빛을 찾음도 주 예수 내 맘에 오심
2. 주 예수 내 맘에 들어와 계신 후 망령된 행실을 끊고
   머리털보다도 더 많던 내 죄가 눈보다 더 희어졌네
3. 내 맘에 소망을 든든히 가짐은 주 예수 내 맘에 오심
   의심의 구름이 사라져버림도 주 예수 내 맘에 오심
4. 사망의 음침한 골짜기 가다가 밝은 빛 홀연히 비쳐
   저 멀리 하늘 문 환하게 보임도 주 예수 내 맘에 오심
5. 내가 저 천성에 올라가 살기는 주 예수 내 맘에 오심
   천성에 올라가 주님을 뵈리니 그 기쁨 비길 데 없네

후렴 주 예수 내 맘에 오심 주 예수 내 맘에 오심
물밀 듯 내 맘에 기쁨이 넘침은 주 예수 내 맘에 오심

질문

예수님을 인격적으로 만나기 전과 만난 후의 나의 모습에는 어떠한 변화가 있나요?

나의 감사

오늘 하루, 감사할 것들을 적어보세요.

| 기도 | 하나님 아버지, 우리를 변화시키신 예수님의 은혜를 잊지 않고 세상을 섬기며 살도록 인도해 주옵소서. 예수 그리스도의 이름으로 기도합니다. 아멘.

고난을 넘어 군건한 믿음으로

고린도후서 1:8-9 형제들아 우리가 아시아에서 당한 환난을 너희가 모르기를 원하지 아니하노니 힘에 겹도록 심한 고난을 당하여 살 소망까지 끊어지고 우리는 우리 자신이 사형 선고를 받은 줄 알았으니 이는 우리로 자기를 의지하지 말고 오직 죽은 자를 다시 살리시는 하나님만 의지하게 하심이라

러시아의 대문호로 불리는 표도르 도스토예프스키는 젊은 시절 러시아 황실에 반대하는 모임에 참여했다는 이유로 체포되어 사형을 선고받았습니다. 1849년 12월, 그는 차가운 광장에서 동료들과 함께 총살을 기다리고 있었습니다. 그러나 총살이 집행되기 직전에 황제의 특사가 도착하여, 사형은 시베리아 유배형으로 감형되었습니다. 죽음을 눈앞에 두고 극적으로 살아난 그는, 시베리아 감옥에서 4년 동안 혹독한 노역을 치러야 했습니다. 그러나 추위와 고통 속에서 도스토예프스키는 성경을 읽으며 하나님을 체험했고, 오직 그리스도만이 진리임을 깨닫게 되었습니다. 이 신앙의 체험을 바탕으로 이후에 도스토예프스키는 인간의 죄와 고통 그리고 은혜의 빛을 조명하는 깊이 있는 통찰을 담아낸 『죄와 벌』과 같은 위대한 작품들을 남겼습니다.

오늘 말씀에서 사도 바울은 자신이 당한 극심한 환난을 전합니다. 그 고난이 어찌나 컸던지 살 소망마저 끊어지고 마치 사형 선고를 받은 것 같았다고 말합니다. 하지만 바울은 오히려 그러한 고난이 있었기에 하나님을 더욱 의지하며 믿음을 굳건히 하게 되었다고 고백합니다. 때때로 우리 삶에도 견디기 힘든 고난이 찾아올 수 있습니다. 그러나 그 고난이 값진 이유는, 바로 그 속에서 하나님의 은혜를 발견하고 하나님을 더욱더 굳게 의지할 수 있기 때문입니다.

| 일독성경 | 이사야 49-50장, 고린도후서 1-2장 읽음 □

오늘의 찬송

너 근심 걱정 말아라

새찬송가 382장(통 432)

1. 너 근심 걱정 말아라 주 너를 지키리 주 날개 밑에 거하라 주 너를 지키리
2. 어려워 낙심될 때에 주 너를 지키리 위험한 일을 당할 때 주 너를 지키리
3. 너 쓸 것 미리 아시고 주 너를 지키리 구하는 것을 주시며 주 너를 지키리
4. 어려운 시험 당해도 주 너를 지키리 구주의 품에 거하라 주 너를 지키리

후렴 주 너를 지키리 아무 때나 어디서나 주 너를 지키리 늘 지켜주시리 아멘

질문

고난 속에서 하나님이 깨닫게 하신 특별한 은혜가 있었나요? 그 때의 깨달음을 적어보세요.

나의 감사

오늘 하루, 감사할 것들을 적어보세요.

| 기도 | 하나님 아버지, 고난의 시간을 지날 때 더 큰 은혜와 축복으로 인도하실 하나님을 신뢰하며 이겨내게 하옵소서. 예수 그리스도의 이름으로 기도합니다. 아멘.

OCT **10.15** 목요일

예수님의 희생과 사랑

이사야 53:4-5 그는 실로 우리의 질고를 지고 우리의 슬픔을 당하였거늘 우리는 생각하기를 그는 징벌을 받아 하나님께 맞으며 고난을 당한다 하였노라 그가 찔림은 우리의 허물 때문이요 그가 상함은 우리의 죄악 때문이라 그가 징계를 받으므로 우리는 평화를 누리고 그가 채찍에 맞으므로 우리는 나음을 받았도다

2001년 9월 11일, 뉴욕 세계무역센터가 무너지던 날, 24세의 청년 웰스 크로더는 남쪽 타워 104층에서 근무하고 있었습니다. 비행기가 충돌하자 건물은 크게 파손되고 거센 불길이 번졌습니다. 그는 연기로 자욱한 빌딩 안에서 사람들을 대피시키기 시작했습니다. 걷지 못하는 부상자를 발견하면 직접 등에 업고 계단을 내려가기도 했습니다. 그렇게 사람들을 밖으로 내보내던 중 건물이 붕괴되면서 크로더는 끝내 목숨을 잃었고, 그의 시신은 나중에 다른 소방관들과 함께 발견되었습니다. 그러나 그의 목숨 건 희생 덕분에 많은 사람들이 생명을 건질 수 있었습니다. 한 생존자는 이렇게 고백했습니다. "백 년을 살아도 그가 보여준 희생과 헌신을 따라가지는 못할 것입니다."

이사야 선지자는 예수님의 희생을 예언했습니다. 그의 예언대로 예수님은 우리의 질고를 지고 우리의 죄악 때문에 채찍에 맞으셨습니다. 우리가 평화를 누리고 치유를 경험하는 것은 예수님이 우리를 대신해 모진 고난을 짊어지셨기 때문입니다. 하지만 우리는 종종 십자가의 은혜에 무감각해져 그 의미를 잊고 살아갑니다. 이제 다시 복음 앞에 서서, 우리는 예수님의 사랑과 희생이 우리를 살렸음에 감격해야 합니다. 오늘 하루, 예수님의 은혜를 기억하며 감사와 찬양으로 영광을 돌려드리길 소망합니다.

| 일독성경 | 이사야 51-53장, 고린도후서 3장 읽음 □

오늘의 찬송

예수 나를 위하여

새찬송가 144장(통 144)

1. 예수 나를 위하여 십자가를 질 때 세상 죄를 지시고 고초 당하셨네
2. 십자가를 지심은 무슨 죄가 있나 저 무지한 사람들 메시야 죽였네
3. 피와 같이 붉은 죄 없는 이가 없네 십자가의 공로로 눈과 같이 되네
4. 아름답다 예수여 나의 좋은 친구 예수 공로 아니면 영원 형벌 받네

후렴 예수님 예수님 나의 죄 위하여 보배 피를 흘리니 죄인 받으소서 아멘

질문

예수님이 죄를 대신 짊어지셨음을 감사드리고 믿음으로 살기를 결단하는 고백을 적어보세요.

나의 감사

오늘 하루, 감사할 것들을 적어보세요.

| 기도 | 하나님 아버지, 우리를 살리기 위해 채찍에 맞으시고 십자가를 지신 예수님의 은혜를 늘 기억하며 감사하게 하옵소서. 예수 그리스도의 이름으로 기도합니다. 아멘.

OCT **10.16** 금요일

사방으로 욱여쌈을 당하여도

고린도후서 4:8-10 우리가 사방으로 욱여쌈을 당하여도 싸이지 아니하며 답답한 일을 당하여도 낙심하지 아니하며 박해를 받아도 버린 바 되지 아니하며 거꾸러뜨림을 당하여도 망하지 아니하고 우리가 항상 예수의 죽음을 몸에 짊어짐은 예수의 생명이 또한 우리 몸에 나타나게 하려 함이라

증조할아버지 때부터 신앙을 지켜온 저희 가족은 모두가 독실한 크리스천입니다. 그런데 제 사촌누나가 믿지 않는 집안으로 시집을 가면서 신앙의 큰 시련을 겪게 되었습니다. 시어머니가 주일마다 밀린 집안일을 맡기고, 가족 행사를 일부러 크게 열어 예배 참석을 막았던 것입니다. 결혼 전에는 단 한 번도 성수주일을 거른 적이 없던 사촌누나는 본의 아니게 예배에 빠질 때마다 마음 아파하며 눈물로 하나님께 기도했습니다. 그렇게 기도에 매달리던 어느 날, 하나님이 시어머니를 더욱 사랑하라는 마음을 주셨습니다. 사촌누나는 이전보다 더 친절하게 시어머니를 대하고 집안일도 더욱 기쁘게 담당하며 예수님의 사랑을 실천했습니다. 그 결과 결혼 10년째 되던 해, 시어머니가 처음으로 교회를 나가게 됐고, 이후 신실한 크리스천으로 변화되었습니다.

사도 바울은 자신이 사방으로 욱여쌈을 당해 답답한 상황에 처했지만, 결코 낙심하지 않는다고 고백했습니다. 왜냐하면 예수님의 고난에 동참할 때 예수님의 생명 또한 나타남을 알았기 때문입니다. 우리 역시 답답하고 막막한 상황에 부딪힐 수 있습니다. 그럴지라도 낙심하지 말고 묵묵히 예수님의 발자취를 따라 걸어가야 합니다. 하나님이 문제를 해결해 주시고, 생명의 열매가 맺어지도록 인도하실 것입니다.

| 일독성경 | 이사야 54-55장, 고린도후서 4-5장 읽음 □

오늘의 찬송

이 눈에 아무 증거 아니 뵈어도

새찬송가 545장(통 344)

1. 이 눈에 아무 증거 아니 뵈어도 믿음만을 가지고서 늘 걸으며
이 귀에 아무 소리 아니 들려도 하나님의 약속 위에 서리라
2. 이 눈이 보기에는 어떠하든지 이미 얻은 증거대로 늘 믿으며
이 맘에 의심 없이 살아갈 때에 우리 소원 주 안에서 이루리
3. 주님의 거룩함을 두고 맹세한 주 하나님 아버지는 참 미쁘다
그 귀한 모든 약속 믿는 자에게 능치 못할 무슨 일이 있을까

후렴 걸어가세 믿음 위에 서서 나가세 나가세 의심 버리고
걸어가세 믿음 위에 서서 눈과 귀에 아무 증거 없어도

질문

삶이 힘들어도 예수님의 길을 따르기로 결심한 사람은 어떤 삶의 자세를 가져야 할까요?

나의 감사

오늘 하루, 감사할 것들을 적어보세요.

| 기도 | 하나님 아버지, 앞날이 막막할지라도 낙심하지 않고, 예수님이 가신 발자취를 따라 믿음으로 나아가게 하옵소서. 예수 그리스도의 이름으로 기도합니다. 아멘.

내가 기뻐하는 금식은

이사야 58:6-10 내가 기뻐하는 금식은 흉악의 결박을 풀어 주며 멍에의 줄을 끌러 주며 압제 당하는 자를 자유하게 하며 모든 멍에를 꺾는 것이 아니겠느냐 또 주린 자에게 네 양식을 나누어 주며 유리하는 빈민을 집에 들이며 … 주린 자에게 네 심정이 동하며 괴로워하는 자의 심정을 만족하게 하면 네 빛이 흑암 중에서 떠올라 네 어둠이 낮과 같이 될 것이며

주후 6세기 초, 로마 귀족 가문 출신의 베네딕트는 세상의 타락에 크게 실망하여 수도 생활을 시작했습니다. 그는 그렇게 세상과 구별된 은둔의 삶을 보낸 뒤 몬테카시노 수도원을 세우고, 수도사들이 지켜야 할 규율을 마련했습니다. 이 수도원의 생활은 규칙적인 기도와 금식, 그리고 절제된 삶으로 이루어졌습니다. 그러나 그저 정해진 규율만 잘 지킨다고 해서 수도원 생활을 잘하는 것이 아니었습니다. 더 중요한 것은 이웃 사랑과 섬김의 실천이었습니다. 형제들을 존중하며 손님을 따뜻하게 맞이하는 것이야말로 기도와 금식의 참된 목적이었습니다. "모든 손님을 그리스도처럼 맞이하라."라는 이 수도원 수칙은 이 공동체가 지향하는 바를 잘 보여줍니다.

오늘 본문에서 이스라엘 백성은 공동체를 바로 세우기 위해 금식하며 기도했습니다. 그러나 어떤 이들은 금식 중에도 자신의 이익만을 추구하고 이웃과 다투는 잘못을 범했습니다. 이에 하나님은 "내가 기뻐하는 금식"은 흉악한 행동을 끊어내고 굶주린 자에게 양식을 나누어 주며 고난과 시련으로 고통받는 자를 돌보는 것이라고 말씀하셨습니다. 다시 말해, 금식은 이웃을 향한 사랑과 공동체를 살리는 섬김으로 이어져야 한다는 뜻입니다. 우리의 기도와 금식 또한 개인의 필요를 채우는 것에서 그치지 않고, 공동체의 치유와 회복으로 열매 맺어야 합니다.

| 일독성경 | 이사야 56-58장, 고린도후서 6장 읽음 □

오늘의 찬송

내 모든 소원 기도의 제목

새찬송가 452장(통 505)

1. 내 모든 소원 기도의 제목 예수님 닮기 원함이라
   예수님 형상 나 입기 위해 세상의 보화 아끼잖네
2. 무한한 사랑 풍성한 긍휼 슬픈 자 위로하시는 주
   길 잃은 죄인 부르는 예수 그 형상 닮게 하옵소서
3. 겸손한 예수 거룩한 주님 원수의 멸시 참으시사
   우리를 위해 고난을 받은 구주를 닮게 하옵소서

후렴 예수님 닮기 내가 원하네 날 구원하신 예수님을
내 마음속에 지금 곧 오사 주님의 형상 인치소서

질문

지금 어떤 응답을 바라며 기도하거나 금식하고 있나요? 그 응답으로 어떻게 이웃을 섬기고 그에게 기쁨을 줄 수 있을지 적어보세요.

나의 감사

오늘 하루, 감사할 것들을 적어보세요.

| 기도 | 하나님 아버지, 우리의 유익보다 이웃과 공동체를 위해 기도하고 금식하여 하나님을 기쁘시게 해드리도록 인도해 주옵소서. 예수 그리스도의 이름으로 기도합니다. 아멘.

OCT **10.18** 주일

일어나라 빛을 발하라

이사야 60:1-3 일어나라 빛을 발하라 이는 네 빛이 이르렀고 야훼의 영광이 네 위에 임하였음이니라 보라 어둠이 땅을 덮을 것이며 캄캄함이 만민을 가리려니와 오직 야훼께서 네 위에 임하실 것이며 그의 영광이 네 위에 나타나리니 나라들은 네 빛으로, 왕들은 비치는 네 광명으로 나아오리라

남수단 청년 사무엘은 기독교 NGO 포아프리카에서 운영하는 남수단 리더십 학교에서 공부하고 있습니다. 그는 2020년 큰 기대를 품고 입학했지만, 코로나 팬데믹으로 인해 고향으로 돌아가야 했습니다. 그런데 얼마 지나지 않아 비극이 들이닥쳤습니다. 부족 간 무력 충돌로 여자와 아이들이 납치되고 이웃들이 목숨을 잃는 참극이 벌어진 것입니다. 사무엘은 간신히 살아남아 숲으로 피신해 3달 동안 굶주림과 두려움 속에 숨어 지냈고, 마을로 돌아왔을 때 집들은 모두 불타 없어진 상태였습니다. 2021년 학교로 돌아온 사무엘은 여전히 상처와 아픔에 짓눌렸지만, 하나님의 말씀이 다시 그를 일으켜 세웠습니다. “일어나라 빛을 발하라 이는 네 빛이 이르렀고 야훼의 영광이 네 위에 임하였음이니라”라는 이사야 60장 1절의 말씀이었습니다. 사무엘은 언젠가 마을에 병원을 세워 이웃을 돕겠다는 꿈과 비전을 품고 학업에 힘쓰고 있습니다.

우리 역시 인생의 길에서 좌절과 시련을 만날 때가 있습니다. 그러나 그 순간에 반드시 기억해야 할 것은 하나님의 영광이 이미 우리에게 임했다는 사실입니다. 우리를 일으켜 세우시는 주님의 손을 붙들고 일어나시기를 바랍니다. 하나님을 의지해 일어서는 순간 절망이 희망으로 변화되고 다시 빛을 발할 힘을 얻게 될 것입니다.

| 일독성경 | 이사야 59-61장, 고린도후서 7장 읽음 □

오늘의 찬송

빛의 사자들이여

새찬송가 502장(통 259)

1. 빛의 사자들이여 어서 가서 어둠을 물리치고 주의 진리 모르는 백성에게 복음의 빛 비춰라
2. 선한 사역 위하여 힘을 내라 주 함께하시겠네 주의 크신 사랑을 전파하며 복음의 빛 비춰라
3. 주님 부탁하신 말 순종하여 이 진리 전파하라 산을 넘고 물 건너 힘을 다해 복음의 빛 비춰라
4. 동서남북 어디나 땅끝까지 주님만 의지하고 눈 어두워 못 보는 백성에게 복음의 빛 비춰라

후렴 빛의 사자들이여 복음의 빛 비춰라 죄로 어둔 밤 밝게 비춰라 빛의 사자들이여

질문

힘든 상황 속에서도 하나님의 영광이 나와 함께한다는 사실을 믿나요? 내가 빛을 발해야 할 자리는 어디일까요?

나의 감사

오늘 하루, 감사할 것들을 적어보세요.

| 기도 | 하나님 아버지, 하나님의 영광이 우리에게 임하셨음을 기억하며, 일어나 빛을 발하는 믿음의 사람이 되게 하옵소서. 예수 그리스도의 이름으로 기도합니다. 아멘.

풍성한 연보

고린도후서 8:1-5 형제들아 하나님께서 마게도냐 교회들에게 주신 은혜를 우리가 너희에게 알리노니 환난의 많은 시련 가운데서 그들의 넘치는 기쁨과 극심한 가난이 그들의 풍성한 연보를 넘치도록 하게 하였느니라 내가 증언하노니 그들이 힘대로 할 뿐 아니라 힘에 지나도록 자원하여 이 은혜와 성도 섬기는 일에 참여함에 대하여 … 그들이 먼저 자신을 주께 드리고 또 하나님의 뜻을 따라 우리에게 주었도다

2010년 1월, 아이티를 강타한 대지진은 수십만 명의 생명을 앗아가고 국토 전체를 폐허로 만들었습니다. 전 세계가 충격과 슬픔에 잠긴 그때, 한국교회는 "우는 자들과 함께 울라"(롬 12:15)라는 말씀에 순종하여 사랑과 나눔의 손길을 내밀었습니다. 국민일보와 한국교회희망봉사단이 주도한 모금 운동에 전국의 많은 교회와 성도들이 자발적으로 참여했고, 불과 3주 만에 32억 원의 성금을 모았습니다. 농어촌의 작은 교회와 미자립교회에서부터 여의도순복음교회, 명성교회, 사랑의교회와 같은 대형교회에 이르기까지 모두가 한마음으로 동참했습니다. 군인과 교회학교 어린이들까지 작은 정성을 보태어 고난받는 이웃을 향한 한국교회의 뜨거운 사랑을 보여주었습니다.

오늘 본문에서 사도 바울은 기근으로 고통받던 예루살렘교회를 돕기 위해 연보에 동참한 마게도냐 지역 교회들을 칭찬합니다. 데살로니가, 빌립보 등 그 지역의 여러 교회들이 어려운 와중에도 기쁨과 자원하는 마음으로 섬김에 동참했습니다. 현재의 우리도 마게도냐의 교회들과 16년 전 한국교회가 보여주었던 그 섬김의 정신을 다시 회복하고 지켜나가야 합니다. 고통당하는 이웃을 외면하지 않고 넘치는 기쁨과 정성으로 기꺼이 돕는 우리가 되기를 소망합니다.

| 일독성경 | 이사야 62-63장, 고린도후서 8-9장 읽음 □

오늘의 찬송

네 맘과 정성을 다하여서

새찬송가 218장(통 369)

1. 네 맘과 정성을 다하여서 주 너의 하나님을 사랑하라 네 몸을 아끼고 사랑하듯 형제와 이웃을 사랑하라 주께서 우리게 명하시니 그 명령 따라서 살아가리
2. 널 미워 해치는 원수라도 언제나 너그럽게 사랑하라 널 핍박하는 자 위해서도 신실한 맘으로 복을 빌라 주께서 우리게 명하시니 그 명령 따라서 살아가리
3. 나 항상 주님을 멀리하고 형제를 사랑하지 못하였다 이러한 죄인을 사랑하사 주께서 몸 버려 죽으셨다 속죄의 큰 사랑 받은 이 몸 내 생명 다 바쳐 충성하리 아멘

질문

지금 내가 섬김을 실천해야 할 이웃은 누구인지 생각해 보고 어떤 방법으로 섬길 수 있을지 적어보세요.

나의 감사

오늘 하루, 감사할 것들을 적어보세요.

| 기도 | 하나님 아버지, 어려움에 처한 이웃을 외면하지 않고 기쁨과 자원하는 마음으로 섬김을 실천하도록 인도해 주옵소서. 예수 그리스도의 이름으로 기도합니다. 아멘.

완전한 평화의 나라

이사야 65:23-25 그들의 수고가 헛되지 않겠고 그들이 생산한 것이 재난을 당하지 아니하리니 그들은 야훼의 복된 자의 자손이요 그들의 후손도 그들과 같을 것임이라 그들이 부르기 전에 내가 응답하겠고 그들이 말을 마치기 전에 내가 들을 것이며 이리와 어린 양이 함께 먹을 것이며 사자가 소처럼 짚을 먹을 것이며 뱀은 흙을 양식으로 삼을 것이니 나의 성산에서는 해함도 없겠고 상함도 없으리라 야훼께서 말씀하시니라

20세기 중반까지만 해도 세상은 거대한 전쟁의 소용돌이 속에 있었습니다. 두 차례의 세계대전으로 수천만 명이 희생되었고, 이어 발발한 한국전쟁과 베트남전쟁에서도 수많은 이들이 목숨을 잃었습니다. 어떤 이는 21세기에 들어 전쟁이 줄었다고 말하지만, 최근 들어 또다시 세계 곳곳에서 전쟁의 소문이 불거지고 있습니다. 알려지지 않았거나 관심 밖으로 밀려난 분쟁과 무력 충돌까지 포함하면 전쟁은 역사 속에서 단 한 번도 멈춘 적이 없습니다. "오직 죽은 사람만 전쟁의 종말을 볼 것이다."라는 스페인 철학자 조지 산타야나의 말은 결코 과장이 아닌 것처럼 들립니다.

그러나 오늘 본문에서 이사야 선지자는 장차 임할 새 하늘과 새 땅에서는 전쟁과 갈등이 전혀 없을 것이라고 전합니다. 그는 마지막 종말의 때에 들어갈 하나님의 나라를 '이리와 어린 양이 함께 먹고 사자가 소처럼 풀을 먹는' 모습으로 묘사하며, 완전한 평화가 실현되는 공동체를 보여줍니다. 그러므로 크리스천은 다툼과 미움이 끊이지 않는 세상에 살아가면서도 완전한 평화가 임할 그날을 바라보며 소망을 품을 수 있습니다. 아울러 이 땅을 살아가는 크리스천으로서 우리의 사명은 마지막 때에 임할 하나님의 나라가 바로 지금 이곳에서도 이루어지도록 기도하며 헌신하는 것입니다.

| 일독성경 | 이사야 64-66장, 고린도후서 10장 읽음 □

오늘의 찬송

눈을 들어 하늘 보라

새찬송가 515장(통 256)

1. 눈을 들어 하늘 보라 어지러운 세상 중에 곳곳마다 상한 영의 탄식 소리 들려온다
빛을 잃은 많은 사람 길을 잃고 헤매이며 탕자처럼 기진하니 믿는 자여 어이할꼬
2. 눈을 들어 하늘 보라 어두워진 세상 중에 외치는 자 많건마는 생명수는 말랐어라
죄를 대속하신 주님 선한 일꾼 찾으시나 대답할 이 어디 있나 믿는 자여 어이할꼬
3. 눈을 들어 하늘 보라 살아계신 주 하나님 약한 자를 부르시어 하늘 뜻을 전하셨다
생명수는 홀로 예수 처음이요 나중이라 주님 너를 부르신다 믿는 자여 어이할꼬
4. 눈을 들어 하늘 보라 다시 사신 그리스도 만백성을 사랑하사 오래 참고 기다리네
인애하신 우리 구주 의의 심판하시는 날 곧 가까이 임하는데 믿는 자여 어이할꼬

질문

지금 평화를 위한 기도가 필요한 곳은 어디인가요? 국내이든 해외이든 한 지역을 선택하여 중보하는 시간을 가져보세요.

나의 감사

오늘 하루, 감사할 것들을 적어보세요.

| 기도 | 하나님 아버지, 다툼과 전쟁이 끊이지 않는 세상 속에서 마지막 때에 완성될 하나님 나라를 소망하며 살아가게 하옵소서. 예수 그리스도의 이름으로 기도합니다. 아멘.

OCT **10.21** 수요일

내가 약한 그 때에 강함이라

고린도후서 12:7-10 여러 계시를 받은 것이 지극히 크므로 너무 자만하지 않게 하시려고 내 육체에 가시 곧 사탄의 사자를 주셨으니 이는 나를 쳐서 너무 자만하지 않게 하려 하심이라 이것이 내게서 떠나가게 하기 위하여 내가 세 번 주께 간구하였더니 … 이는 그리스도의 능력이 내게 머물게 하려 함이라 그러므로 내가 그리스도를 위하여 약한 것들과 능욕과 궁핍과 박해와 곤고를 기뻐하노니 이는 내가 약한 그 때에 강함이라

1978년, 미국인 청년 헨리 스미스는 대학을 졸업한 뒤 일자리를 찾고 있었습니다. 그러나 퇴행성 안구 질환으로 앞을 거의 보지 못했던 그는 안정된 직장을 얻을 수 없었습니다. 그럼에도 그는 절망하지 않았습니다. 오히려 자신의 연약함 가운데 그리스도께서 더 큰 능력을 드러내실 것이라 확신했습니다. 그는 자신에게 주어진 환경과 상황에 불평하기보다는 감사의 고백을 드리기로 결단했고 이러한 믿음을 찬양으로 표현했습니다. 그 곡은 오늘날 「거룩하신 하나님」이라는 제목으로 불리며 많은 이들에게 은혜를 주고 있습니다. 이 찬양의 후렴은 이렇게 고백합니다. "내가 약할 때 강함 주고, 가난할 때 우리를 부요케 하신 나의 주 감사 감사."

오늘 본문에서 사도 바울은 자신의 육체에 주신 가시를 고백합니다. 그는 그것이 치유되기를 세 번이나 간구했으나 끝내 치료를 받지는 못했습니다. 그러나 바울은 낙심하지 않았고 오히려 그 고난 속에서 은혜를 발견했습니다. 육체의 가시로 인해 자신은 약해지지만, 그 약함을 통해 오히려 그리스도의 능력이 더욱 강하게 드러난다는 사실을 깨달은 것입니다. 우리에게도 약점과 연약함이 있을 수 있습니다. 그러나 그것은 결코 좌절의 이유가 될 수 없습니다. 왜냐하면, 우리의 약함을 통해 하나님의 능력이 더욱 강력히 나타나기 때문입니다.

| 일독성경 | 예레미야 1-2장, 고린도후서 11-12장 읽음 □

오늘의 찬송

예수님은 누구신가

새찬송가 96장(통 94)

1. 예수님은 누구신가 우는 자의 위로와 없는 자의 풍성이며
   천한 자의 높음과 잡힌 자의 놓임 되고 우리 기쁨 되시네
2. 예수님은 누구신가 약한 자의 강함과 눈먼 자의 빛이시며
   병든 자의 고침과 죽은 자의 부활 되고 우리 생명 되시네
3. 예수님은 누구신가 추한 자의 정함과 죽을 자의 생명이며
   죄인들의 중보와 멸망자의 구원 되고 우리 평화 되시네
4. 예수님은 누구신가 온 교회의 머리와 온 세상의 구주시며
   모든 왕의 왕이요 심판하실 주님 되고 우리 영광 되시네

질문

나에게는 어떤 약점이 있나요? 그 약점으로 인해 도리어 하나님의 능력이 더 강하게 나타난 경험이 있다면 적어보세요.

나의 감사

오늘 하루, 감사할 것들을 적어보세요.

| 기도 | 하나님 아버지, 우리에게 약점이 있을지라도 그것을 통해 강하게 역사하실 하나님을 신뢰하며 담대함을 잃지 않게 하옵소서. 예수 그리스도의 이름으로 기도합니다. 아멘.

신앙의 점검

고린도후서 13:5-7 너희는 믿음 안에 있는가 너희 자신을 시험하고 너희 자신을 확증하라 예수 그리스도께서 너희 안에 계신 줄을 너희가 스스로 알지 못하느냐 … 우리가 하나님께서 너희로 악을 조금도 행하지 않게 하시기를 구하노니 이는 우리가 옳은 자임을 나타내고자 함이 아니라 오직 우리는 버림 받은 자 같을지라도 너희는 선을 행하게 하고자 함이라

원자력 발전은 현대 사회의 중요한 에너지원이지만 단 한 번의 사고만으로도 수많은 생명과 환경을 위협할 수 있는 민감한 기술입니다. 그렇기에 원자력 발전소는 겉보기에 아무 문제가 없어 보여도 끊임없이 정밀 점검을 시행합니다. 특히 외벽 검사는 안전을 좌우하는 핵심 과정입니다. 아파트 24층 높이에 해당하는 거대한 둥근 외벽 위에 10명 남짓의 점검원들이 올라가 혹시 생겼을지 모를 미세한 균열을 꼼꼼히 살핍니다. 원자력은 고열과 고압을 다루기에 육안으로 보이지 않는 작은 틈 하나도 큰 사고로 이어질 수 있기 때문입니다. 그래서 점검원들은 정밀 장비를 활용해 0.05㎜의 균열조차 놓치지 않으려 주의 깊게 확인합니다. 이러한 빈틈없는 관리와 경계 덕분에 우리는 일상생활에서 전기를 안전하게 공급받을 수 있습니다.

오늘 본문에서 바울은 “너희는 믿음 안에 있는가 너희 자신을 시험하고 너희 자신을 확증하라”라고 권면합니다. 이는 우리가 스스로 믿음에 균열이 생기지 않았는지 점검하며 구원의 확신 위에 서야 함을 의미합니다. 신앙의 길을 걸어가는 동안 우리는 영적인 경계를 결코 느슨히 해서는 안 됩니다. 날마다 기도의 무릎을 꿇고 말씀을 거울삼아 마음과 삶을 점검함으로 굳건한 믿음 위에 서기를 힘써야 합니다.

| 일독성경 | 예레미야 3–5장, 고린도후서 13장 읽음 □

오늘의 찬송

주님 약속하신 말씀 위에 서

새찬송가 546장(통 399)

1. 주님 약속하신 말씀 위에 서 영원토록 주를 찬송하리라
   소리 높여 주께 영광 돌리며 약속 믿고 굳게 서리라
2. 주님 약속하신 말씀 위에 서 세상 염려 내게 엄습할 때에
   용감하게 힘써 싸워 이기며 약속 믿고 굳게 서리라
3. 주님 약속하신 말씀 위에 서 영원하신 주의 사랑 힘입고
   성령으로 힘써 싸워 이기며 약속 믿고 굳게 서리라
4. 주님 약속하신 말씀 위에 서 성령 인도하는 대로 행하며
   주님 품에 항상 안식 얻으며 약속 믿고 굳게 서리라

후렴 굳게 서리 영원하신 말씀 위에 굳게 서리 굳게 서리 그 말씀 위에 굳게 서리라

질문

하나님의 말씀은 마음의 거울입니다. 내 마음을 점검할 수 있는 성경 한 구절을 적어보세요.

나의 감사

오늘 하루, 감사할 것들을 적어보세요.

| 기도 | 하나님 아버지, 성실한 기도 생활과 말씀 읽기로 날마다 믿음을 점검하는 우리가 되도록 인도해 주옵소서. 예수 그리스도의 이름으로 기도합니다. 아멘.

OCT **10.23** 금요일

하나님이 기뻐하시는 예배

예레미야 7:4-7 너희는 이것이 야훼의 성전이라, 야훼의 성전이라, 야훼의 성전이라 하는 거짓말을 믿지 말라 너희가 만일 길과 행위를 참으로 바르게 하여 이웃들 사이에 정의를 행하며 이방인과 고아와 과부를 압제하지 아니하며 무죄한 자의 피를 이 곳에서 흘리지 아니하며 다른 신들 뒤를 따라 화를 자초하지 아니하면 내가 너희를 이 곳에 살게 하리니 곧 너희 조상에게 영원무궁토록 준 땅에니라

구약시대 남유다 말기, 예레미야 선지자는 진실함이 없는 형식적인 신앙을 날카롭게 비판했습니다. 당시 종교 지도자들은 "야훼의 성전이라, 야훼의 성전이라"라고 외치며 예루살렘 성전에서 제사만 드리면 결코 나라가 무너지지 않을 것이라고 가르쳤습니다. 그러나 하나님이 원하신 것은 제사 행위 자체만이 아니었습니다. 하나님은 그들이 공의를 행하고 전심으로 하나님을 사랑하며, 언약의 백성으로서 그 책임을 다하기를 원하셨습니다. 하지만 백성들은 성전 제사에만 만족한 채 우상을 겸하여 섬기고, 가난하고 억눌린 자들을 돌보는 의무를 저버렸습니다. 그 결과 절대 무너지지 않을 것이라 믿었던 예루살렘 성전은 바벨론에 의해 함락되었고, 남유다의 사람들은 포로로 끌려가는 심판을 받게 되었습니다.

오늘날 우리도 형식적인 신앙생활이 우리를 지켜줄 것이라 착각할 때가 있습니다. 단지 예배에 출석하기만 하면 모든 것이 괜찮을 것이라 스스로 위로할지도 모릅니다. 그러나 하나님은 마음의 중심과 삶의 모습을 살피신다는 사실을 잊지 말아야 합니다. 참된 예배자의 모습을 회복하여 하나님께 진정한 감사와 사랑의 고백을 올려 드리며, 우리의 일상이 선을 행하고 이웃을 섬기는 삶의 예배가 되기를 소망합니다.

| 일독성경 | 예레미야 6-7장, 갈라디아서 1-2장 읽음 □

오늘의 찬송

내 평생 소원 이것뿐

새찬송가 450장(통 376)

1. 내 평생 소원 이것뿐 주의 일 하다가 이 세상 이별하는 날 주 앞에 가리라
2. 꿈같이 헛된 세상 일 취할 것 무어냐 이 수고 암만 하여도 헛된 것뿐일세
3. 불같은 시험 많으나 겁내지 맙시다 구주의 권능 크시니 이기고 남겠네
4. 금보다 귀한 믿음은 참보배 되도다 이 진리 믿는 사람들 다 복을 받겠네
5. 살같이 빠른 광음을 주 위해 아끼세 온몸과 맘을 바치고 힘써서 일하세 아멘

질문

교회에서 드리는 예배는 삶의 예배와 연결되어야 합니다. 지난 주일 설교를 돌아보면서, 내가 실천할 수 있는 삶의 예배 한 가지를 적어보세요.

나의 감사

오늘 하루, 감사할 것들을 적어보세요.

| 기도 | 하나님 아버지, 형식적인 신앙생활에 만족하지 않고 하나님을 전심으로 사랑하며 의와 사랑을 실천하게 하옵소서. 예수 그리스도의 이름으로 기도합니다. 아멘.

OCT **10.24** 토요일

의인은 믿음으로 살리라

갈라디아서 3:11-13 또 하나님 앞에서 아무도 율법으로 말미암아 의롭게 되지 못할 것이 분명하니 이는 의인은 믿음으로 살리라 하였음이라 율법은 믿음에서 난 것이 아니니 율법을 행하는 자는 그 가운데서 살리라 하였느니라 그리스도께서 우리를 위하여 저주를 받은 바 되사 율법의 저주에서 우리를 속량하셨으니 기록된 바 나무에 달린 자마다 저주 아래에 있는 자라 하였음이라

21세기 도시 목회에 큰 영향을 끼친 팀 켈러 목사는 복음을 설명하며 흥미로운 비유를 들었습니다. 한 사람이 비행기에 올랐는데 그는 이륙부터 착륙까지 내내 불안에 떨며 추락할까 노심초사했습니다. 그러나 그의 불안과 상관없이 비행기는 안전하게 목적지에 도착했고 그는 무사히 여행을 마쳤습니다. 팀 켈러 목사는 이 예화를 통해 구원의 의미를 설명했습니다. 비행기의 안전이 승객의 마음 상태가 아니라 오직 기장의 능력에 좌우되듯, 우리의 구원도 나의 불완전한 의가 아니라 하나님의 의를 이루신 예수 그리스도의 능력에 달려있다는 것입니다. 그러므로 우리는 스스로 의롭다 하심을 얻기 위해 불안해하며 애쓸 필요가 없습니다.

오늘 본문은 하나님이 우리를 의롭다 하시는 이유는 율법의 행위가 아니라, 율법의 저주를 대신 짊어지고 하나님의 의를 이루신 예수 그리스도를 믿는 믿음 때문임을 선포합니다. 구원은 인간의 노력이나 공로의 결과가 아니라 오직 믿음을 통해 주어지는 하나님의 전적인 은혜입니다. 그러므로 우리가 승리하신 그리스도 안에 있음을 확신한다면 더 이상 구원을 의심하거나 염려할 이유가 없습니다. 이미 모든 의를 이루신 주님 안에서 평안을 누리며, 날마다 감사가 넘치는 삶을 살아가시기를 소망합니다.

| 일독성경 | 예레미야 8-10장, 갈라디아서 3장 읽음 □

오늘의 찬송

이 세상의 모든 죄를

새찬송가 261장(통 195)

1. 이 세상의 모든 죄를 맑히시는 주의 보혈 성자 예수 그 귀한 피 찬송하고 찬송하세
주님 앞을 멀리 떠나 길을 잃고 헤맬 때에 나의 뒤를 따라오사 친히 구원하셨도다
2. 가시관을 쓰셨으니 피로 얼굴 물드셨고 십자가의 모진 고통 나를 위해 당하셨네
말로 형용할 수 없는 구세주의 구속하심 그 은혜와 크신 사랑 찬송하고 찬송하세
3. 아버지를 멀리 떠나 바른 길을 저버리고 여러 가지 죄악으로 주홍같이 되었으니
물 같은 것 가지고는 씻을 수가 아주 없네 주여 귀한 보배 피로 날 정결케 하옵소서

후렴 흰 눈보다 더 흰 눈보다 더 주의 흘리신 보혈로 희게 씻어주옵소서 아멘

질문

'이것만은 꼭 해야 하나님이 기뻐하신다.'라고 생각했던 행동이 있다면 적어보세요. 그리고 오직 예수님의 의로 구원받은 은혜를 묵상해 보세요.

나의 감사

오늘 하루, 감사할 것들을 적어보세요.

| 기도 | 하나님 아버지, 우리가 죄 많고 부족함에도 불구하고 끝까지 순종하신 예수님의 의를 우리의 의로 여겨주심에 감사드립니다. 예수 그리스도의 이름으로 기도합니다. 아멘.

OCT **10.25** 주일

자유케 된 하나님의 자녀

갈라디아서 4:8-11 그러나 너희가 그 때에는 하나님을 알지 못하여 본질상 하나님이 아닌 자들에게 종 노릇 하였더니 이제는 너희가 하나님을 알 뿐 아니라 더욱이 하나님이 아신 바 되었거늘 어찌하여 다시 약하고 천박한 초등학문으로 돌아가서 다시 그들에게 종 노릇 하려 하느냐 너희가 날과 달과 절기와 해를 삼가 지키니 내가 너희를 위하여 수고한 것이 헛될까 두려워하노라

빅토르 위고의 소설『레 미제라블』의 주인공 장발장은 굶주린 조카를 먹이기 위해 빵을 훔치다 붙잡혀 감옥에 갇히게 되었습니다. 그는 노동교화형을 선고받고 19년 동안 수감된 끝에 풀려나 마침내 자유를 얻게 되었습니다. 이제는 누구에게도 얽매이지 않는 자유인이 되었으니, 새 삶을 시작할 기회가 주어진 것이었습니다. 그런데 교회의 도움으로 하룻밤을 묵던 어느 날, 장발장은 눈앞에 놓인 값비싼 성물을 보고 또다시 유혹을 이기지 못했습니다. 반짝이는 은빛 물건을 가방에 챙겨 달아나려는 순간, 주교와 마주하게 됩니다. 그러나 주교는 그를 책망하기보다 도리어 용서와 은혜로 대했고, 장발장은 무너진 마음으로 눈물을 쏟으며 회개하게 됩니다.

장발장의 모습은 자유를 얻었음에도 과거의 굴레를 벗지 못하는 인간의 연약함을 잘 보여줍니다. 오늘 말씀 속 갈라디아 교인들은 그리스도 안에서 자유를 얻었으면서도 다시 율법의 종이 되려 했습니다. 하나님의 자녀가 누려야 할 참된 자유를 스스로 포기했던 것입니다. 우리는 하나님의 은혜로 용서받고 죄에서 자유함을 받았다는 사실을 기억하고 성령 안에서 거룩한 열매를 맺으며 살아가야 합니다.

| 일독성경 | 예레미야 11-13장, 갈라디아서 4장 읽음 □

오늘의 찬송

날 대속하신 예수께

새찬송가 321장(통 351)

1. 날 대속하신 예수께 내 생명 모두 드리니 늘 진실하게 하소서 내 구주 예수여
2. 날 구원하신 예수를 일평생 의지하오니 날 영접하여주소서 내 구주 예수여
3. 주 십자가에 달리사 날 자유하게 했으니 내 몸과 맘을 주 위해 다 쓰게 하소서

후렴 나 구주 위해 살리라 내 기쁨 한량없으리 내 갈 길 인도하소서 내 구주 예수여 아멘

질문

아직까지 나를 붙잡고 있는 죄가 있나요? 그 죄에서 벗어나기를 간구해 보세요.

나의 감사

오늘 하루, 감사할 것들을 적어보세요.

| 기도 | 하나님 아버지, 예수 그리스도 안에서 죄에서 벗어난 사람답게 하나님 보시기에 거룩한 삶을 살게 하옵소서. 예수 그리스도의 이름으로 기도합니다. 아멘.

견고한 놋 성벽이 되게 하리니

예레미야 15:19-21 야훼께서 이와 같이 말씀하시되 네가 만일 돌아오면 내가 너를 다시 이끌어 내 앞에 세울 것이며 네가 만일 헛된 것을 버리고 귀한 것을 말한다면 … 내가 너로 이 백성 앞에 견고한 놋 성벽이 되게 하리니 그들이 너를 칠지라도 이기지 못할 것은 내가 너와 함께 하여 너를 구하여 건짐이라 야훼의 말씀이니라 내가 너를 악한 자의 손에서 건지며 무서운 자의 손에서 구원하리라

제1차 세계대전 직후, 프랑스는 다시 닥칠 독일의 침공에 대비해 마지노선이라는 거대한 방어벽을 세웠습니다. 수백 킬로미터에 달하는 참호와 지하 요새로 이루어진 이 방어선은 누구도 뚫을 수 없는 철옹성처럼 보였습니다. 프랑스는 마지노선이 곧 자신들의 안전을 보장해 줄 것이라 확신했습니다. 그러나 제2차 세계대전이 시작되자 독일군은 마지노선을 정면에서 공격하지 않고 벨기에를 통해 아르덴 숲을 돌아 우회하여 침공했습니다. 프랑스가 공들여 만들어 놓은 마지노선은 위기의 순간에 결국 무용지물이 되었고, 그토록 의지했던 견고한 믿음조차 한순간에 무너져 버리고 말았습니다.

이처럼 인간이 세운 마지노선은 철옹성처럼 보였을지라도 결국 안전을 보장해 주지 못했습니다. 그런데 오늘 본문에서 하나님은 예레미야에게 안전과 보호를 약속하시며 그를 "견고한 놋 성벽"이 되게 하겠다고 말씀하십니다. 대적들이 그를 칠지라도 하나님이 함께 하시기에 절대 무너지지 않는다는 것입니다. 오늘날에도 하나님이 함께하시는 인생은 견고한 놋 성벽과 같습니다. 어떤 고난과 역경이 몰아쳐도 절대 무너지지 않습니다. 우리가 달려갈 길을 다 가기까지 하나님이 우리를 지키고 보호해 주시기 때문입니다. 오늘도 하나님의 보호 가운데 평안한 하루 보내시길 바랍니다.

| 일독성경 | 예레미야 14-15장, 갈라디아서 5-6장 읽음 □

오늘의 찬송

비바람이 칠 때와

새찬송가 388장(통 441)

1. 비바람이 칠 때와 물결 높이 일 때에 사랑 많은 우리 주 나를 품어주소서
풍파 지나가도록 나를 숨겨주시고 안식 얻는 곳으로 주여 인도하소서
2. 나의 영혼 피할 데 예수밖에 없으니 혼자 있게 마시고 위로하여주소서
구주 의지하옵고 도와주심 비오니 할 수 없는 죄인을 주여 보호하소서
3. 전능하신 예수께 나의 소원 있으니 병든 자와 맹인을 고쳐주심 빕니다
나에게는 죄악이 가득하게 찼으나 예수께는 진리와 은혜 충만하도다
4. 나의 죄를 사하는 주의 은혜 크도다 생명수로 고치사 나를 성케 하소서
생명수는 예수니 마시게 하시옵고 샘물처럼 내 맘에 솟아나게 하소서 아멘

질문

어떤 고난이 와도 내 인생은 무너지지 않을 것이라 확신하나요? 하나님이 나를 지키고 보호하신다고 느끼나요?

나의 감사

오늘 하루, 감사할 것들을 적어보세요.

| 기도 | 하나님 아버지, 지금까지 우리를 지키고 보호해 주시니 감사합니다. 앞으로도 늘 하나님과 함께하는 인생을 살게 하옵소서. 예수 그리스도의 이름으로 기도합니다. 아멘.

OCT **10.27** 화요일

하나님의 시선 앞에서

예레미야 17:9-11 만물보다 거짓되고 심히 부패한 것은 마음이라 누가 능히 이를 알리요마는 나 야훼는 심장을 살피며 폐부를 시험하고 각각 그의 행위와 그의 행실대로 보응하나니 불의로 치부하는 자는 자고새가 낳지 아니한 알을 품음 같아서 그의 중년에 그것이 떠나겠고 마침내 어리석은 자가 되리라

리처드 백스터는 17세기 영국 교회의 신앙을 일깨운 청교도 목회자였습니다. 그는 영향력 있는 설교자였을 뿐만 아니라 하나님의 말씀 앞에서 자신의 내면을 끊임없이 살폈던 진실한 신앙인이었습니다. 백스터는 사람의 눈에는 드러나지 않지만, 하나님 앞에서는 숨길 수 없는 은밀한 죄까지 회개하기 위해 날마다 무릎 꿇고 기도했습니다. 그는 이렇게 고백했습니다. "죄를 미워하시는 하나님, 빛되신 아버지, 제 안의 실상을 올바로 보게 하시고 진정한 회개와 용서를 위해 고백해야 할 것을 결코 숨기지 않게 하옵소서." 이 간절한 고백에는 하나님의 눈앞에서 언제나 정결하기를 갈망했던 그의 마음이 고스란히 담겨 있습니다.

오늘 본문에서 예레미야 선지자는 만물보다 거짓되고 부패한 인간의 마음을 그 누구도 온전히 알 수 없다고 말합니다. 그러나 심장과 폐부를 시험하시는 하나님은 인간의 마음 깊은 곳까지 아시며 그 행위를 따라 심판하신다고 경고합니다. 비록 사람 앞에서는 숨길 수 있을지 몰라도 하나님 앞에서는 숨길 수 없이 우리의 모든 죄악이 낱낱이 드러납니다. 그러므로 우리는 날마다 말씀을 묵상하고, 기도의 자리로 나아가 하나님의 거룩한 빛 앞에서 우리의 마음을 비추어보며 회개해야 합니다.

| 일독성경 | 예레미야 16–17장, 에베소서 1장 읽음 □

오늘의 찬송

정결하게 하는 샘이

새찬송가 264장(통 198)

1. 정결하게 하는 샘이 나의 앞에 있도다 성령께서 권고하심 죄 씻으라 하시네
2. 나의 가는 길이 좁고 내 뜻대로 안 돼도 모든 욕심 다 버리고 주만 따라가겠네
3. 나의 마음 제단 위에 불길같이 타올라 영원토록 찬양하며 주께 영광 돌리네
4. 한량없는 주의 은혜 나를 영접하셨네 내가 지은 모든 죄와 허물 용서하셨네
5. 성부 하나님께 영광 성자 예수께 영광 성령님께 또한 영광 모두 돌려드리세

후렴 찬양하리 찬양하리 죽임 당한 어린양 주께 영광 돌리어라 우리 죄를 씻어주셨네

질문

하나님이 깨닫게 하신 나의 숨겨진 죄나 연약함을 정직하게 적어 보세요.

나의 감사

오늘 하루, 감사할 것들을 적어보세요.

| 기도 | 하나님 아버지, 우리 마음속 깊은 곳까지 아시는 하나님께 나아가 마음을 돌아보며 회개하도록 도와주옵소서. 예수 그리스도의 이름으로 기도합니다. 아멘.

우리의 화평이신지라

에베소서 2:14-18 그는 우리의 화평이신지라 둘로 하나를 만드사 원수 된 것 곧 중간에 막힌 담을 자기 육체로 허시고 법조문으로 된 계명의 율법을 폐하셨으니 이는 이 둘로 자기 안에서 한 새 사람을 지어 화평하게 하시고 또 십자가로 이 둘을 한 몸으로 하나님과 화목하게 하려 하심이라 원수 된 것을 십자가로 소멸하시고 … 이는 그로 말미암아 우리 둘이 한 성령 안에서 아버지께 나아감을 얻게 하려 하심이라

호주는 20세기 후반까지 원주민을 차별하는 정책을 펼쳐왔습니다. 심지어 호주 교회도 원주민들과 함께 예배하지 않는 관행을 이어오고 있었습니다. 하지만 1994년 호주 연합교회가 원주민 교회와 '화해의 언약'을 맺으면서 새로운 길이 열렸습니다. 이 언약은 백인과 원주민을 나누던 장벽을 허물고 하나의 교회로 함께 걷겠다는 약속이었습니다. 언약을 공표하는 예배에서 백인 성도들은 원주민의 언어로 말씀을 듣고 찬양하며 하나 됨의 기쁨을 누렸습니다. 이후로도 호주 연합교회는 매년 이 언약을 기념하는 예배를 드리며 원주민 크리스천과 동역하는 전통을 지켜오고 있습니다. 그리스도 안에서 사람과 사람 사이에 놓여있던 막힌 담이 무너지고 화평이 찾아온 것입니다.

오늘 본문은 예수님이 십자가를 통해 율법을 폐하셨다고 말씀합니다. 정죄와 차별의 율법이 사라짐으로 유대인과 이방인은 비로소 하나 되어 하나님을 예배하게 된 것입니다. 오늘날 우리는 율법을 따르지 않지만, 마음속의 판단과 정죄로 사람을 비판하거나 차별하고 있는지도 모릅니다. 하지만 우리는 은혜 아니면 결코 설 수 없는 연약한 자들이며, 누군가를 정죄할 자격이 없음을 기억해야 합니다. 우리에게 주어진 일은 이웃을 사랑하고 용납하며 화평을 이루는 것입니다.

| 일독성경 | 예레미야 18-20장, 에베소서 2장 읽음 □

오늘의 찬송

사랑하는 주님 앞에

새찬송가 220장(통 278)

1. 사랑하는 주님 앞에 형제자매 한자리에 크신 은혜 생각하며 즐거운 찬송 부르네
 내 주 예수 본을 받아 모든 사람 내 몸같이 환난 근심 위로하고 진심으로 사랑하세
2. 사랑하는 주님 앞에 온갖 충성 다 바쳐서 괴로우나 즐거우나 주님만 힘써 섬기네
 우리 주님 거룩한 손 제자들의 발을 씻어 남 섬기는 종의 도를 몸소 행해 보이셨네
3. 사랑하는 주님 예수 같은 주로 섬기나니 한 피 받아 한 몸 이룬 형제여 친구들이여
 한 몸같이 친밀하고 마음으로 하나 되어 우리 주님 크신 뜻을 지성으로 준행하세

질문

내가 아직 화해하지 못한 사람이 있다면 누구인가요? 그와 화해하기 위해 할 수 있는 일을 적어보세요.

나의 감사

오늘 하루, 감사할 것들을 적어보세요.

| 기도 | 하나님 아버지, 우리는 예수님의 은혜가 아니면 설 수 없는 죄인임을 기억하고, 이웃을 용납하며 화평을 이루게 하옵소서. 예수 그리스도의 이름으로 기도합니다. 아멘.

지식에 넘치는 그리스도의 사랑

에베소서 3:18-21 능히 모든 성도와 함께 지식에 넘치는 그리스도의 사랑을 알고 그 너비와 길이와 높이와 깊이가 어떠함을 깨달아 하나님의 모든 충만하신 것으로 너희에게 충만하게 하시기를 구하노라 우리 가운데서 역사하시는 능력대로 우리가 구하거나 생각하는 모든 것에 더 넘치도록 능히 하실 이에게 교회 안에서와 그리스도 예수 안에서 영광이 대대로 영원무궁하기를 원하노라 아멘

사랑의교회를 개척해 헌신했던 옥한흠 목사의 설교에 나오는 일화입니다. 평소 노트북에 내장된 브리태니커 백과사전을 자주 활용했던 그는 어느 날 문득 호기심이 생겨 자신의 이름 '옥한흠'을 검색해 보았습니다. 그런데 화면에는 "해당사항이 없으므로 검색이 되지 않습니다."라는 메시지가 나왔습니다. 별것 아닌 장난스러운 시도였지만, 이 경험은 그의 마음을 울렸습니다. 수십만 정보가 수록된 방대한 사전에조차 이름 하나 올리지 못하는 보잘것없는 자신같은 사람을 위해 하나님은 독생자 예수님을 내어주시면서까지 사랑하셨다는 사실을 다시 깨닫게 된 것입니다. 그는 그 사랑에 대한 감격이 있다면 인생의 모든 근심은 가랑잎처럼 가볍게 흩어질 것이라고 고백했습니다.

오늘 본문에서 사도 바울은 에베소 성도들이 그리스도의 사랑을 충만히 알기를 간절히 소망하며 기도합니다. 그 사랑이 얼마나 넓고 깊고 큰지 깨닫게 되기를 바란 것입니다. 우리도 또한 예수님의 그 사랑을 머리로 아는 지식에 머물지 말고 가슴 깊이 체험해야 합니다. 그 사랑에 감동할 때 세상의 모든 근심과 두려움은 눈 녹듯 사라질 것입니다. 예수님의 사랑이 우리의 마음에 흐르고 넘쳐서, 어떤 상황에서도 절대 긍정과 절대 감사의 고백을 드리는 우리가 모두가 되기를 소원합니다.

| 일독성경 | 예레미야 21-23장, 에베소서 3장 읽음 □

오늘의 찬송

예수 사랑하심을

새찬송가 563장(통 411)

1. 예수 사랑하심을 성경에서 배웠네 우리들은 약하나 예수 권세 많도다
2. 나를 사랑하시고 나의 죄를 다 씻어 하늘 문을 여시고 들어가게 하시네
3. 내가 연약할수록 더욱 귀히 여기사 높은 보좌 위에서 낮은 나를 보시네
4. 세상 사는 동안에 나와 함께하시고 세상 떠나가는 날 천국 가게 하소서

후렴 날 사랑하심 날 사랑하심 날 사랑하심 성경에 쓰였네 아멘

질문

하나님이 나를 진정으로 사랑하신다는 사실을 체험했던 순간이 있나요? 그때의 기억을 떠올리며, 다시금 하나님께 감사의 고백을 드려보세요.

나의 감사

오늘 하루, 감사할 것들을 적어보세요.

| 기도 | 하나님 아버지, 예수 그리스도의 넓고 깊은 사랑을 마음 깊이 체험하여 넘치는 감사의 삶을 살게 하옵소서. 예수 그리스도의 이름으로 기도합니다. 아멘.

OCT **10.30** 금요일

갈대아에 심긴 좋은 무화과 나무

예레미야 24:4-7 야훼의 말씀이 또 내게 임하니라 이르시되 이스라엘의 하나님 야훼께서 이와 같이 말씀하시니라 내가 이 곳에서 옮겨 갈대아인의 땅에 이르게 한 유다 포로를 이 좋은 무화과 같이 잘 돌볼 것이라 내가 그들을 돌아보아 좋게 하여 다시 이 땅으로 인도하여 세우고 헐지 아니하며 심고 뽑지 아니하겠고 내가 야훼인 줄 아는 마음을 그들에게 주어서 그들이 전심으로 내게 돌아오게 하리니

일제강점기에 우리 선조들은 농사지을 땅을 빼앗기거나 일제의 가혹한 탄압을 피해 압록강을 넘어 만주로 이주해야 했습니다. 춥고 척박한 만주 땅에서 그들은 특유의 성실함과 끈기로 황무지를 개간하고 사업을 일구며 삶의 터전을 세웠습니다. 또한 이국땅에 있으면서도 다음 세대를 세워야 한다는 열정을 잃지 않고 명동학교 등 교육 기관을 설립해 훌륭한 인재를 길러냈습니다. 나아가 독립군을 위한 지원을 아끼지 않으며 광복을 염원했습니다. 고향을 떠나 타지에서 고된 삶을 살았지만, 우리 선조들은 그 자리에서 새로운 희망을 피워내는 놀라운 생명력을 보여주었던 것입니다.

오늘 본문에서 예레미야 선지자는 갈대아, 곧 바벨론에 포로로 잡혀가게 될 남유다 백성을 향한 소망의 메시지를 전합니다. 하나님은 그들을 "좋은 무화과" 같이 돌보시며 그들의 중심에 하나님을 아는 마음을 심어 다시 온전한 백성으로 세우겠다고 약속하셨습니다. 그리고 언젠가 그들을 예루살렘으로 돌아오게 하셔서 새 역사를 이루겠다고 말씀하셨습니다. 우리 역시 때로는 좌절과 고통 속에서 타향살이와 같은 외로움을 겪습니다. 그러나 하나님은 바로 그 외로운 시간 속에서 우리를 새롭게 빚으시고, 더 아름다운 미래를 예비하고 계심을 잊지 말아야 합니다.

| 일독성경 | 예레미야 24-26장, 에베소서 4장 읽음 □

오늘의 찬송

황무지가 장미꽃같이

새찬송가 242장(통 233)

1. 황무지가 장미꽃같이 피는 것을 볼 때에 구속함의 노래 부르며 거룩한 길 다니리
2. 하나님의 아름다움과 그의 영광 볼 때에 모든 괴롬 잊어버리고 거룩한 길 다니리
3. 마른 땅에 샘물 터지고 사막에 물 흐를 때 기쁨으로 찬송 부르며 거룩한 길 다니리
4. 거기 악한 짐승 없으니 두려울 것 없겠네 평안함과 즐거움으로 거룩한 길 다니리
5. 거기 죄인 전혀 없으니 거룩한 자뿐이라 주님 주신 면류관 쓰고 거룩한 길 다니리

후렴 거기 거룩한 그 길에 검은 구름 없으니 낮과 같이 맑고 밝은 거룩한 길 다니리

질문

하나님이 새롭게 빚어주시기를 바라는 나의 연약한 부분은 무엇인가요?

나의 감사

오늘 하루, 감사할 것들을 적어보세요.

| 기도 | 하나님 아버지, 외롭고 힘든 시간을 보낼지라도 하나님의 돌보심과 인도하심이 함께함을 기억하며 소망을 품게 하옵소서. 예수 그리스도의 이름으로 기도합니다. 아멘.

OCT **10.31** 토요일

종교개혁의 숨은 주역들 | 종교개혁 기념일

로마서 16:7-10 내 친척이요 나와 함께 갇혔던 안드로니고와 유니아에게 문안하라 그들은 사도들에게 존중히 여겨지고 또한 나보다 먼저 그리스도 안에 있는 자라 또 주 안에서 내 사랑하는 암블리아에게 문안하라 그리스도 안에서 우리의 동역자인 우르바노와 나의 사랑하는 스다구에게 문안하라 그리스도 안에서 인정함을 받은 아벨레에게 문안하라 아리스도불로의 권속에게 문안하라

2017년 『종교개혁, 유럽의 역사를 바꾸다』라는 책이 출간되었습니다. 이 책은 루터, 칼뱅, 츠빙글리처럼 널리 알려진 인물들뿐 아니라 그동안 조명받지 못했던 72명의 숨은 종교개혁자들이 유럽 곳곳에서 어떻게 개혁의 정신을 실천했는지를 보여줍니다. 예를 들어, 영국의 윌리엄 틴데일은 성경을 영어로 번역하여 모든 신자가 직접 말씀을 읽고 하나님께 나아갈 수 있다는 종교개혁의 정신을 실천했습니다. 이탈리아의 올림피아 모라타는 여성으로서는 드물게 개혁신학을 가르치며, 모든 사람이 말씀 앞에 평등하다는 진리를 드러냈습니다. 또한 스위스의 피에르 비레는 하나님의 주권과 말씀 중심의 개혁적 신앙을 전하는 동시에 종교전쟁으로 고통받던 사람들을 돌보며 치유와 위로의 사역을 감당했습니다.

오늘 본문은 잘 알려진 사도들과는 달리 안드로니고, 암블리아, 우르바노처럼 그리 잘 알려지지 않은 초대교회의 헌신자들을 소개하고 있습니다. 비록 그들의 구체적인 사역까지는 우리에게 전해지지 않지만, 그들의 섬김이 교회를 든든히 세운 것만은 분명합니다. 어쩌면 우리도 이름 없이 교회를 위해 헌신하는 한 사람일 수 있습니다. 그러나 우리의 보이지 않는 헌신은 초대교회와 종교개혁의 숨은 이들의 헌신처럼 교회를 새롭게 하고 하나님 나라를 세워가는 귀한 밑거름이 될 것을 믿습니다.

| 일독성경 | 예레미야 27-29장, 에베소서 5장 읽음 □

오늘의 찬송

주 믿는 사람 일어나

새찬송가 357장(통 397)

1. 주 믿는 사람 일어나 다 힘을 합하여 이 세상 모든 마귀를 다 쳐서 멸하세
   저 앞에 오는 적군을 다 싸워 이겨라 주 예수 믿는 힘으로 온 세상 이기네
2. 온 인류 마귀 궤휼로 큰 죄에 빠지니 진리로 띠를 띠고서 늘 기도드리세
   참 믿고 의지하면서 겁 없이 나갈 때 주 예수 믿는 힘으로 온 세상 이기네
3. 끝까지 이긴 자에게 흰옷을 입히고 또 영생 복을 주시니 참 기쁜 일일세
   이 어둔 세상 지나서 저 천성 가도록 주 예수 믿는 힘으로 온 세상 이기네

후렴 믿음이 이기네 믿음이 이기네 주 예수를 믿음이 온 세상 이기네

질문

사람의 눈에 돋보이지 않더라도 내가 교회를 위해 헌신할 수 있는 일은 무엇인지 적어보세요.

나의 감사

오늘 하루, 감사할 것들을 적어보세요.

| 기도 | 하나님 아버지, 우리의 작은 헌신이 교회를 새롭게 하고 하나님 나라를 세워가는 밑거름이 됨을 기억하며 헌신하게 하옵소서. 예수 그리스도의 이름으로 기도합니다. 아멘.

11 NOVEMBER 2026

SUN	MON	TUE	WED
1 렘 30-32 □ 엡 6 □	2 렘 33-34 □ 빌 1-2 □	3 렘 35-37 □ 빌 3 □	4 렘 38-40 □ 빌 4 □
8 렘 49-50 □ 살전 1-2 □	9 렘 51-52 □ 살전 3 □	10 애 1-2 □ 살전 4-5 □	11 애 3-5 □ 살후 1 □
15 추수감사주일 겔 9-11 □ 딤전 3 □	16 겔 12-13 □ 딤전 4-5 □	17 겔 14-16 □ 딤전 6 □	18 겔 17-18 □ 딤후 1-2 □
22 겔 28-29 □ 딛 2-3 □	23 겔 30-32 □ 몬 1 □	24 겔 33-35 □ 히 1 □	25 겔 36-37 □ 히 2-3 □
29 겔 45-46 □ 히 9-10 □	30 겔 47-48 □ 히 11-12 □	1	2
6	7	8	9

감사QT 365

일독성경표 & monthly plan

	THU	FRI	SAT	메모
	5 렘 41-42 □ 골 1-2 □	6 렘 43-45 □ 골 3 □	7 렘 46-48 □ 골 4 □	
	12 겔 1-3 □ 살후 2 □	13 겔 4-6 □ 살후 3 □	14 겔 7-8 □ 딤전 1-2 □	
	19 겔 19-21 □ 딤후 3 □	20 겔 22-24 □ 딤후 4 □	21 겔 25-27 □ 딛 1 □	
	26 겔 38-39 □ 히 4-5 □	27 겔 40-42 □ 히 6 □	28 겔 43-44 □ 히 7-8 □	
	3	4	5	
	10	11	12	

NOV **11.01** 주일

하나님의 전신 갑주를 취하라

에베소서 6:10-13 끝으로 너희가 주 안에서와 그 힘의 능력으로 강건하여지고 마귀의 간계를 능히 대적하기 위하여 하나님의 전신 갑주를 입으라 우리의 씨름은 혈과 육을 상대하는 것이 아니요 통치자들과 권세들과 이 어둠의 세상 주관자들과 하늘에 있는 악의 영들을 상대함이라 그러므로 하나님의 전신 갑주를 취하라 이는 악한 날에 너희가 능히 대적하고 모든 일을 행한 후에 서기 위함이라

초대 교회 당시 역사적 기록을 보면 로마 황제가 그리스도인들의 수가 늘어나는 것에 위협을 느껴 신하들을 불러 이 문제를 논의했다고 합니다. 황제는 모두 죽이자고 제안했지만, 한 신하가 순교는 오히려 그들이 추앙하는 것으로 역효과를 낳을 수 있다고 반대하며 차라리 고문을 하자고 했습니다. 그러자 또 다른 신하가 고문을 하면 그리스도인들은 예수의 십자가 고난에 동참한다고 기뻐할 것이라며 반대했습니다. 이때 조용히 있던 한 신하가 말했습니다. "그리스도인들이 편안하게 즐기고 놀 수 있는 환경을 만드십시오. 그러한 환경 속에서 그들은 죄를 짓게 될 것이고, 그러면 기독교는 존재해도 힘을 발휘하지 못할 것입니다."

오늘 말씀처럼 이 땅에 사는 동안 우리는 영적 전쟁을 할 수밖에 없습니다. 우리의 대적은 세상 권세를 잡은 악한 영들입니다. 마귀는 끊임없이 우리를 유혹해 죄를 짓게 만들고 넘어뜨려서 결국은 하나님으로부터 멀어지게 할 것입니다. 우리는 이러한 마귀의 간계를 분명히 알고 담대히 대적해야 합니다. 온갖 유혹과 죄악이 만연한 이 세상 속에서 하나님의 전신 갑주로 무장하여 믿음으로 승리하는 우리가 되기를 간절히 소망합니다.

| 일독성경 | 예레미야 30–32장, 에베소서 6장 읽음 □

오늘의 찬송

우리들이 싸울 것은

새찬송가 350장(통 393)

1. 우리들이 싸울 것은 혈기 아니오 우리들이 싸울 것은 육체 아니오
   마귀권세 맞서 싸워 깨쳐버리고 죽을 영혼 살릴 것일세
2. 우리들이 입은 갑옷 쇠가 아니오 우리들이 가진 검은 강철 아니오
   하나님께 받아 가진 평화의 복음 거룩하신 말씀이로다
3. 악한 마귀 제아무리 강할지라도 우리들의 대장 예수 앞서가시니
   주저 말고 용감하게 힘써 싸우세 최후 승리 얻을 때까지
4. 죄악 중에 빠진 사람 죄를 뉘우쳐 십자가에 달린 예수 믿기만 하면
   위태한 데 빠진 영혼 구원 얻어서 천국 백성 될 것임일세

후렴 한마음으로 힘써 나가세 한마음으로 힘써 싸우세
악한 마귀 군사들과 힘써 싸워서 승전고를 울리기까지

질문

지금 내 삶을 돌아볼 때 하나님을 대적하고 있는 부분은 없나요?
죄의 유혹을 물리치기 위해 어떤 노력을 하고 있나요?

나의 감사

오늘 하루, 감사할 것들을 적어보세요.

| 기도 | 하나님 아버지, 하나님의 전신 갑주로 무장하여 죄의 유혹을 물리치고 믿음으로 승리하는 삶을 살게 하옵소서. 예수 그리스도의 이름으로 기도합니다. 아멘.

너는 내게 부르짖으라

예레미야 33:1-3 예레미야가 아직 시위대 뜰에 갇혀 있을 때에 야훼의 말씀이 그에게 두 번째로 임하니라 이르시되 일을 행하시는 야훼, 그것을 만들며 성취하시는 야훼, 그의 이름을 야훼라 하는 이가 이와 같이 이르시도다 너는 내게 부르짖으라 내가 네게 응답하겠고 네가 알지 못하는 크고 은밀한 일을 네게 보이리라

한국 부흥운동의 견인차 역할을 했던 신현균 목사의 간증입니다. 그는 6·25전쟁 중에 신앙의 자유를 위해 성도들과 함께 피난길에 올랐지만, 임진강 앞에서 큰 위기를 맞았습니다. 오도 가도 못하는 상황에서 그가 의지할 수 있는 분은 오직 하나님뿐이었습니다. 그는 "하나님이 홍해를 가르셨던 것처럼, 오늘 밤 임진강이 꽁꽁 얼어붙도록 함께 기도합시다!"라고 외쳤습니다. 그 말에 모든 성도가 임진강을 향해 손을 들고 밤새 간절히 부르짖어 기도했습니다. 그러자 영하 20도의 한파가 몰아쳐서 밤새 임진강이 꽁꽁 얼어붙는 기적이 나타났습니다. 그렇게 모든 성도가 기적적으로 얼어붙은 임진강을 안전하게 건널 수 있었습니다. 하나님을 향해 부르짖는 기도가 불가능을 가능케 하는 놀라운 기적을 불러온 것입니다.

하나님은 일을 행하고 성취하는 분이십니다. 그리고 우리에게 부르짖어 기도하라고 말씀하십니다. 우리가 부르짖어 기도할 때 하나님이 일하시고 우리가 알지 못하는 크고 은밀한 일을 보여주실 것입니다. 기도하면 고난이 변하여 복이 되고, 슬픔이 변하여 기쁨이 되고, 문제가 변하여 응답이 되어 하나님의 축복과 기적이 우리에게 임하게 될 것입니다. 이 같은 놀라운 일이 우리의 삶에 일어납니다.

| 일독성경 | 예레미야 33-34장, 빌립보서 1-2장 읽음 □

오늘의 찬송

너 근심 걱정 말아라

새찬송가 382장(통 432)

1. 너 근심 걱정 말아라 주 너를 지키리 주 날개 밑에 거하라 주 너를 지키리
2. 어려워 낙심될 때에 주 너를 지키리 위험한 일을 당할 때 주 너를 지키리
3. 너 쓸 것 미리 아시고 주 너를 지키리 구하는 것을 주시며 주 너를 지키리
4. 어려운 시험 당해도 주 너를 지키리 구주의 품에 거하라 주 너를 지키리

후렴 주 너를 지키리 아무 때나 어디서나 주 너를 지키리 늘 지켜주시리 아멘

질문

나는 삶의 문제가 다가올 때 먼저 하나님께 기도하나요? 어려운 문제가 기도로 해결된 경험이 있다면 적어보세요.

나의 감사

오늘 하루, 감사할 것들을 적어보세요.

| 기도 | 하나님 아버지, 어려운 문제가 있을 때 하나님께 나와 기도함으로써 위대한 하나님의 역사를 체험하게 하옵소서. 예수 그리스도의 이름으로 기도합니다. 아멘.

부름의 상을 위하여

빌립보서 3:12-14 내가 이미 얻었다 함도 아니요 온전히 이루었다 함도 아니라 오직 내가 그리스도 예수께 잡힌 바 된 그것을 잡으려고 달려가노라 형제들아 나는 아직 내가 잡은 줄로 여기지 아니하고 오직 한 일 즉 뒤에 있는 것은 잊어버리고 앞에 있는 것을 잡으려고 푯대를 향하여 그리스도 예수 안에서 하나님이 위에서 부르신 부름의 상을 위하여 달려가노라

조지 베벌리 시어는 빌리 그레이엄 목사와 동역한 복음 성가 가수입니다. 그는 본래 보험회사 직원이었는데, 라디오 공개방송에서 부른 노래로 스타가 되었습니다. 때마침 시카고 방송국에서 전속가수를 선발한다는 공고가 나왔고, 그는 쟁쟁한 지원자들을 제치고 전속가수로 선발되었습니다. 그러나 그의 마음에는 기쁨보다 두려움이 앞섰습니다. 그러던 어느 날, 그는 어머니가 보내준 시를 보고 영감을 받아 그 시에 곡조를 붙여 찬양을 지었습니다. 그 찬양이 바로 「주 예수보다 더 귀한 것은 없네」라는 곡입니다. 며칠 후, 시카고 방송국에서 일정을 논의하기 위해 전화가 왔을 때 그는 이렇게 대답했습니다. "죄송합니다. 저는 이제부터 하나님이 주신 음악의 재능을 오직 하나님의 영광만을 위해서 사용하기로 결심했습니다." 하나님의 부르심에 순종하기 위해 세상의 부귀와 영광이 보장된 가수의 길을 기꺼이 포기한 것입니다.

오늘 말씀처럼 우리는 세상 사람들이 좇아가는 부와 권력, 명예의 푯대가 아닌, 하나님이 주신 사명의 푯대를 향해 달려가야 합니다. 우리가 이 땅에서 추구하는 모든 것들은 안개와 같이 허무하게 사라질 것들입니다. 오늘도 하나님이 부르신 부름의 상을 위하여 힘차게 달려가는 하루가 되길 바랍니다.

| 일독성경 | 예레미야 35-37장, 빌립보서 3장 읽음 □

오늘의 찬송

주 예수보다 더 귀한 것은 없네

새찬송가 94장(통 102)

1. 주 예수보다 더 귀한 것은 없네 이 세상 부귀와 바꿀 수 없네
   영 죽은 내 대신 돌아가신 그 놀라운 사랑 잊지 못해
2. 주 예수보다 더 귀한 것은 없네 이 세상 명예와 바꿀 수 없네
   이전에 즐기던 세상 일도 주 사랑하는 맘 뺏지 못해
3. 주 예수보다 더 귀한 것은 없네 이 세상 행복과 바꿀 수 없네
   유혹과 핍박이 몰려와도 주 섬기는 내 맘 변치 않아

후렴 세상 즐거움 다 버리고 세상 자랑 다 버렸네 주 예수보다 더 귀한 것은 없네
예수밖에는 없네

질문

나는 무엇을 목표로 살고 있나요? 하나님이 주신 사명을 이루기 위해 지금 내가 할 수 있는 일은 무엇일까요?

나의 감사

오늘 하루, 감사할 것들을 적어보세요.

| 기도 | 하나님 아버지, 세상의 푯대가 아니라 하나님이 주신 사명의 푯대를 향해 달려갈 수 있도록 우리의 발걸음을 인도하옵소서. 예수 그리스도의 이름으로 기도합니다. 아멘.

예레미야의 선택

예레미야 40:4-6 만일 네가 나와 함께 바벨론으로 가는 것을 좋게 여기거든 가자 내가 너를 선대하리라 만일 나와 함께 바벨론으로 가는 것을 좋지 않게 여기거든 그만 두라 보라 온 땅이 네 앞에 있나니 네가 좋게 여기는 대로 옳게 여기는 곳으로 갈지니라 … 예레미야가 미스바로 가서 아히감의 아들 그다랴에게로 나아가서 그 땅에 남아 있는 백성 가운데서 그와 함께 사니라

바벨론의 사령관 느부사라단이 예루살렘과 유다의 백성들을 사슬로 결박하여 바벨론으로 끌고 가던 중에 예레미야 선지자에게 뜻밖의 제안을 합니다. 사슬을 풀어주고 자유를 줄테니 그가 가고 싶은 곳으로 가라는 것입니다. 심지어 바벨론으로 함께 간다면 자신이 잘 돌봐주겠다는 약속까지 합니다. 이때 예레미야의 마음은 어떠했을까요? 남유다가 멸망하기 전, 그는 지난 40여 년 동안 유다 백성들에게 하나님의 말씀을 외쳤지만, 그에게 돌아온 것은 박해와 조롱, 생명의 위협뿐이었습니다. 그러니 지긋지긋한 유다 백성들과 함께 있는 것보다는 하나님이 회복의 약속을 이루시는 그날까지 바벨론에 가서 편하게 살고 싶은 마음도 있지 않았을까요? 하지만 예레미야는 남아 있는 유다 백성들에게 돌아가서 그들과 함께 사는 길을 선택했습니다.

우리도 인생을 살아가는 동안 수많은 선택의 갈림길을 만나게 됩니다. 그때 어떤 기준으로 선택해야 할까요? 선택의 기준은 내가 아닌 하나님이 되어야 합니다. 즉, 우리는 하나님이 원하시는 곳으로 가야 합니다. 때로는 그 길이 내 소망, 내 안위와 성공에 반대되는 길일지라도 우리는 하나님의 뜻에 순종해야 합니다. 오늘도 크고 작은 선택의 순간 앞에서 선택의 기준이 우리 자신이 되지 않기를 간절히 소망합니다.

| 일독성경 | 예레미야 38-40장, 빌립보서 4장 읽음 □

오늘의 찬송

예수 나를 오라 하네

새찬송가 324장(통 360)

1. 예수 나를 오라 하네 예수 나를 오라 하네 어디든지 주를 따라 주와 같이 같이 가려네
2. 겟세마네 동산까지 주와 함께 가려 하네 피땀 흘린 동산까지 주와 함께 함께 가려네
3. 심판하실 자리까지 주와 함께 가려 하네 심판하실 자리까지 주와 함께 함께 가려네
4. 주가 크신 은혜 내려 나를 항상 돌보시고 크신 영광 보여주며 나와 함께 함께 가시네

후렴 주의 인도하심 따라 주의 인도하심 따라 어디든지 주를 따라 주와 같이 같이 가려네

질문

나는 선택을 할 때 주로 무엇을 기준으로 선택하나요? 선택의 기준이 내가 아닌 하나님이 되어야 한다는 말은 무슨 의미인가요?

나의 감사

오늘 하루, 감사할 것들을 적어보세요.

| 기도 | 하나님 아버지, 선택의 갈림길 앞에 설 때마다 하나님께 기준을 두고 하나님이 원하시는 길을 갈 수 있게 도와주옵소서. 예수 그리스도의 이름으로 기도합니다. 아멘.

흔들리지 않으려면

골로새서 1:21-23 전에 악한 행실로 멀리 떠나 마음으로 원수가 되었던 너희를 이제는 그의 육체의 죽음으로 말미암아 화목하게 하사 너희를 거룩하고 흠 없고 책망할 것이 없는 자로 그 앞에 세우고자 하셨으니 만일 너희가 믿음에 거하고 터 위에 굳게 서서 너희 들은 바 복음의 소망에서 흔들리지 아니하면 그리하리라

에드워드 모트는 캐비닛 공장에서 가구 만드는 일을 했습니다. 그러나 그는 자기 일에 어떤 의미나 보람을 찾지 못하고 열등감과 불만으로 가득한 삶을 살았습니다. 그러던 어느 겨울날, 런던 거리를 걷다가 우연히 작은 교회를 보고 들어갔습니다. 그곳에서 거듭남에 관한 설교를 들은 그는 큰 은혜를 받고 예수님을 영접하게 되었습니다. 이후 그의 삶은 완전히 달라졌습니다. 그는 늘 기쁜 마음으로 일했고 공장에서도 두터운 신임을 얻게 되었습니다. 나중에는 공장을 인수해 사업을 확장하고 큰 성공을 거뒀습니다. 그러나 그는 기쁨과 행복의 근거가 돈이나 명예가 아닌 그리스도께 있음을 깨닫고 시를 한 편 썼는데, 그 시에 곡조가 붙여진 찬송가가 「이 몸의 소망 무언가」입니다. "주 나의 반석이시니 그 위에 내가 서리라 그 위에 내가 서리라."

오늘 말씀에서 사도 바울은 믿음 안에 거하고 터 위에 굳게 서서 흔들리지 말라고 권면합니다. 이 세상을 살아가는 동안 우리는 수많은 문제와 고난을 만나게 되고, 이를 통해 마귀는 우리를 넘어뜨리려 할 것입니다. 그러나 우리의 삶이 그리스도께 믿음의 뿌리를 내리고 있다면 마귀의 어떤 공격에도 흔들리지 않을 수 있습니다. 주님만이 우리의 반석이심을 분명히 알고 그 위에 바로 서는 인생이 되길 바랍니다.

| 일독성경 | 예레미야 41-42장, 골로새서 1-2장 읽음 □

오늘의 찬송

이 몸의 소망 무언가

새찬송가 488장(통 539)

1. 이 몸의 소망 무언가 우리 주 예수뿐일세 우리 주 예수밖에는 믿을 이 아주 없도다
2. 무섭게 바람 부는 밤 물결이 높이 설렐 때 우리 주 크신 은혜에 소망의 닻을 주리라
3. 세상에 믿던 모든 것 끊어질 그날 되어도 구주의 언약 믿사와 내 소망 더욱 크리라
4. 바라던 천국 올라가 하나님 앞에 뵈올 때 구주의 의를 힘입어 어엿이 바로 서리라

후렴 주 나의 반석이시니 그 위에 내가 서리라 그 위에 내가 서리라

질문

나는 무엇에 의지하여 살고 있나요? 세상의 것이 아닌, 그리스도를 반석으로 삼아 사는 인생은 어떤 점이 좋을까요?

나의 감사

오늘 하루, 감사할 것들을 적어보세요.

| 기도 | 하나님 아버지, 주님만이 우리의 반석이심을 믿습니다. 이 믿음을 굳게 붙잡고 흔들리지 않는 삶을 살게 하옵소서. 예수 그리스도의 이름으로 기도합니다. 아멘.

감사하는 자가 되라

골로새서 3:15-17 그리스도의 평강이 너희 마음을 주장하게 하라 너희는 평강을 위하여 한 몸으로 부르심을 받았나니 너희는 또한 감사하는 자가 되라 그리스도의 말씀이 너희 속에 풍성히 거하여 모든 지혜로 피차 가르치며 권면하고 시와 찬송과 신령한 노래를 부르며 감사하는 마음으로 하나님을 찬양하고 또 무엇을 하든지 말에나 일에나 다 주 예수의 이름으로 하고 그를 힘입어 하나님 아버지께 감사하라

1982년, 호주에서 두 팔과 두 다리가 없이 태어난 한 아이가 있습니다. 그의 이름은 닉 부이치치입니다. 그는 자신의 처지를 비관하며 세 번이나 자살을 시도했습니다. 그러다 15살에 예수님을 만나고 그의 삶은 완전히 변화되었습니다. 두 팔과 두 다리가 없지만, 그는 하나님의 사랑과 은혜의 복음을 전하며 감사의 삶을 살고 있습니다. 그는 이렇게 고백합니다. “사지가 없어서 불행하냐고요? 신체장애는 아무것도 아닙니다. 살다 보면 누구나 고통을 겪습니다. 앞길이 막막했던 어린 시절에는 다른 사람의 손과 발을 부러워하며 ‘왜? 나는 손과 발이 없을까?’ 생각하면서 절망하기도 했죠. 하지만 저에겐 발가락 두 개가 있어요. 두 발가락으로 할 수 있는 일들을 배우기 시작했습니다. 그 두 발가락으로 책도 넘기고 그것으로 모든 일을 다 합니다. 이제 팔, 다리가 없다고 불행해하기보다는 제가 가진 두 개의 발가락으로 인하여 감사합니다.”

오늘 말씀에서 사도 바울은 늘 감사하는 자가 되라고 권면합니다. 모든 것이 풍요롭고 잘될 때는 누구든지 감사할 수 있습니다. 그러나 힘들고 어려운 고난 가운데 있을 때 감사하는 것이 진정한 감사입니다. 우리에게 없는 것으로 인해 불평하지 말고, 우리를 부르고 구원하신 주님의 은혜로 인해 하나님께 감사하시길 바랍니다.

| 일독성경 | 예레미야 43-45장, 골로새서 3장 읽음 □

오늘의 찬송

세상 모든 풍파 너를 흔들어

새찬송가 429장(통 489)

1. 세상 모든 풍파 너를 흔들어 약한 마음 낙심하게 될 때에
   내려주신 주의 복을 세어라 주의 크신 복을 네가 알리라
2. 세상 근심 걱정 너를 누르고 십자가를 등에 지고 나갈 때
   주가 네게 주신 복을 세어라 두렴 없이 항상 찬송하리라
3. 세상 권세 너의 앞길 막을 때 주만 믿고 낙심하지 말아라
   천사들이 너를 보호하리니 염려 없이 앞만 보고 나가라

후렴 받은 복을 세어보아라 크신 복을 네가 알리라
받은 복을 세어보아라 주의 크신 복을 네가 알리라

질문

내게 없는 것 때문에 불평한 적이 있나요? 내가 고난 가운데 있더라도 하나님께 감사할 수 있는 이유는 무엇인가요?

나의 감사

오늘 하루, 감사할 것들을 적어보세요.

| 기도 | 하나님 아버지, 우리에게 없는 것을 바라보고 불평하는 것이 아니라, 주님이 주신 사랑과 은혜에 늘 감사하는 자가 되게 하옵소서. 예수 그리스도의 이름으로 기도합니다. 아멘.

내가 너와 함께 있나니

예레미야 46:27-28 내 종 야곱아 두려워하지 말라 이스라엘아 놀라지 말라 보라 내가 너를 먼 곳에서 구원하며 네 자손을 포로된 땅에서 구원하리니 야곱이 돌아와서 평안하며 걱정 없이 살게 될 것이라 그를 두렵게 할 자 없으리라 여호와의 말씀이니라 내 종 야곱아 내가 너와 함께 있나니 두려워하지 말라 내가 너를 흩었던 그 나라들은 다 멸할지라도 너는 사라지지 아니하리라

패럴림픽 수영 선수 제시카 롱은 종아리뼈가 없는 희귀 질환을 가지고 태어나 두 다리를 절단해야 했습니다. 여러 차례의 힘든 수술을 이겨내고 수영 선수로 성장한 그녀는 수많은 메달을 목에 걸며 최고의 자리에 올랐습니다. 하지만 겉으로 보이는 성공과 달리, 그녀의 마음 한편에는 늘 하나님을 향한 원망과 불안이 자리 잡고 있었습니다. 그러던 어느 날, 성경 공부에 참석한 제시카는 자신을 하나님께 온전히 드리고 싶다고 기도했습니다. 그 순간 '나는 이대로도 충분하구나!'라는 생각이 들면서 모든 두려움이 사라지고 마음이 평안해졌습니다. 그리고 자신의 장애가 하나님 없이 혼자 힘으로 살아갈 수 없음을 일깨워주는 귀한 선물이라는 사실을 깨닫게 되었습니다. 제시카는 이렇게 고백합니다. "수영할 때면 옆에서 함께 수영하시는 하나님을 상상해요. 그분은 제 마음속에서 이렇게 말씀하세요. '계속해 보자. 내가 여기 있잖아.'"

오늘 본문에서도 하나님은 바벨론에 포로로 끌려가 깊은 절망에 빠진 이스라엘 백성들에게 함께하겠다고 약속하십니다. 하나님은 결코 그분의 백성을 버리지 않으십니다. 그리고 이 약속은 지금 우리에게도 유효합니다. 어떤 고난 가운데 있더라도 하나님은 우리에게 구원의 손길을 베푸시고 두려움을 평안으로 바꿔주실 것입니다.

| 일독성경 | 예레미야 46-48장, 골로새서 4장 읽음 □

오늘의 찬송

태산을 넘어 험곡에 가도

새찬송가 445장(통 502)

1. 태산을 넘어 험곡에 가도 빛 가운데로 걸어가면
   주께서 항상 지키시기로 약속한 말씀 변치 않네
2. 캄캄한 밤에 다닐지라도 주께서 나의 길 되시고
   나에게 밝은 빛이 되시니 길 잃어버릴 염려 없네
3. 광명한 그 빛 마음에 받아 찬란한 천국 바라보고
   할렐루야를 힘차게 불러 날마다 빛에 걸어가리

후렴 하늘의 영광 하늘의 영광 나의 맘속에 차고도 넘쳐
할렐루야를 힘차게 불러 영원히 주를 찬양하리

질문

인생의 고난이 닥칠 때 가장 힘들었던 부분은 무엇인가요? 고난 가운데 나 혼자라고 느낄 때와 하나님이 나와 함께하심을 믿을 때는 어떤 차이가 있을까요?

나의 감사

오늘 하루, 감사할 것들을 적어보세요.

| 기도 | 하나님 아버지, 고난 중에도 우리와 함께하시는 하나님을 바라보며 담대히 믿음으로 나아갈 수 있게 도와주옵소서. 예수 그리스도의 이름으로 기도합니다. 아멘.

NOV **11.08** 주일

주님이 아십니다

데살로니가전서 1:2-4 우리가 너희 모두로 말미암아 항상 하나님께 감사하며 기도할 때에 너희를 기억함은 너희의 믿음의 역사와 사랑의 수고와 우리 주 예수 그리스도에 대한 소망의 인내를 우리 하나님 아버지 앞에서 끊임없이 기억함이니 하나님의 사랑하심을 받은 형제들아 너희를 택하심을 아노라

필리핀 북부 산지족에게 일평생 복음을 전한 권영수 선교사의 이야기입니다. 하루는 그가 아내와 함께 산지족 교회에서 전도부흥집회를 마치고 집으로 돌아오는 길에 큰 태풍을 만났습니다. 절벽 위에서 오도 가도 못하고 이틀간 추위와 굶주림에 시달리다가 강한 바람에 몸이 날려 구덩이에 빠지고 말았습니다. 그의 입에서 원망 섞인 울부짖음이 흘러나왔습니다. "하나님! 이게 과연 누구를 위한 선교입니까? 우리가 왜 이렇게 죽어야 합니까? 누군가 한 사람이라도 지켜보는 사람이 있다면 이렇게 억울하고 슬프지는 않을 겁니다." 그러자 태풍 속에서 주님의 음성이 들렸습니다. "너를 파송한 한국교회는 모른다. 너의 친구들, 너의 동기들은 모른다. 그러나 두려워하지 말라. 내가 다 아노라!" 훗날 그는 자신의 수고와 헌신을 다 안다고 말씀하신 주님의 음성에 큰 위로를 얻고 선교 사역을 계속할 수 있었다고 고백했습니다.

오늘 본문에서 사도 바울은 데살로니가교회 성도들을 칭찬하면서 그들이 행한 믿음의 역사, 사랑의 수고, 소망의 인내가 주님 앞에서 기억되었다고 말합니다. 오늘날에도 우리가 믿음으로 행하고 인내하며 헌신했던 모든 일은 헛되지 않습니다. 주님이 모두 아십니다. 오늘도 힘을 내어 주님을 위해 수고하는 하루가 되길 바랍니다.

| 일독성경 | 예레미야 49–50장, 데살로니가전서 1–2장 읽음 □

오늘의 찬송

내 평생 소원 이것뿐

새찬송가 450장(통 376)

1. 내 평생 소원 이것뿐 주의 일 하다가 이 세상 이별하는 날 주 앞에 가리라
2. 꿈같이 헛된 세상 일 취할 것 무어냐 이 수고 암만 하여도 헛된 것뿐일세
3. 불같은 시험 많으나 겁내지 맙시다 구주의 권능 크시니 이기고 남겠네
4. 금보다 귀한 믿음은 참보배 되도다 이 진리 믿는 사람들 다 복을 받겠네
5. 살같이 빠른 광음을 주 위해 아끼세 온몸과 맘을 바치고 힘써서 일하세 아멘

질문

내가 주님을 위해 했던 수고와 헌신은 무엇인가요? 나의 수고를 다른 사람이 몰라준다고 불평한 적은 없었나요?

나의 감사

오늘 하루, 감사할 것들을 적어보세요.

| 기도 | 하나님 아버지, 주님을 위해 헌신하고 사랑의 수고를 아끼지 않음으로써 주님께 칭찬받는 우리가 되게 하옵소서. 예수 그리스도의 이름으로 기도합니다. 아멘.

NOV **11.09** 월요일

창조주 하나님을 신뢰하라

예레미야 51:15-16 야훼께서 그의 능력으로 땅을 지으셨고 그의 지혜로 세계를 세우셨고 그의 명철로 하늘들을 펴셨으며 그가 목소리를 내신즉 하늘에 많은 물이 생기나니 그는 땅 끝에서 구름이 오르게 하시며 비를 위하여 번개를 치게 하시며 그의 곳간에서 바람을 내시거늘

진시황은 중국 최초의 통일 제국인 진나라를 세우고 만리장성을 쌓으며 영원한 제국을 꿈꿨습니다. 생전에는 먹으면 늙지 않는다는 '불로초'를 구하려고 세계 각지에 신하들을 보냈고, 죽은 뒤에도 권력을 유지하려고 실물 크기의 군인 조각상인 병마용 수천 개를 자기 무덤에 함께 묻게 했습니다. 그는 스스로 '시황제'라 칭하며 자신의 뒤를 이어 만세까지 이어질 황제의 계보를 선언하기도 했습니다. 그러나 그가 죽은 지 불과 3년 만에 진나라는 멸망했습니다. '화무십일홍 권불십년', 즉 열흘 가는 붉은 꽃이 없고 십 년 가는 권세는 없습니다. 진시황의 황금 궁전은 폐허가 되었고, 그가 만세까지 이어진다고 선언했던 진나라는 15년 만에 역사의 뒤안길로 사라졌습니다.

바벨론 멸망을 예언한 예레미야 선지자는 오늘 본문에서 창조주 하나님의 능력을 선포합니다. 바벨론의 위세가 아무리 대단해도 하늘의 비 한 방울 만들 수 없지만, 하나님은 말씀 한마디로 천지를 다스리십니다. 한때 천하를 호령하던 바벨론은 무너졌지만, 창조주 하나님의 권세는 영원합니다. 그렇기에 불확실한 인생 속에서 우리가 믿고 의지할 분은 오직 하나님뿐입니다. 영원하신 하나님을 의지하는 믿음이 우리 인생의 닻이 되어야 합니다.

| 일독성경 | 예레미야 51-52장, 데살로니가전서 3장 읽음 □

오늘의 찬송

주 하나님 지으신 모든 세계

새찬송가 79장(통 40)

1. 주 하나님 지으신 모든 세계 내 마음속에 그리어볼 때
하늘의 별 울려 퍼지는 뇌성 주님의 권능 우주에 찼네
2. 숲속이나 험한 산골짝에서 지저귀는 저 새소리들과
고요하게 흐르는 시냇물은 주님의 솜씨 노래하도다
3. 주 하나님 독생자 아낌없이 우리를 위해 보내주셨네
십자가에 피 흘려 죽으신 주 내 모든 죄를 대속하셨네
4. 내 주 예수 세상에 다시 올 때 저 천국으로 날 인도하리
나 겸손히 엎드려 경배하며 영원히 주를 찬양하리라

후렴 주님의 높고 위대하심을 내 영혼이 찬양하네
주님의 높고 위대하심을 내 영혼이 찬양하네

질문

창조 세계 속에서 하나님의 권능을 느낀 적이 있나요? 창조주 하나님이 우주 만물을 다스리고 주관하신다는 사실을 믿을 때 우리 인생은 어떻게 달라질까요?

나의 감사

오늘 하루, 감사할 것들을 적어보세요.

| 기도 | 하나님 아버지, 우주 만물을 다스리시는 창조주 하나님을 의지하며, 믿음 안에서 흔들리지 않는 인생을 살게 하옵소서. 예수 그리스도의 이름으로 기도합니다. 아멘.

절대 감사의 삶

데살로니가전서 5:16-23 항상 기뻐하라 쉬지 말고 기도하라 범사에 감사하라 이것이 그리스도 예수 안에서 너희를 향하신 하나님의 뜻이니라 … 범사에 헤아려 좋은 것을 취하고 악은 어떤 모양이라도 버리라 평강의 하나님이 친히 너희를 온전히 거룩하게 하시고 또 너희의 온 영과 혼과 몸이 우리 주 예수 그리스도께서 강림하실 때에 흠 없게 보전되기를 원하노라

영국의 성경 주석가 매튜 헨리는 어느 날 강도를 만나 모든 소지품을 빼앗겼습니다. 그러나 그날 밤 그는 일기에 네 가지 감사한 일을 기록했습니다. "첫째, 지금껏 강도를 만나지 않았던 것에 감사합니다. 둘째, 지갑을 빼앗겼지만, 목숨을 지킬 수 있어 감사합니다. 셋째, 그들이 더 많은 것을 가져가지 않은 것에 감사합니다. 넷째, 내가 강도가 아닌 것에 감사합니다." 그는 빼앗긴 소지품에 집중하지 않고, 이 사건을 통해 하나님의 은혜를 돌아보며 신앙을 더욱 굳건히 할 수 있었습니다. 그의 이야기는 훗날 많은 사람에게 고난 중에도 감사할 수 있는 믿음의 본이 되었습니다.

어려움 속에도 감사할 수 있는 태도는 단순한 긍정적 사고가 아니라 하나님에 대한 신뢰에서 비롯된 믿음의 표현입니다. 더욱이 오늘의 말씀은 권고가 아닌 하나님의 명령입니다. "범사에 감사하라!" 감사는 절망을 소망으로, 두려움을 평안으로 바꾸는 능력이 있습니다. 인생에 닥쳐오는 그 어떤 모진 풍파에도 불평하지 않고, 범사에 감사할 때 하나님이 우리의 마음을 지키시고 참 평안을 주십니다. 오늘부터라도 우리에게 주어진 상황 속에서 감사의 이유를 찾아내는 훈련을 시작해 보시길 바랍니다.

| 일독성경 | 예레미야애가 1-2장, 데살로니가전서 4-5장 읽음 □

오늘의 찬송

내 영혼이 은총 입어

새찬송가 438장(통 495)

1. 내 영혼이 은총 입어 중한 죄 짐 벗고 보니 슬픔 많은 이 세상도 천국으로 화하도다
2. 주의 얼굴 뵙기 전에 멀리 뵈던 하늘나라 내 맘속에 이뤄지니 날로 날로 가깝도다
3. 높은 산이 거친 들이 초막이나 궁궐이나 내 주 예수 모신 곳이 그 어디나 하늘나라

후렴 할렐루야 찬양하세 내 모든 죄 사함 받고 주 예수와 동행하니 그 어디나 하늘나라

질문

어려운 환경 속에서도 우리가 하나님께 감사할 수 있는 이유는 무엇인가요? 하나님께 드릴 세 가지 감사를 적어보세요.

나의 감사

오늘 하루, 감사할 것들을 적어보세요.

| 기도 | 하나님 아버지, 어떤 상황 가운데 있더라도 감사할 수 있는 믿음의 눈을 열어주셔서 범사에 감사하는 삶을 살게 하옵소서. 예수 그리스도의 이름으로 기도합니다. 아멘.

내가 그를 바라리라

예레미야애가 3:22-26 야훼의 인자와 긍휼이 무궁하시므로 우리가 진멸되지 아니함이니이다 이것들이 아침마다 새로우니 주의 성실하심이 크시도소이다 내 심령에 이르기를 야훼는 나의 기업이시니 그러므로 내가 그를 바라리라 하도다 기다리는 자들에게나 구하는 영혼들에게 야훼는 선하시도다 사람이 야훼의 구원을 바라고 잠잠히 기다림이 좋도다

주전 587년 예루살렘은 바벨론에 의해 함락되었습니다. 모든 것은 무너지고 하나님의 성전도 파괴되었습니다. 이스라엘 백성들은 바벨론에 포로로 끌려가서 고통 가운데 절규했습니다. 소망이라고는 전혀 찾아볼 수 없는 상황이었습니다. 이러한 상황에서 예레미야 선지자는 인자와 긍휼이 무궁하신 하나님, 신실하신 하나님이 이스라엘을 버리지 않으시고 새로운 은혜를 부어주실 것을 믿으며 하나님만 바라보겠다고 고백합니다.

토마스 치솜은 목회를 시작한 지 1년 만에 건강이 크게 나빠졌습니다. 모든 일을 내려놓아야 했던 절망적인 상황에서 그는 오늘 말씀을 묵상했습니다. "야훼의 인자와 긍휼이 무궁하시므로 우리가 진멸되지 아니함이니이다 이것들이 아침마다 새로우니 주의 성실하심이 크시도소이다." 절망 속에서도 하나님의 인자와 긍휼을 붙잡았던 예레미야의 고백이 그에게 다시 일어설 힘을 주었습니다. 그는 날마다 새 힘을 주시는 신실하신 하나님을 바라보며 불후의 명곡 「오 신실하신 주」를 작곡했습니다. 아침마다 새로이 떠오르는 해처럼, 오늘도 하나님이 우리에게 새로운 은혜를 부어주시고, 어제의 절망을 딛고 다시 일어설 수 있는 새 힘과 용기를 주실 것입니다.

| 일독성경 | 예레미야애가 3–5장, 데살로니가후서 1장 읽음 □

오늘의 찬송

오 신실하신 주

새찬송가 393장(통 447)

1. 오 신실하신 주 내 아버지여 늘 함께 계시니 두렴 없네
   그 사랑 변찮고 날 지키시며 어제나 오늘이 한결같네
2. 봄철과 또 여름 가을과 겨울 해와 달 별들도 다 주의 것
   만물이 주 영광 드러내도다 신실한 주 사랑 나타내네
3. 내 죄를 사하여 안위하시고 주 친히 오셔서 인도하네
   오늘의 힘 되고 내일의 소망 주만이 만복을 내리시네

후렴 오 신실하신 주 오 신실하신 주 날마다 자비를 베푸시며
일용할 모든 것 내려주시니 오 신실하신 주 나의 구주

질문

나는 절망의 순간에도 하나님의 신실하심을 믿나요? 오늘, 내게 주어진 하나님의 새로운 은혜는 무엇인가요?

나의 감사

오늘 하루, 감사할 것들을 적어보세요.

| 기도 | 하나님 아버지, 매일 새롭게 부어주시는 주님의 은혜에 감사하며 절망의 순간에도 믿음이 흔들리지 않게 붙들어 주옵소서. 예수 그리스도의 이름으로 기도합니다. 아멘.

NOV **11.12** 목요일

파수꾼의 역할

에스겔 3:17-20 인자야 내가 너를 이스라엘 족속의 파수꾼으로 세웠으니 너는 내 입의 말을 듣고 나를 대신하여 그들을 깨우치라 … 또 의인이 그의 공의에서 돌이켜 악을 행할 때에는 이미 행한 그의 공의는 기억할 바 아니라 내가 그 앞에 거치는 것을 두면 그가 죽을지니 이는 네가 그를 깨우치지 않음이니라 그는 그의 죄 중에서 죽으려니와 그의 피 값은 내가 네 손에서 찾으리라

2025년 1월, 미국 로스앤젤레스 카운티 이튼 지역에서 대형 산불이 발생했습니다. 불길은 강풍을 타고 빠르게 번져서 그 일대의 수천 가구가 위험에 빠졌습니다. 이때 동쪽 지역의 주민들에게는 신속히 대피 명령이 내려졌지만, 서쪽 지역의 주민들은 다음 날 새벽 3시 25분이 되어서야 알림을 받았습니다. 결국 안타까운 희생자 19명 중 무려 18명이 대피 경고 알림을 늦게 받은 서쪽 지역에서 나왔습니다. 만일, 서쪽 지역에도 경고가 제때 전달되었더라면 더 많은 생명을 구할 수 있었을 것입니다.

오늘 본문에서 하나님은 에스겔 선지자를 이스라엘 족속의 파수꾼으로 세우셨습니다. 파수꾼의 역할은 경계를 서고, 위험이 닥치기 전에 사람들에게 알려 대비하게 하는 것입니다. 만약 파수꾼이 자신의 역할을 제대로 하지 못하여 전쟁에 패배하고 수많은 사람이 죽는다면, 그가 책임을 져야 할 것입니다. 오늘날 하나님은 우리를 복음의 파수꾼으로 세우셨습니다. 우리가 복음을 알고도 전하지 않는다면, 그래서 수많은 사람이 진리를 깨우치지 못한 채 죄 중에 죽는다면 하나님은 그 피값을 우리에게서 찾으실 것입니다. 지금도 수많은 사람이 죄 중에 죽어가고 있습니다. 복음의 파수꾼인 우리가 한 사람에게라도 더 복음을 전하여 귀한 생명을 구할 수 있기를 소망합니다.

| 일독성경 | 에스겔 1-3장, 데살로니가후서 2장 읽음 □

오늘의 찬송

빛의 사자들이여

새찬송가 502장(통 259)

1. 빛의 사자들이여 어서 가서 어둠을 물리치고 주의 진리 모르는 백성에게 복음의 빛 비춰라
2. 선한 사역 위하여 힘을 내라 주 함께하시겠네 주의 크신 사랑을 전파하며 복음의 빛 비춰라
3. 주님 부탁하신 말 순종하여 이 진리 전파하라 산을 넘고 물 건너 힘을 다해 복음의 빛 비춰라
4. 동서남북 어디나 땅끝까지 주님만 의지하고 눈 어두워 못 보는 백성에게 복음의 빛 비춰라

후렴 빛의 사자들이여 복음의 빛 비춰라 죄로 어둔 밤 밝게 비춰라 빛의 사자들이여

질문

나는 복음의 파수꾼 역할을 잘하고 있나요? 내 주변을 돌아보고 복음을 전해야 할 사람을 찾아 이름을 적어보세요.

나의 감사

오늘 하루, 감사할 것들을 적어보세요.

| 기도 | 하나님 아버지, 복음의 파수꾼이 되어 복음을 전하고 생명을 구하는 일에 쓰임 받게 하옵소서. 예수 그리스도의 이름으로 기도합니다. 아멘.

NOV **11.13** 금요일

게으름을 경계하라

데살로니가후서 3:10-12 우리가 너희와 함께 있을 때에도 너희에게 명하기를 누구든지 일하기 싫어하거든 먹지도 말게 하라 하였더니 우리가 들은즉 너희 가운데 게으르게 행하여 도무지 일하지 아니하고 일을 만들기만 하는 자들이 있다 하니 이런 자들에게 우리가 명하고 주 예수 그리스도 안에서 권하기를 조용히 일하여 자기 양식을 먹으라 하노라

미국 뉴올리언스에는 '쓰레기통의 마법사'라 불리는 청소부가 있었습니다. 그의 이름은 코르넬리우스 워싱턴입니다. 그는 하루도 빠짐없이 성실하게 거리를 청소했습니다. 흥겨운 소리가 들려 밖을 내다보면 늘 코르넬리우스가 청소하고 있었고, 그로 인해 도시는 깨끗하게 유지되었습니다. 2005년 늦여름, 강력한 태풍 카트리나가 도시를 덮쳤습니다. 태풍이 지나간 자리에 남은 것은 폐허가 된 도시와 산더미처럼 쌓인 쓰레기였습니다. 모두가 절망하던 그때, 코르넬리우스는 평소대로 거리로 나와 쓰레기를 치우기 시작했습니다. 그의 모습을 본 이웃들도 하나둘씩 빗자루를 들고 거리로 나와 청소하는 일을 도왔고, 도시는 다시 예전의 모습을 되찾을 수 있었습니다.

성실은 크리스천에게도 꼭 필요한 덕목입니다. 믿음은 교회 안에서뿐 아니라 삶의 현장에서도 행동으로 나타나야 하기 때문입니다. 그렇기에 오늘 본문에서 사도 바울은 게으름을 경계하며, 일하기 싫어하는 자는 먹지도 말게 하라고 강력하게 말합니다. 우리도 입술로만 믿는 자라고 말하지 말고, 믿는 자로서 삶의 본을 보여야 합니다. 하나님은 작은 일이라도 맡은 일에 최선을 다하는 성실한 사람을 쓰십니다. 오늘도 하나님이 주신 시간을 헛되이 보내지 말고 성실한 하루를 보내시길 바랍니다.

| 일독성경 | 에스겔 4-6장, 데살로니가후서 3장 읽음 □

오늘의 찬송

주의 말씀 듣고서

새찬송가 204장(통 379)

1. 주의 말씀 듣고서 준행하는 자는 반석 위에 터 닦고 집을 지음 같아
   비가 오고 물 나며 바람 부딪쳐도 반석 위에 세운 집 무너지지 않네
2. 주의 말씀 듣고도 행치 않는 자는 모래 위에 터 닦고 집을 지음 같아
   비가 오고 물 나며 바람 부딪칠 때 모래 위에 세운 집 크게 무너지네
3. 세상 모든 사람들 집을 짓는 자니 반석 위가 아니면 모래 위에 짓네
   우리 구주 오셔서 지은 상을 줄 때 세운 공로 따라서 영영 상벌 주리

후렴 잘 짓고 잘 짓세 우리 집 잘 짓세 만세 반석 위에다 우리 집 잘 짓세

질문

내게 고쳐야 할 게으른 모습이 있다면 무엇인가요? 특별히 크리스천에게 성실이 요구되는 이유는 무엇일까요?

나의 감사

오늘 하루, 감사할 것들을 적어보세요.

| 기도 | 하나님 아버지, 하나님이 주신 시간을 낭비하지 않고, 게으름을 경계하며 성실하게 살아갈 수 있게 도와주옵소서. 예수 그리스도의 이름으로 기도합니다. 아멘.

NOV **11.14** 토요일

하나님이 떠나시면

에스겔 8:5-6 그가 내게 이르시되 인자야 이제 너는 눈을 들어 북쪽을 바라보라 하시기로 내가 눈을 들어 북쪽을 바라보니 제단문 어귀 북쪽에 그 질투의 우상이 있더라 그가 또 내게 이르시되 인자야 이스라엘 족속이 행하는 일을 보느냐 그들이 여기에서 크게 가증한 일을 행하여 나로 내 성소를 멀리 떠나게 하느니라 너는 다시 다른 큰 가증한 일을 보리라 하시더라

예루살렘 성전이 처음 지어졌을 때 하나님은 그곳을 거룩히 구별하시고 하나님의 이름을 그곳에 영원히 두겠다고 약속하셨습니다(왕상 9:3). 그런데 오늘 본문에서 하나님은 예루살렘 성전을 멀리 떠나겠다고 말씀하십니다. 이스라엘 백성들이 그곳에서 하나님을 섬기지 않고 우상을 숭배하는 가증한 일을 행했기 때문입니다. 예루살렘 성전의 겉모습이 아무리 아름다워도 하나님이 떠난 성소는 더 이상 성소가 아닙니다.

오늘날에도 성소의 본질은 주님의 임재에 있습니다. 그렇다면 하나님의 거룩한 성소인 우리 안에는 주님이 계신가요? 지그문트 괴체라는 화가의 작품 중에 「버림받고 멸시받은 자」란 제목의 그림이 있습니다. 그림의 중앙에는 예수님이 밧줄에 묶여 계시고, 그 주변에는 여러 사람들이 있습니다. 시험관을 들여다보는 과학자, 왕관에 화려한 드레스를 입은 여인과 그녀에게 말을 건네는 신사, 큰 책을 들고 있는 남자, 두 손을 모으고 기도하는 주교 등, 그러나 그중 누구도 예수님에게 관심을 두지 않습니다. 이 그림에 나오는 사람들의 모습이 곧 우리의 모습은 아닐까요? 돈과 명예, 세속적인 성공에 마음을 빼앗겨 주님 없는 신앙생활을 하고 있지 않은지 점검해 보세요. 하나님의 거룩한 성소로서 늘 주님의 임재를 사모하며 성령충만한 우리가 되길 소망합니다.

| 일독성경 | 에스겔 7-8장, 디모데전서 1-2장 읽음 □

오늘의 찬송

시온성과 같은 교회

새찬송가 210장(통 245)

1. 시온성과 같은 교회 그의 영광 한없다 허락하신 말씀대로 주가 친히 세웠다
   반석 위에 세운 교회 흔들 자가 누구랴 모든 원수 에워싸도 아무 근심 없도다
2. 생명샘이 솟아나와 모든 성도 마시니 언제든지 흘러넘쳐 부족함이 없도다
   이런 물이 흘러가니 목마를 자 누구랴 주의 은혜 풍족하여 넘치고도 넘친다
3. 주의 은혜 내가 받아 시온 백성 되는 때 세상 사람 비방해도 주를 찬송하리라
   세상 헛된 모든 영광 아침 안개 같으나 주의 자녀 받을 복은 영원무궁하도다 아멘

질문

내 마음의 중심에는 무엇이 있나요? 다른 것들에 내 마음을 빼앗기지 않았는지 점검해 보고 주님의 임재를 사모하는 기도를 적어보세요.

나의 감사

오늘 하루, 감사할 것들을 적어보세요.

| 기도 | 하나님 아버지, 하나님이 떠나시면 우리는 아무것도 아닙니다. 늘 주님의 임재를 사모하며 성령충만한 우리가 되게 하옵소서. 예수 그리스도의 이름으로 기도합니다. 아멘.

NOV **11.15** 주일

감사하는 신앙 | 추수감사주일

누가복음 17:15-19 그 중의 한 사람이 자기가 나은 것을 보고 큰 소리로 하나님께 영광을 돌리며 돌아와 예수의 발 아래에 엎드리어 감사하니 그는 사마리아 사람이라 예수께서 대답하여 이르시되 열 사람이 다 깨끗함을 받지 아니하였느냐 그 아홉은 어디 있느냐 이 이방인 외에는 하나님께 영광을 돌리러 돌아온 자가 없느냐 하시고 그에게 이르시되 일어나 가라 네 믿음이 너를 구원하였느니라 하시더라

예수님이 사마리아와 갈릴리 사이로 가시던 길에 한 마을에서 한센병 환자 열 명을 만나셨습니다. 예수님은 그들을 불쌍히 여기고 제사장에게 가서 그들의 몸을 보이라고 말씀하셨습니다. 열 명의 한센병 환자는 예수님의 말씀대로 제사장에게 가고 있었는데, 도중에 모두 병 고침을 받았습니다. 그런데 열 명 중에 유대인들이 이방인이라고 무시하고 업신여겼던 사마리아 사람 한 명만 돌아와서 예수님의 발아래 엎드려 감사를 드렸고 믿음으로 구원받는 은혜를 경험할 수 있었습니다.

이처럼 우리가 감사로 주님 앞에 영광을 돌릴 때 주님은 이를 기뻐하시고 더 큰 은혜를 베풀어 주십니다. 오늘은 추수감사절입니다. 평양대부흥운동의 주역인 길선주 목사는 추수감사절의 의미에 대해 이렇게 말했습니다. "추수감사절은 수확한 곡식과 열매로 인해서라기보다 하나님의 은혜로 인해 감사하는 날이다. 특히 우리나라에서의 감사절은 어두운 이 나라에 하나님께서 은혜의 복음을 보내주신 것을 감사하는 날이다!" 나 같은 죄인이 구원받아 하나님의 자녀가 되었으니, 첫째도 감사요, 둘째도 감사요, 마지막도 감사입니다. 예수님을 믿는 우리의 일생은 감사의 일생이 되어야 합니다. 오늘, 추수감사절을 맞이하여 주님께 더욱 감사하는 하루가 되길 바랍니다.

| 일독성경 | 에스겔 9-11장, 디모데전서 3장 읽음 □

오늘의 찬송

공중 나는 새를 보라

새찬송가 588장(통 307)

1. 공중 나는 새를 보라 농사하지 않으며 곡식 모아 곳간 안에 들인 것이 없어도
세상 주관하는 주님 새를 먹여주시니 너희 먹을 것을 위해 근심할 것 무어냐
2. 들의 백합화를 보라 길쌈 수고 안 해도 솔로몬의 입은 옷도 이 꽃만 못하였네
아궁 속에 던질 풀도 귀히 입히시거든 사랑하는 자녀들을 입히시지 않으랴
3. 너희들은 세상에서 무엇 먹고 마시며 무슨 옷을 입고 살까 염려하지 말아라
이는 이방 사람들이 간구하는 것이요 너희 하늘 아버지는 너희 쓸 것 아신다
4. 너는 먼저 주의 나라 그의 의를 구하면 하나님이 모든 것을 너희에게 주시리
내일 일을 위하여서 아무 염려 말지니 내일 염려하지 말라 오늘 고생 족하다

질문

나는 매일 주님께 감사의 고백을 드리고 있나요? 한 해를 돌아보며 지금까지 받은 하나님의 은혜에 감사하는 기도를 드려보세요.

나의 감사

오늘 하루, 감사할 것들을 적어보세요.

| 기도 | 하나님 아버지, 우리를 구원해 주시고 일용할 양식을 주시며, 지금까지 인도해 주셔서 감사합니다. 모든 것에 감사드립니다. 예수 그리스도의 이름으로 기도합니다. 아멘.

NOV **11.16** 월요일

가족을 돌보는 믿음

디모데전서 5:8-10 누구든지 자기 친족 특히 자기 가족을 돌보지 아니하면 믿음을 배반한 자요 불신자보다 더 악한 자니라 … 선한 행실의 증거가 있어 혹은 자녀를 양육하며 혹은 나그네를 대접하며 혹은 성도들의 발을 씻으며 혹은 환난 당한 자들을 구제하며 혹은 모든 선한 일을 행한 자라야 할 것이요

장누리 작가는 발달장애 아동을 상담하는 미술치료사로 '선생님'이라 불리며 인정받는 삶을 살았습니다. 그러나 그녀의 딸 온유는 뇌전증과 발달장애를 갖고 있어서 친구들과 잘 어울리지 못했습니다. 어느 날, 온유가 친구를 때려서 다른 부모에게 사과 편지를 써야 했을 때 그녀의 마음은 무너져 내렸습니다. 남편이 왜 이렇게까지 하냐고 말하자, 그녀는 그동안 쌓였던 감정이 폭발했습니다. "나도 그러고 싶지 않아! 나도 대우받고 살던 사람이었는데, 아이 때문에 너무 수치스러워!" 그 순간 주님의 음성이 들려왔습니다. "나는 너를 위해 십자가에서 죽지 않았니?" 그녀는 딸을 수치스럽게 여기고 원망했던 마음을 눈물로 회개했습니다. 이후 그녀는 딸로 인해 겪게 되는 고난과 문제가 있을 때마다 주님의 사랑을 떠올리며 이겨낼 수 있었다고 합니다.

사도 바울은 크리스천이 사람들과의 관계에서 어떻게 해야 하는지를 가르치면서 특히 자기 가족을 돌봐야 한다고 강조합니다. 가족은 하나님이 우리에게 맡기신 사람들입니다. 그렇기에 가족을 돌보지 아니하는 자는 "믿음을 배반한 자요 불신자보다 더 악한 자"입니다. 연약한 가족을 책임지고 사랑하는 것에서 믿음의 실천은 시작됩니다. 오늘, 그동안 소홀했던 가족들에게 사랑과 고마움을 표현해 보는 건 어떨까요?

| 일독성경 | 에스겔 12-13장, 디모데전서 4-5장 읽음 □

오늘의 찬송

사철에 봄바람 불어 잇고

새찬송가 559장(통 305)

1. 사철에 봄바람 불어 잇고 하나님 아버지 모셨으니
   믿음의 반석도 든든하다 우리 집 즐거운 동산이라
2. 어버이 우리를 고이시고 동기들 사랑에 뭉쳐있고
   기쁨과 설움도 같이하니 한 간의 초가도 천국이라
3. 아침과 저녁에 수고하여 다같이 일하는 온 식구가
   한 상에 둘러서 먹고 마셔 여기가 우리의 낙원이라

후렴 고마워라 임마누엘 예수만 섬기는 우리 집 고마워라 임마누엘 복되고 즐거운 하루하루

질문

우리 가족 중에 특히 내 관심과 돌봄이 필요한 사람은 누구인가요? 내가 그를 위해 할 수 있는 일을 구체적으로 적어보세요.

나의 감사

오늘 하루, 감사할 것들을 적어보세요.

| 기도 | 하나님 아버지, 하나님이 세우신 가족 공동체를 사랑으로 돌보며 그 안에서 하나님의 사랑을 더욱 깊이 체험하게 하옵소서. 예수 그리스도의 이름으로 기도합니다. 아멘.

다시 세운 언약

에스겔 16:60-63 그러나 내가 너의 어렸을 때에 너와 세운 언약을 기억하고 너와 영원한 언약을 세우리라 … 내가 네게 내 언약을 세워 내가 야훼인 줄 네가 알게 하리니 이는 내가 네 모든 행한 일을 용서한 후에 네가 기억하고 놀라고 부끄러워서 다시는 입을 열지 못하게 하려 함이니라 주 야훼의 말씀이니라

1945년 2월, 제2차 세계대전 말기 연합군의 폭격으로 독일 드레스덴은 순식간에 잿더미가 되었습니다. 불길이 도시를 삼키며 수만 명이 목숨을 잃었고, '엘베강의 피렌체'라 불리던 화려한 도시는 폐허로 변했습니다. 특히 드레스덴의 상징인 '성모교회'는 검게 그을린 잔해만 남았습니다. 그러나 드레스덴의 시민들은 성모교회가 다시 세워지리라는 꿈을 품고, 폐허 속에서 부서지지 않은 건물 조각을 찾아 번호를 매겼습니다. 1993년, 건축가 에버하르트 부르거를 중심으로 교회의 재건 공사가 시작되었습니다. 재건팀은 초기 설계도를 바탕으로 시민들이 찾아낸 3,800여 개의 조각에 새로운 돌을 쌓아 올렸습니다. 그리고 2005년에 마침내 성모교회는 재건되었고 평화와 화해를 상징하는 건물로 새롭게 탄생했습니다.

이스라엘은 우상을 숭배하고 죄를 범함으로 하나님과의 언약을 깨트렸습니다. 그런데 오늘 본문에서 하나님은 그들에게 회복을 약속하시며 "영원한 언약"을 다시 세우겠다고 말씀하십니다. 이처럼 하나님은 죄와 실패로 무너진 인생일지라도 다시 일으켜 주십니다. 우리가 회개하고 하나님께 나오면 부끄러운 과거는 용서와 은혜의 증거가 되고, 폐허 같던 인생은 이전보다 더욱 아름다운 인생으로 바뀌게 될 것입니다.

| 일독성경 | 에스겔 14-16장, 디모데전서 6장 읽음 □

오늘의 찬송

나 같은 죄인 살리신

새찬송가 305장(통 405)

1. 나 같은 죄인 살리신 주 은혜 놀라워 잃었던 생명 찾았고 광명을 얻었네
2. 큰 죄악에서 건지신 주 은혜 고마워 나 처음 믿은 그 시간 귀하고 귀하다
3. 이제껏 내가 산 것도 주님의 은혜라 또 나를 장차 본향에 인도해주시리
4. 거기서 우리 영원히 주님의 은혜로 해처럼 밝게 살면서 주 찬양하리라 아멘

질문

죄와 실패로 인해 인생이 무너진 것처럼 여겨지던 때가 있었나요? 그때 어떻게 회복되고 다시 일어설 수 있게 되었나요?

나의 감사

오늘 하루, 감사할 것들을 적어보세요.

| 기도 | 하나님 아버지, 우리의 죄를 용서하시고 폐허 같던 인생을 하나님의 은혜 안에서 다시 일으켜 주시니 감사합니다. 예수 그리스도의 이름으로 기도합니다. 아멘.

그리스도 예수의 좋은 병사

디모데후서 2:1-4 내 아들아 그러므로 너는 그리스도 예수 안에 있는 은혜 가운데서 강하고 또 네가 많은 증인 앞에서 내게 들은 바를 충성된 사람들에게 부탁하라 그들이 또 다른 사람들을 가르칠 수 있으리라 너는 그리스도 예수의 좋은 병사로 나와 함께 고난을 받으라 병사로 복무하는 자는 자기 생활에 얽매이는 자가 하나도 없나니 이는 병사로 모집한 자를 기쁘게 하려 함이라

인도 자르칸드 주의 한 마을에 칸데 무두와 그의 아내가 살았습니다. 그들은 이 마을에서 유일한 크리스천이었고, 힌두교도들로부터 2년 넘게 괴롭힘과 살해 위협을 당했습니다. 그러나 그들은 굴하지 않고 담대히 복음을 전했습니다. 2020년 6월 7일 저녁, 무장한 남성들이 칸데의 집에 들이닥쳤습니다. 칸데는 아내에게 조용히 말했습니다. "만약 하나님이 내 목숨을 거두신다면 그 또한 그분의 뜻이야. 내가 무슨 일을 당하든 예수님에 대한 믿음을 절대 포기하지 마. 내가 없더라도 주님이 당신을 지켜주실 거야." 잠시 후, 한 남성이 칸데를 밖으로 끌고 나갔습니다. 그러나 그는 죽음의 위협 앞에서도 예수님을 부인하지 않았고, 결국 순교의 길을 걸었습니다. 칸데는 그리스도의 충성된 병사로서 기꺼이 고난을 감당하며 끝까지 믿음을 굳게 지킨 것입니다.

우리도 그리스도 예수의 병사로 부르심을 받았습니다. 좋은 병사는 병사를 모집한 주님과 함께 고난을 받는 것을 두려워하지 않으며, 주님을 기쁘시게 하는 자입니다. 이를 위해서는 많은 인내와 희생이 필요할지도 모릅니다. 그럼에도 포기하지 말고 끝까지 믿음을 굳게 지키시길 바랍니다. 오늘도 그리스도의 좋은 병사가 되어 우리를 부르신 주님을 기쁘시게 하는 하루가 되기를 소망합니다.

| 일독성경 | 에스겔 17-18장, 디모데후서 1-2장 읽음 □

오늘의 찬송

믿는 사람들은 주의 군사니

새찬송가 351장(통 389)

1. 믿는 사람들은 주의 군사니 앞서가신 주를 따라갑시다
   우리 대장 예수 기를 들고서 접전하는 곳에 가신 것 보라
2. 원수 마귀 모두 쫓겨가기는 예수 이름 듣고 겁이 남이라
   우리 찬송 듣고 지옥 떨리니 형제들아 주를 찬송합시다
3. 세상 나라들은 멸망당하나 예수 교회 영영 왕성하리라
   마귀 권세 감히 해치 못함은 주가 모든 교회 지키심이라
4. 백성들아 와서 함께 모여서 우리 모두 함께 개가 부르세
   영원토록 영광 권세 찬송을 우리 임금 주께 돌려보내세

후렴 믿는 사람들은 주의 군사니 앞서가신 주를 따라갑시다 아멘

질문

믿음을 지키기 위해 기꺼이 감당하고 있는 희생이나 인내가 있다면 무엇인가요?

나의 감사

오늘 하루, 감사할 것들을 적어보세요.

| 기도 | 하나님 아버지, 그리스도 예수의 좋은 병사가 되어 어떤 상황 속에서도 주님만 바라보며 믿음을 지키게 하옵소서. 예수 그리스도의 이름으로 기도합니다. 아멘.

말씀의 능력

디모데후서 3:14-17 그러나 너는 배우고 확신한 일에 거하라 … 또 어려서부터 성경을 알았나니 성경은 능히 너로 하여금 그리스도 예수 안에 있는 믿음으로 말미암아 구원에 이르는 지혜가 있게 하느니라 모든 성경은 하나님의 감동으로 된 것으로 교훈과 책망과 바르게 함과 의로 교육하기에 유익하니 이는 하나님의 사람으로 온전하게 하며 모든 선한 일을 행할 능력을 갖추게 하려 함이라

영국의 윌리엄 틴데일은 다른 무엇보다 성경을 귀하게 여긴 종교개혁자였습니다. 그는 성경을 "하나님의 말씀, 진기한 보석, 지상에 남아 있는 가장 거룩한 유물이며 신앙의 안내자요 지침서"라고 말했습니다. 그는 헬라어나 라틴어를 모르는 일반 성도들을 위해 성경을 영어로 번역했는데, 그로 인해 1536년에 화형당하고 말았습니다. 그의 죽음 이후 불과 2년 만에 헨리 8세는 교회에 영어 성경을 비치하라는 명령을 내렸고, 제임스 1세에 이르러 그가 남긴 번역을 기초로 한 '킹 제임스 버전 흠정역 성경'(1611)이 세상에 나오게 되었습니다. 이후 영어 성경은 영국 전역에 보급되어 교회 개혁과 부흥의 불을 지피는 불씨가 되었습니다.

사도 바울은 예수 그리스도 안에서 구원에 이르게 하는 지혜가 바로 성경에 있으며, 모든 성경은 하나님의 감동으로 된 것으로서 교훈과 책망과 의로 교육하기에 유익하다고 강조합니다. 우리는 이렇듯 귀한 성경을 주일날 교회에 갈 때만 겨우 꺼내보고 있진 않은가요? 성경을 단순히 책꽂이에 꽂아두는 것으로는 말씀의 능력이 나타나지 않습니다. 말씀을 읽고 묵상하며 말씀 가운데 거할 때 우리의 삶이 변화됩니다. 늘 말씀을 가까이하고 말씀의 능력으로 살아가는 우리가 되기를 소망합니다.

| 일독성경 | 에스겔 19-21장, 디모데후서 3장 읽음 □

오늘의 찬송

달고 오묘한 그 말씀

새찬송가 200장(통 235)

1. 달고 오묘한 그 말씀 생명의 말씀은 귀한 그 말씀 진실로 생명의 말씀이
나의 길과 믿음 밝히 보여주니
2. 귀한 주님의 말씀은 내 노래 되도다 모든 사람을 살리는 생명의 말씀을
값도 없이 받아 생명 길을 가니
3. 널리 울리어 퍼지는 생명의 말씀은 맘에 용서와 평안을 골고루 주나니
다만 예수 말씀 듣고 복을 받네

후렴 아름답고 귀한 말씀 생명 샘이로다 아름답고 귀한 말씀 생명 샘이로다 아멘

질문

나는 매일 말씀을 읽고 있나요? 최근 내 마음을 감동케 한 말씀이 있다면 적어보세요.

나의 감사

오늘 하루, 감사할 것들을 적어보세요.

| 기도 | 하나님 아버지, 오늘도 하나님의 말씀을 따라 살아가며, 말씀이 주는 생명과 구원의 은혜를 누리게 하옵소서. 예수 그리스도의 이름으로 기도합니다. 아멘.

애굽을 기억하지도 못하게

에스겔 23:25-27 내가 너를 향하여 질투하리니 그들이 분내어 네 코와 귀를 깎아 버리고 남은 자를 칼로 엎드러뜨리며 네 자녀를 빼앗고 그 남은 자를 불에 사르며 또 네 옷을 벗기며 네 장식품을 빼앗을지라 이와 같이 내가 네 음란과 애굽 땅에서부터 행음하던 것을 그치게 하여 너로 그들을 향하여 눈을 들지도 못하게 하며 다시는 애굽을 기억하지도 못하게 하리라

에스겔 23장에는 북이스라엘과 남유다를 상징하는 '오홀라'와 '오홀리바'라는 두 음녀의 비유가 등장합니다. 이들은 하나님의 백성임에도 불구하고 이방의 신들을 숭배하며 영적인 타락에 빠졌습니다. 심지어 자녀들까지 우상에게 제물로 바치는 끔찍한 죄를 범했습니다. 그 결과 하나님은 앗수르와 바벨론 제국을 통해 북이스라엘과 남유다를 심판하셨습니다. 그리고 오늘 본문은 그 심판의 목적이 어디에 있는지를 보여줍니다. 한마디로 애굽과의 단절입니다. 과거 하나님은 이스라엘 백성들을 애굽에서 구원하셨는데, 이는 단순히 종의 신분에서 해방하는 데만 목적이 있지 않습니다. 이스라엘 백성이 우상숭배로 대표되는 애굽에서의 죄악 된 삶을 버리고 하나님의 거룩한 백성으로 살아가게 하기 위함이었습니다. 그런데 지금 이스라엘 백성들의 모습은 하나님이 그들을 애굽에서 구원하시기 이전의 상태와 다를 바 없었던 것입니다.

우리도 하나님의 은혜로 구원받았습니다. 그런데 우리가 구원받기 이전과 다를 바 없는 삶을 살면서 여전히 불의를 행하며 죄를 짓는다면, 하나님의 징계를 받게 될 것입니다. 하나님은 우리가 구원받은 성도로서 죄를 향해 눈도 들지 말고 생각하지도 말며, 이전의 삶에서 온전히 벗어나 세상과 구별된 거룩한 삶을 살기를 원하십니다.

| 일독성경 | 에스겔 22-24장, 디모데후서 4장 **읽음** □

오늘의 찬송

오랫동안 모든 죄 가운데 빠져

새찬송가 284장(통 206)

1. 오랫동안 모든 죄 가운데 빠져 더럽기가 한량없던 우리들
   아무 공로 없이 구원함을 얻어 하나님의 자녀 지금 되었네
2. 주의 보혈로써 정결하게 씻겨 죄악에서 떠난 몸이 되었고
   세상 근심 구름 간 곳 없어지니 하나님의 빛이 영화롭도다
3. 죄의 깊은 잠과 뜬 세상의 꿈을 어서 깨어나라 나의 친구여
   은혜 받은 날과 구원 얻을 때가 지금 온 세상에 선포되었네

후렴 주의 그 사랑 한량없도다 찬송할지어다 예수의 공로
주의 그 사랑 한량없도다 찬송할지어다 예수의 공로

질문

구원받은 후에도 여전히 내게 남아있는 죄의 모습은 무엇인가요? 죄를 향해 눈도 들지 말고 생각도 하지 말라는 말씀을 내 삶에 실천하는 방법은 무엇일까요?

나의 감사

오늘 하루, 감사할 것들을 적어보세요.

| 기도 | 하나님 아버지, 죄의 유혹에 빠지지 않고 하나님의 자녀로서 세상과 구별되는 거룩한 삶을 살도록 도와주옵소서. 예수 그리스도의 이름으로 기도합니다. 아멘.

겉과 속이 다른 신앙

디도서 1:13-16 이 증언이 참되도다 그러므로 네가 그들을 엄히 꾸짖으라 … 깨끗한 자들에게는 모든 것이 깨끗하나 더럽고 믿지 아니하는 자들에게는 아무 것도 깨끗한 것이 없고 오직 그들의 마음과 양심이 더러운지라 그들이 하나님을 시인하나 행위로는 부인하니 가증한 자요 복종하지 아니하는 자요 모든 선한 일을 버리는 자니라

우리말 속담에 '청보에 개똥'이라는 말이 있습니다. 푸른색 비단보에 개똥이 들어있다는 뜻입니다. 푸른색 비단보는 본래 신부 집안에서 신랑의 집에 보내는 예단을 포장하는 것으로 매우 귀하게 사용하는 비단이었습니다. 그런데 그 안에 개똥이 들어있다는 것은, 겉으로 보기엔 그럴싸한 비단 보자기지만 그 안에는 개똥처럼 무가치하고 더러운 것이 담겨있어서 겉과 속이 완전히 다른 경우를 비유하는 말입니다. 우리의 신앙의 모습도 이처럼 겉과 속이 다른 모습이 있을 수 있습니다.

오늘 본문에서 사도 바울은 그레데교회의 문제점을 지적하며 죄와 불의에 대해 엄히 꾸짖으라고 말합니다. 특히 겉으로는 하나님을 안다고 주장하지만, 실제 그들의 행위로는 하나님을 부인하는 모순적인 모습을 지적했습니다. 이처럼 이중적인 신앙을 가진 사람에 대해 바울은 "가증한 자요 복종하지 아니하는 자요 모든 선한 일을 버리는 자"라고 칭합니다. 우리도 그레데교회의 성도처럼 겉과 속이 다른 신앙생활을 하고 있진 않은지 돌아봐야 합니다. 하나님의 말씀을 따르지 않으면서, 입술로만 그럴듯한 신앙 고백을 하고 있진 않나요? 진정으로 하나님을 믿는다는 것은 입술의 고백뿐 아니라 우리의 마음과 삶이 모두 하나님께 드려지는 것임을 꼭 기억하길 바랍니다.

| 일독성경 | 에스겔 25-27장, 디도서 1장 읽음 □

오늘의 찬송

주님의 뜻을 이루소서

새찬송가 425장(통 217)

1. 주님의 뜻을 이루소서 고요한 중에 기다리니 진흙과 같은 날 빚으사 주님의 형상 만드소서
2. 주님의 뜻을 이루소서 주님 발 앞에 엎드리니 나의 맘속을 살피시사 눈보다 희게 하옵소서
3. 주님의 뜻을 이루소서 병들어 몸이 피곤할 때 권능의 손을 내게 펴사 강건케 하여주옵소서
4. 주님의 뜻을 이루소서 온전히 나를 주장하사 주님과 함께 동행함을 만민이 알게 하옵소서 아멘

질문

나는 마음과 삶을 하나님께 모두 드리는 신앙인인가요? 오늘 내가 하나님의 말씀에 순종하며 실천할 수 있는 것을 구체적으로 적어보세요.

나의 감사

오늘 하루, 감사할 것들을 적어보세요.

| 기도 | 하나님 아버지, 우리의 마음과 삶을 온전히 하나님께 드리고, 행함이 따르는 참된 믿음으로 살아가게 하옵소서. 예수 그리스도의 이름으로 기도합니다. 아멘.

교만의 끝

에스겔 28:2-5 인자야 너는 두로 왕에게 이르기를 주 야훼께서 이같이 말씀하시되 네 마음이 교만하여 말하기를 나는 신이라 내가 하나님의 자리 곧 바다 가운데에 앉아 있다 하도다 네 마음이 하나님의 마음 같은 체할지라도 너는 사람이요 신이 아니거늘 … 네 지혜와 총명으로 재물을 얻었으며 금과 은을 곳간에 저축하였으며 네 큰 지혜와 네 무역으로 재물을 더하고 그 재물로 말미암아 네 마음이 교만하였도다

1912년에 세상을 떠들썩하게 만든 배가 있습니다. 영국이 해양 제국이라는 명예를 걸고 자신들의 영광을 드러내기 위해 만들었는데, 무게 46,329톤, 길이 269미터, 높이는 건물 20층에 달하는 초호화 여객선이었습니다. 이 배의 이름은 그리스 신화에 나오는 거신족 타이탄의 이름을 따서 '타이타닉'이라고 지었습니다. 사람들은 타이타닉호를 가리켜 '신도 침몰시킬 수 없는 배'라고 극찬했습니다. 첫 항해에서 타이타닉호는 한 가지 더 최고가 되고 싶은 것이 있었습니다. 바로 속도였습니다. 그래서 타이타닉호는 전속력으로 대서양을 가로질러 갔습니다. 미국 뉴욕에 도착했을 때 '최고로 크고 튼튼한 배, 최고로 호화스러울 뿐만 아니라 최고로 빠른 배'라는 명성을 얻고 싶었던 것입니다. 그러나 4월 10일에 영국에서 출발한 타이타닉호는 4월 14일, 빙산과 충돌하여 2시간 40분 만에 침몰했고 1,500명이 넘는 희생자를 내고 말았습니다.

오늘 본문에서 하나님은 두로 왕의 교만을 꾸짖으십니다. 그는 자기 지혜로 재물과 권세를 얻었다고 착각하며, 스스로 바다 가운데 있는 신이라고 칭했던 것입니다. 결국 두로는 하나님의 심판을 받아 바벨론에 의해 무너지게 됩니다. 교만의 끝은 패망입니다. 우리도 늘 교만을 경계하며 하나님 앞에 겸손한 삶을 살아야 합니다.

| 일독성경 | 에스겔 28-29장, 디도서 2-3장 읽음 □

오늘의 찬송

내게 있는 모든 것을

새찬송가 50장(통 71)

1. 내게 있는 모든 것을 아낌없이 드리네 사랑하고 의지하며 주만 따라 살리라
2. 내게 있는 모든 것을 겸손하게 드리네 세상 욕심 멀리하니 나를 받아주소서
3. 내게 있는 모든 것을 주를 위해 드리네 주의 성령 충만하게 내게 내려주소서

후렴 주께 드리네 주께 드리네 사랑하는 구주 앞에 모두 드리네 아멘

질문

내가 다른 사람들에게 자랑했던 것이 있었나요? 하나님 앞에 겸손한 자가 되기 위해 어떻게 해야 할까요?

나의 감사

오늘 하루, 감사할 것들을 적어보세요.

| 기도 | 하나님 아버지, 저는 아무것도 아닙니다. 교만한 마음을 내려놓고 하나님 앞에 늘 겸손한 삶을 살게 하옵소서. 예수 그리스도의 이름으로 기도합니다. 아멘.

NOV **11.23** 월요일

자라게 하시는 하나님

에스겔 31:7-9 그 뿌리가 큰 물 가에 있으므로 그 나무가 크고 가지가 길어 모양이 아름다우매 하나님의 동산의 백향목이 능히 그를 가리지 못하며 잣나무가 그 굵은 가지만 못하며 단풍나무가 그 가는 가지만 못하며 하나님의 동산의 어떤 나무도 그 아름다운 모양과 같지 못하였도다 내가 그 가지를 많게 하여 모양이 아름답게 하였더니 하나님의 동산 에덴에 있는 모든 나무가 다 시기하였느니라

물은 식물의 성장에 결정적인 역할을 합니다. 물론 선인장처럼 많은 물이 필요치 않은 식물도 있지만, 대부분의 식물, 특히 몸집이 큰 나무들은 물이 풍부한 곳에 있을 때 잘 자라고 번성하게 됩니다. 오늘 본문에서 앗수르를 상징하는 백향목이 크게 번성하여 아름다워진 이유도 그 뿌리가 큰 물가에 있었기 때문입니다. 그런데 여기서 우리가 주목할 점은 백향목을 큰 물가에 심고 자라게 하신 분이 누구신가 하는 것입니다. 하나님은 “내가 그 가지를 많게 하여 모양이 아름답게 하였더니”라고 분명히 말씀하십니다. 즉, 앗수르가 저절로, 혹은 자신의 힘으로 번성하고 강해진 게 아니라 하나님의 주권과 섭리로 인해 번성하게 되었다는 것입니다.

백향목으로 비유된 앗수르에게만 하나님이 섭리하실까요? 앗수르와 같은 큰 나라뿐 아니라 작은 나라와 민족들도, 그리고 이름 없는 들풀과 같은 우리도 하나님이 자라고 번성하게 하십니다. 하나님은 모든 나라와 민족의 흥망성쇠, 각 사람의 생사화복을 다스리고 주관하십니다. 그렇다면 우리의 인생을 복되고 아름답게 만드는 방법은 하나입니다. 인생의 뿌리를 하나님께 내리고 하나님만 의지하여 사는 것입니다.

| 일독성경 | 에스겔 30-32장, 빌레몬서 1장 읽음 □

오늘의 찬송

곤한 내 영혼 편히 쉴 곳과

새찬송가 406장(통 464)

1. 곤한 내 영혼 편히 쉴 곳과 풍랑 일어도 안전한 포구
   폭풍까지도 다스리시는 주의 영원한 팔 의지해
2. 세상 친구들 나를 버려도 예수 늘 함께 동행함으로
   주의 은혜가 충만하리니 주의 영원한 팔 의지해
3. 나의 믿음이 연약해져도 미리 예비한 힘을 주시며
   위태할 때도 안보하시는 주의 영원한 팔 의지해
4. 능치 못한 것 주께 없으니 나의 일생을 주께 맡기면
   나의 모든 짐 대신 지시는 주의 영원한 팔 의지해

후렴 주의 영원하신 팔 함께하사 항상 나를 붙드시니
어느 곳에 가든지 요동하지 않음은 주의 팔을 의지함이라

질문

내 인생도 하나님의 섭리 가운데 있다고 확신하나요? 내 인생의 뿌리를 하나님께 내린다는 의미는 무엇일까요?

나의 감사

오늘 하루, 감사할 것들을 적어보세요.

| 기도 | 하나님 아버지, 우리의 인생을 다스리시는 하나님의 섭리를 신뢰합니다. 오직 하나님만 의지하며 살게 하옵소서. 예수 그리스도의 이름으로 기도합니다. 아멘.

예수님은 누구신가

히브리서 1:1-3 옛적에 선지자들을 통하여 여러 부분과 여러 모양으로 우리 조상들에게 말씀하신 하나님이 이 모든 날 마지막에는 아들을 통하여 우리에게 말씀하셨으니 … 이는 하나님의 영광의 광채시요 그 본체의 형상이시라 그의 능력의 말씀으로 만물을 붙드시며 죄를 정결하게 하는 일을 하시고 높은 곳에 계신 지극히 크신 이의 우편에 앉으셨느니라

고대에는 청동이나 구리로 거울을 만들었는데, 이 금속 거울은 아무리 갈고 닦아도 빛의 반사가 매끄럽지 못해 불투명하게 보였습니다. 그러다 17세기에 프랑스에서 판유리 주조법이 발명되어 유리 거울이 만들어졌고, 19세기 독일에서 개발한 은도금법을 통해 오늘날과 같이 맑고 선명한 유리 거울이 나왔다고 합니다. 이제 우리는 유리 거울을 통해 사물을 분명하게 비춰볼 수 있습니다. 그럼에도 굳이 옛날 불투명한 금속 거울을 사용하려고 한다면 이는 매우 어리석은 일이 아닐까요?

히브리서는 믿음이 흔들리던 유대인 성도들에게 주어진 편지입니다. 그들은 박해와 시련에 흔들려 과거에 믿었던 유대교로 돌아가려 했습니다. 그래서 히브리서의 저자는 그들에게 믿음을 굳게 붙들라고 권면하기 위해 편지를 썼는데, 그 첫머리에 예수님이 누구신지를 분명히 밝힙니다. 구약성경에서 하나님은 선지자들을 통해 여러 방식으로 말씀하셨으나, 그것은 고대의 거울처럼 단편적이고 부분적이며, 때로는 의미가 모호하기도 했습니다. 하지만 이제는 다릅니다. 하나님은 예수 그리스도를 통해 최종적이고 완전한 말씀을 주셨습니다. 예수님은 하나님의 독생자이시며 우리의 구원자십니다. 오직 예수님만이 유일한 구원의 길입니다. 이보다 더 분명한 진리는 없습니다.

| 일독성경 | 에스겔 33-35장, 히브리서 1장 읽음 □

오늘의 찬송

예수님은 누구신가

새찬송가 96장(통 94)

1. 예수님은 누구신가 우는 자의 위로와 없는 자의 풍성이며
천한 자의 높음과 잡힌 자의 놓임 되고 우리 기쁨 되시네
2. 예수님은 누구신가 약한 자의 강함과 눈먼 자의 빛이시며
병든 자의 고침과 죽은 자의 부활 되고 우리 생명 되시네
3. 예수님은 누구신가 추한 자의 정함과 죽을 자의 생명이며
죄인들의 중보와 멸망자의 구원 되고 우리 평화 되시네
4. 예수님은 누구신가 온 교회의 머리와 온 세상의 구주시며
모든 왕의 왕이요 심판하실 주님 되고 우리 영광 되시네

질문

나는 예수님에 대해 분명히 알고 있나요? 예수님이 어떤 분이신지 내가 아는 대로 적어보세요.

나의 감사

오늘 하루, 감사할 것들을 적어보세요.

| 기도 | 하나님 아버지, 예수님이 누구신지를 분명히 알고 흔들리지 않는 믿음으로 살아가게 하옵소서. 예수 그리스도의 이름으로 기도합니다. 아멘.

절망에서 소망으로

에스겔 37:11-14 그들이 이르기를 우리의 뼈들이 말랐고 우리의 소망이 없어졌으니 우리는 다 멸절되었다 하느니라 그러므로 너는 대언하여 그들에게 이르기를 주 야훼께서 이같이 말씀하시기를 내 백성들아 … 내가 또 내 영을 너희 속에 두어 너희가 살아나게 하고 내가 또 너희를 너희 고국 땅에 두리니 나 야훼가 이 일을 말하고 이룬 줄을 너희가 알리라 야훼의 말씀이니라

데이비드 링 목사는 태어날 때 15분 동안 숨을 쉬지 못했습니다. 그로 인해 뇌에 큰 손상을 입어 뇌성마비 장애를 갖게 되었습니다. 설상가상으로 11살에 아버지를 여의고 14살에 어머니마저 세상을 떠났습니다. 그는 심한 우울증에 걸려 2년 동안 여러 번 자살을 시도했고 학교도 그만두었습니다. 그에게 남은 것은 절망뿐이었습니다. 그러다 누이의 간절한 기도와 격려로 그는 17살에 예수님을 영접하고 새로운 삶을 시작하게 되었습니다. 이후 그는 아내 캐런을 만나 네 자녀를 둔 행복한 가정을 이루었고, 신학을 공부하여 목사가 되었습니다. 그는 이렇게 고백합니다. "하나님께는 어떤 것도 장애가 되지 않습니다. 하나님이 구원하시지 못할 죄인은 없습니다. 하나님이 응답하시지 못할 기도 제목은 없습니다. 하나님이 치료하시지 못할 질병은 없습니다. 하나님이 고치시지 못할 인간은 없습니다. 하나님이 부흥시키지 못할 교회는 없습니다."

오늘 본문에서 하나님은 마른 뼈와 같이 소망을 잃은 이스라엘 백성들에게 영을 그들 속에 두어 살아나게 하겠다고 말씀하십니다. 하나님은 절대 절망을 절대 긍정으로 바꾸시는 분입니다. 그 하나님이 우리와 함께 계십니다. 지금, 절망의 골짜기 가운데에 있나요? 낙심하지 말고 마른 뼈도 살리시는 하나님을 붙드시길 바랍니다.

| 일독성경 | 에스겔 36-37장, 히브리서 2-3장 읽음 □

오늘의 찬송

이 몸의 소망 무언가

새찬송가 488장(통 539)

1. 이 몸의 소망 무언가 우리 주 예수뿐일세 우리 주 예수밖에는 믿을 이 아주 없도다
2. 무섭게 바람 부는 밤 물결이 높이 설렐 때 우리 주 크신 은혜에 소망의 닻을 주리라
3. 세상에 믿던 모든 것 끊어질 그날 되어도 구주의 언약 믿사와 내 소망 더욱 크리라
4. 바라던 천국 올라가 하나님 앞에 뵈올 때 구주의 의를 힘입어 어엿이 바로 서리라

후렴 주 나의 반석이시니 그 위에 내가 서리라 그 위에 내가 서리라

질문

마른 뼈들처럼 내 인생엔 생명도 소망도 없다고 느껴질 때가 있었나요? 그러한 절망의 상황에서 낙심하지 않기 위해서는 어떻게 해야 할까요?

나의 감사

오늘 하루, 감사할 것들을 적어보세요.

| 기도 | 하나님 아버지, 절망적인 환경 가운데 있더라도 마른 뼈도 살리시는 하나님을 바라보며 다시 일어날 힘을 주옵소서. 예수 그리스도의 이름으로 기도합니다. 아멘.

NOV **11.26** 목요일

장성한 자의 신앙

히브리서 5:12-14 때가 오래 되었으므로 너희가 마땅히 선생이 되었을 터인데 너희가 다시 하나님의 말씀의 초보에 대하여 누구에게서 가르침을 받아야 할 처지이니 단단한 음식은 못 먹고 젖이나 먹어야 할 자가 되었도다 이는 젖을 먹는 자마다 어린 아이니 의의 말씀을 경험하지 못한 자요 단단한 음식은 장성한 자의 것이니 그들은 지각을 사용함으로 연단을 받아 선악을 분별하는 자들이니라

피아노를 처음 배우는 사람은 제일 먼저 손가락 훈련과 단순한 멜로디를 연주하는 것부터 시작합니다. 이 단계는 악보의 음표를 정확히 읽고 정해진 규칙에 따라 연주하는 기술을 배우는 과정입니다. 사실 이 단계는 어떤 곡에 담긴 감정이나 작곡가의 의도를 온전히 이해하기는 어려운 단계입니다. 하지만 반복적인 훈련과 꾸준한 연습을 통해 실력이 향상되면 단순히 악보를 읽는 수준을 넘어 곡에 담긴 감정을 이해하게 되는 단계에 이르게 됩니다. 그리고 더 나아가 자신만의 해석으로 연주할 수 있게 됩니다. 단순하고 기술적인 연주에서 장엄하고 예술적인 연주로 발전하는 것입니다.

영적 성장도 이와 같습니다. 초신자들은 하나님의 말씀에 대한 기초를 배워야 합니다. 아직 단단한 음식을 먹을 준비가 되지 않아서 젖을 먹어야 하는 어린 아이와 같습니다. 그러다 신앙의 연수가 쌓이고 믿음이 성장하면 단단한 음식을 먹을 수 있는 어른이 되고 연단을 통해 하나님의 뜻을 분별할 수 있게 됩니다. 우리는 지금 어떤 신앙 단계에 있나요? 신앙은 성장해야 합니다. 오랜 세월 신앙생활을 했음에도 아직 어린 아이의 신앙에 머물러 있으면 안 됩니다. 우리 모두 단단한 영적 양식을 잘 소화하고 하나님의 뜻을 분별할 수 있는 성숙한 믿음의 사람이 되기를 소망합니다.

| 일독성경 | 에스겔 38-39장, 히브리서 4-5장 읽음 □

오늘의 찬송

내 주여 뜻대로

새찬송가 549장(통 431)

1. 내 주여 뜻대로 행하시옵소서 온몸과 영혼을 다 주께 드리니
이 세상 고락간 주 인도하시고 날 주관하셔서 뜻대로 하소서
2. 내 주여 뜻대로 행하시옵소서 큰 근심 중에도 낙심케 마소서
주님도 때로는 울기도 하셨네 날 주관하셔서 뜻대로 하소서
3. 내 주여 뜻대로 행하시옵소서 내 모든 일들을 다 주께 맡기고
저 천성 향하여 고요히 가리니 살든지 죽든지 뜻대로 하소서 아멘

질문

나의 신앙은 어느 단계에 머물러 있나요? 장성한 자의 신앙으로 성장하는 방법은 무엇일까요?

나의 감사

오늘 하루, 감사할 것들을 적어보세요.

| 기도 | 하나님 아버지, 우리가 영적인 어린 아이에 머물지 않고, 말씀과 연단을 통해 장성한 믿음의 사람으로 성장하게 하옵소서. 예수 그리스도의 이름으로 기도합니다. 아멘.

거룩한 것과 속된 것을 구별하라

에스겔 42:15-20 그가 안에 있는 성전 측량하기를 마친 후에 나를 데리고 동쪽을 향한 문의 길로 나가서 사방 담을 측량하는데 그가 측량하는 장대 곧 그 장대로 동쪽을 측량하니 오백 척이요 그 장대로 북쪽을 측량하니 오백 척이요 … 그가 이같이 그 사방을 측량하니 그 사방 담 안 마당의 길이가 오백 척이며 너비가 오백 척이라 그 담은 거룩한 것과 속된 것을 구별하는 것이더라

물과 기름은 잘 섞이지 않습니다. 두 액체를 한 컵에 넣고 젓가락으로 젓거나 흔들어도 결국 섞이지 못하고 두 층으로 나뉠 뿐입니다. 기름때가 묻은 옷을 물로만 빨면 잘 지워지지 않는 이유도 여기에 있습니다. 이러한 두 액체의 성질 때문에 서로 대립하거나 어울리지 못하는 관계를 '물과 기름 같은 사이'라고 비유하기도 합니다. 이처럼 신앙생활에도 서로 어울리지도 않고, 결코 섞여서는 안 되는 것들이 있습니다.

오늘 본문은 에스겔 선지자가 환상 가운데 본 성전의 담을 측량하는 내용입니다. 담의 높이와 두께는 각 6척(약 3m, 겔 40:5)이고 길이는 각 500척(약 266m)입니다. 하나님은 왜 성전의 담을 이토록 두껍고 높게 만드셔서 성전 사방을 둘러싸게 하셨을까요? 성경은 그 이유를 분명히 말씀합니다. "그 담은 거룩한 것과 속된 것을 구별하는 것이더라." 하나님의 성전은 거룩한 곳입니다. 오늘날 하나님의 거룩한 성전인 교회와 성도도 세상과 구별되어 거룩해야 합니다. 거룩한 것과 속된 것은 결코 섞일 수 없는 물과 기름과 같습니다. 그렇기에 우리 삶에 세속적인 것들이 침투하려 할 때 아무 거리낌 없이 받아들이면 안 됩니다. 우리는 하나님께 속한 거룩한 백성으로서 속된 것에 대해 명확히 선을 긋고 거룩함을 추구하는 삶을 살아야 할 것입니다.

| 일독성경 | 에스겔 40-42장, 히브리서 6장 읽음 □

오늘의 찬송

주님의 마음을 본받는 자

새찬송가 455장(통 507)

1. 주님의 마음을 본받는 자 그 맘에 평강이 찾아옴은
   험악한 세상을 이길 힘이 하늘로부터 임함이로다
2. 주 모습 내 눈에 안 보이며 그 음성 내 귀에 안 들려도
   내 영혼 날마다 주를 만나 신령한 말씀 늘 배우도다
3. 가는 길 거칠고 험하여도 내 맘에 불평이 없어짐은
   십자가 고난을 이겨내신 주님의 마음 본받음이라
4. 주 예수 세상에 다시 오실 그날엔 뭇 성도 변화하여
   주님의 빛나는 그 형상을 다 함께 보며 주 찬양하리

후렴 주님의 마음 본받아 살면서 그 거룩하심 나도 이루리

질문

내 신앙생활 가운데 세속적인 것이 들어와 있지는 않나요? 세속화되는 것을 막기 위해 내가 끊어야 할 것은 무엇일까요?

나의 감사

오늘 하루, 감사할 것들을 적어보세요.

| 기도 | 하나님 아버지, 세상과 구별되어 거룩한 삶을 살며 하나님께 영광을 돌리게 하옵소서. 예수 그리스도의 이름으로 기도합니다. 아멘.

더 좋은 소망, 더 좋은 언약

히브리서 7:19-22 이에 더 좋은 소망이 생기니 이것으로 우리가 하나님께 가까이 가느니라 또 예수께서 제사장이 되신 것은 맹세 없이 된 것이 아니니 (그들은 맹세 없이 제사장이 되었으되 오직 예수는 자기에게 말씀하신 이로 말미암아 맹세로 되신 것이라 주께서 맹세하시고 뉘우치지 아니하시리니 네가 영원히 제사장이라 하셨도다) 이와 같이 예수는 더 좋은 언약의 보증이 되셨느니라

깨진 도자기를 수리한다고 하면, 보통 깨진 부분이 되도록 보이지 않게 붙이는 방법을 떠올립니다. 그런데 일본의 전통 도자기 수리 공예인 '킨츠기'는 다릅니다. 킨츠기는 깨진 조각을 옻칠로 이어 붙이고 그 이음새에 금, 은, 백금 가루 등을 뿌려 장식하는 수리 기법입니다. 즉, 깨진 흔적을 애써 감추지 않고 오히려 금빛 같은 화려한 선으로 드러내는 것입니다. 그래서 킨츠기 공예로 수리된 도자기는 화려하게 빛나는 선이 더해져서 이전보다 훨씬 아름답고 가치 있는 작품으로 다시 태어납니다.

우리의 인생도 깨진 도자기와 같습니다. 아무 흠도 없이 완벽한 인생을 사는 사람은 아무도 없습니다. 누구든지 죄와 실수로 넘어질 수 있고, 때로는 다른 사람에게 상처 입고 갖가지 문제로 고통받으며 살고 있습니다. 그런데 오늘 본문에서 하나님은 과거 이스라엘 백성과 맺은 언약보다 더 좋은 언약을 세우고, 언약의 보증으로 영원한 제사장이신 예수님을 보내셨다고 말씀하십니다. 이제 우리는 구약의 이스라엘 백성들처럼 죄를 용서받기 위해 피의 제사를 드릴 필요가 없습니다. 우리는 예수님을 통해 구원받고 새로이 거듭날 수 있습니다. 아름답게 빛나는 예수님의 은혜가 우리의 상처를 덮고, 깨진 우리 인생을 이전보다 아름다운 인생으로 변화시켜 주십니다.

| 일독성경 | 에스겔 43-44장, 히브리서 7-8장 읽음 □

오늘의 찬송

예수를 나의 구주 삼고

새찬송가 288장(통 204)

1. 예수를 나의 구주 삼고 성령과 피로써 거듭나니
   이 세상에서 내 영혼이 하늘의 영광 누리도다
2. 온전히 주께 맡긴 내 영 사랑의 음성을 듣는 중에
   천사들 왕래하는 것과 하늘의 영광 보리로다
3. 주 안에 기쁨 누림으로 마음의 풍랑이 잔잔하니
   세상과 나는 간곳없고 구속한 주만 보이도다

후렴 이것이 나의 간증이요 이것이 나의 찬송일세
나 사는 동안 끊임없이 구주를 찬송하리로다 아멘

질문

예수님을 믿고 난 후 내 인생이 어떻게 변화되었나요? 예수님으로 인해 치유된 마음의 상처와 고통이 있다면 적어보세요.

나의 감사

오늘 하루, 감사할 것들을 적어보세요.

| 기도 | 하나님 아버지, 우리의 깨진 인생을 그리스도의 은혜로 고쳐주시고, 새로운 인생으로 거듭나게 하시니 감사드립니다. 예수 그리스도의 이름으로 기도합니다. 아멘.

함께 타오르는 믿음

히브리서 10:19-25 그러므로 형제들아 우리가 예수의 피를 힘입어 성소에 들어갈 담력을 얻었나니 그 길은 우리를 위하여 휘장 가운데로 열어 놓으신 새로운 살 길이요 … 우리가 믿는 도리의 소망을 움직이지 말며 굳게 잡고 서로 돌아보아 사랑과 선행을 격려하며 모이기를 폐하는 어떤 사람들의 습관과 같이 하지 말고 오직 권하여 그 날이 가까움을 볼수록 더욱 그리하자

겨울날 벽난로 앞에 앉아 모닥불을 바라보는 것만큼 낭만적인 일도 없을 것입니다. 그런데 타오르는 장작더미에서 한 토막을 꺼내 밖에 두면 어떻게 될까요? 따로 떨어져 있는 장작의 불꽃은 금세 약해지고 점점 식어갈 것입니다. 그러나 그 장작을 타오르는 장작더미에 다시 갖다 놓으면 불길은 되살아납니다. 장작들이 서로 열을 나눠주기 때문입니다. 먼저 타오른 장작은 새 장작에 불씨를 전해주고, 뜨거워진 장작이 식어가는 장작을 품어줍니다. 그렇기에 따로 떨어져 있는 장작 하나는 쉽게 꺼지지만, 여러 장작이 모여 있으면 강한 불을 만들어서 오래 타오를 수 있는 것입니다.

신앙도 장작이 타오르는 이치와 같습니다. 모일 때 뜨거워지고, 흩어지면 식습니다. 그렇기에 오늘 본문은 서로 돌아보며 모이기를 폐하지 말라고 권면합니다. 신앙의 길은 홀로 가는 길이 아니라 함께 가는 길입니다. 교회의 지체들이 예배와 지구역 모임에서 한마음으로 기도하고, 서로의 안부를 챙겨주고 함께 울고 웃으며, 사랑과 선행으로 하나 되어 더불어 가는 길입니다. 특히 주님이 다시 오실 날이 가까울수록 더욱 모이기를 힘써야 합니다. 함께할 때 우리의 신앙이 식지 않고 뜨겁게 타오를 수 있기 때문입니다. 우리 모두 서로의 신앙을 뜨겁게 북돋아 주는 장작이 되기를 소망합니다.

| 일독성경 | 에스겔 45-46장, 히브리서 9-10장 읽음 □

오늘의 찬송

사랑하는 주님 앞에

새찬송가 220장(통 278)

1. 사랑하는 주님 앞에 형제자매 한자리에 크신 은혜 생각하며 즐거운 찬송 부르네
   내 주 예수 본을 받아 모든 사람 내 몸같이 환난 근심 위로하고 진심으로 사랑하세
2. 사랑하는 주님 앞에 온갖 충성 다 바쳐서 괴로우나 즐거우나 주님만 힘써 섬기네
   우리 주님 거룩한 손 제자들의 발을 씻어 남 섬기는 종의 도를 몸소 행해 보이셨네
3. 사랑하는 주님 예수 같은 주로 섬기나니 한 피 받아 한 몸 이룬 형제여 친구들이여
   한 몸같이 친밀하고 마음으로 하나 되어 우리 주님 크신 뜻을 지성으로 준행하세

질문

나는 예배와 구역 모임에 잘 참석하고 있나요? 혼자 기도할 때와 다른 성도들과 함께 기도할 때 어떤 차이를 느끼나요?

나의 감사

오늘 하루, 감사할 것들을 적어보세요.

| 기도 | 하나님 아버지, 우리 교회와 구역이 더욱 모이기를 힘쓰며 서로 믿음의 불꽃을 지켜가는 공동체가 되게 하옵소서. 예수 그리스도의 이름으로 기도합니다. 아멘.

강물이 이르는 곳마다

에스겔 47:9-12 이 강물이 이르는 곳마다 번성하는 모든 생물이 살고 또 고기가 심히 많으리니 이 물이 흘러 들어가므로 바닷물이 되살아나겠고 이 강이 이르는 각처에 모든 것이 살 것이며 … 강 좌우 가에는 각종 먹을 과실나무가 자라서 그 잎이 시들지 아니하며 열매가 끊이지 아니하고 달마다 새 열매를 맺으리니 그 물이 성소를 통하여 나옴이라

19세기 말 영국은 여성의 사회 활동이 극히 제한된 사회였습니다. 이때 강단에 서서 담대히 복음을 전하며 사회 복지의 문을 연 여성 목회자가 있었는데, 바로 캐서린 부스입니다. 그녀는 남편 윌리엄 부스와 함께 구세군을 창설하고 가난한 이들의 친구가 되기 위해 일평생 노력했습니다. 당시 런던 거리에는 산업혁명의 여파로 빈민들과 실직자들이 도시에 즐비했습니다. 그들은 미래도 없고 소망도 없이 그저 하루하루 살고 있을 뿐이었습니다. 캐서린 부스는 그들에게 복음을 전하며 마음의 위안을 주고 그리스도 안에서 새로운 삶의 희망을 찾을 수 있게 도와주었습니다. 어둡던 시대에 복음의 빛을 비추고 참된 생명수인 예수님을 전하는 일에 평생을 헌신했던 것입니다.

에스겔 선지자가 환상 가운데 본 강물은 성전으로부터 흘러나와 바다에 이르렀습니다. 그런데 강물이 이르는 곳마다 생물이 살아나고 고기가 많아지며 각종 나무가 풍성한 열매를 맺었습니다. 이 땅에 복음이 선포되고 성령의 역사가 임할 때 이와 같은 일이 일어납니다. 생명을 살리는 역사, 소망을 주는 역사가 일어납니다. 그렇기에 우리는 생명의 강물, 은혜의 강물을 전달하는 통로가 되어야 합니다. 성령의 강물이 이르는 곳마다 일어난 놀라운 역사가 우리를 통해 나타나기를 간절히 소망합니다.

| 일독성경 | 에스겔 47-48장, 히브리서 11-12장 읽음 □

오늘의 찬송

강물같이 흐르는 기쁨

새찬송가 182장(통 169)

1. 강물같이 흐르는 기쁨 성령 강림함이라 정결한 맘 영원하도록 주의 거처 되겠네
2. 나의 생명 소생케 됨은 성령 임하심이라 모든 의심 슬픔 사라져 주의 평강 넘치네
3. 하늘에서 단비 내리고 햇빛 찬란함같이 우리 맘에 성령 임하니 주님 보내심이라
4. 생명 시내 넘쳐흘러서 마른 광야 적시니 의의 열매 무르익어서 추수를 기다리네
5. 놀라우신 주의 은혜로 그의 얼굴 뵙겠네 평화로운 안식처에서 영원토록 쉬겠네

후렴 주님 주시는 참된 평화가 내 맘속에 넘치네 주의 말씀에 거센 풍랑도 잠잠하게 되도다

질문

나는 생명을 살리고 소망을 주는 일에 동참하고 있나요? 나를 통해 생명의 강물이 흘러가게 하려면 어떻게 해야 할까요?

나의 감사

오늘 하루, 감사할 것들을 적어보세요.

| 기도 | 하나님 아버지, 우리 안에 생명의 강물이 넘쳐나게 하시고, 다른 사람에게도 생명의 강물을 전하는 통로가 되게 하옵소서. 예수 그리스도의 이름으로 기도합니다. 아멘.

12 DECEMBER 2026

SUN	MON	TUE	WED
29	30	1 단 1-3 □ 히 13 □	2 단 4-5 □ 약 1-2 □
6 호 1-3 □ 벧전 3 □	7 호 4-5 □ 벧전 4-5 □	8 호 6-8 □ 벧후 1 □	9 호 9-11 □ 벧후 2 □
13 암 3-4 □ 요일 4-5 □	14 암 5-7 □ 요이 1 □	15 암 8-9, 옵 1 □ 요삼 1 □	16 욘 1-2 □ 유 1 □
20 미 6-7 □ 계 6-7 □	21 나 1-3 □ 계 8 □	22 합 1-3 □ 계 9 □	23 습 1-3 □ 계 10 □
27 슥 7-8 □ 계 15-16 □	28 슥 9-11 □ 계 17 □	29 슥 12-14 □ 계 18 □	30 말 1-2 □ 계 19-20 □
3	4	5	6

감사QT 365

일독성경표 & monthly plan

	THU	FRI	SAT	메모
	3 단 6-8 □ 약 3 □	4 단 9-10 □ 약 4-5 □	5 단 11-12 □ 벧전 1-2 □	
	10 호 12-14 □ 벧후 3 □	11 욜 1-3 □ 요일 1 □	12 암 1-2 □ 요일 2-3 □	
	17 욘 3-4 □ 계 1-2 □	18 미 1-2 □ 계 3-4 □	19 미 3-5 □ 계 5 □	
	24 학 1-2 □ 계 11-12 □	25 성탄절 슥 1-3 □ 계 13 □	26 슥 4-6 □ 계 14 □	
	31 말 3-4 □ 계 21-22 □	1	2	
	7	8	9	

DEC **12.01** 화요일

뜻을 정하여

다니엘 1:8-15 다니엘은 뜻을 정하여 왕의 음식과 그가 마시는 포도주로 자기를 더럽히지 아니하리라 하고 자기를 더럽히지 아니하도록 환관장에게 구하니 하나님이 다니엘로 하여금 환관장에게 은혜와 긍휼을 얻게 하신지라 … 열흘 후에 그들의 얼굴이 더욱 아름답고 살이 더욱 윤택하여 왕의 음식을 먹는 다른 소년들보다 더 좋아 보인지라

서울 성북동에 있는 간송미술관은 우리나라 최초의 사립미술관입니다. 설립자 간송 전형필 선생은 일제강점기라는 어두운 시대에도 문화재의 가치를 알아보았습니다. 그래서 기와집을 2천 채나 가진 부자였지만, 자신의 재산을 아낌없이 쏟아부어 문화유산을 지키는 일에 앞장섰습니다. 특히 『훈민정음 해례본』을 구입할 때, 천 원이면 충분했지만 "이 보물이 그 정도 값일 수 없다."라며 당시 가치로 기와집 열 채에 해당하는 만 원을 기꺼이 지불했습니다. 눈앞의 이익보다 더 크고 귀한 가치를 선택한 것입니다. 그 덕분에 오늘날 우리는 선조들의 정신과 숨결이 깃든 소중한 문화를 누리며 살아가고 있습니다.

다니엘은 바벨론 왕궁에서 눈앞의 유익을 거절하고 하나님 앞에서의 정결을 선택했습니다. 그는 뜻을 정하여 왕이 내린 음식과 포도주로 자신을 더럽히지 않겠다고 결심했습니다. 하나님은 다니엘의 믿음을 보시고 그를 더욱 높여주셨습니다. 우리는 무엇을 가장 소중히 여기며 살아가고 있나요? 다니엘처럼 하나님 앞에서 뜻을 정하고 세상의 유혹을 거절하며 말씀을 따라 믿음의 길을 걸어가시길 소망합니다.

| 일독성경 | 다니엘 1-3장, 히브리서 13장 읽음 □

오늘의 찬송

주 예수보다 더 귀한 것은 없네

새찬송가 94장(통 102)

1. 주 예수보다 더 귀한 것은 없네 이 세상 부귀와 바꿀 수 없네
   영 죽은 내 대신 돌아가신 그 놀라운 사랑 잊지 못해
2. 주 예수보다 더 귀한 것은 없네 이 세상 명예와 바꿀 수 없네
   이전에 즐기던 세상 일도 주 사랑하는 맘 뺏지 못해
3. 주 예수보다 더 귀한 것은 없네 이 세상 행복과 바꿀 수 없네
   유혹과 핍박이 몰려와도 주 섬기는 내 맘 변치 않아

후렴 세상 즐거움 다 버리고 세상 자랑 다 버렸네 주 예수보다 더 귀한 것은 없네 예수밖에는 없네

질문

나는 무엇을 가장 소중하게 여기며 살아가나요? 그것을 지키기 위해 무엇을 해야 할지 적어보세요.

나의 감사

오늘 하루, 감사할 것들을 적어보세요.

| 기도 | 하나님 아버지, 하나님 앞에서 뜻을 정하여 하나님이 기뻐하시는 삶을 살아갈 수 있도록 인도해 주옵소서. 예수 그리스도의 이름으로 기도합니다. 아멘.

인내를 온전히 이루라

야고보서 1:1-4 하나님과 주 예수 그리스도의 종 야고보는 흩어져 있는 열두 지파에게 문안하노라 내 형제들아 너희가 여러 가지 시험을 당하거든 온전히 기쁘게 여기라 이는 너희 믿음의 시련이 인내를 만들어 내는 줄 너희가 앎이라 인내를 온전히 이루라 이는 너희로 온전하고 구비하여 조금도 부족함이 없게 하려 함이라

『맹자』에 나오는 이야기입니다. 춘추시대 중국 송나라에 한 어리석은 농부가 있었습니다. 그는 어느 날 자기 논의 벼가 이웃의 벼보다 작아 보이자 불안해졌습니다. '이대로 두면 수확을 제대로 거두지 못하겠구나.' 조급한 마음이 커진 그는 벼의 싹을 조금씩 잡아당기면 빨리 자랄 것이라 여기고 하루 종일 논에서 벼를 하나하나 잡아당겼습니다. 집으로 돌아와 가족들에게 "오늘 내가 벼를 자라게 해주고 왔다."라고 자랑했지만, 아들이 논에 가보니 벼는 이미 모두 시들어 죽어 있었습니다. 여기에서 비롯된 사자성어가 바로 '발묘조장'(拔苗助長)입니다. 이것은 '서두르다 오히려 일을 망친다.'라는 뜻으로 쓰입니다.

우리도 마찬가지입니다. 때로 하나님의 일하심이 너무 더디다고 느껴질 때, 스스로 문제를 해결하려다가 오히려 일을 그르칠 때가 있습니다. 오늘 본문은 "인내를 온전히 이루라"라고 말씀합니다. 여기서 "온전히"라는 말은 '끝까지 완성하다.'라는 의미입니다. 그러므로 고난 중에도 조급한 마음을 갖지 말고, 끝까지 믿음으로 인내해야 합니다. 이러한 인내를 온전히 이룬 사람은 마침내 온전하고 부족함이 없는 하나님의 사람으로 인정받게 될 것입니다.

| 일독성경 | 다니엘 4-5장, 야고보서 1-2장 읽음 □

오늘의 찬송

주님 약속하신 말씀 위에 서

새찬송가 546장(통 399)

1. 주님 약속하신 말씀 위에 서 영원토록 주를 찬송하리라
   소리 높여 주께 영광 돌리며 약속 믿고 굳게 서리라
2. 주님 약속하신 말씀 위에 서 세상 염려 내게 엄습할 때에
   용감하게 힘써 싸워 이기며 약속 믿고 굳게 서리라
3. 주님 약속하신 말씀 위에 서 영원하신 주의 사랑 힘입고
   성령으로 힘써 싸워 이기며 약속 믿고 굳게 서리라
4. 주님 약속하신 말씀 위에 서 성령 인도하는 대로 행하며
   주님 품에 항상 안식 얻으며 약속 믿고 굳게 서리라

후렴 굳게 서리 영원하신 말씀 위에 굳게 서리 굳게 서리 그 말씀 위에 굳게 서리라

질문

지금 내가 겪고 있는 힘든 일은 무엇인가요? 그 상황 가운데 하나님이 나를 어떻게 변화시키고 계시는지 생각해 보고 믿음의 고백을 적어보세요.

나의 감사

오늘 하루, 감사할 것들을 적어보세요.

| 기도 | 하나님 아버지, 믿음으로 인내하여 하나님의 사람으로 변화되게 하옵소서. 예수 그리스도의 이름으로 기도합니다. 아멘.

하나님께 감사하였더라

다니엘 6:7-10 나라의 모든 총리와 지사와 총독과 법관과 관원이 의논하고 왕에게 한 법률을 세우며 한 금령을 정하실 것을 구하나이다 … 다니엘이 이 조서에 왕의 도장이 찍힌 것을 알고도 자기 집에 돌아가서는 윗방에 올라가 예루살렘으로 향한 창문을 열고 전에 하던 대로 하루 세 번씩 무릎을 꿇고 기도하며 그의 하나님께 감사하였더라

신순규 씨는 세계 최초의 시각장애인 국제 공인재무분석가입니다. 그는 아홉 살 때 녹내장과 망막박리로 시력을 완전히 잃고 단 한 줄기의 빛도 볼 수 없는 1급 시각장애인이 되었습니다. 그러나 그는 자신의 장애와 환경을 탓하며 절망에 머물지 않고 감사와 긍정을 선택하며 최선을 다해 살았습니다. 그 결과 하버드대학교 심리학 박사 학위와 메사추세츠공과대학교(MIT) 경영학과 조직학 박사 학위를 취득했고, JP모건을 거쳐 미국의 대표적인 투자은행인 '브라운 브라더스 해리먼'에서 30년이 넘게 금융투자전문가로 활동하고 있습니다. 그는 자신의 삶을 돌아보며 이렇게 고백합니다. "나를 나보다 더 잘 아시는 하나님을 믿고 모든 것에 감사하는 삶이 저에게는 가장 의미 있는 삶이었습니다."

다니엘도 감사와 긍정의 사람이었습니다. 그는 사람들의 시기와 모함으로 사자굴에 던져질 위기에 놓였지만 두려워하지 않고 하나님께 감사하며 기도했습니다. 하나님은 믿음을 지킨 다니엘을 사자의 입에서 건지셨고, 그의 삶을 통해 하나님의 영광이 드러나게 하셨습니다. 오늘 우리도 지금 있는 자리에서 감사의 고백을 드립시다. 믿음으로 감사하며 살아갈 때 하나님이 우리를 보호하시고 가장 선한 길로 인도하실 것입니다.

| 일독성경 | 다니엘 6-8장, 야고보서 3장 읽음 □

오늘의 찬송

예수 앞에 나오면

새찬송가 287장(통 205)

1. 예수 앞에 나오면 죄 사함 받으며 주의 품에 안기어 편히 쉬리라
2. 예수 앞에 나와서 은총을 받으며 맘에 기쁨 넘치어 감사하리라
3. 예수 앞에 설 때에 흰옷을 입으며 밝고 빛난 내 집에 길이 살리라

후렴 우리 주만 믿으면 모두 구원 얻으며 영생 복락 면류관 확실히 받겠네

질문

요즘 내가 가장 힘들어하는 일은 무엇인가요? 그 상황 속에서도 하나님께 감사할 수 있는 이유를 찾아 적어보세요.

나의 감사

오늘 하루, 감사할 것들을 적어보세요.

| 기도 | 하나님 아버지, 모든 일에 감사함으로 주님의 영광을 드러내는 삶을 살게 하옵소서. 예수 그리스도의 이름으로 기도합니다. 아멘.

DEC **12.04** 금요일

믿음의 기도

야고보서 5:13-16 너희 중에 고난 당하는 자가 있느냐 그는 기도할 것이요 즐거워하는 자가 있느냐 그는 찬송할지니라 너희 중에 병든 자가 있느냐 그는 교회의 장로들을 청할 것이요 … 믿음의 기도는 병든 자를 구원하리니 주께서 그를 일으키시리라 혹시 죄를 범하였을지라도 사하심을 받으리라 그러므로 너희 죄를 서로 고백하며 병이 낫기를 위하여 서로 기도하라 의인의 간구는 역사하는 힘이 큼이니라

인천 주안장로교회 나겸일 원로목사의 이야기입니다. 1986년, 교회가 한창 부흥하던 중에 그는 급성 간암 진단을 받았습니다. 의사는 사흘도 넘기기 어렵다며 집으로 돌아갈 것을 권유했지만, 그는 삶을 포기하지 않고 치료를 받으며 병상에서 말씀을 붙들고 하나님께 간절히 기도했습니다. 그날 밤 성도들도 교회에 모여 그를 위해 뜨겁게 기도했습니다. 그러자 갑자기 그의 배에서 소리가 나더니 시커먼 핏덩어리가 쏟아져 나왔습니다. 이후 나흘 동안 열두 차례나 혈변을 쏟아냈고 그의 몸은 점차 회복되기 시작했습니다. 이 모든 과정을 지켜본 담당 의사는 '의학적으로 설명할 수 없는 기적'이라고 고백하며 하나님이 고치셨다고 인정했습니다.

오늘 본문은 고난 중에 있는 자는 기도하고, 병든 자는 교회의 영적 지도자들과 신실한 성도들과 함께 합심하여 기도하라고 권면합니다. 마음을 합하여 드리는 믿음의 기도는 사람이 할 수 없는 놀라운 기적을 일으킵니다. 어떤 문제가 있더라도 낙심하지 말고 끝까지 기도하시기 바랍니다. 하나님은 오늘도 믿음의 기도를 통해 놀라운 기적을 베푸십니다. 날마다 깨어 기도하여 하나님의 은혜와 회복을 누리며 살아가시기를 소망합니다.

| 일독성경 | 다니엘 9-10장, 야고보서 4-5장 읽음 □

오늘의 찬송

내 기도하는 그 시간

새찬송가 364장(통 482)

1. 내 기도하는 그 시간 그때가 가장 즐겁다 이 세상 근심 걱정에 얽매인 나를 부르사
   내 진정 소원 주 앞에 낱낱이 바로 아뢰어 큰 불행 당해 슬플 때 나 위로받게 하시네
2. 내 기도하는 그 시간 내게는 가장 귀하다 저 광야 같은 세상을 끝없이 방황하면서
   위태한 길로 나갈 때 주께서 나를 이끌어 그 보좌 앞에 나아가 큰 은혜 받게 하시네
3. 내 기도하는 그 시간 그때가 가장 즐겁다 이때껏 지은 큰 죄로 내 마음 심히 아파도
   참마음으로 뉘우쳐 다 숨김없이 아뢰면 주 나를 위해 복 주사 새 은혜 부어주시네
4. 내 기도하는 그 시간 그때가 가장 즐겁다 주 세상에서 일찍이 저 요란한 곳 피하여
   빈 들에서나 산에서 온밤을 새워 지내사 주 예수 친히 기도로 큰 본을 보여주셨네 아멘

질문

삶의 문제를 하나님께 믿음으로 맡기며 기도하고 있나요? 하나님이 우리의 기도에 응답해주실 줄 믿고 감사의 고백을 적어보세요.

나의 감사

오늘 하루, 감사할 것들을 적어보세요.

| 기도 | 하나님 아버지, 끝까지 믿음으로 기도하며 하나님의 기적과 회복을 경험하게 하옵소서. 예수 그리스도의 이름으로 기도합니다. 아멘.

금보다 귀한 믿음

베드로전서 1:5-7 너희는 말세에 나타내기로 예비하신 구원을 얻기 위하여 믿음으로 말미암아 하나님의 능력으로 보호하심을 받았느니라 그러므로 너희가 이제 여러 가지 시험으로 말미암아 잠깐 근심하게 되지 않을 수 없으나 오히려 크게 기뻐하는도다 너희 믿음의 확실함은 불로 연단하여도 없어질 금보다 더 귀하여 예수 그리스도께서 나타나실 때에 칭찬과 영광과 존귀를 얻게 할 것이니라

손양원 목사는 고난 속에서도 믿음을 지킨 위대한 하나님의 사람입니다. 그는 일제강점기 시절 신사참배를 거부하다가 감옥에 갇혔고, 해방 후에는 여수 애양원교회에서 한센병으로 고통당하는 이들을 섬기며 목회를 이어갔습니다. 그러던 중 6·25전쟁 때 가장 큰 시련이 찾아왔습니다. 인민군의 습격으로 두 아들, 동인이와 동신이가 순교한 것입니다. 비통한 소식을 들은 그는 눈물을 흘리면서도 "나 같은 죄인의 혈통에서 순교의 자식들을 나오게 하셨으니 하나님께 감사합니다."라고 기도했습니다. 심지어 두 아들을 죽인 청년 안재선을 법정에서 살려달라고 탄원했고 그를 양아들로 삼았습니다. 훗날 이 청년의 아들이 목사가 되었습니다. 예수로 살다가 예수로 죽기를 소망했던 손양원 목사의 삶은 금보다 귀한 믿음이 무엇인지 보여주는 증거입니다.

오늘 본문은 금이 불을 지나며 불순물이 제거되어 순금이 되듯이 우리의 믿음도 여러 가지 시험을 통과하며 단련되고 성숙해진다고 말씀합니다. 믿음으로 살다 보면 어려운 일을 만나기도 하지만, 그 고난은 결국 우리를 마지막 날에 하나님 앞에서 칭찬과 영광과 존귀를 얻게 합니다. 오늘 하루도 금보다 귀한 믿음을 가지고 전진하여 하나님께 영광 돌리는 삶을 살아가시길 소망합니다.

| 일독성경 | 다니엘 11-12장, 베드로전서 1-2장 읽음 □

오늘의 찬송

주 믿는 사람 일어나

새찬송가 357장(통 397)

1. 주 믿는 사람 일어나 다 힘을 합하여 이 세상 모든 마귀를 다 쳐서 멸하세
   저 앞에 오는 적군을 다 싸워 이겨라 주 예수 믿는 힘으로 온 세상 이기네
2. 온 인류 마귀 궤휼로 큰 죄에 빠지니 진리로 띠를 띠고서 늘 기도드리세
   참 믿고 의지하면서 겁 없이 나갈 때 주 예수 믿는 힘으로 온 세상 이기네
3. 끝까지 이긴 자에게 흰옷을 입히고 또 영생 복을 주시니 참 기쁜 일일세
   이 어둔 세상 지나서 저 천성 가도록 주 예수 믿는 힘으로 온 세상 이기네

후렴 믿음이 이기네 믿음이 이기네 주 예수를 믿음이 온 세상 이기네

질문

어려움 속에서도 하나님께 영광 돌리는 믿음의 삶을 살기 위해 내가 해야 하는 일이 무엇인지 구체적으로 적어보세요.

나의 감사

오늘 하루, 감사할 것들을 적어보세요.

| 기도 | 하나님 아버지, 고난 속에서도 오직 예수님만 바라보며 믿음을 지키게 하옵소서. 예수 그리스도의 이름으로 기도합니다. 아멘.

DEC **12.06** 주일

끝까지 사랑하시는 하나님

호세아 3:1-3 야훼께서 내게 이르시되 이스라엘 자손이 다른 신을 섬기고 건포도 과자를 즐길지라도 야훼가 그들을 사랑하나니 너는 또 가서 타인의 사랑을 받아 음녀가 된 그 여자를 사랑하라 하시기로 내가 은 열다섯 개와 보리 한 호멜 반으로 나를 위하여 그를 사고 그에게 이르기를 너는 많은 날 동안 나와 함께 지내고 음행하지 말며 다른 남자를 따르지 말라 나도 네게 그리하리라 하였노라

프랜시스 톰슨은 1859년 영국에서 태어나 아버지의 뜻에 따라 의사가 되려고 했지만, 그 꿈을 이루지 못했습니다. 좌절과 무력감에 시달리던 그는 진통제로 쓰이던 아편에 중독되어 런던 거리에서 3년 가까이 방황하며 빈민굴을 떠돌았습니다. 그렇게 그의 삶은 무너져 갔지만, 하나님은 그를 포기하지 않으셨습니다. 마침내 그는 하나님의 사랑과 은혜를 깨닫고 주님께 돌아왔습니다. 훗날 그는 「천국의 사냥개」라는 시를 썼는데, 그 시에서 하나님을 마치 자신을 끈질기게 쫓는 사냥개로 묘사했습니다. 자신이 그랬던 것처럼 인간은 끊임없이 하나님에게서 도망치려 하지만, 결국은 하나님의 은혜와 사랑에 붙잡히게 됨을 깨닫게 된 것입니다.

오늘 본문에서 호세아 선지자는 다른 남자를 따라간 아내 고멜을 되찾기 위해 값을 치르고 다시 데려왔습니다. 이 모습은 우상에 빠진 이스라엘을 여전히 사랑하시는 하나님의 마음을 보여줍니다. 우리의 삶도 고멜과 다르지 않습니다. 연약하고 부족하여 자주 넘어지고 하나님을 떠나지만, 주님은 우리의 손을 놓지 않으십니다. 예수님의 십자가는 하나님이 우리를 결코 포기하지 않으신다는 가장 확실한 증거입니다. 오늘도 그 사랑에 감사하며 받은 사랑을 이웃과 나누는 삶을 살아가기를 소망합니다.

| 일독성경 | 호세아 1-3장, 베드로전서 3장 읽음 □

오늘의 찬송

그 크신 하나님의 사랑

새찬송가 304장(통 404)

1. 그 크신 하나님의 사랑 말로 다 형용 못 하네 저 높고 높은 별을 넘어 이 낮고 낮은 땅 위에
   죄 범한 영혼 구하려 그 아들 보내사 화목 제물 삼으시고 죄 용서하셨네
2. 괴로운 시절 지나가고 땅 위의 영화 쇠할 때 주 믿지 않던 영혼들은 큰 소리 외쳐 울어도
   주 믿는 성도들에게 큰 사랑 베푸사 우리의 죄 사했으니 그 은혜 잊을까
3. 하늘을 두루마리 삼고 바다를 먹물 삼아도 한없는 하나님의 사랑 다 기록할 수 없겠네
   하나님의 크신 사랑 그 어찌 다 쓸까 저 하늘 높이 쌓아도 채우지 못하리

후렴 하나님 크신 사랑은 측량 다 못하네 영원히 변치 않는 사랑 성도여 찬양하세

질문

끝까지 포기하지 않으시는 주님의 사랑을 경험한 적이 있나요? 그때 주신 은혜의 기억을 떠올리며 감사의 고백을 적어보세요.

나의 감사

오늘 하루, 감사할 것들을 적어보세요.

| 기도 | 하나님 아버지, 부족한 우리를 끝까지 사랑해 주심을 감사드립니다. 그 사랑으로 이웃을 사랑하며 살아가게 하옵소서. 예수 그리스도의 이름으로 기도합니다. 아멘.

마귀를 대적하라

베드로전서 5:8-11 근신하라 깨어라 너희 대적 마귀가 우는 사자 같이 두루 다니며 삼킬 자를 찾나니 너희는 믿음을 굳건하게 하여 그를 대적하라 … 모든 은혜의 하나님 곧 그리스도 안에서 너희를 부르사 자기의 영원한 영광에 들어가게 하신 이가 잠깐 고난을 당한 너희를 친히 온전하게 하시며 굳건하게 하시며 강하게 하시며 터를 견고하게 하시리라 권능이 세세무궁하도록 그에게 있을지어다 아멘

아프리카 모잠비크에서 사역하는 김종양 선교사의 간증입니다. 모잠비크에는 토착 신앙과 구약 성경을 혼합하여 믿는 시온주의자들이 수백만 명이나 살고 있습니다. 김 선교사는 그런 환경에서 성경을 바르게 해석하며 복음을 전했습니다. 그러던 중 시온주의 지도자 몇 명이 찾아와 자신들의 집회에서 복음을 전해달라고 요청했습니다. 그는 이것이 단순한 요청이 아니라 영적 전쟁임을 깨닫고 기도로 준비했습니다. 며칠 후 집회에 도착한 그는 말씀을 전하고 나서 기도를 받으려고 일어난 사람들에게 성령의 감동을 따라 이렇게 외쳤습니다. "예수, 예수 그리스도, 예수의 피!" 그 순간 그들은 몸을 비틀고 "뜨거워!"라고 소리치며 쓰러졌습니다. 그날 많은 사람이 예수를 영접했고 그들을 통해 교회가 세워지는 놀라운 열매가 맺혔습니다.

오늘 본문에서 베드로는 마귀를 대적하라고 권면합니다. 오늘날에도 마귀는 여전히 우리를 넘어뜨리려고 계략을 꾸밉니다. 그러나 우리는 두려워할 필요가 없습니다. 우리가 예수님의 이름과 보혈의 능력을 의지하여 믿음으로 담대히 살아가면 하나님이 우리를 온전케 하시고 친히 모든 문제를 해결해주실 것이기 때문입니다. 오늘도 모든 상황 속에서 감사하며 굳건한 믿음으로 살아가시길 소망합니다.

| 일독성경 | 호세아 4-5장, 베드로전서 4-5장 읽음 □

오늘의 찬송

너 시험을 당해

새찬송가 342장(통 395)

1. 너 시험을 당해 죄짓지 말고 너 용기를 다해 곧 물리치라
너 시험을 이겨 새 힘을 얻고 주 예수를 믿어 늘 승리하라
2. 네 친구를 삼가 잘 선택하고 너 언행을 삼가 늘 조심하라
너 열심을 다해 늘 충성하고 온 정성을 다해 주 봉사하라
3. 잘 이기는 자는 상 받으리니 너 낙심치 말고 늘 전진하라
네 구세주 예수 힘 주시리니 주 예수를 믿어 늘 승리하라

후렴 우리 구주의 힘과 그의 위로를 빌라 주님 네 편에 서서 항상 도우시리

질문

나는 내 삶의 자리에서 영적 전쟁을 하고 있나요? 예수님의 이름으로 마귀를 대적하는 기도를 적어보세요.

나의 감사

오늘 하루, 감사할 것들을 적어보세요.

| 기도 | 하나님 아버지, 예수님의 이름과 보혈의 능력을 의지하여 믿음으로 담대히 살아가게 하옵소서. 예수 그리스도의 이름으로 기도합니다. 아멘.

진실한 회개

호세아 6:1-4 오라 우리가 야훼께로 돌아가자 야훼께서 우리를 찢으셨으나 도로 낫게 하실 것이요 우리를 치셨으나 싸매어 주실 것임이라 야훼께서 이틀 후에 우리를 살리시며 셋째 날에 우리를 일으키시리니 우리가 그의 앞에서 살리라 … 에브라임아 내가 네게 어떻게 하랴 유다야 내가 네게 어떻게 하랴 너희의 인애가 아침 구름이나 쉬 없어지는 이슬 같도다

케이 아더는 국제 성경공부 사역 단체 '프리셉트'를 세운 사역자입니다. 지금은 전 세계 180여 나라에서 말씀을 가르치고 있지만, 사역을 시작할 당시는 절망 가운데 있었습니다. 그녀는 남편의 폭력으로 별거에 들어간 후 남편의 갑작스러운 죽음을 겪으면서 심한 죄책감과 상실에 잠겨 삶의 이유를 잃었습니다. 그러나 바로 그 자리에서 예수님을 인격적으로 만나 철저한 회개를 통해 하나님의 은혜로 새로운 삶을 시작할 수 있었습니다. 그때부터 그녀는 성경 속에서 주님의 음성을 듣는 기쁨을 누렸습니다. 훗날 그녀는 이렇게 고백했습니다. "남편의 자살로 인한 상처, 별거로 두 아들에게 준 상처, 정결치 못한 삶으로 인해 준 더 큰 상처, 그 수많은 죄와 상처가 주님을 만남으로 모두 치유되었습니다."

오늘 본문에서 이스라엘 백성은 "오라 우리가 야훼께로 돌아가자"라고 소리높여 말하지만, 그 회개는 마음 깊은 곳에서 우러나온 진심이 아니었습니다. 그들의 회개는 아침 구름이나 쉽게 사라지는 이슬처럼 겉으로만 드러난 형식적인 회개에 불과했습니다. 하나님은 입술의 고백뿐만 아니라 우리의 중심을 보시고 은혜를 베풀어 주십니다. 오늘, 나의 마음을 점검하고 하나님 앞에 진실한 회개의 자리로 나아가길 소망합니다.

| 일독성경 | 호세아 6-8장, 베드로후서 1장 읽음 □

오늘의 찬송

주 예수여 은혜를

새찬송가 368장(통 486)

1. 주 예수여 은혜를 내려주사 곧 충만케 하옵소서
이 주리고 목마른 나의 맘에 주 성령을 부으소서
2. 주 예수여 죄에서 풀어주사 날 정결케 하옵소서
이 세상의 유혹이 나의 맘에 틈 못 타게 하옵소서
3. 옛 야곱이 천사와 씨름하던 그 믿음을 주옵소서
이 세상의 물결이 흉흉해도 날 평안케 하옵소서
4. 주 예수여 완전한 주의 사랑 나 받기를 원합니다
그 사랑이 내 맘에 충만하여 날 기쁘게 하옵소서
5. 내 마음에 임하신 주의 성령 늘 계실 줄 믿습니다
큰 은사를 나에게 부어주사 주 섬기게 하옵소서

후렴 주 예수여 충만한 은혜 내 영혼에 부으소서 주 예수만 나의 힘 되고 내 만족함 됩니다

질문

하나님 앞에 진실하게 회개한 적이 있나요? 그때 경험한 하나님의 은혜를 적어보세요.

나의 감사

오늘 하루, 감사할 것들을 적어보세요.

| 기도 | 하나님 아버지, 삶의 모든 순간마다 진실한 회개를 통해 하나님의 은혜를 경험하며 살아가게 하옵소서. 예수 그리스도의 이름으로 기도합니다. 아멘.

DEC **12.09** 수요일

지금이 곧 야훼를 찾을 때니

호세아 10:12-15 너희가 자기를 위하여 공의를 심고 인애를 거두라 너희 묵은 땅을 기경하라 지금이 곧 야훼를 찾을 때니 마침내 야훼께서 오사 공의를 비처럼 너희에게 내리시리라 너희는 악을 밭 갈아 죄를 거두고 거짓 열매를 먹었나니 이는 네가 네 길과 네 용사의 많음을 의뢰하였음이라 … 너희의 큰 악으로 말미암아 벧엘이 이같이 너희에게 행하리니 이스라엘 왕이 새벽에 정녕 망하리로다

팀 채딕 목사는 목회자의 가정에서 태어났지만, 사춘기의 반항심으로 삐뚤어져 술과 마약, 방탕한 성생활을 즐기면서 완전히 밑바닥 인생을 살았습니다. 그러던 어느 날 가까웠던 친구의 자살을 계기로 큰 충격을 받은 그에게 누군가 예배에 참석할 것을 권유했습니다. 그 청년 집회에서 그는 강력한 성령의 역사와 하나님의 은혜를 경험했습니다. 눈물로 회개하고 새로운 삶을 살기로 결심한 그는 신학교를 졸업한 후 미국 할리우드에서 30명의 청년과 함께 교회를 개척하여 10년 만에 3천 명으로 부흥했습니다. 이후 그는 런던으로 건너가 교회를 개척했고, 현재는 캘리포니아에 교회를 세워 섬기고 있습니다. 그는 이렇게 선포합니다. "예수 그리스도의 복음은 변화를 요구할 뿐 아니라, 변화를 위한 힘도 제공합니다. 주님께 가까이 나아가십시오!"

호세아 선지자는 하나님을 떠나 죄와 우상숭배에 빠진 북이스라엘 백성을 향해 "지금이 곧 야훼를 찾을 때"라고 외쳤습니다. 묵은 땅을 갈아엎듯 죄에서 돌이켜 회개하라는 말씀입니다. 이 외침은 우리를 향한 말씀이기도 합니다. 하나님 앞에서 삶을 되돌아보고 작은 잘못이라도 깨달았다면 주저하지 말고 즉시 돌이켜야 합니다. 굳은 마음을 기경하고 주님께 순종하며 살아갈 때 하나님이 우리를 새롭게 하실 것입니다.

| 일독성경 | 호세아 9-11장, 베드로후서 2장 읽음 □

오늘의 찬송

빈 들에 마른 풀같이

새찬송가 183장(통 172)

1. 빈 들에 마른 풀같이 시들은 나의 영혼 주님이 약속한 성령 간절히 기다리네
2. 반가운 빗소리 들려 산천이 춤을 추네 봄비로 내리는 성령 내게도 주옵소서
3. 철 따라 우로를 내려 초목이 무성하니 갈급한 내 심령 위에 성령을 부으소서
4. 참되신 사랑의 언약 어길 수 있사오랴 오늘에 흡족한 은혜 주실 줄 믿습니다

후렴 가물어 메마른 땅에 단비를 내리시듯 성령의 단비를 부어 새 생명 주옵소서 아멘

질문

하나님 앞에서 온전히 순종하지 못하는 부분이 있나요? 그 부분을 솔직히 적어보고 지금 회개의 기도를 드려보세요.

나의 감사

오늘 하루, 감사할 것들을 적어보세요.

| 기도 | 하나님 아버지, 굳어진 우리의 마음을 갈아엎고 회개하며 주님께 더 가까이 나아가게 하옵소서. 예수 그리스도의 이름으로 기도합니다. 아멘.

거룩한 행실과 경건함으로

베드로후서 3:10-13 그러나 주의 날이 도둑 같이 오리니 그 날에는 하늘이 큰 소리로 떠나가고 물질이 뜨거운 불에 풀어지고 땅과 그 중에 있는 모든 일이 드러나리로다 … 거룩한 행실과 경건함으로 하나님의 날이 임하기를 바라보고 간절히 사모하라 그 날에 하늘이 불에 타서 풀어지고 물질이 뜨거운 불에 녹아지려니와 우리는 그의 약속대로 의가 있는 곳인 새 하늘과 새 땅을 바라보도다

2022 항저우 아시안게임 남자 롤러스케이트 3,000m 계주 결승전에서 한국 대표팀은 금메달을 눈앞에 두고 있었습니다. 그러나 마지막 주자로 나선 한국 선수가 결승선에 들어오기 직전에 두 팔을 들어 올리며 세리머니를 하는 순간, 대만 선수가 왼발을 힘껏 내밀어 0.01초 차이로 역전하며 순위가 바뀌었습니다. 그런데 불과 2주 후 열린 대만 전국체전에서 이번에는 역전승을 거뒀던 그 대만 선수가 한국 선수가 했던 똑같은 실수를 반복했습니다. 결승선을 앞두고 세리머니를 하다가 역전패를 당한 것입니다. 이 두 장면은 우리에게 끝까지 최선을 다하는 것이 얼마나 중요한지를 일깨워 줍니다.

사도 베드로는 "주의 날이 도둑 같이 오리니"라고 경고하며 주님이 다시 오실 날을 사모하며 거룩한 행실과 경건함으로 살아갈 것을 권면합니다. 결승선을 앞두고 방심하다가 역전당한 선수처럼 우리도 끝까지 깨어있지 않으면 세상의 유혹에 넘어질 수 있습니다. 그러므로 우리는 언제나 말씀에 순종하여 작은 죄의 유혹에도 틈을 주지 말아야 합니다. 오늘 하루도 영적으로 깨어 거룩한 행실과 경건함으로 살아가며, 마지막 날 주님께 칭찬받는 삶이 되시기를 소망합니다.

| 일독성경 | 호세아 12-14장, 베드로후서 3장 읽음 □

오늘의 찬송

나 이제 주님의 새 생명 얻은 몸

새찬송가 436장(통 493)

1. 나 이제 주님의 새 생명 얻은 몸 옛것은 지나고 새사람이로다
그 생명 내 맘에 강같이 흐르고 그 사랑 내게서 해같이 빛난다
2. 주 안에 감추인 새 생명 얻으니 이전에 좋던 것 이제는 값없다
하늘의 은혜와 평화를 맛보니 찬송과 기도로 주 함께 살리라
3. 산천도 초목도 새것이 되었고 죄인도 원수도 친구로 변한다
새 생명 얻은 자 영생을 누리니 주님을 모신 맘 새 하늘이로다
4. 주 따라가는 길 험하고 멀어도 찬송을 부르며 뒤따라가리라
나 주를 모시고 영원히 살리라 날마다 섬기며 주 함께 살리라

후렴 영생을 누리며 주 안에 살리라 오늘도 내일도 주 함께 살리라

질문

나는 언제 방심하거나 교만해지기 쉬운가요? 오늘 주님 앞에서 거룩하고 경건하게 살기 위해 실천할 수 있는 일을 적어보세요.

나의 감사

오늘 하루, 감사할 것들을 적어보세요.

| 기도 | 하나님 아버지, 거룩하고 경건한 행실로 살아가 주님 앞에 서는 날에 칭찬 받는 우리가 되게 하옵소서. 예수 그리스도의 이름으로 기도합니다. 아멘.

성령의 시대

요엘 2:28-32 그 후에 내가 내 영을 만민에게 부어 주리니 너희 자녀들이 장래 일을 말할 것이며 너희 늙은이는 꿈을 꾸며 너희 젊은이는 이상을 볼 것이며 그 때에 내가 또 내 영을 남종과 여종에게 부어 줄 것이며 … 누구든지 야훼의 이름을 부르는 자는 구원을 얻으리니 이는 나 야훼의 말대로 시온 산과 예루살렘에서 피할 자가 있을 것임이요 남은 자 중에 나 야훼의 부름을 받을 자가 있을 것임이니라

20세기 성령 운동은 미국 캔자스주 토페카에 있는 벧엘성경학교에서 시작되었습니다. 당시 학장이었던 찰스 파함은 1900년 가을 학기 종강을 앞두고 학생들에게 '성령침례의 성경적 증거가 무엇인가'라는 주제로 숙제를 내주었습니다. 학생들은 성경을 연구한 끝에 '방언'이라는 결론을 내렸습니다. 하지만 그때까지만 해도 방언과 예언, 치유와 같은 성령의 은사는 사도 시대에만 있었던 일이며, 이후에는 더 이상 나타나지 않는다고 보는 것이 일반적인 분위기였습니다. 그러나 1900년 12월 31일, 송구영신예배 때, 아그네스 오즈만이라는 여학생이 파함 목사의 안수를 받으며 기도하던 중 성령충만을 받고 방언으로 말하기 시작했습니다. 며칠 지나지 않아 다른 학생들에게도 동일한 역사가 일어났습니다. 이 사건은 성령 운동의 불씨가 되어 오늘날 전 세계 수억 명의 사람들이 성령의 은혜를 경험하는 오순절 운동의 계기가 되었습니다.

요엘 선지자가 예언한 것처럼, 하나님은 지금도 성령충만을 사모하는 자들에게 성령을 부어주십니다. 우리는 성령의 역사를 과거의 이야기로만 여기지 말고, 지금 우리에게도 임하는 성령충만을 기대해야 합니다. 날마다 기도와 말씀에 힘써 성령충만을 받아 하나님께 영광 돌리는 삶을 살아가길 소망합니다.

| 일독성경 | 요엘 1-3장, 요한일서 1장 읽음 □

오늘의 찬송

불길 같은 주 성령

새찬송가 184장(통 173)

1. 불길 같은 주 성령 간구하는 우리게 지금 강림하셔서 영광 보여주소서
2. 주의 제단 불 위에 우리 몸과 영혼과 우리 가진 모든 것 지금 바치옵니다
3. 모든 것 다 바치고 비고 빈 내 마음에 성령충만하도록 주여 채워주소서
4. 구속하신 주께서 약속하신 성령을 믿고 간구하오니 지금 내려주소서

후렴 성령이여 임하사 우리 영의 소원을 만족하게 하소서
기다리는 우리게 불로 불로 충만하게 하소서 아멘

질문

나는 지금 성령충만한가요? 날마다 성령충만을 받으려면 무엇을 해야 할지 적어보세요.

나의 감사

오늘 하루, 감사할 것들을 적어보세요.

| 기도 | 하나님 아버지, 성령충만을 받아 세상을 변화시키는 성령의 사람이 되게 하옵소서. 예수 그리스도의 이름으로 기도합니다. 아멘.

행함과 진실함으로

요한일서 3:16-19 그가 우리를 위하여 목숨을 버리셨으니 우리가 이로써 사랑을 알고 우리도 형제들을 위하여 목숨을 버리는 것이 마땅하니라 누가 이 세상의 재물을 가지고 형제의 궁핍함을 보고도 도와 줄 마음을 닫으면 하나님의 사랑이 어찌 그 속에 거하겠느냐 자녀들아 우리가 말과 혀로만 사랑하지 말고 행함과 진실함으로 하자 이로써 우리가 진리에 속한 줄을 알고 또 우리 마음을 주 앞에서 굳세게 하리니

어느 겨울날, 존 웨슬리는 그림 몇 장을 구입하고 돌아오는 길에 얇은 옷만 걸친 채 추위에 떨고 있는 한 하녀를 보았습니다. 측은한 마음이 들어 그녀에게 외투를 살 돈을 주려고 했지만, 지갑을 열어 보니 그림을 사고 남은 돈이 얼마 안 돼서 도와줄 수 없었습니다. 웨슬리는 이 일을 깊이 회개하며 그때부터 자신의 생활비를 엄격히 제한하고, 남은 수입을 가난한 이웃과 복음 전파에 사용했습니다. 그는 "가능한 한 많이 벌라. 가능한 한 많이 절약하라. 가능한 한 많이 나누라."라는 원칙을 세우고 평생 실천했습니다. 실제로 그는 수입의 10분의 9를 선교와 구제에 사용했으며, 세상을 떠날 때 남긴 재산은 그저 은 숟가락 두 개와 몇 개의 동전뿐이었다고 합니다.

오늘 본문은 사랑이 말로만이 아니라 행함과 진실함으로 나타나야 한다고 말씀합니다. 행함이 없는 믿음이 죽은 믿음(약 2:26)인 것처럼, 말뿐인 사랑은 아무 유익이 없습니다. 예수님이 우리를 사랑하셔서 생명을 내어주신 것처럼, 우리도 사소한 일에서부터 사랑을 실천하는 것이 마땅합니다. 우리의 작은 사랑의 실천이 세상을 따뜻하게 변화시키는 시작이 되길 소망합니다.

| 일독성경 | 아모스 1-2장, 요한일서 2-3장 읽음 □

오늘의 찬송

세상 모두 사랑 없어

새찬송가 503장(통 373)

1. 세상 모두 사랑 없어 냉랭함을 아느냐 곳곳마다 사랑 없어 탄식 소리뿐일세
악을 선케 만들고 모든 소망 이루는 사랑 얻기 위하여 저들 오래 참았네
사랑 없는 까닭에 사랑 없는 까닭에 사랑 얻기 위하여 저들 오래 참았네
2. 곳곳마다 번민함은 사랑 없는 연고요 측은하게 손을 펴고 사랑받기 원하네
어떤 이는 고통과 근심 걱정 많으니 사랑 없는 까닭에 저들 실망하도다
사랑 없는 까닭에 사랑 없는 까닭에 사랑 없는 까닭에 저들 실망하도다
3. 어떤 사람 우상 앞에 복을 빌고 있으며 어떤 사람 자연 앞에 사랑 요구하도다
먼저 믿는 사람들 예수 사랑 가지고 나타내지 않으면 저들 실망하겠네
예수 사랑 가지고 예수 사랑 가지고 나타내지 않으면 저들 실망하겠네
4. 기갈 중에 있는 영혼 사랑받기 원하며 아이들도 소리 질러 사랑받기 원하네
저들 소리 들을 때 가서 도와줍시다 만민 중에 나가서 예수 사랑 전하세
예수 사랑 전하세 예수 사랑 전하세 만민 중에 나가서 예수 사랑 전하세

질문

나는 형제 사랑을 실천하고 있나요? 내가 지금 할 수 있는 구체적인 방법을 적어보세요.

나의 감사

오늘 하루, 감사할 것들을 적어보세요.

| 기도 | 하나님 아버지, 예수님의 사랑을 기억하며 말로만이 아니라 행함으로 이웃을 사랑하게 하옵소서. 예수 그리스도의 이름으로 기도합니다. 아멘.

DEC **12.13** 주일

돌아오라

아모스 4:6-11 또 내가 너희 모든 성읍에서 너희 이를 깨끗하게 하며 너희의 각 처소에서 양식이 떨어지게 하였으나 너희가 내게로 돌아오지 아니하였느니라 야훼의 말씀이니라 … 내가 너희 중의 성읍 무너뜨리기를 하나님인 내가 소돔과 고모라를 무너뜨림 같이 하였으므로 너희가 불붙는 가운데서 빼낸 나무 조각 같이 되었으나 너희가 내게로 돌아오지 아니하였느니라 야훼의 말씀이니라

미국에서 유명한 투자은행 골드만삭스에서 억대 연봉을 받던 앤디 황 교수는 많은 사람이 부러워하는 삶을 살았습니다. 그러나 더 큰 성공을 꿈꾸며 도전한 사업이 실패로 끝나면서 하루아침에 빚더미에 앉게 되었습니다. 그는 절망에 빠져 두 번이나 삶을 포기하려 했지만 한 부흥회에 참석하여 하나님의 은혜를 깨닫고 눈물로 회개했습니다. 무너졌던 그의 삶은 다시 회복되었고, 이제는 자신을 붙들어 주신 하나님을 전하며 새로운 인생을 살아가고 있습니다. 그의 이야기는 실패조차도 하나님께 돌아가는 길이 될 수 있음을 보여줍니다. 그는 이렇게 고백합니다. "많은 분들이 제게 어떻게 해야 성공하는 삶을 살 수 있는지 질문합니다. 그것은 너무도 간단합니다. 바로 하나님을 만나는 것입니다."

오늘 본문에서 하나님은 북이스라엘 백성을 향해 다섯 번이나 "너희가 내게로 돌아오지 아니하였느니라"라고 말씀하셨습니다. 하나님이 원하신 것은 형식적인 종교의식이 아닌 그들의 마음이었습니다. 하나님은 그들을 돌아오게 하려고 많은 어려움을 허락하셨지만, 끝내 그들은 돌아오지 않았습니다. 하나님의 징계는 벌이 아니라 우리를 회복시키려는 사랑의 호소임을 기억해야 합니다. 진심으로 회개하고 하나님을 온전히 만나면, 하나님은 우리의 모든 형편을 돌보시고 참된 기쁨과 평안을 주실 것입니다.

| 일독성경 | 아모스 3-4장, 요한일서 4-5장 읽음 □

오늘의 찬송

예수가 우리를 부르는 소리

새찬송가 528장(통 318)

1. 예수가 우리를 부르는 소리 그 음성 부드러워 문 앞에 나와서 사면을 보며 우리를 기다리네
2. 간절히 오라고 부르실 때에 우리는 지체하랴 주님의 은혜를 왜 아니 받고 못 들은체 하려나
3. 세월이 살같이 빠르게 지나 쾌락이 끝이나고 사망의 그늘이 너와 내 앞에 둘리며 가리우네
4. 우리를 위하여 예비해 두신 영원한 집이 있어 죄 많은 세상을 떠나게 될 때 영접해 주시겠네

후렴 오라 오라 방황치 말고 오라 죄 있는 자들아 이리로 오라 주 예수 앞에 오라

질문

실패나 어려움이 찾아올 때 낙심하여 주저앉아 있나요? 아니면 하나님께 돌아가는 기회로 삼고 있나요?

나의 감사

오늘 하루, 감사할 것들을 적어보세요.

| 기도 | 하나님 아버지, 고난조차도 주님께로 이끄시는 사랑의 손길임을 깨닫게 하시니 감사합니다. 평생 주님만 따르게 하옵소서. 예수 그리스도의 이름으로 기도합니다. 아멘.

DEC 12.14 월요일

악을 미워하고 선을 사랑하라

아모스 5:14-15 너희는 살려면 선을 구하고 악을 구하지 말지어다 만군의 하나님 야훼께서 너희의 말과 같이 너희와 함께 하시리라 너희는 악을 미워하고 선을 사랑하며 성문에서 정의를 세울지어다 만군의 하나님 야훼께서 혹시 요셉의 남은 자를 불쌍히 여기시리라

1999년 7월 4일, 미국 인디애나주에서 예배를 마치고 집으로 돌아가던 윤원준 형제가 백인우월주의자 벤자민 스미스가 쏜 총에 맞아 목숨을 잃었습니다. 그의 죽음은 미국 사회에 큰 충격을 주었고, 인종 우월주의에 대한 심각성을 다시 일깨워 주었습니다. 그러나 장례를 앞둔 7월 12일, 미국 전역으로 생중계되는 추모예배에서 사촌형 박성호 목사는 이렇게 말했습니다. "나는 가족을 대표해서 예수 그리스도의 이름으로 내 형제를 죽인 벤자민 스미스를 용서합니다. 예수님은 용서를 위해 이 땅에 오셨기 때문입니다. 우리 가족은 예수 그리스도를 주님으로 믿는 사람들입니다." 그는 악에 굴복하지 않고 선으로 응답할 수 있는 복음의 능력을 온 세상에 보여주었습니다. 이 사건은 큰 반향을 일으켰고, 인디애나대학교는 윤원준 장학기금을 설립하여 사랑과 용서의 정신을 이어가고 있습니다.

오늘 본문은 우리에게 "악을 미워하고 선을 사랑하며"라고 말씀합니다. 우리는 단순히 악을 피하는 데서 멈추지 말고, 적극적으로 선을 사랑하고 실천해야 합니다. 비록 억울한 일을 당했을지라도 그것을 악으로 대응하지 않고 선으로 갚을 때, 하나님은 우리를 긍휼히 여기시고 가장 선한 길로 인도해 주실 것입니다.

| 일독성경 | 아모스 5-7장, 요한이서 1장 읽음 □

오늘의 찬송

구주와 함께 나 죽었으니

새찬송가 407장(통 465)

1. 구주와 함께 나 죽었으니 구주와 함께 나 살았도다
영광의 그날에 이르도록 언제나 주만 바라봅니다
2. 맘속에 시험을 받을 때와 무거운 근심이 있을 때에
주께서 그때도 같이하사 언제나 나를 도와주시네
3. 뼈아픈 눈물을 흘릴 때와 쓰라린 맘으로 탄식할 때
주께서 그때도 같이하사 언제나 나를 생각하시네
4. 내 몸의 약함을 아시는 주 못 고칠 질병이 아주 없네
괴로운 날이나 기쁜 때나 언제나 나와 함께 계시네

후렴 언제나 주는 날 사랑하사 언제나 새생명 주시나니
영광의 그날에 이르도록 언제나 주만 바라봅니다 아멘

질문

최근에 억울하거나 불공평하다고 느낀 일이 있었나요? 그런 상황에서도 선을 선택하려면 무엇을 결단해야 하는지 적어보세요.

나의 감사

오늘 하루, 감사할 것들을 적어보세요.

| 기도 | 하나님 아버지, 악을 악으로 갚지 않고 하나님의 자녀답게 선을 행하며 살아가게 하옵소서. 예수 그리스도의 이름으로 기도합니다. 아멘.

DEC **12.15** 화요일

심히 기뻐하노라

요한삼서 1:3-6 형제들이 와서 네게 있는 진리를 증언하되 네가 진리 안에서 행한다 하니 내가 심히 기뻐하노라 내가 내 자녀들이 진리 안에서 행한다 함을 듣는 것보다 더 기쁜 일이 없도다 사랑하는 자여 네가 무엇이든지 형제 곧 나그네 된 자들에게 행하는 것은 신실한 일이니 그들이 교회 앞에서 너의 사랑을 증언하였느니라 네가 하나님께 합당하게 그들을 전송하면 좋으리로다

오늘 본문은 사도 요한이 가이오에게 보낸 편지입니다. 요한은 가이오가 진리 안에서 행한다는 소식을 듣고 심히 기뻐했습니다. 얼마나 기뻤던지 이보다 "더 기쁜 일이 없도다"라고 말할 정도였습니다. 우리는 어떻게 진리 안에서 행할 수 있을까요? 무엇보다 먼저 진리를 알아야 합니다. 진리는 우리의 이성이나 감정이 아니라 영원히 변하지 않는 하나님의 말씀입니다. 우리는 말씀을 소중히 여기고 날마다 읽고 묵상하여 하나님의 뜻을 깨달아야 합니다. 그리고 깨달은 말씀을 삶으로 실천해야만 합니다. 가이오가 바로 그런 사람이었습니다. 그는 진리 안에서 복음을 위해 수고하는 형제들의 필요를 채워주고 그들을 사랑으로 섬겼습니다. 그의 섬김은 말씀으로 변화된 삶이 무엇인지 보여주는 증거였습니다.

진리 안에서 행하는 삶은 씨앗이 땅에 심겨 뿌리를 내리고 싹을 틔워 열매를 맺는 것과 같습니다. 마음에 심겨진 말씀의 씨앗이 자라서 사랑과 섬김의 열매로 나타날 때 하나님은 우리를 심히 기뻐하십니다. 또한 주위 사람들도 그 모습을 보며 칭찬하게 됩니다. 오늘 하루도 말씀을 삶으로 살아내어 하나님께 기쁨이 되고 이웃에게 선한 영향력을 끼치는 우리가 되길 소망합니다.

| 일독성경 | 아모스 8-9장, 오바댜 1장, 요한삼서 1장 읽음 □

오늘의 찬송

주님 약속하신 말씀 위에 서

새찬송가 546장(통 399)

1. 주님 약속하신 말씀 위에 서 영원토록 주를 찬송하리라
   소리 높여 주께 영광 돌리며 약속 믿고 굳게 서리라
2. 주님 약속하신 말씀 위에 서 세상 염려 내게 엄습할 때에
   용감하게 힘써 싸워 이기며 약속 믿고 굳게 서리라
3. 주님 약속하신 말씀 위에 서 영원하신 주의 사랑 힘입고
   성령으로 힘써 싸워 이기며 약속 믿고 굳게 서리라
4. 주님 약속하신 말씀 위에 서 성령 인도하는 대로 행하며
   주님 품에 항상 안식 얻으며 약속 믿고 굳게 서리라

후렴 굳게 서리 영원하신 말씀 위에 굳게 서리 굳게 서리 그 말씀 위에 굳게 서리라

질문

나는 하나님이 기뻐하시는 삶을 살고 있나요? 말씀대로 살아가기 위해 내가 해야 할 일을 한 가지 적어보고 실천해 보세요.

나의 감사

오늘 하루, 감사할 것들을 적어보세요.

| 기도 | 하나님 아버지, 진리 안에서 행하여 주님의 몸 된 교회와 성도를 사랑하고 섬기며 살아가게 하옵소서. 예수 그리스도의 이름으로 기도합니다. 아멘.

DEC **12.16** 수요일

구원의 손길

유다서 1:20-23 사랑하는 자들아 너희는 너희의 지극히 거룩한 믿음 위에 자신을 세우며 성령으로 기도하며 하나님의 사랑 안에서 자신을 지키며 영생에 이르도록 우리 주 예수 그리스도의 긍휼을 기다리라 어떤 의심하는 자들을 긍휼히 여기라 또 어떤 자를 불에서 끌어내어 구원하라 또 어떤 자를 그 육체로 더럽힌 옷까지도 미워하되 두려움으로 긍휼히 여기라

밝은빛한의원 최동환 원장은 젊은 시절 심한 강박증에 시달렸습니다. 여러 방법으로 치료를 시도했지만 호전되지 않았고, 점점 지쳐가며 삶의 희망을 잃었습니다. 그러던 어느 날, 누군가 전해준 성경을 읽다가 강박증으로 인한 거친 호흡이 가라앉으면서 하나님이 주시는 놀라운 평안을 경험했습니다. 그날 이후 그는 새로운 사람으로 변화되었습니다. 마음에 참된 기쁨과 감사가 넘쳤고, 만나는 모든 사람에게 반갑게 인사했습니다. 지금도 진료실에서 환자를 맞을 때마다 병을 진찰하기 전에 먼저 복음을 전하며 영혼을 살리는 일에 헌신하고 있습니다. 그는 이렇게 고백합니다. "하나님의 은혜로 다시 사는 인생, 한평생 멋지게 주님의 일을 하기 원합니다."

오늘 본문은 믿음이 흔들리거나 죄에 빠진 자들을 정죄하지 말고 긍휼히 대하라고 말씀합니다. 예수님이 죄인을 구원하시려 이 땅에 오셨듯이 우리도 죄가 아니라 영혼을 바라보는 긍휼한 마음을 가져야 합니다. 의심하는 자에게는 인내로 손을 내밀고, 위기에 처한 자는 불에서 끌어내듯 신속히 붙들어 주며, 더러운 옷을 싫어하듯 죄에 대한 거룩한 경계심을 잃지 않아야 합니다. 오늘도 우리를 통해 누군가가 절망에서 건짐을 받고 새 생명을 얻는 구원의 역사가 일어나기를 소망합니다.

| 일독성경 | 요나 1-2장, 유다서 1장 읽음 □

오늘의 찬송

물 위에 생명줄 던지어라

새찬송가 500장(통 258)

1. 물 위에 생명줄 던지어라 누가 저 형제를 구원하랴
   우리의 가까운 형제이니 이 생명줄 그 누가 던지려나
2. 너 빨리 생명줄 던지어라 형제여 너 어찌 지체하나
   보아라 저 형제 빠져간다 이 구조선 타고서 속히 가라
3. 너 어서 생명줄 던지어라 저 형제 지쳐서 허덕인다
   시험과 근심의 거센 풍파 저 형제를 휩쓸어 몰아간다
4. 위험한 풍파가 곧 지나고 건너편 언덕에 이르리니
   형제여 너 어찌 지체하나 곧 생명줄 던져서 구원하라

후렴 생명줄 던져 생명줄 던져 물속에 빠져간다 생명줄 던져 생명줄 던져 지금 곧 건지어라

질문

나의 도움이 필요한 사람은 누구인가요? 그 사람을 예수님의 마음으로 어떻게 도울 수 있을지 구체적으로 적어보세요.

나의 감사

오늘 하루, 감사할 것들을 적어보세요.

| 기도 | 하나님 아버지, 우리를 구원해 주시니 감사합니다. 남은 인생 하나님의 사랑을 전하며 영혼 구원을 위해 힘쓰게 하옵소서. 예수 그리스도의 이름으로 기도합니다. 아멘.

DEC **12.17** 목요일

믿음을 지키라

요한계시록 2:24-29 두아디라에 남아 있어 이 교훈을 받지 아니하고 소위 사탄의 깊은 것을 알지 못하는 너희에게 말하노니 다른 짐으로 너희에게 지울 것은 없노라 다만 너희에게 있는 것을 내가 올 때까지 굳게 잡으라 이기는 자와 끝까지 내 일을 지키는 그에게 만국을 다스리는 권세를 주리니 … 내가 또 그에게 새벽 별을 주리라 귀 있는 자는 성령이 교회들에게 하시는 말씀을 들을지어다

미국인 선교사 존과 베티 스탬 부부의 이야기입니다. 1934년 12월 8일, 그들은 중국에서 복음을 전하다 공산군에게 붙잡혔습니다. 체포된 후 존은 "살든지 죽든지 그리스도께서 영광을 받으시기를 원한다."라고 고백하며 끝까지 믿음을 지켰습니다. 결국, 두 사람은 순교의 길을 걸었습니다. 『선교사 열전』의 저자 루스 터커는 이 사건을 이렇게 전합니다. "스탬 부부가 처형당한 사건은 고통스러운 충격을 안겼지만, 이 희생으로 많은 젊은이들이 선교 사역에 헌신을 다짐했고, 1935년 한 해 동안 대공황 이래 가장 많은 선교후원금이 모금됐다." 죽음조차 두려워하지 않는 그들의 믿음은 지금도 많은 이들에게 선교에 헌신할 용기를 불어넣는 영광의 발자취로 남아있습니다.

오늘 본문은 사도 요한이 두아디라교회에 보낸 편지입니다. 하나님은 그들의 사랑과 믿음, 섬김과 인내를 칭찬하시며, "너희에게 있는 것을 내가 올 때까지 굳게 잡으라"라고 권면하셨습니다. 또한 끝까지 믿음을 지키는 자들에게 "만국을 다스리는 권세"와 "새벽 별"을 주겠다고 약속하셨습니다. 환난과 핍박 속에도 끝까지 믿음을 지키는 크리스천은 마지막 날에 예수 그리스도의 통치와 영원한 영광에 동참하게 될 것입니다. 오늘도 예수님만 바라보며 믿음을 굳게 지키는 하루가 되길 소망합니다.

| 일독성경 | 요나 3-4장, 요한계시록 1-2장 읽음 □

오늘의 찬송

천성을 향해 가는 성도들아

새찬송가 359장(통 401)

1. 천성을 향해 가는 성도들아 앞길에 장애를 두려워 말라
   성령이 너를 인도하시리니 왜 지체를 하고 있느냐
2. 너 가는 길을 누가 비웃거든 확실한 증거를 보여주어라
   성령이 친히 감화하여주사 그들도 참길을 찾으리
3. 너 가는 길을 모두 가기 전에 네 손에 든 검을 꽂지 말아라
   저 마귀 흉계 모두 깨뜨리고 끝까지 잘 싸워 이겨라

후렴 앞으로 앞으로 천성을 향해 나가세 천성 문만 바라고 나가세
모든 천사 너희를 영접하러 문 앞에 기다려 서있네

질문

세상의 유혹과 핍박 속에서도 믿음을 지키기 위해서 오늘 내가 실천해야 할 일을 적어보세요.

나의 감사

오늘 하루, 감사할 것들을 적어보세요.

| 기도 | 하나님 아버지, 세상의 유혹에 흔들리지 않고 말씀 위에 서서 믿음을 굳게 붙들게 하옵소서. 예수 그리스도의 이름으로 기도합니다. 아멘.

DEC **12.18** 금요일

거슬러 오르는 믿음

미가 1:5-7 이는 다 야곱의 허물로 말미암음이요 이스라엘 족속의 죄로 말미암음이라 야곱의 허물이 무엇이냐 사마리아가 아니냐 유다의 산당이 무엇이냐 예루살렘이 아니냐 이러므로 내가 사마리아를 들의 무더기 같게 하고 … 그 새긴 우상들은 다 부서지고 그 음행의 값은 다 불살라지며 내가 그 목상들을 다 깨뜨리리니 그가 기생의 값으로 모았은즉 그것이 기생의 값으로 돌아가리라

연어가 세찬 강물을 거슬러 올라가는 모습을 본 적이 있나요? 연어는 거친 물살을 이겨내는 그 기나긴 여정을 마다하지 않습니다. 생명을 잉태하기 위한 본능, 그리고 자신이 어디서 왔는지를 기억해 되돌아가는 회유 본능이 만들어내는 신비한 여정입니다. 그러나 도중에 생명을 잃은 몇몇 연어는 앞으로 나아가지 못하고 물살에 휩쓸려 떠내려갑니다. 우리의 신앙생활도 이와 같습니다. 죄악이 넘치고 세속화된 세상의 풍조는 끊임없이 우리를 아래로 끌어내리려 하지만, 우리는 그러한 세상의 풍조를 물리치고, 죄악과 유혹의 거친 물살을 거슬러 하나님을 향하여 믿음으로 힘차게 올라가야 합니다.

오늘 본문의 이스라엘 백성은 믿음으로 살지 않았습니다. 결국 하나님은 그들의 죄를 "야곱의 허물"이라 부르시며 심판하셨습니다. 하나님을 떠난 그들은 심판을 받았고, 사마리아와 예루살렘은 결국 폐허가 되고 말았습니다. 크리스천으로 오늘을 사는 우리는 믿음을 따라 하나님께로 올라갈 것인지, 아니면 세상을 따라 멸망으로 떠내려갈 것인지 결정해야 합니다. 살아있는 믿음을 가진 크리스천은 환경을 탓하지 않고, 세상의 유혹에 휩쓸리지 않으며, 말씀을 따라 믿음으로 전진합니다. 오늘 하루도 절대 긍정의 믿음으로 세상을 거슬러 힘차게 전진하는 우리가 되길 소망합니다.

| 일독성경 | 미가 1-2장, 요한계시록 3-4장 읽음 □

오늘의 찬송

허락하신 새 땅에

새찬송가 347장(통 382)

1. 허락하신 새 땅에 들어가려면 맘에 준비 다하여 힘써 일하세
2. 시험 환난 당해도 낙심 말고서 맘에 걱정 버리고 힘써 일하세
3. 앞서가신 예수님 바라보면서 모두 맘을 합하여 힘써 일하세
4. 일할 곳이 아직도 많이 있으니 담대하게 나가서 힘써 일하세

후렴 여호수아 본받아 앞으로 가세 우리 거할 처소는 주님 품일세

질문

하나님보다 앞세우고 있는 '나의 우상'은 무엇인가요? 그것을 내려놓기 위해 오늘 무엇을 해야 할지 적어보세요.

나의 감사

오늘 하루, 감사할 것들을 적어보세요.

| 기도 | 하나님 아버지, 모든 우상을 내려놓고 살아있는 믿음으로 주님을 향해 힘차게 나아가게 하옵소서. 예수 그리스도의 이름으로 기도합니다. 아멘.

DEC **12.19** 토요일

야훼의 산에 오르자

미가 4:1-2 끝날에 이르러는 야훼의 전의 산이 산들의 꼭대기에 굳게 서며 작은 산들 위에 뛰어나고 민족들이 그리로 몰려갈 것이라 곧 많은 이방 사람들이 가며 이르기를 오라 우리가 야훼의 산에 올라가서 야곱의 하나님의 전에 이르자 그가 그의 도를 가지고 우리에게 가르치실 것이니라 우리가 그의 길로 행하리라 하리니 이는 율법이 시온에서부터 나올 것이요 야훼의 말씀이 예루살렘에서부터 나올 것임이라

1910년, 스코틀랜드 에든버러에서 세계 선교 역사상 기념비적인 선교대회가 열렸습니다. 전 세계에서 1,200명이 넘는 선교 지도자들이 모여 "이 세대 안에 세계 복음화를 이루자."라는 비전을 품었습니다. 다양한 교파와 국적, 문화를 초월하여 하나님 나라를 향한 열망이 하나로 모인 역사적인 순간이었습니다. 이 대회는 현대 선교 운동의 불씨가 되었고, 한국교회에도 큰 영향을 주었습니다. 특히 1907년 평양대부흥으로 영적 각성을 경험한 한국교회는 이 대회에 참석한 선교사들로부터 세계 선교의 비전을 품게 되었습니다. 그 결과 한국교회는 '받는 교회'에서 '보내는 교회'로 나아가는 초석을 놓았고, 오늘날 세계 선교를 이끄는 중요한 역할을 하게 되었습니다.

이러한 선교의 열망은 미가 선지자가 선포한 하나님의 비전과 맞닿아 있습니다. 그는 마지막 날에 이방 민족들이 야훼의 산에 올라가 하나님의 전에 이르러 그분의 도를 배우고 그 길을 따라 살아가게 될 것이라고 예언했습니다. 오늘 우리도 야훼의 산에 올라가야 합니다. 날마다 하나님께 나아가 예배하고 말씀을 배우며 그 길을 따라 살아가는 삶이 선교의 시작입니다.

| 일독성경 | 미가 3-5장, 요한계시록 5장 읽음 □

오늘의 찬송

갈 길을 밝히 보이시니

새찬송가 524장(통 313)

1. 갈 길을 밝히 보이시니 주 앞에 빨리 나갑시다 우리를 찾는 구주 예수 곧 오라 하시네
2. 우리를 오라 하시는 말 기쁘게 듣고 순종하세 구주를 믿기 지체 말고 속속히 나가세
3. 주 오늘 여기 계시오니 다 와서 주의 말씀 듣세 듣기도 하며 생각하니 참진리시로다

후렴 죄악 벗은 우리 영혼은 기뻐 뛰며 주를 보겠네 하늘에 계신 주 예수를 영원히 섬기리

질문

함께 모여 예배드리고 기도할 때 하나님의 은혜가 임합니다. 예배에 잘 참석하기 위한 나의 결단을 적어보세요.

나의 감사

오늘 하루, 감사할 것들을 적어보세요.

| 기도 | 하나님 아버지, 하나님을 예배하고 말씀을 배우며 그 말씀대로 살아가게 하옵소서. 예수 그리스도의 이름으로 기도합니다. 아멘.

DEC **12.20** 주일

감사하라 내 영혼아

요한계시록 7:9-12 이 일 후에 내가 보니 각 나라와 족속과 백성과 방언에서 아무도 능히 셀 수 없는 큰 무리가 나와 흰 옷을 입고 손에 종려 가지를 들고 보좌 앞과 어린 양 앞에 서서 큰 소리로 외쳐 이르되 구원하심이 보좌에 앉으신 우리 하나님과 어린 양에게 있도다 하니 … 아멘 찬송과 영광과 지혜와 감사와 존귀와 권능과 힘이 우리 하나님께 세세토록 있을지어다 아멘 하더라

송명희 시인은 태어날 때부터 뇌성마비를 안고 살아야 했습니다. 걸을 수도, 자유롭게 움직일 수도, 여느 또래들처럼 학교에 다니거나 친구들과 어울릴 수도 없었습니다. 가난까지 겹친 그녀의 삶은 육체적으로나 환경적으로 결코 평탄하지 못했습니다. 그러나 스무 살 무렵 하나님을 인격적으로 만나고, 이전에는 볼 수 없던 새로운 세상을 보게 되었습니다. 그녀는 이렇게 고백했습니다. "나 가진 재물 없으나, 나 남이 가진 지식 없으나, 나 남에게 있는 건강 있지 않으나 … 공평하신 하나님이 나 남이 없는 것 갖게 하셨네." 건강도, 돈도, 학벌도 없었지만, 하나님 한 분만으로도 충분하다는 이 고백은 누구보다 깊은 감사의 노래였습니다. 세상에 아무것도 자랑할 것이 없었지만 하나님 한 분 때문에 「공평하신 하나님」이라는 찬양이 흘러나왔던 것입니다.

요한계시록에 나오는 하늘의 찬양도 이와 같습니다. 하나님의 사랑과 구원에 감격한 사람들이 환경을 초월하여 믿음과 감사로 노래합니다. 각자가 처한 상황이 어떠하든지 주님이 베푸신 구원의 은혜 하나면 충분하다는 이 고백이 참된 예배자의 자세입니다. 오늘도 내게 베풀어 주신 은혜를 되새기며 기쁨으로 감사와 찬양을 올려드리는 하루가 되길 소망합니다.

| 일독성경 | 미가 6-7장, 요한계시록 6-7장 읽음 □

오늘의 찬송

아 하나님의 은혜로

새찬송가 310장(통 410)

1. 아 하나님의 은혜로 이 쓸데없는 자 왜 구속하여주는지 난 알 수 없도다
2. 왜 내게 굳센 믿음과 또 복음 주셔서 내 맘이 항상 편한지 난 알 수 없도다
3. 왜 내게 성령 주셔서 내 마음 감동해 주 예수 믿게 하는지 난 알 수 없도다
4. 주 언제 강림하실지 혹 밤에 혹 낮에 또 주님 만날 그곳도 난 알 수 없도다

후렴 내가 믿고 또 의지함은 내 모든 형편 아시는 주님 늘 보호해주실 것을 나는 확실히 아네

질문

내가 처한 상황에 감사하고 있나요? 어떤 상황에서도 하나님께 감사해야 하는 이유는 무엇일까요?

나의 감사

오늘 하루, 감사할 것들을 적어보세요.

| 기도 | 하나님 아버지, 우리를 구원해주시니 감사합니다. 한평생 감사로 하나님께 영광 돌리며 살아가게 하옵소서. 예수 그리스도의 이름으로 기도합니다. 아멘.

DEC **12.21** 월요일

아름다운 소식을 전하라

나훔 1:14-15 나 야훼가 네게 대하여 명령하였나니 네 이름이 다시는 전파되지 않을 것이라 내가 네 신들의 집에서 새긴 우상과 부은 우상을 멸절하며 네 무덤을 준비하리니 이는 네가 쓸모 없게 되었음이라 볼지어다 아름다운 소식을 알리고 화평을 전하는 자의 발이 산 위에 있도다 유다야 네 절기를 지키고 네 서원을 갚을지어다 악인이 진멸되었으니 그가 다시는 네 가운데로 통행하지 아니하리로다 하시니라

최병한 의료선교사의 간증입니다. 주일에만 겨우 교회를 드나들던 그는 아내의 유방암 말기 판정을 계기로 하나님 앞에 무릎을 꿇고 간절히 기도했습니다. "하나님, 아내를 살려주시면 제 인생을 주님께 드려 의료선교사로 살겠습니다." 하나님은 그의 기도를 들으시고 아내를 치유해 주셨습니다. 그는 약속대로 26년간 운영하던 병원을 정리하고 의료선교사로 헌신했습니다. 중국 지하교회, 아프리카 부룬디, 방글라데시 로힝야 난민촌까지 발길이 닿는 곳마다 의료 선교로 헌신하여 병을 고치며 복음을 전했습니다. 자신도 간암에 걸렸지만, 수술을 받은 이후에도 "남이 가지 않는 곳에 가서 더 섬기라고 하나님이 건강과 마음의 소원을 주셨습니다. 아픔이 있는 곳은 어디나 저의 선교지입니다."라고 고백하며 다시 선교지로 돌아갔습니다.

오늘 본문에서 나훔 선지자는 악의 권세가 꺾이고 하나님의 백성에게 회복과 화평이 주어질 것을 선포합니다. 이 말씀은 예수님의 십자가에서 궁극적으로 성취되었습니다. 예수님의 고난과 부활은 죄와 사망의 권세를 이기시고 하나님과 우리 사이에 참된 평화를 이루신 사건입니다. 우리는 이 소식을 전하는 자로 부름을 받았습니다. 우리의 걸음이 닿는 곳마다 구원의 소식이 전해지고 평화가 넘치게 되길 소망합니다.

| 일독성경 | 나훔 1-3장, 요한계시록 8장 읽음 □

오늘의 찬송

온 세상 위하여

새찬송가 505장(통 268)

1. 온 세상 위하여 나 복음 전하리 만백성 모두 나와서 주 말씀 들으라
죄 중에 빠져서 헤매는 자들아 주님의 음성 듣고서 너 구원받으라
2. 온 세상 위하여 이 복음 전하리 저 죄인 회개하고서 주 예수 믿으라
이 세상 구하려 주 돌아가신 것 나 증거하지 않으면 그 사랑 모르리
3. 온 세상 위하여 주 은혜 임하니 주 예수 이름 힘입어 이 복음 전하자
먼 곳에 나가서 전하지 못해도 나 어느 곳에 있든지 늘 기도 힘쓰리

후렴 전하고 기도해 매일 증인 되리라 세상 모든 사람 다 듣고 그 사랑 알도록

질문

내가 복음을 들고 찾아가야 할 사람은 누구인가요? 오늘 그 사람에게 복음을 전해보세요.

나의 감사

오늘 하루, 감사할 것들을 적어보세요.

| 기도 | 하나님 아버지, 우리가 복음을 전할 수 있는 용기를 주시고 복음이 선포될 때마다 죽어가는 영혼이 살아나게 하옵소서. 예수 그리스도의 이름으로 기도합니다. 아멘.

DEC **12.22** 화요일

주의 일을 수년 내에

하박국 3:1-3 시기오놋에 맞춘 선지자 하박국의 기도라 야훼여 내가 주께 대한 소문을 듣고 놀랐나이다 야훼여 주는 주의 일을 이 수년 내에 부흥하게 하옵소서 이 수년 내에 나타내시옵소서 진노 중에라도 긍휼을 잊지 마옵소서 하나님이 데만에서부터 오시며 거룩한 자가 바란 산에서부터 오시는도다 (셀라) 그의 영광이 하늘을 덮었고 그의 찬송이 세계에 가득하도다

1904년, 웨일즈에서 놀라운 부흥이 일어났습니다. 이 부흥은 이름 없는 한 청년, 이반 로버츠의 기도에서 시작되었습니다. 12살 때부터 광산에서 일했던 그는 고된 삶 속에서도 매일 밤 성경을 읽고 기도하며 하나님 앞에 자신을 드렸습니다. "주여, 나를 굴복시키소서!"라는 그의 간절한 기도는 성령의 불씨가 되어 간증 자리에 모인 17명의 마음에 불을 일으켰습니다. 그 불길은 순식간에 퍼져 수만 명이 회개하는 부흥의 역사로 이어졌습니다. 욕설이 사라지고 술집과 극장이 문을 닫으며 마을 전체가 변화되었습니다. 모든 것은 한 사람의 기도에 응답하신 하나님의 역사였습니다.

하박국 선지자도 절망의 시대에 이렇게 간구했습니다. "주는 주의 일을 이 수년 내에 부흥하게 하옵소서." 그는 단지 과거의 영광을 그리워한 것이 아니라, 지금 이 시대에 하나님이 주실 부흥을 믿음으로 바라보고 갈망했습니다. 진정한 부흥은 하나님이 우리 가운데 친히 임재하시는 사건입니다. 하나님이 임하시면 죄가 드러나고, 마음이 깨어지며, 삶이 완전히 새로워집니다. 그렇기에 우리는 문제 해결을 위한 기도를 넘어, 하나님의 임재를 갈망해야 합니다. 주님이 오시면, 모든 것이 달라집니다.

| 일독성경 | 하박국 1-3장, 요한계시록 9장 읽음 □

오늘의 찬송

불길 같은 주 성령

새찬송가 184장(통 173)

1. 불길 같은 주 성령 간구하는 우리게 지금 강림하셔서 영광 보여주소서
2. 주의 제단 불 위에 우리 몸과 영혼과 우리 가진 모든 것 지금 바치옵니다
3. 모든 것 다 바치고 비고 빈 내 마음에 성령충만하도록 주여 채워주소서
4. 구속하신 주께서 약속하신 성령을 믿고 간구하오니 지금 내려주소서

후렴 성령이여 임하사 우리 영의 소원을 만족하게 하소서
기다리는 우리게 불로 불로 충만하게 하소서 아멘

질문

나는 하나님의 임재를 갈망하고 있나요, 아니면 단지 문제 해결만을 원하고 있나요? 교회 부흥을 위한 기도를 적어보세요.

나의 감사

오늘 하루, 감사할 것들을 적어보세요.

| 기도 | 하나님 아버지, 메마른 우리 심령에 생수의 강이 흐르게 하시고 주의 임재를 더욱 갈망하게 하옵소서. 예수 그리스도의 이름으로 기도합니다. 아멘.

영원한 약속

요한계시록 10:5-7 내가 본 바 바다와 땅을 밟고 서 있는 천사가 하늘을 향하여 오른손을 들고 세세토록 살아 계신 이 곧 하늘과 그 가운데에 있는 물건이며 땅과 그 가운데에 있는 물건이며 바다와 그 가운데에 있는 물건을 창조하신 이를 가리켜 맹세하여 이르되 지체하지 아니하리니 일곱째 천사가 소리 내는 날 그의 나팔을 불려고 할 때에 … 하나님의 그 비밀이 이루어지리라 하더라

1215년 6월 15일, 영국 러니미드 벌판에서 영국의 존 왕은 역사적인 문서 '대헌장'에 도장을 찍었습니다. 이는 단순한 문서 서명이 아니었습니다. '왕도 법의 아래 있다.'라는 새로운 원칙이 시작된 역사적 순간이었습니다. 귀족들 앞에서 행한 이 공개적 서약은 되돌릴 수 없는 최종 결정이었습니다. 대헌장에 왕의 인장이 찍힌 순간 절대왕정의 시대는 서서히 막을 내리기 시작했습니다. 800년이 지난 지금도 이 문서는 현대 민주주의와 법치주의의 초석으로 남아있습니다. 역사를 돌아보면 이런 중요한 약속이나 선언은 옛 시대를 마감하고 새 시대를 시작하는 중요한 전환점이 됩니다.

오늘 본문에서 천사가 하늘을 향해 오른손을 들고 행하는 맹세는 이보다 훨씬 더 장엄합니다. "지체하지 아니하리니"라는 선언은 창조주의 권위로 선포되는 하나님의 최종 판결문입니다. 일곱째 나팔과 함께 하나님의 비밀이 이루어질 것이라는 이 약속은 세상의 어떤 권세도 번복할 수 없는 절대적 진리입니다. AI 혁명, 기후 위기, 국제 분쟁으로 불확실성이 점점 커져만 가는 지금, 이 확실한 약속은 우리에게 든든한 신앙의 닻이 됩니다. 하나님의 시간표는 지금도 한 치의 오차 없이 진행되고 있습니다. 이것이 우리가 염려와 불안이 아닌 비전과 소망을 품고 살아갈 수 있는 이유입니다.

| 일독성경 | 스바냐 1-3장, 요한계시록 10장 읽음 □

오늘의 찬송

주님 약속하신 말씀 위에 서

새찬송가 546장(통 399)

1. 주님 약속하신 말씀 위에 서 영원토록 주를 찬송하리라
   소리 높여 주께 영광 돌리며 약속 믿고 굳게 서리라
2. 주님 약속하신 말씀 위에 서 세상 염려 내게 엄습할 때에
   용감하게 힘써 싸워 이기며 약속 믿고 굳게 서리라
3. 주님 약속하신 말씀 위에 서 영원하신 주의 사랑 힘입고
   성령으로 힘써 싸워 이기며 약속 믿고 굳게 서리라
4. 주님 약속하신 말씀 위에 서 성령 인도하는 대로 행하며
   주님 품에 항상 안식 얻으며 약속 믿고 굳게 서리라

후렴 굳게 서리 영원하신 말씀 위에 굳게 서리 굳게 서리 그 말씀 위에 굳게 서리라

질문

하나님의 약속이 지연되는 것처럼 보일 때, 나는 무엇을 붙잡고 인내할 수 있을까요?

나의 감사

오늘 하루, 감사할 것들을 적어보세요.

| 기도 | 하나님 아버지, 주님의 확실한 약속을 의지하여 오늘도 믿음으로 걷게 하옵소서. 예수 그리스도의 이름으로 기도합니다. 아멘.

DEC 12.24 목요일

하나님 먼저

학개 1:4-6 이 성전이 황폐하였거늘 너희가 이 때에 판벽한 집에 거주하는 것이 옳으냐 그러므로 이제 만군의 여호와가 이같이 말하노니 너희는 너희의 행위를 살필지니라 너희가 많이 뿌릴지라도 수확이 적으며 먹을지라도 배부르지 못하며 마실지라도 흡족하지 못하며 입어도 따뜻하지 못하며 일꾼이 삯을 받아도 그것을 구멍 뚫어진 전대에 넣음이 되느니라

'백화점의 왕'으로 불린 존 워너메이커는 광고 마케팅의 선구자이자 탁월한 사업가였습니다. 그러나 더 중요한 것은 그가 평생 하나님을 가장 우선순위에 두었다는 사실입니다. 그는 수많은 교회를 세우고, YMCA 총재로 섬기며 믿음을 삶으로 보여주었습니다. 1889년 해리슨 대통령으로부터 체신부 장관직을 제안받았을 때도 그는 주일 예배와 교회학교 교사 봉사 시간을 보장해달라는 조건을 내걸었습니다. 그리고 그는 이렇게 고백했습니다. "나는 하나님 안에서 생각하고, 하나님 안에서 땀 흘리고, 하나님을 신뢰하며 살아왔다. 이것이 내 인생의 표어요, 내 삶의 전부다." 세상의 명예와 성공보다 하나님을 앞세웠던 그의 신앙은 오늘을 사는 우리에게 '나는 과연 삶에서 무엇을 우선순위에 두고 있는가?'를 겸허히 돌아보게 합니다.

이 질문은 학개 선지자의 외침과도 연결됩니다. 하나님은 포로에서 돌아온 이스라엘 백성들이 성전 재건을 멈춘 채 자기 집만 화려하게 꾸미는 것을 책망하시며, 많이 뿌려도 수확이 적고, 먹어도 배부르지 못하며, 일한 삯을 받아도 구멍 뚫린 전대에 넣는 것과 같을 것이라고 경고하셨습니다. 눈에 보이는 것을 앞세우기보다 보이지 않는 하나님의 나라를 먼저 구할 때 우리 삶에 진정한 만족과 기쁨이 넘칠 것입니다.

| 일독성경 | 학개 1-2장, 요한계시록 11-12장 읽음 □

오늘의 찬송

내게 있는 모든 것을

새찬송가 50장(통 71)

1. 내게 있는 모든 것을 아낌없이 드리네 사랑하고 의지하며 주만 따라 살리라
2. 내게 있는 모든 것을 겸손하게 드리네 세상 욕심 멀리하니 나를 받아주소서
3. 내게 있는 모든 것을 주를 위해 드리네 주의 성령 충만하게 내게 내려주소서

후렴 주께 드리네 주께 드리네 사랑하는 구주 앞에 모두 드리네 아멘

질문

나의 삶에서 하나님 나라를 가장 우선에 두기 위해 바꿔야 할 것은 무엇인지 적어보세요.

나의 감사

오늘 하루, 감사할 것들을 적어보세요.

| 기도 | 하나님 아버지, 먼저 하나님의 나라를 구하여 참된 만족을 누리며 살아가게 하옵소서. 예수 그리스도의 이름으로 기도합니다. 아멘.

제 방을 쓰세요 | 성탄절

누가복음 2:3-7 모든 사람이 호적하러 각각 고향으로 돌아가매 요셉도 다윗의 집 족속이므로 갈릴리 나사렛 동네에서 유대를 향하여 베들레헴이라 하는 다윗의 동네로 그 약혼한 마리아와 함께 호적하러 올라가니 마리아가 이미 잉태하였더라 거기 있을 그 때에 해산할 날이 차서 첫아들을 낳아 강보로 싸서 구유에 뉘었으니 이는 여관에 있을 곳이 없음이러라

로마 황제 가이사 아우구스투스가 로마 전역에 인구조사를 하라는 칙령을 내렸습니다. 사람들은 고향으로 돌아가 호적을 등록했고, 요셉도 만삭인 마리아와 함께 베들레헴으로 향했습니다. 마침 해산할 날이 되었지만 여관마다 방이 없어서 그들은 결국 더럽고 냄새나는 마구간에서 아기를 낳아 구유에 뉘었습니다. 그 아기가 바로 예수님이십니다. 하나님의 아들이신 예수님이 방 하나가 없어서 구유에 누이신 것입니다.

어느 학교에서 이 이야기를 성탄절 연극으로 준비했습니다. 그 학교에는 발달 장애가 있는 랄프라는 아이가 있었는데, 그는 여관 주인 역할을 맡았습니다. 그의 대사는 단 한 줄, "빈방 없어요."였습니다. 랄프는 이 말을 수도 없이 연습했습니다. 드디어 성극이 시작되고 랄프가 무대에 나와 대사를 할 차례가 되었습니다. 그런데 빈방을 찾지 못하여 애타는 요셉과 마리아의 모습이 너무 안쓰러워서 "빈방 없어요."라고 말할 수 없었습니다. 대신에 그는 이렇게 말했습니다. "빈방은 없지만, 제 방을 쓰세요." 순간 객석은 웃음바다가 되었지만, 곧 관객들은 큰 감동을 받았습니다. 우리의 마음에는 예수님을 모실 자리가 있나요? 성탄절인 오늘, 우리 마음의 가장 좋은 자리를 아기 예수님께 내어 드리며 주님을 맞이하는 하루가 되기를 소망합니다.

| 일독성경 | 스가랴 1–3장, 요한계시록 13장 읽음 □

오늘의 찬송

그 어린 주 예수

새찬송가 108장(통 113)

1. 그 어린 주 예수 눌 자리 없어 그 귀하신 몸이 구유에 있네
   저 하늘 별들이 반짝이는데 그 어린 주 예수 꼴 위에 자네
2. 저 육축 소리에 아기 잠 깨나 그 순하신 예수 우시지 않네
   그 귀한 예수를 나 사랑하니 새날이 밝도록 함께하소서
3. 주 예수 내 곁에 가까이 계셔 그 한없는 사랑 늘 베푸시고
   온 세상 아기들 다 품어주사 주 품 안에 안겨 살게 하소서 아멘

질문

내 마음을 채우고 있는 것은 무엇인가요? 내 마음속에 예수님을 모시기 위해 무엇을 해야 할지 생각해 보고 적어보세요.

나의 감사

오늘 하루, 감사할 것들을 적어보세요.

| 기도 | 하나님 아버지, 우리를 구원하시기 위해 이 땅에 오신 예수님을 늘 우리의 마음과 삶 가운데 모시고 살아가게 하옵소서. 예수 그리스도의 이름으로 기도합니다. 아멘.

DEC **12.26** 토요일

어린양을 따르라

요한계시록 14:1-5 또 내가 보니 보라 어린 양이 시온 산에 섰고 그와 함께 십사만 사천이 서 있는데 그들의 이마에는 어린 양의 이름과 그 아버지의 이름을 쓴 것이 있더라 … 이 사람들은 여자와 더불어 더럽히지 아니하고 순결한 자라 어린 양이 어디로 인도하든지 따라가는 자며 사람 가운데에서 속량함을 받아 처음 익은 열매로 하나님과 어린 양에게 속한 자들이니 그 입에 거짓말이 없고 흠이 없는 자들이더라

1943년, 전쟁의 광풍이 유럽 전역을 휩쓸었습니다. 독일 나치 정권은 교회를 정치 선전에 이용하며 히틀러를 '하나님의 뜻을 따르는 지도자'로 포장했고, 많은 교회와 목회자들은 그 분위기에 침묵하거나 동조했습니다. 그러나 루터교 목사이자 신학자인 디트리히 본회퍼는 "예수 그리스도만이 교회의 주님"이라고 선포하며 예수님을 따르는 제자의 길을 걸었습니다. 그는 얼마든지 해외로 도피할 수 있었지만, 고통받는 조국과 교회를 외면하지 않고 독일에 남았습니다. 결국 감옥에 갇혀 교수형을 당했지만, 마지막 순간까지 "제자는 오직 십자가로 부름을 받는다."라는 믿음의 고백을 지켰습니다. 그의 삶은 지금까지도 수많은 크리스천들에게 깊은 울림을 주고 있습니다.

오늘 본문은 시온산에 서 계신 어린양과 그와 함께 선 자들을 보여줍니다. 그들은 순결하며 거짓이 없고 흠 없는 자들이었고 무엇보다 어린양이 어디로 인도하시든지 기꺼이 따르는 사람들이었습니다. 이는 주님의 인도하심에 온전히 순종하며 세상의 유혹과 거짓에 물들지 않은 참된 제자의 모습을 보여줍니다. 우리도 하나님께 속한 백성으로서 어린양 되신 예수님을 따라 거룩과 순결을 지키며 끝까지 제자의 길을 걸어가길 소망합니다.

| 일독성경 | 스가랴 4-6장, 요한계시록 14장 읽음 □

오늘의 찬송

십자가 군병 되어서

새찬송가 353장(통 391)

1. 십자가 군병 되어서 예수를 따를 때 무서워하는 맘으로 주 모른체할까
2. 뭇 성도 피를 흘리며 큰 싸움 하는데 나 어찌 편히 누워서 상 받기 바랄까
3. 이 죄악 많은 세상에 수많은 원수들 날 유혹하고 해치나 내 주만 따르리
4. 나 면류관을 쓰려고 몸 바쳐 싸울 때 주 내게 용기 주시사 이기게 하시네
5. 승리의 그날 이르러 십자가 군병들 개가를 불러 영광을 주님께 돌리리

후렴 나의 주 그리스도 나를 속량했으니 나 십자가를 벗은 후 저 면류관 쓰리

질문

나의 삶에서 믿음으로 살기 위해 결단하고 행동해야 할 부분이 무엇인지 적어보세요.

나의 감사

오늘 하루, 감사할 것들을 적어보세요.

| 기도 | 하나님 아버지, 고난이 다가와도 오직 예수님을 따르는 제자의 길을 걸어가게 하옵소서. 예수 그리스도의 이름으로 기도합니다. 아멘.

DEC **12.27** 주일

구원하시는 하나님

스가랴 8:7-9 만군의 야훼가 이같이 말하노라 보라, 내가 내 백성을 해가 뜨는 땅과 해가 지는 땅에서부터 구원하여 내고 인도하여다가 예루살렘 가운데에 거주하게 하리니 그들은 내 백성이 되고 나는 진리와 공의로 그들의 하나님이 되리라 만군의 야훼가 이같이 말하노라 만군의 야훼의 집 곧 성전을 건축하려고 그 지대를 쌓던 날에 있었던 선지자들의 입의 말을 이 날에 듣는 너희는 손을 견고히 할지어다

하나님은 이스라엘 백성에게 끊임없이 선지자들을 보내 "내게 돌아오라."라고 애타게 부르셨습니다. 하지만 그들은 끝내 귀를 막고 하나님의 말씀을 완강히 거부했습니다. 그들의 불순종으로 인해 예루살렘은 무너지고 성전은 불탔으며, 그들은 쇠사슬에 매여 바벨론으로 끌려가 포로가 되었습니다. 하나님을 떠나 나라를 잃고 비참하게 살아가는 그들은 소망이 없는 민족처럼 보였습니다. 그러나 하나님은 그들을 버리지 않으셨습니다. 징계 중에도 여전히 사랑하시며 "해가 뜨는 땅과 해가 지는 땅에서부터" 흩어진 자기 백성을 다시 불러 모아 예루살렘에 거하게 하겠다고 약속하셨습니다. 하나님은 한 번 택하신 백성을 버리지 않으시고, 포로 된 자들을 다시 회복시키시는 구원의 하나님이십니다.

우리도 이스라엘 백성과 다르지 않습니다. 비록 죄와 연약함으로 무너진 삶이라 할지라도 하나님은 여전히 우리를 구원하시고 회복시키십니다. 그 사랑을 깨달아 우리가 진심으로 회개하고 돌이킬 때, 하나님은 우리를 향해 달려오셔서 그 넓은 품에 안아주시고 회복의 은혜를 베풀어 주십니다. 오늘도 우리를 부르시는 하나님의 사랑에 감사하며 믿음으로 순종하는 하루를 살아가길 소망합니다.

| 일독성경 | 스가랴 7-8장, 요한계시록 15-16장 읽음 □

오늘의 찬송

내가 늘 의지하는 예수

새찬송가 86장(통 86)

1\. 내가 늘 의지하는 예수 나의 상처 입은 심령을
불쌍하게 여기사 위로하여주시니 미쁘신 나의 좋은 친구
2\. 주의 손 의지하고 살 때 나를 해할 자가 없도다
주님 나의 마음을 크게 위로하시니 미쁘신 나의 좋은 친구
3\. 내가 요단강 건너가며 맘이 두려워서 떨 때도
주가 인도하시니 어찌 두려워하랴 미쁘신 나의 좋은 친구
4\. 이후 천국에 올라가서 모든 성도들과 다 함께
우리들을 구하신 주를 찬양하리라 미쁘신 나의 좋은 친구
후렴 내가 의지하는 예수 나의 사모하는 친구 나의 기도 들으사
응답하여주시니 미쁘신 나의 좋은 친구

질문

절망의 순간에도 찾아와 구원하시고 회복시키시는 하나님의 사랑에 대한 감사의 고백을 적어보세요.

나의 감사

오늘 하루, 감사할 것들을 적어보세요.

| 기도 | 하나님 아버지, 우리를 일으켜 세워 주시니 감사합니다. 온전한 믿음으로 하나님을 기쁘시게 하며 살아가게 하옵소서. 예수 그리스도의 이름으로 기도합니다. 아멘.

DEC **12.28** 월요일

하나님께 구하라

스가랴 10:1-2 봄비가 올 때에 야훼 곧 구름을 일게 하시는 야훼께 비를 구하라 무리에게 소낙비를 내려서 밭의 채소를 각 사람에게 주시리라 드라빔들은 허탄한 것을 말하며 복술자는 진실하지 않은 것을 보고 거짓 꿈을 말한즉 그 위로가 헛되므로 백성들이 양 같이 유리하며 목자가 없으므로 곤고를 당하나니

2015년 1월, 열네 살 소년 존 스미스는 미국 미주리주의 얼어붙은 세인트 루이즈 호수에 빠졌습니다. 차가운 물속에서 15분 넘게 갇혀 있던 그는 급히 병원으로 옮겨졌지만, 의사들은 더 이상 살아날 희망이 없다고 말했습니다. 그러나 그의 어머니 조이스 스미스는 포기하지 않고 병원 복도에서 눈물로 하나님께 기도했습니다. 그 순간 멈췄던 존의 심장이 다시 뛰기 시작했고, 그는 곧 의식을 회복했습니다. 이 놀라운 기적의 이야기는 『브레이크스루: 한 어머니의 믿음과 아들의 부활에 관한 기적의 실화』로 출간되어 많은 사람의 마음을 울렸습니다. 절망의 끝에서 하나님이 생명을 건지셨다는 고백은 지금도 많은 이들에게 용기와 위로를 주고 있습니다.

오늘 본문은 "야훼께 비를 구하라"라고 말씀합니다. 구름을 일으키시고 번개를 치게 하시며, 때에 맞춰 단비를 내리시는 분은 오직 하나님이십니다. 우리도 때로 앞이 보이지 않는 안개를 지나는 것 같은 시기가 있습니다. 그럴수록 막연한 기대나 헛된 위로를 좇기보다, 살아 계신 하나님께 우리의 시선을 고정해야 합니다. 그리고 믿음으로 간절히 간구할 때 하나님은 우리의 기도에 응답해 주십니다. 오늘도 간절한 기도를 통해 하나님의 놀라운 역사를 경험하는 하루가 되기를 소망합니다.

| 일독성경 | 스가랴 9-11장, 요한계시록 17장 읽음 □

오늘의 찬송

너 예수께 조용히 나가

새찬송가 539장(통 483)

1. 너 예수께 조용히 나가 네 모든 짐 내려놓고 주 십자가 사랑을 믿어 죄 사함을 너 받으라
2. 주 예수의 은혜를 입어 네 슬픔이 없어지리 네 이웃을 늘 사랑하여 너 받은 것 거저 주라
3. 주 예수를 친구로 삼아 늘 네 옆에 모시어라 그 영원한 생명 샘물에 네 마른 목 축이어라
4. 너 주님과 사귀어 살면 새 생명이 넘치리라 주 예수를 찾는 이 앞에 참 밝은 빛 비추어라

후렴 주 예수께 조용히 나가 네 마음을 쏟아노라 늘 은밀히 보시는 주님 큰 은혜를 베푸시리

질문

지금 내 삶에 가장 간절한 기도 제목 한 가지를 적고 믿음으로 기도해 보세요.

나의 감사

오늘 하루, 감사할 것들을 적어보세요.

| 기도 | 하나님 아버지, 고난 앞에서 낙심하지 말고 주님만을 의지하며 믿음으로 기도하게 하옵소서. 예수 그리스도의 이름으로 기도합니다. 아멘.

내 백성아, 거기서 나오라

요한계시록 18:4-6 또 내가 들으니 하늘로부터 다른 음성이 나서 이르되 내 백성아, 거기서 나와 그의 죄에 참여하지 말고 그가 받을 재앙들을 받지 말라 그의 죄는 하늘에 사무쳤으며 하나님은 그의 불의한 일을 기억하신지라 그가 준 그대로 그에게 주고 그의 행위대로 갑절을 갚아 주고 그가 섞은 잔에도 갑절이나 섞어 그에게 주라

세계에서 가장 권위 있는 음악상 중 하나인 그래미상을 수상한 래퍼 레크레이는 한때 거칠고 공허한 삶을 살았습니다. 아버지 없이 자란 그는 세속적인 파티와 마약, 폭력으로 얼룩진 방탕한 삶을 살며 세상의 쾌락을 좇았습니다. 그러던 어느 날, 친구의 권유로 참석한 성경공부에서 말씀과 찬양을 통해 은혜를 경험하고 마음 깊은 곳에서 들려오는 하나님의 음성을 들었습니다. "내 아들아, 거기서 나와라. 나는 너를 위해 더 나은 길을 준비했다." 그 순간 그는 삶의 방향을 돌이키기로 결단했습니다. 이제 그는 자신을 위한 무대가 아니라 하나님을 위한 무대에 서서, 음악으로 복음을 전하는 예배자이자 문화 사역자로 살아가고 있습니다. 그는 이렇게 고백합니다. "무대 위의 주인공이 나에서 하나님으로 바뀌었을 뿐인데, 모든 것이 달라졌습니다."

오늘 본문은 단순히 바벨론이라는 도시에서 도망치라는 말씀이 아닙니다. 우리 안에 깊이 자리 잡은 죄와 자기중심적인 삶에서 떠나라는 하나님의 간절한 외침입니다. 하나님은 지금도 말씀하십니다. "내 백성아, 거기서 나오라." 이 음성에 응답하여 세상을 뒤로하고 예배의 자리, 말씀의 자리로 나아갈 때 하나님은 우리 삶을 새롭게 하십니다. 오늘의 결단이 내일을 바꾸고, 우리의 미래를 바꿉니다.

| 일독성경 | 스가랴 12-14장, 요한계시록 18장 읽음 □

오늘의 찬송

돌아와 돌아와

새찬송가 525장(통 315)

1. 돌아와 돌아와 맘이 곤한 이여 길이 참 어둡고 매우 험악하니
2. 돌아와 돌아와 해가 질 때까지 기다리고 계신 우리 아버지께
3. 돌아와 돌아와 환난 있는 곳과 죄가 있는 곳과 미혹받는 데서
4. 돌아와 돌아와 집에 돌아오라 모든 것 풍성한 아버지 집으로

후렴 집을 나간 자여 어서 와 돌아와 어서 와 돌아오라

질문

하나님의 백성으로 살기 위해 내가 버려야 할 것은 무엇인가요?

나의 감사

오늘 하루, 감사할 것들을 적어보세요.

| 기도 | 하나님 아버지, 죄의 자리에서 떠나 말씀 앞에 겸손히 순종하게 하옵소서. 예수 그리스도의 이름으로 기도합니다. 아멘.

DEC **12.30** 수요일

재림을 준비하는 삶

요한계시록 19:6-8 또 내가 들으니 허다한 무리의 음성과도 같고 많은 물 소리와도 같고 큰 우렛소리와도 같은 소리로 이르되 할렐루야 주 우리 하나님 곧 전능하신 이가 통치하시도다 우리가 즐거워하고 크게 기뻐하며 그에게 영광을 돌리세 어린 양의 혼인 기약이 이르렀고 그의 아내가 자신을 준비하였으므로 그에게 빛나고 깨끗한 세마포 옷을 입도록 허락하셨으니 이 세마포 옷은 성도들의 옳은 행실이로다 하더라

기독교 작가 A. W. 토저는 자신의 책 『세상에 무릎 꿇지 말라』에서 이렇게 말합니다. "우리의 목표는 종말의 세부 사항을 아는 것이 아니라 예수님을 만날 준비가 된 삶을 사는 것이다." 주님이 언제 오실지, 종말에 어떤 일이 일어날지 궁금해하는 것보다 오늘 하나님 앞에 준비된 모습으로 살아가는 것이 더 중요하다는 뜻입니다.

오늘 본문은 어린양의 혼인 잔치를 보여줍니다. 그날 성도들은 주님이 입혀 주시는 빛나고 깨끗한 세마포를 입게 될 것입니다. 성경은 이 세마포가 성도들의 "옳은 행실"이라고 말씀합니다. 이 땅에서 믿음으로 하루하루 순종하며 살아낸 흔적이 하늘의 옷으로 드러나는 것입니다. 재림을 기다리는 성도의 삶은 거창한 것이 아닙니다. 우리에게 주어진 오늘 그 하루하루를 한 걸음, 한 걸음 그저 말씀에 순종하고 올바르게 살아가는 것이 곧 주님을 맞이할 준비입니다. 예측할 수 없는 인생의 풍랑 속에서도 하나님만 바라보며 묵묵히 믿음을 지킨 성도에게, 마지막 날 주님은 친히 빛나는 세마포를 입혀주실 것입니다. 오늘도 주님이 다시 오실 날을 고대하며 날마다 순종함으로써 재림을 준비하는 삶을 살아가시기를 소망합니다.

| 일독성경 | 말라기 1-2장, 요한계시록 19-20장 읽음 □

오늘의 찬송

주 어느 때 다시 오실는지

새찬송가 176장(통 163)

1. 주 어느 때 다시 오실는지 아는 이가 없으니 등 밝히고 너는 깨어있어 주를 반겨 맞으라
2. 주 오늘에 다시 오신다면 부끄러움 없을까 잘하였다 주님 칭찬하며 우리 맞아주실까
3. 주 예수님 맡겨주신 일에 모두 충성 다했나 내 맘속에 확신 넘칠 때에 영원 안식 얻겠네
4. 주 예수님 언제 오실는지 한밤에나 낮에나 늘 깨어서 주님 맞는 성도 주의 영광 보겠네

후렴 주 안에서 우리 몸과 맘이 깨끗하게 되어서 주 예수님 다시 오실 때에
모두 기쁨으로 맞으라

질문

나는 예수님의 재림을 맞이할 준비가 되어있나요? 재림을 준비하는 삶이란 어떤 삶인가요?

나의 감사

오늘 하루, 감사할 것들을 적어보세요.

| 기도 | 하나님 아버지, 매일의 삶 속에서 옳은 행실로 주님을 맞이할 준비를 하며 살아가게 하옵소서. 예수 그리스도의 이름으로 기도합니다. 아멘.

DEC **12.31** 목요일

아멘 주 예수여 오시옵소서

요한계시록 22:20-21 이것들을 증언하신 이가 이르시되 내가 진실로 속히 오리라 하시거늘 아멘 주 예수여 오시옵소서 주 예수의 은혜가 모든 자들에게 있을지어다 아멘

마라나타. 이 말은 아람어로 '우리 주여, 오시옵소서.'라는 뜻입니다. 초대교회 성도들은 만날 때마다 "마라나타"라고 인사하며 다시 오실 예수님을 소망했습니다. 그들은 불에 타 죽을 위기 앞에서도, 원형경기장에서 맹수의 위협을 받으면서도 이 고백을 하며 믿음을 지켰습니다. 세상은 그들의 목숨을 빼앗을 수 있었지만 "마라나타"라는 믿음의 고백은 결코 빼앗지 못했습니다.

이 고백은 오늘 우리의 고백이 되어야 합니다. 성경 마지막 장인 요한계시록 22장에서 주님은 "내가 속히 오리라."라는 약속을 세 번이나 반복하여 말씀하셨습니다(계 22:7, 12, 20). 예수님은 약속하신 대로 속히 다시 오실 것입니다. 오늘은 2026년의 마지막 날입니다. 내년에는 어떤 일이 일어날지 알 수 없습니다. 좋은 일이 있을 수도 있지만, 시험과 고난이 찾아올 수도 있습니다. 그러나 한 가지 분명한 것은 예수님이 속히 다시 오신다는 사실입니다. 초대교회 성도들이 서로의 손을 맞잡고 "마라나타"를 외치며 서로를 격려했듯이, 우리도 주님이 다시 오실 날을 바라보고 서로를 격려하며 절대 긍정의 믿음으로 살아가야 합니다. 2026년 한 해 동안, 우리를 지켜주시고 함께해 주신 하나님의 은혜에 감사드리며, 이 믿음을 가지고 다가오는 2027년의 새 아침을 담대히 맞이하시길 바랍니다. 마라나타. 아멘 주 예수여 오시옵소서!

| 일독성경 | 말라기 3-4장, 요한계시록 21-22장 읽음 □

오늘의 찬송

시온의 영광이 빛나는 아침

새찬송가 550장(통 248)

1. 시온의 영광이 빛나는 아침 어둡던 이 땅이 밝아오네
   슬픔과 애통이 기쁨이 되니 시온의 영광이 비쳐오네
2. 시온의 영광이 빛나는 아침 매였던 종들이 돌아오네
   오래전 선지자 꿈꾸던 복을 만민이 다같이 누리겠네
3. 보아라 광야에 화초가 피고 말랐던 시냇물 흘러오네
   이 산과 저 산이 마주쳐 울려 주 예수 은총을 찬송하네
4. 땅들아 바다야 많은 섬들아 찬양을 주님께 드리어라
   싸움과 죄악이 가득한 땅에 찬송이 하늘에 사무치네 아멘

질문

초대교회 성도들과 같이 다시 오실 예수님을 고대하며 믿음으로 살아가기 위해 오늘부터 실천할 일 한 가지를 적어보세요.

나의 감사

오늘 하루, 감사할 것들을 적어보세요.

| 기도 | 하나님 아버지, 다시 오실 예수님을 바라보며 절대 긍정의 믿음으로 살아가게 하옵소서. 예수 그리스도의 이름으로 기도합니다. 아멘.

감사QT 365

이영훈 지음

초판 1쇄 발행 2025년 11월 05일
초판 7쇄 발행 2026년 01월 15일

발 행 인 이영훈
발 행 처 서울말씀사

출판등록 제2016-000172호
주 소 서울시 영등포구 은행로 55, 5층
전 화 02-846-9222
팩 스 02-846-9225

ISBN 978-89-8434-918-6 03230
값 32,000원